Walter Czysz
Wiesbaden in der Römerzeit

Walter Czysz

WIESBADEN IN DER RÖMERZEIT

Mit einem Beitrag von
Bernhard Pinsker

Theiss

Gedruckt mit Unterstützung des Magistrats der Landeshauptstadt Wiesbaden und des hessischen Ministeriums für Wissenschaft und Kunst

Die Deutsche Bibliothek – CIP-Einheitsaufnahme

Czysz, Walter:
Wiesbaden in der Römerzeit / Walter Czysz. Mit einem Beitr. von Bernhard Pinsker. – Stuttgart : Theiss, 1994
  ISBN 3-8062-1088-8

Fotografie: Ursula Seitz-Gray
Pläne: Vermessungsamt der Stadt Wiesbaden

Schutzumschlag: Jürgen Reichert, Stuttgart, unter Verwendung eines Fotos von Ursula Seitz-Gray, Frankfurt am Main.
Das Foto zeigt einen römischen Weihestein für Merkur und Fortuna aus Wiesbaden.

© Konrad Theiss Verlag GmbH & Co., Stuttgart 1994
Alle Rechte vorbehalten.
Satz und Druck: Grafische Betriebe
Süddeutscher Zeitungsdienst Aalen
Bindearbeiten: Industrie- und Verlagsbuchbinderei Heppenheim GmbH, Heppenheim
Printed in Germany
ISBN 3-8062-1088-8

Vorwort

In der 400jährigen Geschichte des römischen Wiesbaden spiegelt sich ein wichtiger Teilbereich des provinzialrömischen Lebens in Germanien: die Kultur eines Badestädtchens, das es von da an – nach völkerwanderungszeitlicher Unterbrechung – bis ins frühe 19. Jahrhundert geblieben ist. Eine rückschauende Betrachtung ist daher von besonderem Reiz. Anders als in den bevölkerungsreichen Legionsfestungen links des Rheins bleiben die Spuren der Vergangenheit in einem überschaubaren Rahmen. Nur deshalb war es möglich, eine zusammenfassende Darstellung zu versuchen, in der ein übergeordneter Zusammenhang immer erkennbar bleibt.

Es war nicht einfach, die überquellende Masse des Fundmaterials bei einer oft nur unzureichenden Quellenlage so darzustellen, daß die wissenschaftliche Richtigkeit gewahrt blieb, das Buch aber in erster Linie archäologisch nicht vorgebildete, an Kultur- und Heimatgeschichte interessierte Leser anspricht. Ihnen einen möglichst umfassenden Eindruck vom Leben im römischen Kurbad *Aquae Mattiacorum* zu vermitteln, war das Ziel des Autors.

Diese Leser müssen nicht den umfangreichen Literatur- und Anmerkungsanhang zu Rate ziehen, um den Text zu verstehen. Er dient vielmehr dazu, den wissenschaftlich an das Thema herangehenden Lesern den genauen Nachweis der Dokumentation von Fundstellen und Hinweise auf Spezialliteratur und spezielle Fragestellungen zu geben. Freunde der antiken Geschichte werden auf manche entlegene Buchtitel aufmerksam gemacht.

Die neuere Forschung zwingt zu einigen Korrekturen des Bildes, das noch vor zwanzig Jahren von der römischen Vergangenheit Wiesbadens gezeichnet wurde. Auf die lange umstrittene Frage des Beginns der römischen Besiedlung wird eine neue, durch Forschungsergebnisse belegte Antwort gegeben. Die Herkunft der Mattiaker, die den »mattiakischen Quellen« den Namen gegeben haben, wird diskutiert. Es wird eine Lösung vorgeschlagen, die wegen des unbefriedigenden archäologischen Befundes auf eine bisher in diesem Zusammenhang wenig beachtete antike Quelle zurückgreift.

Die Bedeutung der heißen Quellen für die Anwesenheit der Römer steht im Vordergrund. Das früher überbetonte Gewicht der militärischen Rolle des Vicus wird entsprechend zurückgestuft. Die mit Hindernissen gepflasterte Geschichte der Ausgrabungen wird ausführlich dargestellt – nicht in einem Eingangskapitel, wie es üblich ist, sondern eingebettet in die Beschreibung des archäologischen Befundes. Daß dabei die lange unbeachtete Lücke bei der Beschreibung der Kranzplatz- und Schützenhofthermen zum Thema gemacht wird, ist sicher ein forschungsgeschichtlicher Gewinn. Die Verknüpfung mit dem Besuch Kaiser Wilhelms II. an den freigelegten Ruinen am Kranzplatz ist von stadt- und zeitgeschichtlichem Interesse. Daß ein antiker Marmorkopf von Kaiser Augustus, an dessen Herkunft aus dem Bereich der Thermen am Kranzplatz kein vernünftiger Zweifel besteht, durch einen glücklichen Zufall gerettet und bei den Vorarbeiten zu diesem Buch in seiner wahren Identität erkannt werden konnte, ist ein herausragendes Ereignis der archäologischen Entdeckungsgeschichte Wiesbadens in der Römerzeit.

Großen Wert legt der Autor darauf, den Leser gewissermaßen an der Hand durch die Straßen zu führen und ihm zu zeigen, wo die Römer gelebt, gearbeitet, ihre Götter verehrt und sich dem Vergnügen gewidmet haben. Die Fülle des vorhandenen Materials machte es unmöglich, auch die Vororte Wiesbadens in gleicher Weise zu berücksichtigen. Wichtige Römerfunde aus diesen Stadtteilen werden jedoch abgebildet und beschrieben. Ein besonderes Problem stellt dabei der schon durch den Namen seine Sonderrolle verratende Vorort Mainz-Kastel dar. Da *Castellum Mattiacorum* trotz der Zugehörigkeit zur *Civitas Mattiacorum* in römischer Zeit enger mit Mainz-*Mogontiacum* verbunden war, wird nur dann auf diesen Vicus Bezug genommen, wenn es für die Verhältnisse in *Aquae Mattiacorum* wichtig ist.

Doch gilt auch hier der Leitfaden des ganzen Buches: Man muß nicht Wiesbadener sein, um sich angesprochen zu fühlen. Außer der archäologisch-topographischen Beschreibung des römischen Wiesbaden steht die universelle Bedeutung der römischen Präsenz im rheinischen Germanien im Vordergrund. Das eine ist ohne das andere nicht denkbar. Hat doch die Romanitas, die in der abendländischen Kultur immer noch lebendig ist, uns allen heute mehr denn je zu sagen. Das vereinigte Europa ist im Werden. Das Imperium Romanum kann dabei manche Anregung geben. Es ist Vorbild und Warnung zugleich.

Zu danken habe ich vielen. In erster Linie Archäologinnen und Archäologen, von denen manche mir während der vierjährigen Arbeit zu Freunden geworden sind. Ohne ihr Spezialwissen wäre die angestrebte wissenschaftliche Richtigkeit nicht zu erreichen gewesen. Es ist schwer, einzelne besonders herauszuheben. Dem zeitlichen Verlauf der Zusammenarbeit nach sind zuerst zu nennen: der Landesarchäologe von Hessen, Herr Dr. F.-R. Herrmann und Frau Dr. Gabriele Seitz (anfangs noch Landesamt für Denkmalpflege Hessen). Ihre Anregung und Zuspruch haben mich überhaupt erst ermutigt, das Buch zu schreiben.

Die Zusammenarbeit mit Herrn Dr. B. Pinsker, Museum Wiesbaden, war der eigentliche Schlüssel zum Gelingen. Durch ihn und den Oberkustos des Museums, Herrn Dr. G. Kleineberg, erhielt ich Zugang zu Magazinen, Fotoarchiv und handschriftlichen Unterlagen. Dr. Pinsker hat es zudem übernommen, das Kapitel »Die Kastelle der Römer auf dem Heidenberg« zu schreiben. Er hat mich damit wesentlich entlastet. Ihm gilt mein ganz besonderer Dank.

Frau Dr. Barbara Pferdehirt, Römisch-Germanisches Zentralmuseum, Mainz, und Frau Dr. Ingeborg Zetsche, Museum für Vor- und Frühgeschichte Frankfurt, haben mich in zahlreichen Gesprächen beraten und mir wertvolle Hinweise gegeben. Schriftlichen Rat erhielt ich von den Herren Professor Dr. D. Baatz, Saalburgmuseum Bad Homburg, und Professor Dr. H. Ament, Institut für Vor- und Frühgeschichte der Johannes-Gutenberg-Universität Mainz. Gleiches gilt für Frau Dr. Karin Goethert, Rheinisches Landesmuseum Trier, und Herrn Dr. K. V. Decker, Landesmuseum Mainz. Herr Professor Dr. S. v. Schnurbein, Direktor der Römisch-Germanischen Kommission, Frankfurt am Main, sowie Frau Dr. Susanne Sievers und Dr. E. Schubert aus dem gleichen Haus haben mir mit Auskünften und der Erlaubnis zum Benutzen der Institutsbibliothek geholfen. Schließlich danke ich meinem Sohn Dr. Wolfgang Czysz, Bayerisches Landesamt für Denkmalpflege, Außenstelle Augsburg, für mancherlei Hilfe, ohne sie im einzelnen zu spezifizieren.

Für hilfreiche finanzielle Unterstützung habe ich der Stadt Wiesbaden und im besonderen dem Kulturamt der Stadt mit den Dezernentinnen Frau Margarete Goldmann, Frau Eva Müller und dem jetzigen Dezernenten, Herrn Peter Riedle, zu danken. Gleiches gilt für das Hessische Ministerium für Wissenschaft und Kunst. In der Reihe der Danksagungen hätte die Fotografin, Frau Ursula Seitz-Gray, Frankfurt a. M., eigentlich ganz oben stehen müssen. Sie hat die meisten der abgebildeten Objekte, oft unter schwierigen, zuweilen akrobatischen Bedingungen in den Magazinräumen des Museums Wiesbaden fotografiert. Danken möchte ich auch Frau Gabriele Süsskind, die als Lektorin mir wertvolle Hilfestellung gegeben hat, dem Verlagsleiter Herrn Hans Schleuning und Herrn Helmuth Gann, der das ganze wohl gerichtet hat. Zum Schluß bedanke ich mich besonders herzlich bei meiner Frau Brigitte. Durch ihr nie ermüdendes Interesse an meiner Arbeit, ihre Geduld und Fürsorge hat sie einen kaum hoch genug zu schätzenden Anteil am Werden dieses Buches.

Wiesbaden, im Mai 1994   Walter Czysz

Inhalt

Soldatenbad und Bürgersiedlung

Aquae Mattiacorum, eine Gründung der Römer

Caesars Krieg gegen die Gallier (58–51 v. Chr.), die Germanenkriege von Drusus, Tiberius und Germanicus (12 v. Chr. – 16 n. Chr.) und der Bericht des älteren Plinius, Naturforscher und Enzyklopädist, über die mattiakischen Quellen, die er 50/51 n. Chr. während seines Militärdienstes in Mainz kennengelernt hat, bilden den Rahmen, in dem die Geschichte des römischen Wiesbaden beginnt.

Schon in der ersten Hälfte des 1. Jahrhunderts n. Chr. haben sich die Römer im Gebiet der heutigen Innenstadt niedergelassen. Spätestens seit dem Übergang des militärischen Kommandos (Steinkastell auf dem Römerberg) in die zivile Verwaltung der Provinz Obergermanien unter den Kaisern Trajan und Hadrian, 110–120 n. Chr., erscheint der Name *Aquae Mattiacorum* als Vorort der *Civitas Mattiacorum*.

Eine Civitas war ein regionaler Verwaltungsbezirk, meistens das Siedlungsgebiet einer Stammesgruppe in den außeritalischen Provinzen des römischen Reiches. Die *Civitas Mattiacorum* umfaßte das Stammesgebiet der Mattiaker, das ungefähr dem Gebiet des früheren Landkreises Wiesbaden entspricht, erweitert um den Westteil des Main-Taunus-Kreises (bis zur Linie Eppstein-Hofheim/Kriftel-Hattersheim), und den Rheingau[1].

Hauptort und Verwaltungsmittelpunkt einer Civitas war eine Siedlung (*vicus*), die zivilen Charakter und ein gewisses Ausmaß an innerer Organisation aufwies. Sie war Sitz der Verwaltung der Civitas, hatte aber nicht den rechtlichen Status einer Stadt (*municipium, colonia*). *Aquae Mattiacorum* war ein solcher Vicus. Das geht zum einen aus dem archäologisch erschlossenen Charakter der Ansiedlung hervor, kann aber auch aus der Inschrift auf einer Steintafel aus dem Jahr 194 n. Chr. abgeleitet werden, die auf dem früheren Adlerterrain (Langgasse/Kaiser-Friedrich-Bad) gefunden wurde. Auf ihr haben die Einwohner sich als Vicani Aquenses bezeichnet[2].

Aquae (Wässer) bedeutet in römischen Ortsnamen dasselbe wie im Deutschen »Bad« im Sinne von Heilbad, dessen heilende Kraft auf der Nutzung mineralischer, häufig warmer Quellen beruht[3]. Diese Bezeichnung wird noch heute für Badeorte wie Bad Ems, Bad Schwalbach und Bad Homburg verwendet. Sie ist sinngemäß aber auch in den Namen Wiesbaden, Schlangenbad und, um noch ein weiteres in römische Zeit zurückreichendes Beispiel zu nennen, Baden-Baden, enthalten.

Aquae Mattiacorum war das »Heilbad im Land der Mattiaker«. Die Inschrift *Aquis Mattiacis* unter dem Giebelfeld des Wiesbadener Kurhausportales, das an eine Portikus römischer Tempelbauten erinnert, verweist auf den römischen Ursprung: »Den heilenden Wässern der Mattiaker (gewidmet)«. Vicani Aquenses waren die Einwohner von *Aquae Mattiacorum*; der Beiname Mattiacorum wird gelegentlich weggelassen.

Der römische Meilenstein von Mainz-Kastel

Dokumentiert wird der römische Name *Aquae Mattiacorum* zum erstenmal auf einem Meilenstein, der im Jahre 1896 in Mainz-Kastel gefunden wurde[4] (Abb. 1). Der Stein gibt die Entfernung vom Hauptort der Civitas nach *Castellum Mattiacorum*, dem zweiten historisch belegten Vicus der *Civitas Mattiacorum*, an. Die Inschrift des 2,10 m hohen Steines (Durchmesser 50 cm) lautet[5]:

[Imperatori Caesari divi Traiani Parthici filio divi Nervae]
NEPOTI TRAIANO / HADRIANO AVG(usto) /
PONT(ifici) M(aximo) TRIB(unicia) POT(estate) /
VI CO(n)S(ule) III P(ater) P(atriae) /
AB AQVIS MATTIACORVM / M(ilia) P(assuum) VI

[Dem Imperator Caesar, Sohn des göttlichen Traianus Parthicus, des göttlichen Nerva]
»Enkel, Traianus Hadrianus Augustus,
Pontifex Maximus – im sechsten Jahr seiner tribunizischen Gewalt und seinem dritten Jahr als Konsul, Vater des Vaterlandes –
Von Aquae Mattiacorum 6000 Doppelschritte [= 6 römische Meilen, etwa 9 km; 1 Meile = 1481,5 m]«

Aus der Inschrift geht hervor, daß der Stein im sechsten Jahr der tribunizischen Gewalt und im dritten Konsularsjahr des Kaisers (122 n. Chr) aufgestellt wurde[6]. In diesem Jahr hat Kaiser Hadrian Mainz (*Mogontiacum*), die Hauptstadt der Provinz Obergermanien (*provincia Germania superior*), besucht[7]. Derartige Kaiserbesuche, wenn sie in Verbindung mit Inspektionsreisen durch die Provinzen erfolgten, waren häufig mit Straßenbauten oder der Erneuerung bestehender Straßen verbunden. Die Errichtung eines Meilensteines setzte dazu den Schlußpunkt.

Ein römischer Meilenstein hatte den Charakter eines amtlichen Dokumentes, das eine Straße als öffentliches Bauwerk kennzeichnete. Er trug den Namen des Erbauers der Straße (in der Kaiserzeit den Namen des Kaisers mit Nennung der Ämter und Titel, die er zu diesem Zeitpunkt innehatte), dazu die Entfernungsangabe, im Falle des Kasteler Steines vom Hauptort der Civitas. In den unterworfenen Provinzen war ein solcher Meilenstein neben der Loyalitätsbekundung gegenüber dem Kaiser immer auch eine Demonstration der römischen Staatsgewalt (Abb. 2).

Der hadrianische Meilenstein von Kastel steht sicher mit einem verbesserten Ausbau der Straße von Kastel nach Wiesbaden in Verbindung, die nach Ablösung der Militärgewalt in der Provinz Obergermanien durch zivile Verwaltungsbezirke und der damit verbundenen endgültigen Einbeziehung des Gebietes in das Imperium Romanum erfolgt sein wird. Vielleicht wurde er anläßlich der Übergabe der Straße in die zivile Verwaltung und der damit verbundenen Umwidmung der *via militaris* in eine *via publica* errichtet. Für die Geschichte der Stadt Wiesbaden ist er von herausragender Bedeutung, weil seine Inschrift für das Jahr 122 n. Chr. die Existenz und den römischen Namen des *vicus Aquae Mattiacorum* dokumentiert.

Dicht neben dem hadrianischen fand sich das weniger gut erhaltene Bruchstück eines zweiten Meilensteins. Er gehört zu den sog. »Leugensteinen«, weil auf ihm die Entfernung [Ab] AQ(uis Mattiacorum) L(eugae) IIII, »von Aquae Mattiacorum 4 Leugen« (= 6 römische Meilen, etwa 9 km) in Leugen, einem gallischen Längenmaß, angegeben ist. Diese Entfernungsangabe ist seit dem Beginn des 3. Jahrhunderts auch in Germa-

Abb. 1 Der römische Meilenstein von 122 n. Chr. aus Mainz-Kastel (Ausschnitt)

Abb. 2   Römische Landstraße, ohne Rücksicht auf das Gelände geradlinig geführt; links zwei Meilensteine. Im Hintergrund ein ummauerter Vicus; in der Mitte ein vielleicht dem Gott des Handels Merkur geweihter kleiner Tempel (Zeichnung: Saalburgmuseum)

nien in Gebrauch[8]. Sie hängt zusammen mit der um 200 n. Chr. erfolgten planmäßigen Reorganisation des Straßenwesens, hauptsächlich von Gallien zum Rhein und bis zum Limes. Seitdem verdrängte die Berechnung nach Leugen die Angaben nach *milia passuum*[9].

Die Mattiaker

Mattiaker hießen die Einwohner des Landstriches zwischen Rhein, Main und Taunus zum Zeitpunkt der Ankunft der Römer. Sie gehörten zur germanischen Stammesgruppe der Chatten, deren Wohnsitze sich von Taunus und Wetterau bis nach Oberhessen erstreck-

ten. Die Mattiaker nahmen eine gewisse Sonderstellung ein. Wahrscheinlich waren sie ein Teilstamm der Chatten, deren Angehörige sich mit den vor ihnen in der Wiesbadener Gegend ansässigen Kelten[10] vermischt haben. Inwieweit auch Teile germanischer Ubier, die bei der Umsiedlung auf das linke Rheinufer durch den römischen Statthalter Agrippa 38 v. Chr. in ihren alten Wohnsitzen zwischen Rhein, Taunus und Westerwald zurückgeblieben waren und deren Römerfreundlichkeit schon Caesar erwähnt[11], in ihnen aufgegangen sind, ist nicht eindeutig geklärt.

Wie die Ubier scheinen auch die Mattiaker den Römern mit weniger Abneigung gegenübergetreten zu sein als der Hauptstamm der Chatten, dessen Angehörige, was die rauhe Lebensart und den kriegerischen Mut anbetrifft, den Einwohnern des germanischen Kernlandes um Weser und Elbe stets enger verbunden geblieben sind als die an Rhein und Main lebenden Mattiaker. Der römische Geschichtsschreiber Tacitus berichtet über sie in seiner gegen Ende des 1. Jahrhunderts n. Chr. verfaßten Schrift Germania (Über den Ursprung und die Wohnsitze der Germanen): »Sie leben zwar auf dem jenseitigen Ufer des Rheines, in ihrer Einstellung und Denkart halten sie es aber mit uns« (*mente animoque nobiscum agunt*)[12].

Wann die Römer ihrer ersten Niederlassung in der Nähe der heißen Quellen den Namen *Aquae Mattiacorum*, Heilbad (im Land) der Mattiaker, gegeben haben, ist nicht bekannt. Der Kasteler Meilenstein weist zwar auf die Existenz des Vicus *Aquae Mattiacorum* als dem Hauptort der *Civitas Mattiacorum* mit bürgerlicher Verwaltung zum Zeitpunkt seiner Setzung (122 n. Chr.) hin. Ein solcher Vicus hat sich jedoch im allgemeinen aus einer schon vorher bestehenden Ansiedlung entwickelt, die anfangs nur aus wenigen Häusern, einer Straßenstation oder einem militärischen Stützpunkt bestanden hat.

Die mattiakischen Quellen

Die früheste Nennung des Ortes, der durch die heißen Quellen gekennzeichnet und damit für die Römer von Anfang an von besonderem Interesse war, findet sich bei dem römischen Schriftsteller und Naturforscher C. Plinius dem Älteren. Er schreibt in seiner Naturalis historia, einer monumentalen, 37 Bücher umfassenden Naturgeschichte[13], die etwa 77 n. Chr. erschienen ist:

Sunt et Mattiaci in Germania fontes calidi trans Rhenum, quorum haustus triduo fervet; circa margines vero pumicem faciunt aquae.
»In Germanien gibt es jenseits des Rheines die heißen mattiakischen Quellen, deren Strudel alle drei Tage dampft. An den Rändern setzt das Wasser einen Sinter ab.«[14]

Die gebräuchliche Übersetzung ergibt keinen rechten Sinn. Daß die Brunnenfüllung (der Quelltümpel), *haustus*, alle drei Tage oder drei Tage lang heftig siedet oder dampft, ist physikalisch kaum nachvollziehbar. Entgegen der eingefahrenen Tradition dieser unbefriedigenden Übersetzung soll hier eine andere Deutung vorgeschlagen werden.
Danach könnte es sich bei dem Wort *triduo* um eine Dittographie, handeln, eine versehentliche Verdoppelung bei der Abschrift eines Quellentextes. Sie entsteht, wenn der Schreiber in eine falsche Zeile gerät. Das Wort *triduo* kommt in dem Pliniustext tatsächlich zwei Zeilen darüber schon einmal vor[15]. Läßt man das *triduo* in dem auf die mattiakischen Quellen bezogenen Satz weg, ergibt der Text einen klaren Sinn:
»In Germanien gibt es jenseits des Rheines die heißen mattiakischen Quellen, deren Quelltümpel (*haustus*) heftig siedet und dampft (*fervet*). An den Rändern setzt das Wasser einen Sinter ab.«
Daß Plinius den Quellensinter als »Tuff« (*pumex*), ein in seiner italischen Heimat verbreitet vorkommendes, blasiges Auswurfgestein vulkanischen Ursprungs, bezeichnet, ist verständlich. Trockener, krustenartig verhärteter Sinter weist beim Betrachten der Oberfläche große Ähnlichkeit mit bestimmten Ausformungen von Tuffstein auf. Diese Ähnlichkeit, für die man den Blick eines Naturkundigen haben muß, ist ein Hinweis darauf, daß Plinius die Quellen der Mattiaker mit eigenen Augen gesehen und nicht nur vom Hörensagen gekannt hat[16].
Diese Annahme steht mit seiner Biographie in Einklang. Der 23/24 n. Chr. in Comum (heute Como) am Comer See geborene Plinius war in den Jahren 50/51 Kommandant einer Reiterabteilung im obergermanischen Heer. Während dieser Zeit hat er an dem von Ta-

citus[17] beschriebenen Feldzug des kaiserlichen Legaten P. Pomponius gegen die Chatten teilgenommen. Als diese nach einem Raubzug auf linksrheinisches Gebiet[18] zum Taunusgebirge (*ad montem Taunum*) zurückkehrten, wurden sie dort von den aus Mainz herbeigeeilten Truppen des Pomponius eingeschlossen und vernichtet.
Plinius war in Mainz stationiert. Damals muß ein lebhafter Kontakt zwischen dem Legionslager *Mogontiacum* und dem vorgeschobenen Stützpunkt bei den Quellen der Mattiaker bestanden haben, wie wir aus der durch Ziegelfunde belegten Bautätigkeit schließen können. Die heißen Quellen waren für die Legionäre, die in ihren Truppenlagern auf dem Mainzer Kästrich (*castrum*) und bei Weisenau mehr schlecht als recht zusammengepfercht lebten, von unschätzbarem Wert. Plinius hatte also vielfältige Gelegenheit, die Wiesbadener heißen Quellen aufzusuchen. Seine Beobachtungen wird er an Ort und Stelle gemacht und niedergeschrieben haben.

Die mattiakischen Kugeln

Es gibt noch einen weiteren Beweis dafür, daß die Römer schon zur Zeit ihrer rein militärischen Präsenz im rechtsrheinischen Germanien die mattiakischen Quellen nicht nur zur Erholung der in *Mogontiacum*/Mainz stationierten Legionäre und Hilfstruppen, sondern auch kommerziell genutzt haben. Der römische Dichter Marcus Valerius Martialis (um 40 – 103/104 n. Chr.) schrieb mit Vorliebe satirische Verse (Epigramme), in denen er die Schwächen seiner römischen Mitbürger aufs Korn nahm. Zwei dieser Epigramme (XIV, 26, 27), die in den Jahren 85/86 entstanden sind, befassen sich mit dem schon von Plinius erwähnten ockerfarbenen Sinter der mattiakischen Quellen:

Chattica Teutonicos ascendit capillos.
Captivis poteris cultior esse comis.

Si mutare paras longaevos cana capillos,
Accipe Mattiacas – quod tibi calva – pilas.

Die epigrammatische Kürze des Dichters läßt sich nur mit Hilfe ergänzender Worte verständlich machen:

»Chattischer Sinter (Chattica) macht teutonische Haare glänzender.
(Wenn du ihn benutzest), wirst du (die Haare) der Gefangenen (an Glanz) übertreffen.«
»Wenn du im Sinn hast, die (Farbe deiner) altersgrauen Haare zu ändern, nimm mattiakische Kugeln – was soll dir der Kahlkopf.«

Zum ersten Epigramm: Helles Haar, wie man es bei (blonden) Germanen sah, galt bei den dunkelhaarigen Römern offenbar als schick. Bemerkenswert ist die Gleichsetzung von Mattiakern und Chatten. Die Verwendung des Namens Teutonen für rechtsrheinische Germanen ist freie poetische Wortwahl. – Zum zweiten Epigramm: Bei Männern gab es den Brauch, graue Haare auszurupfen oder den Kopf kahl zu scheren, um das wahre Alter zu verschleiern. Die darin zum Ausdruck kommende Eitelkeit verspottet der Dichter. Mit unverkennbar ironischem Unterton empfiehlt er, statt dessen die Haare mit dem rötlichgelben Sinter der mattiakischen Quellen zu färben. Als Martial die beiden Epigramme niederschrieb, wird der Handel mit mattiakischen Kugeln schon einige Zeit im Gange gewesen sein. Von der Fabrikation und kaufmännischen Organisation des Vertriebes bis nach Rom ist jedoch nichts Genaueres bekannt[19].

Das Vordringen der Römer zum Rhein

Die Reichspolitik des Augustus

Wie und warum kamen die Römer an den Rhein? Als erster Feldherr war Gaius Iulius Caesar im Kampf gegen die Sueben unter Ariovist im Jahr 58 v. Chr. bis an den Oberrhein vorgedrungen. Zwischen 58 und 51 n. Chr. hat er Gallien unterworfen und den Rhein zur Grenze des römischen Reiches gemacht. Der Fluß war eine natürliche Barriere gegen die auf dem anderen Ufer lebenden Völker. Zur Unterscheidung von den diesseits wohnenden Galliern bezeichnete sie insgesamt als Germanen[20].
Das erste Aufeinandertreffen der Römer mit Germanenstämmen hatte schon vor der Wende des 2. zum 1. Jahrhundert v. Chr. stattgefunden. Kimbern und

Teutonen, die damals noch nicht Germanen genannt wurden, hatten ihre Heimat in Jütland verlassen, »um ein Land zu suchen, das sie ernähren könnte, und Städte, in denen sie sich niederlassen wollten«[21]. Sie verdrängten zuerst die keltischen Helvetier aus Süddeutschland (113 – 110 v. Chr.) und zogen dann nach Süden weiter. Den Römern gelang erst nach verlustreichen Kämpfen im Gebiet der heutigen Provence und in Oberitalien, diesem frühesten *furor teutonicus* standzuhalten und die Eindringlinge zu besiegen (102 und 101 v. Chr. bei Aquae Sextiae und Vercellae); die Erinnerung an diese Bedrohung haben die Römer nie vergessen.
Die Züge der Kimbern und Teutonen waren nur der Anfang einer Entwicklung, die sich in den Wanderungen der Sueben unter Ariovist am Oberrhein und wiederholten Überfällen germanischer Stämme am Niederrhein fortgesetzt hat. Am Anfang des Krieges gegen die Gallier äußerte sich Caesar besorgt, daß die Germanen sich allmählich daran gewöhnen würden, den Rhein zu überschreiten, und daß es eine Gefahr für das römische Volk bedeuten werde, wenn eine zu große Zahl von ihnen nach Gallien käme. Hätten sie erst einmal Gallien besetzt, werde sie nichts davon abhalten wie die Kimbern und Teutonen in die Provinz (*Gallia Narbonensis*) einzufallen und von dort aus nach Italien zu ziehen. Dieser Entwicklung müsse man so schnell wie möglich entgegentreten[22].
In dieser Anschauung liegt das Programm seiner Eindämmungspolitik gegen die Germanen[23]. Sie hat ihn im Verlauf des Krieges mehrfach bis an den Rhein geführt. Zweimal (55 und 53 v. Chr.) hat er den Fluß in der Gegend von Neuwied mit kleineren Truppeneinheiten überschritten[24]. Diese Vorstöße bedeuteten jedoch nicht den Beginn einer gezielten Eroberungspolitik. Sie waren eher eine Demonstration römischer Macht gegenüber einem Nachbarn, dessen Gefährlichkeit Caesar erkannt hatte[25].
Lange blieb die Rheingrenze eine reine Markierungslinie, die militärisch kaum befestigt war. 38 v. Chr. wurden die von Sueben bedrängten Ubier, die seit Caesar als römerfreundlich galten, aus ihren rechtsrheinischen Wohnsitzen zwischen Sieg und Lahn auf die andere Seite des Rheins umgesiedelt[26]. Vorher schon, zu einem nicht näher zu bestimmenden Zeitpunkt, waren die Bataver, ein Teilstamm der Chatten[27], auf eine Insel

im Mündungsgebiet des Rheins »übergetreten« (*transgressus*).

Die militärische Sicherheit in Gallien beruhte auf der Stationierung von sechs römischen Legionen. Sie konnten auf dem in erster Linie nach strategischen Gesichtspunkten angelegten Straßennetz[28] schnell in unruhige Stammesgebiete oder zu grenznahen Gefahrenpunkten in Marsch gesetzt werden. Eine dieser Straßen führte vom Zentrum der römischen Macht, dem Raum um Lyon (*Lugdunum*), über Dijon, Langres und Metz ins Land der Treverer. Eine zweite, nordöstlicher verlaufende Marschroute erreichte über den Genfer See das Rheinknie bei Basel.

Wann und in welchem Ausmaß mit der Anlage von festen Plätzen entlang des Rheins unterhalb von Basel begonnen wurde, ist nicht genau bekannt. Einiges spricht dafür, daß erst die Niederlage des römischen Legaten M. Lollius im Jahre 16 v. Chr. gegen die germanischen Sugambrer und die mit ihnen verbündeten Usipeter und Tenkterer auf gallischem Boden, nördlich von Aachen, den Anstoß zu größeren Aktivitäten gegeben hat[29].

Das Ausmaß dieser Niederlage ist umstritten[30]. Tatsache ist, daß die Römer hier zum erstenmal einen Legionsadler an die Germanen verloren haben, eine Schmach, die vermutlich mehr wog als die eigentliche Niederlage.

Tiberius, Stiefsohn und später Nachfolger des Princeps Augustus, übernahm das Kommando über die römischen Legionen. Sie wurden nun aus dem Innern Galliens an den Rhein verlegt. Die am stärksten befestigten Plätze waren Castra Vetera bei Xanten und Mogontiacum (Mainz), wo in einem Zweilegionenlager die 14. Legion (*Gemina*) und die 16. Legion (*Gallica*) stationiert wurden.

Die Feldzüge des Drusus (12 – 9 v. Chr.)

Wann der Plan gefaßt wurde, offensiv über den Rhein zu gehen, läßt sich nicht auf ein bestimmtes Datum festlegen. Nach Th. Mommsen[31] war die Niederlage des Lollius der Zeitpunkt, an dem der Plan gefaßt wurde, den Rhein und das Vorland der Alpen zu überschreiten und die römischen Waffen von Gallien aus ostwärts, von Italien aus nordwärts zu tragen. Diese

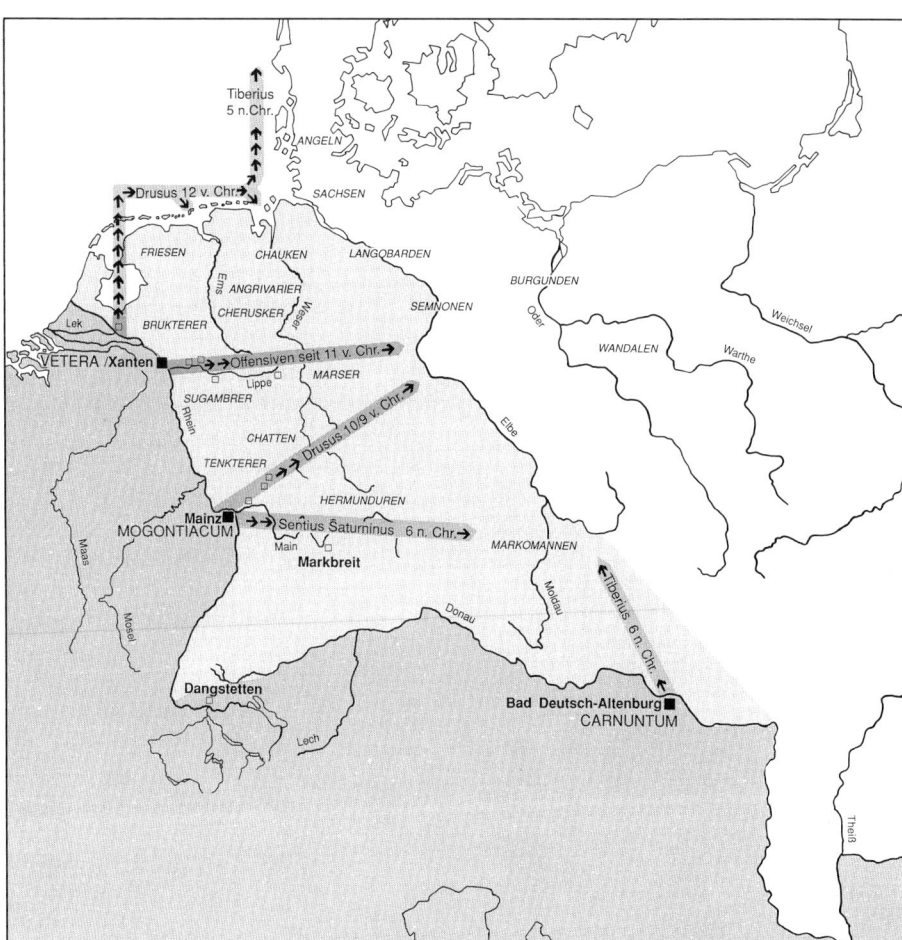

Abb. 3   Die Germanenfeldzüge des Drusus und Tiberius von 11 v. Chr. bis 6 n. Chr.

Sicht des Beginns der Germanenkriege ist aber nicht unumstritten[32].

Tatsache ist, daß 15 v. Chr. die Stiefsöhne des Augustus, Tiberius Claudius Nero und Nero Claudius Drusus (»Drusus der Ältere«), mit einem überraschenden Zangenangriff von Süden (Drusus) und Westen (Tiberius) die Alpenstämme besiegt, den Alpenübergang nach Norden geöffnet und das Alpenvorland bis zur Donau besetzt haben. Dieser Flankenschutz an der oberen Donau war eine wichtige Voraussetzung für die Vorstöße der Römer über den Rhein[33].

Drusus war seit 13 v. Chr. Generalstatthalter in Gallien und Oberbefehlshaber der Legionen an der germanischen Front. Zum Schutz der Straße auf dem linken Rheinufer von Basel zur Nordsee verband er die römischen Hauptstützpunkte am Rhein durch eine Reihe kleinerer Kastelle[34]. Im Norden ließ er einen Kanal vom Rhein über die Zuidersee zur Nordsee ausheben, durch den die römische Flotte bis in die Mündungsgebiete von Ems, Weser und Elbe vordringen konnte[35]. Damit war eine Aufmarschzone geschaffen, von der aus regionale Gegenschläge über den Rhein, aber auch weiträumige Offensiven ins Innere Germaniens unternommen werden konnten[36] (Abb. 3).

Den unmittelbaren Anlaß zum Eingreifen der Römer scheinen wiederum die Sugambrer gegeben zu haben. Drusus trieb sie in den Jahren 12 und 11 v. Chr. über den Rhein zurück und verheerte große Teile ihres Landes. Ein Jahr später wandte er sich zum erstenmal gegen die Chatten. Cassius Dio, ein römischer Geschichtsschreiber griechischer Sprache, berichtet[37], daß sie »das ihnen von den Römern angewiesene Land verlassen und sich mit den Sugambrern verbündet hatten«. Die Vermutung, daß es sich um das von den Ubiern bei ihrer Übersiedlung auf das rechte Rheinufer verlassene Gebiet um das Neuwieder Becken handelt, gründet sich auf eine Textstelle des Cassius Dio über die Errichtung eines Stützpunktes der Römer am Rhein nach dem Feldzug des Jahres 11 v. Chr.[38].

Um den Kern der Streitmacht der Chatten anzugreifen, führte Drusus 10 v. Chr. seine Truppen von Mainz aus entlang des Mains auf der Route der in Kastel beginnenden Steinernen Straße durch die Wetterau in das Stammland der Chatten in Oberhessen. Bei der Vorbereitung dieses Feldzuges werden Aufklärungseinheiten des Heeres von Mainz aus das Gebiet zwischen Rhein und Taunuskamm erkundet haben. Bei ihrer Vorliebe für heiße Bäder wird man davon ausgehen dürfen, daß die Römer spätestens damals die mattiakischen Quellen entdeckt und ihnen besondere Beachtung geschenkt haben[39].

Genauere Kenntnis besitzen wir vom Feldzug des Jahres 9 v. Chr. Seine Ziele waren von Anfang an weiter gesteckt und großräumiger angelegt. Auf dem langen Marsch kam es zuerst zu schweren Kämpfen mit den Chatten, im Innern des Landes gegen Sueben und Markomannen; die Cherusker zogen sich dagegen bis hinter die Elbe zurück. Nach dem Zeugnis des Cassius Dio wollte Drusus auch diesen Fluß überqueren; da das nicht gelang, errichtete er ein Siegeszeichen auf dem diesseitigen Ufer und trat dann den Rückmarsch an[40].

Auf diesem Rückmarsch, zwischen Harz und Thüringer Wald, stürzte Drusus so unglücklich vom Pferd, daß er noch im Feldlager starb. Sein Bruder Tiberius führte das Heer zum Rhein zurück und brachte den Leichnam nach Rom, wo er in einem prunkvollen Staatsbegräbnis beigesetzt wurde. Drusus und seine Söhne erhielten den Ehrennamen Germanicus. Seine Soldaten errichteten ihm einen Triumphbogen und »ein Kenotaph am Rhein«[41], der nach einer bis ins Mittelalter zurückreichenden Überlieferung mit dem Drususstein (Eichelstein) in Mainz identisch ist[42].

Der Feldherr Tiberius

Anders als Drusus, dessen militärisches Handeln durch waghalsiges Draufgängertum, verbunden mit persönlichem Ehrgeiz, gekennzeichnet war[43], hat Tiberius den Krieg gegen die Germanen bedächtig und mit größerer Umsicht fortgesetzt. Velleius Paterculus, Offizier im Gefolge des Tiberius und Verfasser einer »Römischen Geschichte«, hat über diese Feldzüge als Augenzeuge, aber nicht immer unparteiisch und oft genug übertreibend berichtet. Über den Feldzug des Jahres 8 v. Chr. schreibt er: »Siegreich durchzog Tiberius alle Gebiete Germaniens ohne jeglichen Verlust für die ihm anvertrauten Truppen; darauf war er bei seiner Heeresführung besonders bedacht. Er unterwarf Germanien so vollständig, daß er es fast zu einer steuerpflichtigen Provinz machte«[44].

Anfang des Jahres 6 v. Chr. legte Tiberius das Kommando des rheinischen Heeres nieder. Er zog sich – aus hier nicht zu erörternden Gründen – nach Rhodos zurück[45]. Am Rhein scheint es für einige Jahre ruhig geworden zu sein. Fast sieht es so aus, als ob der Princeps Augustus das mit den bisherigen Offensiven verbundene Ziel als erreicht angesehen und ihm nicht an einer auf Dauer angelegten Besetzung des Landes zwischen Rhein und Elbe, sondern an der Errichtung einer den gallischen Provinzen vorgelagerten Zone, deren Stämme durch Verträge unterschiedlicher Abstufung an Rom gebunden waren, gelegen habe[46].

Aus nicht näher bekannten Gründen kam es jedoch im Jahre 1 n. Chr. erneut zu größeren Unruhen[47]. Als es dem Legaten Marcus Vinicius nicht gelang, Ruhe und Ordnung herzustellen, schickte Augustus seinen aus

Rhodos nach Rom zurückgekehrten und nunmehr adoptierten Stiefsohn Tiberius erneut nach Germanien, um dort mit größerem Nachdruck die Interessen Roms zur Geltung zu bringen.

Die Feldzüge der Jahre 4 und 5 n. Chr. markieren den Höhepunkt der römischen Macht in Germanien. Im ersten Jahr »besiegte Tiberius die Canninefaten, Attuarier und Brukterer und nahm die Cherusker in die Obhut des römischen Volkes«[48]. Im Jahr darauf unternahm er einen kombinierten See- und Landfeldzug, der das Heer vom Rhein aus bis an die Elbe und die Flotte noch weiter nach Norden bis nach Jütland führte[49]. Die dort lebenden Völker »erbaten durch Gesandte die Freundschaft des römischen Volkes«, heißt es im Tatenbericht des Augustus[50].

Der Feldzug gegen die Markomannen 6 n. Chr.

Velleius Paterculus schreibt: »Es blieb in Germanien nichts mehr zu erobern übrig außer dem Volksstamm der Markomannen.«[51] Ende des Jahres 5 n. Chr. scheint in der Tat das nördliche und mittlere Germanien von den Operationsbasen am Niederrhein aus weitgehend unter römischer Kontrolle gestanden zu haben. Dasselbe gilt für das Alpenvorland bis zur oberen Donau.

Die Markomannen waren ursprünglich ein Teilstamm der Sueben. Sie hatten unter dem Druck der wiederholten römischen Angriffe kurz vor der Zeitenwende ihre Wohnsitze vom mittleren und oberen Main nach Böhmen verlegt. Unter ihrem Anführer Marbod waren sie zu einer solchen Macht geworden, »daß sie selbst unserem Reich (*imperio nostro*) bedrohlich erschienen«[52].

Gegen diese Bedrohung organisierte Tiberius im Jahre 6 n. Chr. eine großräumig angelegte Zangenoperation. Sentius Saturninus, der Legat des in Mainz stationierten oberen Rheinheeres, erhielt den Auftrag, mit seinen Legionen »durch das Gebiet der Chatten nach Böhmen zu marschieren. (. . .) Tiberius selbst wollte von Carnuntum aus, einem Ort im Königreich Norikum, der jener Gegend am nächsten liegt, mit den Truppen, die in Illyrien dienten, gegen die Markomannen aufbrechen«[53].

Dieser Feldzug, bei dem sich die Römer weit von ihrer Ausgangsbasis am Rhein entfernten, setzte bedeutende Vorkehrungen für die Sicherung des Nachschubs voraus. Spätestens für diesen Feldzug wurde deshalb ein Lager in Höchst angelegt[54]. Es diente als Umschlagplatz für Versorgungsgüter, die bis dorthin auf Schiffen transportiert werden konnten. H.-G. Simon hält ein gleichzeitiges Erdlager direkt auf dem Vormarschweg bei Frankfurt-Praunheim für möglich, das von Höchst aus versorgt wurde[55].

In bezug auf Wiesbaden geht Simon davon aus, daß der im Zuge des Markomannenfeldzuges hier vorauszusetzende militärische Stützpunkt unbekannter Größe »die Funktion hatte, durch Kontrolle der Taunusübergänge die Flanke des von Mainz ausgehenden Vormarschweges zu sichern«[56]. Das heißt aber, daß man die Gefahr, die von den Chatten aus dem Taunus heraus ausging, jetzt höher einschätzte als zur Zeit des Drusus.

In seiner Studie über »Probleme der Anfangsdatierung von Wiesbaden« zieht Simon den Schluß, daß das von ihm gesichtete Material zwar »nicht ausreicht, für Wiesbaden bereits eine Besatzung zur Zeit der Offensive des Drusus anzunehmen, daß die ältesten Funde aber noch bis in augusteische Zeit zurückreichen«. Er schließt: »Daß sich in augusteischer Zeit in Wiesbaden ein Lager befunden hat, kann als gesichert angesehen werden, wenn auch ein zwingender Nachweis für seine Lage aufgrund der bisherigen Kenntnisse nicht erbracht werden kann. Das Fundmaterial spricht dafür, daß seit dieser Zeit Wiesbaden ständig oder nur mit kurzen, archäologisch nicht nachweisbaren Unterbrechungen zum Brückenkopf des Legionslagers Mainz gehörte.«[57]

Bei dem Feldzug des Jahres 6 n. Chr. war der Zangenangriff der Römer gegen die Markomannen so weit vorangekommen, daß Tiberius mit seinem Heer bis auf fünf Tagesmärsche an die Vorhut der Feinde herangerückt und Sentius Saturninus von Westen mit seinen Legionen fast in gleicher Entfernung vom Feind angelangt war. Beide Heere hätten sich in wenigen Tagen an einem vorher vereinbarten Ort vereinigen sollen[58]. Genau zu diesem Zeitpunkt brach jedoch in Pannonien ein blutiger Aufstand aus. Um nicht von seinen rückwärtigen Verbindungen abgeschnitten zu werden, beendete Tiberius den Krieg gegen die Markomannen und nahm den Kampf gegen die Aufständischen auf.

Das vom Rhein her aufgebrochene Heer mußte unverrichteter Dinge umkehren; es erreichte Mainz anscheinend ohne eigene Verluste[59].

Germanien vor und nach der Varusschlacht

Seit dem Jahr 6 n. Chr., in dem Tiberius »als Sieger über alle Gegenden Germaniens, zu denen er gekommen war«[60] gefeiert wurde, hielt man in Rom den Zeitpunkt für gekommen, das rechtsrheinische Germanien zu einer römischen Provinz zu machen. Als Statthalter wurde Publius Quinctilius Varus eingesetzt, der 7 n. Chr. den Oberbefehl des rheinischen Heeres übernahm. Er war kein im Kampf erprobter Feldherr. In sei-

ner früheren Position als Statthalter in Syrien hatte er überwiegend Verwaltungsaufgaben zu lösen gehabt. Von den besonderen Verhältnissen in Germanien wußte er wenig.

Eine lebendige Schilderung dieser Zeit gibt der Geschichtsschreiber Cassius Dio: »Die Römer hatten einige Teile des Landes unterworfen, nicht zusammenhängend, sondern wie sie es gerade erobert hatten. Sie überwinterten dort und legten Städte an. Die Bewohner fügten sich bereits nach römischer Sitte; sie kamen auf die Märkte und pflegten friedlichen Umgang mit ihnen, konnten jedoch ihre Sitten, ihre Landesgebräuche, ihre ungebundene Lebensweise, ihre Kampfeslust nicht vergessen. (. . .) Als Quinctilius Varus das Gebiet als Provinz erhielt, stimmte er einen zu hohen

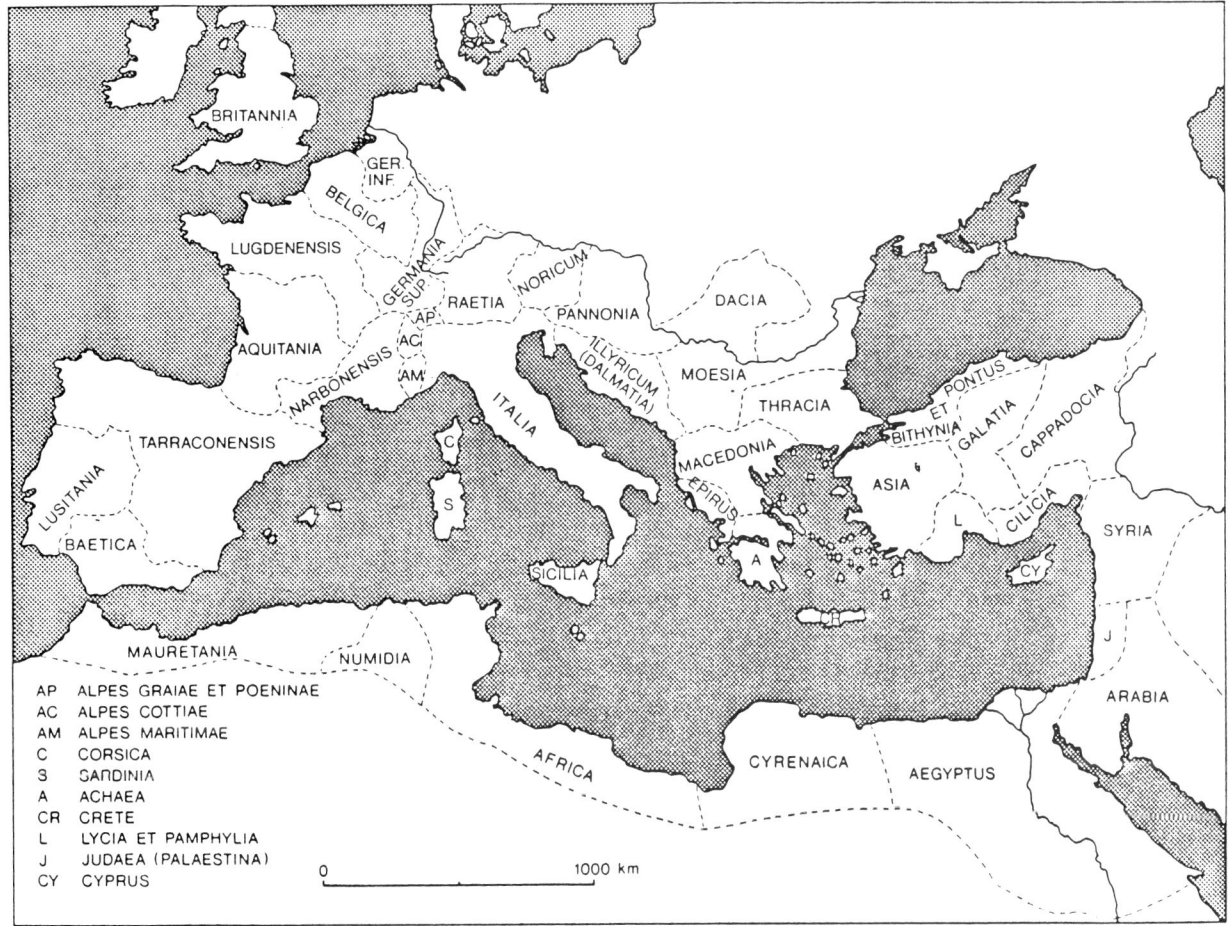

Abb. 4 Das Römische Reich im 2. Jh. n. Chr. Das Fernziel der Elbegrenze wurde schon beim Tod des Augustus aufgegeben.

AP ALPES GRAIAE ET POENINAE
AC ALPES COTTIAE
AM ALPES MARITIMAE
C CORSICA
S SARDINIA
A ACHAEA
CR CRETE
L LYCIA ET PAMPHYLIA
J JUDAEA (PALAESTINA)
CY CYPRUS

0   1000 km

Ton an; er wollte alles zu rasch umformen, behandelte die Einwohner herrisch und erpreßte Tribut wie von Untertanen. Das wollten die Bewohner dieses Landes sich nicht mehr gefallen lassen.«[61]

Die genaueren Motive, die im Herbst des Jahres 9 n. Chr. zum Aufstand geführt haben, brauchen hier ebensowenig erörtert zu werden wie Einzelheiten der »Schlacht im Teutoburger Wald«[62]. Auf dem Rückmarsch aus dem Sommerlager an der Weser haben die Cherusker unter ihrem Anführer Arminius das römische Heer in einen Hinterhalt gelockt und in einem drei Tage währenden Kampf zum größten Teil niedergemacht. Die Niederlage war eine Katastrophe. Der Glaube an Roms Unbesiegbarkeit kam ins Wanken, die Germanienpolitik des Augustus war gescheitert.

In welcher Weise die Situation im Mainmündungsgebiet von der Niederlage des Varus betroffen war, kann nur indirekt erschlossen werden. Der Verlust von ca. 20 000 Soldaten des niedergermanischen Heeres zwang die Römer, vorgeschobene Stützpunkte entlang der Lippe und in der Wetterau aufzugeben, um die Frontlinie zu verkürzen. Nur so war es möglich, die Rheingrenze selbst mit den verbliebenen Legionen des obergermanischen Heeres vor Überfällen nachrückender Germanen wirksam zu schützen[63].

H.-G. Simon schließt Wiesbaden in diese Überlegungen ein: »Während man annehmen kann, daß das Lager von Bad Nauheim spätestens 9 n. Chr. aufgelassen wurde, ist die zeitweilige Aufgabe der Besetzung von Wiesbaden bei der Nähe zum Legionslager Mainz nicht unbedingt vorauszusetzen. Der archäologische Befund spricht für eine Kontinuität, wobei allerdings eine kurzfristige Unterbrechung nicht nachweisbar wäre.«[64]

In dieser äußersten Bedrängnis übernahm Tiberius Ende des Jahres 9 n. Chr. erneut das Kommando am Rhein[65]. Er machte jedoch nicht den Versuch einer größeren Gegenoffensive, sondern begnügte sich mit der Sicherung der linksrheinischen Kastelle einschließlich eines Brückenkopfes gegenüber von Mainz (Mogontiacum), zu dem außer Kastel (Castellum) wahrscheinlich auch Wiesbaden gehört hat. Die Rheinarmee wurde auf acht Legionen verstärkt, geteilt in ein oberes (Mainz) und ein unteres Kommando (Castra Vetera/ Xanten)[66]. Fast ein Drittel des römischen Heeres stand nun am Rhein.

Die Feldzüge des Germanicus 14–16 n. Chr.

Germanicus, der Sohn des Drusus und Neffe des Tiberius, war durch Adoption ein Enkel des Princeps Augustus. Er war dazu ausersehen, sich auf höchste Ämter vorzubereiten. Nachdem er sich in Illyrien als Truppenführer ausgezeichnet hatte, wurde er 11 n. Chr. in Germanien eingesetzt und zwei Jahre später, als Tiberius wegen der Schwäche des alternden Augustus nach Rom zurückkehrte, Statthalter in Gallien mit dem alleinigen Oberbefehl in Germanien[67]. Nach dem Tod des Augustus (19. August 14 n. Chr.) übernahm sein Adoptivsohn Tiberius die Regierungsgewalt. In Germanien unternahm der zu Taten drängende Germanicus in den Jahren 15 und 16 noch einmal ausgreifende Feldzüge[68]. Im Frühjahr des Jahres 15 zog er von Mainz aus mit den vier Legionen des obergermanischen Heeres und der doppelten Anzahl von Auxiliartruppen nach Errichtung eines »Kastells über den Resten einer von seinem Vater (Drusus) angelegten Befestigung auf dem Taunusgebirge« gegen die Chatten[69].

Tacitus schildert sehr lebendig: »Den Chatten kam der Anmarsch der Römer so unerwartet, daß alle, die sich wegen ihres Alters und Geschlechts nicht wehren konnten, gefangen oder niedergemacht wurden. Die junge Mannschaft der Chatten hatte die Eder (Adrana) schwimmend durchquert und versuchte die Römer, die den Bau einer Brücke begannen, daran zu hindern. Mit Wurfmaschinen und Pfeilen zurückgetrieben, versuchten sie vergeblich, Friedensverhandlungen anzuknüpfen. Daraufhin liefen einige zu Germanicus über, andere ließen ihre Dörfer und Gehöfte im Stich und flohen in die Wälder. Germanicus ließ Mattium, den Hauptort des Stammes, in Brand stecken; er verwüstete das offene Land und zog dann zum Rhein zurück, ohne daß die Chatten es wagten, den abziehenden (Römern) in den Rücken zu fallen.«

Diese Schilderung legt die Vermutung nahe, daß die damaligen Bewohner des Gebietes zwischen Main, Taunus und Wetterau, durch das der Feldzug führte, auf der Seite der Römer gestanden haben. Hätten in diesem Gebiet römerfeindliche Stammesverwandte der Chatten gesessen, wäre es kaum zu verstehen, daß sie ihren Stammesbrüdern keine Warnung zukommen ließen, als das römische Heer gegen sie im Anmarsch war[70].

16 n. Chr. marschierte nochmals ein starkes römisches Heer, 30 000 Mann zu Fuß und 3000 Reiter[71], unter dem Kommando des Legaten C. Silius von Mainz aus gegen die Chatten. Über den Ausgang dieses Feldzuges schweigen die antiken Quellen. Er hat aber nicht zu erkennbaren Veränderungen im hessisch-mitteldeutschen Raum geführt. Die Chatten wurden geschwächt, aber nicht unterworfen.

Im gleichen Jahr kämpfte Germanicus im Norden des Landes ohne nachhaltigen Erfolg gegen die Cherusker. Auf dem Rückmarsch in die Winterquartiere erlitt das Heer, dessen größerer Teil auf Schiffen von der Emsmündung über die Zuidersee zum Rhein gebracht werden sollte, in der stürmischen Nordsee schwere Verluste[72]. Auf diese Nachricht hin entzog Kaiser Tiberius, der die Kriegführung seines Neffen von Anfang an mit Mißtrauen verfolgt hatte, ihm den Oberbefehl und berief ihn nach Rom zurück. Er beendete die Offensive gegen das freie Germanien. Der Plan, die Grenze des Imperiums bis zur Elbe vorzuschieben, war gescheitert.

Woher kamen die Mattiaker?

Wichtig an diesem Bericht sind im Hinblick auf die Geschichte der Mattiaker im Gebiet von Wiesbaden besonders zwei Gesichtspunkte: Zum einen ist es die Nennung von Mattium als Hauptort des Stammes der Chatten und der sprachliche Zusammenhang des Ortsnamens mit dem Stammesnamen der Mattiaker, die von Tacitus als Teilstamm der Chatten bezeichnet werden. Die Frage, wo dieser Ort gelegen hat, ist umstritten. Die häufig genannte Altenburg bei Niedenstein im Kreis Fritzlar-Homberg hat einige Wahrscheinlichkeit für sich: sie wird jedoch aufgrund neuerer Untersuchungen des dortigen Fundmaterials wieder in Zweifel gezogen[73]; in der näheren oder weiteren Umgebung wird sie aber gelegen haben.

Die sprachliche Verknüpfung des Namens Mattium mit der Herkunft des chattischen Teilstammes der Mattiaker bedarf einer neuen Interpretation. Der Wortklang und die etymologische Übereinstimmung sind allein noch kein schlüssiger Beweis dafür, daß sich nach einer zeitweiligen Besiedlung des Rhein-Main-Gebietes durch die Chatten ein Teil dieses Stammes, der in der Gegend der Wiesbadener heißen Quellen zurückblieb, nach einem Ort ihres früheren Wohngebietes umbenannt haben soll.

Ein Gesichtspunkt ist vor einigen Jahren von J. Wahl[74] neu ins Gespräch gebracht worden: »Es scheint, als habe zwischen der Zerstörung von ›Mattium‹ durch Germanicus und dem ersten Auftreten der germanischen Siedler auf dem rechten Mainufer nicht nur kein größerer Zeitabstand, sondern ein unmittelbarer Zusammenhang bestanden.« Das bedeutet, man könnte diese germanischen Ankömmlinge mit den beim Kampf um Mattium genannten Überläufern identifizieren, die von den Römern als Militärsiedler in das Gebiet zwischen Hofheim und Wiesbaden gebracht wurden, wo sie als Verbündete der Römer, in welcher Rechtsform auch immer, die von den Römern dringend benötigten warmen Quellen von Wiesbaden im Vorfeld von Mainz zu schützen hatten.[75]

Verfolgt man diesen Gedanken noch einen Schritt weiter, bleibt es ohne inneren Widerspruch, anzunehmen, daß die Römer sie »Leute aus Mattium« (*Mattii* oder *Mattiani*) genannt, und daß diese den Namen selbst übernommen haben. Danach haben sie sich allmählich mit den vorher hier ansässigen, römerfreundlichen Einwohnern keltischer Abstammung vermischt, die den Namen Mattii/Mattiani durch Verwenden des keltischen Suffixes -aci ihrer eigenen Sprache angepaßt haben.

Vielleicht kann diese Theorie sogar die Tatsache erklären, daß im Stadtgebiet von Wiesbaden und in der Umgebung bisher keine archäologischen Spuren gefunden wurden, die eindeutig einer chattisch-mattiakischen Kultur zuzuweisen wären. Bisher mußte man annehmen, daß das Fehlen von »chattischer-mattiakischer« Keramik auf das Fehlen neuerer wissenschaftlicher Untersuchungen an den in der Sammlung Nassauischer Altertümer aufbewahrten nichtrömischen, aber römerzeitlichen Artefakten (Keramik, Fibeln) zu erklären ist.

Dabei ist eine ganz andere Erklärung denkbar: Vielleicht ist die plötzlich und unvorbereitet aus ihrer Heimat geflohene und von den Römern aufgenommene »junge Mannschaft« der Chatten (Tacitus, Ann. I, 56,3) unter dem massiven Einfluß der römischen Zivilisation ohne rückwärtsgewandte Reminiszenzen aufgesogen und assimiliert worden. Denkbar ist, daß die Römer ihnen in diesem strategisch wichtigen Raum von Anfang an den Status einer foederierten Stammesgruppe gewährten. Verständlich wäre, daß sie rückständige Produktionstechniken aus der alten Heimat sehr schnell aufgegeben haben. Das würde erklären, warum im Raum Wiesbaden keine eindeutig chattisch-mattiakischen Kulturreste gefunden werden.

Wiesbaden als Etappenbad der Römer

Was die Einrichtung römischer Badeanlagen in dieser frühen Zeit betrifft, muß man sich die Umstände der Feldzüge von 15/16 n. Chr. vor Augen halten. Danach wäre es völlig unverständlich, wenn die Römer zur hygienischen Versorgung der 30 000 Soldaten, die sie für diese Feldzüge in Mainz und Umgebung zusammengezogen hatten, die warmen Quellen von Wiesbaden nicht genutzt hätten.

Man bedenke nur die Enge der Quartiere, in denen die Soldaten im Winter in einem ihnen ungewohnten Klima leben mußten, die vielen Verwundeten und Kranken, die aus den harten Sommerfeldzügen zurückkehrten; dazu das reichlich vorhandene warme Wasser, so daß kein mühsamer Holzeinschlag zum Erwärmen des Wassers notwendig war. All das spricht dafür, daß spätestens von dieser Zeit an die Römer zuerst wohl einfachere Badeeinrichtungen geschaffen haben, die nach dem Ende der Kämpfe zu festen Dauereinrichtungen ausgebaut wurden[76].

Rund um den Mauritiusplatz

Die ältesten Spuren der römischen Besiedlung innerhalb des Stadtgebietes von Wiesbaden haben die Archäologen im Umkreis des Mauritiusplatzes gefunden. Viele Anzeichen deuten darauf hin, daß dieser Platz und seine Umgebung schon damals ein Mittelpunkt des bürgerlichen Lebens gewesen ist. Eine ältere, keltische oder germanische Siedlung hat es vorher dort nicht gegeben. Unmittelbar unter der ältesten römischen Schicht liegen fundfreie Sande, Kiese und diluvialer Schotter (Abb. 5).

Heute ist der Mauritiusplatz das Zentrum der moder-

nen Einkaufsstadt Wiesbaden. Sein äußeres Erscheinungsbild entspricht zwar nur unvollkommen diesem Anspruch. Das ist jedoch nicht immer so gewesen. Bis zu ihrer Zerstörung durch eine Brandkatastrophe im Jahr 1850 stand hier die 1488–1521 erbaute Hauptkirche der Stadt, die bei den Einwohnern auch nach der Reformation ihren ursprünglichen Namen Mauritiuskirche behalten hat. An der gleichen Stelle war schon in fränkischer Zeit eine erste Kirche, ein schlichter karolingischer Saalbau, errichtet worden. Der Name des Ortes, zu dem die Kirche gehörte, ist in einer Schrift des Biographen Karls des Großen, Einhard, aus dem Jahr 830 überliefert: »castrum quod moderno tempore Wisibada vocatur« (ein fester Platz, der in neuerer Zeit Wisibada benannt wurde)[77].

Rings um die Kirche lag der 1248 (als Tagungsstätte des Gerichts) erstmals erwähnte Friedhof. Dort befand sich ein Beinhaus, über dem im frühen 14. Jahrhundert eine Michaelskapelle errichtet wurde. Beinhaus und Kapelle sind nach der Auflassung des Friedhofes (1690) bis zum Bau des Schulgebäudes an der Schulgasse (1730) als Schulraum benutzt worden. An der Westseite des Platzes, Kirchgasse Nr. 62–64, befand sich ein 1540 errichteter Adelshof, in dem im 19. Jahrhundert der nassauische Staatsminister Ernst Freiherr Marschall von Bieberstein gewohnt hat[78] (Abb. 6).

Der Scholastein

Nach dem Abriß dieses Adelshofes kam 1890 beim Ausheben der Baugrube für den Neubau eines Hauses außer einem kleinen Mühlstein aus Basaltlava und einem Hirschgeweih (Rohstoff zur Herstellung von beinernen Messergriffen, Kämmen und anderen Artikeln des täglichen Gebrauchs) eine 83 x 63 x 24 cm große Tafel aus rotem Buntsandstein zum Vorschein[74] (Abb. 7). Auf der Frontseite war eine Inschrift eingemeißelt:

IN H(onorem) D(omus) D(ivinae)
PRO PERPETVA IN
COLVMITATE IMP(eratoris)
NEGOTIATORES C(ivitatis) M(attiacorum)
[HANC] SCHOL(am) D(e) S(uo) F(ecerunt) DV(obus)
ASPR(is)

▷

Abb. 5   Innenstadt Wiesbaden mit den wichtigsten Fundplätzen des römischen Vicus. 1 Grabung Kirchgasse Nr. 56 – Mauritiusstr. Nr. 2 (Abb. 20). 2 Grabung Hochstättenstr. Nr. 16 (Abb. 17). 3 Fundstelle des Scholasteins (Karlsruher Hof; Abb. 6). 4 Fundstelle Kirchgasse Nr. 5–9 (hinterer Teil mit Hausgrundriß; Abb. 144). 5 Fundstelle Goldgasse Nr. 13–21 (1983). 6 Die Mauerreste unter dem Kranzplatz (Abb. 67)

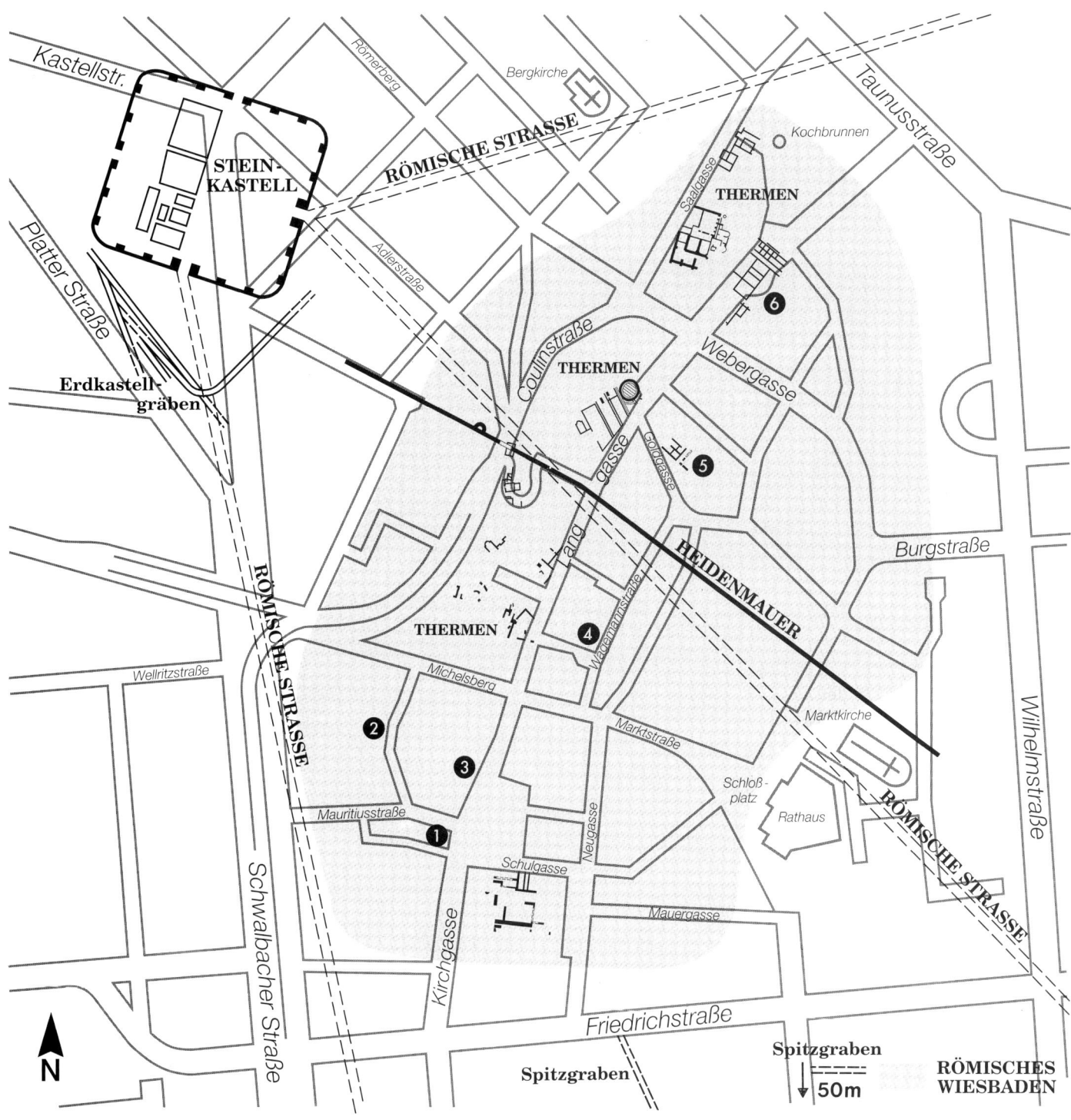

STEIN-
KASTELL

Kastellstr.

Platter Straße

Erdkastell-
gräben

RÖMISCHE STRASSE

Römerberg

Bergkirche

RÖMISCHE STRASSE

Taunusstraße

Kochbrunnen

Saalgasse

THERMEN

Adlerstraße

Coulmstraße

THERMEN

Webergasse

6

Lang gasse

Goldgasse

5

HEIDENMAUER

Burgstraße

Wellritzstraße

THERMEN

Michelsberg

Waidmannstraße

4

Marktstraße

Marktkirche

Wilhelmstraße

2

3

Neugasse

Schloß-
platz

Rathaus

RÖMISCHE STRASSE

Mauritiusstraße

1

Schulgasse

Mauergasse

Kirchgasse

Schwalbacher Straße

N

Friedrichstraße

Spitzgraben

Spitzgraben

50m

RÖMISCHES
WIESBADEN

Abb. 6   Hotel »Karlsruher Hof« (bis 1890; vormals Anwesen des nassauischen Staatsministers Ernst F.L. Marschall von Bieberstein, 1770–1834; heute Kirchgasse Nr. 62 – 64)

»Zu Ehren des göttlichen (kaiserlichen) Hauses haben für die immerwährende Unversehrtheit des Kaisers die Kaufleute der Civitas der Mattiaker (diese) Schola auf ihre Kosten errichtet unter dem Konsulat der beiden Asper.«

Mörtelreste an den Seitenkanten des Steines deuten darauf hin, daß die Tafel ursprünglich an der Außenfront eines Hauses eingemauert war. Bedenkt man Material und Größe der Tafel, kann es sich nur um ein repräsentatives Gebäude gehandelt haben. Fundamentmauern, die auf ein solches Gebäude hinweisen, glaubte man früher in einem Mauerwerk gefunden zu haben, das nach dem Abriß der ausgebrannten Mauritiuskirche, unmittelbar gegenüber der Fundstelle des

Abb. 7   Weihestein der Kaufleute von Aquae Mattiacorum, 212 n. Chr. (Scholastein)

Tafel 1
Weihestein für Merkur
und Fortuna,
0,41 × 0,37 m. 2./Anfang
3. Jh. n. Chr. FO Faul-
brunnenstraße (S. 25).

Tafel 2
Bronzebeschlag einer Gla-
diusscheide, Länge 0,43 m.
FO Kirchgasse, Ecke
Kleine Schwalbacher Straße
(S. 53).

»Scholasteines«, an der Basis der Kirchenfundamente angetroffen und anfangs für römisch gehalten wurde[80]. Es waren die Fundamente eines etwa 23 m langen und 5,30 m breiten Gebäudes direkt unter dem Langhaus der Kirche. Den Ursprung dieser Mauern hat jedoch der damalige Grabungsleiter K. Rossel schon zwei Jahre später aufgrund neuer Befunde einige Jahrhunderte später datiert[81]. Damit war die Deutung als Grundmauern des römischen Scholagebäudes (oder eines römischen Tempels, den man gleichfalls dort vermutet hat) hinfällig geworden.

H. Schoppa hat in seinem Buch über das römische Wiesbaden (vgl. Anm. 14) im Zusammenhang mit dem Scholastein auf Mauerzüge hingewiesen, auf die man 1966 beim Bau des Parkhauses von Karstadt in der Neugasse gestoßen war, »die von einem repräsentativen Gebäude stammen müssen«. In einer vorläufigen Mitteilung hatte er zuerst nur über Holzspuren von langgestreckten Bauten berichtet, »die vielleicht zu Kasernen gehört haben könnten«[82]. Später[83] hat er seine Mitteilung ergänzt: »Bei den Ausschachtungsarbeiten nach dem Abbruch der alten Feuerwache zwischen Neugasse und Schulgasse wurden außer Holzspuren (. . .) Mauern freigelegt, die offensichtlich größere Gebäude, nicht schmale Häuser des canabae-Typus andeuteten.« Die vom damaligen Grabungsleiter aufgezeichneten steinernen Mauerfundamente[84] belegen diesen Befund deutlich.

Scholae sind Gebäude von öffentlicher Bedeutung. *Negotiatores* waren Kaufleute, Händler, die ihre Ware zum Teil von weit her importierten und gleichzeitig für die Finanzierung ihrer Handelsgeschäfte sorgten. In der mittleren Kaiserzeit war es üblich, daß diese Kaufleute, die aufgrund der oft unsicheren Transportbedingungen ein hohes Risiko zu tragen hatten, sich zu Genossenschaften zusammenschlossen[85]. In diesem Sinne kann man die Schola der *negotiatores Civitatis Mattiacorum* als Versammlungshaus der Kaufleute, eine Art Kaufmannsbörse ansprechen, vergleichbar vielleicht ähnlichen Einrichtungen der Hanse des späten Mittelalters, wo Geschäfte und Risikoversicherungen abgeschlossen, Informationen ausgetauscht und Preise ausgehandelt wurden.

Der Nachsatz der Inschrift: »Unter dem Konsulat der beiden (Brüder) Asper« zeigt an, daß die Tafel im Jahre 212 n. Chr. gestiftet wurde, zur Zeit der Regierung des Kaisers Marcus Aurelius Antoninus (Caracalla)[86]. Die Formel *pro perpetua incolumitate* verwendete man, wenn ein Kaiser von einer schweren Krankheit genesen oder einem Mordanschlag entgangen war. Es ist bekannt, daß Caracalla im Jahre 212 seinen Bruder und Mitregenten P. Septimius Geta ermorden ließ. Der Öffentlichkeit gegenüber wurde dieser Mord jedoch als Maßnahme gegen eine angeblich geplante Verschwörung des Geta gegen den Kaiser dargestellt[87]. Da vom Heil des Kaisers das Wohl des Staates abhing, galt es als ratsam, die »glückliche Rettung« des Kaisers zu preisen. Kennt man diese Zusammenhänge, gewinnt der Scholastein vom Mauritiusplatz ein über die lokale Bedeutung hinausgehendes Interesse. Im selben Jahr 212 n. Chr. verlieh Caracalla allen freien Einwohnern des *Imperium Romanum* das römische Bürgerrecht (*constitutio Antoniniana*); auch das eine mögliche Erklärung für die devote Formulierung auf dem Wiesbadener Inschriftenstein[88]. Seit dem Jahre 213 führte Caracalla als Erinnerung an einen Sieg über die Alamannen, die bei dieser Gelegenheit zum erstenmal in der Geschichte erwähnt werden[89], den ihm vom Senat in Rom verliehenen Titel *Germanicus maximus*. Caracalla nannte man ihn wegen seiner Vorliebe für den keltisch/gallischen Kapuzenmantel (*caracalla*), den er seit der Teilnahme an den Feldzügen seines Vaters Septimius Severus in Gallien besonders gern getragen hat[90].

Merkur, Gott des Handels und der Händler

Die herausragende Bedeutung der *schola* war für H. Schoppa Anlaß für die Vermutung, ein in der Wiesbadener Innenstadt gefundenes Weiherelief aus Sandstein (41 x 43 cm) mit einer Darstellung von Merkur und Fortuna (Taf. 1), »ohne es beweisen zu können«, als Schmuck des Versammlungshauses der Kaufleute in Anspruch zu nehmen[91]. Der genaue Fundort lag nach Wilhelm Dorow[92] an der Schwalbacher Straße, knapp oberhalb der Faulbrunnenstraße. In unmittelbarer Nähe des Votivsteins sei man auch auf »ein römisches Säulenkapitäl« gestoßen, schreibt Dorow, das aber schon damals (1819) »nicht mehr zu finden war«, und auf eine »Menge von Gefässen von feiner rother Erde und terra sigillata«, darunter ein Bruchstück einer Schüssel von bedeutender Größe.

Merkur war der Gott des Handels und der Kaufleute; man verehrte ihn als Beschützer der Reisenden auf einsamen Wegen[93]; er galt aber auch als »Patron« der Diebe[1]. Fortuna verehrte man als Göttin des Glücks und des Wohlstandes. Auf dem Relief sitzt sie, gegen einen Pfeiler gelehnt, auf einem schön verzierten Stuhl; sie hält in der rechten Hand eine Opferschale, in die der vor ihr stehende, mit einem über die Schulter hängenden Mantel bekleidete, im übrigen nackte Merkur seinen gefüllten Geldbeutel leert. Füllhorn und Heroldstab, Attribute der beiden Gottheiten, werden von kleinen Genien gehalten. Man deutet die Szene als eine Allegorie auf »Reichtum durch Handel«.

Eine der Idee nach gleichartige Gruppe von Merkur und Fortuna, die in der Literatur aber meist als Rosmerta bezeichnet wird (was auf keltischen Einfluß hinweist; Götterpaare waren in der gallorömischen Religion sehr beliebt), hat man schon am Anfang des 17. Jahrhunderts in Bierstadt gefunden. Sie trägt die Inschrift: DEO MERCVRIO NVNDI[natori]. Merkur hält in der Linken einen nur undeutlich erkennbaren Heroldstab. Seine Begleiterin ist mit Tunika und Mantel bekleidet und hält ebenfalls einen Heroldstab[95] (Abb. 8).

In den gleichen Zusammenhang mit der Schola der Kaufleute stellt Schoppa einen »in der Gegend des Mauritiusplatzes« gefundenen Merkurkopf aus Sandstein[96]. Der fast lebensgroße Kopf, der vielleicht zu einer Statue gehört hat und in die Mitte des 2. Jahrhunderts n. Chr. datiert wird, ist jedoch nach Ritterling bei Bauarbeiten an dem Badhaus »Goldene Kette« (Langgasse 45) gefunden worden, und zwar »in der Nähe eines ausgedehnten Gebäudes, mit den großen römischen Thermen am Kranzplatz in Beziehung stand.«[97] (Abb. 9)

Die Interpretation dieses Kopfes als Merkur geht aus von den hörnerartigen Ansätzen, die als mißverstandene oder verkümmerte Flügel gedeutet werden. Flügelhut (und Flügelschuhe) symbolisieren das schnelle Auftauchen Merkurs an allen Orten und auf allen Wegen, wo es galt, Handel zu treiben und Geschäfte zu

machen. H. Schoppa schreibt: »Der Kopf ist sehr primitiv gearbeitet, die Haare sind in schneckenförmige Locken aufgelöst, die Flügel des Hutes sind zu zwei hörnerartigen Ansätzen verkümmert. Diese Bearbeitung ist nicht nur durch die Unfähigkeit des Steinmetzen zu erklären, sondern auch durch das Aufleben latent vorhandener keltischer Kunstauffassungen«[98]; es

Abb. 8 Weihestein für Merkur und Rosmerta (FO Wiesbaden-Bierstadt).

---

[1] Ein in diesem Sinne zu deutender kleiner Merkurtempel wurde 1899/1900 in der römischen Straßenstation auf der Rentmauer, ca. 500 m westlich der Platte, ausgegraben. Dort wurden Teile einer ca. 80 cm großen Merkurstatue aus feinem Sandstein gefunden, darunter der (heute nicht mehr vorhandene) 13 cm hohe Kopf und die rechte Hand mit einem Geldbeutel[94].

Abb. 9   Kopf des Gottes Merkur (FO Langgasse, ehem. Badhaus »Goldene Kette«)

tion der späteren Mauritiuskirche unmittelbar auf einen an gleicher Stelle befindlichen römischen Tempel zurückführen lasse[99], nicht bestätigt[100]. Dennoch dürfte es kein Zufall sein, daß an dieser Stelle die erste christliche Kirche Wiesbadens erbaut worden ist[101].

Seit der Mitte des 19. Jahrhunderts sind in der Nähe dieses Platzes, fast ausschließlich beim Ausschachten von Fundamentgruben für Neubauten an der Stelle von älteren, vorher abgerissenen Häusern, beim Straßenbau sowie bei der Anlage von Kanalisationsgräben zahlreiche archäologische Befunde gemacht worden, die uns einen interessanten Einblick in das Leben der Menschen in römischer Zeit vermitteln. Berichte darüber liegen vor aus den Jahren 1831 (Schulgasse), 1846 (Kirchgasse/Kleine Schwalbacher Straße), 1852–1854 (Kleine Schwalbacher Straße und Hochstättenstraße), 1853, 1856–1858 (Mauritiusplatz, als nach dem Abriß der 1850 niedergebrannten Mauritiuskirche Untersuchungen im Fundamentbereich möglich wurden).

In den Jahren 1882–1900 ist dann nochmals sehr viel um den Mauritiusplatz gebaut worden (Bautätigkeit der sog. Gründerjahre). 1895 wurde die Mauritiusstraße als Verbindung zwischen Kirchgasse und Schwalbacher Straße angelegt. Bis dahin gab es lediglich ein gewinkeltes Verbindungsgäßchen, das dem Verlauf der alten Stadtmauer entlang der heutigen Kleinen Schwalbacher Straße folgte und dann in Richtung der jetzigen oberen Mauritiusstraße abbog. Beim Ausbau der neuen Straße sind unter Leitung des Archäologen E. Ritterling und des Museumsdirektors L. Pallat zahlreiche römische Altertümer ans Tageslicht gekommen[102].

Eine weitere bedeutende Möglichkeit, den römischen Untergrund in dieser Gegend zu erforschen, ergab sich, als im Herbst 1942 auf dem Mauritiusplatz mit der Anlage eines Feuerlöschteiches begonnen wurde. Zwar gingen die dabei gemachten Beobachtungen nicht über die Feststellungen von Ritterling und Pallat hinaus. Es wurde aber ein genaues Bodenprofil der römischen Siedlungsschichten bis in eine Tiefe von 4,40 m unter Straßenniveau vermessen und der Inhalt der einzelnen Horizonte genau untersucht[103].

Die dabei beobachtete Schichtenfolge wurde 1968 bei Abbruch- und Ausschachtungsarbeiten parallel zur Schulgasse[104], 1978 beim Abriß des Hauses der ehemaligen Bäckerei Bossong, Ecke Kirchgasse und Mauritius-

sind Traditionen, die im römischen *Aquae Mattiacorum* seit dem 2. Jahrhundert n. Chr. mehrfach zu beobachten sind, bei dem Merkurkopf durch die Tendenz zur Vereinfachung eines fertigen Bildtypus und die »Ornamentalisierung« der Haare.

150 Jahre archäologische Grabungen am Mauritiusplatz

Neben den Badeanlagen entlang der Langgasse hat die Gegend um den Mauritiusplatz, mehr als das in der Überlieferung bekanntere Römerkastell auf dem Heidenberg, für das bürgerliche Leben in römischer Zeit besondere Bedeutung gehabt. Zwar hat sich die ursprüngliche Vorstellung, daß sich die kultische Tradi-

straße[105], sowie 1988 im Zuge einer Notgrabung an der Hochstättenstraße[106] in wesentlichen Punkten bestätigt. Da von den im nächsten Kapitel beschriebenen historischen Grabungen keine Originalnotizen erhalten sind, werden die genau vermessenen Profile von 1942, 1968 und 1978 an dieser Stelle kurz skizziert. Sie sollen das Verständnis der anschließend beschriebenen Grabungen von K. Rossel, E. Ritterling und L. Pallat erleichtern, bei denen die metrischen Angaben im Text so verstreut sind, daß sie eine zusammenhängende Orientierung erschweren.

1. Mauritiusplatz 1942[103]:

Auf dem Gelände des mittelalterlich-frühneuzeitlichen Kirchhofs der Mauritiuskirche fand sich diese Schichtenfolge:
0,00 – 2,80 m Bestattungen (bis 1690) des Kirchhofs mit stark gestörten römische Einschlüssen;
2,80 – 2,85 m Brandschicht, wohl 259/260 n. Chr.;
2,85 – 3,00 m Lehm mit römischen Einschlüssen;
3,00 – 3,05 m Brandschicht – Kastell- und Limeszeit;
3,05 – 3,20 m römische Kulturschichten;
3,20 – 3,30 m Brandschicht (von 69 n. Chr.(?); darin eine Pflasterung);
3,30 – 4,00 m Moorschicht mit römischen Kulturresten, in den unteren Lagen mit Kies vermischt;
4,00 – 4,40 m gelbbrauner, diluvialer Schotter.

2. Mauritiusplatz 1968[104]:

An der Südseite des Mauritiusplatzes »begannen römische Schichten in einer Tiefe von 2,55 m«:
0,00 – 2,50 m neuzeitlich zerstört;
2,55 – 2,65 m gelber Lehmestrich (römisch);
2,65 – 2,75 m rötlicher Estrich (römisch);
2,75 – 3,25 m römische Schuttschichten;

Die Übereinstimmungen sind deutlich, was freilich nicht zu wundern braucht; die Stellen liegen innerhalb einer Strecke von kaum 100 m in einem Bereich, der, das ist festzuhalten, zu einer zusammenhängenden römischen Siedlung gehörte. Gleichartige Horizonte, wenn auch nicht immer genau vermessen, erstreckten sich im Süden bis zur Faulbrunnenstraße, im Osten

über die Schulgasse und Neugasse bis an die Häuserfront der Marktstraße, im Westen bis an und über die Hochstättenstraße gegen die Schwalbacher Straße bzw. die römische Straße, die mit der Schwalbacher Straße fast parallel lief.
Die Nordgrenze des Gebietes soll hier mit der oberen Marktstraße-Michelsberg gezogen werden. Nördlich davon beginnt der Teil der römischen Siedlung, der vorläufig als Bäderbezirk gekennzeichnet wird. Aber auch hier. das sei schon vorweggenommen, ergibt sich ein ähnliches Bild.

3,25 – 3,35 m römischer Fußboden aus Holzabfällen, einschließlich eingestürzter Fachwerkwand;
3,35 – 3,95 m moorige, hellgrau bis schwarzbraun wechselnde Schichten, darin eingetieft Holzpfosten als Stützen eines darüberliegenden Holzbodens;
3,95 – 4,25 m moorige Lehmschicht mit vereinzelten frührömischen Einschlüssen, darunter Kies.

3. Kirchgasse, Ecke Mauritiusstraße, 1978[105]:

Aus Abbildung 20 abgelesener Versuch, die Schichten wenigstens ungefähr metrisch anzugeben:
2,40 – 2,60 m Kellerboden, Haus um 1700;
2,60 – 2,95 m römische Bauschuttschicht;
2,95 – 3,05 m helles Sand-/Lehmband;
3,05 – 3,20 m Brandschuttschicht;
3,20 – 3,23 m »Laufzone«;
3,23 – 3,55 m gelbgraue Strate (»Planierschicht«) mit einzelnen römischen Funden;
3,55 – 3,70 m Brandschuttschicht mit Resten verbrannter Fachwerk-Architektur;
3,70 – 4,00 m römische Kulturschicht;
4,00 – 4,10 m Auffüllung und (stellenweise bis 0,40 m starke) Brandschicht;
4,10 m anstehender diluvialer Kies/grüner Sand (A).

Mauern und Gräber unter der Mauritiuskirche

Die erste wissenschaftlich ernstzunehmende Untersuchung des römischen Untergrundes am Mauritiusplatz wurde von dem damaligen Sekretär des Vereins für Nassauische Altertumskunde und Geschichtsforschung und ersten hauptamtlichen Konservator am

Museum Wiesbaden, Dr. Karl Johann Heinrich Rossel, nach dem Abriß der 1850 durch Brand zerstörten Mauritiuskirche durchgeführt. Sein Bericht ist für die Stadtgeschichte Wiesbadens von großem Interesse. Einige Abschnitte seien deshalb im Wortlaut wiedergegeben (vgl. Anm. 80):

»Da die alten Mauern (der ausgebrannten Kirche) zum Theil ganz zerbrochen waren, da der ganze Boden in der Tiefe einem Kirchhof glich, der an vielen Stellen eine zweifache, ja dreifache Lage von halbzerstörten Gräbern und Grüften über einander zeigte, deren modernde Gebeine manche rücksichtsvolle Schonung geboten, da die großen Schuttmassen innerhalb der geschlossenen Mauern sich kaum bewältigen ließen, war die Ausgrabung vielleicht die schwierigste, die der Verein wohl je veranstaltet hat.«

»Wir haben auf der Stelle des Kirchengebäudes nicht weniger als fünf verschiedene Baue aus ganz verschiedenen Zeitperioden vor uns: 1) Ein wahrscheinlich römisches Gebäude zu innerst. 2) Einen uralten Kirchenbau aus romanischer Periode; die ursprünglich dazu gehörige, wahrscheinlich halbkreisrunde Chornische fehlt und ist durch einen späteren, teilweise noch erhaltenen polygonen Chorabschluß ersetzt worden, sodaß wir 3) als den dritten, dem 13. oder 14. Jahrh. angehörigen Bau der Kirche anzusehen haben, mit der ein Thurm ein Ganzes ausgemacht zu haben scheint. – Diesem folgte 4) der Neubau Graf Adolfs III. von 1488, ein erweiterter Chor und 5) die jetzige Kirche, aus dem Umbau von 1717 herrührend, bestehend aus dem Turm, dem Chor, dem Langhaus und der Sakristei.«

»Spuren römischer Gebäude haben sich schon an einigen Stellen in der Nähe der Kirche gefunden. Fundamentarbeiten am Eingang der Kleinen Schwalbacher Straße führten 1846 zur Entdeckung einer kostbaren römischen Schwertscheide von getriebener Arbeit und anderen Bronzestücken, die im Museum aufbewahrt werden (Taf. 2). Die Kanalarbeiter an der Hochstätte stießen im Sommer 1852 auf dieselbe Bodenschicht, in der Bruchstücke schön verzierter Gefäße, Münzen, eine Fibula und eine Kupfermünze Kaiser Konstantins gefunden wurden. (. . .). Leider machen die bestehenden Straßenanlagen in der Umgebung weitere Nachforschungen unthunlich.«

»Desto vollständiger haben sich nun die alten, ohne Zweifel römischen Mauern im Innern unserer Kirche

wieder gefunden, wo seit langen Jahrhunderten niemand mehr eine Ahnung davon haben konnte. Römische Dachziegel, Glasfragmente, Thonplatten, Bruchstücke von gebrannter Erde u. a., die sich bei der Nachgrabung vorfanden, verrieten deutlich die Nähe römischer Gebäudetrümmer. Es lagen dieselben etwa 6 Fuß unter dem letzten Pflaster und waren im Bereich der älteren südlichen Langhausmauer am besten erhalten. . .«.

Die Vermutung, die Mauern seien römisch, hat Rossel ein Jahr später korrigiert (vgl. Anm. 81). F. Kutsch, 1927 – 1956 Direktor des Wiesbadener Museums, interpretierte später den neuen Befund K. Rossels wie folgt[107]: »Aus dieser Schilderung ergibt sich ein klares und eindeutiges Profil. Auf dem gewachsenen Kies liegt die bekannte Wiesbadener Moorschicht, die durch die große Katastrophe des Jahres 69 n. Chr. (Bataveraufstand) stark mit Brandschutt erfüllt ist. Das darauf liegende Pflaster gehört also der Siedlung des 2. – 3. Jahrhunderts an, deren Schutt dann darüber liegt. Erst in 1,25 m Höhe in diesem römischen Schutt setzt das Fundament des ältesten rechteckigen Baues ein. Dadurch ist aber die Entstehung dieses Gebäudes noch in römischer Zeit gänzlich unwahrscheinlich geworden. Vielmehr müssen wir den ganzen Bau einheitlich frühmittelalterlich ansehen.«

Ende 1856 entdeckte Rossel[108] bei einer Nachgrabung »altrömische Grabanlagen mit steinernen Särgen: Im einzelnen wurden zu Tage befördert: ein mit rohen Steinplatten umstelltes Grab ohne Boden und ohne Deckel, mit einem männlichen Skelett, jedoch ohne Beigaben. Am Kopfende waren Spuren einer römischen Herdstelle und eines Pflasters erhalten. Mauerwerk mit Resten römischer Geschirre, Kacheln und Ziegel, wurde, soweit es anging, verfolgt, wobei auch ein Ziegel mit dem Stempel der 22. Legion angetroffen wurde. Weiter nach dem Chor zu fanden sich zwei dicht nebeneinander stehende, mit Deckeln geschlossene Steinsärge von Sandstein. (. . .) Später fand sich ein dritter, unversehrter Steinsarg mit einer männlichen Leiche. Der im Gesicht stark verletzte Schädel lag auf dem Beckenknochen. Auf dem linken Oberschenkelknochen fand sich, als wenn sie tief im Fleisch gesteckt hätte, eine zwei Zoll lange Pfeilspitze, ein anderes Eisenstück bei den Rippen. Der Sargboden ist in der Mitte von einem kreisrunden Loch durchbohrt.«

Zweifellos handelt es sich hier um mittelalterliche Beisetzungen. Leider sind darüber die Aufzeichnungen nur unvollständig erhalten, so daß nicht mehr zu klären ist, ob die Sarkophage in römisches Material eingesenkt oder auf dieses aufgesetzt waren. Ob die Steinsarkophage, die im Hof des Wiesbadener Museums stehen, mit den Sarkophagen vom Mauritiusplatz identisch sind, kann ebenfalls nicht mehr zweifelsfrei festgestellt werden.

Schon 1853 hatte Rossel unter den Trümmern der abgebrannten Mauritiuskirche, »an der Stelle, wo eine aus der ältesten Zeit des Kirchenbaus stammende Quermauer sich mit dem südlichen Langschiff trifft, einen römischen Weihestein gefunden. Die Fundamente der beiden Kirchenmauern stießen über ihm zusammen«[109]. Die 72 x 87 x 16 cm große Sandsteinplatte trug die eingerahmte Inschrift (Abb. 10):

FIRMIVS   Firmius Firminus
FIRMINVS   und seine
ET ROMVLA   Ehefrau Romula
VXOR   aufgrund eines
EX VOTO   Gelübdes

1857 war man an der Nordwestecke des Mauritiusplatzes auch auf eine römische Feuerstelle gestoßen[110]; sie lag 0,15 m tiefer als das eine der damals aufgedeckten mittelalterlichen Steinsarggräber und bestand aus Ziegelplatten, die in Lettenverband angelegt waren. Auf ihnen lagen eine Menge Asche und Kohlenteile. Sicher hat diese Feuerstelle im Innern eines römischen Fachwerkhauses gelegen. Daß hier Fachwerkbauten anzunehmen sind, belegt auch ein Bericht über die Holzbodenschicht an der Südseite des Platzes, in der ein Fußboden aus Holzabfällen (Datierung nach 230 n. Chr,), vermischt mit eingestürzter Fachwerkwand zu sehen ist (S. 38).

Zu den im Abstand von Jahrzehnten angetroffenen Befunden am Mauritiusplatz ist schließlich noch ein Hinweis auf eine römische Mauer zu erwähnen, die 1958 bei Tiefbauarbeiten an der Ecke Kleine Kirchgasse/ Mauritiusplatz angeschnitten wurde und deren Fundament bei 7 m Tiefe lag (Absenkung des Bodens zur Neugasse hin!). Das dort gefundene Scherbenmaterial reichte von vor der Mitte des 1. bis in das 2. Jahrhundert[111].

Die Grabung von Emil Ritterling 1895/96

Die in den Jahren 1895 und 1896 unter der Leitung des Archäologen Professor Dr. Emil Ritterling durchgeführten Grabungen hat dieser zusammen mit dem damaligen Museumsvorsteher Dr. Friedrich August Ludwig Pallat in den Nassauischen Annalen, Band 29, 1898, veröffentlicht (vgl. Anm. 102). Sie gehören zu den wichtigsten archäologischen Untersuchungen in der Altstadt von Wiesbaden (Abb. 11).

Hochstätten- und Mauritiusstraße

»Die Thatsache, daß innerhalb dieses Stadtgebietes, wo immer der Boden bis in gewisse Tiefe durchgraben wurde, römische Gegenstände zu Tage gefördert wur-

Abb. 10 Weihestein des Firmius Firminus und seiner Frau Romula

den«, heißt es dort, »ließ die Erwartung berechtigt erscheinen, daß die Ausschachtungen für Kanal- und Häuserbauten, die bei der Anlage der neuen Verbindungsstraße zwischen Schwalbacher Straße und Kirchgasse, der Mauritiusstraße, vorgenommen wurden, ebenfalls die römische Kulturschicht berühren würden. (. . .) Diese Erwartung ist nicht enttäuscht worden.«

»Eine Reihe von Baustellen an der Mauritiusstraße (Abb. 11 a – f) lieferten fast während des ganzen Jahres

Abb. 11 Situationsplan der Grabung von Emil Ritterling 1895/96 (Erläuterungen im Text)

1896 eine reiche Ausbeute. Gleichzeitig und wenig später wurden auch in den benachbarten Straßen mehrere Neubauten vorgenommen: 1896 in der Hochstätte (g – h), zwischen Hochstätte und Mauritiusstraße das große Etablissement der ›Walhalla‹ (i), in der Schulgasse (m); 1897 im Frühjahr Kirchgasse No.42/Kleine Schwalbacher Straße No. 1 (k), im August – September Kirchgasse No. 43/Schulgasse No. 8/10 (l); dazu kamen die fast an allen Neubauten ausgeführten Anschlüsse an den Hauptkanal sowie Kanalarbeiten auf dem Mauritiusplatz selbst.« (Die hier angegebenen Hausnummern entsprechen nicht mehr den heutigen. Die Hausnummern 1 bzw. 2 haben sich mit der Ausdehnung der Kirchgasse von der Friedrichstraße zur Luisenstraße und dann zur Rheinstraße entsprechend verschoben.)

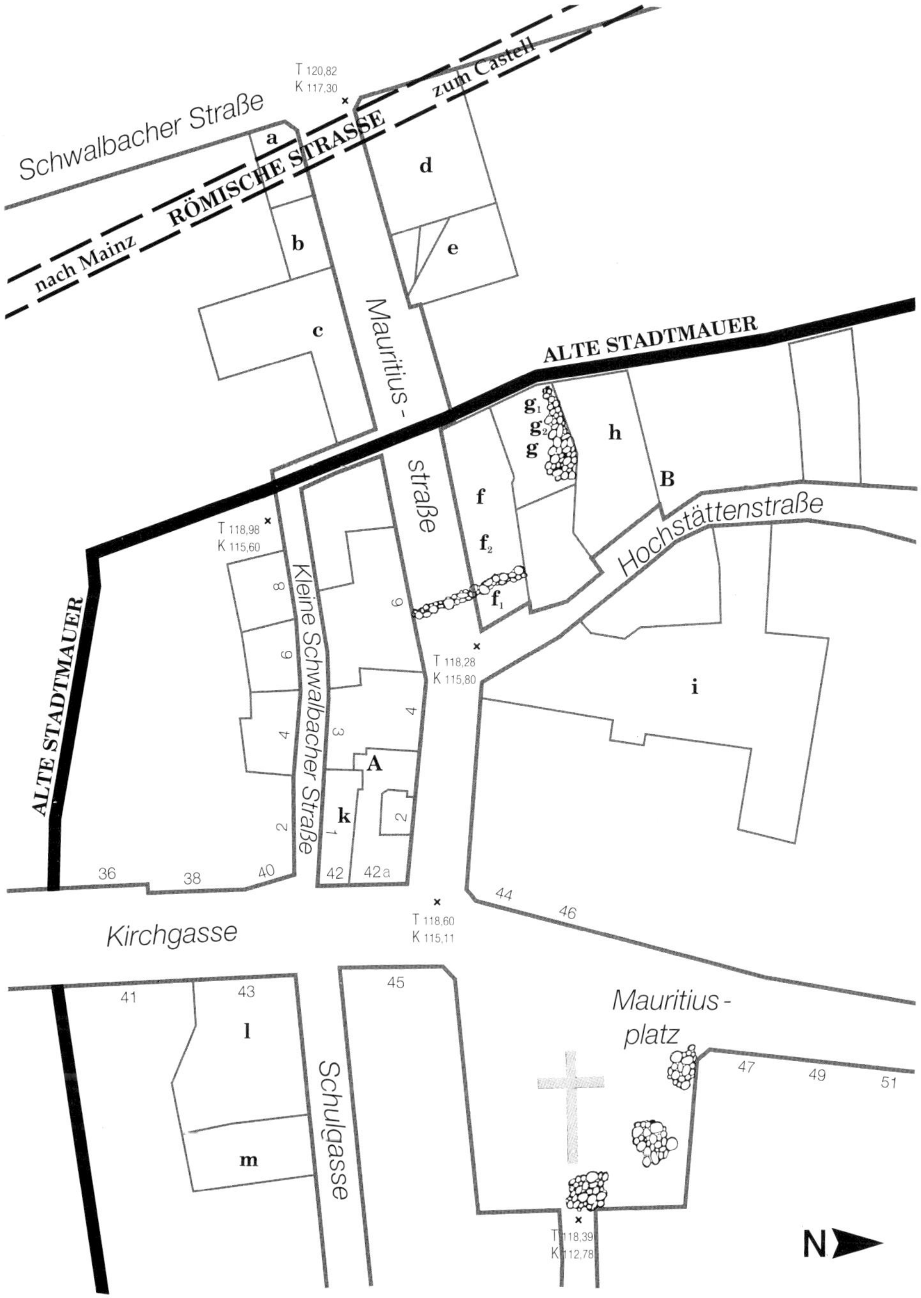

Siedlungsgeographische und topographische Voraussetzungen

Für die Römer waren bei der Wahl des Gebietes zwischen Schwalbacher Straße und Neugasse, Faulbrunnenstraße und Michelsberg als zentralem Wohnbezirk der frühesten Ansiedlung topographisch-siedlungsgeographische Gesichtspunkte maßgebend. Das Gelände liegt in einer leichten Senke zwischen dem Dendelbach im Norden (heute Verlauf des Michelsberges) und dem Wellritzbach, dessen Bachbett bei der Anlage der Faulbrunnenstraße zugeschüttet wurde, im Süden. (Beide Bäche sind bei der Anlage der städtischen Kanalisation im 19. Jahrhundert verrohrt und in das Abwassersystem einbezogen worden. Sie dienen seitdem dem Transport der häuslichen Abwässer zum Salzbach unter der Wilhelmstraße.[112]).

Die Überhöhung des Gebietes in nordwestlicher Richtung ist durch den Abhang des Heidenberges im Bereich der Schwalbacher Straße gegeben. Dem rechten Ufer des Wellritzbaches schloß sich nach Süden bis zur Friedrichstraße eine Bodenwelle an, die zum Bach hin mit einer steilen Böschung abfiel. Der Wellritzbach markierte in römischer Zeit die südliche Grenze der Ansiedlung. Im Osten, d. h. in Richtung Wilhelmstraße, erstreckte sich das Wohngebiet bis etwa an die Rückseite der Marktplatzhäuser. Beim Dernschen Gelände begann schon damals der Bereich einer sehr sumpfigen Niederung, später der Breite und Warme Weiher, ein Gebiet, das in den feuchten Jahreszeiten schnell überschwemmt und von teichartigen Wasseradern durchzogen war.

Durch das leichte Gefälle zwischen Dendel- und Well-ritzbach, etwa 2,00–2,50 m auf 200–250 m von der Ecke Mauritius-/Schwalbacher Straße bis zur Neu-gasse, konnte der gesamte Wohnbezirk gut entwässert werden. Trink- und Brauchwasser (Bäche und durch Grundwasser gespeiste Tiefbrunnen) waren in ausrei-chender Menge vorhanden. Jenseits des Michelsber-ges lagen die heißen Quellen, die der Hauptgrund für die Ansiedlung der Römer am Fuße der Vorberge des Taunus gewesen sind.

Als die Römer sich in der Gegend der heißen Quellen niederließen, trafen sie auf eine einheimische Bevölke-rung, die wohl keltischen Ursprungs war, sich aber zu-nehmend mit germanischen Stammesgruppen ver-mischte, die von Nordosten zum Rhein vorstießen. Seit der Mitte des 1. Jahrhunderts n. Chr. werden sie von Plinius, Martial und Tacitus als Mattiaker bezeich-net. In welchem Maße Handwerk, Handel und Land-wirtschaft bei ihnen vorherrschend waren, wissen wir nicht. Sicher ist, daß sie sich von den Erträgen des Lan-des, in dem sie lebten, ernähren mußten. Ihre Wohn-plätze dürften demnach am ehesten im Bereich der fruchtbaren Lößböden gelegen haben, die die Innen-stadt Wiesbadens im Osten, Süden und Westen umga-ben.

Vieles spricht dafür, daß sie sich den Römern frühzei-tig angepaßt und deren Zivilisation, so gut es ging, an-genommen haben. Die Römer sind offenbar auch nicht auf besonderen Widerstand gestoßen. Schon frühzei-tig hören wir davon, daß sie Rekruten für eine »Cohors Mattiacorum« ausgehoben haben[113], ein Zeichen dafür, daß sie dieses Gebiet vollständig unter ihrer Kontrolle hatten. Die Einwohnerschaft des Vicus *Aquae Mattiaco-rum* erscheint schon vom Ausgang des 1. Jahrhunderts an römisch geprägt, welcher Abstammung auch im-mer der einzelne Einwohner gewesen sein mag und welches seine Muttersprache war.

Bei der Entwässerung ihres gewählten Wohnbezirks haben die Römer technische Lösungen bevorzugt, die sie aus der Praxis des Städtebaus in ihrer italischen Hei-mat mitbrachten. Ritterling und Pallat[114] entdeckten bei ihrer Grabung auf der Nordseite der oberen Mauritius-straße (bei e) nahe der Schwalbacher Straße in einer Tiefe von 2,60 m unter jetzigem Terrain zwei mit sau-ber zugerichteten, 7–8 cm dicken, roten Sandstein-platten bedeckte Kanäle, die »keinen anderen Zweck

haben konnten, als das vom Wellritzbach durchflos-sene sumpfige Terrain zu entwässern. (. . .) Sie hatten eine lichte Weite von ca. 45 cm, eine lichte Höhe von 50 bzw. 40 cm. Ihre 30 cm breiten Seitenwangen bestan-den aus roh zugehauenen Bruchsteinen, die Sohle bil-deten auf dem Kies aufliegende Sandsteinplatten, in dem etwas niedrigeren Seitenkanal der gewachsene Kies selbst. Das Innere der Kanäle war mit Schlamm, eingeflößtem und feinerem Kies sowie zahlreichen Muscheln angefüllt.«

In einer Fußnote ergänzen die Ausgräber diesen Be-fund: Danach »fand sich vor mehreren Jahren ein ganz ähnlicher Kanal an der Stelle, wo jetzt (1898) das Ma-schinenhaus des Nonnenhofes steht, sowie im Hof-raum des Accisehofes an der Neugasse« (Ecke Kirch-gasse-Schulgasse und beim heutigen Karstadt-Aus-gang an der Schulgasse). – Auch auf dem Mauritius-platz, »in dessen nordwestlicher Ecke unmittelbar an der Kirchgasse wurden 1857 Spuren eines ähnlichen Kanals entdeckt. Dieser Kanal scheint direkt von der Hochstätte hergekommen zu sein.«

Im Bereich Mauritiustraße Nr. 6/Kleine Schwalbacher Straße Nr. 5 wurde im oberen Teil der Moorschicht eine aus einem Holzstamm ausgehöhlte Rinne von 2,40 m Länge angetroffen. Vielleicht handelte es sich um einen Hausabfluß, der aber ein öffentliches Kanalisa-tionssystem voraussetzt.

Diese Berichte deuten schon an, daß der römische Vi-cus ein gut ausgebautes Netz von unter der Erde ver-legten Abwasserkanälen besaß. Bei Zufallsgrabungen späterer Zeit wurden ähnliche Kanäle im Quellenbe-zirk angetroffen. Man darf sicher davon ausgehen, daß überall, wo es von der Geländeform her erforderlich war, ein Kanalsystem vorhanden war, dessen Ab-flüsse, nicht anders als heute, im Gebiet der unteren Wilhelmstraße in den Salzbach eingeleitet wurden.

Nimmt man die in vielen Teilen der Stadt, auch über den damaligen Wohnbereich hinaus angetroffenen Re-ste von Trinkwasserleitungen, im Gebiet der heißen Quellen auch von Thermalwasserleitungen hinzu[115], zeigt sich ein Wasserversorgungs- und Entwässe-rungssystem, das technisch ausgereifter gewesen ist als im Mittelalter bis weit ins 19. Jahrhundert, wo Wäs-ser und Abwässer sich weitgehend in Rinnsalen der Gassen gesammelt haben und oberirdisch in die Bäche abgeflossen sind[116].

Untergrund und Kulturschichten

Ritterling und Pallat haben die von ihnen gemachten Befunde genau beschrieben[117]. An allen Punkten innerhalb der mittelalterlichen Stadtmauer fanden sich unter der modernen Kulturschicht zuoberst (I) römischer Bauschutt und Kulturreste und (II) lettenartiger Moorgrund mit römischen Kulturresten. Im allgemeinen begann die römische Kulturschicht (I) 0,75 – 1,00 m unter der heutigen Oberfläche und reichte mit ihrer Unterkante bis 1,50 – 2,50 m unter das Straßenpflaster; sie blieb in einer Höhe von 0,80 bis 1,50 m über dem gewachsenen Kies (Abb. 12).

Der darunterliegende lettenartige Moorgrund (II) hob sich überall allein schon durch seine schwarze Färbung von dem blaugrauen Bauschutt (I) deutlich ab. Die Tiefe der Moorschicht schwankte zwischen 50 und 150 cm; sie verlor sich auf dem zum Michelsberg ansteigenden Terrain allmählich ganz. Unter der Moorschicht befand sich an den meisten Stellen ein unmittelbar dem groben Kies aufgelagerter fester, leicht sandiger Letten von hellgraublauer Farbe, durchschnittlich 30 – 40 cm hoch. Die Lettenschicht war überall,

Abb. 12 Stratigraphischer Aufschluß an der Ecke Mauritius- und Hochstättenstraße (1896). Über dem gewachsenen Kies die 0,75 m dicke »Moorschicht«, darüber römischer Bauschutt. Am rechten Bildrand die mittelalterliche Stadtmauer

von der Ecke Mauritiusstraße zur Hochstätte, Kleinen Schwalbacher Straße Nr. 4 – 8, Kirchgasse Nr. 44 – 46 (heute Nr. 60 – 62) bis auf den Mauritiusplatz[118] und in der Schulgasse (l, m) mit einem hölzernen Pfahlrost durchsetzt.

Hölzerne Unterbauten: Pfahlroste

Die Art, wie die römischen Erbauer einen sicheren Baugrund gewonnen haben, geht aus der Beschreibung der Ausgräber[119] deutlich hervor: Starke Pfosten aus Eichen- seltener Buchenholz, im Durchmesser 25 – 30 cm, standen in Abständen von 1,50 m unmittelbar auf dem Kies; die meisten waren unbehauene Stämme, an denen vielfach die Borke noch haftete. Wenige waren roh und vierkantig behauen. Am unteren Ende waren fast alle mittels Axthieb von zwei Seiten her keilförmig derart abgeschrägt, daß eine Standfläche von 5 – 8 cm übrig blieb.

Diese Zurichtung ermöglichte es, die Pfosten durch halb untergeschobene Steine und dazwischen eingetriebene kleinere Holzstücke fest zu verkeilen. 10 – 20 cm über der Sohle waren die genau senkrecht gestellten Pfosten auf zwei benachbarten Seiten mit je einem 6 cm breiten, 10 cm hohen und ebenso tiefen Falz versehen, in den jeweils eine hochkant gestellte Bohle (10 cm breit, 6 cm dick) eingezapft war. Durch diese Querhölzer wurde jeder Pfosten mit zwei benachbarten, diese mit einem vierten so verbunden, daß Pfostenvierecke mit quadratischem (1,50 – 1,80 m) oder rechteckigem Querschnitt (1,50 x 2 m) entstanden.Sie bildeten die Grundeinheiten, aus denen sich der Pfahlrost eines Bauwerkes zusammensetzte.

An einigen Stellen, so besonders bei f (Mauritiusstraße, oberhalb der Hochstättenstraße), fanden sich zwischen den senkrechten Pfosten und Pfählen horizontal eingelegte, faschinenartige Reisigbündel, besonders aus Haselnuß-, Birken- und Weidenzweigen; auch Schichten von Stroh oder Schilf wurden beobachtet. Von dem horizontalen Holzwerk, die dieser meist bis 50 – 60 cm Höhe erhaltene Pfahlrost trug, hatten sich zahlreiche Reste in Gestalt von langen, bis zu 30 cm dicken, öfter rechtwinklig sich kreuzenden Balken oder hochkant stehenden oder platt liegenden starken Bohlen und Brettern erhalten.

Auf dem hinteren Teil g des an die Hochstätte angrenzenden Grundstückes kam eine Reihe von fünf starken Pfosten zum Vorschein, von denen jeder in gleicher Höhe zwei quadratische Löcher aufwies. Sie waren so angeordnet, daß sie auf einen Rost von eingezapften, kreuzweise liegenden Balken schließen ließen. Die (diesen Balken aufliegende) Holzschicht war unversehrt und nicht durchbrochen. Nur die mittelalterliche Stadtmauer ging durch sie hindurch und war bis auf den Kies geführt.

Auch in der Tiefe der Kleinen Schwalbacher Straße, beim Haus Nr. 5, wiederholte sich dieser Befund: In der 1 m starken Moorschicht standen »in ziemlich regelmäßigen Abständen von 1 bzw. 1,50 m starke Eichenholzpfosten unmittelbar auf dem gewachsenen Kies«. Zwischen ihnen zahlreiche Reste horizontal gelagerter Hölzer, die vielfach angekohlt waren. Dazu auch eine Art Zaun mit in den Kies getriebenen, etwa 1 m langen, dünnen Pflöcken aus Weichholz (Birke oder Weide), die durch Zweiggeflecht miteinander verbunden waren. An einigen Stellen fehlte der Holzrost vollkommen, z. B. da, wo bei f der die Mauritiusstraße durchquerende gepflasterte Weg verlief. Dieser Umstand zeigt, daß die Holzpfosten in der Tat nur da standen, wo sich Häuser befanden[120].

Schließlich zogen sich bei l, an der Ecke Kirchgasse-Schulgasse, zwei Pfostenreihen, 2 m voneinander entfernt, nahezu parallel zur Schulgasse hin[121]. Innerhalb jeder Reihe betrugen die Abstände der Pfosten abwechselnd 1,50 m und 2,50 m; Die Pfosten mit 1,50 m Abstand waren durch Querhölzer, auch zur zweiten Reihe hin, verbunden. An anderen Stellen scheinen die Pfostenreihen voneinander und die einzelnen Pfosten unter sich gleiche Entfernungen gehabt zu haben. Die Pfosten samt den dazugehörigen Querhölzern sind offensichtlich erst nach dem Ausheben förmlicher Fundamentgruben in den Moor- und Lettengrund eingesetzt worden. Dagegen sind zahlreiche kleinere Pflöcke und Rundhölzer zwischen den großen Pfosten mit Schlegeln in den weichen Boden hineingetrieben worden.

Römische Brunnen

Auf der Baustelle f befand sich in dem unter dem Estrich liegenden schwarzen Schlammboden (Moorschicht) in geringer Höhe über dem gewachsenen Kies ein aus eichenen Dauben bestehendes Faß von etwa 80 cm Durchmesser, 40 cm hoch erhalten, das mit Weidenruten umspannt gewesen zu sein schien[122] (Abb. 13). Der Boden fehlte. Die in dem Faß außer Knochen und Glasstücken enthaltenen Tonscherben (darunter ein fast vollständiger Sigillatateller Drag. 31 mit [unleserlichem] Töpferstempel) waren die gleichen, wie sie sonst nur über der Estrichschicht angetroffen wurden. In diesem Befund ist wohl die Verschalung eines römischen Brunnenschachtes zu sehen, der bei Gelegenheit eines späteren, aber ebenfalls noch in römischer Zeit erfolgten Hausumbaues außer Benutzung gesetzt wurde. Denn ein fester römischer Estrich aus Kies und Sand zog unzerstört über ihn hinweg.

Bei g_1 fand sich ein etwa 10 cm starker eichener Holzring von 0,90 m Durchmesser unmittelbar auf dem Kies. Auf ihm ruhte eine kreisförmige Trockenmauer, die oben genau in der Höhe der schwarzen Moorschicht, 0,70 m über dem Kies, abschnitt (Abb. 14). Dieser Brunnenrost fand sich hart an der mittelalterlichen Stadtmauer; und zwar so dicht, daß bei deren Erbauung ein in die Baulinie hineinragendes Stück seiner Außenseite mit Beilhieben glatt abgehauen wurde. Der Ring war aus drei Segmenten zusammengesetzt, die auf eine etwas ungewöhnliche Art miteinander verbunden (verdübelt und überschnitten) waren. Innerhalb des Brunnenschachtes fanden sich außer den für die Moorschicht charakteristischen Gefäßscherben viele Holzreste, die wohl von der oberen Brunneneinfassung bzw. Überdachung herrührten. Auf der Sohle des Brunnens lag eine rauhwandige Urne mit drei Ausgüssen, die als Opfergefäß gedient haben könnte[123] (Abb. 15).

Schließlich wurde ein weiterer Brunnenschacht bei f_2 ausgemacht[124]. Hier fand sich eine runde, 0,60 m in den anstehenden Kies eingetiefte Grube von 1 m Durchmesser. Über ihr war die schwarze Moorschicht durch einen Klotz von blaugrauem Letten unterbrochen, mit dem ursprünglich wohl die Brunnenwand ausgekleidet war, und der beim Einsturz des Brunnenschachtes diesen großenteils ausgefüllt hat. Die Brunnen lagen

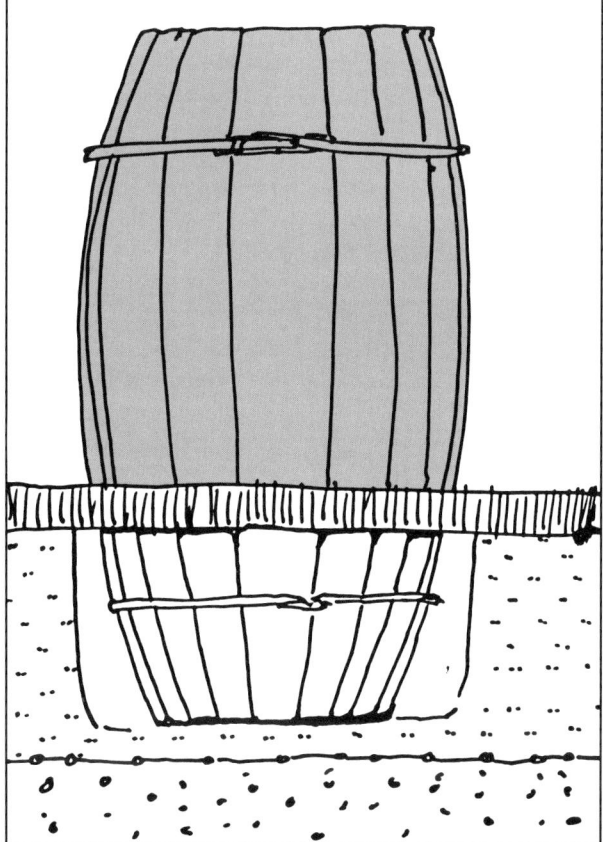

Abb. 13   Verschalung eines römischen Brunnens aus Faßdauben bei f. Oberer Teil Rekonstruktion (Zeichnung: Wolfgang Czysz)

Abb. 14   Rest eines römischen Brunnens bei g₁ mit kreisförmiger Trockenmauer (Zeichnung: Wolfgang Czysz)

Abb. 15   Rauhwandige Urne mit drei Ausgüssen (ergänzt) von der Sohle des Brunnens bei g₁

gewöhnlich im hinteren Teil des Anwesens, was für die Orientierung der Häuser in einem zu erstellenden Lageplan des römischen Wohnbezirkes von Bedeutung ist.

Estriche und Pflasterungen

Die Schicht über den horizontalen Holzbohlenrosten war häufig ein absichtlich befestigter, aus Sand, Kies und gröberen Steinen hergerichteter Estrich, der wegen zahlreicher darin befindlicher Reste von römischen Ziegeln, Wandverputz und Tonscherben nur aus römischer Zeit stammen konnte.

Aus Kies, gelbem Sand und Lehm bestehende gestampfte Estriche von Häusern waren an vielen Stellen erhalten; namentlich auf den Bauplätzen f, g (Mauritiusstraße, Hochstätte), k (Kirchgasse/Kleine Schwalbacher Straße) und m (Schulgasse). Auf dem Mauritiusplatz war man nach 1857 (römisches Pflaster in 4,20 m Tiefe[125]) auch 1880 bei Kanalarbeiten in 2 m Tiefe auf römisches Ziegelmauerwerk gestoßen[126], das in 60 cm Stärke an der Südseite des Platzes in Nord-Süd-Richtung verlief und in 2,60 m Tiefe auf einem römischen Estrich aufsaß. Die quadratischen Ziegel und tönernen Heizröhren, die dort gefunden wurden, lassen annehmen, daß dort eine Bodenheizung (*hypocaustum*) angelegt war.

Eine besondere Art von Estrich, ein Holzboden mit unterstützenden Pfählen, wurde bei der schon erwähnten Stelle am Mauritiusplatz, parallel zur Schulgasse (vgl. Profil 2, S. 28) gefunden. Eine dendrochronologische Untersuchung des in 3,25–3,35 m Tiefe angetroffenen Gebildes, das in feuchtem Zustand ca. 4 kg wog und die Gestalt eines unregelmäßigen Balkenstückes hatte, ergab einen überraschenden Befund. Unter dem Mikroskop erwies es sich als eine fest zusammengepreßte Masse von zahllosen Holzspänen, wie sie durch die Bearbeitung mit Hobel, Stecheisen, Dechsel und Beil entstehen. Es war zu sehen, »wie die Späne kreuz und quer – ähnlich wie in einer modernen Holzspanplatte – in waagerechter Preß-Schichtung gelegen hatten«.

Bei der Präparation kamen außer Lehm, Sand, Blattresten und Steinen folgende Objekte zutage: 3 Knochenfragmente; 3 Scherben, darunter eine Terra sigillata (2.–3.Jh.); 3 Zweigstücke, eines davon mit Beilhieb (die ganze Masse war von sehr dünnen Zweigstückchen, u.a. von Haselnußholz); 7 Rindenstücke, 3 Holzkohlestücke (Rotbuche und Eiche); schließlich 25 dickere Beilspäne, von denen 11 Buchen- und 3 Eichenspäne dendrochronologisch untersucht werden konnten. Man erhielt 16 Jahresringkurven mit zusammen 359 Jahresringen, die sich zu einer Eichen-Chronologie von 72 Jahresringen sowie zu einer Rotbuchen-Chronologie von 58 Jahresringen zusammensetzen ließen. Innerhalb der Standardchronologie der Kelten- und Römerzeit des Trierer Landesmuseums ergaben sich für die untersuchten Holzspäne Fällungsjahre von Rotbuchen von 205 und nach 223, von Eichen um 230 n. Chr.[127].

Pflasterungen, die auf Straßen oder öffentliche Plätze hinweisen, sind u. a. 1906 bei Grundarbeiten am Mau-

ritiusplatz gefunden worden. Ritterling berichtet[128], daß man beim Durchschneiden von Fundamenten der alten Mauritiuskirche, und zwar, »wie es scheint, des Turmes«, unter diesen etwa 2,40 m unter Terrain reichenden Mauerresten und einer 50 cm dicken Schicht Schutt und Schlamm ein starkes, aus großen unbehauenen Wacken gebildetes Pflaster etwa 3,10 m unter Terrain gefunden habe.

Das meist in doppelter Schichtung bis 40 cm dicke Pflaster ruhte auf einem Rost, der aus kürzeren, zum Teil zugespitzten, zum Teil stumpf abgeschnittenen Eichenpfosten und horizontal liegenden Bohlen gebildet war. Das Pflaster erstreckte sich über die ganze Baugrube und ist bereits früher an anderen Punkten des Mauritiusplatzes zum Vorschein gekommen (nach einer handschriftlichen Notiz Rossels »war das Pflaster aus unbehauenen Wacken wie gestückt schräg nebeneinander, in zwei Reihen übereinander gelegt, so eng, daß kaum ein Bickel eindringen konnte«)[129].

Nach Rossel bedeckte dieses Pflaster den schwarzen, durchschnittlich 90 cm tiefen und mit Bruchstücken von römischen Dachziegeln und Geschirr erfüllten Gartengrund (Moorschicht). Das Pflaster wurde damals an zwei Stellen, am Turm und im Chor der Mauritiuskirche, ebenso im Keller des dem Chor benachbarten Hauses zur Neugasse hin angetroffen. Ritterling meint dazu, »daß wir hier wohl einen größeren gepflasterten Platz schon in römischer Zeit anzunehmen berechtigt sind«, an dem aber auch außer dem großen römischen Gebäude, von dem Mauerreste unter dem Langhaus der Mauritiuskirche aufgedeckt wurden, Fachwerkwohnhäuser gelegen haben.

F. Kutsch[130] datiert dieses über der Moorschicht liegende Pflaster in das 2.–3. Jahrhundert. Dazu kommt eine 1942 beim Anlegen des Löschwasserbeckens auf dem Mauritiusplatz in etwa 3 m Tiefe angetroffene Pflasterung (vgl. Anm. 103), »wahrscheinlich einer Straße, neben der sich Pfostensetzungen fanden, die eindeutig auf Wohnhäuser oder sonstige kleinere private Bauten« schließen lassen; alles zusammen eine deutliche Bestätigung für die Annahme, daß der Mauritiusplatz in römischer Zeit schon eine besondere städtebauliche Bedeutung gehabt haben muß.

Im Bereich der Mauritiusstraße zog sich 1,50–1,70 m unter Terrain in der Breite von etwa 1,50 m bei f eine Pflasterung, die wohl von einem Pfad herrührte, wäh-

Tafel 3
Reliefschüssel, Terra sigil-
lata, Typ Dragendorff 29,
mit Bleiflickung, oberer
Durchmesser 22,5 cm.
Mitte 1. Jh. n. Chr.
FO Mauritiusstraße
(S. 49 f.)

Terra sigillata-Schüsseln,
-Näpfe und -Teller (S. 50).

Tafel 4
Oben: Reliefschüssel, Terra sigillata, Typ Dragendorff 37, oberer Durchmesser 25/26,5 cm. Mitte 2. Jh. n. Chr. FO Langgasse Nr. 5 (S. 50).

Unten: Reliefschüssel, Terra sigillata, Typ Dragendorff 37, oberer Durchmesser 25 cm. 2. Drittel 2. Jh. n. Chr. FO Adlerterrain (S. 50).

rend eine andere, nach Süden scharfkantig abgegrenzt, bei g angetroffen wurde; sie dürfte zu einem Hof- oder Stallraum gehört haben. Das Pflaster bestand überall aus großen, unregelmäßig in mehreren Schichten übereinandergelegten Steinen, zum Teil aus »blauem«, aus den Sonnenberger Steinbrüchen stammendem Taunusschiefer, zum Teil aus gelbbraunen, sehr weichen Kalksteinen, deren Zwischenräume mit kleineren Steinen, Kies und Sand ausgefüllt waren[131].

Die durch die Feuchtigkeit des Bodens teilweise sehr mürbe gewordenen Kalksteine bildeten in Verbindung mit aufgelöstem Fachlehm der Häuser eine bis zu 0,40 m dicke intensiv gelb gefärbte Schicht. Innerhalb dieser Estriche und Pflaster fanden sich vielfach römische Scherben und andere Kulturreste, die, wie auch die Verwendung des zweifachen Materials bei dem Pflaster, darauf hinweisen, daß hier in römischer Zeit verschiedentlich bauliche Veränderungen und Reparaturen vorgenommen worden sind: ohne Zweifel Zeugnisse des aktiven bürgerlichen Lebens, das sich zur Römerzeit in den Gassen des heutigen Mauritiusviertels abgespielt hat.

Römische Wohnbauten

Über den Nachweis von Wohnbauten schreiben Ritterling und Pallat[132]: Die Ausdehnung des Gebietes, in dem überall Pfahlwerk angetroffen wurde, die Art der Konstruktion, die Zurichtung der hölzernen Roste und Pfosten sowie der Mangel an durchgängiger Gleichmäßigkeit (oft fehlt der Pfahlrost auf Strecken von vier, fünf und mehr Metern) schließen aus, daß es sich um Unterbauten für Straßen oder sich kreuzende Wege gehandelt hat. Die an vielen Stellen freigelegten Pfostenreihen bilden vielmehr die Basis von Hausgrundrissen, die nur so gedeutet werden können, daß auf den Platt-

Abb. 16 Römischer Hausbau auf Pfahlrosten mit Pfostenunterbau und faschinenartigem Flechtwerk (Zeichnung: Wolfgang Czysz)

formen dicht nebeneinander, aber voneinander getrennte Wohnbauten gestanden haben (Abb. 16).

Mehrfach sind auf den Baustellen bei f, g und m im Bereich Mauritiusstraße, Hochstätte und an der Schulgasse so, »wie sie einst mit dem Dachstuhl in sich zusammengestürzt waren«, dicke Schichten von Dachschiefern und Leistenziegeln (*tegulae*), Stücke von Wandverputz und gebranntem Fachlehm, von der Wand- und Deckenverkleidung herrührende Verblendziegel mit zum Teil noch anhaftendem feinem Kalkverputz angetroffen worden. Sie lassen keinen Zweifel, daß es sich um Spuren römischer Häuser handelt, die hier einst gestanden haben. Stellenweise fanden sich auch Bruchstücke von Heizkacheln und Fensterglasscheiben.

Das 1880 auf der Südseite des Mauritiusplatzes in 2 m Tiefe angetroffene römische Ziegelmauerwerk mit Estrich, quadratischen Ziegeln und Heizröhren (*hypocaustum*) (vgl. Anm. 126) wurde von Ritterling und Pallat als Reste eines vielleicht »öffentlichen Zwecken dienenden Gebäudes« angesehen; »rings um dasselbe haben dann die einfacheren Fachwerkhäuser der Privaten gestanden«[133]. Sowohl an der schon erwähnten Feuerstelle[134] als auch im Bereich der Spanholzbodenschicht (vgl. S. 28) waren Hinweise auf das Vorhandensein von Fachwerk gefunden worden.

Die Frage der Verteilung der (im allgemeinen freistehenden) Häuser innerhalb des Vicus hat schon Ritterling und Pallat beschäftigt. Die von ihnen als Unterbauten von Häusern angesprochenen Pfostenreihen lassen sich nur andeutungsweise zu regelrechten Fluchtlinien oder Straßenzügen ordnen. Die vorherrschende Richtung scheint jedoch überall die gleiche gewesen zu sein; sie verlief fast genau von West nach Ost, mit einer leichten Neigung nach Südwesten, entlang der Achse Mauritiusstraße/Schulgasse von der Schwalbacher Straße bis zur Neugasse[135]. Diese Richtung entspricht zweifellos dem Lauf der damaligen Wege, von denen jedoch keine sicheren Spuren gefunden werden konnten.

Aufschlußreich für die später zu erörternde Frage der genauen Datierung des Beginns der Ansiedlung ist in diesem Zusammenhang die Beobachtung Ritterlings, daß die Pfostenreihen und damit auch der Verlauf der damaligen Wege »zur Richtung der späteren Straße vom Heidenberg nach Mainz nicht senkrecht oder parallel gestanden haben«. Sie sind demnach, da ohne Rücksicht auf deren Verlauf, vor der Erbauung dieser Militärstraße, ausschließlich nach siedlungsgeographischen Gesichtspunkten ausgerichtet worden.

Bei Kanalisationsarbeiten sind 1966 vor den Häusern Kirchgasse Nr. 60–70 Spuren römischer Bauten, angetroffen worden, bei denen auch Reste von Hypokaustenanlagen nachgewiesen wurden. Diese Bauten sind von H. Schoppa als Häuser vom *canabae*-Typ angesprochen worden[136]. Ob sie damit die von Schoppa vertretene Lagerdorftheorie stützen, muß offen gelassen werden. Eine genauere Interpretation dieses Befundes steht noch aus.

Klarer waren die Verhältnisse in der 1978 geöffneten Baugrube an der Ecke Kirchgasse/Mauritiusstraße (vgl. Abb. 20). Sie lag innerhalb des 1896/97 untersuchten Bezirkes, konnte jedoch von Ritterling wegen des alten Baubestandes damals nicht offengelegt werden. 1978 ließ sich ein kleines Wandstück am Rand der Baugrube so herauspräparieren, daß ein Schichtprofil durch frührömische Horizonte aufgenommen, Fundmaterial aus gesicherter Lage sowie eine größere Anzahl Streufunde aus der Baugrube geborgen werden konnten. Die Bearbeitung der Funde ist abgeschlossen. Ihre Beschreibung und Interpretation erfolgen in einem späteren Kapitel. So viel kann jedoch schon gesagt werden: Die Pfostenbauweise war die gleiche, wie sie von Ritterling im benachbarten Gebiet der Mauritiusstraße und Kleinen Schwalbacher Straße beschrieben wurde. Das gleiche gilt für den Befund einer Notgrabung am Nordrand des von Ritterling und Pallat mit h gekennzeichneten Areals (Abb. 17) an der Hochstättenstraße, die 1988 durchgeführt wurde (vgl. Anm. 106). Dort sind ungestörte, noch 2,50 m mächtige Siedlungsschichten angeschnitten worden. Der wasser- und quellreiche Untergrund wurde auch hier in römischer Zeit durch unterschiedlich starke Eichenpfähle befestigt und eine aus Fachwerkhäusern bestehende Bebauung gegründet. Diese Primärbauten zerstörte ein Brand. Den Wiederaufbau an gleicher Stelle bezeugt eine 0,60 bis maximal 0,70 m starke darüber liegende Kulturschicht. Ein Brand zerstörte auch diese zweite Siedlungsperiode, der eine dritte und, wiederum nach einem Brand, eine vierte Siedlungsstrate folgte. In ihr sind erstmals Hinweise auf Steinarchitektur angetroffen worden.

Abb. 17 Römische Kulturschichten im Hofraum des früheren Hauses Hochstättenstraße Nr. 16 (Mauritiuspassage)

Denkmalpflege Hessen, »zeigt eine männliche Gestalt, die mit ihrer ausgestreckten Hand auf das Zentrum eines Steingebäudes deutet; eine perspektivische Tiefenstaffelung des Raumes wird durch einen im Bildhintergrund stehenden grünbelaubten Baum erzielt.« Außer dieser an pompejianische Wandmalerei erinnernden Szenerie fanden sich weitere Wandverputzstücke dekorativer Malerei, die eine an dieser Stelle eigentlich nicht erwartete Wohnkultur andeuten.

Nachgrabungen auf dem Michelsberg

Der nördliche Rand dieses anscheinend ziemlich einheitlichen römerzeitlichen Wohnbezirkes wird durch Fundbeobachtungen markiert, die 1940 und 1950/51 in dem Gebiet zwischen Schwalbacher Straße, Ecke Michelsberg, dem Platz der ehemaligen Synagoge und der Coulinstraße oberhalb des Schützenhofterrains gemacht wurden. (Daß man 1990/91 beim Bau der Tiefgarage am Schulberg, in unmittelbarer Nachbarschaft zum Steinkastell auf dem Heidenberg, keine römischen Schichten angetroffen hat, läßt sich nur so erklären, daß zwischen der bürgerlichen Ansiedlung im Bereich der Wiesbadener Innenstadt und dem Militärbezirk an dieser Stelle kein unmittelbarer »städtebaulicher« Zusammenhang bestanden hat.)

Die auf dem Gelände der 1938 zerstörten Synagoge angeschnittene römische Kulturschicht[137] von 1,10 m Stärke zeigte im unteren Teil 40 – 50 cm dicke Brandschichten, die von Schoppa auf die Zerstörungen der Alamanneneinfälle von 259 und 260 n. Chr. zurückgeführt werden. Einige datierbare Funde aus diesen Schichten, darunter eine Terra nigra-Flasche mit eingeschnittener Besitzermarke »AN« (Abb. 18), gehören in hadrianische Zeit. In den unteren Schichten fanden sich keine Reste von Steinfundamenten, »so daß die Bebauung wohl nur aus Fachwerkbauten bestanden haben wird«. Dies gilt auch für einen Fundkomplex, der 1940 bei Erdarbeiten rechts neben der Schützenhoftreppe zwischen Langgasse und Coulinstraße zum Vorschein gekommen ist. H. Schoppa[138] schreibt darüber: »Nach der stark verziegelten Lehmschicht zu urteilen, wird die Bebauung an der Stelle des Erdabhanges, der in römischer Zeit terrassiert gewesen zu sein scheint, (. . .) nur aus Fachwerkhäusern bestanden haben.« In den unteren Schichten gebor-

In einer Schicht planierten Bauschuttes der dritten Siedlungsphase, die in die 2. Hälfte des 2. Jahrhunderts. n. Chr. datiert wird, traten auf einer Fläche von 1,60 x 2,40 m mehrfarbige Wandverputzfragmente zutage, die neues Licht auf die Innenausstattung der einst hier gestandenen Fachwerkbauten werfen. »Das künstlerisch hochwertige Fresko«, schreibt die Grabungsleiterin, Frau Dr. G. Seitz vom Landesamt für

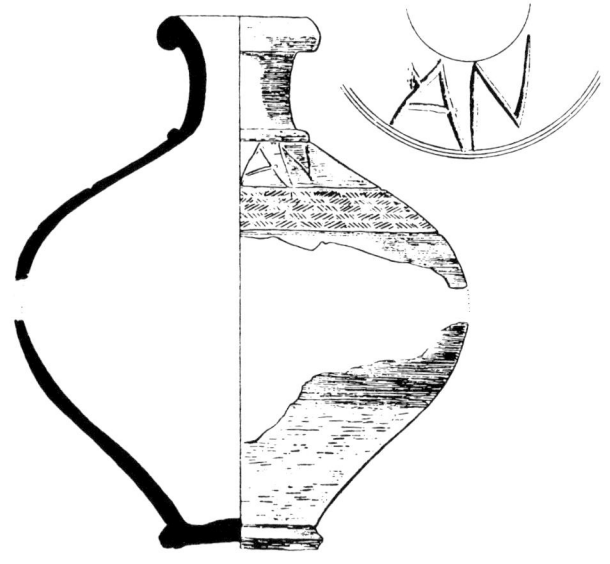

Abb. 18   Terra nigra-Flasche mit eingeschnittener Besitzermarke »AN« (hadrianische Zeit)

gene Terra sigillata-Scherben ermöglichen deren Datierung in die Zeit um 100 n. Chr.[139].

Datierung der Siedlungsschichten

Nach übereinstimmender Meinung der Archäologen haben sich die Römer zuerst am Rand des Quellenbezirkes niedergelassen. Ihre ältesten Spuren finden sich im Umkreis des Mauritiusplatzes, zwischen Michelsberg und Faulbrunnenstraße, von der Neugasse bis zur Hochstättenstraße und entlang der Kirchgasse. Doch gibt es auch schon sehr frühe Spuren im Bereich östlich der »Quellenmeile« (Langgasse-Goldgasse-Wagemannstraße). Wo man in diesem Gebiet den Spaten ansetzte, stieß – und stößt man auch heute noch – auf die Hinterlassenschaft der frühesten Einwohner von *Aquae Mattiacorum*.

Anders als in den meisten Büchern über die Frühzeit unserer Stadt soll hier einmal versucht werden, der Arbeit der Archäologen unmittelbar zuzuschauen. Der interessierte Bürger sollte nachvollziehen können, wie die Wissenschaft zu ihren Aussagen kommt. Dies ist um so mehr zu wünschen, als in bezug auf das römische Wiesbaden viele Jahrzehnte lang sehr unterschiedliche und zum Teil sich widersprechende Auf-

fassungen vertreten wurden. Sie laufen erst in den letzten 15 Jahren durch Neuinterpretation der Ritterling/Pallatschen Grabungsergebnisse von 1896/97, die im Zuge einiger Notgrabungen weiter bestätigt wurden, auf eine einheitlichere Linie zusammen. Doch es gibt immer noch Lücken.

Die Unsicherheit der Beurteilung liegt zum einen darin begründet, daß viele römische Reste schon im frühen 19. Jahrhundert entdeckt und von archäologischen Laien ausgegraben wurden. Das Beobachten und Vermessen von Bodenschichten, aus denen die Funde ans Tageslicht kamen, Grundlage jeder sicheren Zuordnung und Altersbestimmung, konnte oft nur mit unzureichenden, nicht dem heutigen Standard entsprechenden technischen Mitteln vorgenommen werden. Darüber hinaus waren (und sind) die Bedingungen für stratigraphisch kontrollierte Ausgrabungen in bewohnten Stadtgebieten selten so, wie wissenschaftliches Arbeiten es erfordern würde.

Stratigraphische Untersuchungen

Wenn wir uns bei der Auswertungen der Grabung von Ritterling und Pallat (vgl. Anm. 102) auf die Datierung

Abb. 19   Haus Kirchgasse Nr. 42a (heute 56)/Mauritiusstraße Nr. 2 (ehem. Bäckerei Bossong) vor dem Abriß

der ältesten Funde beschränken, um damit einen archäologischen Beweis für den Siedlungsbeginn in der Umgebung des Mauritiusplatzes zu finden, müssen wir uns an der im wesentlichen über die ganze Grabungsfläche durchgehenden Gliederung der römischen Kulturschichten orientieren[140].

Die erste Schicht begann 0,75 – 1 m unter der heutigen Oberfläche und reichte bis etwa 1,50 m, gelegentlich, in Abhängigkeit von der Geländeform, bis 2,50 m unter das Straßenpflaster. Sie enthielt römischen Bauschutt (vgl. Abschnitt »Wohnbauten«). Mehrfach durchziehen Estrichböden diese »Estrichschicht«. Lokal nachweisbare bauliche Veränderungen aus römischer Zeit sowie die häufig 1 m und mehr erreichende Schichtdicke deuten auf eine längere Besiedlungsdauer. Bestätigt wird diese Vermutung durch die überall eingestreuten Kleinfunde, insbesondere Keramik, die vom Ende des 1. bis zum 4. Jahrhundert, zum Teil sogar bis an dessen Ende reichen.

Unter dieser jüngeren Kulturschicht setzt eine lettenartige Moorschicht ein, die häufig bis unmittelbar auf den darunter liegenden diluvialen Kies und Schotter reicht. Dazwischen findet man an manchen Stellen noch einen festen, leicht sandigen Letten von 30 – 40 cm Dicke, in den die Pfähle der Holzroste eingerammt waren. An vielen Stellen wurden im oberen Drittel dieser »Moorschicht« und an der Basis der oberen Hälfte der Estrichschicht Brandschutthorizonte beobachtet, die häufig nicht rein örtlich, sondern über größere Flächen verbreitet waren. Die meisten Archäologen sehen in dem unteren »Brandschutthorizont« Spuren der 69/70 n. Chr. erfolgten Zerstörung der Römersiedlung durch die Chatten. Höher gelegene Brandschichten werden als Spuren von Alamannenüberfällen im 3. Jahrhundert gedeutet.

Die Zerstörungen von 69/70 n. Chr. gehen darauf zurück, daß nach der Ermordung Kaiser Neros (68 n. Chr.) im linksrheinischen Germanien Unruhen ausbrachen. Am Niederrhein kam es zum Aufstand der Bataver unter Iulius Civilis, den die mit ihnen stammesverwandten Chatten, Usipeter und Mattiaker zu ausgedehnten Beutezügen in der Nachbarschaft des Römerlagers Mainz ausgenutzt haben[141]. Dabei dürften alle römischen Niederlassungen und Befestigungen rechts des Rheins ihrer Zerstörungswut zum Opfer gefallen sein[142]. In den damals sicher nicht aus Steinbau-

ten bestehenden Häusern (oder Baracken) fand das Feuer schnell reichliche Nahrung.

Brandschichten dieser Art haben später sowohl H. Schoppa vom Mauritiusplatz (vgl. Anm. 103) als auch H. U. Nuber von der Ecke Kirchgasse und Mauritiusstraße (vgl. Anm. 105) beschrieben. Die Ergebnisse dieser letztgenannten Grabung werden hier einmal näher vorgestellt, da es sich um die einzige zeichnerisch dokumentierte stratigraphische Beobachtung eines Schichtenprofils im Bereich der Ritterling/Pallatschen Ausgrabungen von 1896/97 handelt.

Sie bestätigt die Richtigkeit der groben Einteilung Ritterlings, wenn sich auch von den hölzernen Unterbauten der Fachwerkhäuser nur wenige Reste (kleine eingeschlagene Pfähle) erhalten haben. Sie sind wohl den Brandhorizonten, die sich an der Basis, in der Mitte und am oberen Ende der »Moorschicht« gefunden haben, zum Opfer gefallen. In den angeschnittenen Schichten konnte einiges römische Fundmaterial in gesicherter Lage sowie aus dem anschließenden Baugrubenbereich eine größere Anzahl von Streufunden geborgen werden. Diese sind deshalb stratigraphisch nicht gesichert, weil die Baugrube vor dem Eintreffen des Grabungsteams ausgeräumt worden war.

Das in der Südwestecke des Grundstückes Mauritiusstraße 2 aufgenommene Schichtprofil »a – b« baut sich folgendermaßen auf (Abb. 20):

Die unterste, grundwasserführende Zone (A) bildete der anstehende Kies, auf dessen sandiger Oberfläche (Punkte 5 und 8) die ersten Funde zu verzeichnen waren. In den Kies reichte ein Eichenpfosten (P I), der von einer grauen, lehmigen, bis 0,40 m starken Schicht (B) überlagert wurde. Diese enthielt große Mengen von Brandschutt in Form von verkohltem Holz und verziegeltem Lehmverstrich. Die Brandschicht (B) wurde von den Holzpfosten (P II und P III) aus hellerem (Buchen-?)Holz durchstoßen. Sie waren (oben) eingebettet in eine gelblichbraune, bis 0,40 m mächtige Lehmschicht (C), aus der die Funde (1) und (2) stammen. Offenbar verdankt die braune lehmige Schicht (D) mit Funden bei (6) ihre Entstehung einer unmittelbar darauffolgenden Siedlungstätigkeit. Schicht (C) wird als eine auch von Ritterling und Pallat mehrfach beobachtete (Lehm-?)Schicht als Auffüllung oder Unterlage zur Trockenlegung, (D) als die eigentliche Kulturschicht angesehen, die nach oben durch eine zweite Brand-

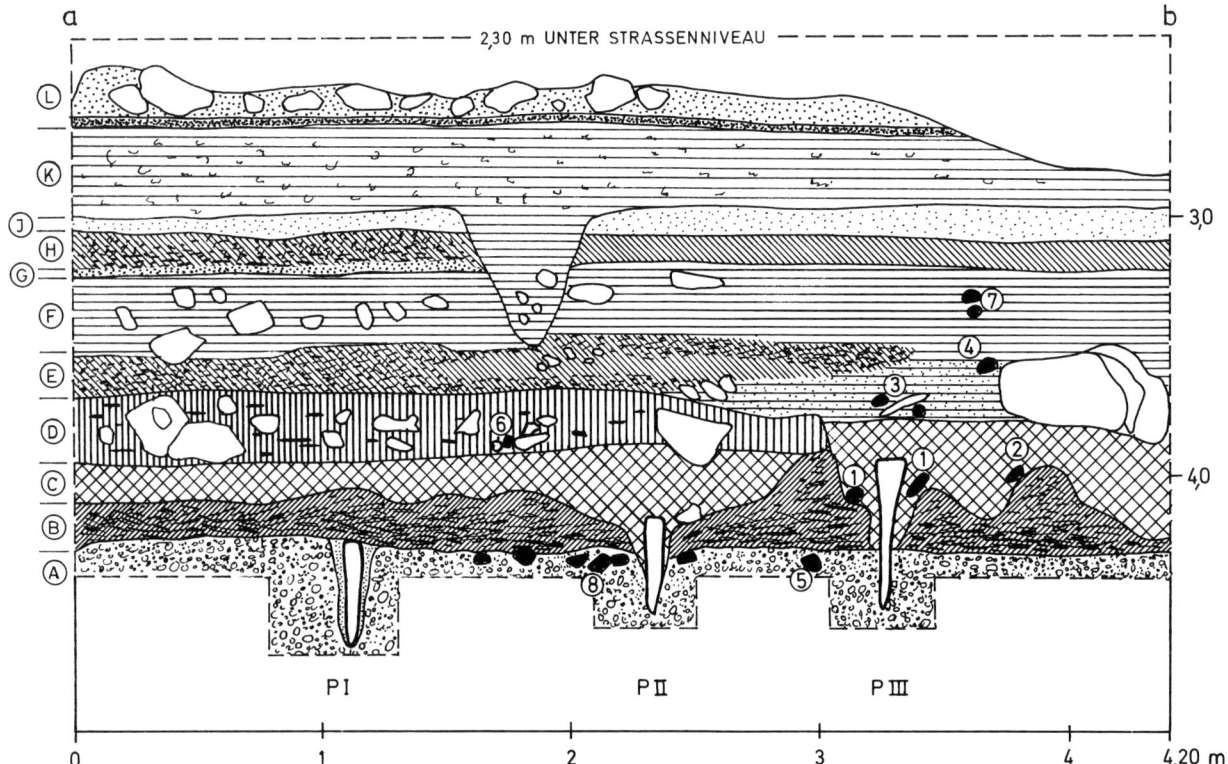

Abb. 20   Schichtenprofil vor der Grundstücksgrenze Mauritiusstraße Nr. 2 zu 4 von 1978. Erläuterungen s. S. 53

schicht (E) abgeschlossen wird. Sie enthielt wiederum die Reste verbrannter Fachwerkarchitektur (Holzkohle und verziegelten Wandverstrich). Unter diesen Horizont gehören die Funde bei (3), während Punkt (4) eher zum Bereich von (7) zu rechnen ist.

Dieser Komplex (4, 7) stammt aus einer gelbgrauen, 0,30 m starken Lage (F), die der Ausgräber als Planierschicht empfunden hat. Sie wies zumindest im südlichen Abschnitt (linke Hälfte in Abb. 20) eine Laufzone (G) auf, überlagert von einer dritten, deutlich ausgeprägten Brandschicht (H) mit Holzkohle und verziegeltem Lehmverstrich. In der markanten, spitzzulaufenden Einsenkung der jüngeren Schicht (K) könnte ein Pfosten gestanden haben, der zu einem Zaun der Laufzone (G), also eines Weges, gehört hat, während sich die Brandschuttschicht (H) jenseits des Weges, wenn auch ohne definierbare Einschlüsse fortsetzt.

Beide Abschnitte der Schicht (H) überzieht ein helles Sand-/Lehmband (J), das gleichfalls durch die Pfosten-

grube der jüngeren Zone (K) von oben durchschnitten wird. Nach oben folgt schließlich die jüngste römische, ziemlich mächtige Bauschuttschicht (K), die vom Kellerboden und Mauerresten (L) eines Gebäudes um 1700 überdeckt wird.

Die Funde der »Moorschicht«

Nach Ritterling und Pallat[143] »gibt die scharfe Scheidung, die zwischen den Kulturresten aus der Moorschicht und denen aus der Estrichschicht, insbesondere auf keramischem Gebiet besteht, die völlige Gewißheit, daß erstere nicht aus der späteren Periode der über den Estrichen errichteten Zeit stammen, sondern nur der dieser vorangehenden Ansiedlung angehören«. Bemerkenswert sind die »ungemein zahlreichen Kulturreste«, die sich in dieser Schicht fanden, »nicht selten massenhaft, und dann meist bis auf den Kies

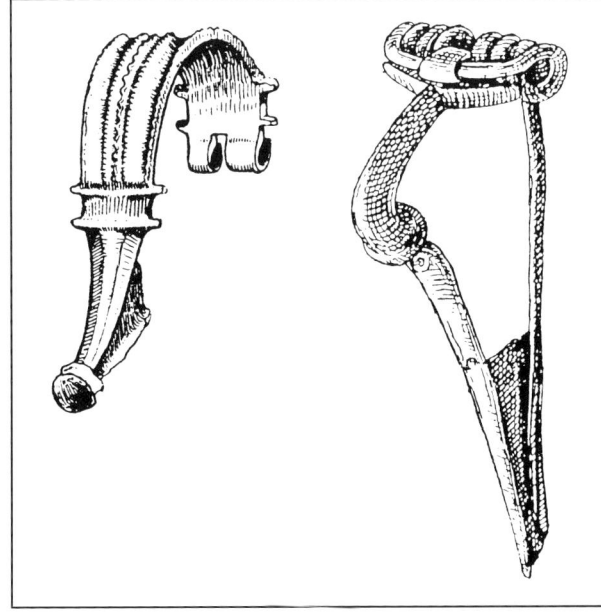

Abb. 21 Römische Fibeln aus der 1. Hälfte des 1. Jh. n. Chr. FO: Kirchgasse, Ecke Kleine Schwalbacher Straße

hinunter, auf einem kleinen Raum angehäuft, Reste wohl von Senklöchern und Abfallgruben«[144].

Für die zeitliche Einordnung kommen neben Münzen, Fibeln und anderen Bronzen (Abb. 22 und 23) vor allem Tongefäße und Tongefäßscherben in Betracht.

Die Reihe der 20 aus dem Moorboden stammenden Münzen reicht von Agrippa bis Domitian. Die Münzen des Vespasian (69-79 n. Chr.) und Domitian (81–96 n. Chr.) stören nicht die Zuordnungen unter dem Brandhorizont von 69/70 n. Chr., da sie an Stellen gefunden wurden, wo auch spätere römische Bautätigkeit stattgefunden hat, so daß die Münzen nachträglich dorthin gekommen sein können. Dagegen ist es für die Datierung nicht ohne Gewicht, daß drei Münzen des Augustus und eine des Nero, »wie sich aus ihrer geringen Abnutzung mit einiger Sicherheit schließen läßt, nicht sehr lange im Verkehr gewesen sein können«. Nach H.-G. Simon sollte diese Einschätzung Ritterlings nicht überbewertet werden, da die mit Assen der ersten Altarserie von Lugdunum (10–3 v. Chr.) beginnende Münzreihe aus der Moorschicht »zu klein ist, um eine statistische Auswertung zu erlauben«[145].

Die Fibeln gehören nach Ritterling/Pallat »sämtlich Typen an, wie sie im 1. Jahrhundert in Gebrauch waren«. Simon ergänzt: »Höchstwahrscheinlich vorclaudisch ist eine Augenfibel mit verziertem Fuß und Bügelhals und mit offenen, nach außen etwas ausgefeilten Augen (»vom Mauritiusplatz«). Zwei weitere Fibeln dieses Typs mit offenen Augen gehören ebenfalls zu einer älteren Stufe, die bereits in Haltern (vor 9 n.Chr.; s.u.) belegt ist«[146].

Abb. 22 Kasserolle aus Bronze, gegossen, nachträglich abgedreht. Wahrscheinlich kampanische Fabrikation, 1. Jh. n. Chr. (FO Mauritiusstraße; Bronzesieb: Adlerterrain)

Abb. 23 Griff der Kasserolle (Abb. 22) mit eingepunztem Ornament und Fabrikantenstempel C. APP(IUS) FVSCVS

Wichtiger, ja entscheidend ist die zeitliche Zuordnung der Keramikfunde. Folgt man zunächst den Aussagen von Ritterling und Pallat[147], so bestanden die in der Moorschicht gefundenen Terra sigillata-Gefäße und -Scherben überwiegend aus Stücken, die in der Provinz Gallia Narbonensis nach italischen Vorbildern oder in Italien selbst hergestellt und importiert waren (südgallische oder arretinische Ware).

Ritterling und Pallat haben eine sehr sorgfältige Analyse der älteren Keramik, auch der massenhaft in den alten Schichten zutagegekommenen Scherben von Gefäßen belgischer Technik, und eine Auflistung aller angetroffenen Töpferstempel vorgenommen[148]. Die dort verwendete Methodik soll im folgenden Kapitel mit den nach neueren Erkenntnissen (z. B. Konkordanzen mit der Keramik von Haltern) besser gestützten Untersuchungen von H.-G. Simon[149] kombiniert werden.

Daran anschließend folgt ein Versuch zur Datierung der südgallischen Reliefsigillata nach B. Pferdehirt[150], die zu einer recht überzeugenden Schlußfolgerung führt. Sie erlaubt, von den Ergebnissen der kritischen Analyse des archäologisch ergrabenen Materials eine Brücke zu historisch belegten Ereignissen der Frühzeit des römischen *Aquae Mattiacorum* zu schlagen.

Bei der Beurteilung werden technische Einzelheiten der Herstellung von Form und Dekor römischer Keramik, aber auch ihres Vorkommens in gesicherten Fundschichten von anderen römischen Fundorten herangezogen. Besonders sind es die für eine solche Datierung wichtigen Zeithorizonte »Haltern« und »Hofheim«, über die hier einige Worte gesagt werden müssen.

Das Kastell Haltern an der Lippe wurde bald nach 7 v. Chr. errichtet und im Zusammenhang mit der Varus-Niederlage 9 n. Chr. endgültig aufgegeben[151]. Eine spätere Anlage aus römischer Zeit gibt es an dieser Stelle nicht. Demnach muß alle in Haltern gefundene Keramik zwischen 7 v. Chr. und 9 n. Chr. in die Erde gelangt sein: Das ist der sog. »Halterner Horizont«.

Ähnliches galt bisher auch für Hofheim. Die Anlage des dortigen Erdkastells wurde lange Zeit um das Jahr 40 n. Chr. datiert[152]. Keramik aus Hofheim konnte demnach nicht viel älter sein als eben 40 n. Chr. (»Hofheimer Horizont«). In den letzten 10 Jahren haben neue Erkenntnisse über die Datierung Hofheims (etwa 20–25 n. Chr.)[153] jedoch zu einer Revison dieses Hori-

Abb. 24   Mühlstein (Bodenstein und Läufer) aus Mendiger Lava von Baustelle f (Situationsplan Abb. 11)

zontes geführt. Gerade das wirkt sich aber auf die Einstufung der Keramik aus der Wiesbadener Moorschicht besonders aus. Denn viele Fundstücke, die von den Archäologen bisher durch ihre Übereinstimmung mit Hofheim in die Zeit um und nach 40 n. Chr. datiert wurden, müssen oder können nun entsprechend früher eingestuft werden.

Wegen der höheren Aussagekraft greifen Archäologen fast immer zuerst auf Terra sigillata-Keramik, insbesondere die plastisch verzierten Reliefschüsseln, zurück. Sie lassen sich aufgrund ihres besonderen Charakters oft sehr genau datieren. Über Töpferstempel und Dekor ergeben sich Vergleichsmöglichkeiten, die besonders zuverlässige Aussagen zulassen.

Terra sigillata

Terra sigillata ist der moderne Sammelbegriff für feines rotglänzendes Tongeschirr, das in bester Ausführung aufgrund des harten Brandes sehr haltbar war. Es wird deshalb zuweilen auch als »Porzellan der Römer« bezeichnet, obwohl es vom Material her mit echtem Porzellan nicht zu vergleichen ist. Wie die Römer dieses Tongeschirr bezeichnet haben, ist unbekannt. Ebenso, seit wann die Archäologen den Begriff »Terra sigillata« verwenden.

Eine sehr frühe Nennung findet sich in der Beschreibung der »Opferstätte und Grabhügel der Germanen und Römer am Rhein« des Königlich-Preußischen Hofrates Wilhelm Dorow aus dem Jahr 1819. Er verweist an vielen Stellen auf Funde von Scherben und ganzen Gefäßen, darunter eine »Ober- und Unterschale von terra sigillata, sehr schön und gut erhalten«, die in Wiesbaden beim Bau des Wohnhauses des Bauinspektors Christian Zais »vor dem ehemaligen Sonnenberger Thor«, also auf dem hinteren Teil des heutigen Kurplatzes beim Appartementhaus Vier Jahreszeiten, gefunden wurde. Auf der Unterschale fand sich ein Töpferstempel: OF VITALIS[154].

Der Begriff als solcher leitet sich ab von *terra*, Erde (Tonerde), und *sigillatus* im Sinne von »mit gestempelten Bildchen versehen«. Die älteste Verwendung dieser Bezeichnung findet sich jedoch auf Heilerde-Pastillen aus roter Bolus-Erde oder weißen Tonen, die in hölzerne Formen gepreßt und mit einem Stempel (mit dem Markenzeichen »Terra sigillata«) versehen wurden, um Echtheit und Herkunft zu verbürgen. Sie sind im 16. und 17. Jahrhundert in großem Umfang als Volksmedizin gehandelt worden[155].

Terra sigillata war das Tafelgeschirr der Römer. Es läßt sich in zwei Gruppen einteilen: reliefverzierte und glatte Gefäße. Bei den ersteren wurde eine bereits vorgeformte, aber noch nicht gebrannte Schale in eine tönerne Formschüssel mit eingetieften Verzierungen eingedrückt und innen, zusammen mit der Formschüssel, auf der Scheibe nachgedreht. Sobald der Ton durch Lufttrocknung etwas geschrumpft war, ließ sich die Schale mit den erhabenen Dekorationen (»Reliefschüssel«) aus der Form herausnehmen. Danach tauchte man sie in eine feine, mit Pflanzenasche versetzte eisenhaltige Tonanschlämmung, ließ sie erneut an der Luft trocknen und brannte sie dann (zusammen mit anderen) im Töpferofen bei ca. 900°C. Dabei richteten sich die einzelnen, in der Tonbrühe enthaltenen Tonblättchen parallel aus und bildeten so einen wasserundurchlässigen Glanztonfilm (Engobe)[156].

Die Formschüsseln waren ebenfalls aus Ton gefertigt. Auf ihre Innenwand wurden die Verzierungen (Muster, Figuren) mit Hilfe von Punzen (Stempel mit einzelnen Dekorelementen) eingedrückt. Punzen wurden aus Holz, Ton oder Metall hergestellt; sie konnten beliebig zu Rundum-Dekorationen der Gefäße zusammengestellt werden.

An der abgebildeten Formschüssel kann man den Herstellungsprozeß, sowohl der Formschüssel selbst (Einstempelung des Dekors und der figürlichen Muster) als

Abb. 25 Formschüssel aus Wiesbaden

Abb. 26 Formschüssel aus Wiesbaden (Aufsicht)

auch die Formung der Reliefschüssel erkennen: Um die geformte Schüssel aus der Formschüssel herausnehmen zu können, durfte sich der ornamentierte Teil nach oben nicht verjüngen. Die Formschüssel reichte deshalb immer nur bis zu dem Ornament, das Bauch und Rand trennt. Dieser wurde, wie auch der Gefäßfuß, gesondert hergestellt und vor dem Brennen angefügt.

Die reliefverzierte Formschüssel (Abb. 25, 26) wurde im 19. Jahrhundert in Wiesbaden gefunden. H. Schoppa gibt als Fundort »in der Häfnergassse« an und deutet ihn als Hinweis auf bescheidene Töpfereibetriebe im römischen Wiesbaden[157]. Die Fundumstände sind jedoch nicht eindeutig. W. Dorow inventarisierte sie 1822 unter »Fundort Wiesbaden«, vier Jahre später schrieb er »Fundort bei Maynz«[158].

Als Dekor zeigt die Wiesbadener Formschüssel unter dem Eierstab-Kranz (Eierstab, auch Perlstab oder Blattleistenmuster, ist ein aus der ionischen Tempelarchitektur übernommenes Ornament, das als Rundfries die Reliefzone vieler Terra sigillata-Gefäße nach oben begrenzt) am oberen Rand Athleten im Wechsel mit Stieren unter einfachen Arkadenbögen, in einigen Zwickeln einen Adler. Wahrscheinlich »handelt es sich um einen Töpfer, dessen Formenschatz stark von Rheinzabern beeinflußt war, der seine Werkstatt aber näher an den nordmainischen Limes verlegt hat«. Diese Interpretation wird durch die Tatsache unterstrichen, daß man Reliefschüsseln dieser Machart am Zugmantel und in Butzbach gefunden hat[159].

Die glatten, freihändig oder mit Hilfe von Schablonen auf der Scheibe gedrehten Gefäße[160] mit dünner Engobe blieben überwiegend unverziert; sie konnten aber auch durch eingekerbte Muster, aufgetropften Tonschlicker (Barbotindekor) oder mit Rollrädchenverzierung geschmückt werden. Als fabrikmäßig hergestellte Massenware zeigen die glatten und oft auch die verzierten Gefäße in der Mitte des Bodens innen einen Stempel mit dem Namen des Töpfers bzw. Fabrikbesitzers. Zuweilen findet sich ein zweiter Name erhaben zwischen den Mustern des Reliefdekors. Er nennt den Namen des Modelherstellers (Formenschneiders) bzw. des Schöpfers der Dekoration[161] (Taf. 14 d).

Der Ursprung dieser Keramikgattung geht auf Einflüsse aus dem griechisch-hellenistischen Kulturkreis in Kleinasien zurück. Anfangs waren es wohl Kopien oder direkte Abformungen von in Metall getriebenen Bechern und Schalen. Spätestens seit der Mitte des 1. Jahrhunderts v.Chr. wurde (besonders in Arretium-Arezzo/Italien) Terra sigillata in großem Umfang hergestellt. Sie hat weite Verbreitung erfahren, in den Provinzen des römischen Reiches anfangs als Importware, später aus italischen Zweigbetrieben in den Provinzen (z. B.in Lyon), und dann durch die Eigenproduktion von Töpfereien, z.B. in Süd-, Mittel- und Ostgallien sowie im linksrheinischen Germanien. Sigillatascherben werden bei fast jeder Ausgrabung eines römisch besiedelten Ortes gefunden. Sie sind das wichtigste Leitfossil der provinzialrömischen Archäologie.

Form und Größe der Gefäße waren weitgehend genormt. Den grundlegenden Typenkatalog hat H. Dragendorff[162] Ende des 19. Jahrhunderts aufgestellt. Auf ihm und nach ihm R. Knorr[163] fußen bis heute die meisten Zuordnungen und, daraus abgeleitet, Datierungen der Terra sigillata-Keramik in Deutschland. Sie sind durch Untersuchungen an zeitlich gesicherten Fundplätzen (z. B. Haltern, Hofheim, Niederbieber) erweitert und ergänzt worden.

Die ersten Terra sigillata-Gefäße, die römische Legionäre an den Rhein mitgebracht haben, werden als italische oder – nach ihrem bekanntesten Herstellungsort Arretium – als arretinische Ware bezeichnet[164]. Aus Italien kam zunächst auch der Nachschub. Da aber die Transportwege lang und die Verluste durch Transportschäden groß waren, folgten die Töpfer dem wichtigsten Absatzsatzmarkt, Militär und Militärverwaltung in Gallien und Germanien, wo seit ca. 120 n. Chr. Rheinzabern für Obergermanien das maßgebliche Produktionszentrum gewesen ist.

Töpferstempel

Für die zeitliche Zuordnung des römischen Fundmaterials in den unteren Lagen der Wiesbadener Moorschicht stellt die Terrasigillata-Keramik die zuverlässigste Grundlage dar. Da die Zuordnung nach Töpferstempeln am übersichtlichsten und auch für Laien am leichtesten nachzuvollziehen ist, soll dieses Verfahren hier kurz skizziert werden. Ritterling hat in einer »Stempelliste a«[165] alle Töpferstempel zusammengefaßt, die auf Sigillata-Bruchstücken gefunden wurden, deren Herkunft aus der Moor- und Pfahlrostschicht in der Wiesbadener Innenstadt durch sofort bei der Auffindung gemachte Notizen oder auf andere Weise vollständig gesichert ist.

H.-G. Simon hat aus dieser Liste jene Stempel ausgewählt[166] und abgebildet[167], die in die Kategorie »italisch/arretinisch« oder »frühgallisch«[168] (Lyoner Töpfereien) einzuordnen sind. Nach B. Pferdehirt[169] wurden diese frühesten italisch-gallischen Sigillaten in Germanien zwischen 15 und 20 n. Chr. durch südgallische Importe vollständig vom Markt verdrängt. Man kann also davon ausgehen, daß diese 13 Stempel bzw. die Gefäße, zu denen sie gehört haben, vor oder spätestens während dieser Zeit nach Wiesbaden gelangt sind (Abb. 27).

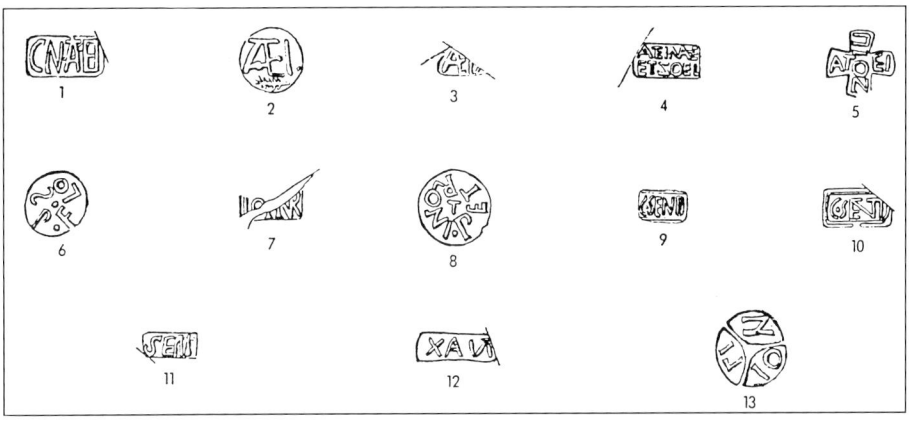

Abb. 27 Frühe Töpferstempel aus Wiesbaden.

Zu dieser Gruppe gehören folgende Stempel: CN ATEI (1) des arretinischen Töpfers Cnaius Ateius, der nach E. Ritterling der Zeit des Kaisers Augustus zuzuordnen ist. Sein Betrieb gehörte zu den jüngeren Gründungen in Arezzo; daneben unterhielt er Zweigbetriebe in Südgallien, von wo aus er das Militär an der Rheingrenze belieferte[170]. Er ist in Haltern mehrfach vertreten und dürfte »in die Zeit Halterns (bis 9 n. Chr.) oder wenig später gehören« (vgl. Anm. 166). In der Form ATEI (ohne Vornamen) als Rundstempel mit Zweig (2) kommt er nach Ritterling bereits im 16 v. Chr. angelegten Erdlager Neuß häufig, nach Simon in Haltern seltener vor; Simon stuft ihn als spätaugusteisch-tiberisch ein. Stempel (3) identifiziert er aufgrund analoger Exemplare aus Haltern, Vechten und Paris als ATEI M(AHE).

Der zweizeilige Rechteckstempel ATEI MA(H)E/ET ZOEL (4), ein Gesellschaftsstempel der Freigelassenen des Ateius, Mahe und Zoilus, ist in Haltern mit fünf gleichen Stempeln vertreten, während der Kreuzstempel ATEI ZOILI (5) wie auch der dreigeteilte Rundstempel ZOILI (13) dort nicht mehr vorkommt. Beide werden deshalb von Simon in die Zeit nach 9 n. Chr. bis frühtiberisch eingestuft.

Einen Sonderfall stellt ein Tellerboden mit dem Rundstempel des P.FLOS (6) dar, der 1896 Ecke Schulgasse und Kirchgasse gefunden wurde[171]. Es handelt sich um eine Ware aus weißem Ton mit schlechtem Überzug. Simon datiert sie spätaugusteisch-frühtiberisch. Weitere FLOS-Scherben sind aus Haltern, Neuß, Köln, Andernach und Mainz bekannt. S. v. Schnurbein, der sich ausführlich mit diesem Scherbentyp befaßt hat[172], sieht in ihnen Produkte eines in Haltern arbeitenden Töpfers. Da das Kastell Haltern nach der verlorenen Varusschlacht 9 n. Chr. für immer aufgegeben wurde, und da die Scherben kaum als solche, sondern als unbeschädigte Gefäße an ihre Fundorte gelangt sein dürften, sind sie am wahrscheinlichsten in die Jahre 5 – 15 n. Chr. zu datieren.

Die Rechteckstempel IOTHVR (7), C.SENTI (9, 10) und SENTI (11) des arretinischen Töpfers C.Sentius[1] und XANT(HI) (12) des Xanthus, eines Freigelassenen des Cn. Ateius, wie auch den Rundstempel PETRONI (8), den Ritterling für arretinisch hält, während Simon ihn einer gallischen Töpferwerkstatt zurechnet, sind zeitlich alle in den Zeitrahmen »spätaugusteisch-frühtiberisch« einzuordnen[173].

Die frühesten Stempel vom Mauritiusplatz[174] sind BASSVS und SECVNDVS, von der Ecke Kirchgasse/Mauritiusstraße[175] BASSVS und LICINVS. Sie gehören zu südgallischen Töpferwerkstätten, die ihre Sigillata-Ware von 15/20 n. Chr. bis in die Zeit des Chattenüberfalls 69/70 n. Chr. in das römische Germanien exportiert haben[176].

Darüber hinaus findet sich an allen Fundplätzen der Wiesbadener Innenstadt eine lückenlose Reihe von

[1]Der unter Abb. 27, 9 aufgeführte Stempel des C.SENTIUS wurde nicht, wie von H.-G. Simon (vgl. Anm. 167) angegeben, an der Mauritiusstraße, sondern am Badhaus Adler gefunden (Mttlg. 1903/04, 84). Dieser Unterschied ist nicht unerheblich, da er auf eine frühe Besiedlung auch dieses Stadtbezirks schließen läßt.

Töpferstempeln, Reliefschüsseln und Sigillatascherben südgallischer Herkunft bis zum Auslaufen der Importe aus diesen Töpfereien (115/120 n. Chr.). Dieser Befund[177] ist deshalb wichtig, weil er zeigt, daß sich römische Soldaten und bald danach auch andere Angehörige des römischen Heeres seit dem Beginn der Regierungszeit des Kaisers Tiberius nicht nur kurzfristig, sondern auf Dauer im Stadtgebiet von Wiesbaden niedergelassen haben.

Südgallische Reliefschüsseln

E. Ritterling und L. Pallat schreiben in ihrer grundlegenden Arbeit[178]: »Die überwiegende Mehrzahl der in (den tieferen Lagen) der Wiesbadener Moorschicht enthaltenen Sigillatascherben zeigt – im Bruch stets rot und glasscharf – hellbraunrote, dunkelrote oder kirschrote Farbe, mit einer bisweilen stumpfen, meistens aber sehr stark spiegelnden Glasur von großer Dauerhaftigkeit (. . .). Infolge ihrer Dünnwandigkeit und der zum Teil scharfen Profilierung sind gerade diese feinen Sigillatagefäße der alten Schicht sehr stark zertrümmert; doch genügen in den meisten Fällen die erhaltenen Scherben, um die Gattung und Form der

Gefäße, zu denen sie gehört haben, mit ausreichender Sicherheit zu bestimmen.«

So genügt eine in Wiesbaden (ohne genauere Ortsangabe) gefundene kleine Scherbe[179], sie durch ihr Profil, den zwischen Rand und Reliefschmuck angeordneten Eierstab und die zum Dekor gehörende, bis zu den Knien erhaltene Figur einer die Flöte blasenden Sirene, sie als Scherbe eines arretinischens Kelchgefäßes mit Reliefschmuck (Drag. Nr. 11) zu identifizieren. Die Kelchform wurde nur in Arezzo hergestellt und nicht in den südgallischen Formenfundus übernommen. Form und Dekor des Kelchgefäßtyps erinnern deutlich an die Herkunft von aus Metall getriebenen hellenistischen Vorbildern. Sein Vorkommen ist ein wichtiger Hinweis für den frühen Beginn der Besiedlung Wiesbadens durch die Römer.

Obwohl im Grunde alle Terra sigillata-Gefäße zu diesem Zweck herangezogen werden können, soll das hier an drei Reliefschüsseln gezeigt werden. Sie gehören zu zwei Formen, die als Typ Dragendorff 29 und 37 bezeichnet werden (Abb. 30 und 31; Taf. 3 und 4). Beide Formen sind Erzeugnisse der bald nach 15 v. Chr. von Arezzo aus (über Lyon) in Südfrankreich gegründeten Filialen Montans, La Graufesenque und Banassac. Dort wurden überwiegend einheimische

Abb. 28   Zylindrischer Becher Drag. 29 mit schönem Pflanzendekor (FO Kirchgasse)

Abb. 29   Zylindrischer Becher Drag. 29 mit »ungelenken« figürlichen Darstellungen (FO Hochstättenstraße)

Tafel 5
Links: Rottoniger, schwarz
gefirnißter Becher mit weißer Bemalung
»M I S C E« (»Mische«),
Höhe 18 cm. 1. Hälfte
4. Jh. n. Chr. FO Kranz-
platz.

Rechts: Vase vom Spätla-
tène-Typ, schwarzgrauer
Ton, Höhe 12,5 cm.
1. Hälfte 1. Jh. n. Chr.
FO Wagemannstraße in
der römischen Kultur-
schicht.

Tafel 6
Austernschalen aus einer Wanne in den römischen Thermen am Schützenhof. Dazu ein ornamental verzierter Silberlöffel (von einer anderen Fundstelle).

Fragment eines Mosaikbodens im Bereich der Thermen am Kranzplatz. Maßstab 1:1,3.

Handwerker beschäftigt, denen zwar ausgezeichnete Leistungen bei Reliefschüsseln mit ornamentaler Verzierung, nicht aber figürliche Kompositionen gelangen. Es bleibt eine auffallende Diskrepanz zwischen dem wohlausgewogenen Ornament, auch aus pflanz-

Abb. 30 Schüssel Drag. 29 (FO Kirchgasse) mit besonders schönem Pflanzendekor

Abb. 31 Schüssel Drag. 37 des ALBILLVS, La Madeleine bei Nancy (FO Adlerterrain; s. Anm. 190)

lichen Elementen, und einer deutlichen Unbeholfenheit bei figürlichen Darstellungen, wie ein Vergleich der beiden zylindrischen Becher des Typs Dragendorff 30, die ebenfalls im südgallischen Werkstätten hergestellt wurden, erkennen läßt. Der erste, der Dekoration nach ältere (Abb. 28), wurde von Ritterling an der Kirchgasse, der zweite (Abb. 29) im Bereich der Hochstättenstraße gefunden[181]. Ähnliche Vergleiche lassen sich an dem Scherbenmaterial feststellen, das 1942 beim Ausheben des Feuerlöschteiches auf dem Mauritiusplatz geborgen wurde[182].

Standardtyp der frühen Phase (ab 15/20 n. Chr.)[183] ist die Reliefschüssel Dragendorff 29, die sich vom wesentlich späteren Typ Dragendorff 37 durch geringere Höhe, kantigere Konturen und einen mehr oder weniger deutlichen Knick beim Übergang von der Seitenwand zur Basis unterscheidet. Die Knickschüsselform ist ein Hinweis auf die Latènetradition, die wohl von gallischen Handwerkern in den südgallischen Töpferfundus eingebracht wurde.

Die in Tafel 3 abgebildete, im Untergrund des Hauses Mauritiusstraße Nr. 6 gefundene Schüssel Dragendorff Nr.29[184] ist gekennzeichnet durch einen leicht nach außen gebogenen und geriefelten Rand, gerade umlaufendes Pflanzendekor und ein strahlenförmiges Blattornament in der Basiszone. Die Schüssel wird in die Mitte des 1. Jahrhunderts datiert. Sie war schon in der Antike zerbrochen und durch Bleiverklammerungen repariert worden.

Solche Bleiflickungen sind relativ häufig (eine weitere zeigt die Taf. 3 unten, 2. Schüssel von links). Sie weisen auf den hohen Gebrauchswert von Sigillata-Geschirr hin. Offensichtlich störte man sich nicht an dem geminderten Aussehen eines solchen Stückes.

Tafel 3 unten zeigt in der hinteren Reihe weitere Schüsseln von Typ Drag. 29. Die älteste dürfte die Schüssel in der Mitte hinten sein (dieselbe Schüssel: Abb. 30). Sie wurde in der Kirchgasse Nr.38, heute 54, gefunden, trägt den Stempel des BALBVS, der zu den frühen Töpfern der südgallischen Werkstätten gehört[185]. In die Zeit des Kaisers Claudius kann nach R. Knorr[186] die Schüssel rechts, »mit reizvollen Blatt- und Rankenornamenten und einem nicht zu entziffernden Stempel« (FO Mauritiusstraße) datiert werden (ähnlich die Schüssel auf Abb. 28; FO Kirchgasse).; desgleichen die schon er-

wähnte Schüssel mit Bleilötung und Töpferstempel PRIMI M(anu) aus der Spiegelgasse[187] (Taf. 3, 2. Schüssel von links). Auf dem Adlerterrain wurde die etwas später, nach der Mitte des 1. Jahrhunderts, gefertigte Schüssel des MODESTVS[188] gefunden, die im mittleren Fries jeweils drei Männerköpfe im Wechsel mit einem Schuppendekor, darunter umlaufende Blatt- und Blütenblattornamente trägt (Taf. 3, links).

Nach Ritterling und Pallat fanden sich die Scherben der zum Typ Dragendorff 29 gehörenden Schüsseln in den unteren Bereichen der Moorschicht, die, soweit man ihn identifizieren konnte, durch den Brandhorizont des Chattenüberfalls 68/70 n. Chr. nach oben abgeschlossen wird. Die Grabung von 1942 am Mauritiusplatz (vgl. Anm. 103) bestätigt im wesentlichen diesen Befund. Über der Brandschicht traten dann »massenhaft« Scherben der späteren reliefverzierten Kumpen vom Typ Dragendorff 37 auf. Ihre Produktion setzte etwa um 70 n.Chr. ein[189]. Ton, Brand und Glanz des Überzugs verlieren zunehmend an Qualität. Es entstehen aber immer noch Reliefschüsseln mit Figurendekor von hohem Reiz.

Der Schwerpunkt der Fabrikation verlagerte sich ab der Mitte des Jahrhunderts langsam nach Nordosten. Wichtige Herstellungszentren bilden sich in Mittel- (Lezoux) und Ostfrankreich (La Voye, La Madeleine)[190], dann in der Westpfalz (Blickweiler und Eschweiler Hof) und, spätestens um 120 n. Chr., in Rheinzabern und Trier. Prototyp der rheinischen Werkstätten ist neben Tellern, Schälchen und Näpfen die erwähnte halbkugelige Schüssel Dragendorff 37. Ihre Kennzeichen sind das rundliche Profil, der hohe unverzierte Rand, Eierstabfries und im Dekor variabel angeordnete Tier- und Menschendarstellungen. Das Pflanzenornament tritt demgegenüber stark zurück (kommt aber noch vor; Abb. 32).

Beispiele sind die beiden auf dem Adlerterrain (Taf. 4 oben) und beim Bau der Kaufhalle an der Langgasse gefundenen (Taf. 4 unten) Schüsseln. Das Dekor der Schüssel mit Tänzerinnen (abwechselnd mit Stab und Tambourin) zwischen aufrechten Palmwedeln unter Arkadenbögen und eingestreuten Rosetten weist auf eine Töpferei im ostgallischen La Voye aus dem 1. Drittel des 2. Jahrhunderts.[191]

Die Schüssel Taf. 4 unten stammt wahrscheinlich aus einer Werkstatt in Blickweiler; sie dürfte zwischen 120 und 150 n. Chr. entstanden sein[192]. Sie zeigt, viermal wiederholt, eine Figurengruppe: In der Mitte auf einem Postament eine an einen Pfahl gebundene Frau (entartetes Venusmuster). Links ein gegen sie anspringender Löwe, rechts und links je ein Gladiator, rechts nackt mit Peitsche, links in einem Panzer und mit Schwert. Im Reliefdekor erhaben: spiegelverkehrter Ornamentstempel des AVITVS. Diese Schüssel wurde nach dem Zweiten Weltkrieg beim Ausheben der Baugrube für den Neubau der Kaufhalle an der Langgasse gefunden.

Mit dem Einsetzen der Rheinzaberner und Trierer Töpfereibetriebe, deren Produkte in Wiesbaden in großer

Abb. 32 Schüssel Drag. 37 aus La Madeleine, anonymer Töpfer. (FO Baustelle e; Situationsplan Abb. 11; s. Anm. 190)

Menge vertreten sind, setzt ein weiterer Verfall an Qualität ein. Er betrifft sowohl die rein handwerkliche Verarbeitung des Tons und des Brandes, was an Glanz und Härte der Oberfläche deutlich wird, aber auch die technische und künstlerische Gestaltung der Ornamente. Terra sigillata-Gefäße, in der frühen Zeit Tafelgeschirr ausschließlich für gut bezahlte Offiziere und Verwaltungsbeamte, war nun zu reiner Gebrauchsware für eine Käuferschicht geworden, deren Geschmack und Ansprüche nicht mehr sehr hoch einzuschätzen sind.

Der Keramikhändler Agricola

Ein Hinweis auf den Import von Terra sigillata-Gefäßen ist sicher mit dem Grabstein eines Kaufmannes verbunden, der mit feiner (»kretischer«) Tonware gehandelt hat. Seine Name war SECVNDVS AGRICOLA, sein Grabstein wurde im Fundament einer spätrömischen Mauer am Kranzplatz gefunden[193] (Abb. 33). Die Inschrift des Steins lautet:

D(iis) M(anibus)
MEMORIAE SE
CVNDI AGRI
COL(a)E NEGOTI
ATORI ARTIS
CRETARIAE A
GRICOLIA AG
RIPINA FILIA
PATRI PIENTIS
SIMO F(aciendum) C(uravit)

»Den Göttern der Unterwelt und dem Andenken des Secundus Agricola, Kaufmannes der Kunstkeramik, hat (seine) Tochter Agricolia Agripina dem teuersten Vater (diesen Stein) errichten lassen«

Ars cretaria steht für feinere Tonware, unter der wir vornehmlich Terra sigillata-Geschirr und andere, heute würden wir sagen, kunsthandwerklich anspruchsvollere Keramiken zu verstehen haben. Einfaches Geschirr hat man meistens in ortsnahen Töpfereien herstellt. Die Ableitung des Namens der Tochter Agricolia aus dem Cognomen des Vaters Agricola deutet nach H. Schoppa auf eine nur in Gallien übliche Besonderheit. Da der Grabstein ungefähr in die Mitte des 2. Jahrhunderts n. Chr. zu datieren ist, spricht einiges dafür, daß es sich um einen gallischen Kaufmann handelt, der feine Tonwaren, darunter an erster Stelle Terra sigillata-Geschirr, aus Ostgallien, Blickweiler oder Trier in unsere Gegend (außer *Aquae Mattiacorum* kamen in der Mitte des 2. Jahrhunderts auch schon die Limeskastelle in Frage) importiert hat[194].

Abb. 33 Grabstein des Keramikhändlers Secundus Agricola

Der Beginn der römischen Besiedlung Wiesbadens

Der erste Teil des Buches wird nun mit dem Versuch abgeschlossen, den Beginn der Besiedlung Wiesbadens durch die Römer aufgrund der Neubewertung der Terra sigillata-Scherben, die in den letzten 15 Jahren an dem 1895/96 (vgl. Anm. 102) und 1942 (vgl. Anm. 103) sichergestellten Material durchgeführt wurde, neu zu datieren. Berücksichtigt werden auch die Ergebnisse der Analyse des Befundes Mauritiusstraße Nr. 2 (vgl. Anm. 105). Die Auswertung der Grabung an der Hochstättenstraße von 1988 (vgl. Anm. 106) steht noch aus; sie dürfte aber kaum zu abweichenden Erkenntnissen führen.

Die Datierung der frühesten römischen Besiedlung der Wiesbadener Altstadt ist an den archäologischen Befund gebunden. In einer Mischung aus historischer Überlegung und eigenwillig interpretiertem archäologischem Befund hatte der frühere Landesarchäologe Professor Dr. H. Schoppa (vgl. Anm. 14) als älteste Niederlassung eine Kastellgründung im Bereich der Innenstadt in der Zeit des Kaisers Claudius (41 – 54 n.Chr.) angenommen. Diese Datierung wird heute von der Mehrzahl der Archäologen nicht mehr aufrechterhalten.

Jüngere Untersuchungen

Besonders H.-G. Simon (vgl. Anm. 38, 56) hat mit der genauen Durchsicht der frühen Terra sigillata-Scherben des Ritterlingschen Materials aus dem Bereich Kirchgasse/Mauritiusstraße, einschließlich der italisch-arretinischen Töpferstempel, den Anstoß für neue Überlegungen gegeben, die eine Datierung in die Zeit nach 40 n. Chr. nicht mehr länger vertretbar erscheinen lassen.

Bei den von H.-G. Simon untersuchten Sigillaten handelt es sich überwiegend um glatte Teller-, Tassen- und Schälchenfragmente aus italischen Werkstätten und deren ältesten Filialen in Gallien (ohne die genau definierte »südgallische« Ware). Er bestimmte 57 Scherben und 13 Stempel. Über die Stempel schreibt er: »Innerhalb dieser Reihe tritt die Zahl der Parallelen zu Haltern so stark hervor, daß man mit dem Einsetzen der römischen Funde in Wiesbaden in augusteischer Zeit, etwa gleichzeitig mit Haltern, rechnen möchte«, also zwischen 8/7 v. Chr. bis 9 n. Chr.

Nach Auswertung der 57 Terra sigillata-Scherben präzisiert er den Befund dahingehend, daß »das Material nicht ausreicht, einen Beginn in den Jahren der Offensive des Drusus (10 – 9 v. Chr.) anzunehmen«. In der früheren Arbeit hatte er geschrieben: »Soweit bis jetzt ein Urteil möglich ist, sind die Funde aus Wiesbaden mit denen aus Höchst, Bad Nauheim und Friedberg zeitgleich.« Höchst datiert er in die Jahre 4 – 16 n. Chr., Bad Nauheim von 8/7 v. Chr. bis 9 n. Chr., Friedberg von 14 bis 16 n. Chr.[195]. Abschließend heißt es über Wiesbaden: »Es ist naheliegend, einen Zusammenhang mit den Feldzügen des Germanicus herzustellen, doch hieße es, die Aussage des Fundmaterials zu überfordern, wenn wir versuchten, hier einen schlüssigen Beweis zu erbringen.«

Zu ähnlichen Schlüssen kommt auch B. Pferdehirt in der noch unveröffentlichten Arbeit zur zeitlichen Einordnung der südgallischen Sigillaten in der Wiesbadener Innenstadt[196]. In dieser Studie wird das in der vorausgehenden Untersuchung über die »Chronologie der südgallischen Reliefsigillata«[197] angewandte Zuordnungsverfahren auf die Wiesbadener Reliefsigillata ausgedehnt. Zu den von H-G. Simon bestimmten italischen Sigillaten schreibt sie, ihre große Menge spreche dafür, daß die Siedlungstätigkeit in Wiesbaden an dieser Stelle (Kirchgasse/Mauritiusstraße) zu einer Zeit einsetzte, als die Orte am Rhein noch nicht von südgallischen Töpfern beliefert wurden (vor 15/20 n. Chr.). Die italischen Sigillaten, die möglicherweise auch aus arretinischen Filialbetrieben in Lyon gekommen sein können, »weisen eine Formenzusammensetzung auf, wie sie nach Befunden in Avenches und Haltern für die Zeit ab 8 n. Chr. charakteristisch ist.«

Folgt man den Interpretationen von H.-G. Simon und B. Pferdehirt – und alles spricht dafür, daß damit der richtige Ansatz zur Lösung des Problems gefunden ist –, kann man den Schluß ziehen, daß die erste Besiedlung Wiesbadens durch die Römer zwischen 4 und 16 n. Chr. erfolgt ist. Für die Jahre 4 – 6 n. Chr. könnte daran gedacht werden, daß Tiberius im Zuge der Vorbereitung des weiträumig angelegten Markomannenfeldzuges von 6 n. Chr. für die Sicherung des Brückenkopfes gegenüber Mainz einen Militärposten in der Nähe der Wiesbadener heißen Quellen eingerichtet hat. Er diente der Sicherung der Taunusübergänge nach Norden und damit dem Flankenschutz der von Mainz ausgehenden Vormarschstraße[198].

Als spätester Zeitpunkt kommen die Jahre der Feldzüge des Germanicus 15–16 n. Chr. in Frage. Für diese letzten großen Kämpfe gegen die Germanen im Innern des Landes hatte er etwa 30 000 Soldaten im Raum Mainz zusammengezogen. Die heißen Quellen Wiesbadens waren für die hygienische und gesundheitliche Versorgung dieser großen Armee, vor allem während der kalten Wintermonate, von hohem Wert. Es wäre geradezu unverständlich, wenn Germanicus diese natürlichen Vorzüge nicht erkannt und genutzt hätte. Nach dem Ende der beiden Feldzüge, die zugleich auch das Ende der offensiven Kriege gegen Germanien bedeutet haben, wurden die anfangs vielleicht nur provisorischen Thermenanlagen nach und nach zu einem Erholungszentrum für die römische Garnison *Mogontiacum* ausgebaut.

Die Grabung Ecke Kirchgasse/Mauritiusstraße

Zum Abschluß dieses Kapitels sei noch kurz auf die Analyse der Funde aus dem Baugrubenbereich Mauritiusstraße 2 von 1978 eingegangen[199]. H. U. Nuber kommt bei der Bewertung der Befunde hinsichtlich der zeitlichen Einordnung und historischen Interpretation zu Ergebnissen, die denen von H.-G. Simon und B. Pferdehirt sehr nahe kommen. Er spricht sich jedoch eher für einen Zeitpunkt unter des Regierungszeit des Tiberius (ab 14 n. Chr.) aus, an dem die Römer in Wiesbaden Fuß gefaßt haben.

Im einzelnen weist er darauf hin, daß unter den Sigillaten aus den tiefsten Fundschichten (Horizonte A–D, Abb. 20), unter der Brandschicht E, die mit dem Chattenüberfall 69/70 n. Chr. gleichzusetzen ist, auffallend viele »frühe« Scherben vertreten sind.

Im Bereich der untersten Brandschicht B fanden sich acht Scherben von fünf Gefäßen, die schon in Haltern (bis 9 n. Chr.) vorkommen; davon wird eine Scherbe als »frühes südgallisches Erzeugnis« eingestuft. Mehrere Parallelen zu Friedberger (14/16 n. Chr.) und Hofheimer Gefäßtypen deuten ebenfalls auf tiberische Zeit, wenn man die neuere Datierung des Erdlagers Hofheim (ab 20 n. Chr.; s.unten) zugrundelegt. Daß

sich bei den Fundpunkten 5 und 8 fünf größere Fragmente von verziegeltem Lehmverstrich eines abgebrannten Fachwerkhauses erhalten haben, belegt die schon sehr früh beginnende Fachwerkbebauung dieses Platzes.

Zusammenfassend trifft er folgende Feststellungen: 1. Die Moorschicht ist ein Paket von Siedlungsschichten, die sich unmittelbar auf dem diluvialen Schotter seit tiberischer Zeit kontinuierlich entwickelt haben. – 2. Die untersten Schichten führen von Anfang an rein römisches Fundmaterial; eine einheimische Siedlung gab es an dieser Stelle vorher nicht. – 3. Die Siedlung besteht anfänglich aus Holzarchitektur, die in ihrer Bauweise an römische Lagerbauten erinnert. – 4. Im Bereich der Siedlung ist das militärische Element unübersehbar. – 5. Auch Frauen befanden sich offenbar in der Siedlung.

Zu den militärischen Funden, die von H. Schoppa[200] nach Ritterling und Pallat (vgl. Anm. 102) zusammengestellt wurden, hat Nuber weitere hinzugefügt. Das Glanzstück, Teile des Bronzebeschlags einer Gladiusscheide (Taf. 2), ist allerdings schon 1846, zusammen mit zwei Soldatenfibeln und einer Bronzespachtel, im Fundament des Hauses Kirchgasse, Ecke Kleine Schwalbacher Straße gefunden worden[201].

Aufgrund der Goldpatina, den die Bronzeteile aufweisen, dürften sie aus der Moorschicht stammen. Die in das Bronzeblech getriebene Verzierung besteht aus einem pflanzlichen Ornament mit Blüten und eingestreuten Rosetten, die sich im Ortband um einen kannelierten Schaft winden, während sich im oberen Rechteck Ranken mit kleinen Tieren finden. Ritterling[202] verweist auf eine gewisse Verwandtschaft mit einer Situla des Hildesheimer Silberschatzes, Schoppa[203] auf die Ähnlichkeit mit einer in Köln gefertigten Gladiusscheide aus Straßburg. Das Prunkstück gehörte sicher einem höheren Offizier, der sich in Wiesbaden *Aquae Mattiacorum* aufgehalten hat. Aufgrund der Fundsituation läßt sich jedoch keine Aussage über die Umstände des Verlustes machen.

Hinzu kommen der Bolzen einer Pferdetrense, das Stück eines Bronzebeschlags eines Sattelriemens und andere Ausrüstungsstücke. Die von Ritterling zusammengestellten ärztlichen Instrumente[204] wird man (nach Schoppa) »in der Mitte des 1. Jhs. unbedenklich in den soldatischen Bereich weisen dürfen«.

Nuber[205] fügt diesem Befund einen Gürtelbeschlag, den Fund eines Panzerfragments (*lorica squamata*) aus den tiefsten Schichten beim Bau der Kaufhalle[206] (Abb. 147) und den Neufund eines Schreibtafelfragmentes (*tabula cerata*) aus Weißtannenholz hinzu, das die Anwesenheit von Legionaren (nicht nur von Auxiliaren) wahrscheinlich macht. Die Schreibtafel (5,6 x 3,3 x 0,4 cm) ist beidseitig beschriftet (Abb. 34):
Seite A: (Centuriae) C(ai) LERI / L(ucii) CASSI(i)
Seite B: Mehrfach übereinander beschriftet; vier Zeilen sind mindestens auszumachen:
a) über feinerer, älterer Schrift gröber eingerissen
L(ucii) Cassi(i) . ./ TVRIO. . .
b) feinere Schrift in Zeile 3 und 4
. . . II NO.cent/urioni leg II
Das Täfelchen stammt aus den untersten Schichten der Baugrube an der Mauritiusstraße 2. Die frühe Zeitstellung wird durch die Namen gestützt, die alle kein Cognomen führen, also in die Zeit vor Anfang der vierziger Jahre n. Chr. zu datieren sind. Es waren römische Bürger und Soldaten, wahrscheinlich Angehörige der Mainzer Legionen[207].
An Hinweisen auf die Anwesenheit von Frauen, bei Ritterling Haarnadeln, Perlen und Webgewichte sowie ein Bronzereif einheimischer Machart[208], führt Nuber aus der Grabung 1978 an: eine Distelfibel und einen helltonigen Einhenkelkrug. Dieser zeigt eine Pinselinschrift, in »geübter Manier« aufgetragen; wohl das Ende eines Besitzervermerkes: . . .VS ET SECVNDA. Eine ovale Gemme aus Karneol mit einer männlichen und einer weiblichen Gestalt, wahrscheinlich Mars und Venus Victrix[209], darf man ebenfalls als weibliches Accessoire ansprechen (Abb. 35).
Da Frauen aber erst in sehr viel späterer Zeit (3. Jh. n. Chr.) Eingang in militärische Lager gefunden haben, kann nach Nuber der Bereich um den Mauritiusplatz nicht zu einem Kastell gehört haben, trotz der deutlichen militärischen Präsenz. »Vor diesem Hintergrund deutet alles darauf hin,« schreibt Nuber am Ende seiner Arbeit, »daß wir mit den Bauresten im Bereich der Moorschicht eine Siedlung vor uns haben, die in erster Linie mit dem Badebetrieb in Verbindung stand, d. h., weder ein Kastell noch einen Kastellvicus im herkömmlichen Sinn. Die ständige Anwesenheit von Soldaten zur Heilungssuche, zur Unterhaltung der Badeanlage und Unterkünfte wirft natürlich die

Frage auf, wie diese in der Frühzeit untergebracht waren: in einem Lager kaserniert – oder in einer relativ offenen Siedlung, zu der auch Frauen Zutritt hatten.« Wenn diese Frage auch nicht bündig zu beantworten ist, fügen sich alle Beobachtungen hinsichtlich des gleichzeitigen Vorkommens militärisch-männlicher und fraulicher Fundgegenstände jedoch so zusammen, daß darin nicht mehr ein absoluter Widerspruch gesehen werden muß. In den ersten zehn (oder wenig mehr) Jahren könnten demnach ausschließlich Soldaten die Bäder genutzt und ihren Betrieb aufrechterhalten haben. Nach und nach könnten dann Frauen hinzugekommen sein, als sich die Verhältnisse nach den Feldzügen des Germanicus und der Aufgabe der offensiven Germanienpläne konsolidiert haben.
Bleibt die Frage nach dem Schutz der Quellen und der dazugehörenden Badeeinrichtungen und Unterkünfte sowie der Siedlung im Bereich des Mauritiusplatzes durch eine militärische Einheit. Die Suche nach ihrem Standort hat bis heute zu keiner eindeutigen Antwort

Abb. 34   Römische Wachsschreibtafel (beidseitig). FO Mauritiusstr. Nr. 2

Abb. 35   Ovale Gemme aus Karneol, wahrscheinlich Mars und Venus Victrix (FO Mauritiusstraße Nr. 2)

geführt. Im folgenden Abschnitt wird der Versuch unternommen, mit dem Hinweis auf einen allem Anschein nach bislang übersehenen Befund zur Lösung des Problems beizutragen.

Zur Frage des frühen Erdkastells in Wiesbaden

In welcher Form die Errichtung fester Badeeinrichtungen mit der Existenz eines Militärpostens auf dem Gebiet der Wiesbadener Innenstadt verknüpft war, ist nach wie vor umstritten. E. Ritterling war zunächst von der Wahrscheinlichkeit eines augustuszeitlichen Erdlagers auf dem Römerberg ausgegangen[210]. Diese frühe Zeitstellung des Erdlagers A, dessen Spitzgraben mit Toranlage und vorgelagertem Schutzgraben (*tutulus*) 1905 freigelegt wurde, hat er später jedoch mit einem deutlichen Fragezeichen versehen[211]. H. Schoppa hat eine spätaugusteisch-frühtiberianische Datierung des Erdlagers A auf dem Römerberg mehrfach abgelehnt, wenn er auch die Möglichkeit eines Wachtpostens »oder einer Anlage kleineren Ausmaßes« nicht ausschloß[212]. Er glaubte vielmehr, sichere Hinweise für ein »claudisches Kastell« in der Umgebung des Mauritiusplatzes[213] gefunden zu haben. H.-G. Simon hat in einer ersten Arbeit zu diesem Thema[214] ebenfalls an ein Erdlager in der Nähe des Mauritiusplatzes gedacht, das er aber aufgrund seiner Analyse der Terra sigillata-Funde wesentlich früher, in spätaugusteisch-frühtiberische Zeit, datierte.

Später ist Simon deutlich von der Interpretation der Funde als Reste eines Militärlagers abgerückt[215]. H. U. Nuber[216] kam vier Jahre später aufgrund des Befundes an der Mauritiusstraße 2 zu der Überzeugung, daß Funde und Baureste im Bereich der Moorschicht weder mit einem Kastell noch mit einem Kastellvicus im herkömmlichen Sinn in Verbindung zu bringen sind.

Schließt man jedoch das »claudische Kastell« in der Wiesbadener Innenstadt aus, hält aber an der Notwendigkeit einer spätaugusteischen oder frühtiberischen Befestigung zum Schutz der ersten Römersiedlung fest, gibt es außer Erdlager A auf dem Römerberg zwei Plätze, die für ein solches Lager in Frage kommen: 1909 hat Ritterling über eine »frührömische Anlage in der Gegend der Dotzheimerstraße, westlich vom [Bismarck-]Ring« berichtet, die »wohl nur militärischen Charakter besessen haben kann«[217]. Ein Graben sei zwar noch nicht nachgewiesen, »aber eine Anzahl der frühen und frühesten Kaiserzeit angehörende Fundstücke«.

Das Gelände lag auf einem nach Osten und Norden sanft abgedachten Rücken und gewährte einen weiten Überblick über die Bleichstraße bis in die Gegend des Mauritiusplatzes und darüber hinaus. »Außer frühzeitigen Fibeln und guten Bronzen, die zum Teil sicher zur Soldaten-Ausrüstung gehörten«, schreibt Ritterling weiter, »wurde bei einer kurzen, im Winter 1907 nahe bei der Scharnhorststraße vorgenommenen Untersuchung ein Kleinerz municipaler, wahrscheinlich spanischer Prägung mit dem Kopfe des Augustus oder Tiberius gefunden, welches bei dem beschränkten Umlaufsgebiet dieses Localcourants wohl nur in der frühen Kaiserzeit durch einen Soldaten an den Rhein gebracht worden sein kann.«

Die Spuren eines weiteren römischen Lagers wurden 1906 bei Ausschachtungsarbeiten zur Erweiterung des katholischen Schwesternhauses in der Friedrichstraße (Roncalli-Haus) beobachtet[218]. Es handelt sich um das Profil eines etwa 3 m breiten und 2,50 m tiefen Spitz-

Abb. 36   Römischer Spitzgraben an der Friedrichstraße (hinter dem Roncalli-Haus)

grabens, dessen dunkle Füllung sich scharf von den hellgelben anstehenden Lehmwänden abhob (Abb. 36). Er verlief der Hauptsache nach in nordwestlich-südöstlicher Richtung, seine Füllung enthielt außer zahlreichen Holzkohleteilchen eine Anzahl römischer Scherben. Ritterling schreibt: »Dieser Befund erweist mit hinreichender Sicherheit das Vorhandensein eines römischen Erdkastells in dieser Gegend, über dessen Größe und Zeitstellung freilich weitere Anhaltspunkte fehlen.«

Der gleiche Spitzgraben ist 1969 bei den Vorbereitungen zum Bau des Roncalli-Hauses in 10 m Abstand zur Friedrichstraße erneut angeschnitten worden[219]. Die benachbarte Bebauung ließ es aber wiederum nicht zu, ihn bis an einen Eck- oder Endpunkt zu verfolgen. Sein tiefster Punkt lag 3,30 m unter der Erdoberfläche, die obere Breite betrug 3,20 m, dürfte aber, da der Graben im oberen Teil gestört war, noch erheblich größer gewesen sein. Er muß einige Zeit offen gewesen sein, da die Spitze etwa 0,30 m hoch eingeschlämmte Schichten aufwies, in der eine römische Scherbe gefunden wurde. Darüber folgte die spätere Auffüllung, in der 0,70 m über dem tiefsten Punkt des Grabens Hüttenlehm und Holzkohle angetroffen wurden. In westlicher Richtung wies der Graben eine »ausgesprochene Berme auf«. Schoppa vermutet, daß sich in dem anschließenden Grundstück, in dem nicht mehr gegraben werden konnte, eine Unterbrechung des Grabens, also ein Tor befunden hat.

Die wenigen datierbaren Scherben gehören nach E. Ritterlings vorsichtiger Formulierung in die Zeit der flavischen Kaiser, also in das letzte Drittel des 1. Jahrhunderts. H. Schoppa (vgl. Anm. 213) sieht einen zeitlichen Zusammenhang mit der Bauperiode II des Erdlagers Hofheim zu Beginn der neuen Invasionspolitik unter Vespasian, also um 70 n. Chr., während H.-G. Simon nur von einem Spitzgraben unsicherer Zeitstellung[220] spricht.

Ein Spitzgraben an der Bahnhofstraße

Bei Nachforschungen für dieses Buch ist der Verfasser im Archiv des Museums Wiesbaden auf eine fotografische Aufnahme aus dem Jahr 1928 gestoßen, die bisher anscheinend von allen Bearbeitern übersehen worden

ist (Abb. 37). Sie zeigt einen Spitzgraben ähnlichen Profils wie der zwischen Friedrich- und Luisenstraße. Die Begleitkartei in der Sammlung Nassauischer Altertümer weist ihn als einen Profilschnitt aus, der beim Anlegen der Baugrube für den Erweiterungsbau des Regierungsgebäudes in der Bahnhofstraße freigelegt wurde.

Leider gibt es bei der Aufnahme keine Angaben zu den Himmelsrichtungen. Die im Hintergrund erkennbare Häuserfront kann zu Seitenbauten der Friedrich- oder Luisenstraße gehört haben. Der moderne Kanal, der rechts vom Spitzgraben verläuft, muß wegen des natürlichen Gefälles ungefähr in östlicher Richtung verlaufen sein. Die Entfernung zu dem bekannten Spitzgraben beim Roncalli-Haus in der Friedrichstraße beträgt ca. 100 m. Eine Zusammengehörigkeit der beiden Gräben zu einem Lagerkomplex läßt sich jedoch nicht ohne weitere Befunde rekonstruieren (Abb. 5, unten rechts).

Möglicherweise gehörte der Graben zu einem Lager, das noch nicht das klassische Rechteckschema der späteren Erdkastellanlagen aufwies, sondern der unregelmäßigen Form des Erdlagers auf dem Hochfeld bei Hofheim am Taunus oder der frühen römischen Mili-

Abb. 37 Wahrscheinlich römischer Spitzgraben an der Bahnhofstraße (1926 entdeckt beim Ausschachten der Baugrube für den Anbau des Regierungsgebäudes; Hess. Ministerium der Justiz)

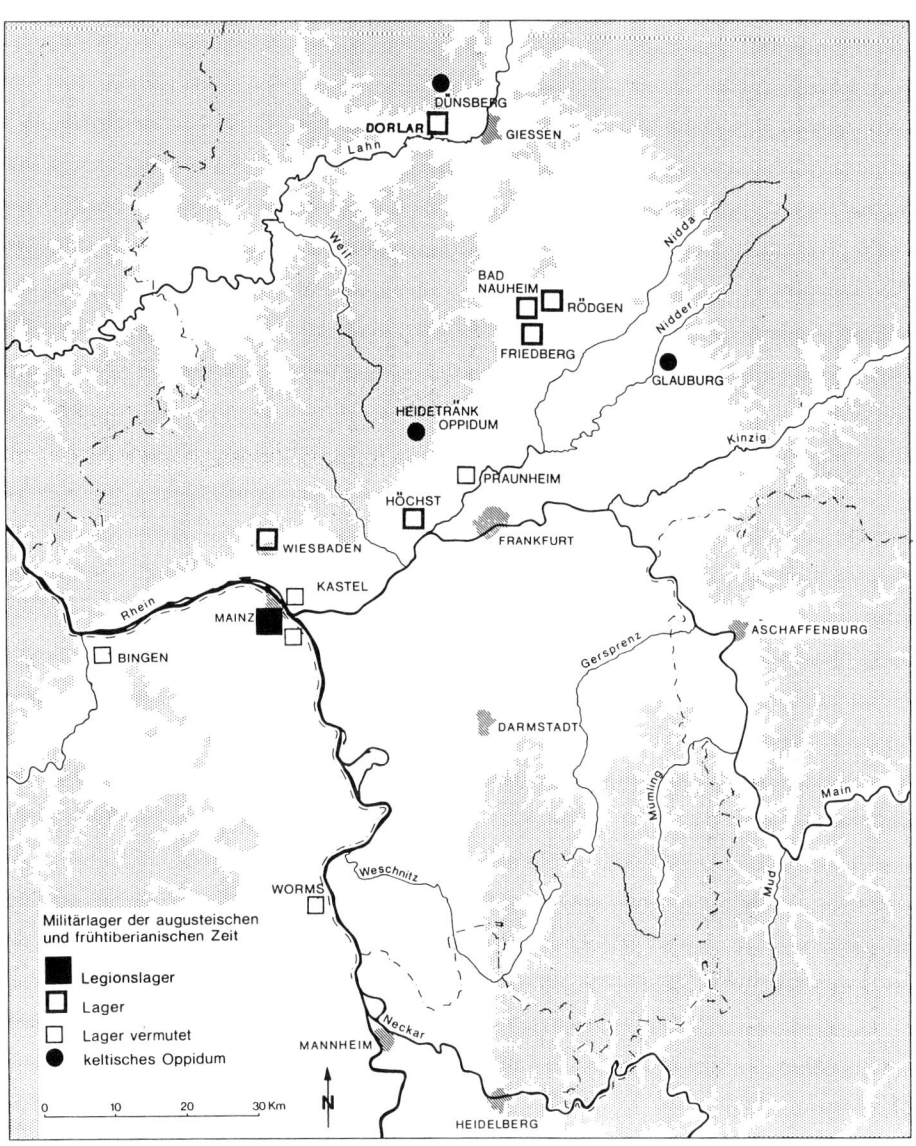

Abb. 38 Römerlager der augusteischen und frühtiberischen Zeit in Hessen und am Mittelrhein, etwa 10 v. Chr. – 20 n. Chr.

Historische Einordnung

Vieles spricht dafür, daß schon vor der Abberufung des Germanicus aus Germanien (16/17 n. Chr.) – im Rahmen der von Tiberius verfolgten defensiven Reichspolitik – zur Sicherung des Brückenkopfes gegenüber dem Legionslager Mainz in Wiesbaden ein befestigtes Erdlager errichtet wurde.

Das Erdlager Hofheim wurde einige Jahre später an einer strategisch günstigen Stelle angelegt. Hier schieben sich die Taunusausläufer am weitesten nach Süden vor, so daß die Mainebene am einfachsten gegen einen feindlichen Vorstoß von Osten (z. B. aus der Wetterau), sei er gegen Mainz oder die den Römern unentbehrliche Thermensiedlung in Wiesbaden gerichtet, abgeriegelt werden konnte.

Gleichzeitig und in direkter Sichtverbindung zum Erdlager erhob sich auf dem Kapellenberg ein hölzerner Wachtturm, der von einem Doppelringgraben umgeben war. Von hier hatte man einen weiten Ausblick über das Maintal, und zugleich ließ sich der Ausgang des Lorsbachtales überwachen, über das die Verbindung zum Lahntal und damit zu den Wohnsitzen der Chatten führte.

Das Lager in Wiesbaden hatte demgegenüber in tiberischer Zeit eine wesentlich geringere strategische Bedeutung. Es diente überwiegend dem Schutz des von da an längerfristig angelegten Ausbaus der Thermen. Sie waren ausschlaggebend für die frühe Besiedlung des Ortes und bildeten die Grundlage für seine Entwicklung zum Heilbad der Mainzer Legionen und der ihnen unterstellten Auxiliartruppen.

Die Stelle, an der dieses Lager angelegt war, ist nach wie vor unsicher. An erster Stelle bleibt eine bei den vielen Bau- und Grabungsarbeiten auf dem Heidenberg zerstörte kleinere Schanze in augusteischer Zeit, die während der Feldzüge des Germanicus zu einem festen Erdlager (A) ausgebaut wurde. Aber auch die Gegend um Friedrich- und Bahnhofstraße muß im Auge behalten werden, während die Idee eines claudischen Kastells in der Innenstadt (um den Mauritiusplatz) nicht weiter verfolgt werden sollte. Die an der Dotzheimer/Scharnhorststraße vermutete Anlage liegt für den Schutz des Vicus und der Bäder zu weit ab. Sie ist allenfalls denkbar als Wachtposten für die nahe vorbeiführende Straße in den Rheingau (s. Straßen).

tärlager an der Lippe[221] ähnlich war. Bestimmtere Aussagen sind aber erst dann möglich, wenn vielleicht eines Tages bei Tiefbauarbeiten zwischen Bahnhof-, Luisen- und Friedrichstraße neue Befunde ans Licht kommen.

Das Gebiet der heißen Quellen

Örtliche Voraussetzungen

Die Thermalquellen waren für die frühe Besiedlung des Ortes durch die Römer ausschlaggebend. Sie bildeten die Grundlage für seine Entwicklung zum Kur- und Heilbad der Mainzer Legionen und der ihnen unterstellten Auxiliartruppen. Den Siedlungsmittelpunkt bildete nicht, wie bei fast allen anderen römischen Ortsgründungen, das Militärlager (Kastell), sondern die warmen Quellen und die für ihre Nutzung errichteten Thermenanlagen[224].

Diese Feststellung steht scheinbar im Widerspruch zu der Aussage, daß der Mittelpunkt der ältesten Niederlassung zwischen Kleiner Schwalbacher und Mauritiusstraße, der angrenzenden Kirchgasse und auf dem Mauritiusplatz gelegen habe. Der Widerspruch ist jedoch nur scheinbar. Denn daß sich die Mehrzahl der Bewohner eines Badeortes, Verwaltung, Bedienstete und die nur mittelbar mit dem Badeleben verbundenen Einwohner mitten im Quellenviertel niedergelassen hätten, ist bis heute nicht die Regel.

An den Quellen selbst, deren genauen Zustand zur Zeit der Ankunft der Römer wir nicht kennen, war in der Anfangszeit eine feste Bebauung sicher nur unter erschwerten Bedingungen möglich. Die Formulierung von Plinius (vgl. Anm. 13) spricht zwar dafür, daß die Quellen damals schon aus Felsklüften aufgestiegen sind und das heiße Wasser in Tümpeln mit festen Rändern an die Oberfläche trat. Doch auch damals wird das Wasser, außer dem Überlauf der Hauptquellen, an zahlreichen Stellen unterhalb derselben (in sog. Sekundärquellen) aus dem Boden hervorgequollen und zur Talsenke der heutigen Wilhelmstraße abgeflossen sein.

Ein solcher Platz war ohne weiträumige Trockenlegung nicht zu bebauen. Römische Entwässerungskanäle wurden im Quellenbezirk mehrfach nachgewiesen. Die erhaltenen Kanäle sind in verschiedenen Phasen der römischen Niederlassung angelegt worden. 1950 wurden bei Ausschachtungsarbeiten für den Neubau eines Kaufhauses Ecke Langgasse/obere Webergasse an einer Stelle, die unmittelbar an den römischen Gebäudekomplex am Kranzplatz anschließt, römische Schichten mit zwei Abwasserkanälen angeschnitten[225]. Der eine war ursprünglich in Holz gefaßt und in zweiter Verwendung mit Steinen ausgemauert, der andere mit einer lichten Breite von 40 x 63 cm ausgemauert und mit einem Estrichboden abgedeckt.

Unter diesem Fundhorizont fanden sich in einer moorigen Schicht, unmittelbar über dem Grundwasserspiegel, Holzbalken mit hochkant gestellten Ziegeln, die vielleicht auch zu einem (einfacheren) Entwässerungssystem gehört haben. Die Moorschicht, die an dieser Stelle ihre Entstehung der ständigen Durchtränkung mit Thermalwasser verdankt, dürfte nach den darin gefundenen Sigillatascherben (mittelgallisch/Lezoux und Blickweiler) und einem Ziegelstempel der *legio XXI Rapax* (83–90 n. Chr. in Mainz) etwa mit dem Steinkastell auf dem Heidenberg zeitgleich gewesen sein.

1928 wurde bei Bauarbeiten in der Saalgasse 3 ein römischer Kanal aufgedeckt[226]. Ob er mit dem vorstehenden System in einem Zusammenhang gestanden hat, war nicht festzustellen. Ein Ziegel mit dem Stempel der 22. Legion weist ihn zeitlich in die erste Hälfte des 2. Jahrhunderts. Wahrscheinlich hat er das vom Römerberg herabfließende Wasser durch das Quellengebiet zum Salzbach hin abgeleitet.

Wann aber sind die Wiesbadener heißen Quellen zuerst als römische Thermen eingerichtet worden? Mit einiger Sicherheit kann man davon ausgehen, daß schon die ersten römischen Truppen, die in der Gegend von *Mogontiacum* spätestens im 2. Jahrzehnt v. Chr. bis an den Rhein vorstießen, durch die einheimische Bevölkerung von ihrer Existenz erfahren haben. Bei Erkundungsvorstößen über den Fluß waren sie im Herbst und Winter durch den aufsteigenden Wasserdampf kaum zu übersehen.

Zum reinen Nutzen heißer Bäder kam hinzu, daß die Römer, wie alle frühen Völker, Quellen immer auch als Sitz von Geistern, die heilende Kraft des aus der Erde sprudelnden Wassers als ein Symbol von Reinheit und Göttlichkeit angesehen haben. Ähnliche Bedeutung werden die mattiakischen Quellen auch für die vorrömischen Bewohner – wer immer sie waren – gehabt haben. Diese Traditionen haben die Römer an allen Orten des Reiches fortgeführt und sich zunutze gemacht. Am meisten haben sie deren heilende und reinigende Kraft geschätzt.

Vitruv hat diese Eigenschaften in einer nicht unbedingt heutigen wissenschaftlichen Ansprüchen genügenden, dem Kern der Sache aber recht nahe kommenden Weise schon zur Zeit des Augustus beschrieben[227]: »Alle Warmwasserquellen sind deshalb heilkräftig, weil ihr Wasser, in zersetzenden Stoffen durch und durch erhitzt, eine andere Eigenschaft für die Verwendung annimmt (. . .). Alaunhaltige warme Quellen lösen, wenn sie bei Körperteilen angewendet werden, die durch Lähmung der Nerven oder die Auswirkung irgendeiner Krankheit gelähmt sind, dadurch, daß sie durch die offenstehenden Poren Wärme eindringen lassen, die kalte Erstarrung durch die gegensätzliche Einwirkung der Wärme wieder auf. Hierdurch werden die Glieder nach und nach wieder in ihren früheren gesunden Zustand versetzt.« Einige dieser Formulierungen erinnern an neuere Beschreibungen der Wiesbadener Thermalwässer; das Wort »alaunhaltig« (*aluminosi*) kann man, ohne der Richtigkeit der Übersetzung Gewalt anzutun, sinngemäß mit »salzhaltig« übersetzen. Daß daneben aber auch der kultisch-religiöse Charakter der Quellen nie ganz verloren ging, davon zeugen Weihesteine an Quellgötter und -göttinnen, in Wiesbaden Apollo Toutiorix, Sirona und Diana Mattiaca, die alle in der Nähe der Quellen gefunden wurden.

Abb. 39 Thermalspalte im Wiesbadener Quellengebiet. Primärquellen: 1 Salmquelle, 2 Kochbrunnen, 3 Spiegelquelle, 4 Kleine Adlerquelle, 5 Adlerquelle, 6 Schützenhofquelle, 7 Faulbrunnenquelle

Die Hydrogeologie und Chemie der Quellen

Im Stadtgebiet von Wiesbaden gibt es heute 27 eingefaßte Mineralquellen, von denen 26 wegen ihrer Temperatur und ihres Salzgehaltes als Kochsalzthermen anzusprechen sind. Sie gehören zu einer Gruppe von Mineralquellen, die wie eine Perlenschnur am Südrand des Taunus auf einem von West-Südwest nach Ost-Nordost streichenden geologischen Spaltensystem im Serizitgneis aufgereiht sind. Dieses Spaltensystem ist im Tertiär im Zuge der Heraushebung des Rheinischen Schiefergebirges gegen den Oberrheingraben entstanden. Im Gebiet der Stadt Wiesbaden zweigt von der Hauptverwerfung ein Randspaltensystem ab. Entlang dieser Randspalte reihen sich sieben Hauptquellen, von denen für die römerzeitliche Untersuchung der Kochbrunnen, die Adlerquelle und die Quelle am Schützenhof von Bedeutung sind[228] (Abb. 39).

Die Temperaturen von Kochbrunnen und Adlerquelle – sie gehören zu den heißesten, die in Europa bekannt sind – betragen etwa 67°C. Unter Berücksichtigung der

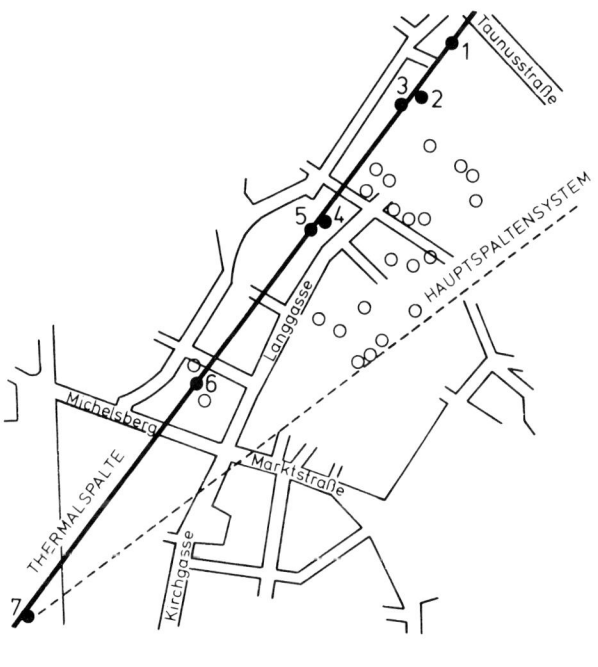

● PRIMÄRQUELLE   ○ SEKUNDÄRQUELLE

geothermischen Tiefenstufe heißt das, daß sie aus einer Tiefe von ca. 2000 m aufsteigen. Die geringere Temperatur der Schützenhofquelle von 49°C entsteht dadurch, daß sie über einem vom Nerotal her streichenden 2 m starken Quarzgang liegt, durch den kaltes Süßwasser Zutritt hat. Entsprechend ist die Kochsalzkonzentration mit 5150 mg/kg geringer als die von Adlerquelle und Kochbrunnen (beide 6830 mg/kg).

Die übrigen Quellen sind Sekundärquellen, entweder »Satelliten«, die aus seitlichen Rissen der Hauptspalten abzweigen, oder es handelt sich um Überlaufwasser der Primärquellen, das oberhalb des anstehenden Felsgesteins in den Sand, Kies und Bachschotter des bodennahen Untergrundes vordringt und überall zutage tritt, wo dieser Untergrund aufgebrochen oder angebohrt wird.

Vitruv beschreibt die Entstehung heißer Quellen so: »Sie werden von der Natur in folgender Weise geschaffen. Wenn in der Erdtiefe durch Alaun [Salze] oder Bitumen oder Schwefel Feuer entfacht wird, dann macht dies durch seine Hitze die darüberliegende Erde heiß. Diese aber entsendet von sich in den weiter oben liegenden Erdboden heißen Dampf. Wenn an den Stellen, die oberhalb liegen, Süßwasserquellen entspringen, werden diese von dem Dampf getroffen, innerhalb ihrer Adern erhitzt und quellen so, ohne daß ihr Geschmack beeinträchtigt ist, hervor.« (vgl. Anm. 227) Der Wiesbadener Faulbrunnen[229] fällt mit einer Kochsalzkonzentration von ca. 3225 mg/kg aus dem Rahmen. Mit einer mittleren Temperatur von 14°C ist er eine Mineral-, aber keine Thermalquelle. Den Namen Faulbrunnen erhielt er wegen des leichten Geruchs nach Schwefelwasserstoff, der auf schwefelkieshaltige Schichten in der Aufstiegszone des Wassers zurückgeführt wird.

Die Ankunft der Römer

Wie wir aus den archäologischen Befunden schließen können, haben die Römer die heißen Quellen am Schützenhof, am früheren Hotel Adler und am Kranzplatz genutzt. Eine gewisse Bedeutung scheint auch der Faulbrunnen gehabt zu haben, der bis 1840 im Hof des Hauses Faulbrunnenstraße Nr. 9 gelegen hat. In seiner Nähe sind außer dem erwähnten Weiherelief von Merkur und Fortuna (Taf. 1) römische Scherben, Krüge, Münzen und Reste eines Säulenkapitells gefunden worden.

Wenn wir davon ausgehen, daß die Römer von Mainz her kamen, liegt es nahe anzunehmen, daß sie zuerst auf die Quelle am Schützenhof gestoßen sind. Erkundungstrupps haben am Rand des »Sauerlandes« gerastet und sich dann vorsichtig dem dampfenden und brodelnden Wasser genähert. Die Berichte dieser ersten Späher mögen den Kommandanten des Mainzer Kastells veranlaßt haben, eine größere Einheit über den Rhein zu schicken, um sich genauer umzusehen. Daß das in fast unbegrenzter Menge aus dem Boden hervorquellende Wasser für die Soldaten von außerordentlichem Wert war, wird man schnell erkannt haben.

Wie es dann weitergegangen ist, wann die ersten dauerhaften Holzbaracken angelegt wurden, wie sich die ersten Berührungen mit der einheimischen Bevölkerung gestaltet haben, und wann schließlich mit den Vorbereitungen für die anfangs wohl eher provisorische Nutzung der heißen Quellen begonnen wurde, darüber etwas Bestimmtes auszusagen, ist schwierig. Einige Anhaltspunkte werden bei der Beschreibung der einzelnen Thermen gegeben.

Die Annahme, daß die Schützenhofquelle die älteste von den Römern angelegte Badetherme gewesen ist, muß nach den Beobachtungen von E. Ritterling[230] in Frage gestellt werden. Danach »scheint die älteste Ansiedlung aus dem Anfang und der Mitte des 1. Jahrhunderts nicht auf die Gegend des Mauritiusplatzes beschränkt, sondern sich auch nördlich und östlich weiter ausgedehnt zu haben. Darauf deuten Beobachtungen, daß auch auf dem Terrain des ›Adler‹ (mittlere Langgasse und Gelände des Kaiser-Friedrich-Bades) und in der Neugasse dieselben frühen Gefäßreste, wenn auch nicht so zahlreich, zutage gekommen sind.«

Wenn schon zu Beginn der römischen Besiedlung entlang der geologischen Quellenspalte römische Badeanlagen eingerichtet worden sind, ergibt sich daraus für die Topographie des römischen Wiesbaden eine klare Grundstruktur. Ausgehend von der Gegend um den Mauritiusplatz hat von Anfang an eine Straße in nördlicher Richtung zum Kranzplatz geführt. Sie folgte ungefähr dem Verlauf der heutigen Kirchgasse-Langgasse und verband später als Flanier- und Einkaufs-

Tafel 7
Grabstein des C. Valerius
Crispus, Höhe 2,16 m.
Um 85–90 n. Chr.
FO Kranzplatz (S. 122).

Tafel 8
Teil eines Relieffrieses mit Akanthus-Ornament des römischen Ehrenbogens von Mainz-Kastel, Höhe 1,04 m. Oben links die Darstellung eines Hirten, der ein Tier füttert. Rechts ein Meerwesen, auf dem ein Amor reitet. Vielleicht Szene aus dem Gründungsmythos der Stadt Rom (H. G. Frenz).

straße die Badeeinrichtungen, die um die drei Haupt-quellen gruppiert waren. Dieser Straßenzug hat sich als Hauptverkehrsachse der Stadt nahezu 2000 Jahre unverändert erhalten.

Für den Erhalt der archäologischen Denkmäler im Bereich der heißen Quellen war es äußerst nachteilig, daß durch den jahrhundertelangen Badebetrieb der Boden ständig aufgewühlt und durchgraben wurde. Bezeich-

Abb. 40 »Schützenhof-Terrain«. A Großer Plattenboden, mit jüngeren Mauern 8 und 11; B sehr starke, sicher römische Mauer; C kreuzförmiges Mauerwerk mit gemauerter, zum Gemeindebadgäßchen abfallender Rinne; darunter Bäder, die zuunterst angetroffenen römisch. – 10 Bad mit Röhrenleitung und Plattenboden; 12 hölzerne Wasserleitung; 13 gemauerte Wasserleitung. Die Mauern 1–4, 5–8, 11 sind nicht römisch. Die Baureste auf der 1. Terrasse (D – N) fast alle römisch. D Über 10 m langer Estrichboden, mit Mauern auf zwei Seiten begrenzt; E kleines Bad; F Mauer römischer Technik, auf Pfahlwerk ruhend; G aus Stein gehauener runder Wassertrog mit Abflußkanal nach H hin; J Segment eines kreisrunden, den Trog G umschließenden Mauerwerks; K schwere, gut untermauerte Sandsteinquader; L Mauerreste, in dem Winkel lag der Sirona-Stein; M 9,75 m lange, sehr gut erhaltene Mauer, hinter der die Quelle entsprang; N Bauwerk mit Apsis; bei dem nördlich anschließenden Mauerzug die Sonnenuhr

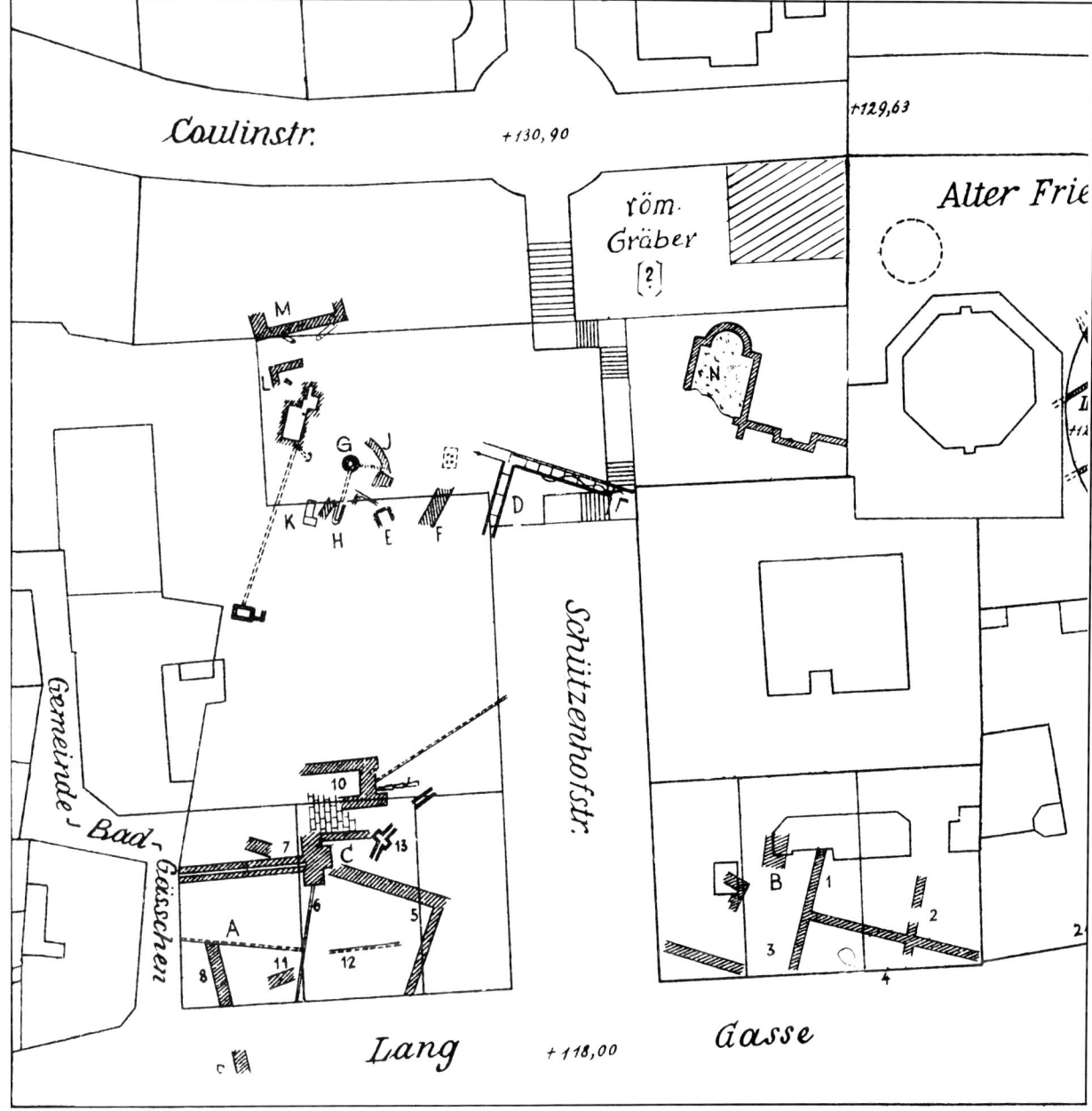

nend und deshalb erinnerungswürdig sind die Nachrichten von G. A. Schenck, der in seiner Geschicht-Betrachtung der Stadt Wißbaden aus dem Jahre 1758[231] überliefert hat:

»Was selbst die eigentliche Bad-Gegend des Wißbads anbelanget, so zeigen die viele alte unterirdische Canäle und Mauern, welche in solcher Gegend hier und dar gar häufig, und zwar ziemlich tief in der Erde, immerzu angetroffen und entdecket werden, sattsam genug an, daß vormals (. . .) ordentlich gebauete Bäder und Bad-Häuser daselbst gestanden haben. Und da man an solchen alten Canälen und Grund-Mauern deutlich mercket, daß ihre Lage auf die dermalige Verfassung der Bäder und Bad-Häuser nicht zutrift, sondern eine ganz andere Stellung hat, so siehet man daraus ganz offenbarlich, daß die Bäder und Bad-Häuser in dieser Gegend schon oftmals abgeändert worden, und also dieses Bad-Land schon längstens müsse bebauet und bewohnt gewesen seyn.«

Die Thermen am Schützenhof

Entlang dieser Straße traf man zuerst auf die Thermen der Schützenhofquelle (Abb. 40). Sie sind die einzigen innerhalb (südlich) der spätrömischen Heidenmauer und scheinen in einer nicht näher zu erfassenden Weise ein besonderes Gewicht gehabt zu haben. Auffallend ist, daß zwei Weihetafeln von Quellgottheiten in ihrer Nähe gefunden wurden. Bemerkenswert ist auch, daß im Becken der Quelle 1976 ein umfangreicher Münzschatz zutage kam[232], nachdem schon seit mehr als 150 Jahren an gleicher Stelle, in unmittelbarer Nähe der Quelle, immer wieder römische Münzen gefunden worden waren. Sie gehörten mindestens zum Teil ebenfalls zu diesem Quellschatz. Die zeitliche Abfolge der mehr als 250 Münzen zeigt, daß Besucher der Quelle sie im Laufe mehrerer Jahrhunderte in das Wasserbecken geworfen haben.

Ihren Namen haben Bad und Therme von der Familie der Schütze von Holzhausen, die das Anwesen von 1572 bis 1631 besaß. Danach kaufte es Graf Johannes von Nassau-Idstein. Er ersetzte das alte Bad durch einen Neubau, das »Herrschaftliche Bad zum Berge«[233]. Zwischen 1783 und 1795 entstand ein neues, stattliches

Badehaus, dessen Hauptfront sich entlang der Langgasse zu beiden Seiten der damals noch nicht existierenden Schützenhofstraße erstreckte. Es wurde jedoch schon 1865 abgerissen und bis 1869 durch ein »Grand-Hotel« an der Südseite der Schützenhofstraße mit Treppenaufgängen und Terrassen zum Schulberg hin ersetzt (Abb. 41). Auch diese Anlage hatte nur etwa 100 Jahre Bestand. Heute befinden sich dort Baulichkeiten, die zur eigentlichen Schützenhofquelle keinen Bezug mehr haben.

Die ältesten Nachrichten

Die ältesten archäologischen Nachrichten wurden 1819 von W. Dorow[234] überliefert. Dorow (1790–1846) war Diplomat in preußischen Diensten, 1816/17 als Gesandtschaftssekretär in Kopenhagen. Wegen einer 1813 erlittenen Kriegsverletzung hielt er sich 1817–1818 in Wiesbaden zur Kur auf. Er unternahm – als einer der ersten – Ausgrabungen und Forschungen zur Vorgeschichte in Wiesbaden und Umgebung, wozu er von der nassauischen Regierung die Erlaubnis erhalten hatte.

In seinem Buch »Opferstätte und Grabhügel der Germanen und Römer am Rhein« zitiert er noch ältere Berichte über ein römisches Bad, welches gefunden wurde, als man im Jahre 1783 Bau-Abänderungen im Badhause zum Schützenhofe vornahm. Damals »fanden sich zwei parallel laufende, 120 Fuß lange Mauern, welche 10 Fuß Zwischenraum einschlossen; der Fußboden war mit 26 Zoll langen, platten Ziegelsteinen belegt«, die »von Werkverständigen als Meisterstück der Ziegelbrennerkunst betrachtet wurden.«

Die von Dorow überlieferten Notizen des Stadtbaumeisters Weber besagen, daß das Bad 90 Fuß (28 m) lang, 10 Fuß (3,15 m) breit gewesen sei. Die 5 Fuß (1,55 m) hoch erhaltene Ringmauer bestand aus rohen Bruchsteinen. Sie waren fugenartig behauen und mit römischem Mörtel verbunden. Aus dieser Mauermasse war auch die Unterlage des Bades selbst, die mit Ziegelplatten in »rothem Cement, 2 Fuß im Quadrat und 1 1/2 Zoll dick« (62 cm bzw. 4 cm) belegt war. »Mehrere dieser Ziegelplatten sollen den Stempel der XXII. Legion gehabt haben. Die inneren Wände des Bades waren mit einer Ziegel-Mörtel-Bekleidung verse-

Abb. 41 Schützenhof-straße mit Schulberg um 1900. Links: Hotel und Badhaus »Zum Schützen-hof«

hen, welche sehr mühsam von der äußeren Umfassungs-Mauer zu trennen war.«

Die Funde »lassen keinen Zweifel übrig, daß dies eine römische Bade-Anstalt, wahrscheinlich die Haupt-Bade-Anstalt für die Besatzung des Kastells gewesen sey. Der jetzt noch lebende Besitzer des Schützenhofes glaubt, daß der entdeckte Theil dieses Bades einige und zwanzig Personen hat fassen können«[235].

In unveröffentlichten handschriftlichen Notizen hat Emil Ritterling zu diesen Aussagen Stellung genommen[236]. »Die technischen Einzelheiten machen wahrscheinlich, daß es sich um eine römische, nicht eine mittelalterliche Badeanlage handelt, und dann wohl um eine Art Schwimmbassin (piscina der Art, wie sie in den Thermen am Kranzplatz mehrfach vertreten waren). Auffallend bleibt aber freilich das Mißverhältnis der lichten Weite von nur 3 m zu der ungewöhnlichen

Länge. Die Lage des Bassins innerhalb des ausgedehnten Schützenhofanwesens ist leider nicht genau zu ermitteln.«

Der Bericht des Stadtbaumeisters Weber enthält noch weitere interessante Einzelheiten: »Um den Hofraum des Schützenhofes zu vergrössern, wurde eine Felsen-Masse von 80 Fuß Länge, 30 Fuß Breite und 11 Fuß Höhe (ca. 27 x 9,30 x 3,25 m) abgehoben. Die Felsen bestanden aus einer quarzartigen schwarzen, mit ockergelben Untermischungen versehenen Masse, ähnlich dem Senner [Sinter], welcher sich jährlich in den Kanälen der warmen Quellen ansetzt, und endlich als versteinerter Körper erscheint. In dieser versteinerten Felsen-Masse fand man versteinerte Knochen und Holzarten, auch römische Münzen.« Aus dieser Situation werde »begreiflich, daß das warme Wasser in seiner Urentstehung, nicht, wo es gegenwärtig (. . .) zu

Tage kommt, seinen Lauf hatte, sondern seinen Weg über die gedachte Felsen-Masse nach dem römischen Bade genommen haben konnte.«

Der Weihestein des Apollo Toutiorix

1784 fand man bei diesen Baumaßnahmen, in der Erde liegend[237], einen Votivstein aus rötlichem Sandstein, »ungefähr 5 Schuh hoch und 2 1/2 Schuh breit«. Die genaue Fundstelle des 1,38 m hohen, 0,57 m breiten und 0,24 m dicken Steines ist damals jedoch nicht auf einem Plan markiert worden. Er ist dem Apollo Toutiorix geweiht (Abb. 42):

IN H(onorem) D(omus) D(ivinae)
APOLLINI TOV
TIORIGI
L(ucius) MARINIVS
MARINIA
NVS C(enturio) LEG(ionis) VII
GEM(inae) P(iae) F(idelis) ALEXAN
DRIANAE VO
TI COMPOS(uit)

»Zu Ehren des göttlichen Hauses, dem Apollo Toutiorix hat Lucius Marinius Marinianus, Centurio der 7. Legion, mit dem Beinamen Gemina Pia Felix Alexandriana, nach seinem Gelübde (diesen Weihestein) gesetzt.«

Die 7. Legion (*Gemina pia fidelis* = die gedoppelte, redliche und treue) hatte, wie damals üblich, den Namen des Kaisers dieser Jahre, Severus Alexander (222 – 235 n. Chr.), angenommen. Sie stand in Spanien; der Centurio Marinius Marinianus könnte während des Germanenkrieges 232 n. Chr. an den Rhein gekommen sein[239]. Offenbar haben Anhänger des nachfolgenden Kaisers Maximinus Thrax versucht, den Beinamen »Alexandriana« auszulöschen. Apollo wird in seiner Eigenschaft als (keltischer) Heilgott[240], zugleich Beschützer der Quellen, angerufen, Er ist mit Apollo Grannus[241] identisch, der entweder allein oder mit Sirona oder Nymphen als Gefährtinnen verehrt wurde. Der Beiname Toutiorix ist nicht näher zu deuten. Das Suffix -ix weist ihn als keltisch aus[242].

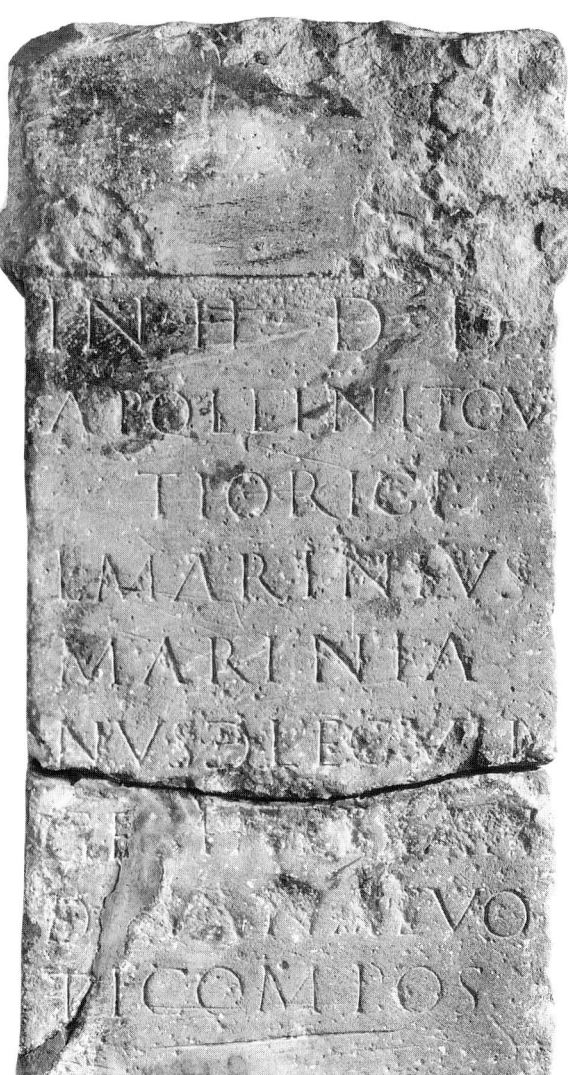

Abb. 42 Weihestein des Apollo Toutiorix

Der Stein hatte ein ungewöhnliches Schicksal. Nach der Auffindung hat ihn der Erbauer des neuen Schützenhofes Käßberger im Badhaus, »über der dampfenden Quelle und so hoch eingemauert, dass er nur vermittelst einer Leiter näher besichtigt werden konnte. Die Vorderseite war mit dicker rother Malfarbe übertüncht und darauf, in schwarzer Farbe, die darauf befindlichen Schriftzüge einigermassen nachgemalt«[243]. Erst 1851 wurde er sachgemäß geborgen, von der Übertünchung gereinigt und im Museum aufgestellt.[244]

Das 19. Jahrhundert

1838 fand Habel bei der alten Badhausquelle[245] unter dem Aufgang zu den oberen Ökonomiegebäuden einen 3,30 m hohen, 6 m langen und 2,70 m breiten, mit rauhen Bruchsteinen überwölbten Behälter, »welcher als Wasser-Reservoir unstreitig schon von den Römern erbaut war. In der dem Berge zugekehrten Stirnmauer dieses Gemachs fand sich an der rechten Seite ein überwölbter Gang von circa 6 Fuß Höhe und 3 1/2 Fuß Breite (1,80 x 1 m), der augenscheinlich zur Blendung des Felsens diente, aus welchem die eigentliche Quelle unmittelbar durch einen 2 Fuß breiten Canal in das anstossende größere Reservoir geleitet war« (vgl. Abb. 40, unterhalb der Mauer M).

Aus diesem Behälter wurden die übrigen Bäder mit Wasser versorgt, von denen man bei Erbauung des Schützenhofes (ab 1784) ansehnliche Reste und ein Bleirohr zum Ablassen des Wassers in einen tieferen Behälter entdeckte. Es war in der 3 Fuß dicken Scheidemauer des höher liegenden Wasserbehälters mit Estrichboden eingemauert und zum Wassereinlassen wahrscheinlich mit einem Hahn versehen.

Vor dem Wasserbehälter wurde im Schutt auch ein größeres Säulenkapitell ionischer Ordnung und mehrere Bruchstücke von architektonischen Ornamenten (Teile eines Dreieckgiebels und einer kannelierten Säule) gefunden. Sie sind, zusammen mit einer Säule aus der Ingelheimer Kaiserpfalz, 1860 am Eingang der Anlage zum Warmer Damm an der Frankfurter Straße als romantische Kulisse aufgestellt worden[246]. Da sie aus weichem Sandstein waren, haben sie die Souvenirjagd der Nachkriegsjahre nicht überdauert.

In einem Vorstandsbericht des Vereins für Nassauische Altertumskunde und Geschichtsforschung von 1845 wird der Befund von 1840 noch erweitert[247]. Danach handelte es sich um mehrere Fragmente von Säulenkapitellen und Gefäßstücken. In ihrer Nähe »standen vier dorische Säulencapitäle von 2 1/2 Fuß (75 cm) Durchmesser, in weißem Sandstein noch auf ihrer ursprünglichen Stelle, jedoch als Basen oder Untersatz von Säulen verwendet (. . .). Sie mögen einem anderen römischen Gebäude oder Tempel in der Nähe angehört und von den Römern bei späterer Überwölbung der Quelle vielleicht zu einem Sacellum (kleines Heiligtum) verwendet worden sein.«

Als Folge davon, daß an der Quelle selbst und an den Badegebäuden ständig bauliche Veränderungen vorgenommen wurden, tauchten während des 19. Jahrhunderts immer neue Fundmeldungen auf. Dabei stieß man regelmäßig auf römische Badeeinrichtungen. Besonders ergiebig waren die Befunde während der Neubaumaßnahmen zwischen 1865 und 1869: Abriß des 1784 – 1795 errichteten Schützenhofs und Erbauung des »Grand-Hotels«, das 1882 von der Stadt erworben wurde (1967 niedergelegt). Gleichzeitig wurden die Häuser Schützenhofstraße 1 – 3 erbaut und ein Verbindungsweg mit Treppenaufgang zu der 1862/63 von dem nassauischen Oberbaurat Philipp Hoffmann erbauten neuen Schule auf dem Schulberg geschaffen[248] (Abb. 49).

Bericht des Bauleiters Jost

Im November 1865 erhielt der Ingenieur J. Jost den Auftrag zum Abbruch des alten Schützenhof-Hotels und zur »Ausebenung« des neu parzellierten Baugeländes. Der Vorstand des Nassauischen Vereins für Altertumskunde beauftragte ihn, »dabei auf alles, was für den Verein von Interesse sein könnte, zu achten, Funde zu verzeichnen und zu notieren«.

In dem bisher noch nicht veröffentlichten Bericht über »archäologische Funde auf dem Terrain des Schützenhofes«[249] hat er die von ihm beobachteten Befunde sorgfältig aufgezeichnet. Außerdem fertigte er ein Skizzenbuch mit sieben Blatt Einzelaufnahmen bei sowie einen Übersichtsplan der zahlreichen Einzelbefunde, soweit sie sich in der sehr unterschiedlichen Höhenlage, zum Teil in mehreren Schichten übereinander gelagert, in einem Grundplan darstellen ließen (Abb. 40). E. Ritterling hat diese Skizze später übernommen und mit den neu hinzugekommenen römischen Ausgrabungen an der Heidenmauer und auf dem Adlerterrain in den modernen Stadtplan übertragen[250].

Bei der Ausebnung des Platzes fanden sich bei 1 – 4, 5 – 9 und 11 in geringer Tiefe unter der Oberfläche etwa 1 m dicke Mauern, in unregelmäßigem Verband aus Taunusschiefer ausgeführt und 0,60 – 0,75 m hoch. »Obschon sehr alt, gehörten sie, der Structur nach, keineswegs in die Kategorie römischer Mauern«. 0,60 – 0,90 m unter dem Niveau dieser Mauern stieß man bei 12 auf eine Wasserleitung aus Eichenholz. Sie war »sauber und gleichmäßig 8-eckig bearbeitet, die Durchbohrung mag 2 1/2 Zoll (ca. 7 cm) betragen haben.« Die leicht nach Süden fallende Leitung wurde bis zum Gemeindebadgäßchen verfolgt und hat sich wohl noch bis unter das gegenüberliegende Grundstück hingezogen. »Obschon sie keinen vollständigen Zusammenhang mehr hatte, so läßt sich doch aus der Lage der vorgefundenen Stücke annehmen, daß sie noch unverrückten Orts vorkam.«

Gebäudereste

In derselben Tiefe fand sich 12 m von der Langgasse und parallel mit dieser ein 2 m starkes kreuzförmiges Stück Mauerwerk, C, »alt und den römischen Structuren ähnelnd«. Es verlief in eine gut gearbeitete Langmauer in Richtung Gemeindebadgäßchen. Sie hatte auf ihrer Oberfläche eine etwa 45 cm breite und 30 cm tiefe gemauerte Rinne. Ob sie früher gedeckt war und »wo sie her und hinzog, war nicht zu ermitteln, sie war ganz mit Sinter, welchen unsere heissen Quellen absetzen, ausgefüllt. Die Sohle hatte ein kleines Gefälle nach dem Gemeindebadgäßchen. (. . .) Die Mauer bestand aus Steinen unseres Gebirges, aber sehr stark mit römischen Ziegeln vermengt.«

In etwa 1 m Tiefe unter dem Mauerwerk stieß man auf eine Reihe von Bädern. Sie waren 8 Fuß lang und 4 Fuß, 2 Zoll breit (2,50 x 1,30 m), und 4 nebeneinander, die durch 16 Zoll (40 cm) starke Mauern geschieden waren. Sie waren 3 Fuß (ca. 90 cm) tief, in jedes Bad führten zwei Tritte, jedoch nur bis knapp zur halben Tiefe des Bades. Zu beiden Seiten schloß sich ein grauer Estrichboden an, der auf einer Schicht auf die hohe Kante gestellter Steine (einer Rollschicht) lagerte; »ganz wie man dies bei römischen Fondierungen so häufig findet. Der Boden der Bäder war ganz in derselben Weise, aus schwärzlichgrauem Estrich und auf ganz ähnlicher Rollschicht ruhend, ausgeführt[251]. Eine Leitung aus Thonröhren lag so hoch im rechtsseitigen Estrich, daß sie kaum von demselben überdeckt wurde. Die Röhren waren annähernd 3 Fuß lang und an dem einen Ende so ausgeweitet, daß die verjüngte Spitze des zweiten Rohres hier hinein paßte.«

In der Höhe der Sohle des letzten Bades befand sich ein

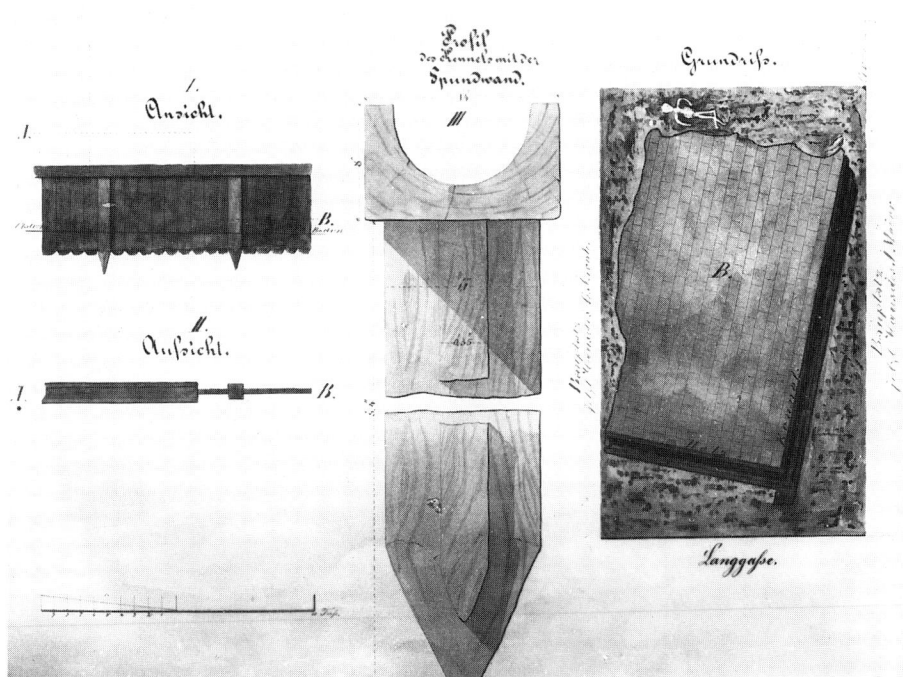

Abzugskanal; er zog nach der Ecke, die die Langgasse mit dem Gemeindebadgäßchen bildet, und war von je zwei aufeinandergestürzten Hohlziegeln, »wie solche bei römischen Ziegeldächern vorkommen«, hergestellt.

Im Winkel zwischen Gemeindebadgäßchen und Langgasse (bei A) stieß Jost auf weitere Bäder, von denen die am tiefsten gelegenen, auch aufgrund des mit römischen Ziegeln durchsetzten Materials, mit Sicherheit römisch waren. In der Gesamtbeurteilung kommt Jost zu dem Schluß, daß hier »in verschiedenen Zeiten 4 Badeetablissements übereinander und ineinandergreifend existiert haben«.

Bei 10 stieß man in 2,20 m Tiefe auf einen wohlerhaltenen gelben Estrichboden, an den sich ein 2,40 m langes, 1,25 m breites, aber nur 45 cm tiefes Bad befand. Das Mauerwerk war sehr gut ausgeführt und trug Spuren eines zementartigen (wasserhaltigen) Verputzes. Der Boden des Bades war mit Tonfliesen in Kreuzverband geplättet, die Platten von 37 x 24 cm waren fast 5 cm dick. Jost schreibt: »Ein sehr schönes, gut gebranntes Ziegelmaterial«. Unter dem Plattenboden lag noch ein 12 – 15 cm dicker Estrichboden.

Abb. 43 Das im Originalplan (Abb. 40) mit 10 bezeichnete, als Bad angesehene Mauerwerk mit Fliesenboden, Spundwand und horizontaler Rinne (nach Handzeichnung von J. Jost)

Abb. 44 Teile von römischen Bleirohrleitungen auf dem Schützenhofgelände. Sie tragen den Stempel der 14. Legion GEM(ina) MAR(tia) VIC(trix)

Neben diesem Bad schloß sich ein weiterer Estrichboden an, daneben ein Doppelbad, der obere Rand der Bäder schloß genau mit der Höhe des Estrichbodens ab. Die beiden Wannen waren etwa 1 m tief, mit Tonplatten ausgelegt, unter dem ein grauschwärzlicher Estrich lag (Randnotiz: »wohl das älteste Bauwerk«). In je ein Bad führten auch hier zwei Stufen aus massiven Steinen bis zur halben Höhe.

Einen Fuß und 5 Zoll (ca. 45 cm) und ca. 3,30 m unter Straßenniveau tiefer kam ein großer Fliesenboden vor. Er konnte auf eine Breite von 9 m und eine Länge im Mittel von 8,50 m verfolgt werden. Die Platten (37 x 24 x 5 cm) waren in sehr dickem rötlichem Estrich gelegt. Der beinahe rechtwinklige Raum war mit einer Spundwand (Abb. 43) umgeben. Die Spundwandbretter, die auf den beiden gezeichneten Seiten noch eine Strecke ganz gerade und »regelrecht« vorkommen, waren 10 – 12 cm dick, ca. 1,50 m lang und stumpf aneinandergereiht.

In Abständen von 2,50 m war die Spundwand mit ca.22 x 22 cm starken Pfosten, die etwas tiefer in den Boden reichten, unterstützt. Die Pfosten trugen auf ihren Köpfen einen hölzernen Balken aus Eichenholz

von 37 cm Breite und 22,5 cm Höhe. In ihn war eine Rinne eingetieft, unten rund, 25 cm breit und 14 cm tief. Jost schreibt: »Mir scheint, daß der Raum ein großes Badbecken war, in der Rinne strömte stets der Wasserzufluß – da sie horizontal lag – an allen Stellen immer gleichmäßig über.«

Auf dem Plattenboden waren Grund und Schutt stark versintert und rot gefärbt. Auf dem Boden lag ein menschliches Skelett. Die Knochenreste gehörten einem ausgewachsenen starken Mann. In seiner Nähe lagen einige Münzen.

Sehr ausführlich hat Bauleiter Jost auch die mehr zum Abhang des Schulbergs hin gelegenen römischen Bad- und Mauerreste beschrieben. Das mit D bezeichnete Mauerstück kam beim Abgraben der unteren Terrasse hinter dem Schützenhof-Hotel zum Vorschein. Es war etwa 80 cm dick und umschloß auf zwei Seiten einen Estrichboden von 10 m Länge. Auf der Mauerkrone waren große massive Quadersteine versetzt, in deren Oberflächen gleichmäßig runde Rinnen eingetieft waren.

Die Mauer wies in südlicher Richtung genau auf die Quelle; wo sie nach Osten abzweigte, folgte auch die Rinne dieser Richtung. Der vom Mauerwinkel eingeschlossene Estrichboden lag 1,05 m tiefer als die Oberkante der Quadersteine und 3,30 m über dem Niveau der Langgasse. Der ganze Raum war hoch mit Asche, Holzkohle und Dachziegelfragmenten römischen Ursprungs ausgefüllt, »woraus anzunehmen sein mögte, daß über diesem Raum ein Holzbau gestanden habe. Das Ganze aber mögte ein großes Badbecken gewesen sein. . .«.

Römische Bleirohrleitungen

Außer Holzröhren- und Tonröhren-Wasserleitungen, die auf dem ganzen Areal angetroffen wurden[252], hat Jost in der Rinne, die in die Quader auf der Mauer eingehauen war, größere und kleinere Stücke einer Wasserleitung aus Bleirohren gefunden[253], die in der Richtung von der Quelle zur Kirchhofsgasse (Straße am Römertor) verlief (Abb. 44). Mehrere dieser Röhren waren mit dem Stempel der 14. Legion mit dem Zusatz *GEM(ini) MAR(tia) VIC(trix)* versehen. Sie gehören in die Zeit zwischen 70 und 92 n. Chr. Im Jahr 70 war die

Legion zur Bekämpfung des Bataveraufstandes des Iulius Civilis an den Rhein geholt worden. Vorher hatte sie wegen Tapferkeit in Britannien den Ehrentitel »die siegreiche, dem Mars geweihte« erhalten. Da sie nur bis 92 n. Chr. in Mainz stationiert war, geben uns die Legionsstempel einen wertvollen Anhaltspunkt für die Zeit der Verlegung der Bleirohre.

Eine zusammenfassende Beschreibung aller im Laufe von fast 100 Jahren gefundenen Bleiröhren (*fistulae plumbeae*) findet sich bei K. Reuter[254]. Man hat sie anscheinend nur innerhalb des Bades selbst verwendet. Alle Stücke zusammen ergeben eine Länge von 22 Fuß (6,60 m). Das kleinste Rohrstück mißt 1 Fuß, das längste 4 Fuß. Sie sind nicht rund, sondern ei- oder herzförmig, der lichte Durchmesser entsprechend 4–6 cm. An ihrer schmaleren Seite sind sie mit einer stumpfen Kante versehen, die durch das Umbiegen und Zusammenlöten der ursprünglich flachen Bleiplatte entsteht. Sie sind so genau zusammengelötet, daß man die Lötnaht bei einigen kaum erkennt.

»Bei F«, fährt Jost in seinem Bericht fort, »lag eine ca. 1,50 m dicke Mauer altrömischer Struktur, die in dem hier vorkommenden, sehr tiefgründigen Lettenboden auf einem Pfahlwerk fundiert war. Die eingerammten Pfähle waren 150–180 cm lang, 10–15 cm im Durchmesser, rund und roh bearbeitet, sie hatten noch die Rinde und waren aus Eichenholz. Die Sohle der Mauer lag 1,55 m über dem Niveau der Langgasse (auf der unteren Terrasse des Schützenhof-Gartens) und reichte bis in die Höhe des Estrichs D.«

»Mehr links bei E trat ein 1,25 m breites und 90 cm tiefes Bad hervor, welches mit Austernschalen, Fisch- und Vogelknochen etc. in großer Masse verfüllt war (Taf. 6). Auch zwei römische Griffel fanden sich hierin.« Der Boden des Bades bestand aus bläulichem Estrich. Nördlich schloß sich eine Treppe von 7 Tritten an. 1,50 m tiefer als der Estrich stand ein runder, aus einem Stein ausgehauener »Wassersarg« (G)[255], in dem sich kaltes Wasser vorfand, und aus dem ein Abflußkanal nach H hin, teils in gehauenen Steinen, verlief. Ein Stück zirkelförmiges Mauerwerk J umgab den Trog G auf eine Strecke von 8–10 Fuß« (2,50–3,10 m).

Besondere Beachtung verdient die 9,50 m lange Mauer bei M. Sie war bei der Aufgrabung etwa 1,50–1,80 m hoch in ihrer ganzen Länge sichtbar erhalten und aus kleinen, sehr sauber gehauenen Quadern mit scharfen Fugen und rechtwinkligen Ecken aufgeführt. Nach den Beobachtungen Josts »scheint unter diesem Mauerwerk die Quelle ihren Ursprung gehabt zu haben«. Leider ist dieser Beobachtung damals nicht genauer nachgegangen worden. Auch wurde anscheinend nicht versucht, den Befund mit der Beschreibung Habels von 1838 (s. S. 65) zu vergleichen. Erst 100 Jahre später, 1976, ist man wieder auf die alte, wahrscheinlich römische Quellfassung gestoßen (s. u.). Aber auch dieses Mal hat man versäumt, ihre Identität mit den Befunden von Habel und Jost zu vergleichen. Vor der Mauer »fanden sich zwei Säulenschäfte aus grauem Stein, 6 und 7 Fuß lang, 14 Zoll im Durchmesser (1,80–2,10 m und ca. 35 cm); sie waren nicht sehr sauber bearbeitet und sind wieder vermauert worden.«

Auf der rechten Seite der unteren Terrasse (vor der Stützmauer, die heute die Coulinstraße gegen den Hang unterhalb der Straße abschirmt) fand sich in einer Höhe von 4 m über Langgassenniveau das Mauerwerk eines kleinen Gebäudes mit Apsis N, »welches 2–3 Fuß über einem sehr schönen, wohlerhaltenen röthlichen Estrich von 7–8 Zoll (20 cm) Dicke anstand. Das Mauerwerk zeigte nach Außen einen sehr festen weißen Verputz, nach Innen aber stellenweise einen solchen von intensiv rother Farbe. Das anschließende Mauerwerk war aus denselben Quadersteinchen, wie die Mauer M dargestellt.«

Die Sonnenuhr

Innerhalb des Mauerwerks bei N kam eine römische Sonnenuhr zum Vorschein[256] (Abb. 45). Die Platte ist aus Kalkstein, 53 x 48 cm, 11 cm dick. Eine ähnliche Sonnenuhr ist aus Pompeji bekannt. Es war eine Horizontaluhr der Form, die von Vitruv als Schwalbenschwanz- oder Beil-Form bezeichnet wird (weil jede zur Seite der Mittellinie liegende Hälfte einem Beil ähnlich sieht). Der Gnomon, ein leicht schräg gerichteter eiserner Stift, zeigte die Mittagsstunde an, wenn sein Schatten mit der Nord-Süd-orientierten Mittellinie der Uhr in Deckung war. Zu beiden Seiten dieser Linie laufen in entsprechenden Abständen radial die anderen Stundenlinien. Die ausgezogene Gerade ist die Äquinoktiallinie für den Stand der Sonne über dem Äquator, die obere Begrenzungslinie entspricht dem Son-

Abb. 45 Römische Sonnenuhr aus dem Bereich der Terrasse des Schützenhofbades

Sonnenuhr, Wasseruhr. Schluß war vor Einbruch der Nacht, später auch bei Licht (Juvenal). 1000 Lampen im Bad von Pompeji.«

Die Länge der 12 römischen Tagesstunden (*hora prima* bis *hora duo decima*) war abhängig von der Jahreszeit. Der Tag dauerte jeweils von Sonnenaufgang bis Sonnenuntergang. Zum Zeitpunkt der Wintersonnenwende dauerte eine Stunde demnach etwa 45 Minuten, im Sommer dagegen 75 Minuten.

Weihesteine der Sirona und Epona

Nahe der Quelle fand sich dicht bei dem Fundamentmauerwerk L ein Weihestein[259], 0,13 m hoch, 0,31 m breit und 0,18 m dick. Er war wahrscheinlich eingemauert. Die Inschrift lautet (Abb. 46):

SIRONAE
C(aius) IVLI(us) RESTITVTVS
C(urator) TEMPLI D(e) S(uo) P(osuit)

»Der Sirona von Gaius Julius Restitutus, dem Vorsteher des Tempels, aus eigenen Mitteln [gestiftet]«

nenstand über dem südlichen (Winteranfang), die untere über dem nördlichen Wendekreis (Sommeranfang)[257]. An einigen Stellen der eingetieften Linien waren bei der Auffindung noch Reste von roter Farbe zu erkennen, mit der die Linien markiert waren.

Die Sonnenuhr hat sich nicht zufällig im Bereich der römischen Badeanlage gefunden. Das Exemplar aus Pompeji stammt ebenfalls aus einer Therme, den »Stabianischen Thermen«. Der römische Dichter Lukian hat in seiner Schrift »Hippias sive balneum«[258] die Orientierung der Warmbaderäume von Thermen zum höchsten Sonnenstand hin hervorgehoben und als Einrichtungsgegenstände neben anderen als Stundenweiser eine Wasser- und eine Sonnenuhr genannt.

In einer handschriftlichen Notiz von Professor F. Otto, Gymnasiallehrer und Heimatforscher, die sich unter den Ritterlingschen Notizen in der Sammlung Nassauischer Altertümer gefunden hat, steht unter einer Skizze der Wiesbadener Sonnenuhr: »Die achte Stunde des Tages (2–3 Uhr [nachmittags]) endete den Mittagsschlaf, es begann die Zeit des Bades. Man badete auch zu anderen Stunden, Kranke zu jeder Zeit, oder mehrmals. Regel war aber die 8.–9. Stunde. Hadrian verbot, vor der 8. Stunde in öffentlichen Bädern zu baden. Die Uhr gab das Zeichen, wann die öffentlichen Bäder geöffnet wurden: *sonat aes thermarum* (Martial),

Abb. 46 Weihestein der Heilgöttin Sirona

Sirona war ursprünglich eine keltische Heilgöttin. Ihre Verehrung war im europäischen Teil des römischen Reiches verbreitet[260], auf ihre Verbindung mit Apollo Grannus wurde im Zusammenhang mit Apollo Toutiorix schon hingewiesen (s. S. 64). Nicht weit von Wiesbaden entfernt, in Nierstein am Rhein hat man bei einer Schwefelquelle ebenfalls eine Inschrift gefunden, die der Göttin Sirona geweiht war[261].

Ein weiterer Fund ist in diesem Zusammenhang bemerkenswert: In der Erdmasse, die von der unteren Terrasse auf der Nordseite des Treppenweges der

Ton, ein weiteres Stück eines Bleirohres mit dem Stempel der *LEG XIIII GEM MAR Vic(trix)* und zwei sich ineinanderfügende Stücke von Bleirohren[264].

Ein fast vergessener Meilenstein – . . .

Das Bruchstück eines Meilensteins aus grauem Sandstein, das 1867 gefunden[265] wurde, hatte A. v. Cohau-

Abb. 47 Fragment eines Weihesteines der Göttin Epona, gefunden im Nordteil der Schützenhofterrasse (heute Schützenhofstraße Nr. 5)

Schützenhofstraße abgetragen wurde, kam neben anderen Steinfragmenten, die eindeutig zu dem nicht weit entfernt gelegenen Mithräum gehören (s. u.), ein stark beschädigtes Fragment eines Epona-Weihesteins zutage. Auf den ersten Blick ist das Sandsteinrelief nicht leicht zu identifizieren (Abb. 47, 48).

E. Grönke[262] gibt folgende Beschreibung: »Der obere Teil des 13 x 15 x 56 cm großen Reliefs ist weggebrochen. Epona sitzt seitwärts auf einem Pferd. Sie ist mit einem langen Gewand bekleidet. Auf ihren Knien hält sie einen Korb mit Früchten. Der vordere Teil des Pferdes ist weggebrochen. Sein Schwanz ist strähnig gewellt dargestellt.«

Epona war die im keltischen Kulturkreis verehrte Schutzgöttin der Pferde, die sich auch großer Beliebtheit in Rom erfreute[263]. Das Wort »epona« ist mit lat. *equus*, Pferd, verwandt. In der römischen Kaiserzeit wandelte sich die Bedeutung zu einer Göttin des friedlichen Transportverkehrs mit Pferden und Maultieren; gleichzeitig verehrte man sie als Beschützerin der Ställe. Die Früchte, mit denen sie regelmäßig dargestellt wurde, waren Attribute für Segen und Fruchtbarkeit.

Gefunden wurden damals auch einige Knochen, auf denen sich Sinter des Thermalwassers abgesetzt hatte, zwei kleine Geweihstücke, das Fragment einer Flöte, ein Heizungsziegel sowie eine Terra sigillata-Scherbe, von deren Relief ein laufendes Schwein erhalten ist. Desgleichen eine Anzahl größerer und kleinerer Bruchstücke römischer Wasserleitungsröhren aus

sen[266] zuerst irrtümlich einem Fundort »bei Heddernheim« zugeordnet. »Derselbe ist aber«, korrigierte er ein Jahr später den Befund, »wie genauere Nachforschungen in den alten Rechnungen und Verzeichnissen herausgestellt haben, 1867 mit anderen Architekturstücken im Schützenhof gefunden worden«[267]. Die 54 cm hohe Säule, Durchmesser 38 cm, trägt die (ergänzte) Inschrift[268]:

[I]MP(eratori) CAES(ari) C(aii) M[ES/SI]O QVI(n)TO TR[ai/a]NO DECIO P[r/i]NCI(pi) INVICTO [AUG(usto)/ PON]T(ifici) MAX(imo) TR(ibunicia) PO[t](estate)[?] [PP]PROCO(n)[S(uli)]

»Dem Imperator Cäsar Gaius Messius Quintus Traianus Decius, dem unbesiegten Princeps Augustus, Pontifex Maximus, während der (1.–4.) Verleihung der Tribunicia Potestas, Proconsul«

Der Stein wird auf Kaiser Decius (249–250 n. Chr.) bezogen. Die vierfache Verleihung der *tribunicia potestas* verteilt sich auf die Jahre 249–250 n. Chr.[269]

. . . und ein christlicher Grabstein –

1869 kam im Bereich der Terrassen ein Grabstein zum Vorschein. Es ist eine rechts und oben unvollständige Kalksteinplatte, 22 cm hoch, 30 cm breit und 12 cm dick[270]. Die ältere Inschrift mit Resten größerer Buchstaben, aus denen sich kein Sinn mehr erkennen läßt, ist ausgespitzt, der Stein ist im oberen Teil geglättet worden. J. Becker[271] hält die im unteren Teil des Steins erhaltenen Buchstaben FK und FIPR »ihrer Form, nach als viel spätere und zufällige Einritzungen«.
Von der späteren Inschrift läßt sich die erste Zeile *HIC QUI(e)-SCI(t)* mit *in pace* sinnvoll ergänzen, was darauf hinweist, daß es sich um einen christlichen Grabstein gehandelt hat. In der zweiten Zeile bereitet die Ergänzung . . ES XIIII ET MES(ES). . . gewisse Schwierigkeiten. ES ließe sich als DIES ergänzen. Ein Alter von 14 Tagen wäre jedoch für eine Bestattung mit Stein unwahrscheinlich. Auch ergibt sich dann für die nachfolgenden ME- (s)ES, Monate, kein Sinn. Überzeugender ist die Beckersche Interpretation einer nachlässigen oder dialektsprachlichen Abwandlung von »ANNOS«

zu »ANNIES«, was einem Alter von 14 Jahren und (. . .) Monaten entsprochen hätte.

. . . und ein römischer Friedhof(?)

Man könnte vermuten, daß es sich um einen Stein handelt, der in die Reihe der frühesten christlichen Grabsteine aus der oberen Friedrichstraße (s. u.) gehört und in das Schützenhofterrain verschleppt wurde. Er könnte aber auch zu der bei der Aufdeckung aus 25 Einzelgräbern bestehenden Gräbergruppe auf der Schützenhofterrasse gehört haben, die 1869 von dem Bauführer Jost ausgeräumt wurde, als er die untere Terrasse hinter dem ehemaligen Nordflügel des Schützenhofgebäudes abtrug[272]. Jost beschreibt ausführlich ein Grab (Nr. 19), das der Apsis des Gebäudes N am nächsten lag. Es war rechtwinklig, 1,10 m tief, 1,00 m breit und 1,45 m lang. An der Sohle und an den Wänden war es mit einer 10 cm starken Lettenschicht ausgekleidet. Die Lettenverkleidung war »innen ganz egal und glatt bearbeitet, so dass sie einem Verputz von Speis nicht unähnlich sah«.
»Das Innere des Grabes war mit aschenartiger Erde, vermischt mit Holzkohlen und einer Masse verschiedener Scherben, ausgefüllt. Darunter waren einige Stücke einer verzierten Amphora aus terra sigillata mit Figuren und ein großes Stück Bergcrystall. Sie sind in den Besitz des Eigenthümers gekommen«, schreibt Jost. »Andere, ganz erhaltene Gefäße aus diesem Grabe sollen von den Arbeitern verbracht worden sein.«
Die übrigen 24 Gräber werden nur summarisch beschrieben. Sie lieferten »Bruchstücke von römischen Gefäßen, etwas Ganzes und Erhaltenes konnte ich jedoch nicht erhalten. Es wurde alles dergleichen von den Arbeitern verschleppt, und die Überwachung war bei meinen sonstigen Functionen eine sehr schwierige.«
E. Ritterling erwähnt diese »Gräber« in seiner Kastellbeschreibung[273] bei der Diskussion über die Lage der älteren Erdkastelle, von denen Gräben schon von Kihm (1839), Rossel (1858, 1860), Jost (1865) und Reuter (1871) angeschnitten worden waren. Er spricht jedoch von »Gruben«, die »mehr oder weniger groß«, im Innenraum der Erdkastelle angetroffen wurden.

◁ *Abb. 48 Fragment eines Epona-Reliefs aus Hausen, Kr. Heilbronn. Der auf dem Wiesbadener Stein oben gerade noch erkennbare flache Korb mit Äpfeln ist hier deutlich erkennbar, ebenso die im Quersitz reitende Göttin*

Dementsprechend hat Ritterling im Text und in der Skizze zu den Funden am Schützenhofbad (Abb. 40)[274] alle von Jost beschriebenen und in einer Handskizze eingezeichneten Funde und Fundstellen übernommen, mit Ausnahme der 25 Gräber. Der ganze Befund war ihm wohl zu unsicher; anscheinend aber auch seine eigene Deutung (vgl. Anm. 273), daß »die Gruppe von 25 Gruben . . . innerhalb eines der Erdkastelle gelegen« habe.

Waren es dennoch römische Gräber, dürften sie sehr spät anzusetzen sein, jedenfalls erst einige Zeit nach der Aufgabe der Heidenmauer. Der frühchristliche Grabstein ließe sich dann in diesen Begräbnisplatz einordnen. Vielleicht sollte man aber auch an die fränkischen Funde beim Haus Schützenhofstraße Nr. 5, »wo es an den alten Friedhof angrenzt«[275], denken. Leider wurde damals die ganze untere Terrasse des Hanges abgetragen, so daß eine Klärung schon zu Ritterlings Zeiten nicht mehr möglich war.

Der Schulberg 1865 – 1869

Auch beim Ausbau der oberen Schützenhofstraße war man 12 m südöstlich vom Eingang der neuen Schule in 2 m Tiefe auf ein fränkisches Grab gestoßen[276]. Gebeine waren nicht mehr zu erkennen, es enthielt aber ein fränkisches Schwert, eine Franziska, zwei Lanzenspitzen, eine Pfeilspitze, eine Bronzefibel, zwei schwarze Urnen und einige römische Ziegel.

Etwas unterhalb dieser Stelle traf man beim Abräumen der Terrasse, die sich oberhalb der heutigen Coulinstraße bis zum Schulberg erstreckte, auf ein von hellem Quellensinter durchzogenes Sandgestein und südlich davon auf eine mit Brandschutt angefüllte muldenförmige Vertiefung. Ihr tiefster Punkt lag etwa 4 m tiefer als das Plateau, auf dem die Schulgebäude am Schulberg stehen. Man fand darin eine große Masse Brandschutt, untermischt mit römischen Ziegeln und Topfscherben sowie mehrere durch Brand mürbe gewordene Architekturstücke: Drei verkröpfte Gesimsstücke, einen Sockelsims, zwei Bruchstücke von 58 cm dicken Halbsäulen und ein halbmondförmiges Relief (Abb. 49). A. v. Cohausen meinte zunächst, man könne es »vielleicht als Centurionenzeichen« deuten. Diese Annahme paßte zu der weiteren Vermutung,

Abb. 49 Sandsteinrelief mit Halbmond (FO wie Abb. 47)

Abb. 50 Fragment eines kauernden Löwen (FO wie Abb. 47)

daß diese Trümmer »von der etwa 350 Schritt entfernten Porta decumana des Castells auf dem Heidenberg herrühren mögen«. E. Ritterling hat später eine andere Deutung vorgelegt[277], die aber erst möglich wurde, nachdem man 1902/03 auf dem nördlich angrenzenden Areal die Reste eines Mithräums entdeckte hatte. Danach gehört der Stein mit dem Halbmond zu dessen Inventar. Bestätigt wird dieser Befund zusätzlich durch zwei weitere Streufunde, die schon 1858 neben dem nördlichen Hintergebäude des alten Schützenhofes, dicht hinter der Kirchhofsmauer gefunden worden waren[278]: das Fragment eines kleinen kauernden Löwen und ein Sandsteinrelief mit dem Bild des Cautopates mit gesenkter Fackel. Löwe und Fackelträger sind Symbole des Mithraskultes[279] (Abb. 50, 51).

Abb. 51 Weiherelief des Cautopates (FO wie Abb. 47)

Ein geologischer Exkurs

Den geologischen Befund am Abhang des Schulberges zum Schützenhof hin hat K. Reuter[280] in Anlehnung an die im Notizbuch des Konservators v. Cohausen[281] unter dem 15. August 1872 enthaltene Skizze (Abb. 52) beschrieben: »Als auf der Höhe jenes Bergrückens hinter dem Schützenhof die beiden Schulgebäude und noch tiefer den Berg herab mehrere Häuser erbaut wurden, hat man große Teile des Hanges abgegraben. Dabei stellte sich eine beinahe senkrechte Bergfläche dar, gebildet aus tertiärem Sandstein und Tonschiefer, durchsetzt von mächtigen Quarzblöcken und zahlreichen Quarzstreifen (e).

Überall stieß man auf mehr oder weniger von einem Mittelpunkt abgeneigte Schichten, die in Farbe und Dichtigkeit sowie an Dicke eine Verschiedenheit zeigten, die sich nach v. Cohausen[282] dadurch erklärt, daß die Thermen zwar in langen Perioden, aber doch sehr merkbar in ihren Bestandteilen gewechselt haben.« – »Aus dem rothen und gelbem Sinter, welcher den neben der Schuttmulde anstehenden Sandstein durchdrungen hat und welcher auch in dem tiefen Einschnitt der Schwalbacher Straße beobachtet werden kann, ersieht man, daß die warmen Quellen lange vor der Römerzeit weit höher aus dem Boden hervorbrachen als jetzt, da der Sinter eine Höhe von 80 bis 100 Fuss (ca. 30 m) über dem heutigen Spiegel der Thermen einnimmt«[283].

Diese Beobachtungen werden durch weitere Angaben noch präzisiert: Während Kochbrunnen, Adler- und Schützenhofquelle heute auf gleicher Höhe von rund 119 m ü. NN austreten[284], war der Sinter auf dem Schulberg bei 135 m, in der Adlerstraße bei 140 m über Amsterdamer Pegel[285], am Kreuzungpunkt Emser und Schwalbacher Straße auf 127,08 m Amsterdamer Pegel, 1,76 m unter dem Straßenpflaster in einer Stärke von 1,50 m angetroffen worden[286].

Soldaten- oder Kurbad?

Unsere Kenntnisse von den römischen Thermen an der Schützenhofquelle aufgrund der Grabungsgeschichte sind mehr als fragmentarisch. Ihre Gesamtbeurteilung ist nicht sehr viel weiter gediehen, als sie G. H. Ritter

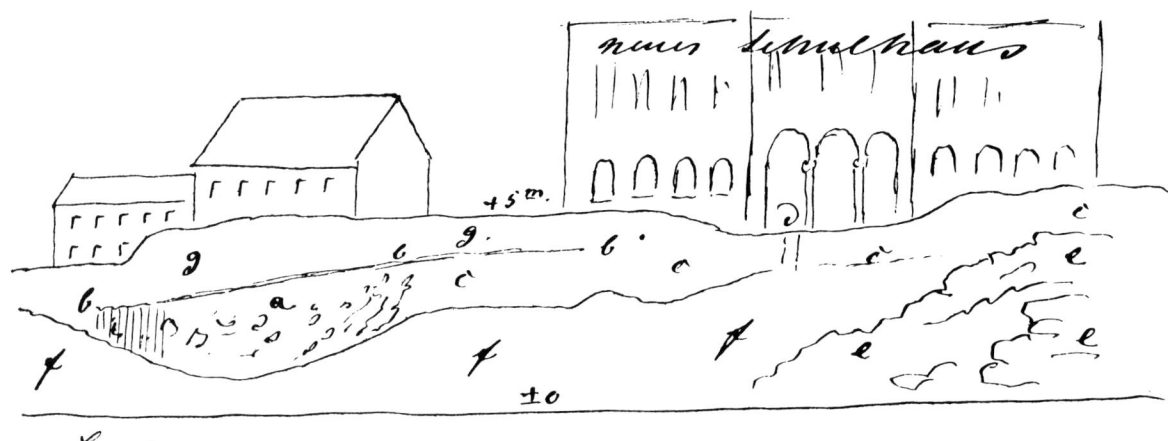

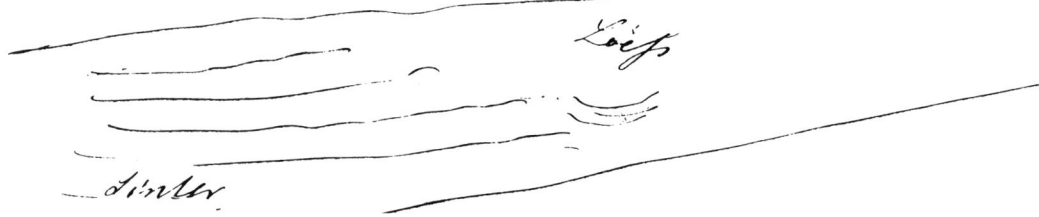

Abb. 52 Faksimile einer Seite aus dem Notizbuch des Konservators August von Cohausen (15. August 1872) mit geologischem Aufriß des oberen Teil des Schulbergs und dem »neuen Schulhaus«. Beschriftung: a Brandschutt, römische Ziegel, Scherben, perfilierte (von Sinter durchdrungene) Sandsteine von einem Gesimse; b Schichten, etwa 5 cm, estrichartig, und Lehmschlag, jedoch nicht waagrecht; c Schutt mit wenig Steinen und ohne Brandspuren; d Einschnitt für die neue Wasserleitung; e roter, gelber und weißer Sinter im Tertiär-Sandstein; f gelber sandiger Quellensinter; g Gartenboden und neuer Schutt (Oberfläche + 5 m; Grundlinie +/− 0 m)

schon 1800 vertreten hat[287], daß wir hier wahrscheinlich »die Hauptbadeanstalt für die Besatzung des Kastells« vor uns haben. Wie die Verbindung des Kastellbades zum Kastell auf dem Heidenberg im einzelnen gestaltet war, konnte bis heute nicht näher geklärt werden. Bei Ritterling heißt es dazu[288]: »Was die Lage beider Stellen« (Schützenhof und Thermen am Kranzplatz) »zum Kastell betrifft, so entscheidet auch die etwas geringere Entfernung schwerlich zu seinen (Schützenhoftherme) Gunsten als Garnisonbad, da der Unterschied kein allzu großer ist. Eher könnte dafür ins Gewicht fallen, dass die aus der Porta praetoria herausführende Straße nach Hofheim das Schützenhofgelände berührte oder durchschnitt, und dass die hier befindlichen Badebauten in der Tat parallel oder senkrecht zu der vermutlichen Richtung dieser Straße stehen.« Er relativiert diese Aussage aber dadurch, daß auch am Kranzplatz eine, wie Gräber ausweisen, römische Straße vorbeigezogen sein müsse.

1877 nennt K. Reuter[289] »die vielen entdeckten Bäder, darunter ein Massenbad, das gegen 24 Badende aufzunehmen im Stande war, sowie die entdeckten großen (Thermalwasser)-Reservoirs«, einen Beweis für die »Großartigkeit jener Badeanstalt«, die »gleichsam die Stelle eines Cursaals zur römischen Zeit einnahm.« Zwar muß die »Cursaal«-Vermutung wohl zugunsten der 1877 in ihrem vollen Ausmaß noch nicht bekannten römischen Thermen am Kranzplatz aufgegeben werden. Doch bleibt das römische Schützenhofbad durch die Weihesteine des Apollo Toutiorix und der Quellgöttin Sirona, aber auch durch den 1976 entdeckten Quellschatz in besonderer Weise bemerkenswert.

Der Quellschatz von 1976

Dieser Quellschatz, ein in den Fundberichten aus Hessen[290] nur unvollständig aufgelisteter Münzfund, wurde beim Ausschachten einer Fundamentgrube des Parkhauses an der Coulinstraße freigelegt[291]. Er bestand aus 252 Münzen, die eine erstaunlich geschlossene zeitliche Folge erkennen lassen. Sie reicht von einem halbierten As der Übergangszeit, geprägt 40–28 v. Chr. in *Vienna/Lugdunum*, über Asse des Augustus, Caligula, Vespasian und Nerva, Sesterze und Dupondien des Domitian, Asse des Trajan, Hadrian, Antoni-

nus Pius, Mark Aurel und Commodus bis hin zu zahlreichen Folles Konstantins I. mit Prägungen zwischen 308 und 337 n. Chr., Halbcentenionalen von Valentinian II., Theodosius I. und Arcadius (geprägt zwischen 388 und 395 in Arles und Trier) sowie einem Siliqua Konstantins III., geprägt 407/411 in Trier. Dazwischen fanden sich eine Reihe von Perlen.

Bei den Ausschachtungsarbeiten ist man auf eine sehr alte Quellfassung gestoßen. Sie war rechteckig von senkrechten Holzpfosten eingefaßt und die unten zugespitzten Pfähle in anstehenden Felsspalten verkeilt; außerdem wurden Holzteile mit Verzapfungen und Reste einer Tonabdichtung gefunden. Beim weiteren Ausschachten (unter ständigem Abpumpen) wurden um die Quellfassung herum die 1,50 m starken Fundamente eines etwa quadratischen Baus (Seitenlänge 12 m) beobachtet, die ihrerseits auf Pfählen aufsaßen. Dicht bei diesem Gebäude wurde ein etwas höher gelegenes Bauwerk mit Hypokausten angeschnitten sowie römische Balkenlagen und hölzerne Wasserleitungsrohre gefunden.

Die Fundstelle mit Gebäuden und der gefaßten heißen Quelle gehört in den Bereich des römischen Badebetriebs. Die über vier Jahrhunderte als Dankopfer in die Quelle geworfenen Münzen sind ein Beleg für dessen Dauer vom Beginn bis zum Ende der römischen Siedlungsperiode in Wiesbaden. Besonders die späten Münzen, »Winzlinge«, die kaum noch einen echten Materialwert hatten, zeigen deutlich den Verfall der römischen Macht. Sie zwingen jedoch auch zu einem gewissen Umdenken, was die Art und Fortdauer der Besiedlung Wiesbadens nach 370 n. Chr. (Errichtung der Heidenmauer) bis in das 5. Jahrhundert und das Zusammenleben von gallo-romanischen Einwohnern und alamannischen Zuwanderern[292] betrifft.

Davon zeugen auch Funde, die 1907 ganz in der Nähe, Ecke Langgasse und Michelsberg, beim Neubau des Eckhauses gemacht wurden[293]. Sie beweisen, daß sich hier jahrhundertelang ein reges Bürgerleben abgespielt hat. Man entdeckte Spuren sehr starker Besiedlung zur Römerzeit; »dabei wurden die tieferen Schichten, welche die ältesten Ansiedlungen aus der 1. Hälfte des 1. Jahrhunderts enthalten, bei der Fundamentierung kaum berührt.«

Gefunden wurden aus Bronze ein Schiebearmring, drei Fibeln, zwei Fibelschnallen, der Henkel eines

Kästchens, der aus zwei einander zugewandten Delphinen gebildet ist, Bronzesonden, Nadeln, Ohrlöffelchen, der Teil eines Bronzesiebs und eine Kanne aus Bronzeblech. Dazu Scherben von Reliefsigillaten der Formen Dragendorff 29, 30 und 37, ca. 40 Sigillatenstempel, Teller, Tassen und Reibschalen sowie das Fragment eines Bechers aus hellgrünem Glas mit gepreßtem Gladiatorenrelief, von dem noch der Kopf eines Kämpfers, ein Dreizack und ein Teil einer Inschrift am oberen Rand (MV. .) hinter einem Palmzweig erhalten ist. Die Reihe der Münzen reicht von Augustus (4), Tiberius, Caligula, Claudius (je 1), Nero (2), Vespasian, Titus, Domitian (je 3) und Trajan (5) zu Hadrian, Faustina II, Julia Domna und Licinius (je 1) sowie zwei Kleinerze von Konstantin d. Gr. (312 – 337) und einige unbestimmbare Stücke.

An der Adlerquelle

Die Adlerquelle nimmt eine Sonderstellung ein. Sie ist zwar eine Hauptquelle und unter hydrogeologischen und balneologischen Gesichtspunkten dem Kochbrunnen gleichwertig. Historisch gesehen hat jedoch der Kochbrunnen seit dem Mittelalter im Wiesbadener Badeleben immer die Hauptrolle gespielt. Nach dem archäologischen Befund scheint auch in römischer Zeit die Adlerquelle nicht in gleichem Maße für öffentliche Badeeinrichtungen genutzt worden zu sein wie die beiden Thermen am Schützenhof und Kranzplatz. Auf dem südlich angrenzenden Terrain, nach dem früheren Badhaus zum Adler[294] als Adlerterrain bezeichnet, ist jedoch eine so große Zahl von römischen Siedlungsresten angetroffen worden, daß auch hier von einer dichten Bebauung in römischer Zeit auszugehen ist.

Steinwerkzeuge aus der Altsteinzeit

Eine Besonderheit weist die Adlerquelle auf, die sie den beiden anderen Thermalquellen aus historischer bzw., richtiger, aus prähistorischer Sicht voraushat. Als 1953 und 1954 erstmals tiefere Bohrungen in der bisherigen Tümpelfassung der Quelle vorgenommen wurden, konnten in 1,40 – 1,70 m Tiefe unter der Quellensohle, 4,00 – 4,30 m unter dem Wasserspiegel, zahl-

Abb. 53 Jungpaläolithische Steinwerkzeuge aus der Adlerquelle

reiche Steinwerkzeuge aus ortsfremdem Feuerstein und Kieselschiefer geborgen werden: insgesamt 60 bearbeitete Steinartefakte, darunter Stichel und Klingen, Schlagsteine aus Quarz und devonischem Quarzit, 13 Zahnfragmente von Wildschwein, Pferd, Rind und Hirsch – sowie eine stark korrodierte, wahrscheinlich römische Münze (Abb. 53).

Professor Franz Michels, der den Fundkomplex entdeckt und als erster beschrieben hat[295], setzte die Werkzeuge nach Rücksprache mit Forschern aus Les Eyzies (Dordogne, Frankreich) an die obere Grenze des Magdalénien; sie dürften ein Alter von 15 000 bis 20 000 Jahren haben. Bei der Deutung der Funde hat er sich sehr zurückhaltend ausgedrückt: »Ob der Quelltümpel dem damaligen Menschen nur als Abfalloch diente oder aber, ob er seine schönsten Werkzeuge und die prächtigsten Jagdtierzähne einer Quellgottheit opferte, vermögen wir nicht zu sagen.«

Nach einer neueren Analyse des Fundplatzes von H. Floss[296] sind die Artefakte noch um einige tausend Jahre älter: »Nach typologischen und technologischen Gesichtspunkten muß man die Einordnung des kleinen Artefaktenensembles in das mittlere Jungpaläolithikum (Gravettien) unterstützen. (. . .) Die ausgesprochen gute Klingentechnik (. . .) fügt sich nahtlos in die Gruppe der rheinischen Gravettien-Fundstellen (Koblenz-Metternich, Rhens, Wildscheuer IV, Sprendlingen, Mainz-Linsenberg).« Es ist die Zeit vor rund 25 000 Jahren, als in Südfrankreich die berühmten Höhlenbilder, z. B. in Lascaux, entstanden.

Sicher boten die Wiesbadener Thermalquellen, die nach den geologischen Voraussetzungen zur Zeit der jungpaläolithischen Besiedlung bereits lange bestanden haben müssen, bevorzugte Lebensbedingungen. Inmitten ausgedehnter Grassteppen kann man die warmen Quellen, umgeben von einem außergewöhnlichen Biotop, mit einer Art Oase vergleichen, die für Tier und Mensch ein besonderer Anziehungspunkt war.

Abb. 54   Postkarte (um 1880) mit dem Gesamtkomplex des Hotels »Zum Adler«

Das Adlerterrain in römischer Zeit

Die älteste Nachrichten darüber hat wiederum W. Dorow[297] in einem Artikel über »Muthmaßliche Bäder im Garten des Posthalters Schlichter« überliefert. Hierzu muß vorausgeschickt werden, daß seit 1795 der Postdienst in Wiesbaden vom Wirt des Gast- und Badhauses »Adler« Schlichter versehen wurde[298]. In dessen Garten, »welcher unweit der warmen Quelle liegt, die dem Postgebäude eigenthümlich zugehört, stieß man im Jahre 1807 beim Ackern auf römisches Mauerwerk, welches beim weitern Nachgraben für das Fundament eines Bad-Gebäudes gehalten wurde und großen Theils ausgebrochen werden mußte, um einen Garten anlegen zu können. Der Boden der Bäder selbst soll bedeutend höher als die warmen Quellen gelegen haben.«

Die nächste Nachricht stammt aus dem Jahre 1880. Damals stieß der Bauführer Ph. Dormann beim Umbau des mittleren, gegen den Garten zu vorspringenden Flügels des Gasthauses »Zum Adler«, 25 m westlich der Adlerquelle, auf zwei waagerechte, zwischen liegenden Balken mit römischen Ziegeln geplättete

Gänge, die stark abgenutzt oder ausgetreten und zur Langgasse in einem Winkel von 60° orientiert waren. »Zerstreut umher lagen Heizröhren und Bruchstücke derselben, sowie umgestürzte Hypokaustenpfeiler, deren Randfläche 20 cm tiefer als die Ziegelplattung lag. Südlich davon war eine viertelkreisförmige, sehr sauber in Bruchstein aufgeführte Mauer, die sich unter dem Hauptbau des Gasthauses verlief«[299].

Rundbau (laconicum?) und Nebengebäude

Als im Frühjahr und Sommer 1903 nach Niederlegung des nördlichen Gebäudeflügel des Hotels Adler die Häuser Langgasse Nr. 32, 34 und 36 parzelliert und Fundamentausschachtungen vorgenommen wurden, konnten weitere römische Mauerreste freigelegt werden[300] (Abb. 55). Am weitesten nach Norden, nur 12,50 m von der Adlerquelle entfernt, fand sich ein in den Fundamenten wohlerhaltener Rundbau, derselbe, von dem schon 1880 ein Segment angeschnitten worden war. Der äußere Durchmesser betrug ca. 16 m, die Mauern waren 2,65 m, über einem Sockelabsatz noch 2,50 m dick; sie ruhten auf einer 25 cm hohen Stickung aus größeren Steinen, die dem gewachsenen groben, mit Wasser und Schlamm durchsetzten Kies unmittelbar aufgelagert waren. Das Mauerwerk war sauber und dauerhaft ausgeführt, die blau und gelblich-grünen Steine waren schichtenweise »satt in Mörtel gelegt«; auf der Außen- und Innenseite hatte man ziemlich regelmäßig behauene Steine verwendet (Abb. 56).

Den Innenraum des Rundbaues durchzogen fünf in gleichen Abständen parallel laufende Mauern von 65–70 cm Stärke, die jedoch nicht bis an die Umfassungsmauern heranreichten. Sie waren in ihrer ursprünglichen Höhe, 2,10 m über der Rollschicht, erhalten und oben sauber abgeglichen. In gleicher Höhe erreichte auch die runde Umfassungsmauer den oberen Abschluß des Fundaments, auf dem um mehr als die halbe Fundamentbreite zurückspringend, sich die nur noch 1,10 m dicke Obermauer erhob. Auf dem 1,30 m breiten inneren Fundamentabsatz ruhte ein 20 cm starker Estrich, der sich über den gesamten Innenraum, auf den Parallelmauern aufliegend, hinzog, aber nicht überall unversehrt erhalten war. Der freie Raum unter

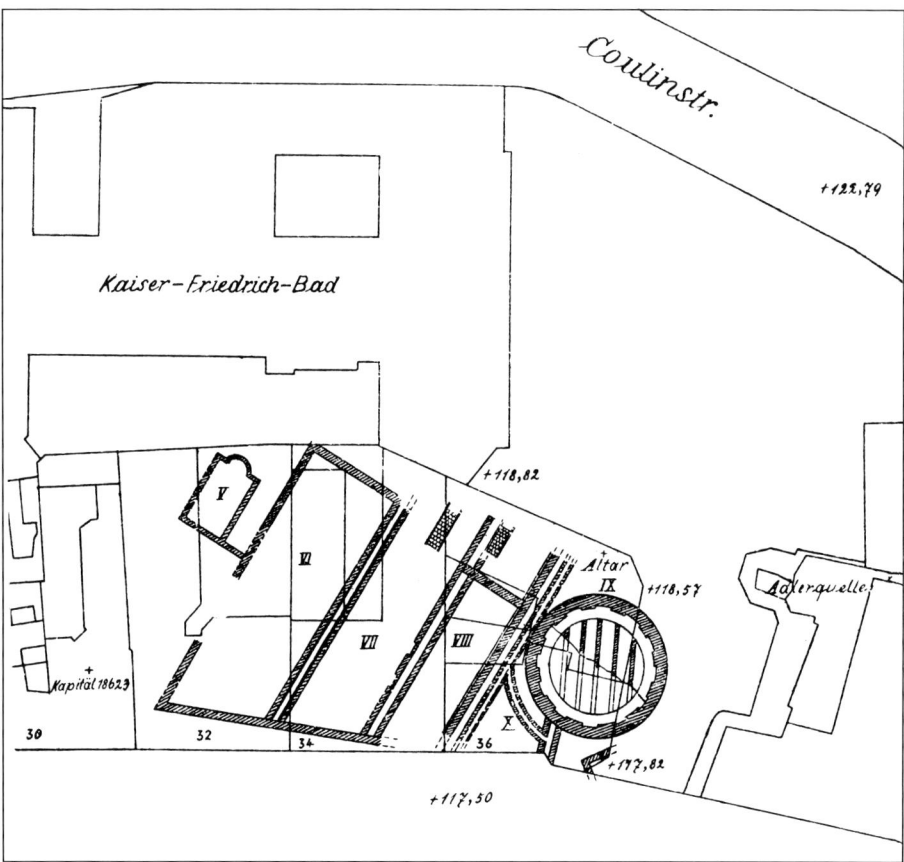

dem Estrich, zwischen den Parallelmauern, war vollständig mit Kies, Schutt und römischen Kulturresten ausgefüllt.

Die Obermauer, stellenweise bis 40 cm über dem Estrich erhalten, schloß einen kreisrunden Raum von 13,20 m Innendurchmesser (= 45 röm. Fuß) ein. In ihr waren 12 flache, nur 25 cm tiefe, in der Geraden gemessen, 1,70 m breite Nischen symmetrisch in der Art angeordnet, daß die zwischen zwei Nischen vorspringenden Mauerstücke gleichfalls 1,70 m maßen. Die verschiedenen Kanalbauten, darunter ein sehr schön gemauerter Durchlaß von 35 cm lichter Weite, wurden von Ritterling (vgl. Anm. 298) genau beschrieben. Sie lassen jedoch kein in sich schlüssiges System erkennen, außer, daß alle Kanäle nach Südosten, dem natürlichen Gefälle folgend, entwässern. Ein den Rundbau tangential berührende Kanal führte das vom Hang im

Abb. 55 Grundriß des römischen Gebäudekomplexes unter dem 1903 niedergelegten Nordflügel des Hotels »Zum Adler«

Abb. 56 Umfassungs-
mauer des Rundbaus
(Laconicum?)

Abb. 57 Abflußkanal des
Rundbaus in Richtung zur
Langgasse

Sie ruhten auf 14 cm starken Saumhölzern aus Eichenholz, die in Abständen von 1,5 m parallel liefen. Weiter
östlich fanden sich viele, teilweise noch stehende Hypokaustenpfeiler aus je 13 Ziegelplatten (20 x 20 cm).
Die lichte Höhe zwischen Standfläche und dem oben
abschließenden Estrichboden betrug 80 cm.

Mit dieser Hypokaustenheizung stehen nach Ritterling[303] die 1880 und 1903 dort überaus zahlreich, meist
in Bruchstücken angetroffenen Heizziegel von
19 – 20 cm Höhe, 18 cm Breite und 11,5 cm Tiefe in Zusammenhang, die mit einem schmalen rechteckigen
Ausschnitt versehen sind. In der nordöstlichen Längsmauer von Bau VII erkennbare, nischenartige Ausspa-
rungen könnten der Aufnahme dieser Hohlziegel gedient haben. Spuren von Eingängen fanden sich nirgends, da nur die Fundamente erhalten waren.

H. Schoppa (vgl. Anm. 301) sieht den gesamten Baukörper, VI – VIII, zu dem er auch noch den Apsisbau V
rechnet, als eine Einheit. Es handle sich nicht um eine
Aneinanderreihung von Wohnhäusern. Den Bau VI
deutet er aufgrund der breiten, nach Südwesten ge-
richteten »Toröffnung« als Stallung für Pferde, im
Westteil evtl. mit Remise. (Man könnte in diesem Zusammenhang sogar an das nicht weit davon entfernt
gefundene Relief der Göttin Epona denken, die ja auch
als Beschützerin der Ställe verehrt wurde.) Leider ist
eine sichere Interpretation des gesamten Baukomple-
xes nicht möglich, weil aufgehendes Mauerwerk mit
erkennbaren Türöffnungen fehlt.

rückwärtigen Teil des Adlerterrains herabfließende
Wasser gleichfalls in dieser Richtung ab (Abb. 57).

Eine Thermalwasserzuführung aus der Adlerquelle
war nicht auszumachen. Nach H. Schoppa[301] erinnert
die Rundform des Baues an ein trockenes oder »lakoni-
sches« Schwitzbad (laconicum), wenn auch die dafür
notwendige Beheizung nicht nachgewiesen werden
konnte, es sei denn, daß der aus keilförmig zugerichteten Steinplatten (Taunusschiefer) kreisförmig gemauerte Durchlaß ein Teil des Heizraums (praefurnium)
war. Das Dach eines solchen Lakonikums war kegel-
förmig und enthielt eine Öffnung in der Decke, die
durch einen metallenen Schild zur Temperaturrege-
lung geschlossen werden konnte[302].

Dem Rundbau folgt eine Gruppe von drei langrechtek-
kigen Häusern, deren Schmalseiten zur Straße hin in
einem spitzen Winkel an die Seitenwände stoßen. In
den Bauten VII und VIII wurden an mehreren Stellen
zusammenhängende Ziegelplättungen mit 5 – 6 cm
dicken Platten von 40 x 60 cm Seitenlänge angetroffen.

*Abb. 58   Römischer Lauf-
brunnen vom Gelände des
Hotels »Zum Adler«*

*Abb. 59   Opferaltar mit
Schale und Früchten im
Relief. Fundstelle: siehe
Abb. 55*

und Eierstab unter der oberen Kopfplatte. Die Vorderseite zeigt zwei sich zugewendete Köpfe, die beiden
Seiten ebenfalls Blätterschmuck (Abb. 58).

Zweifellos hat der Wasserspeier zu einer reich ausgestatteten Brunnenanlage gehört, die an einem hervor-
ragenden Platz des Badkomplexes gestanden hat. Für
Thermalwasser war er nicht bestimmt, sonst hätte man
Spuren von Sinter finden müssen. Hinweise, daß die
Römer in dieser Gegend Quellwasser aus dem steini-
gen, sicher wasserführenden Abhang des Heidenbergs abgeleitet haben, kann man in den hölzernen
Wasserleitungen sehen, die zum Beispiel an der Saalgasse mehrfach angetroffen wurden[305].

Zu nennen ist auch ein römischer Altar aus graugrü-
nem Sandstein, 1,05 m hoch, 59 cm breit und 30 cm
dick, der nahe bei dem Rundbau gefunden wurde[306].
Die Oberflächen der Vorder- und Rückseite sind so
stark abgeblättert, daß eine Inschrift nicht mehr zu erkennen ist. Oben auf dem Altar sind außer der ompha-
losförmigen Opferschale zwei Birnen und zwei andere
Früchte, diagonal verteilt, eingemeißelt. Die Innenfläche der Schale war bei der Auffindung (durch Verbrennen von Opfergaben?) geschwärzt (Abb. 59).

Laufbrunnen und Opferaltar

Zu den Funden auf dem Adlerterrain, das zu der damaligen Zeit bis über die Coulinstraße hinausgereicht
hat (Abb. 132), gehören zwei Fragmente eines reich
skulptierten Laufbrunnens. Der untere Teil besteht aus
einem rechteckigen, 27,5 cm hoch erhaltenen Pfeiler
aus Muschelkalk, der vorn einen kräftig profilierten
Löwenkopf als Wasserspeier trägt[304]. Der Querschnitt
des im Stein verlaufenden Kanals beträgt 3 cm. Die Seiten tragen in flachem Relief Blätterschmuck. Zu diesem
Mittelteil gehört, ohne direkt anzuschließen, ein kleines Kapitell aus gleichem Stein, mit kräftiger Kehlung

Weiheinschrift für Iupiter Dolichenus

Durch eine Mauer mit dem Gebäude VI verbunden
war ein kleiner Bau V mit Apsis an der hinteren
Schmalseite. Sowohl E. Ritterling als auch H. Schoppa

Abb. 60 Weihestein an Iupiter Dolichenus

halten eine Deutung als kleines Heiligtum für möglich. Die äußere Gestalt ähnelt sehr dem am Schützenhof mit »N« bezeichneten Apsisbau.

Die Deutung als Heiligtum wird bestärkt durch einen Fund, der im Juni 1903 nahe der Nordseite des Gebäudes V gemacht wurde. Es handelt sich um einen rechteckigen Block aus grauem Sandstein; er lag im schwarzen schlammigen Boden, seine Maße sind 62 x 54 x 20 cm, Rück- und Schmalseiten waren nur rauh bearbeitet, auf seiner geglätteten Vorderseite trägt er eine durch eine Doppellinie eingerahmte Inschrift[307]: Trotz einiger Verwitterung kann man die Schrift mit Sicherheit lesen (Abb. 60):

```
IN H · D · D · TEMP · IOVI
DOLICENO  VICANI
AQVENSES  VETVST {ate
DILABSVM DE SVO R {es
TITVERVNT SVB CV {ra
CAREI  SATVRNINI {et
PINARI VERI IMP SE {ve
RO II ALBINO CO {s...
```

»Zu Ehren des göttlichen Kaiserhauses haben die Bewohner von Aquae (Mattiacorum) dem Jupiter Dolichenus den Tempel, der durch Alter baufällig geworden war, von ihrem eigenen Geld wieder hergestellt unter Aufsicht des Careius Saturninus und Pinarius Verus. Als der Kaiser Severus das zweite Mal und Albinus Konsuln waren.«

Die Inschrift bezeugt, daß der Stein im Jahre 194 n. Chr. gesetzt wurde, weil in diesem Jahr Kaiser Septimius Severus zum zweitenmal, zusammen mit Clodius Albinus, Konsul war[308]. Weiter erfahren wir, daß der ursprünglich als Stadtgott (Baal) im syrischen Doliche beheimatete Jupiter Dolichenus auch in Wiesbaden verehrt wurde. Er gehört zu den orientalischen Gottheiten, deren Kult vornehmlich durch Auxiliarsoldaten, die im Vorderen Orient rekrutiert wurden, bis nach Gallien und in das römisch besetzte Germanien verbreitet worden ist.

Einen klareren Eindruck von dem Wesen des Dolichenus-Kultes vermittelt ein bronzenes Weiherelief, das zwar in Heddernheim gefunden wurde, aber zum Be-

stand der Sammlung Nassauischer Altertümer des Museums Wiesbaden gehört. Das 32 cm hohe Relief hat die Form einer Lanzenspitze. In der Mitte steht der Gott in römischer Offiziersuniform mit phrygischer Mütze. Seine Attribute sind Blitz und Doppelaxt. Er steht auf einem Stier, wie es von hethitischen, babylonischen und assyrischen Götterdarstellungen bekannt ist. Neben ihm die Siegesgöttin, die ihn bekränzt, über ihm die Büste des Sonnengottes. Im unteren Feld Isis mit Attributen auf einer Hirschkuh stehend, eingerahmt von zwei Berggöttern, über deren Köpfen Büsten von Sonnengott und Mondgöttin angebracht sind[309] (Abb. 61).

Aus der Tatsache, daß das Heiligtum auf Kosten der Wiesbadener Einwohnerschaft (*vicani Aquenses*) wiederhergestellt wurde, läßt sich schließen, daß es der Gemeinde gehörte. Da es 194 n. Chr. erneuerungsbedürftig war, wird es mindestens seit der Mitte des 2. Jahrhunderts bestanden haben, – was zusammen mit der Siedlungsdichte in der unmittelbaren Nachbarschaft Schlüsse auf die »Urbanität« des Zentrums des Badeortes *Aquae Mattiacorum* erlaubt.

Dieser hatte, wie fast alle Niederlassungen in den gallisch-germanischen Gaugemeinden (*civitates*) in Frankreich und im Rheinland, die Rechtsstellung eines *vicus*. Es waren geschlossene Ansiedlungen ohne die Rechte eines städtischen Gemeinwesens, also ohne selbstän-

dige Verwaltung und Gerichtsbarkeit, wenn sie auch nach Ausdehnung und Einwohnerzahl oft größeren Städten gleichkamen. In ihnen konzentrierten sich Handel und Verkehr sowie die politischen Aktivitäten der betreffenden Gaugemeinde.

Abb. 61   Bronzenes Weiherelief des Iupiter Dolichenus in der Form einer Lanzenspitze; gefunden in Frankfurt-Heddernheim

Ein korinthisches Kapitell

Zu einem öffentlichen Gebäude dürfte ein korinthisches Sandstein-Kapitell gehört haben, das in unmittelbarer Nähe, im Bereich des Hauses Langgasse 30, nicht sehr weit entfernt von dem Apsisgebäude V gefunden wurde[310] (Abb. 62). Es zeigt an drei Seiten die zum Teil stark beschädigten Brustbilder der Gottheiten Apollo und Diana sowie einer weiblichen Gottheit. Die Darstellung neben den göttlichen Geschwistern legt den Schluß nahe, daß sie deren Mutter Leto gewesen ist[311]. Das Stück paßt zu zwei weiteren korinthischen

Abb. 62   Korinthisches Kapitell, gefunden unter dem Haus Langgasse 30 (s. Abb. 55). Ansichtsseite mit Darstellung des Gottes Apollo

Kapitellen, die 1902 zusammen mit sieben Säulenbasen bei der Niederlegung der Heidenmauer für den Durchbruch der Coulinstraße als eingemauerte Spolien zum Vorschein kamen[312] (s. auch »Die Heidenmauer« S. 220 ff.).

Da alle Kapitelle und Basen aus demselben weichen, gelblich-grauen Sandstein bestehen, ist mit Sicherheit anzunehmen, daß sie zu einem einheitlichen Gebäude, wohl einem Tempel, gehört haben. Aus dem wesentlich besser erhaltenen Kapitell des Adlerterrains zieht E. Ritterling den Schluß, daß es nie als Baustein wiederverwendet und daher von seinem ursprünglichen Standort wohl nicht allzuweit verschleppt worden ist. Das vermutete Bauwerk könnte entlang der Langgasse gestanden haben.

Namensteine

Abschließend ein weiterer bedeutender Fund, der ganz in der Nähe gemacht wurde: das Fragment eines Inschriftensteines, das von J. Becker[313] als ein »größeres Bruchstück einer gemeinsam von einer großen Anzahl von Personen vollzogenen Votivwidmung« beschrieben wird. Der »Namenstein« kam 1864/65 bei Kanalisierungsarbeiten in der Langgasse »am Fuße des Kirchhofgäßchens« (heute: Am Römertor) zum Vorschein, an einer Stelle, die im Bereich der Fortsetzung der Heidenmauer zur Langgasse hin liegt[314]. Die Tafel enthält mehrere Reihen mit je zwei Namen, die jeweils eine Person bezeichnen, so daß sich mit Sicherheit wenigstens 24 Personen annehmen lassen. Die verstümmelten Namen können teilweise zu vollständigen Namen ergänzt werden. Dabei fällt auf, daß der Name . .IUS RESTITVTVS mit dem des Kurators des Tempels der Sirona, GAIVS IVLIVS RESTITVTVS, (s. S. 69) so übereinstimmt, daß es sich um dieselbe Person handeln könnte (vgl. Anm. 340).

Abb. 63 Namenstein (Weihestein für die Göttin Bellona), gefunden vor dem Wiesbadener Tor in Mainz-Kastel

IVSTV
PRIMVS AT . .
. . . VRNIVS VITALIS   G. . .
. . . IVS VERECVNDVS   M ER. . .
. . . IVS PERRVS   L LICIN. .
. . . RIVS DIADVMENVS   L VALI. .
. . . VS MARTIALI   L VA(e). .

. . . VS FVSCVS   SEXI
. . . IVS FORTIS   M V(A). . .
                                          T TER. . .
. . . IVS RESTITVTVS   AMB
                                          L BLA. . .
. . . ATIVS SECVNDVS   TIB CI. . .
. . . TVS   SE(x). . .
. . . ATIVS   I. . .
. . . MAGIVS
        CP

Das Fragment eines weiteren Namensteins kam beim Abbruch von Teilen der Heidenmauer zum Vorschein[315]. Wenige Jahre vorher waren Fragmente von zwei Namensteinen in Mainz-Kastel gefunden worden[316], die eindeutig als Weihesteine anzusprechen sind.

Das beste Beispiel, wie man sich Art und Bedeutung eines solchen Weihesteines mit den Namen der Stifter vorzustellen hat, erhält man von der Weihetafel zu Ehren der Göttin Bellona, die 1809 am Wiesbadener Tor in Mainz-Kastel gefunden wurde und im Landesmuseum Mainz aufbewahrt wird[317]. Da sie von Lanzenträgern (*hastiferi*) der *civitas Mattiacorum* gestiftet wurde, gehört sie im weiteren Sinne zur Geschichte des römischen Wiesbaden. Sie wird daher zur Verdeutlichung der Namensteine vom Adlerterrain der Heidenmauer hier vorgestellt. Die Inschrift lautet (Abb. 63):

IN H(onorem) D(omus) D(ivinae) DEAE VIRTVTI BELLO / N(a)E MONTEM VATICANVM / VETV-STATE CONLABSVM / RESTITVERVN(t) HASTIFERI CI /VITATIS MATTIACOR(um) (ante diem) X KAL(endas) / SEP(tembris) IMP(eratore) D(omino) N(ostro) MAXIMINO AVG(usto) / ET AFRICANO CO(n)S(ulibus) HI QVORVM NO / MINA I(nfra) S(crip)TA SVNT

»Zu Ehren des göttlichen Kaiserhauses haben am 23. August des Jahres, da unser Herr, der Kaiser Maximinus und Africanus Konsuln waren, die Hastiferi der Civitas der Mattiaker, deren Namen unten aufgeführt sind, der Göttin Bellona den vor Alter verfallenen Vatikanischen Berg wiederhergestellt« (es folgen die Namen).

Die Weihetafel wurde nach der Konsulatsangabe im Jahre 236 n. Chr. aufgestellt. H. Schoppa[318] erläutert unter Hinweis auf eine weitere, ebenfalls in Amöneburg gefundene Tafel[319], die statt von *hastiferi* von *hastiferi sive pastores Castello Mattiacorum consistentes* dem *numen Augusti* geweiht war, den kultischen Hintergrund. Danach sind *hastiferi* und *pastores*, wörtlich übersetzt Lanzenträger und Hirten, Kultgemeinschaften im Dienste eines aus dem Orient stammenden Kultes der *Magna Mater*, in den Dendrophoren, Baumträgern, einer Weihinschrift aus Nida[320] eine Entsprechung haben. Der Tempel, den man wohl in der Nähe des Fundortes der Tafeln zu suchen hat, trug den Namen *mons Vaticanus*. Er verweist auf das Zentralheiligtum dieser Göttin in Rom, wo es auf dem vatikanischen Hügel lag[321].

er auch »Siedender Brunnen«. 1737 taucht der Name »Kochbrunnen« auf, der sich im Laufe des 19. Jahrhunderts endgültig durchgesetzt hat.

Der Mainzer Kupferstecher Nicolaus Person hat in seinem Werk »Symbolica in Thermas et Adiculas Reflexio«[324] von 1690/1700, dem wir die älteste bekannte Darstellung des Kochbrunnens verdanken (Abb. 64), in der Unterschrift »fervet, bullit, promitque vapore calorem...« das gleiche Wort *fervet* gebraucht wie Plinius (vgl. Anm. 13).

Abb. 64   Älteste bekannte Darstellung des Kochbrunnens (1690/1700)

Der Quellenbezirk am Kranzplatz

Der Kochbrunnen ist die ergiebigste Thermalquelle Wiesbadens (ca. 300 l/min.). Der flache Quelltümpel ist nach unten stark versintert. Die Fassung ist uralt, sieht man von den Veränderungen ab, die nach dem Zweiten Weltkrieg im Zuge der Sanierung des gesamten Quellengebietes vorgenommen wurden[322].

Die Benutzung des Kochbrunnens nach der Römerzeit geht bis in das frühe Mittelalter zurück. Als »Brühborn« wird er erstmals im Jahre 1366 erwähnt[323]. Im Zinsverzeichnis des Klosters Tiefenthal von 1563 heißt

Wie die *Mattiaci fontes calidi*, die heißen mattiakischen Quellen des Plinius, bei der Ankunft der Römer ausgesehen haben, können wir nicht genau nachvollziehen. Die Beobachtung des Plinius, daß sich an ihren Rändern Sinter absetzt, deutet jedoch darauf hin, daß das heiße Wasser schon damals in einer Art Tümpelfassung mit festem Rand unter Aufwallen an die Oberfläche gekommen ist.

Im Kochbrunnen-Quelltümpel sind weder prähistorisches Kulturgut noch, wie in der Schützenhofquelle, Münzen der Römerzeit gefunden worden. Ersteres deutet darauf hin, daß die Gesamtheit von Kochbrunnen und den benachbarten Salm- und Spiegelquellen in prähistorischer Zeit in einem unzugänglichen Sumpfgebiet zutage kamen. Die Römer haben, anders als bei der am Hang etwas höher austretenden Schützenhofquelle, entweder den Kochbrunnen durch seitliche Ableitung in die Thermen am Kranzplatz abgeleitet oder, was wahrscheinlicher ist, die auf dem Gelände der Hotels »Engel« und »Schwan« austretende Spiegelquelle genutzt (Abb. 39, Nr. 3).

Geschichtliches

Die Entdeckungen römischer Gebäudereste rings um den Kochbrunnen haben sich, wie am Schützenhofbad, über mehr als zwei Jahrhunderte hingezogen. Um die dabei angetroffenen Fundsituationen richtig darstellen zu können, müssen die sich häufig ändernden Besitz-, Namens- und Grundstücksverhältnisse der Badhäuser am Kranzplatz und in der Nachbarschaft des Kochbrunnens berücksichtigt werden.

Dabei muß man nicht unbedingt bis in das Jahr 1232 zurückgehen, in dem in einem Protokoll von einem Gemeinschaftsbad, »naturaliter calido«[325], die Rede ist. Wenn Renkhoff es als »geräumiges Thermalschwimmbad« bezeichnet, könnte man denken, es handele sich dabei vielleicht um die römischen Badebecken, die zu Beginn unseres Jahrhunderts bei den Bauvorbereitungen für das Palast-Hotel (Weberhof) ausgegraben wurden. Dagegen sprechen aber die Grundstücksschnitte der Badhäuser des Mittelalters, die nicht an der Lage der römischen Thermen orientiert waren[326].

Für die Lokalisierung von Grabungsbefunden sind die Namen der Badehotels etwa seit Beginn des 19. Jahrhunderts wichtig. Wie häufig sich im Kochbrunnengebiet die Namen geändert haben, läßt sich bei einem Vergleich einer Aufstellung von 1726 und einer von 1824 erkennen[327]. 1726 waren es die Badhäuser Rose, Blume, Glocke, Engel, Weißer Löwe, Schwan, Rindsfuß und Schwarzer Bock, 1824 werden der Schwarze Bock, Englischer Hof, Rose, Engel, Blume, Weißer Schwan, Weißes Roß und Römerbad genannt. Im Jahre 1889 sind der Spiegel sowie der Europäische Hof (anstelle der Blume) dazugekommen, der Rindsfuß ist verschwunden, später stand dort der Englische Hof; heute ist es das Eckhaus Kranzplatz-Spiegelgasse.

Abb. 65 Grundriß des 1815/16 entdeckten, von Wilhelm Dorow beschriebenen römischen Bades unter dem heutigen Treppenaufgang zur Saalgasse (Zeichnung: Valentin Kihm)

Das Bad beim Weißen Löwen

Wieder ist es der Königlich-Preußische Hofrat Wilhelm Dorow, dem wir die ersten verläßlichen Nachrichten über ein »Römisches Bad« verdanken, »welches sich beim Bau des Badhauses zum weißen Löwen fand«[328]. »Als im November 1815 unter Leitung des Architekten Kihm der ehemalige rothe, jetzt weiße Löwe nahe dem Kochbrunnen erweitert und dabei der Hofraum mit mehreren Ökonomiegebäuden einbezogen wurden (bei dem heutigen Treppenaufgang zur Saalgasse), traf man nach dem Wegsprengen von Gußmauerwerk, auf das man bei ca. 2,30 m Tiefe gestoßen war, auf ein römisches Badgebäude, das in Form und Konstruktion viel Übereinstimmendes mit den römischen Bädern hatte, die«, so Dorow, »vor ungefähr 30 Jahren im Gasthause zum Schützenhof entdeckt worden sind«. Das aufgefundene Bad »scheint ein Schwitz- oder Dampfbad gewesen zu seyn«. Es war mit Schutt aller

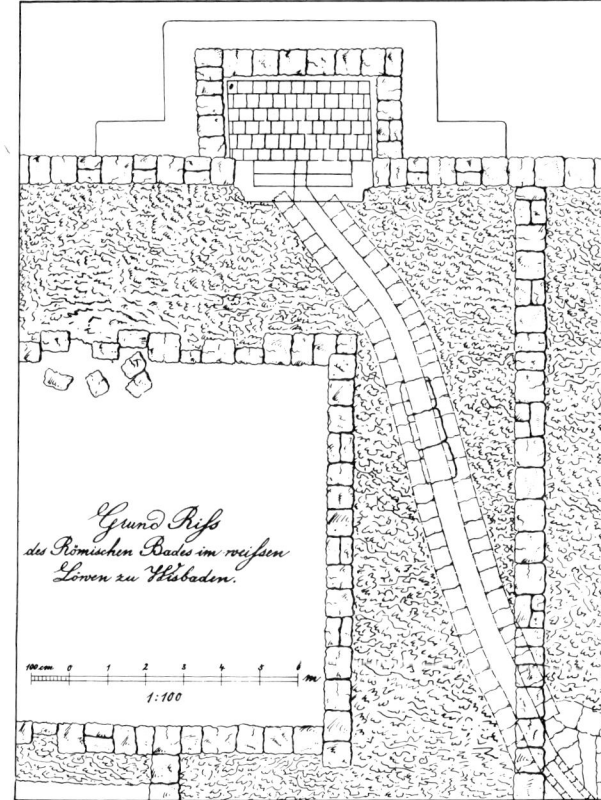

Grund Riß des Römischen Bades im weißen Löwen zu Wisbaden.

1:100

Art angefüllt, darunter Stücke von irdenen Gefäßen, Münzen und römischen Ziegeln. Ein eingemauertes gestempeltes Ziegelstück der 14. Legion »läßt wohl mit Grund schließen, daß diese Legion die Erbauerin des Bades gewesen sey.« Die Form des Bades ist ein längliches Viereck von ca. 3,10 m Länge und 1,75 m Breite; seine Tiefe kann nach der beigefügten Skizze auf etwa 1,50 m geschätzt werden. Die gut 40 cm dicke Fundamentlage des Bodens bestand aus dem »gewöhnlichen wasserdichten Mörtel von zerriebenen Backsteinen, Kalk mit etwas Sand vermischt«. Darüber lagen quadratische Ziegel, 30 x 30 cm, 4,5 cm dick. Die Wandbekleidung bestand aus einer Lage mit aufrechtgestellten Ziegeln, verbunden mit dem vorstehend beschriebenen Mörtel, darüber eine Lage aus Backsteinen und darauf ein von Backstein-Mörtel gefertigter, 2 cm dikker Bewurf.

Die äußere Einfassungsmauer war ca. 60 cm dick, unten etwas dicker als oben; sie bestand aus gehauenen gelblichgrauen Bruchsteinen, die »bei dem sogenannten Eiskeller vor den Thoren von Wiesbaden gebrochen werden«[329]. In das Bad führte eine Treppe aus vier Stufen von etwa 25 cm Höhe. Sie nahm fast die ganze Länge des Badbeckens ein. Unter der Treppe begann ein Abflußkanal mit Einfassungsmauer und Decksteinen, der unter einem Gußmauerwerk hindurchführte. Er war bei seiner Aufdeckung bis unter die Decke mit Kochbrunnen-Sinter ausgefüllt.

Das Bad lag am Rande eines mächtigen Gußmauerwerkes, das an dieser Stelle einen Hofraum einschloß. Die Aufdeckung des sich in Richtung des Badhauses fortsetzenden Mauerwerkes war nicht möglich, da sich »der wohlhabende Eigenthümer des weißen Löwen« dazu nicht bereit erklärte.

An Einzelfunden, die bei der Aufdeckung des Bades zum Vorschein kamen, sind erwähnenswert Scherben von unverzierten Terra sigillata, zwei Röhren aus gebranntem Ton von einer römischen Wasserleitung, etwa 50 cm lang. Ihr Durchmesser verjüngte sich von einem Ende zum anderen von etwa 10 auf 7,5 cm, so daß sie muffenartig ineinandergeschoben werden konnten. Sie waren »so vortrefflich gebrannt, daß sie beinahe die Härte von Stein haben«. Unter den Ziegeln fanden sich zahlreiche mit zirkelförmigen Reifen (zum besseren Haften von aufzubringendem Verputz), hart und weich gebrannte Ziegel (letztere zum Verbauen an

trockenen Orten), Dachplattenstücke und ein Stirnziegel mit zackenförmigem Rand.

Besonders zu nennen sind ein schwarzer Firnisbecher mit weiß aufgetragenen Buchstaben *M. I. S. C. E.* (Taf. 5) sowie zwei Münzen, ein Kleinerz des Constantinus Pius Felix Augustus; Rückseite: *Soli invicto comiti*, und eine Kupfermünze des Kaisers Maximinian. Außerdem stieß man auf drei menschliche Gerippe. In den Schädeln fanden sich »längliche Stücke Blei, welche zu der Vermutung führten, man habe, um diese Menschen zu tödten, ihnen geschmolzenes Blei in die Ohren gegossen«. Man wird dieser Interpretation heute kaum noch folgen. Das Blei stammte wohl von Wasserleitungsrohren aus diesem Material, die die Römer in den Wiesbadener Thermen an mehreren Stellen verwendeten.

Daß Dorow zu phantasievoll überhöhten Formulierungen neigte, verrät eigentlich schon der Titel des Buches »Opferstätte und Grabhügel der Germanen und Römer am Rhein«, aber auch die Deutung des »Schwitzbades« beim »Löwen« als ein wahrscheinlich von Drusus erbautes Bad, von dem er »Besserung noch erhoffte, als er im 745. Jahre Roms und 9. Jahre vor Christi Geburt bei Schlüchtern in der Grafschaft Hanau auf dem jetzt noch so benannten Drususfelde mit dem Pferde stürzte und sich das Bein so beschädigte, daß er dreissig Tage darauf starb«.

Bernhard Hundeshagen und Goethe

Wesentlich sachlicher hat von dieser Grabung Bernhard Hundeshagen (1784 – 1858) berichtet. Als Bibliothekar an der Regierungsbibliothek, Vorgängerin der heutigen Hessischen Landesbibliothek in Wiesbaden, hatte Goethe ihn während seines Kuraufenthaltes 1814 und 1815 in Wiesbaden kennengelernt und zahlreiche Gespräche mit dem damals Dreißigjährigen geführt. Im November 1814 schreibt er über ihn: »Hundeshagen hatte zugleich durch antiquarische, artistisch-literarische Mittheilungen am Vergnügen und Nutzen, die ich aus meinem Aufenthalt [in Wiesbaden] zog, den größten Antheil.«[330].

Neben vielem anderem betätigte sich Hundeshagen auch als Archäologe. Er beteiligte sich selbst an der Freilegung der römischen Badruine beim »Löwen«

Ende des Jahres 1815. Aus seinen Gesprächen mit Goethe kannte er dessen »antiquarisches« Interesse. Deshalb berichtete er ihm darüber in einem Brief vom 13. Januar 1816 nach Weimar[331]. Dort heißt es: »Das Bad war halb von der späteren Mauermasse überdeckt, mit Bruchstücken von römischen Grab- und Dachziegelstücken gefüllt, zwischen welchen sich Gebeine von drei Menschenkörpern fanden.« – Punkt um.

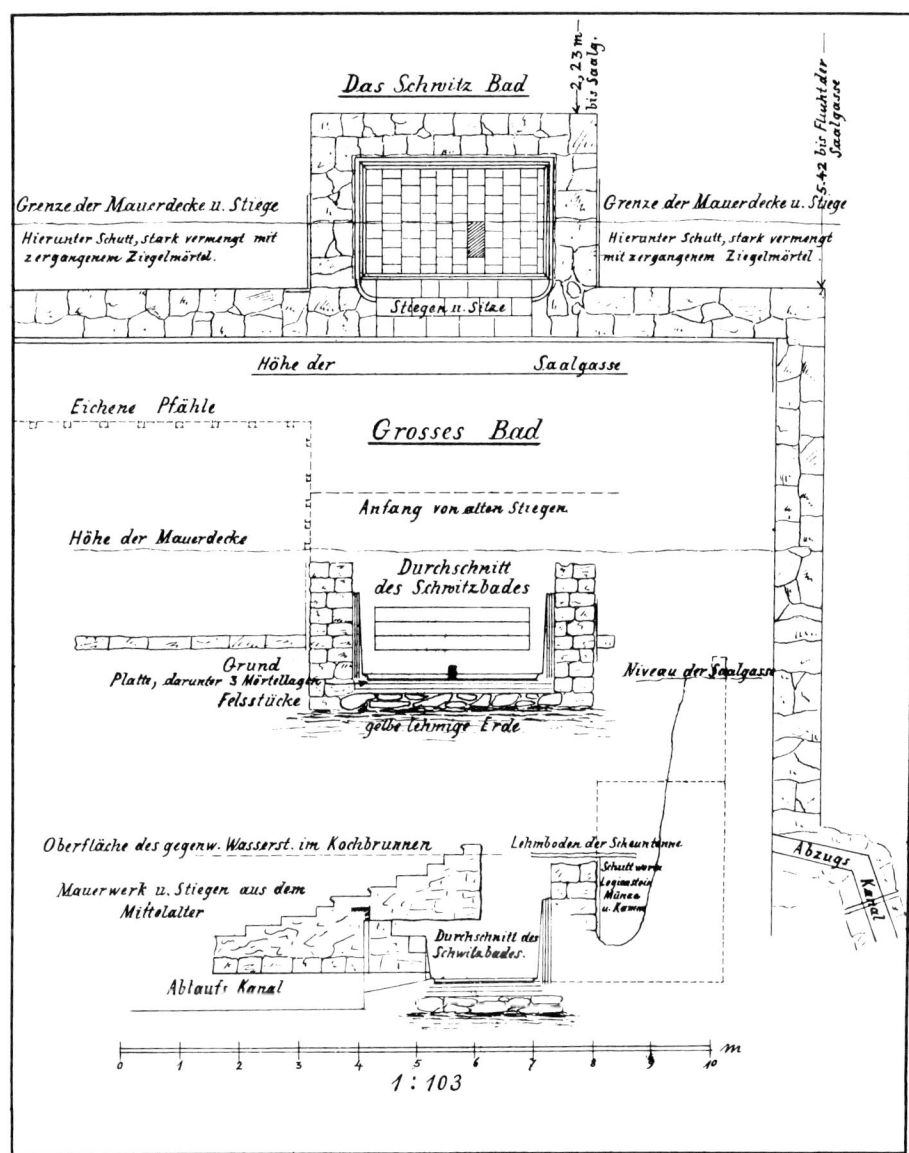

Abb. 66 Grund- und Aufriß desselben römischen Bades (wie Abb. 65; Zeichnung: Bernhard Hundeshagen)

Wenige Zeilen später schreibt Hundeshagen: »Daß ich nicht allein Grundrisse, Durchschnitte fertige, sondern auch das technische berücksichtige und die einzelnen Vorkommenden als Belege sammle, brauche ich wohl nicht anzuführen.« Die von Hundeshagen gezeichnete Skizze (Abb. 66) befindet sich in der Sammlung Nassauischer Altertümer. Ritterling bemerkt dazu in seinem handschriftlichen Entwurf zur Geschichte der Ausgrabungen an den Thermen am Kranzplatz: »Leider stimmen die beiden Pläne, Hundeshagens und Kihms, nicht in allem überein; auch scheint versäumt worden zu sein, die römischen Baureste auf moderne Gebäude (. . .) einzumessen, so daß ihre Lage auf dem Grundstück des Römerbades im Einzelnen nicht bestimmbar ist. Sicher ist nur, daß das kleine Bad in nächster Nähe der Saalgasse 17 Fuß [ca. 5 m] unter dem Pflaster lag, und die Rückseite mit dieser Straße etwa parallel lief.«

Badhaus Weißes Roß

Sieht man von dem »Jahrhundertfund« der Soldatengrabsteine unter dem Kranzplatz, der weiter unten beschrieben wird, ab, wurden die nächsten Reste römischer Badruinen im Jahre 1864 entdeckt. Damals stieß man in dem zur Saalgasse hin gelegenen rückwärtigen Teil des Badehotels »Zum weißen Roß« (an das Hotel »Römerbad« angrenzend, das an die Stelle des »Weißen Löwen« getreten war) auf die Fortsetzung des Gebäudekomplexes mit Bad, der von Dorow beschrieben worden war. »Leider ließ die beengte Örtlichkeit und andere erschwerende Umstände eine Gesamtübersicht nicht gewinnen«[332].

Die Skizze[333] zeigt, daß eine eindeutige Beurteilung der Anlage nur schwer möglich ist. Bemerkenswert sind ein gegen die Saalgasse hin liegendes viereckiges Zimmer mit einem Plattenboden von ca. 4,50 x 5,50 m Seitenlänge. Über die Schwelle eines Türeingangs gelangte man in einen etwas größeren Raum, der einen Estrichboden besaß. Der Estrich ruhte auf Hypokaustenpfeilern von ca. 45 cm Höhe, die in Reihen angeordnet und mit Backsteinplatten von 50 x 50 cm bedeckt waren. Darauf lag der Estrichboden.

An die südliche Wand grenzte ein weiterer, 4,50 m breiter Raum, dessen westliche Wand (zur Saalgasse) unter gewaltigen Schutthaufen nicht mehr gefunden werden konnte. Auch sein Fußboden war mit Mörtel ausgestampft und fest geplättelt. Besonderes Interesse verdient ein etwa 2 x 2 m messendes »Cabinet«, das an die östliche Wand dieses Raumes nach innen angebaut war. Das Innere war vollständig mit vermoderten Exkrementen angefüllt, wodurch seine Bestimmung als Abort einwandfrei nachgewiesen war.

Auf der gegenüberliegenden Seite des Raumes mit Hypokaustum führten drei je 15 cm hohe Stufen aus Sandstein in ein mit Sandsteinplatten ausgelegtes Bassin, dessen Boden sich in Höhe des Niveaus des benachbarten Kochbrunnens bei der Grabung sofort mit Thermalwasser füllte. Offenbar hatte diese Schwierigkeit – neben anderen Problemen, wie sie auch heute noch bei unter Zeitdruck stehenden Bauarbeiten auftreten – zur Folge, daß die archäologische Untersuchung abgebrochen werden mußte. An erwähnenswerten Funden nennt K. Rossel, der über die Grabung berichtet hat (vgl. Anm. 332), drei Ziegel mit dem gleichen Stempel der 14. Legion, der auch bei den Bauarbeiten im benachbarten »Weißen Löwen« (Römerbad) angetroffen worden war. Im Bauschutt fand man außerdem ein bleiernes Wasserleitungsrohr von 65 cm Länge und 9 cm Durchmesser sowie ein »roh bossiertes, mit abgedrehtem Astragal [Säuleinreif] versehenes Kapitäl«.

1874 fand man bei Bauarbeiten am Badhaus »Zum weißen Schwan« (neben dem »Weißen Roß«) 6 m unter dem Pflaster der Saalgasse zwei aus dem Straßenkörper herauskommende hölzerne Wasserleitungen in Verbindung mit römischem Mauerwerk[334]. Die Höhendifferenz zeigt, wie sehr jene Gegend seit der Römerzeit aufgeschüttet wurde. Die Nord-Süd-Richtung der Leitungen und das Fehlen von Thermalwasser-Sinter in ihnen »lassen den Zweck vermuten, Quellwasser abzuleiten, damit es nicht in den Kochbrunnen gelangte«.

Möglicherweise waren es – was v. Cohausen 1874 noch nicht wissen konnte – Zuleitungen zu den großen Becken der Kranzplatzthermen, die 1903 freigelegt wurden (s. u.). In deren Warmwasserbecken mußte das 67°C heiße Thermalwasser vor Gebrauch mit kaltem Wasser gemischt werden; Becken D war ein Kaltwasserbecken, das aus einer Quellwasserleitung gespeist wurde. Am Austritt der beiden Wasserleitungen fand

man in römischem Mauerwerk Ziegelplatten mit Stempeln der 22. Legion und dem Kohortenzeichen des Dreizacks, das man bis dahin nur aus Heddernheim und Nied kannte.

Abb. 67 Plan der Badhäuser am Kranzplatz mit den bis 1903 ausgegrabenen römischen Ruinen

Abb. 68 Luftbild des Kochbrunnengebietes mit Kranzplatz vor 1945. In der Mitte der Hotelkomplex Römerbad – Weißes Roß – Palasthotel (vormals Schwan und Engel)

Hotel Rose und Europäischer Hof

1871 wurden »durch den Neubau des gegen den Kranzplatz vorspringenden, zum Gasthause zur Rose gehörenden Hauses [wo sich heute die Rosette mit den Windrichtungen befindet], etwa 2 m unter der Erdoberfläche wieder mehrere römische Baureste gefunden«[335]; darunter zwei hohle Säulchen aus gebrannter Erde, 62 cm hoch, 19 cm Durchmesser, innen mit Mörtel gefüllt. Dazu 3 Dachziegel, ein Hohlziegel, 6 Ziegelplatten von 20 x 20 bis 30 x 30 cm und 3 Bruchstücke von Heizröhren, ebenfalls mit Mörtel gefüllt; sie trugen einen die ganze Fläche einnehmenden Stempel der 22. Legion. Die Reste machten den Eindruck, als ob sie zu einem Hypokaustum gehört hätten.

1889 berichtet v. Cohausen[336] über römische Baureste,

die bei der Anlage der Kanalisation unter der Verbindungsstraße zwischen Kranzplatz und Taunusstraße gefunden wurden: In 1,90 m Tiefe stieß man vor dem Südflügel des heutigen Hotels Rose auf römisches Mauerwerk mit 5 aufrechtstehenden, schlecht gearbeiteten Heizröhren (Hohlziegeln), 30 x 11 x 15 und 28 x 12 x 12 cm, ohne Stempel. 20 m näher zur Einmündung der Spiegelgasse traf man wieder auf römisches Mauerwerk, in dem oberhalb der Basis Ziegel (*tegulae*) mit Stempeln der *LEG XIIII G M V* so hervorstanden, daß sie eine Rinne bildeten, in der das Wasser in Richtung zur oberen Spiegelgasse hin abgeleitet wurde. Fast gleichgerichtet und in geringem Abstand davon stieß man auf viereckige, schön gearbeitete Heizröhren von 37 cm Länge sowie 13 x 11,5 cm Breite und Tiefe mit X-förmigen Öffnungen oben und Stempeln der *LEG XXII*, die v. Cohausen ebenfalls als Wasserleitung anspricht.

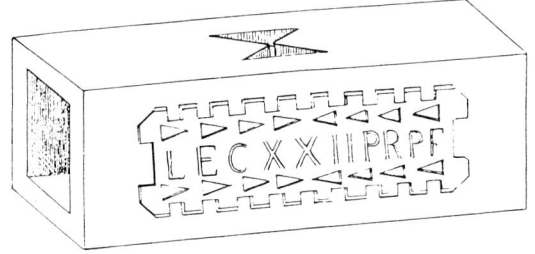

Zur gleichen Zeit kamen bei der Anlage der neuen (gußeisernen) Trinkhalle vor der Nordostecke des Römerbades Teile eines geplätteten, wahrscheinlich quadratischen Wasserbehälters von 6,55 m Länge und Breite zum Vorschein. Er war mit Ziegeln von 15,5 x 7,5 x 3 cm auf einem Tonlager gebettet. Vielleicht haben wir hier eines der Becken des mittelalterlichen Badelebens in Wiesbaden vor uns (Abb. 67).

1898 fanden sich auf dem Gelände des neuen Hotels Rose (zwischen Kranzplatz und Taunusstraße) mehrere tönerne Wasserleitungsrohre, teilweise noch hintereinander im Leitungsverbund[337]. Einiges spricht dafür, daß es die Fortsetzung der schon früher[338] im Dambachtal nachgewiesenen Leitung ist; es sind nämlich die gleichen mit der Hand gedrehten Röhren.

Auf zwei übereinanderliegende Estrichböden, einer 15 cm, der andere 35 cm dick, 2,10 m und 1,85 m unter Straßenoberkante, stieß man 1901 beim Ausbessern der Thermalwasserleitung zwischen »Europäischem Hof« und »Rose«[339]. Der Estrich bestand aus Kalk, dem zahlreiche zum Teil große Ziegelbrocken beigemischt waren. Darunter lag eine durch Sinter zusammengebackene Bodenschicht, die mit Kohle und einigen Scherben durchmischt war. Sie bildete den Boden eines Hypokaustums, von dem noch einige Pfeilerchen mit übereinandergestapelten Ziegelplatten, ausnahmslos gestempelt, erhalten waren.

Der Raum gehörte offenbar zu den großen Baulichkeiten, die sich schon in römischer Zeit rings um den Kochbrunnen ausdehnten. Nach den ganz gleichartigen Ziegelstempeln, die schon früher am »Englischen Hof« und bei der »Rose« gefunden wurden, lagen hier Teile desselben Gebäudes, zu dem auch der jetzt gefundene Raum gehörte. 1904 schreibt Ritterling im Zusammenhang mit der Entdeckung von Resten massiver römischer Bauten beim Neubau des zur Spiegelgasse hin gelegenen Südflügels des Hotels Rose[340], daß »die ältesten Teile der die ganze Gegend des Kranzplatzes bedeckenden Thermen-Anlagen in der Nähe der Saalgasse gelegen haben«. Spätere Vergrößerungen und Anbauten haben sich dann in östlicher Richtung daran angeschlossen, »wie sich durch die in den Bauresten an der ›Rose‹ zutage gekommenen Ziegelstempel bestätigte.« Sie stammen mit einer Ausnahme (*Leg XIIII G*) alle von der 22. Legion und gehören der Mehrzahl ihrer Typen nach (häufig Tier- und Figurenstempel) in die Zeit des Antoninus Pius, etwa in die Mitte des 2. Jahrhunderts (z. B. auch zwei 6 cm dicke Ziegelplatten von ursprünglich 40 x 40 cm; sie tragen den schon mehrfach dort gefundenen Stempel der 22. Legion in rechteckigem, mit *ansae* versehenem Schild in zwei Zeilen, die durch ein nach rechts gerichtetes Capricorn getrennt sind.

Der Gesamtbefund des Areals beim Neubau des Hotels Rose ließ nach Ansicht von Ritterling deutlich erkennen, daß es sich auch hier um Badeanlagen handelte, »da sich ausser einem kleineren Bassin auch Teile mehrerer Bleiröhrenleitungen sowie wohlerhaltene Hypokausten vorfanden.« Allem Anschein nach haben sich die Badeeinrichtungen nach Norden bis zur Ecke Taunusstraße/Wilhelmstraße erstreckt. Hier (»Block'sches Haus«) sind während der Bauarbeiten sowohl Terra sigillata-Scherben als auch ein Stempel der 14. Legion mit dem im linken Zwickel ligierten *PR*-Zeichen der Rheinzaberner Ziegeleien gefunden wor-

Tafel 9
Rippenschale aus Glas,
oberer Durchmesser ca.
18 cm. FO Kastell auf dem
Heidenberg.

Reibschale aus Terra sigil-
lata mit Ausguß in Form
eines Löwenkopfes, oberer
Durchmesser 17 cm. 3. Jh.
n. Chr. Dazu Fragmente
gleicher Schalen. FO
Adlerterrain.

Tafel 10
Links: Sog. »Honigtopf« mit
Gewichtsangabe T(riens)
P(onderis) VII, Höhe ca.
30 cm. Ende 2./1. Hälfte
3. Jh. Inhalt: Knochenasche
(sekundäre Verwendung als
Totenurne). FO Gräberfeld
bei der Artilleriekaserne.

Rechts: Terra nigra-Urne
mit schwarz geglätteten
Zierstreifen, Höhe 27 cm.
1. Hälfte 3. Jh. n. Chr.
FO Gräberfeld bei der
Artilleriekaserne.

Tafel 11
Oben: Terra nigra-Urnen, links: Urne mit Rasterdekor, 2. Hälfte 1. Jh. n. Chr.; Mitte und rechts: claudisch (Mitte 1. Jh. n. Chr). FO Gräberfelder bei der Artilleriekaserne und Wilhelm-/Delaspée-straße.

Unten: Rottonige, schwarz gefirnißte Bauchbecher, Faltenbecher, kleine Urne. 3. und 4. Jh. n. Chr. FO Gräberfeld Rheinstraße; Faltenbecher Kirchgasse.

Tafel 12
Zylindrischer Krug (»Wetterauer Ware«), Höhe ca. 17 cm, und grob marmorierte Kragenschüssel mit Hängekragen, oberer Durchmesser ca. 13 cm.

Ende 1./Anfang 2. Jh. n. Chr. FO Kastellbereich (oben links).

Tonkrüge, 1.–3. Jh. n. Chr. Mitte: mit aufgemalten Ringen; rechts: grün/gelb-glasiertes Kännchen. Import aus Mittelgallien (S. 173). FO Gräberfeld bei der Artilleriekaserne (oben rechts).

Ungehenkelte und gehenkelte Tonlampen mit Maske im Spiegel bzw. am Aufsatz. 1. und 2. Jh. n. Chr. (unten links).

Zweihenkelkrug mit Graffito IV II (2) RI, wahrscheinlich (keltischer) Name des Eigentümers IVFRI/IVERI. FO Kastell auf dem Heidenberg.

den, die zeitlich vor den Beginn der Nieder Ziegelproduktion anzusetzen ist (Mittlg. 1898, 107).

Schwarzer Bock und Englischer Hof

Beim Abbruch und Neubau des Badhauses zum Schwarzen Bock (an der Südostecke des Kranzplatzes) waren 1873 Dach- und Mauerziegel mit Stempeln der 22. Legion und Ziegelplatten ohne Stempel verschiedener Größe, von 22 x 22 bis 41 – 41 cm, gefunden worden[341]. Die kleineren gehörten zu Pfeilern, die größeren waren Deckplatten der Hypokausten.
Der Boden war hier wie in der vorstehend erwähnten Fundamentgrube der Rose auf dem Kranzplatz so von warmem Wasser durchdrungen, daß man zur Bauzeit (1871) in 2 m Tiefe keinen trockenen Hohlraum hätte anlegen können; eine Beobachtung, die man heute noch bei jedem Neubau in dieser Gegend machen kann. Die Römer müssen spätestens im 2. Jahrhundert n. Chr. für eine sehr wirksame Ableitung des überlaufenden Kochbrunnenwassers gesorgt haben.

Neben dem Schwarzen Bock, Kranzplatz Nr. 11, wurde 1881 beim Neubau des Gasthauses »Englischer Hof« in 1 m Tiefe unter dem Pflaster ein römischer Estrich unbekannter Ausdehnung angeschnitten[342]. Dazu viele Hälse von römischen Krügen, meist mit zweiteilig zusammengekniffener Mündung, ein kleiner Schmelztiegel. Unter dem Estrich stieß man auf eine (Grab-)Kiste, die aus römischen Randziegeln zusammengesetzt war; Sie hatte die Maße 37 x 49 x 38 cm Höhe. Der Deckziegel trug den Legionsstempel XXII. Die Kiste wurde bei der Auffindung zerschlagen, im Innern fand man nur Mörtel und Sinter, aber keine Beigaben.

Das Haus Kranzplatz Nr. 3

Schon 1878/79 wurden unter dem Haus Kranzplatz Nr. 3, zwischen dem späteren Palasthotel und dem Limbarthschen Haus, ein römischer Estrich sowie Rund- und andere Ziegel in situ gefunden[343]. Hierzu paßt der drei Jahre danach in etwa gleicher Tiefe unter dem Limbarthschen Haus (Kranzplatz Nr. 2) gefundene 2 m lange, 62 x 40 cm starke rote Sandstein, der deutliche Spuren einer Türschwelle aufwies[344]. In den Häuserfundamenten auf der Nordwestecke des Kranzplatzes, also im Bereich des damaligen Badhauses »Zum Engel«, stieß man 1893 auf eine 1 1/2 m dicke, von Nordost nach Südwest ziehende Mauer aus 4 cm dicken, 40 x 40 cm großen Ziegelplatten mit Stempeln der 22. Legion[345].
1901 kamen an der Baustelle des Hauses Kranzplatz Nr. 3 zahlreiche gestempelte Ziegelsteine der 14. und 22. sowie einer der 21. Legion zum Vorschein[346]. Zwei von ihnen sind hier abgebildet (Abb. 70). Bei dem Stempel der 22. Legion machen es der Schwalbenschwanz und das Fehlen des Beinamens wahrscheinlich, daß hier einer der frühesten Stempel dieser Legion (ab 43 n. Chr.) vorliegt. Das Stempelbruchstück der 21. Legion, die von 83 – 90 n. Chr. in Mainz stationiert war, sowie in der Nähe gefundene Stempel der 8. Legion[347] belegen Bauarbeiten in der Zeit des domitianischen Chattenkrieges[348].
Auf der gleichen Baustelle trat man weiterhin auf Mauern, die mit großer Wahrscheinlichkeit zu dem großen Thermalbadkomplex unter dem bald danach errichteten Palasthotel gehörten (s. u.). Das gilt auch für den

Abb. 69   Blick in das Magazin des Museums Wiesbaden (Ausschnitt) mit römischen Ziegeln und Hohlziegeln

beim Fortgang der Grundarbeiten[349], besonders an der Grenze gegen das Haus Kranzplatz Nr. 5 und den zur Saalgasse gehörenden Hinterbauten, in einer Tiefe von 1,50 m angetroffenen gut erhaltenen Plattenboden aus römischen Ziegeln, die in zwei zusammen 15 cm dikken Schichten übereinander auf einer mächtigen Stikkung von Bruchsteinen und Ziegelstücken in reichlichem Mörtel eingebettet lagen.

Etwa 40 cm über diesem Plattenboden lag ein starker Estrichboden aus Kalk und Ziegelkleinschlag. Der Zwischenraum war mit schwarzem Grund, Kohlen- und Estrichbrocken durchsetzt. Eine 5 mm dicke Rußschicht an der Unterseite des Estrichs erweist diesen als den schwebenden Boden eines heizbaren Raumes. Trotz Zerstörungen wiesen einige Spuren auf Umbauten in römischer Zeit hin. Die Stempel der 8. Legion und die älteren der 22. Legion im Plattenboden gehörten dem ursprünglichen Bau an; sie standen meist auf großen Platten von 42 x 29 cm.

An einer Stelle, wo dieser ältere Boden zerstört war,

fanden sich Reste einer Erneuerung und Teile von Hypokaustenpfeilern aus Backsteinen der Maße 20 x 20 x 5 cm mit einer späteren Zeit angehörenden Stempeln der 22. Legion. Nicht zu entscheiden war, zu welcher der beiden Anlagen eine etwa 70 cm breite und vom Fundament aus 1,30 m hohe Mauer gehörte, die in der Mitte eine flache, aus Wasserestrich gebildete Rinne trug, die auf 4,50 m ein Gefälle nach Westen von 16 cm hatte. Ob sie zur Zu- oder Ableitung von Wasser gedient hat, war im Zusammenhang dieses Befundes nicht zu entscheiden.

Abb. 70   Ziegelstempel der 14. Legion (LEG XIIII G) und 22. Legion (LEG XXII)

Die großen Thermen am Kranzplatz

Im Frühjahr 1903 begannen der Abriß der traditionsreichen Badhäuser »Engel« und »Schwan« an der Nordwestecke des Kranzplatzes, um Platz zu machen für das neue Palast-Hotel. Dabei kamen Teile der umfangreichen und abschnittsweise noch recht gut erhaltenen Thermenanlage zum Vorschein[350]. Ihr Mauerwerk erstreckte sich bis in den Bereich des Nachbarhauses, Kranzplatz Nr. 3. »Außer mehreren heizbaren Sälen wurden zwei große, rings von schmalen, mit Ziegeln geplättelten Umgängen umgebene Badebassins von 7,50 m Breite und mindestens 17 m Länge[1] nachgewiesen, an der Längsseite des einen mehrere mit dem großen Bassin durch Kanälchen in Verbindung stehende Einzelbäder von unversehrter Erhaltung.« Professor E. Ritterling, der die Grabung leitete, schließt diesen ersten Vorbericht: »Die ganze Anlage dürfte gewiß eine Länge von 100 m gehabt haben und steht in dem rechtsrheinischen Gebiete neben den Thermen von Badenweiler bis jetzt einzigartig da.«

Gleich zu Beginn wurden außer einigen Architekturstücken zahlreiche gestempelte Ziegel der 1., 8., 14., 21. und 22. Legion gefunden[351], von denen nur die 22. Legion noch nach 90 n. Chr. im Bereich des Mainzer Oberkommandos stationiert gewesen ist. Auf dem Gelände des Badhauses »Zum Engel« fand man zwei korinthische Kapitelle aus Sandstein, beide verstümmelt, einen roh zugehauenen Sandsteinpfeiler von 70 cm Höhe mit Zapfloch, eine Wasserrinne aus

[1] Später von Ritterling zu »14 m« korrigiert (s. S. 106).

Abb. 71 Kranzplatz mit den Badhäusern »Zum Engel« (links), Römerbad (hinter dem Kochbrunnentempel) und Rose (rechts)

weißem Sandstein, daneben Wasserleitungen aus Bleirohr von 2,25 m Länge und wiederum zahlreiche gestempelte Ziegel, überwiegend der 14. und 22. Legion. Davon gehörten einige, dem Typ nach, noch der Zeit des Kaisers Nero (54–68 n. Chr.) an, andere, z. T. mit Stempeln in Form einer Fußsohle, werden dem Ende des 2. oder Anfang des 3. Jahrhunderts zugeordnet[352].

Besuch Kaiser Wilhelms II. und die Folgen

An dieser Stelle möge der Leser gestatten, daß der bisherige Stil der Beschreibung durch einen Eingriff unterbrochen wird. Es folgt ein Abschnitt, der einen wertvollen Beitrag zur Stadtgeschichte Wiesbadens und zur Zeitgeschichte am Beginn des 20. Jahrhunderts dar-

stellt. Er gründet auf Unterlagen, die bisher noch nicht veröffentlicht wurden.

Bei dem für dieses Buch vorgenommenen Studium der Grabungsberichte von E. Ritterling fiel dem Verfasser auf, daß sie mit drei kurzen vorläufigen Berichten in den »Mitteilungen des Vereins für Nassauische Altertumskunde und Geschichtsforschung« des Jahrgangs 1903/1904 (vgl. Anm. 350–352) einsetzen. Danach ist aber außer einem kurzen Nachtrag 1904/05[353] keine Veröffentlichung mehr über die Thermen am Kranzplatz erschienen, sieht man von der kurzen Diskussion über die Bäder im Kastellband der Reichs-Limeskommission ab – eine für die Bedeutung dieser Thermen merkwürdige Situation!

1974 geht H. Schoppa[354] zum erstenmal indirekt auf diese Situation ein, ohne den Schlüssel dafür zu lie-

Abb. 72   Kaiser Wilhelm II. mit seinem Gefolge bei der Besichtigung der Ausgrabungen am Kranzplatz am 7. Juni 1903

Abb. 73   Professor Emil Ritterling gibt dem Kaiser eingehende Erläuterungen über die römischen Thermen am Kranzplatz.

fern: »Die Originalpläne sind in der Sammlung Nassauischer Altertümer zur Zeit nicht auffindbar. Wir sind also zur Beurteilung angewiesen auf das bald nach der Ausgrabung hergestellte Modell eines bei Kutsch, Der ehemalige Landkreis Wiesbaden, S. 68, Abb. 40 veröffentlichten Planes und den vereinfachten Plan bei Mylius, Die Heilthermen von Badenweiler 1936, S. 37«. Von Grabungsberichten, die Schoppa hätte benutzen können, ist überhaupt nicht die Rede. Beim Nachlesen des genannten Myliusschen Berichtes[355] zeigte sich, daß dort Einzelheiten über die Wiesbadener Thermen erwähnt werden, die in den Wiesbadener Publikationen fehlen.

Die Vermutung, Hermann Mylius müßte Unterlagen aus der Sammlung Nassauischer Altertümer (SNA) benutzt haben, wird bestätigt durch eine Bemerkung bei Mylius[356]: »Den hier gebrachten Grundriß [der Kranzplatzthermen] habe ich nach den Aufnahmen Ritterlings gezeichnet, die mir Herr Museumsdirektor Prof. Dr. Kutsch freundlichst überließ. (. . .) Hoffentlich findet sich recht bald einmal die Möglichkeit, das ganze sehr wertvolle Material einmal zu veröffentlichen.«

Daß und warum Ritterling dieses Material nicht publiziert hatte, klärte sich auf unerwartete Weise auf. Als Antwort auf meine Nachfrage stellte mir Herr Oberkustos i. R. Dr. H.-E. Mandera, Wiesbaden, einen persönlichen Brief des früheren Museumsdirektors Dr. F. Kutsch an Herrn Dr. Mandera vom 4. 11. 1968 zur Verfügung, dem eine Notiz angefügt war. Es sei dies »eine Notiz«, heißt es in dem Brief, »die Sie wohl auch erschüttert, wie mich immer wieder.«

»Notiz. Betr. 2 Abbildungen von Professor Dr. Emil Ritterling bei dem Besuch des Kaisers (Wilhelm II.) an den Ausgrabungen an den römischen Thermen am Kranzplatz 1903. Auf beiden Aufnahmen ist Professor Dr. E. Ritterling, der den Kaiser ausgiebig über die Ergebnisse seiner Untersuchungen unterrichtete, deutlich neben dem Kaiser erkennbar daran, daß er entblößten Hauptes spricht. Dazu sei vermerkt, was vielleicht nirgends aus den Akten im Museum hervorgeht, daß der Kaiser nach Ritterlings Ausführungen zu ihm sagte: ›Na, da sind Sie ooch nicht dabei gewesen.‹ Diese für den Kaiser typische schnoddrige Bemerkung kränkte Ritterling zu tiefst so, daß er – aus diesem Grund! – nie einen Grabungsbericht über seine Ergebnisse in den römischen Thermen am Kranzplatz veröffentlichte! Man durfte nie an diese ihn schmerzende Wunde rühren. Dr. Ferdinand Kutsch« (Abb. 72, 73).

In den zeitgenössischen Zeitungsberichten, in denen ausführlich über den Besuch von Kaiser Wilhelm II. und Kaiserin Auguste Viktoria auf dem Kranzplatz berichtet wird[357], findet sich keine Andeutung einer solchen Mißstimmung. Es muß sich um eine sehr persönliche Empfindlichkeit Professor Ritterlings gehandelt haben, die keiner der Anwesenden bemerkt hat.

Mit dieser Überempfindlichkeit Ritterlings und seinem daraus folgenden »Schweigen«, was die Veröffentlichung des Grabungsberichts von den Kranzplatzthermen betrifft, war die erste Hälfte des Problems geklärt. Die weiteren Recherchen in der SNA brachten – entgegen dem Schoppaschen Befund – bald auch den Originalplan und Notizen Ritterlings über die Grabungen am Kranzplatz zum Vorschein. Sie waren in Briefentwürfen an den Oberpräsidenten der preußischen Provinz Hessen-Nassau, Graf von Zedlitz-Trützschler, enthalten.

Der Nachlaß Emil Ritterlings

Gleichzeitig fand sich eine unvollendete zusammenhängende Abhandlung Ritterlings, die offenbar der Anfang eines umfassenden Aufsatzes über die Archäologie der römischen Thermen am Kranzplatz werden sollte. Dazu eine Auflistung aller früheren Veröffentlichungen über diese Thermen, beginnend mit der 1617 erschienenen »Thermarum Wisbadensium descriptio« von Philipp Weber bis zu den Mitteilungen vom April 1901 über die »Hypokausten unter der Straße zwischen Rose und Spiegel«.

Die Wiedergabe des Ritterlingschen Entwurfes ist aus Platzgründen nicht möglich. Sie wäre sicher von einigem Interesse, weil darin auch die Frage diskutiert wird, ob es sich bei den 1617 beschriebenen, damals noch oberirdisch sichtbaren Mauern an der Saalgasse um römische oder fränkische Ruinen gehandelt hat. Teile der für die Anfänge der römischen Stadtarchäologie wichtigen Abhandlung sind vom Verfasser an anderer Stelle[358] veröffentlicht worden.

Der steinerne Löwe

Breiten Raum nehmen darin die Berichte von der Entdeckung und dem weiteren Schicksal eines steinernen Löwen ein, der einen geschlagenen Eber zwischen seinen Pranken hält. Er wurde 1732 von dem Bürger Mathias Born auf seiner Hofraite »am sogenannten heydnischen Berg in dem Saal oder der Saalgasse« gefunden. Er schenkte ihn der Landesmutter, Fürstin Charlotte Amalie von Nassau-Usingen, weil er ihn für das »Wappentier des alten Nassauischen Hauses« und das Mauerwerk in der Umgebung für das alte Schloß der Grafen von Nassau gehalten hat. Nach einigen Umwegen[359] gelangte der Löwe, der inzwischen als Teil eines römischen Grabmonumentes erkannt worden ist[360], in die Sammlung Nassauischer Altertümer (Abb. 74).

Baubeschreibung der Kranzplatzthermen

Das historische und topographische Mosaik des römischen Heilbades am Kranzplatz kann nur aus einer Vielzahl von Einzelnachrichten, die in einem Zeitraum von 100 Jahren veröffentlicht wurden, zusammengesetzt werden. Die Beschreibung der Hauptthermen, die 1903 innerhalb etwa eines halben Jahres ausgegraben wurden, wird durch die Tatsache erheblich erschwert, daß der wissenschaftliche Grabungsbericht von E. Ritterling nicht geschrieben worden ist.

Übersicht

In den erhaltenen Briefentwürfen an den Oberpräsidenten der Provinz Hessen-Nassau, Graf von Zedtlitz-Trützschler[361] schlägt sich der mit dem Fortgang der Ausgrabung wachsende Kenntnisstand nieder. Auf den während der Grabung angefertigten Zeichnungen sind Baukörper mit Kennzeichnungen, Höhenangaben über Amsterdamer Pegel, Pflasterungen und Hypokausten maßstabgerecht eingetragen.[362] In der von F. Kutsch gezeichneten Form ist sie später von H. Schoppa[363] nachgedruckt worden (Abb. 75).
H. Mylius hat für das Badenweiler Thermenbuch einen vereinfachten Plan angefertigt[364], den Schoppa in der Schrift »Aus Wiesbadens Vorzeit«[365] übernommen hat. Allerdings weicht die dort verwendete Buchstabenmarkierung von der des Wiesbadener Museumsmodells (Abb. 76) ab. Dieses Modell wurde im Auftrag von Professor Ritterling[366] noch während der offenen Grabung von dem Wiesbadener Bildhauer F. Erlemann angefertigt. Es stimmt genau mit dem Originalplan Professor Ritterlings überein. In der Zeichnung (Abb. 75) wurde zusätzlich für den an A[1] anschließenden Raum eine gesonderte Bezeichnung A[2] eingeführt, weil nur so die Frage einer einheitlichen »basilica« oder eines in Apodyterium und Tepidarium/Sitzbad getrennten Raumes diskutiert werden kann.
In der Übersicht (Abb. 67) ist der vereinfachte Grundriß in einen Gesamtplan eingezeichnet, der das Areal von Weißem Löwen/Römerbad, Weißem Ross, Schwan/Engel, Rose und Kranzplatz, zeitlich gesehen, die Ausgrabungen von 1816 bis 1907 zusammenfaßt.

Abb. 74 Der »steinerne Löwe«, gefunden 1732 in einem unterirdischen Gemäuer in der Saalgasse. Wahrscheinlich Teil einer römischen Grabplastik

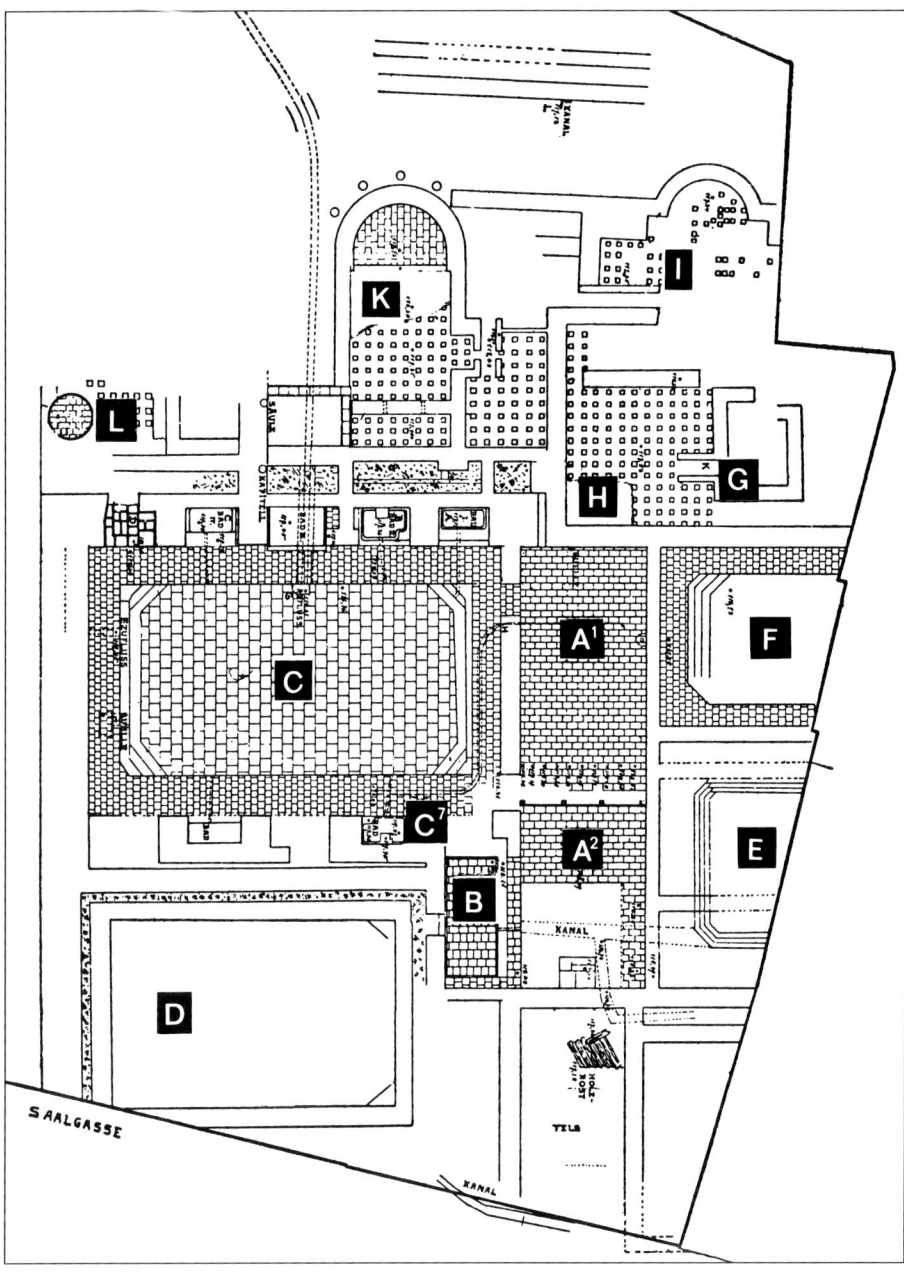

Abb. 75 Grundriß der römischen Thermen am Kranzplatz. Stand: Ausgrabung 1903 (s. Abb. 76)

Er läßt sich in vier Einheiten zerlegen, die in römischer Zeit vielleicht ein Ganzes waren. Der archäologische Befund zeigt jedoch deutliche Unterschiede, die eine getrennte Betrachtung rechtfertigen.

1. Der kleine Badbereich auf dem rückwärtigen, der Saalgasse zugekehrten Teil der Hotels Weißer Löwe und Weißes Ross, den man – zum Unterschied zur benachbarten großen Therme – als Privatbad (*balneum*) bezeichnen könnte. Die archäologischen Grabungen fanden 1816 und 1864 statt, der Befund wurde nach der Grabung aber sofort zerstört. Unter der Nordwestecke des Grundstücks vom Weißen Schwan wurde 1903 noch ein zweigeteiltes Bassin mit Plattenbelag nachgewiesen.

2. Die große Therme unter den Badhäusern Engel und Schwan, die 1903 beim Neubau des Palast-Hotels freigelegt wurde.

3. Die wahrscheinlich als Unterkünfte für heilungsuchende auswärtige Badegäste anzusprechenden Gebäude unter dem Kranzplatz, deren Fundamente 1841/42 unter der Aufsicht des Architekten Kihm freigelegt und vermessen wurden. Sie bilden einen zusammenhängenden Gebäudekomplex, der sich von den übrigen Bauten um den Kranzplatz deutlich abhebt.

4. Die bei verschiedenen Baumaßnahmen unter dem Neubau des Hotels Rose angetroffenen Reste von Badeanlagen mit Hypokausten und Bleiröhrenleitungen. Sie lassen sich am wenigsten zu einem Ganzen zusammenfügen, ähneln in mancher Hinsicht aber dem unter den Badhäusern Weißer Löwe und Weißes Roß angetroffenen »Privatbad« (*balneum*). Die Beobachtung Ritterlings, daß die überwiegende Zahl der dort gefundenen Ziegel der 22. Legion (vgl. Anm. 340) »meist Tier- und Figurenstempel tragen, die der Zeit des Antoninus Pius (138–161 n. Chr.) angehören dürften«, verweisen diese Anlage in die Zeit des in voller Blüte stehenden Badelebens im römischen Wiesbaden. Offenbar haben sich damals eine Reihe von kleineren Badebetrieben in der Umgebung des öffentlichen Thermalbades am Kranzplatz entwickelt. Dort werden Heilungsuchende mehr Ruhe und bessere Therapiemaßnahmen gefunden haben als in den großen Thermen, wo es sicher laut und unruhig zugegangen ist. *Aquae Mattiacorum* war nun ein römisches Heilbad, das sich in seiner Struktur wenig von den Kurbädern der neueren Zeit unterschieden haben wird.

Die Thermalquelle

An den Anfang der Beschreibung der Badegebäude gehört die Beantwortung der Frage, aus welchen Quellen die Römer die vielen Badebecken mit Wasser gespeist haben. Es gibt da einen gewissen Widerspruch. Einerseits neigt man dazu, wie selbstverständlich anzunehmen, daß das Wasser der großen Becken aus der Haupttherme am Kochbrunnen entnommen wurde. Andererseits besitzen wir aber die Beschreibung des Plinius (vgl. Anm. 13), nach der eine offene Quelle in der Art eines natürlichen Tümpels vorhanden war, in den das Thermalwasser aus einem darunter anstehenden Felsspalt aufstieg.

Die Art, wie Plinius die wallenden und dampfenden Wasser, aber auch das Absetzen von Sinter am Rand der Quelle beschreibt, läßt kaum einen anderen Schluß zu, als den, daß die Quelle unter freiem Himmel lag, nicht überbaut oder technisch so umgebaut war, daß Wasser für die Thermenbecken abgeleitet werden konnte. Auch Ritterling hat weder auf dem Grabungsplan eine Thermalwasserleitung, die von außen kam, eingezeichnet, noch hat er eine solche in seinem Bericht erwähnt. Bei den Untersuchungen, die 1964/65 für die Neubohrung und Verrohrung der Kochbrunnenquelle vorgenommen wurden (vgl. Anm. 322), kamen ebenfalls keine Spuren einer Ableitung aus römischer Zeit zum Vorschein.

Eine Lösung der Frage findet sich in dem schon erwähnten Briefentwurf Ritterlings an den preußischen Oberpäsidenten Graf von Zedlitz-Trützschler vom 14. März 1903. Dort heißt es, an der östlichen Schmalseite des Raumes A[1] (Abb. 75) fand sich, von den Platten des Bodens zum Teil überdeckt, »eine bisher unbekannte, stark sprudelnde Thermalquelle, welche in römischer Zeit sorgfältig gefaßt war; sie speiste, wie es scheint, eine Bleirohrleitung, von welcher sich bisher ein Stück gefunden hat. Vielleicht stand diese Quelle durch einen kleinen gemauerten Kanal in unmittelbarer Verbindung mit einem großen Bassin, welches dem Anschein nach den Mittelpunkt des römischen Gebäudekomplexes gebildet hat.«

Zwei Monate später, als man das große Bassin vollständig freigelegt hatte, entdeckte Ritterling (Briefentwurf vom 3. Juni 1903) an dessen nördlicher Schmalseite eine »Kaltwasserleitung in Holzröhren, von denen das

Ausflußstück noch erhalten ist« (Abb. 83). Mit heißem Wasser »gefüllt wurde das Bassin durch eine von den Römern sauber gefaßte und überwölbte Thermalquelle, welche unter dem nördlichen Umgang gelegen

◁ *Abb. 76 Modell der römischen Thermen am Kranzplatz. A¹ Apodyterium/ Auskleideraum; dahinter (A¹; Abb. 75) Frigidarium/ Kaltraum, später Basilica. B kleines Becken zur Fußreinigung. C Thermalschwimmbecken (piscina). C 1–7 Einzelwannen; C 5 Kohlensäurebad (spätere Bauphase). D Kaltwasserbecken. E und F Thermalwasserbecken (spätere Bauphase). G Praefurnium/ Heizraum. H Tepidarium/Laubad mit Hypokaustenheizung. I, K Caldarium/Warmbad mit Hypokaustenheizung (Apsiden: Warmwasserbad). L Sudatorium/Schwitzbad mit Kaltwasser-Rundbecken. Oberer Bildrand: gemauerter Sammelkanal*

ist«. Vergleicht man diese Angaben mit einem neuzeitlichen Plan sämtlicher Wiesbadener Thermalquellen (Abb. 39), kommt als Ursprung dieser beiden gefaßten Quellen in römischer Zeit nur die Spiegelquelle (Nr. 3 des Plans) in Frage, die genau unter dem Innenhof des Hotel Engel/Schwan-Komplexes (später Palast-Hotel, heute Weberhof) gelegen ist.

Nicht eindeutig zu beantworten ist die Frage nach dem Soldatenbad, das es für die frühen Erdlager und das Steinkastell auf dem Heidenberg gegeben haben muß. Der übliche Standardtyp mit Eingangs- und Umkleideraum (*apodyterium*), Kaltbad (*frigidarium*), Laubad (*tepidarium*) und Warmbad (*caldarium*), und, wo es möglich war, Schwitzbad (*laconicum* oder *sudatorium*) ist in den Grundrissen der Fundamente nur noch andeutungsweise abzulesen. Charakteristisch sind die bei fast allen Soldatenbädern vorhandenen apsisartigen Ausbuchtungen mit den Wannen der Warmbäder.

Bei den Thermenbauten von Baden-Baden ist die Trennung von Soldatenbad (mit apsiartig vorspringenden Außenmauern) und Heilbad (»Kaiserbäder« mit rechteckigen Badebecken), dem ein zeitliches Nacheinander der Erbauung zugrunde lag[367], deutlich zu erkennen (Abb. 77). In Wiesbaden wurde das Soldatenbad spätestens seit der Auflassung des Steinkastells räumlich in das Heilbad mit den großen Schwimmbecken (*natationes/piscinae*) integriert. Eine (hypothetische) Trennung soll aber wenigstens andeutungsweise versucht werden.

Das Soldatenbad

Die Räume A¹ und A² (von H. Mylius als *basilica* zusammengefaßt) können im ursprünglichen Militärbad als Auskleideraum (*apodyterium*) und davon getrenntes

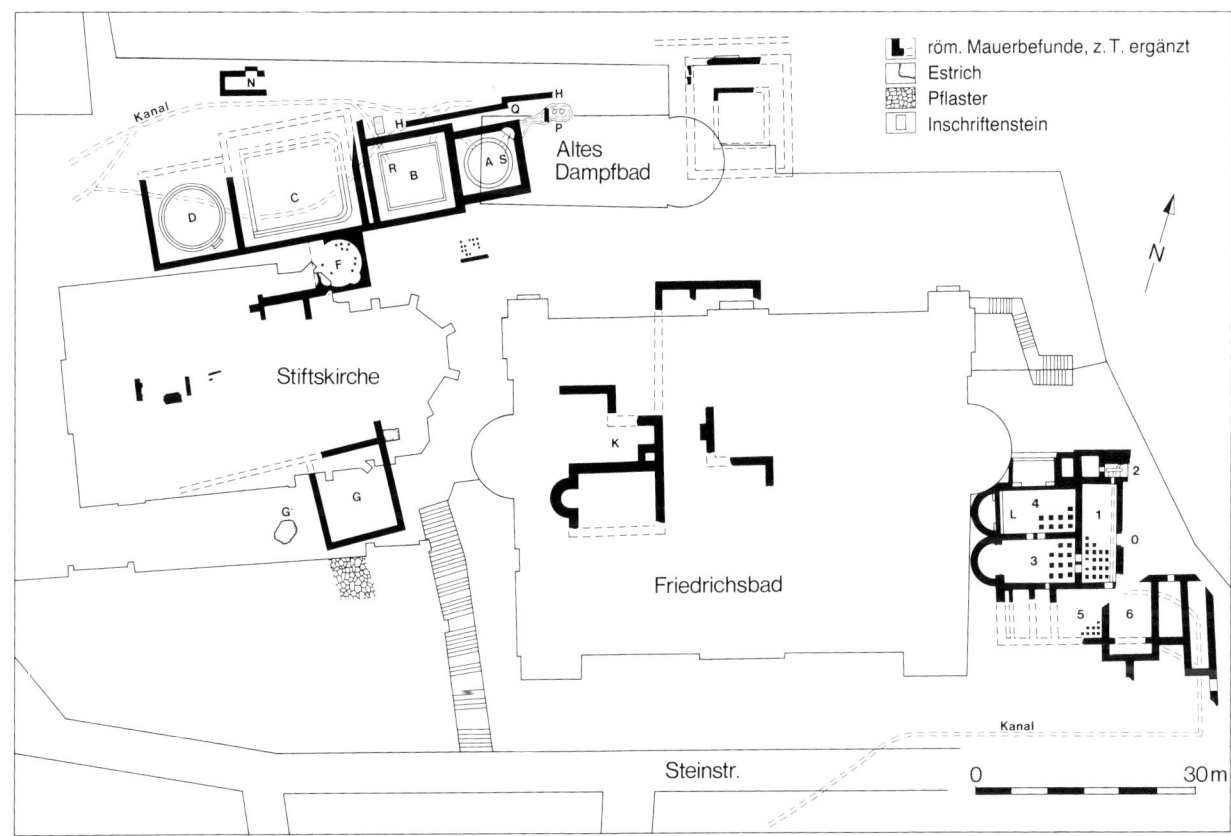

Abb. 77 Baden-Baden. Nachgewiesene Grundrisse des römischen Bäderbezirks. Rechts »Soldatenbäder«. Nördlich der Stiftskirche »Kaiserbäder« (nach Egon Schallmayer)

Kaltbad (*frigidarium*) gedient haben. Südlich des Eingangsbereiches und westlich des Beckens E eingezeichnete Mauern sind von Ritterling nicht näher bezeichnet oder bestimmten Funktionsräumen zugeordnet worden. Sie könnten Reste der Umfassungsmauer einer *palaestra*, eines Platzes für gymnastische Übungen und Bewegungsspiele der Soldaten, gewesen sein. Im Originalplan von Ritterling sind unter dem Becken E noch weitere Mauerfundamente erkennbar, die an eine ursprünglich andere Raumaufteilung denken lassen. Vielleicht waren es besondere Ruheräume oder Räume für Massage und das Einölen des Körpers (*alepterium*). Sie könnten aber auch damit zusammenhängen, daß es, wie es auch an anderen Orten vermutet wird, ein getrenntes Frauenbad gegeben hat.

Die Räume H und der zwischen H und K gelegene, ebenfalls mit Hypokausten versehene, im Modell nicht mit Buchstaben markierte Raum lassen sich als Laubäder (*tepidaria*), die mit Apsiden versehenen Räume I und K als Warmbäder (*caldaria*) ansprechen, die in der vorliegenden Form spätestens zeitgleich mit dem Steinkastell (nach 83 n. Chr.) angelegt worden sein dürften. Daß sie nicht nach Süden oder Südwesten orientiert waren, wie es von den Römern bevorzugt angestrebt wurde, wird an Besonderheiten der örtlichen Topographie gelegen haben. Die optimale Regel konnte an vielen Orten (z. B. Kaiserthermen in Trier) nicht eingehalten werden.

Später wurde das Militärbad vollständig in die öffentliche Heiltherme integriert, mit deren zivilem Betrieb seit der Auflassung des Kastells auf dem Heidenberg, also ab 117/120 n. Chr., zu rechnen ist. In *Aquae Mattiacorum* gab es von nun an zwar keine Einsatztruppen mehr. Die Baumaßnahmen wurden aber weiterhin von abkommandierten Einheiten der 22. Legion durchgeführt. Die Zeitstellung dieser Arbeiten läßt sich gelegentlich an den verschiedenen Stempelformen dieser Legion ablesen.

Kur- und Heilbad

Interessant ist der Vergleich mit den Thermenbauten von Baden-Baden und Badenweiler. In Baden-Baden sind die beiden Komponenten »Soldatenbad« und »Kaiserbäder« räumlich getrennt[367]. Badenweiler war demgegenüber von Anfang an und bis zum Ende ein reines Kurbad. In Wiesbaden ist das ursprüngliche Soldatenbad spätestens seit der Auflassung des Steinkastells in ein öffentliches Heilbad umgewandelt und im 2. Jahrhundert mit mehreren Schwimmbecken (*natationes/piscinae*) ausgebaut worden. Anders als die Thermen in Badenweiler, die zu den wenigen Beispielen symmetrischer Komposition gehören, bestehen die Wiesbadener Thermen aus Raumeinheiten, die lediglich nach praktischen Gesichtspunkten kunstlos aneinandergefügt sind.

Der Eingangsbereich

Man betrat das Bad durch einen Gang von der Saalgasse her, in deren südlichem Verlauf ein architektonisch gestalteter Eingangsbereich vermutet werden kann. Seine Spuren, wenn es sie gab, müssen jedoch spätestens beim Bau dieser Straße Ende des 17. Jahrhunderts zerstört worden sein. Auffallend sind in diesem Zusammenhang die zahlreichen Funde verschiedener Art, die im Bereich der mittleren Webergasse zutagegekommen sind. Sie lassen auf eine dichte Besiedlung schließen, an die sich parallel zur Saalgasse der Haupteingang zu den Kochbrunnenthermen befunden haben kann.

Dazu paßt die Vermutung von O. Renkhoff[368], nach der die Straßenachse des römischen Vicus bei dem leichten Knick der Heidenmauer knapp westlich der Straße von der Flucht der heutigen Langgasse abgewichen zu sein scheint. Es spreche manches dafür, daß im frühen Mittelalter die Vorgängerin der Langgasse in gerade Richtung oberhalb der Adlerquelle durch den Komplex des Kaiser-Friedrich-Bades in Richtung der heutigen Saalgasse weiterverlaufen sei. Für die Römerzeit würde das bedeuten, daß sie direkt auf den an der Saalgasse vermuteten Thermeneingang zugelaufen ist.

Apodyterium und Basilica

Von dem bei der Grabung freigelegten Gang aus gelangte man in das Apodyterium A², das durch eine Schwelle von dem dahinterliegenden Raum A¹ getrennt war. Beide Räume waren mit Ziegelsteinen ge-

▷

Abb. 78   Raum A¹ (Abb. 75) Frigidarium/ Basilica. Links unten der durch die hier austretende Thermalquelle nachrömisch abgesunkene Fußboden

▷

Abb. 79   Thermalschwimmbecken C. (Der senkrechte Streifen links der Mitte ist die schlecht gelungene Retusche eines Gerüstbalkens im historischen Foto.)

pflastert. Nach Ritterling gehörten diese Räume zu den ältesten Teilen dieser Thermen; sie haben also noch zum ursprünglichen Soldatenbadkomplex gehört.

Das vereinfachte Schema von H. Mylius weist die Räume A^1 und A^2 als Einheit aus; sie werden dort als *basilica thermarum*, als Wandelhalle, bezeichnet, in der das Heilwasser auch getrunken wurde. Zu dieser Deutung, mindestens in dem hinteren Raum A^1, paßt, daß sich an dessen Rückfront die schon erwähnte stark sprudelnde und sorgfältig gefaßte Thermalquelle (Briefentwurf vom 14. März 1903) befand.

Eigenartig ist der unebene, sich von allen Seiten zur Mitte hin um 35 cm neigende Boden dieses Raumes (Abb. 78). Die starken, auf dem Ziegelbelag haftenden Sinterreste bezeugen, daß er mindestens eine Zeitlang mit Thermalwasser bedeckt war. Ritterling deutet diesen »Raum vermuthungsweise als ein Liege- oder Sitzbad«. Die sehr unregelmäßige Neigung des Bodens macht jedoch auf der einzigen davon erhaltenen Fotografie eher den Eindruck einer schadhaften Absenkung des Bodens. Sie könnte dadurch entstanden sein, daß der in römischer Zeit ebene Boden erst nach Aufgabe der Thermen durch überlaufendes Thermalwasser beschädigt wurde, so daß das Wasser in den Untergrund eindringen konnte und allmählich die Pflasterung unterspült hat. Damit wäre auch der auf dem Boden abgesetzte Sinter erklärt.

Warmwasserbecken C und Einzelwannen

Links und rechts des geteilten Raumes A^1/A^2 befanden sich je zwei große Becken C, D und F, E, an die sich an der Südwestecke (bis unter die Saalgasse) Fundamentmauern anschlossen, die oben schon erwähnt wurden. Das am gründlichsten untersuchte Becken C hatte eine Länge von 14 m, war 7,50 m breit und bis 1,50 m tief. Nach der Beschreibung Ritterlings wiesen seine Wände »den rothen wasserdichten Verputz noch vollständig auf« (Briefentwurf vom 14. März). Am 28. April berichtet Ritterling, das Becken ist »in allen seinen Teilen, Zu- und Abflüssen, Verkleidung der Wände und des Bodens fast unversehrt erhalten«. In den vier Ecken führten je drei bzw. vier Stufen in das Bassin, an den Schmalseiten befanden sich je zwei hohe, zum Sitzen bestimmte Bänke (Abb. 79).

Abb. 80   Einzelwanne am Rand des Beckens C

Abb. 81   Treppen- und Sitzstufen in der Süd- ostecke von Becken C

Durch den ziegelgeplättelten Umgang von diesem Schwimmbad getrennt, fanden sich an den Längsseiten auf der Ostseite vier, auf der Westseite zwei kleine Einzelbäder mit Einsteige- und Sitzstufen (Abb. 80). Sie waren durch gemauerte Zu- und Abflüsse (Briefentwurf vom 3. Juni 1903) »durch in die Mauer des Umganges eingelassene Eichenholzröhren« mit dem großen Bassin verbunden, von dem aus die Einzelwannen durch den Wasserdruck des Hauptbeckens gefüllt und auf gleiches Niveau gebracht wurden. In Abb. 81 ist der Zufluß aus dem Hauptbecken zur Einzelwanne C[1] in der mittleren Treppenstufe gut zu sehen. Die Zuflußöffnung in der Einzelwanne liegt unter der Eintrittsstufe (Abb. 80).

Nach H. Mylius[369], der diese Einrichtung mit gleichartigen Einzelwannen von Badenweiler vergleicht, lag ihr Boden durchschnittlich 55 cm höher als der Boden des Hauptbeckens, so daß die heute noch übliche Badewannentiefe erreicht wurde. Mylius interpretiert sie als Wannen für Übergießungen mit kaltem oder lauwarmem Wasser oder für Einzelbäder von Patienten, die körperlich nicht mehr in der Lage waren, die großen Becken zu benutzen. Eine besondere Rolle scheint die Einzelwanne C[5] am Nordende der östlichen Längswand gespielt zu haben (Abb. 82). Ihr Fußboden war vollständig mit porösem Kalkstein (Muschelkalksandstein) ausgelegt, der starke Spuren von chemischer Zersetzung der Oberfläche aufwies. Durch Einleiten von Thermalwasser, das einen Säuregrad (pH-Wert)

Abb. 82   Kohlensäurebad

knapp unter 7 aufweist, wurde gasförmige Kohlensäure freigesetzt. Diesen Effekt konnte man dadurch verstärken, daß man zusätzlich Kalksteine (die es in Wiesbaden im Bereich der tertiären Kalke entlang der Mainzer Straße reichlich gab) in das Wasser hineinwarf[370]. In der Beschriftung des Modells im Museum Wiesbaden wird dieses Einzelbad als »Kohlensäurebad« bezeichnet. Später wurde es zugeschüttet und als Durchgang zu dem Rundbad L benutzt.

Über noch weitergehende Umbaumaßnahmen schreibt Ritterling in einem im Original erhaltenen Brief vom 28. April 1903 an den preußischen Oberprä-

Abb. 83 Kaltwasserzu-fluß zum Thermalwasser-becken C

Abb. 84 Kaltwasser-becken D

sidenten in Kassel[371], daß bei diesem in der späteren römischen Zeit vorgenommenen Umbau wegen der »Überwölbung des ganzen Raumes« nicht nur das Kohlensäurebad, sondern alle Wannenbäder zugefüllt und übermauert wurden; »daraus dürfte sich ihre ganz vorzügliche Erhaltung wohl zum Teil erklären«.

Gefüllt wurde das große Becken C durch eine »von den Römern sauber gefaßte und überwölbte Thermalquelle« (Briefentwurf vom 3. Juni 1903), welche unter dem nördlichen Umgang gelegen war. Kaltes Wasser wurde durch eine Wasserleitung in Holzröhren zugeführt, von denen das Einflußstück noch erhalten ist (Abb. 83). Der Abfluß des Beckens führte vom Boden in der Mitte der östlichen Längsseite in einen Sammelkanal, der in einer Handskizze Ritterlings eingezeichnet ist; er unterquerte den Kranzplatz in Richtung Spiegelgasse.

Kaltwasserbecken D

Das westlich des Beckens C gelegene Becken D (Abb. 84) war ein Kaltwasserbecken (*frigidarium*), erkennbar an dem einzig vorhandenen Kaltwasserzufluß. Entsprechend gibt es nur eine einfache Umrandung ohne Sitzbänke. An diesem Becken, dessen Boden sauber mit Ziegelplatten ausgelegt war, wurde der Unterbau näher untersucht. Der geöffnete Plattenboden zeigte, daß er auf einem Holzrost aus je einer Lage Quer- und Längsbalken aus Eichenholz lag. Die Zwischenräume waren mit Ton ausgestampft, darüber lag ein Estrich aus Ziegelbrockenzement, der zusammen mit den eigentlichen Bodenplatten des Beckens eine Stärke von 34 cm hatte.

Der Zugang zu dem Kaltwasserbecken D und vielleicht auch (während einer späteren Bauphase) zum Becken C führte durch eine flache Wanne B, deren Zweck zum Reinigen der Füße unschwer zu erkennen ist. Zum Becken C gab es auch einen Zugang von der »Wandelhalle« A². Dabei muß immer bedacht werden, daß die bei den Ausgrabungen zutagegetretenen Befunde zeitlich verschiedene Bauphasen darstellen können.

Die beheizten Räume mit Praefurnium (Abb. 75, 76)

»Endlich hat sich«, fährt Ritterling im Briefentwurf vom 14. März 1903 fort, »bei I in der Richtung nach dem Kranzplatz zu starkes römisches Mauerwerk gefunden, zunächst der Teil einer großen, auf der Innenseite mit Ziegeln verputzten Apsis, wie sie für die großen öffentlichen Bauten, namentlich Bäder, so charakteristisch sind, und anschließend geradlinige Mauerzüge. Es ist kein Zweifel, daß diese Mauern mit den übrigen erwähnten Bauteilen in Verbindung stehen. Von den verbauten Ziegeln weist eine größere Anzahl die verschiedensten Stempel der 22. Legion, einige auch den der 14. und 21. Legion auf. Die Errichtung des großartigen Baues wird nicht vor die Mitte des 2. Jahrhunderts unserer Zeitrechnung fallen.«

Im Brief vom 28. April heißt es: »An die Langseite des Schwimmbassins [C] stößt rechtwinklig zu seiner Längsachse ein etwa 10 Meter langer und 4 1/2 Meter breiter mit direkter Heizung versehener Raum [K], welcher als ein caldarium aufzufassen sein wird. Auf seiner einen [inneren] Schmalseite hat allem Anschein nach das *labrum*, das Becken für Übergießungen mit kaltem Wasser gestanden, an der anderen liegt die halbkreisförmige vertiefte Wanne für das heiße Bad, der *alveus*. Auch an diesem Bau läßt sich ein späterer Umbau nachweisen, bei welchem die Heizung beseitigt worden ist.«

Beide Heißwasserbäder (*caldaria*) I und K, in die man durch das Laubad (*tepidarium*) H gelangte, hatten auf gemauerten Ziegelpfeilern ruhende Estrichböden, die noch weitgehend unversehrt erhalten waren. »Der Estrichboden bestand aus mehreren, in ihrer Zusammensetzung etwas voneinander verschiedenen, übereinandergelegten Schichten aus Kalk, Ziegelkleinschlag und Ziegelmehl. An den Ansätzen der Wände hafteten theilweise noch die viereckigen, die Wärme in die Höhe leitenden Heizkästchen« (Briefentwurf vom 14. März).

Die Hypokaustenheizung der Räume H, I und K wurde durch die Einzugsschächte K^1, K^2 und K^3 beschickt, an die sich die Heizungsräume (*praefurnia*) anschlossen. Bei K^1 (G im Modell) konnten noch die Grundmauern dieses Gelasses freigelegt werden, das zugleich »als Unterkunft für den Heizer und zur Speicherung von Brennmaterial diente«. Hypokausten-

räume waren in den Wiesbadener Thermen auf ein Minimum beschränkt, da die heißen Quellen für genug Wärme sorgten, ohne daß künstlich geheizt werden mußte.

Die Becken E und F (mit neuer Grabung 1980/81)

Die Badebecken E und F sind erst später ausgebaut worden, wie die Mauerzüge unter E beweisen. Wahrscheinlich wurden sie ebenfalls von A^1 oder A^2 aus betreten[372]. Die bisher offene Frage, wie sich die Becken nach Süden fortgesetzt haben, konnte bisher nicht sicher beantwortet werden, da zu Ritterlings Zeit eine Untersuchung nicht möglich war; die Becken liefen unter dem bebauten Nachbargrundstück Kranzplatz Nr. 3 aus.

In der Zwischenzeit, d. h. im Jahr 1980, konnte bei den Fundamentarbeiten zur Errichtung des erweiterten Wohnkomplexes »Weberhof« am Ende der Langgasse diese Lücke geschlossen werden. Beim Abriß der Häuser südlich der alten Grabungsgrenze am Neubau des Palast-Hotels (Nachkriegs-Kaufhaus Neckermann und Gebäudereste benachbarter Anwesen, die im Zweiten Weltkrieg zerstört wurden), wurde der Anschluß an die Ausgrabung von 1903 hergestellt (Abb. 85)[1].

Unmittelbar an der Saalgasse stieß man auf die Fundamente der in ihrem Verlauf schon von früheren Grabungen bekannten Mauer (a). Bei Erdarbeiten in der Saalgasse wurden 1981 vor dieser Außenmauer rundliche Mauerreste festgestellt, die in der (vorläufigen) Skizze noch nicht eingezeichnet sind. Sie erinnern an apsidenartige Ausbuchtungen, wie sie für Thermen charakteristisch sind. Dieser Befund bestätigt die Annahme, daß die Fundamente an der Saalgasse zur westlichen Außenmauer der Kranzplatzthermen gehört haben.

Im Gebäudeinnern entlang der Außenwand wurden mehrere Mauerfundamentteile freigelegt. Weitere Teile der Badeanlage sind in diesem Bereich jedoch durch die Bebauung des 19. und 20. Jahrhunderts bis auf wenige Reste von Grundmauern zerstört worden.

[1]Für die Überlassung der vorläufigen Arbeitsskizze und die Erlaubnis zum Abdruck bin ich dem Landesarchäologen, Herrn Dr. Fritz-Rudolf Herrmann zu großem Dank verpflichtet. Weitere Informationen verdanke ich dem Grabungsleiter, Herrn Wolfgang Heller.

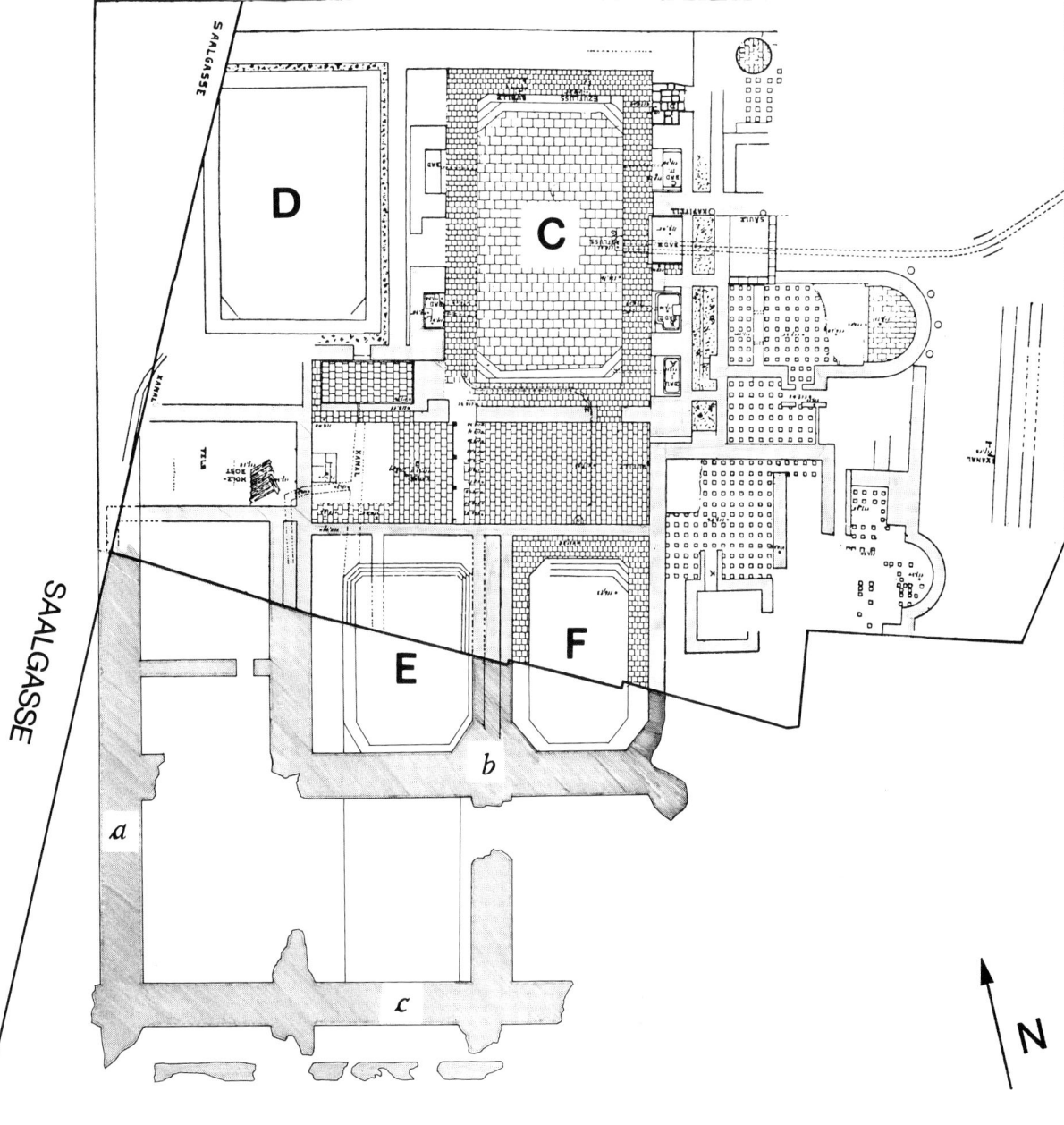

Abb. 85 Grundriß der römischen Thermen am Kranzplatz mit den 1980/81 freigelegten Teilen der Becken E und F. a westliche, c südliche Außenmauerfundamente (Dicke 5 m). b Fundamente der südlichen Umfassungsmauer des Beckenkomplexes.

Aus ihnen war aber noch erkennbar, daß es sich um kleinere Räumlichkeiten, z. T. mit Hypokaustenunterbau, gehandelt hat.

Die Erweiterung der Baugrube erfolgte entlang der Grenze der Bebauung des Palast-Hotels in östlicher Richtung. Im Abstand von etwa 10 m stieß man auf eine weitere mächtige Fundamentmauer von 5 m Dicke (b). Die sich als die West- und Südmauer der zwei von ihr umschlossenen Badebecken E und F erwies. Im Innern der westlichen Mauer verlief ein gemauerter und verputzter Kanal mit Gefälle in Süd-Nord-Richtung. Derselbe Kanal wurde 1903 schon von E. Ritterling in Verlängerung dieser Mauer beobachtet und südlich des Eingangsbereichs eingezeichnet. Seine genaue Funktion (Kaltwasserzuführung?) bleibt vorläufig noch unklar. Becken E war infolge der früheren Bebauung erheblich zerstört. Die Zwischenfundamentmauer zwischen den beiden Becken war 3 m dick. Die Ausschachtung des Beckens F wurde in Handarbeit vorgenommen, so daß einige Bauteile noch »in situ« freigelegt werden konnten.

Der Verlauf der Wandungen beider Becken wurde genau eingemessen. Es ergab sich ein klarer Anschluß an die Beckenwandungen der Grabung von 1903. Becken E hatte rund um den Beckenrand Einstieg-Sitztreppen in gemauerter Form. Sie waren waagrecht und in der Senkrechten mit in Mörtel verlegten Ziegelplatten belegt. Diese Platten waren mit einer Spezial-Mörtelschicht (Estrich) verputzt und damit wasserdicht. Auf den Estrichschichten hatte sich Sinter des Thermalwassers abgelagert.

Das Becken F, dessen vordere Stufen 1903 genau vermessen worden waren (s. u.) hatten im hinteren, 1980 freigelegten Teil an zwei Beckenwänden eindeutig keine Einstiegstufen. Dort war das Becken mit senkrechten Ziegelplatten verkleidet, die mit dem gleichen, sehr festen Estrichverputz abgedichtet waren wie in Becken E. Am Übergang von der senkrechten zur waagrechten Bodenfläche waren Spuren eines Viertelrundstabs zu erkennen. In der westlichen Beckenwand wurde nachträglich eine Einstiegtreppe angebracht.

Der Originalplan Ritterlings zeigt auf der Nordseite von Becken F einen Einstieg mit vier fast gleichmäßigen Stufen. Die genaue Nivellierung hatte folgende Höhenmaße (bezogen auf NN Amsterdamer Pegel) ergeben[373]: Beckenumgang 117,92 m; die 1. bis 4. Stufe 117,86; 117,66; 117,44; 117,17 m. Der Beckenboden lag bei 116,73 m. Becken E, das im Bauzustand mit Einzelwannen bei C noch nicht angelegt war (Originalplan Ritterling), hatte zum Sitzen eingerichtete Stufen: Beckenrand 118,02 m; 1.,2.,3. Stufe 117,65; 117,54; 117,18 m; Beckenboden 116,93 m.

Daraus ergeben sich Beckentiefen von 1,20 und 1,10 m. Das dürfte einer Wassertiefe von 1,00 – 1,10 m und 0,90 – 1,00 m entsprochen haben. Nach den Ergebnissen der Ausgrabung von 1980 können die Beckenmaße (am oberen Beckenrand) mit ca. 10,10 x 6,60 m (Becken E) und ca. 10,10 x 5,40 m (Becken F) angegeben werden. 1980 wurde im Innern des südlichen Mauerfundaments, etwas tiefer als das Niveau des Beckenbodens, ein in West-Ost-Richtung verlaufender Abwasserkanal mit Gefälle zur Langgasse freigelegt. Ein kleiner Wasserauslauf aus dem Becken E läuft direkt in diesen Abwasserkanal.

Der Verlauf der westlichen Außenmauer wurde nach Süden bis in den mittleren Baustellenbereich in einer Gesamtlänge (ab der früheren Grabungsgrenze) von 35 m fast lückenlos ermittelt. Dort bog sie rechtwinklig in östlicher Richtung ab. Diese Fundamentmauer (c), die wohl als Thermenabschluß nach Süden anzusehen ist, wurde ca. 20 m weit bis zu der Stelle verfolgt, wo die Baugrube wegen der verbleibenden Häuser am Kranzplatz endete. Mit diesen Feststellungen ergibt sich eine Größe des Haupt-Thermenkomplexes von ca. 42 m in Ost-West- und von ca. 50 m in Nord-Süd-Richtung.

Im Bereich der Thermenanlage sind bei der Grabung 1980 nur sehr wenige Kleinfunde geborgen worden.

Dachkonstruktion, Fenster und Architekturschmuck

Ein Blick auf den Grundriß der Thermenanlage am Kranzplatz wirft sofort die Frage auf: War sie mit einem oder mehreren der bei römischen Thermen üblichen Tonnengewölben überdacht oder nicht. Von der Nutzung her müssen wenigstens die durch Hypokausten beheizten Räume ein Dach gehabt haben. Einen Beweis für die Überwölbung der großen Becken, wie er in Badenweiler durch die Mengen herabgefallener Tuffsteine im Schutt der Bassins angeführt wird[374], gibt es für Wiesbaden nicht. Als Hinweis ließe sich allenfalls die spätere Verfüllung der Wannenbäder zu beiden Seiten des Hauptbeckens C anführen, auf die Ritterling in seinem Brief von 28.April hingewiesen hatte. Sie könnte ihren Grund in einer für das Tragen des Tonnengewölbes notwendigen Verstärkung der Seitenwände dieses Beckens gehabt haben. Einen Beweis dafür gibt es jedoch nicht. Genau so gut kann man ein ziegelgedecktes Pultdach annehmen, das eine einfachere

Abb. 86 Die Herbergs- ▷
thermen im Archäologischen Park in Xanten. Rekonstruktion

Abb. 87 Das Hypokaust-system in den Herbergs-thermen. Rekonstruktion

Konstruktion erfordert. Die mit Apsiden versehenen Räume I, K und H müssen überdacht gewesen sein, weil sonst die Hypokaustenheizung keinen Sinn gehabt hätte. Hier kann man sich eine ähnliche Dachkonstruktion vorstellen, wie sie in Xanten (*Colonia Ulpia Traiana*) rekonstruiert wurde (Abb. 86 u. 87).

Über etwa vorhandene Fenster, den Innenverputz und über sonstige Ausschmückungen der Kranzplatztherme wird in den vorhandenen Berichten so gut wie nichts gesagt. In den Thermen in der Provinz muß man wohl eher von schmalen Mauerschlitzen als von kunstvollen Fensterkonstruktionen ausgehen. Alle Warmräume waren in Ziegelmauerwerk aufgeführt; Innenauskleidung mit Marmorplatten ist in Wiesbaden nicht nachgewiesen worden. 1980 wurde Wandverputz gefunden, der in pompejanischen Farben bemalt war. Einzelfunde von Säulenschäften und Kapitellen weisen darauf hin, daß die Therme architektonisch geschmückt war. Freilich wird sich dieser Schmuck, entsprechend der provinziellen Abseitslage Wiesbadens, in Grenzen gehalten haben.

1956 wurde, leider nicht stratigraphisch gesichert, bei Bauarbeiten am Kranzplatz, ein Bruchstück eines farblich reizvollen Mosaikfußbodens gefunden (Taf. 6). Ob

sich die geschwungenen Linien zu einem bildlichen oder geometrischen Muster fortgesetzt haben, läßt sich aus dem erhaltenen Fragment nicht eindeutig bestimmen.

Den einzigen Hinweis auf die Statue einer Gottheit, wie sie in vielen römischen Thermen angetroffen wurden, kann man in einem an der Westwand des Apodyteriums A² (Abb. 75) gefundenen, 20 cm hohen und etwa 1,50 x 1,30 cm großen Fundament aus »Werksteinen« sehen. Auf diesem Podest wäre Platz für eine solche Statue gewesen. Eine Parallele dazu gab es auch in Badenweiler[375], doch fehlen hier wie dort die eigentlichen Standbilder.

Das Rundbad L

Zu dem kleinen Rundbad L, jenseits der Nordostecke des großen Beckens C, äußert sich Ritterling (vgl. Anm. 353) noch einmal. Er schreibt, daß bei den Ausgrabungen unter dem Neubau »Engel und Schwan« im Hof des Neubaus noch ein kleines Stück der Fortsetzung der bisher bekannten Anlage angetroffen, aber nicht weiter verfolgt werden konnte. Ein kleiner kreisrunder Baderaum von etwa 2 m Durchmesser [L] »lag neben einem um die Höhe der Suspensura höher gelegenen heizbaren Raum von unbekannter Größe; die Hypokausten waren auch hier noch vortrefflich erhalten und lieferten einige gestempelte Ziegel der XIIII. Legion.«

In Anlehnung an H. Mylius[376] wird man hier, ähnlich wie in der römischen Therme von Badenweiler oder beim Rundbad F der Kaiserbäder in Baden-Baden (vgl. Anm. 367), an ein mit Quellwasser beschicktes Rundbecken denken, in dem man sich nach dem Baden in einem der großen Becken (*piscinae*) abkühlen und erfrischen konnte. Das Rundbecken wurde vom Hauptbad aus nachträglich durch die Nische des Einzelbades C⁵ hindurch zugänglich gemacht.

Es kann sich aber auch um ein saunaartiges Heißluftbad mit hypokaustenbeheiztem Schwitzbad (*sudatorium*) und rundem Kaltwasserbecken gehandelt haben, zu dem ein (konkret nicht nachgewiesenes) *destrictarium*, ein Raum zum Entfernen der Körperhaare, und ein *alepterium*, in dem der Körper eingeölt wurde, gehört haben[377].

Thermalwasserkanal

Kein Bericht meldet Genaueres über die starke Doppelmauer des im Grundriß von F. Kutsch als »Kanal« bezeichneten Bauteiles (oberer Rand der Abb. 75 des Modells). Ebensowenig läßt sich ein »äußerst interessanter Fund« einordnen, »ein römischer Kanal für Thermalwasser«, der am Vormittag des 19. Juni 1903 aufgedeckt, und über den noch am gleichen Tag im Wiesbadener Tagblatt berichtet wurde[378]. Vor allem ist zu bedauern, daß er nicht genau lokalisiert werden kann. Der Berichterstatter schreibt: »Erst heute Vormittag wurde ein äußerst interessanter Fund aufgedeckt. Es

ist ein römischer Kanal für Thermalwasser. Derselbe besteht aus einer in einen großen langen Stein gehauenen Rinne, mit der noch zwei Leitungen für Thermalwasser aus Bleirohren parallel laufen. Das eine der beiden Bleirohre mündet gerade an der aufgedeckten Stelle in einen kleinen Kanal, den die Römer in sehr geschickter Weise aus Heizkacheln hergestellt hatten. Die seitlichen Löcher dieser Kachel sind durch Ton ausgefüllt. Sehr interessant ist der, wie die ganze Anlage noch sehr gut erhaltene Ruff [?], der die Verbindung dieses Kanals mit dem bedeutend engeren Bleirohr herstellt und ebenfalls aus Blei besteht.

Der größere Kanal, der, wie erwähnt, in einen schweren Stein ausgehauen ist, ist unten rund und lagert auf Holzdielen, die wahrscheinlich aus dem Grunde verwendet wurden, um ein Sichsenken des Kanals auf der unter den Holzdielen befindlichen Lettenschicht zu verhindern. Der aufgefundene Teil dieses großen Kanals ist aus zwei ungefähr gleich großen Steinen zusammengesetzt; ein Einschnitt an dieser Stelle weist darauf hin, daß auch seitwärts noch Leitungen abgezweigt waren.

Leider befindet sich auf den Bleirohren und Steinen kein Stempel, aus dem die Zeit der Herstellung des Kanals genau hervorginge. Verschiedene Anzeichen weisen jedoch darauf hin, daß die Anlage nur in der ersten Periode der Bäderanlage in Gebrauch war und nachher von den Römern selbst zerstört resp. durchschnitten und verstopft wurde, um einer Erweiterung und teilweisem Umbau der ganzen Bäderanlage Platz zu machen. Die Zeit der Herstellung dürfte somit wohl das Ende des ersten Jahrhunderts sein, also die Zeit, in die die ältesten Teile der Bäder hinaufreichen.« Dieser Zeitungsbericht, der von einem sachkundigen Beobachter geschrieben sein muß (Ritterling?), macht besonders deutlich, ein wie großer Verlust dadurch entstanden ist, daß Professor Ritterling keine zusammenfassende wissenschaftliche Bearbeitung der gesamten Ausgrabung veröffentlicht hat.

Baugeschichte und Datierung

Unter Berücksichtigung vieler Einzelbefunde läßt sich der Zeitablauf der Bauarbeiten an den Thermen am Kranzplatz so beschreiben: Einen Beleg für den frühen

Beginn der Nutzung dürfen wir in der schon an anderer Stelle (S. 60) zitierten Beobachtung Ritterlings (vgl. Anm. 230) sehen, daß die älteste Ansiedlung aus dem Anfang und der Mitte des 1. Jahrhunderts »nicht auf die Gegend des Mauritiusplatzes beschränkt war, sondern sich auch nördlich und östlich weiter ausgedehnt« hat, und daß »selbst ein Bad schon in dieser Zeit in der Nähe des Kochbrunnens bestanden haben dürfte«. Die ersten Badeeinrichtungen, zunächst wohl einfache Holz- und Fachwerkbauten, werden schon während der Feldzüge der Jahre 6 – 16 n. Chr. errichtet worden sein.

Diese eher provisorischen Anlagen sind spätestens seit der Regierungszeit des Kaisers Claudius (41 – 54 n. Chr.) durch Ziegelbauten ersetzt worden. Diese lassen sich nur bis in claudische Zeit zurückverfolgen, da der Gebrauch, Ziegel mit Truppenstempeln zu versehen, bei den Mainzer Legionen erst zur Zeit des Kaisers Claudius aufgekommen ist[379]. In diese Periode weisen einige am Kranzplatz gefundene Ziegel der 22. Legion mit dem Stempel *Leg XXII PR(imigenia)*, die aufgrund der Stempelform in die Zeit ihrer ersten Stationierung in Mainz (43 – 70 n. Chr.) zu datieren sind[380]. Die Ziegel mit Stempeln der 1., 8., 14. und 21. Legion wurden in der Legionsziegelei Nied hergestellt, die spätestens während des Chattenkrieges des Kaisers Domitian (83 – 85 n. Chr.) eingerichtet wurde (vgl. Anm. 348). Nicht auszuschließen ist, daß einige Stempel der 1. und 14. Legion (beide waren seit 70 n. in Mainz stationiert) – von der 14., speziell die Stempel ohne den Zusatz *M V*, schon in vespasianischer Zeit in Rheinzabern hergestellt und für Bauarbeiten an den Wiesbadener Thermen verwendet wurden[381].

Im Kastellband der Reichs-Limeskommission hat Ritterling sich zur Frage der Datierung der Kranzplatzthermen noch einmal kurz geäußert. Danach sind sie »in ihren hauptsächlichen Teilen sicher schon unter Domitian erbaut, wie die massenhaft verwendeten Ziegel mit Stempeln der *leg. I adiutrix, XIIII GMV* und *XXI rapax* beweisen«[382]. Die jüngeren Stempel der 22. Legion mit dem Beinamen *PR(imigenia) P(ia) F(idelis)*, die pflichtbewußte und treue – diesen Ehrentitel hatte sie um 90 n. Chr. erhalten, weil sie beim Saturninusaufstand kaisertreu geblieben war –, gehören in die Zeit vom letzten Jahrzehnt des 1. bis zum 3. Jahrhundert. Sie wurden an Stellen gefunden, die als An- und

Umbauten oder Instandsetzungen an den domitianischen Bauten zu erkennen waren.

Zum Ende der römischen Thermen am Kranzplatz hat Ritterling in einer handschriftlichen Notiz vom 3. Juni 1903 vermerkt, »daß die Anlage unter stetiger Erweiterung und theilweisem Umbau noch drei Menschenalter nach der Aufgabe des übrigen rechtsrheinischen Gebietes ihrer Bestimmung diente. Eine Anzahl Münzen aus der Zeit Konstantins des Großen und seiner Söhne, welche sich im Schutte der verschiedenen Räume fanden, lehren, daß die endgültige Zerstörung der prächtigen Bäder nicht vor der Mitte des 4. nachchristlichen Jahrhunderts erfolgt sein kann.«

Römisches Badeleben

Während wir uns ein recht gutes Bild vom Ausmaß der römischen Bäder am Kranzplatz machen können, vermitteln die blanken Steine ohne ein gehöriges Maß an Phantasie kaum einen Eindruck von dem sicher recht bunten Leben, das sich hier abgespielt hat. Liegt es daran, daß wir über das aufgehende Mauerwerk, über künstlerischen oder architektonischen Schmuck, den römische Heilbäder von dieser Größe im allgemeinen gehabt haben, kaum etwas wissen? Nichts über die Gestaltung von Eingangsportal, Fensteröffnungen oder Dächer, die vielleicht aus tonnenartigen Gewölben mit Rundbögen im Innern bestanden? Eine Andeutung davon, wie es dort in römischer Zeit wirklich ausgesehen haben könnte, erhalten wir allein aus dem Bruchstück eines Mosaikbodens, das 1956 bei Tiefbauarbeiten am Kranzplatz gefunden wurde (Taf. 6).

Wie war die Einbindung des Badebetriebes in das öffentliche Leben der Gemeinde, des Vicus? Diese Frage begleitet die Forschung, das wurde schon in einem früheren Abschnitt gezeigt, seit der Suche nach den Ursprüngen des Ortes, der seit 121/122 n. Chr. als *Aquae Mattiacorum* in das Licht der Geschichte eingetreten ist. Was den Badebetrieb selbst anbelangt, gibt es antike Berichte, die aber meistens nur die Situation in den prachtvollen Thermen etwa der Hauptstadt selbst, allenfalls des berühmten Bajae und ähnlicher Luxusbadeorte beschreiben. Um den Unterschied deutlich zu machen, mögen zwei Zahlen genügen. Die Thermen des Kaisers Caracalla in Rom bedeckten eine Fläche von 100 000 m², die Wiesbadener Kranzplatzthermen, deren Längenausdehnung von Ritterling auf etwa 100 m geschätzt wurde, bleibt mit der abzuschätzenden Gesamtausdehnung bei höchsten 10 000 m². Dennoch wird es zahlreiche Übereinstimmungen gegeben haben, wie ein Brief des Philosophen Seneca (4–65 n. Chr.) erkennen läßt, den er an seinen Freund Lucilius gerichtet hat.

Hier einige Auszüge aus diesem Brief[383]:

Zuerst berichtet er über die schlichten Badgebräuche, wie sie zu Zeiten des großen P. C. Scipio (Africanus) üblich waren. Damals waren die Bäder »jeglichen Schmuckes bar«. Es gab nur kleine, »man möchte eher sagen Schlitze als Fenster, die aus der steinernen Mauer ausgespart waren, damit sie Licht einlassen, ohne die Festigkeit der Mauer zu beeinträchtigen. (. . .). Warum hätte man auch Schmuck für eine Sache verwenden sollen, die für das Bedürfnis, nicht fürs Vergnügen erfunden war? Denn wie die Schriftsteller, die von den alten Sitten Roms berichten, uns erzählen, wusch man sich damals zwar täglich Arme und Beine, an denen der Schmutz des Tagewerkes haftete; am ganzen Körper badete man sich jede Woche nur einmal.«

»Welch bäuerlichen Wesens zeihen jetzt [zu Senecas Zeit] manche den Scipio, weil er in sein Warmbad nicht durch große Fensterscheiben das Licht hereinließ. . .«

»Aber jetzt: Gibt es einen, der es ertrüge, sich so zu reinigen? Dürftig dünkt sich ein jeder und armselig, wenn seine Wände nicht von großen kostbaren Rundscheiben aus Marmor funkeln, (. . .) wenn nicht überall eine kunstmäßig abschattierte Tönung den Marmor am Rande gleichsam verbrämt; wenn die Deckenwölbung nicht hinter Glasmosaik versteckt liegt, wenn nicht weißer Marmor unsere Schwimmbecken umrandet, in die wir den durch eine ausgiebige Schwitzkur von allem Unreinen befreiten Körper tauchen. . .«.

Sehr nahe wird Seneca den Verhältnissen in Aquae Mattiacorum gekommen sein, wenn er das Badeleben in Bajae schildert[384]:

»Von allen Seiten umtönt mich wirrer Lärm, denn ich wohne über dem Bade. Stelle dir alle Arten von Tönen vor, die es einen bedauern lassen, daß man Ohren hat. Wenn die Kräftigeren ihre Leibesübungen treiben und dabei ihre Hanteln schwingen, wenn sie sich abarbeiten oder auch nur so tun, dann höre ich ihr Stöhnen und, sobald sie dem angehaltenen Atem wieder seinen Lauf lassen, ihr Zischen und heftiges Keuchen. Wenn ich aber auf einen Müßiggänger stoße, der sich salben läßt, so höre ich das Klatschen der Hand (des Masseurs) auf den Schultern, das seinen Ton ändert, je nachdem die Hand hohl oder flach aufschlägt. Kommt vollends noch ein Ballspieler hinzu, der zählt, wie oft er den Ball abprallen läßt, dann ist es um mich geschehen. Nimm nun noch einen Zankteufel hinzu und einen ertappten Dieb und einen, der gern seine eigene Stimme im Bad ertönen hört; nimm ferner noch hinzu die, die unter lautem Klatschen des aufplätschernden Wassers ins Schwimmbecken springen! Endlich die Ausrufe des Kuchenhändlers, der Wurstverkäufer, der Zuckerplätzler und aller Kellner der Kneipen, die mit lauter Stimme ihre Ware anpreisen.«

Sicher gab es im römischen Wiesbaden Badekuren, wie sie der griechische Arzt Galenos von Pergamon (129–199 n. Chr.) beschrieben hat[385]. Sie wurden von Kranken und sonstigen Heilungsuchenden angewendet. Ein besonderer Schwerpunkt der Wiesbadener Bäder lag in der gesundheitlichen Betreuung von Soldaten aus dem Bereich der 22. Legion. Dabei stand der, heute würden wir sagen, sportmedizinische Charakter der Badekur sicher im Vordergrund. Hierbei wird das Kaltwasserbecken D, allein oder im Wechsel mit einem der Warmwasserbecken, ausgezeichnete Dienste geleistet haben, wie wir von Galenos erfahren:

»Wenn wir beim Bade ins Kaltwasserbecken steigen, scheint mit uns das gleiche vorzugehen wie bei der Stählung des Eisens; denn auch wir werden abgekühlt und spannkräftig gemacht, wie jenes, wenn es in glühendem Zustand in kaltes Wasser getaucht wird. Und deshalb hat man für die schwächeren Konstitutionen die Bäderfolge ersonnen, die für das Kaltbad den Körper vorwärmt und vorbereitet. Etwas Ähnliches aber bewirken auch die, die ohne Benutzung des Warmbeckens nach vorhergehender gymnastischer Übung in das kalte Wasser hineinspringen. Was nämlich für uns das Warmbad ist, ist für jene die gymnastische Übung, die sie nicht nur erwärmt, sondern auch die Bewegung der dem Körper innewohnenden Wärme von innen nach außen hervorruft, so daß sie der andringenden Kälte entgegenzutreten vermag und sie abwehren und hindern kann, gewaltsam in die Tiefe des Körpers zu dringen und eines der inneren Organe zu treffen.«

Augustuskopf und Diana Mattiaca

Vom Kranzplatz zur Adolfshöhe

Eigenartig ist, daß unter den Befunden an den Thermen am Kranzplatz, die E. Ritterling in welcher Form auch immer zu Papier gebracht hat, Kleinfunde so gut wie ganz fehlen, sieht man von einigen römischen Münzen und den zahlreich vertretenen Ziegeln und Ziegelstempeln ab, die aber eigentlich schon nicht mehr zur Kategorie der Kleinfunde zählen. Mit der Technik, »fundverdächtiges« Grabungsmaterial sorgfältig zu sieben, ist dort nicht gearbeitet worden. Dem standen sowohl der vom Bauherrn ausgeübte Zeitdruck (vgl. den Bericht des »Wiesbadener Tagblatts« vom 7. Juni 1903) als auch die Schwierigkeiten der örtlichen Verhältnisse entgegen. Der durch das Thermalwasser unter Druck stark verdichtete Lettenboden machte die Aufarbeitung des Materials vor Ort und in der zur Verfügung stehenden Zeit fast unmöglich. Hinzu kam, daß die Gruben an vielen Stellen schon in relativ geringer Tiefe schnell voll Wasser liefen.

Abb. 88 Momentaufnahme während der Ausgrabung eines Wannenbades bei Becken C. Gut zu sehen ist das grobe Erdaushubmaterial, das mit Pferdekarren zur Adolfshöhe gebracht wurde.

Nur so ist es zu erklären, daß kaum Einzelfunde genannt werden, nicht einmal Sigillata-Scherben, die im übrigen Stadtgebiet fast bei jeder Grabung oder Fundbergung reichlich vertreten sind. Bemerkenswert ist in diesem Zusammenhang, daß gelegentlich auf der Adolfshöhe Funde auftauchten, die eindeutig dort nicht hingehörten. So wird 1913 in den Nassauischen Annalen unter den Erwerbungen des Museums Wiesbaden das Randstück eines arretinischen Sigillata-Gefäßes genannt, das »zwar auf der Adolfshöhe gefunden, aber an einer Stelle, wo Schutt aus der Gegend der römischen Thermen am Kranzplatz angefahren war«[386]. Offenbar wurde in den Jahren der hektischen Bautätigkeit in Wiesbaden überschüssiger Erdaushub aus den Baugruben am Kranzplatz auf die abgeräumten Freiflächen der Ziegeleien auf der Adolfshöhe gebracht (Abb. 88).

Ein römischer Marmorkopf

In diesem Erdaushub kam eines Tages ein lebensgroßer Marmorkopf zum Vorschein, der für die Geschichte des römischen Wiesbaden von größter Bedeutung ist oder sein könnte, wenn er in einer stratigraphisch gesicherten Lage gefunden worden wäre. Er war von 1961 bis zur Schließung der Ausstellungsräume für Funde aus der Römerzeit vor einigen Jahren im Museum Wiesbaden ausgestellt, ohne daß er dort die Beachtung gefunden hätte, die er verdient. Der Kopf gibt sich auf den ersten Blick als eines der typischen »Kaiserporträts« aus julisch-claudischem Haus zu erkennen. Abgesehen von den markanten Gesichtszügen zeigt er die typischen gewellten Strähnen, die vom Hinterkopf nach vorne gekämmt sind.
Eine wissenschaftliche Bearbeitung des Marmorkopfes war, soweit ich in Erfahrung bringen konnte, bis heute nicht erfolgt. In den Schriften des Städtischen Museums Wiesbaden, Nr. 6: »Die römische Kaiserzeit«[387] werden ihm ganze fünf Zeilen gewidmet: »Portrait eines Prinzen des julischen Kaiserhauses. Der Kopf besteht aus italischem Marmor und wurde in Wiesbaden-Biebrich gefunden in dem Schutt, der aus den Thermenanlagen am Kranzplatz stammt. Die Frisur mit zwei gegenständigen Locken über der Stirn datiert das Portrait in die ersten Jahrzehnte n. Chr. Diese Frisur

wurde von Kaiser Augustus und den Angehörigen seiner Familie bevorzugt.«

Es ist kaum zu verstehen, daß H. Schoppa es bei dieser knappen Beschreibung belassen und nicht eine genaue Analyse des Kopfes veranlaßt hat. Zumal er selbst in einem unveröffentlichten Brief vom 16. 3. 1961 darüber schrieb, daß »das Stück ja für die römische Geschichte Wiesbadens von außerordentlicher Bedeutung ist«. Ebensowenig verständlich ist, daß die archäologische Wissenschaft diesen Marmorkopf bisher nicht zur Kenntnis genommen hat. Sonst hätte es sicher nicht geschehen können, daß er nach Schließung der römischen Abteilung im Steinmagazin des Museums abgestellt und fast vergessen wurde. Zieht man den »Mainzer Marmorkopf«[388] zum Vergleich heran, der in einer ersten Beurteilung ebenfalls als »frühkaiserzeitliches Porträt eines julisch-claudischen Prinzen« angesprochen wurde, so erscheinen die Züge des Wiesbadener Kopfes männlicher, erwachsener, die plastische Ausarbeitung der Haare vereinfacht, wenn auch der Grundfrisur nach völlig gleich. Für beide Köpfe ist anzunehmen, daß sie in den kaiserlichen Werkstätten von Rom gearbeitet wurden. In der Beschreibung des Mainzer Kopfes heißt es, die Übersendung von Statuen von Kaisern oder Angehörigen des kaiserlichen Hauses in wichtige Städte des Imperiums sei vielfach nachgewiesen. Vielleicht ist der Wiesbadener Kopf auf dem Umweg über Mainz nach *Aquae Mattiacorum* gelangt, wie es wohl auch von der Gladiusscheide aus der Kleinen Schwalbacher Straße anzunehmen ist.

Das ist jedoch nur eine Seite des Problems. Die zweite steckt im Fundort. Im Begleitheft der Ausstellung war mir der Hinweis aufgefallen, daß der Kopf »in dem Schutt, der aus den Thermenanlagen am Kranzplatz stammt«, gefunden wurde. Um diese Aussage besser belegen zu können, war es notwendig, alte Akten zu durchforsten. Dabei fanden sich in den nachgelassenen Papieren von Prof. Schoppa einige Briefe, die die Umstände des Erwerbs der von Schoppa durchgängig als »Tiberius-Kopf« bezeichneten Marmorplastik vollständig aufklärt.

Prof. Schoppa hatte auf einem nicht bekannten Weg von der Existenz des Marmorkopfes erfahren und den Eigentümer, Dipl.-Ing. W. Moeller, gebeten, ihn entweder dem Museum Wiesbaden zu verkaufen oder als Leihgabe für die römischen Abteilung zur Verfügung zu stellen. Im Antwortschreiben des Herrn Moeller vom 7. Januar 1961 heißt es: »Leider muß ich Sie enttäuschen, daß ich den römischen Kaiserkopf bei meinen Lebzeiten dem Museum Wiesbaden entweder verkaufe oder als Leihgabe überlasse, denn es hängen zu viele Erinnerungen aus meiner Jugendzeit daran. Es sind doch nahezu sechzig Jahre her, daß ich ihn als kleiner Junge aus dem dunklen Geröll des Aushubes einer Baugrube in der Gegend des Kranzplatzes auf Veranlassung meines Vaters ausbuddelte. Mit diesem herangefahrenen Schotter, in dem sich viele Ton- und auch Glasscherben befanden, wurden die Zufahrts- und Gartenwege des neuerbauten väterlichen Wohnhauses am heutigen Cheruskerweg [Nr. 32] befestigt. Bei meinem schon sehr hohen Lebensalter trenne ich mich nicht von Dingen der Erinnerung, die zu meiner Lebensfreude und Lebenswillen beitragen, denn die Gegenwart und der Umgang mit solchen Dingen ist mir ein Bedürfnis. Eine Frage der materiellen Auswertung ist mir der Kopf zu keiner Zeit gewesen. (. . .). Es ist aber selbstverständlich und auch Vorsorge getroffen, wenn eine Besitzveränderung eintritt, daß der Kaiserkopf und andere Dinge zuerst der Stadt Wiesbaden zum Kaufe angeboten werden.« Herr Moeller starb sechs Monate später. Als »Tiberius-Kopf« wurde das Stück noch im selben Jahr angekauft (Abb. 89).

Erst auf nachhaltiges Drängen des Verfassers hat ihn die Fachwelt jetzt zur Kenntnis genommen. Im Frühjahr 1993 wurde er zur näheren Untersuchung dem Römisch-Germanischen Zentralmuseum in Mainz übergeben. Das Ergebnis liegt inzwischen vor. Nach Fertigstellung des Buchmanuskriptes erhielt ich eine Umbruchkopie der Publikation »Ein Augustuskopf in Wiesbaden« von Frau Dr. Marion Mattern, in der leider die entscheidende Vorarbeit des Verfassers mit keinem Wort erwähnt wird.

Beschreibung des Wiesbadener Augustuskopfes[389]

Danach handelt es sich eindeutig um ein Porträt des Kaisers Augustus. Als Vorlage habe der Haupttypus der Augustusporträts (Panzerstatue von Primaporta) gedient, der nach heutigem Kenntnisstand »seit dem Jahr 27 n. Chr. die allgemein verbindliche Vorlage für das Porträt des Augustus gewesen ist«. »Der Wiesba-

Abb. 89 Der »Wiesbade-
ner Augustuskopf«.
Marmor, 1. Hälfte
1. Jh. n. Chr.
Höhe: von der Kinnspitze
bis zum Scheitel 0,22 m.

dener Kopf folgt der Überlieferung des Haupttypus jedoch nur in groben Zügen.« »Die stilistischen Merkmale weisen auf eine nachaugusteische Entstehungszeit.«

»Der weitaus größte Teil der Statuen mit posthumen Augustusbildnissen wurde in der Regierungszeit von Tiberius, Caligula und Claudius errichtet, denn die Verwandtschaft mit dem Divus galt als Herrschaftslegitimation. Auch der Wiesbadener Kopf dürfte in der Regierungszeit eines dieser drei Kaiser angefertigt worden ein.« (. . .) »Der Kopf (von eher handwerklicher Qualität) mit seinen geglätteten Gesichtspartien, dem schmalen Mund, dem festen Kinn und der vereinfachten ornamentalen Haarbildung steht einem posthumen Augustusporträt nahe, das sich in der Glyptothek in München befindet.«

Der Aufsatz schließt: »Stammt der Kopf wirklich aus der Gegend der Kranzplatzthermen oder sogar den Thermen selbst, so hätten wir hier das erste bisher bekannt gewordene Beispiel der offiziellen politischen Kunst aus dem römischen Hessen. Die Aufstellung von Statuen und Porträts der Kaiser und ihrer Familienangehörigen in Thermengebäuden war durchaus nicht ungewöhnlich.«

Offen bleibt nach wie vor die Frage nach dem ursprünglichen Fundort, wenn nun auch klargestellt ist, daß die Aussage Schoppas vom »Schutt aus den Thermenanlagen« nach dem Brief Moellers in »Aushub aus einer Baugrube in der Gegend des Kranzplatzes« korrigiert werden muß. Gern würde man ihn als Teil einer Kaiserstatue sehen, die auf dem Steinpostament des Thermenvorraums (*apodyterium/basilica*; s. o.) gestanden hat[390]. Die tatsächlichen Fundumstände lassen jedoch eine so weitgehende Interpretation nicht zu.

Der Weihestein der Diana Mattiaca – Schutzgöttin der mattiakischen Quellen

Ein anderes bedeutendes Zeugnis der römischen Vergangenheit Wiesbadens teilt das Schicksal des kaiserlichen Marmorkopfes: Der Weihestein der Göttin Diana Mattiaca. Auch er wurde von seinem (unbekannten) urspünglichen Standort verschleppt, und auch er hat eine enge Beziehung zu den heißen Quellen und den bei ihnen errichteten Thermenanlagen.

Die Entdeckungsgeschichte des Steines ist die in Wiesbaden übliche. Beim Verlegen eines Abwasserkanals auf dem heutigen Schloßplatz wurde 10,50 m vor der Kaiser-Wilhelm-Heilanstalt das Fundament der hier etwa 1,50 m (?) breiten Heidenmauer durchschnitten. Sie verlief an der Grenze zum ehemals Kalbschen Haus (Bürogebäude des Hessischen Landtags) in Richtung auf den Chor der Marktkirche. Das Fundament lag 4,10 m unter Terrain und ruhte auf etwa 20 cm dicken, kreuzweise gelegten eichenen Bohlen, die ihrerseits 1 – 1,20 m lange zugespitzte, in den Boden eingerammte Eichenpfähle zur Unterlage hatten[391].

Am 26. Februar 1898 stieß man in 4 m Tiefe auf einen in das Fundament vermauerten Sandsteinblock, dessen nach oben gewendete Seite Reste einer Inschrift erkennen ließ. Seine rechte Seite lag genau in der Außenkante der Mauer. Er war reichlich mit einem festen, rötlichen Mörtel eingespeist und durch den Mörtel auch

Abb. 90   Weihestein der Diana Mattiaca.

mit einer auf ihm liegenden Sandsteinplatte verbunden. Im Innern der Mauer, also an der linken Seite des Blockes, stieß an ihn ein anderer großer Sandsteinblock, der beim Herausbrechen leider zertrümmert wurde. Er war Teil eines Architekturstückes und zeigte eine triglyphenartige Verzierung.

Der Block mit der Inschrift erwies sich als eine Basis aus grauem Sandstein, 58 cm hoch, 54 cm breit, 42 cm dick. Durch die Zurichtung als Werkstück, der schon vorher eine weitere sekundäre Verwendung vorausgegangen war, hat die Inschrift an einigen Stellen mehr oder weniger stark gelitten. Dennoch ist der Text in allem wesentlichen zu entziffern, die Lücken können mit einiger Sicherheit verläßlich ergänzt werden. Die heute allgemein akzeptierte Lesart des 40 cm hohen Inschriftfeldes lautet (Abb. 90):

ANTONIA M . . . IA (uxor)
T(iti) PORCI RVF[IA]NI [LE]G(ati)
[L]EG(ionis) XX[II] P(rimigeniae) P(iae) F(idelis)[PRO
SAL]V
TE PORCIAE RVFIANAE
FILIAE SVAE DIANAE M(a)T[TI]
ACAE VOTO
SIGNVM POSV[IT]

»Antonia M. . .ia, (Frau) des T(itus) Porcius Rufianus, Legat der 22. Legion Primigenia Pia Fidelis, hat den der Diana Mattiaca für die Heilung ihrer Tochter Porcia Rufiana versprochenen Weihestein aufstellen lassen.«

Nach Ritterling war T. Porcius Rufianus der erste auf einer rechtsrheinischen Inschrift erwähnte Legat der 22. Legion. Den Buchstabenformen nach zu schließen, die allerdings nur eine ungefähre Zeitbestimmung ermöglichen, »gehört die Inschrift vielleicht noch in die erste Hälfte des 2. Jahrhunderts; Rufianus kann etwa zur Zeit Trajans oder Hadrians gelebt haben.«

Kaiser Wilhelm II. hatte sich bei seinem Besuch im Juni 1903 nach dem militärischen Status des Legaten erkundigt. Als Ritterling ihm bestätigte, daß es sich um einen »Divisionsgeneral« gehandelt habe, soll der Kaiser sich »äußerst interessiert« gezeigt haben[392].

Was die Bedeutung der Diana Mattiaca als einer in *Aquae Mattiacorum* verehrten Göttin anbetrifft, gibt es zwei Möglichkeiten. Nach der einen bezieht sie sich auf den persönlichen Dank der Frau des Legaten an Diana für die Heilung der Tochter durch das Wasser der mattiakischen Quellen[393]. Damit stimmt überein, daß Diana, die uns als Göttin der Jagd bekannt ist, erst in einer späteren Entwicklungsstufe dieses Attribut erhalten hat, während sie ursprünglich als Beschützerin des weiblichen Lebens, besonders im Zusammenhang mit Fruchtbarkeit und Geburt verehrt worden ist. Ihr Kultbild entsprach dem der Artemis von Ephesos[394]. Diana ist aber auch als Schutzgöttin von Bächen und Quellen bekannt[395]. Auch in dieser Eigenschaft kann sie an den mattiakischen Quellen verehrt worden sein. Ritterling weist in diesem Zusammenhang darauf hin, daß sich am Tor der römischen Thermen in Badenweiler Inschriften gefunden haben, die der Göttin Diana mit dem lokalen, ursprünglich keltischen Beinamen Abnoba geweiht waren[396]. Quellgottheiten treten in den keltisch beeinflußten Nordprovinzen des römischen Reiches an mehreren Orten auf. Die Verwandtschaft zwischen Diana Abnoba und Diana Mattiaca wird durch ihre landschaftsgebundenen Beinamen besonders deutlich: *Abnoba mons* nannten die Römer den Schwarzwald. Der Diana des Schwarzwaldes entspräche die Diana Mattiaca als Schutzgöttin des Mattiakerlandes und seiner Quellen.

Die Frage, ob auf dem Diana-Mattiaca-Stein ursprünglich eine Statue der Diana gestanden habe, ist schwer zu beantworten. Dem herausgehobenen Status des Legaten der 22. Legion wäre es wohl angemessen. Die grobe Ausführung sowohl der steinernen Basis als auch der Inschrift hätte jedoch kaum dem Anspruch eines Götterstandbildes genügt.

Römisches Kurhaus und ein Jahrhundertfund

Gebäude 1

Im März 1841 war man beim Graben eines neuen Fundamentes für das von Schneidermeister Seel erworbene und niedergelegte ehemals Mahrsche Haus, das an der dem Schwarzen Bock gegenüberliegenden Ecke des »Kranzes« lag (die Stelle liegt heute in der Mitte der Langgasse, wo sie in den Kranzplatz übergeht), 30 cm unter dem Straßenpflaster auf eine römische Mauer von 75 cm Dicke gestoßen. Sie verlief in Richtung

Kochbrunnen gegen das Badhaus Engel (heute Weberhof)[397] und war Teil der Umfassungsmauer eines Gebäudes, dessen Fundamente wegen des vom Thermalwasser durchtränkten sumpfigen Bodens auf einem noch gut erkennbaren Pfahlrost ruhten.

Auf dem Pfahlrost fand sich eine Lage von rohen Bruchsteinen, die stark in Mörtel aus Kalk und zerstoßenen Ziegelsteinen vermauert waren. Darauf lagen, mit ihren Schmalseiten dicht aneinandergefügt, große Sandsteinplatten von ungleicher Breite und Länge, die man nach ihrer Hebung als Grabsteine mit Inschriften erkannte.

Insgesamt wurden 1841 vier Grabsteine gehoben; außerdem noch eine sehr zerbrechliche große Sandsteinplatte von etwa 2 m Länge, auf der drei fast erloschene Figuren in flachem Relief dargestellt waren. Die Steinart scheint aus einem Steinbruch der nahen Umgebung von Wiesbaden zu stammen.

Gegen die Mitte der Hausfront, 6 m von der Südwestecke des Kranzplatzes entfernt, wendete sich die Mauer im rechten Winkel gegen den Schwarzen Bock. »Wegen der Frequenz der Straße bei herannahender Kurzeit« konnte sie nicht weiter untersucht und in ihrem Verlauf verfolgt werden. Es wurden jedoch noch zwei Kranzgesimse geborgen, von denen das eine zu einem Säulenpaar gehörte.

Die Arbeiten wurden vom 16. Dezember 1841 bis 18. Februar 1842 unter der Aufsicht des Architekten Kihm fortgesetzt. Dabei kamen weitere Teile von römischem Mauerwerk zum Vorschein, die als Unterbau einer Herberge (*mansio*) gedeutet werden. Beim Verfolgen der Mauer in Richtung des Badhauses Engel wurden 9 weitere Sandsteinplatten geborgen; 7 waren römische Grabsteine. Alle waren wie die im Jahr zuvor gefundenen Steine auf die gemauerte Sohle des Fundamentes in starken Speismörtel eingelegt, was die Schrift zwar konserviert hatte, aber »unendliche Schwierigkeiten bei der Entfernung dieses eisenfesten Mörtels verursachte«[398]. Das Gebäude ruhte auf 15 cm dicken Pfählen; sie waren zum Teil ganz verfault und standen noch bis 1 m tief in der sumpfigen Erde.

Das Gebäude bildete ein leicht verschobenes längliches Rechteck mit ungleichen Seiten. Die nordwestliche Langseite war 31,93 m, die nordöstliche Schmalseite 14,02 m, die südöstliche Langseite 31,22 m, die südwestliche Giebelseite 13,65 m lang (die metrischen

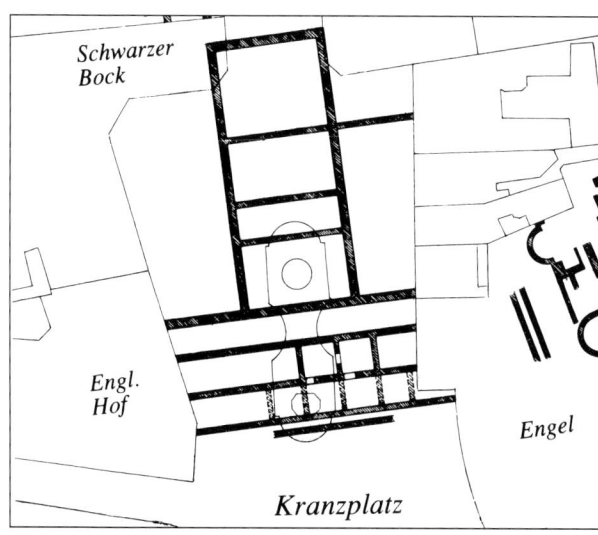

Maße wurden von Ritterling [Abschrift SNA] aus den ursprünglichen Fuß- und Zollmaßen umgerechnet). Drei Quermauern teilten das Erdgeschoß in vier Räume ungleicher Größe. Die Mauern waren etwa 55 cm breit und noch fast 50 cm hoch erhalten.

In der Mitte der Umfassungsmauer lag ein 1,30 m breiter Eingang. An der südöstlichen Langseite befand sich ein gewölbter Keller. Eine Treppe mit vier aus Bruchsteinen gemauerten Stufen führte 1,20 m in die Tiefe. Im Keller und in den oberen Räumlichkeiten fand man einen bronzenen Wasserkranen, der dem 1903 auf dem Adlerterrain gefundenen (Abb. 139) ganz ähnlich war[399], drei ineinandergeschachtelte Gewichte, 10 römische Münzen (Kleinerze, unkenntlich), einen bronzenen Fingerhut, eine Bronzefibel, Ringe, Scheiben und Beschläge sowie zwei kleine durchlöcherte Stückchen eines Siebes aus Bronze. Dazu den Fuß eines Trinkglases, einige Stücke von Terra sigillata sowie im Hof des Schneidermeisters Seel ein Stück eines oberen Säulenschaftes und ein Kleinerz von Konstantin. Die Bronzesiebstückchen waren Teil eines Siebs, ähnlich dem, das man, zusammen mit einer Kasserolle, auf dem Adlerterrain gefunden hat[400].

Die erste Abteilungsmauer setzte sich über die äußere Mauer fort bis zu den Häusern an der Nordwestseite des Kranzplatzes; dort konnte sie wegen der Bebauung nicht weiter verfolgt werden. Die nordöstliche Giebelmauer setzte sich auf beiden Seiten fort; auf der einen

Seite stieß sie auf die Häuserfront des Kranzplatzes, nach der anderen verlor sie sich unter dem »Englischen Hof«.

Gebäude 2 und 3

Parallel zu dieser nordöstlichen Giebelmauer, 3 m davon entfernt, stieß man auf die Umfassungsmauer eines weiteren Gebäudes, das anscheinend quer vor dem anderen lag. Parallel zur ersten verliefen drei weitere Mauern, von denen die beiden ersten zu diesem Gebäude gehörten. Der umschlossene Raum war in mehrere, durch Türen miteinander verbundene Zimmer eingeteilt. Die Böden waren mit Estrich belegt. Die 60 cm starken Mauern standen noch und waren 1,15 m hoch.

Im Abstand von einem halben Meter zur nordöstlichen Umfassungsmauer stieß man schließlich noch auf eine weitere Mauer, 60 cm dick und 70 cm hoch, die zu einem dritten Gebäude zu gehören schien. Dieser Befund scheint nicht weiter verfolgt worden zu sein. Auf dem Plan bricht die Mauer auf beiden Seiten vor Erreichen der Häuserfront auf dem Kranzplatz ab.

Die Ausdehnung des Gebäudekomplexes und seine Nähe zu den Thermen am Kranzplatz machen es wahrscheinlich, daß er zu den Thermen eine funktionelle Beziehung hatte. Meistens wird er als Herberge (*mansio*) bezeichnet, in der Badegäste übernachten und während ihrer Badekur wohnen konnten. In die heutige Sprache übersetzt, was den zeitbedingten Unterschied aber nicht verwischen soll, könnte man von einem Kurhaus oder Sanatorium sprechen.

Der Grabungsbericht des Baumeisters Kihm hatte ein bemerkenswertes Schicksal. Kihm selbst fand nicht die Zeit, den vom ihm aufgenommenen Grundriß mit Beschreibung zu veröffentlichen. Das Verdienst, nähere Angaben über den Befund gerettet zu haben, gebührt dem Obermedizinalrat Dr. Reuter, dem Kihm in seiner letzten Krankheit seine Notizen diktierte. Reuter übergab sie später an Prof. Friedrich Otto, der sie im Jahre 1888 publiziert hat[401].

Ein Merkurkopf

In der entgegengesetzten Richtung, an der Ostseite der Langgasse, stieß man 1904 beim Neubau des Badhauses »Goldene Kette« (heute Langgasse 45) erneut auf mehrere starke Mauerzüge römischer Herkunft[402]. Ein Blick auf den Plan zeigt, daß sie wahrscheinlich mit den 1841/42 untersuchten Gebäuden am Kranzplatz in einem Zusammenhang standen.

An einem (nicht näher bezeichneten) Kreuzungspunkt zweier dieser Mauern, die ohne Holzrost mit einer starken Rollschicht unmittelbar auf dem schwarzen, von Thermalwasser durchtränkten Kies aufsaßen, lag ein mächtiger Sandsteinblock, der wohl als Unterlage für ein großes Postament gedient hat. In seiner Nähe hat sich der fast lebensgroße Merkurkopf aus Sandstein gefunden, der an anderer Stelle (S. 25 f., Abb. 9) schon vorgestellt wurde.

Die Soldatengrabsteine[1]

Die bei der Freilegung der Fundamente des Gebäudes 1 auf dem Kranzplatz entdeckten römischen Soldatengrabsteine bedeuteten für die Wiesbadener Stadtarchäologie eine Sensation. In der modernen Medienlandschaft wären sie sicher als »Jahrhundertfund« herausgestellt worden.

Die Einzelheiten der Fundaufdeckung werden von E. Ritterling[403] diskutiert. Sicher ist: Die Grabsteine sind nicht an ihrem ursprünglichen Standort gefunden worden. Sie waren von einem römischen Gräberfeld lange nach ihrer Aufstellung zur Vermauerung an den Fundplatz gebracht worden. Ritterling, der ja von einer sehr frühen Nutzung der dem Steinkastell auf dem Römerberg vorausgehenden Erdbefestigungen ausging, sah ihren ursprünglichen Standort entlang der vom Kastell nach Mainz-Kastel führenden Militärstraße, »an der hauptsächlich die Besatzung des Kastells ihre Toten beigesetzt zu haben scheint«. »Alle Denkmäler gehören dem 1. und dem Anfang des 2. Jahrhunderts an; das jüngste dürfte spätestens aus der

---

[1] Die Grabsteine werden ausführlich beschrieben, da sie wegen der schwierigen Verhältnisse im Museum Wiesbaden in diesem Jahrhundert wahrscheinlich nicht mehr zu sehen sein werden.

Mitte des 2. Jahrhunderts, wahrscheinlicher noch aus der Zeit Hadrians [117–138 n. Chr.] stammen.« Dabei geht Ritterling offensichtlich von der Annahme aus, daß alle Soldaten, deren Grabsteine gefunden wurden, Angehörige der jeweilig dort stationierten Kampftruppe gewesen sind. Heute gehen wir davon aus, daß die römische Niederlassung von Anfang an als Heilbad für das römische Heer während der Germanenkriege genutzt wurde. Demnach müssen diese Soldaten nicht unbedingt in Wiesbaden (*Aquae Mattiacorum*) stationiert gewesen sein. Einige waren es, andere werden während eines Kur- oder Lazarettaufenthaltes gestorben sein. Letzte Klarheit kann nur ein genauer Vergleich mit den während dieser Zeit in Obergermanien eingesetzten Auxiliareinheiten verschaffen[404].

Die ältesten Grabsteine

Zur Beschreibung der Grabsteine stehen im wesentlichen drei Quellen zur Verfügung: die ersten Berichte des Archivars und Vereinssekretärs Friedrich Gustav Habel (vgl. Anm. 397, 398), die Beschreibung von Emil Ritterling und die Interpretation von Helmut Schoppa[405]. Sie werden hier gleichmäßig berücksichtigt, ohne sie einzeln zu zitieren. E. Ritterling hat zu den von Habel beschriebenen insgesamt elf Grabsteinen noch drei hinzugefügt, die 1837 und 1862 in dem Gräberfeld bei der Artilleriekaserne (heute ESWE-Hochhaus und Hessische Landesbibliothek) gefunden wurden. Er läßt aber den Stein des Töpfers Agricola (Abb. 33) aus, da er kein Soldatengrabstein gewesen ist.

L. Veturius

Ritterling beginnt mit dem möglicherweise ältesten Stein des L(ucius) Veturius, eines Veteranen der 14. Legion Gemina[406], auf den bei Schoppa jeder Hinweis fehlt (Abb. 91). Er ist aus gelblichem Sandstein, 2,19 m hoch, 0,80 m breit, 0,19 m dick. Die rechteckige Platte (Inschriftenstele mit Horizontalabschluß) zeigt ein mit Leisten gerahmtes, 1,34 m hohes Inschriftfeld, das kaum zur Hälfte beschrieben ist. Man kann daraus wohl den Schluß ziehen, daß diese Art von Steinen nicht eigens gefertigt, sondern unter Freilassung des

Inschriftfeldes vorgefertigt und auf Lager gehalten wurden. Der dreieckige Giebel über der Inschrift zeigt in ziemlich flachem Relief eine Rosette mit Blättern, die Dreieckzwickel Akroterien und je eine freistehende Rosette.

Der Stein weist eine deutliche stilistische Übereinstimmung mit dem Grabstein des L. Cassius, Soldat der 16. Legion, aus Mainz auf[407, 408]. Nach Ornamenten, Text und Buchstabenform gehört dieser Stein »in die 1. Hälfte des 1. Jahrhunderts, wahrscheinlich in die Zeit des Claudius. Dazu stimmen Text und Buchstabenform der Inschrift« (Abb. 91):

L(ucius) VETVRIVS SP(urius) F(ilius)
VOT(uria) PLAC(entia)
PRIMVS VETER(anus)
Ex LEG(ione) XIIII
GEM(ina)
H(ic) S(itus) E(st)

»Lucius Veturius, Sohn des Spurius, aus der ersten Voturischen Tribus von Placentia, Veteran der 14. Legion Gemina (der Gedoppelten), liegt hier begraben.« Ritterling schreibt: »Wahrscheinlich ist Veturius aus dem aktiven Dienst ausgeschieden, ehe die 14. Legion im Jahr 43 nach Britannien verlegt wurde. Die Hinzufügung des Cognomens, das vor Claudius gewöhnlich fehlt, bildet keinen Grund gegen die frühere Ansetzung«; er begründet das u. a. mit dem Hinweis auf Beispiele von eingeritzten Eigentumsvermerken auf Halterner Sigillaten.

Bemerkenswert ist die Namengebung: *spurius* heißt »unehelich«, es mag ein unehelicher Sohn sein. »Da die Aufnahme in die Legion jedoch eheliche Geburt erforderte, erhielt er bei der Anwerbung einen korrekten, die Entstehung aber durchscheinenden Namen. (. . .), ein interessanter Beleg, daß schon in dieser frühen Zeit (unter Augustus oder Tiberius) die gesetzlichen Vorschriften umgangen wurden, um die Truppenkader aufzufüllen.«

Dassius

Eine sehr hohe Sandsteinplatte (2,50 x 0,77 x 0,21 m), deren Inschriftfeld 1,28 m groß ist, zeigt im Giebel eine große, schön gearbeitete Rosette und zwei Blätter, in

Abb. 91   Grabstein des   ▷
Lucius Veturius

Abb. 92   Grabstein des   ▷
Dassius

Abb. 93   Grabstein des   ▷
Licaius

den Zwickeln Akroterien und je ein delphinartiges Fischchen. Unter der Inschrift schließt eine mit Binden an den Enden und mit einem Medaillon in der Mitte geschmückte Girlande das Inschriftfeld ab[409]. Auch hier gilt der Hinweis auf den Vergleich mit ähnlichen Steinen aus Mainz[410]. Zeitlich wird der Stein des Dassius nach Ornament, Buchstabenform und Stil in die Jahre zwischen 40 und 50 n. Chr. zu datieren sein (Abb. 92).

DASSIVS DA
ETORIS FIL(ius)
MAESEIVS
MIL(es) COH(ortis) V
DALMATARVM
AN(norum) XXXV STI(pendiorum)
XVI H(ic) S(itus) E(st)

»Dassius, des Daetor Sohn, aus Maesa gebürtig, Soldat der 5. Dalmatierkohorte, 36 Jahre alt, 16 Jahre im Dienst, ist hier begraben.«
Nach Ritterling ist der Name Dassius (Dasius) bei den illyrischen Stämmen Dalmatiens und Pannoniens sehr häufig. Die *Cohors V Dalmatarum* gehört zu den nach Niederwerfung des großen Aufstandes in Illyrien (6–9 n. Chr.) gebildeten und nach der Katastrophe der Varusschlacht an den Rhein verlegten Kohorten[411]. Sie ist dort noch im Jahr 74 n. Chr. nachgewiesen[412]. Da Dassius als aktiver Soldat verstarb, könnte er zur Besatzung eines der Erdkastelle auf dem Römerberg gehört haben.

Licaius

Der Grabstein des Auxiliarsoldaten Licaius ist aus Mainkalk, 2,33 m hoch, 0,82 m breit und 0,34 m dick. Die 1,44 m hohe, fast vollrund herausgearbeitete Gestalt steht in einer tiefen, durch eine Muschelwölbung geschlossenen Nische. Die Zwickel oberhalb der Nische sind mit Akanthusblüte und -blatt ausgefüllt. Oben auf der rechteckigen Platte hat vielleicht ein besonders gearbeiteter Giebel den Abschluß gebildet.
Der Stein ist handwerklich sorgfältig und unter Einhaltung der richtigen Maßverhältnisse gearbeitet. Der Soldat ist mit der vorn rundgeschürzten *tunica* und dem Umhang (*paenula*), dessen Falten hinten bis auf die Waden herabreichen, gekleidet. An den Füßen werden das Schuhwerk (*caligae*) und deren Riemen durch Bemalung angedeutet gewesen sein. An zwei sich kreuzenden, mit getriebenen Bronzeplättchen beschlagenen Gürteln trägt er rechts das Schwert, links den Dolch. Der am Gürtel (*cingulum*) mit einer Metallplatte befestigte Riemenschurz aus sechs mit Bronzebuckeln beschlagenen Lederstreifen endigt unten in herzförmige Anhängsel, wie sie aus Funden in römischen Kastellen bekannt sind. Die rechte Hand hält zwei Lanzen

mit schlanken Eisenspitzen und kräftiger Längsrippe. Die linke Hand ruht auf dem rechteckigen Holzschild. Der Kopf des Soldaten ist unbedeckt, das kurze Haar nach vorn gestrichen. Die Inschrift in kleinen, nicht besonders schönen Buchstaben lautet (Abb. 93):

LICAIVS SERI F(ilius) MILES
Ex C(o)HO(rte) I PANONIORV(m) AN(norum)
XXX STI(pendiorum) XVI H(ic) S(itus) E(st)
FRATER OP(us) P(i)E(tatem) F(ecit)

»Lic(c)aius, Sohn des Serus, Soldat der 1. Kohorte der Pannonier, 30 Jahre alt, 16 Jahre im Dienst. Sein Bruder ließ im Gedenken den Stein anfertigen.«
In der ursprünglichen Lesung[414] sind einige Worte anders interpretiert, was sicher auf die anfängliche Schwierigkeit, den Stein vom Mörtel zu reinigen, zurückzuführen ist. Auffallend ist das Rekrutierungsalter von 14 Jahren, doch muß die Altersangabe durch den Bruder nicht unbedingt zuverlässig gewesen sein. E. Ritterling schreibt: »Die Truppe, in welcher der Soldat gedient hat, ist wahrscheinlich wie die *V Dalmatarum* seit dem Jahre 10 n. Chr. am Rhein gewesen; später erscheint sie in Britannien. Wenn es auch fraglich ist, ob sie bereits zu dem Okkupationsheer des Claudius im Jahre 43 gehörte, ist sie doch spätestens unter Nero oder im ersten Jahr Vespasians nach Britannien versetzt worden. Die Wiesbadener Inschrift dürfte spätestens der Zeit des Claudius (41–54 n.Chr.) angehören (vgl. die etwas älteren Grabsteine der gleichen Kohorte aus Bingerbrück)«[415]. Nach Schoppa[416], der die beiden reinen Inschriftensteine nicht erwähnt, sind der Licaius- und der nachfolgend beschriebene Reitergrabstein des Dolanus »die frühesten römischen Grabdenkmäler rechts des Rheins«.

Dolanus

Der Reitergrabstein des Dolanus[417] ist 2,26 m hoch, 0,84 m breit und 0,23 m dick. Er besteht aus Mainkalk.
In der flachen, mit einem Strickmusterbogen überwölbten Nische findet sich die typische Darstellung des kämpfenden, den Feind niederwerfenden Reiters in der Art des (wesentlich besser gearbeiteten) Steins des C. Romanius Capito aus Mainz[418]. Der Wiesbadener Stein ist eine plumpe, in den Maßverhältnissen stark

verzeichnete Arbeit. Links und rechts der Nische sind zwei sprungbereite Löwen in Vorderansicht aus der Platte herausgearbeitet.

Der Reiter trägt ein Lederkoller, die steifen, noch einen Teil des Oberarms deckenden Schulterklappen werden auf der Brust durch eine Spange zusammengehalten. Den Hals schützt ein breites Tuch. Den Kopf bedeckt ein plumper Eisenhelm mit breit abstehendem Nackenschirm und steil aufgerichtetem Stirnschild;

Ohrschutz und Backenklappen sind erkennbar. Der Reiter trägt anliegende, bis zur Wade reichende Hosen (*bracae*). Das zweischneidige Langschwert (*spatha*) mit dickem Knauf hängt auf der rechten Seite an einem Wehrgehänge. Die rechte, zum Stoß erhobene Hand führt die Lanze (*hasta*), vom linken Arm wurde der rechteckige Schild (*scutum*) gehalten, der an der Hinterwand der Nische von innen sichtbar ist.

Das Pferd ist im Galoppsprung dargestellt. Unter dem Ledersattel, mit angedeuteten vorderen und hinteren Sattelbögen liegt eine Satteldecke. An der Aufzäumung fallen die großen, am Brust- und Schwanzriemen angebrachten Bronzescheiben (*phalerae*) mit herabhängendem Zierat auf. Der im Hintergrund dargestellte Pferdeknecht, der seinen Herrn auch im Kampf zu begleiten pflegte, hält in der rechten Hand zwei Stoßlanzen mit breitblattiger Spitze. Der unter dem Reiter liegende Feind ist nackt und hat einen dichten Lockenkopf. Er hält in der rechten Hand ein kurzes, messerartiges Schwert. Die Inschrift unter dem Reiterbild lautet (Abb. 94):

DOLANVS ESBE
NI F(ilius) BESSVS EQ(ues) EX
COH(orte) IIII THRACVM
ANNO(Rv.Chr.M) XXXXVI
STIPENDI(orum) XXIIII
H(ic) S(itus) E(st)

»Dolanus, Sohn des Esbenus, vom Stamm der Besser, Reiter der 4. thrakischen Kohorte, 46 Jahre alt, 24 Jahre im Dienst, liegt hier begraben.«

Die Besser sind ein Hauptstamm der Thraker; sie saßen in der Gegend der heutigen Stadt Plovdiv/Bulgarien. Die 4. thrakische Reiterkohorte (*cohors equitata*) gehörte zeitweise zum oberrheinischen Heer, scheint aber bei den Kämpfen der Jahre 69/70 n. Chr. aufgerieben worden zu sein oder das Rheinland verlassen zu haben. Damit wurde der Stein sicher vor Beginn der Regierungszeit Kaiser Vespasians gesetzt[119]. Reiterkohorten waren gemischte Truppeneinheiten, die sich aus je vier Centurien Fußsoldaten und berittenen Turmen zusammensetzten. Zeitstellung und der Hinweis auf eine *cohors equitata* sind für die Beurteilung der Erdlager auf dem Heidenberg (oder an einer anderen Stelle in Wiesbaden) von einiger Bedeutung.

Abb. 94   Grabstein des Dolanus

Die vier vorstehend beschriebenen Grabsteine werden allgemein der Zeit kurz vor oder um die Mitte des 1. Jahrhunderts zugerechnet. Abgesehen von Lucius Veturius, einem Legionär der 14. Legion, gehörten die Soldaten Auxiliarkohorten an; sie waren gewöhnlich Angehörige von unterworfenen (oder foederierten) Völkerschaften, die zu Einheiten zusammengefaßt wurden. Ursprünglich nannte der Name der Einheit deren Rekrutierungsgebiet. Die Dienstzeit betrug 25 Jahre. Danach erhielten sie mit der ehrenvollen Entlassung das römische Bürgerrecht.

Unter dem Gesichtspunkt, daß die Dienstzeit eines Auxiliarsoldaten nach 25 Jahren zu Ende war, hatte der zuletzt genannte Dolanus ein unglückliches Schicksal. Er starb ein Jahr vor seiner Entlassung, die ihm das römische Bürgerrecht und wahrscheinlich einen angenehmen Lebensabend gebracht hätte.

C. Valerius Crispus

Der Grabstein des Gaius Valerius Crispus[420] ist eines der bekanntesten Steindenkmäler im römisch besetzten Deutschland. Es ist in vielen altgeschichtlichen und lateinischen Lehrbüchern in Deutschland abgebildet (Taf. 7), weil der dargestellte Krieger die vollständige Ausrüstung des römischen Legionssoldaten trägt.

Auf dem 2,16 m hohen, 0,75 m breiten und 0,18 m dikken Sandsteinblock ist die Gestalt 1,05 m hoch, in knapp zwei Drittel Lebensgröße in einer flachen Nische stehend dargestellt. Sie trägt einen Lederpanzer (*lorica*), der mit geschlitzten Lederkappen auf den Schultern verstärkt ist, und oberschenkellange Hosen, an denen A. v. Cohausen[421] Metallschuppen zu erkennen glaubt, während E. Ritterling sie als »dem Anschein nach lederne, geschlitzte Hosen« beschreibt. Der Kopf wird von einem Eisenhelm (*cassis*) mit Kamm (*crista*) und breitem, unter dem Kinn geschlossenem Wangenschutz geschützt. Von dem metallbeschlagenen Gürtel (*cingulum*) hängt vorn ein Schurz von vier gleichfalls mit Metallbeschlägen verzierten und verstärkten Lederriemen herab. Links am Gürtel wurde der hier durch den Schild verdeckte Dolch (*pugio*) getragen, das Schwert (*gladius*) hängt rechts an einem über die linke Schulter geführten Bandelier (*balteus*). Der linke Arm trägt den rechteckigen, halbzylindrischen Schild (*scutum*); er war aus Holz in mehreren La-

gen und mit Leder überzogen. Seine metallene Randeinfassung, die rechtwinkligen Beschläge an den Ecken und der Schildbuckel (*ambo*) treten deutlich hervor. Der letztere zeigt auf einer rechteckigen, an den Seiten mit schwalbenschwanzförmigen Metallbändern festgenieteten Platte in kräftigem Relief den eigentlichen Buckel in Gestalt eines Stierkopfes (die Interpretation als Stierkopf ist der eines Widderkopfes vorzuziehen, da die 8. Legion, der Crispus angehörte, den Stier als Emblem in ihren Feldzeichen führte). Die rechte Hand des Kriegers hält den Wurfspeer (*pilum*), dessen Eisentülle über das pyramidenstumpfförmig verdickte Ende des Holzschaftes gezogen ist[422]. Dessen verdicktes Ende ist übertrieben breit dargestellt. Der Stein trägt die Inschrift:

C(aius) VAL(erius) C(ai) F(ilius) BERTA MEN
ENA CRISPVS MIL(es) LEG(ionis) VIII
AVG(ustaea) AN(norum) XL STIP(endiorum) XXI
F(rater) F(aciendum) C(uravit)

»Gaius Valerius Crispus, Sohn des Gaius, aus Berta, der menenischen Tribus angehörig, Soldat der 8. Legion Augusta, 40 Jahre alt, 21 Dienstjahre. Sein Bruder hat den Stein setzen lassen.«

Die Stadt Berta lag wahrscheinlich in Makedonien. Die 8. Legion war bis zum Jahr 70 n. Chr. in der Provinz Moesien stationiert; sie erhielt aus der benachbarten Senatsprovinz Makedonien sicher zahlreiche Rekruten. 71 n. Chr. wurde sie nach Straßburg verlegt, von wo aus sie an den Chattenkriegen Domitians 83–86 n. Chr. in der Maingegend teilgenommen hat. Crispus kann im Verlauf dieser Kämpfe verwundet worden und in Wiesbaden gestorben sein. Der Stil des Grabsteines stimmt mit einer Datierung nach 80 n. Chr. überein.

Grabsteine der 2. Raeterkohorte

Q. Vibius Ag(i)ustus

Ein 1,90 m hoher, 0,72 m breiter und 0,16 m dicker, im März 1841 auf dem Kranzplatz gefundener Grabstein bezeichnet das Grab des Quintus Vibius Agiustus, eines Angehörigen der 2. Raeterkohorte, der nach den

Abb. 95   Grabstein des
Q. Vibius Ag(i)ustus

Q
VIBIVS AG
VSTVS RAETVS
MI(les) COH(ortis) II RAET(orum)
AN(norum) XXX STIP(endiorum) XIII
H(eres) F(aciendum) C(uravit)

»Quintus Vibius Agiustus, Raeter, Soldat der 2. raetischen Kohorte, 30 Jahre alt, 13 Dienstjahre. Der Erbe hat für die Aufstellung (des Grabsteins) gesorgt.«
Ritterling beanstandet die Schreibung »Agiustus«, der Stein zeige deutlich »Agustus«; gemeint sei das Cognomen »Augustus«, wofür er Beispiele anführt; diese Schreibung verwendet auch schon F. G. Habel in seinem Bericht über die Auffindung des Steines 1841[424]. Zur Datierung schreibt Schoppa: »Stil und Aufbau des Steines verweisen ihn in die vespasianisch-frühdomitianische Zeit«[425], Ritterling setzt ihn »in das letzte Jahrzehnt des 1. oder die ersten Jahre des 2. Jahrhunderts«. In einer neueren Arbeit, auf deren überzeugende Beweisführung hier nicht näher eingegangen werden kann, zeigt T. Bechert[426], daß Q. Vibius Agustus wahrscheinlich in den siebziger Jahren, vermutlich sogar schon um das Jahr 70 in die *cohors II Raetorum* eingetreten ist. Diese Kohorte gehörte ab 82 n. Chr. dem obergermanischen Heer an[427]. Wenn aber, so Bechert, Agustus als aktiver Soldat unter Domitian in Wiesbaden bestattet wurde, spreche im Grunde alles dafür, daß er frühestens 83 n. Chr., spätestens wenige Jahre später gestorben ist. Es sei deshalb auch sehr wahrscheinlich, daß die 2. Raeterkohorte, die in dieser Zeit den Ehrentitel *c(ivium) R(omanorum)* noch nicht führte, damals in Wiesbaden stationiert war, und daß das Steinkastell auf dem Römerberg von dieser Einheit errichtet worden ist.

Alters- und Dienstzeitangaben der Grabinschrift mit 17 Jahren in die Kohorte eingetreten und nach 13 Dienstjahren gestorben ist[423]. Der Stein ist deshalb von besonderer Bedeutung, weil er Anhaltspunkte für die Zeit der Anwesenheit der 2. Raeterkohorte im Steinkastell auf dem Römerberg liefert.
Das dekorativ eingerahmte und verzierte Inschriftfeld bedeckt nur die obere Hälfte des Steins. Die Inschrift wird durch einen gekerbten Bogen überwölbt, der auf kapitellartigen Vorsprüngen der Seitenleisten ruht. Die Zwickel über dem Bogen sind mit lorbeerartigen Zweigen gefüllt. Darüber erhebt sich ein dreieckiger Giebel mit Blattdekor und kleiner Mittelrosette. Auch die Zwickel über dem Giebel zeigen je ein großes, unter einer Blüte hervortretendes Blatt. Die Inschrift lautet (Abb. 95):

C. I. Cleme(n)s und C. I. Sabinus

Ein weiterer Grabstein, der mit der 2. Raeterkohorte in Verbindung steht, ist der 1842 gefundene Doppelgrabstein, Vater und Sohn in gleicher Größe nebeneinander, nach Ritterling »ein bei den Soldatengrabsteinen des Rheinlandes sehr seltener Fall«[428].
Das Denkmal aus Kalksandstein, 2,13 x 0,98 x 0,29 m, zeigt in einer Doppelnische links stehend den Vater in Tunika und Toga, die um die linke Schulter gezogen

und um die Hüfte gegürtet ist. Die rechte, auf der Brust ruhende Hand faßt an die Falten der Toga, die linke hält eine Rolle (lt. v. Cohausen das in der Inschrift genannte Testament[429]). Rechts der Sohn mit Tunika, Halstuch und hinten weit herabhängendem Wollmantel. In der rechten Hand hält er den Rebstock (*vitis*), das Rangzeichen des Centurio, in der linken eine ähnliche Schriftrolle wie der Vater; die Hand verdeckt Griff und Knauf des Gladius. Vater und Sohn haben gleiche, kurz geschnittene Haartracht. Fuß- und Beinkleidung sind nicht zu erkennen. H. Schoppa schreibt: »Der Stil des Grabsteines ist sehr malerisch, die Falten sind realistisch wiedergegeben. Auch auf beiden etwas beschädigten Köpfen ist das malerische Element, vor allem bei den Augen, deutlich«[430]. Die Inschriften lauten (Abb. 96):

C(aius) IVL(ius) C(ai) F(ilius)
CLEME(n)S
FORO IVLI(i)
VET(eranus) AN(norum) LX

C(aius) IVL(ius) SAB[I]
NVS FILIV[S]
› COH II RAE[T](orum)
C(ivium) R(omanorum) AN(norum) XXV

[H(ic)] S(iti) S(unt) T(estamanto) F(ieri) I(usserunt)
HERED(es) F(aciendum) C(uraverunt)

»Gaius Julius Clemens, Sohn des Gaius, aus Forum Julii, Veteran, 60 Jahre alt. – Gaius Iulius Sabinus, Sohn, Centurio (›) der Cohors Raetorum civium Romanorum, 25 Jahre alt. – Sie sind hier bestattet. Sie beauftragten gemäß ihrem Testament die Erben mit der Schaffung (dieses Grabsteins).«

Die Lesarten des Cognomen des Sohnes und des Anfangs der letzten Zeile sind bei v. Cohausen, Ritterling und Schoppa verschieden. In der hier wiedergegebenen Fassung (CIL XIII 7583) ist der fehlende Anfang dieser Zeile durch »[H](i)c« ergänzt. Der dritte Buchstabe »S« ist eindeutig lesbar, das zweite »S« einigermaßen erkennbar. Die Truppe des Vaters ist nicht angegeben; er wird in seiner Heimatstadt Forum Julii (Fréjus) in der *provincia Narbonensis* als Legionär gedient haben. Die *cohors II Raetorum* des Sohnes war, wie

Abb. 96 Doppelgrabstein des C. Iulius Cleme(n)s und C. Iulius Sabinus

oben gezeigt wurde, wahrscheinlich seit 83 n. Chr. in Wiesbaden stationiert. Zum Zeitpunkt des Todes des Centurio trug sie aber schon den Beinamen *c(ivium) R(omanorum)*, den sie vermutlich zwischen 97 und 106 n. Chr. erhalten hatte[431]. Die Datierung des Grabsteines dürfte genau in diesen Zeitraum fallen, da danach die 2. Raeterkohorte bereits in Butzbach stationiert war (vgl. Anm. 426).

Kurz erwähnt sei in dem Zusammenhang der Grabstein des Veteranen der 2. Raeterkohorte (ohne den Zusatz »civium Romanorum«) CAPITO AVGVRI F(ilius), der in Laubenheim bei Mainz gefunden wurde, aber zum Bestand der Sammlung Nassauischer Altertümer gehört[432]. Es ist denkbar, daß der Veteran

*Abb. 97 Grabstein des
T. Flavius Celsus*

Totenmahl und sonstige Motive

Grabstelen mit Totenmahlmotiv haben Vorbilder schon im griechischen Osten. Ihre charakteristische Ausprägung erhielten sie jedoch in den letzten Jahrzehnten des 1. Jahrhunderts n. Chr. in den germanischen Provinzen. Im Bereich des rheinischen Heeres wurden sie wahrscheinlich zuerst in Mainz geschaffen[433]. Sie kamen in flavischer Zeit auf und wurden zunächst nur von Soldaten und Veteranen auxiliarer Reitereinheiten gewählt. Sie sollten von einer feineren Lebensart des Toten zeugen bzw. von der Hoffnung des Verstorbenen, im Jenseits so leben zu können.

Zu dieser Gruppe gehören drei Grabsteine vom Kranzplatz und der Stein des Veteranen der 2. Raeterkohorte Capito aus Mainz-Laubenheim. Der Tote liegt, als lebend dargestellt, gewöhnlich mit aufgestütztem linkem Arm, auf der Kline, dem »Sofa« der Römer, beim Mahl. Vor ihm ein Dreifußtisch, Teile von Eß-und Trinkgeschirr, stets mit einem Diener, der am linken Fußende der Kline steht, bereit, den Speisenden zu bedienen. Die Totenmahlreliefs sind von besonderem kulturhistorischem Interesse, weil auf ihnen das typische Essensverhalten eines Römers oder römische Sitte nachahmenden Auxiliaren dargestellt ist.

T. F. Celsus

Die am besten erhaltene Totenmahlszene findet sich auf dem Grabstein des Titus Flavius Celsus[434]. Seine Maße sind 1,96 x 0,76 x 0,28 m (Basis 0,33 m). Der Tote trägt eine Tunika, in der rechten Hand hält er einen gehenkelten Becher. Die verzierte Vorderseite der Kline mit kunstvoll gedrechselten Füßen, Matratze und Kissen sind naturgetreu wiedergegeben. Auf dem Tischchen mit drei wohl aus Bronze gegossenen und in Tierklauen auslaufenden Beinen stehen ein doppelhenkliger Becher und zwei kleinere Gefäße. Der Diener wartet mit unter der Brust gekreuzten Armen am Fußende der Kline. Die Inschrift lautet (Abb. 97):

T(itus) FLAVIVS CELSV[S]
VET(e)R(anus) EX ALA SCVBV
[L]ORUM CIVES SAPPA(n)
VS ANN(orum) L. H(ic) S(itus) E(st)
H(eres) F(aciendum) [C(uravit)]

sich nach der Entlassung aus dem Militärdienst im Mainzer Hinterland angesiedelt hatte und dort auch gestorben ist. Sein Grabstein gehört zum Typus der Steine mit Totenmahlrelief, die im folgenden Abschnitt zusammengefaßt sind.

»Titus Flavius Celsus, Veteran der Ala Scubulorum, Bürger von Sappae, 50 Jahre alt, liegt hier begraben. Der Erbe hat für den Grabstein gesorgt.«

Nach Ritterling war die *Ala Scubulorum* »ursprünglich wohl aus einem spanischen, sonst unbekannten Stamm gebildet«, zuerst in Pannonien, seit Claudius in Moesien nachweisbar, bevor sie im Zusammenhang mit den Kämpfen des Dreikaiserjahres wahrscheinlich mit der 8. Legion Augusta 70/71 an den Rhein verlegt wurde[435]. A. v.Cohausen[436] leitet die Scubuler von der Stadt Scube in Thrakien ab (Scupi in der Dardania/*Moesia superior*). Dazu paßt, daß Celsus zum Stamm der Sappäer gehörte, der in den östlichen Rhodopen beheimatet war. Seine Entlassung erhielt er, wie der Gentilname (Flavius) zeigt, von einem flavischen Kaiser, wahrscheinlich Domitian. Der Stein gehört nach seinen stilistischen Merkmalen in das letzte Jahrzehnt des 1. Jahrhunderts n. Chr.

Blandinius

Der Stein des Blan[di]ni[us][437] ist aufgrund des relativ weichen Materials (Mainkalk; 1,85 x 0,90 x 0,25 m) stark beschädigt. Die Inschrift unter dem Relief hat besonders in der Mitte der Zeilen durch alte Ausscheuerung und in neuerer Zeit durch Nachkratzen an einzelnen vermeintlich erkennbaren Schriftzügen sehr gelitten. Die Lesung nach Ritterling (CIL XIII 7586) ist (Abb. 98):

BLAN. .NI. . ITI (filius) CIVE[S. .] [. .M]IL(es) COH I. . . .I. . .STIP(endiorum) XX[. . . AN(orum). . .] XIX H(eres) F(aciendum) C(uravit)

Sie läßt keine gesicherten Aussagen zu, weder hinsichtlich des genauen Namens, Herkunft, Zugehörigkeit zu einer bestimmten militärischen Einheit noch auf sein Alter. Die Lesarten von K. Rossel[438] und von A. v. Cohausen[439] werden von Ritterling als falsch bezeichnet.

Trotz der weitgehend unleserlichen Inschrift ist der Stein wegen seines (hier abgebildeten) Reliefs bemerkenswert. In der Nische, deren obere Wölbung in der Mitte mit einer Rosette verziert ist, fällt die sehr niedrige Kline auf. Auf dem Dreifußtischchen stehen ein Becher, ein kleines Gefäß und eine wohl mit Speisen gefüllte Schale. Der Diener hält in der linken Hand eine

Abb. 98 Grabstein des Blan(di)ni(us)

einhenklige Kanne, in der ausgebrochenen rechten Hand eine Art Sack oder Korb. Das stangenartige Gebilde am Kopfende der Kline erinnert an ein Pilum, kann aber so nicht gedeutet werden, da der Tote Angehöriger einer Auxiliarkohorte war. Der Grabstein ist wohl in das Ende des 1. Jahrhunderts n. Chr. zu datieren[440].

Muranus

Der letzte Grabstein mit dem Kennzeichen des »Totenmahlreliefs« unterscheidet sich von den beiden anderen dadurch, daß er unter der Inschrift ein weiteres Relief mit dem Reitpferd des Toten und seinem Reitknecht zeigt, der in seiner rechten Hand zwei Lanzen hält. Diese Anordnung ist für die Grabsteine von Alenreitern im letzten Drittel des 1. Jahrhunderts am Rhein »geradezu typisch«[441]. Er dürfte daher spätestens um 100 n. Chr. zu datieren sein.

Der Stein aus Sandstein mit den Maßen 2,14 x 0,73 x 0,24 m ist oben stark beschädigt. Von der Totenmahlszene fehlt der obere Teil: Kopf und Oberkörper des Toten und der Abschluß der Nische nach oben. Zu erkennen ist, daß der auf der Kline ruhende Tote eine Tunika trägt und in der rechten Hand einen Krug hält. Vor der Kline ein Dreifußtisch, darauf ein doppelhenkliger Becher und ein Krug; ein zweiter Krug steht auf dem Boden. Links mit gekreuzten Armen der Diener. Die Inschrift lautet (Abb. 99):

Abb. 99 Grabstein des Muranus

M V R A N V S
EQ(ues) ALA I [F]LAVIA ANDROVRI F(ilius) CIVIS
SECVANUS STIP(endiorum) XXII
. . . N . . . . . .

»Muranus, Reiter der 1. flavischen Ala, des Androuros Sohn, Bürger der Sequaner, mit 22 Dienstjahren«.
Die unterste Zeile mit dem »N« (was wohl als »ANNO-RUM« zu ergänzen wäre) sieht aus, als sei sie nicht fertig ausgeführt worden[442]. Die *Ala I Flavia (Gemina)* ist mehrfach im obergermanischen Heer bezeugt; sie stand nach Ausweis eines Militärdiploms aus dem Jahre 90 n. Chr. zeitweilig in Heddernheim[443].

T. F. Germanus

Der letzte der zwölf Grabsteine vom Kranzplatz, die in den Jahren 1841/42 gefunden wurden, weist eine andere Besonderheit auf. Mit 2,45 m Höhe (Breite 0,87 m, Dicke 0,31 m) ist der Sandsteinblock nicht nur einer der größten[444], er zeigt in seinem Relieffeld auch eine ungewöhnliche Darstellung: Über der von gekehlten Leisten eingerahmten Inschriftfläche erhebt sich eine halbrunde Nische, in der sich ein nur mit einem Mantel bekleideter Jüngling, Narcissus, über eine mit Steinen gefaßte Quelle beugt. Das Wasser der Quelle scheint in einen viereckigen steinernen Trog zu fließen. Die Zwickel über der Nische werden von je einer geringelten und geflügelten Schlange (Drachen) gebildet. Die Inschrift lautet (Abb. 100):

D(is) M(anibus) TITO
FLAVIO GERM(a)NO
VETER(ano) LEG(ionis) XXII PR(imigeniae)
P(iae) F(idelis) NATIONE
B A T T A V S
A N N O R V M
L VLPIVS ARVATIVS
H(eres) F(aciendum) C(uravit)

»Den göttlichen Manen. Dem Titus Flavius Germanus, Veteran der 22. Legion Primigenia, der frommen und treuen, einem Bataver, 50 Jahre alt, hat Ulpius Arvatius als Erbe den Grabstein setzen lassen.«
Die Aussagen dieses Steines sind vielfältig. Zum einen trennt ihn die Darstellung einer mythologischen Szene, dazu in einem weicheren und eleganteren Stil, von den übrigen Wiesbadener Grabsteinen. Er dürfte schon deshalb der jüngste sein. Dazu kommt die Nennung der 22. Legion Primigenia, die seit 92 n. Chr. in Mainz stationiert war und, weil sie beim Aufstand des obergermanischen Heeres unter L. Antonius Saturninus 89 n. Chr. kaisertreu geblieben war, den Beinamen *pia fidelis* erhielt. Germanus war Bataver. Für die Datierung wichtig ist jedoch der Name des Erben. Nach dem Cognomen Ulpius wird der Stein frühestens in der Zeit Kaiser Trajans (M. Ulpius Traianus) entstanden sein. Nach Stil und Ausführung gehört er in das 3. oder 4. Jahrzehnt des 2. Jahrhunderts.

Steinfragmente vom Gräberfeld an der Rheinstraße

Sieht man von dem Jahrhundertfund der 12 Grabsteine am Kranzplatz ab, sind noch drei weitere Soldatengrabsteine bekannt. Sie wurden auf dem Gräberfeld gefunden, das sich entlang der römischen Straße vom Heidenberg nach Kastel quer durch das Gelände der ehemaligen Artilleriekaserne zwischen Kirchgasse

und Schwalbacher Straße bis über die Rheinstraße und den Anfang der Moritzstraße hinzog.

Dort wurde seit 1828 bei der Anlage der Rheinstraße und dem Bau der Artilleriekaserne »ein weit verbreiteter Begräbnisplatz« entdeckt[445]. Aus ihm hat der Verein für Nassauische Altertumskunde und Geschichtsforschung »gleich Anfangs ganze Körbe voll Urnen, Krüge, Gläser, Lampen etc.« erworben. Bei späteren Nachgrabungen 1830, 1837 und 1862 wurden die drei Grabstein-Fragmente gefunden.

Der älteste dieser Steine[446] gehörte zum Grabdenkmal eines Reitersoldaten, der wie der Stein des Dolanus zu Pferde kämpfend dargestellt ist. Erhalten ist der gutgearbeitete Kopf des Pferdes mit Zaumzeug (Abb. 101). Die Nische war von einem gerippten Bogen überwölbt und zu beiden Seiten vom Kopf eines kauernden Löwen flankiert. Das Fragment aus Kalkstein ist 57 cm hoch, 25 cm breit und 21 cm dick. Aufgrund der guten Qualität der Ausführung dürfte der Stein noch in vorflavische Zeit zu datieren sein.

Das zweite Grabstein-Fragment wurde 1862 im Gräberfeld gegenüber der Artilleriekaserne auf der Rheinstraße gefunden[447]. Der erhaltene Teil ist 75 cm hoch, 61 cm breit und 16 cm dick. Das gerahmte Inschriftfeld wird oben durch einen verzierten Bogen abgeschlossen, in den Zwickeln darüber befinden sich je ein stilisiertes Akanthusblatt. Der darüber liegende, ebenfalls von einem gewundenen Band bogenförmig umzogene Giebel wird durch zwei mit ihren Schwänzen verschlungene Delphine ausgefüllt. Delphine wurden häufig auf römischen Grabsteinen verwendet. Sie galten als Begleiter des Verstorbenen auf seiner Reise zu den Inseln der Seligen und waren Symbole der Jenseitshoffnung für die Verstorbenen[448]. Der erhaltene Teil der Inschrift lautet (Abb. 102):

L(ucius)
VALE(rius) L(uci) F(ilius) FA
B(ia) SEC(undus) BRIX(ia)
MIL(es) LEG(ionis) [. . . .]
[. . . . .]

»Lucius Valerius, Sohn des Lucius aus der zweiten Fabier-Tribus der Stadt Brescia. Soldat der [...] Legion .....«

J. Becker[449] schreibt über die Inschrift, sie zeige im Gan-

Abb. 100   Grabstein des T. Flavius Germanus

Abb. 101   Grabsteinfragment eines Reitersoldaten

40 cm hohes und 33 cm breites Bruchstück erhalten ist[450], verdient nur wegen des fragmentarischen Inschriftenrestes erwähnt zu werden:

. . .AN(norum). . .STIP(endiorum) IIII [H(ic)] S(itus) E(st)

FRATER F(aciendum) C(uravit)

Der spärliche Rest erlaubt zwar keine Zuordnung zu einer Truppeneinheit. Er beweist aber, zusammen mit den beiden anderen Steinen von der Artilleriekaserne/ Rheinstraße, daß entlang der römischen Straße vom Kastell auf dem Heidenberg nach Mainz-Kastel Soldatengrabsteine aufgestellt waren. Dadurch gewinnt die Vermutung an Wahrscheinlichkeit, daß auch die am Kranzplatz gefundenen Grabsteine ursprünglich an dieser Straße aufgestellt waren.

Abschließend sei noch darauf hingewiesen, daß ein großer Teil der Grabsteine bemalt war[451]. Spuren davon lassen sich an wenigen Stellen einiger Wiesbadener Grabsteine nachweisen. Bei der Betrachtung im Museum sollte man sich der Tatsache bewußt sein, daß das Erscheinungsbild der Grabsteine auf römischen Friedhöfen anders war, als wir sie heute vor uns sehen.

zen regelmäßig-quadratische Züge auf; sie stehe »an Schönheit der gefälligen Wölbung der beiden Bögen sowie der naturgetreuen Zeichnung der Delphine und dem zierlichen Blätterschmucke würdig zur Seite« und lasse auf eine noch gute Zeit schließen. E. Ritterling denkt an einen Legionär der 14. Legion; er datiert den Stein aufgrund von Schriftvergleichen noch vor das Jahr 90 n. Chr.

Der dritte Stein von der Artilleriekaserne, von dem ein

Abb. 102   Grabstein des Lucius Valerius

Das Mithras-Heiligtum

Durchbruch der Heidenmauer

Von der Langgasse her sieht man am oberen Ende der Straße »Am Römertor« die Ruine der Heidenmauer, des letzten oberirdisch sichtbaren Restes, der von fast 400 Jahren römischer Präsenz in Wiesbaden geblieben ist. An ihr vorbei führt eine schmale Straße in einer Serpentine zur Coulinstraße. Im Innern der Schleife und unter der Straße wurden 1902 die Fundamente eines Mithras-Heiligtums entdeckt (Abb. 103).

In den Jahren 1901/02 wurde eine Verbindung vom Michelsberg über den unteren Teil des alten Friedhofes hinweg zur Saalgasse hergestellt, um den wachsenden Innenstadtverkehr unter Umgehung von Kirchgasse, Langgasse und Kranzplatz direkt von der Schwalbacher Straße zur Taunusstraße zu lenken.

Dabei wurde in der Flucht der neuen »Coulinstraße« (benannt nach dem Bürgermeister Johann Coulin, 1870 – 1886) der vom Schulberg abwärts stark geneigte Hang bis tief in den gewachsenen Boden abgetragen; gegen den oberen Teil des Friedhofs wurde er durch

eine hohe Stützmauer gesichert. Unterhalb wurde der in einer Serpentine verlaufende Verbindungsweg zur Kirchhofsgasse (Straße »Am Römertor«) angelegt.

Siedlungsspuren

Beim Durchbruch durch die Heidenmauer (Abb. 104) stieß man unmittelbar südlich davon auf die Fundamente eines Gebäudes I. Sie zogen in schräger Richtung zur Mauer und setzten sich unter ihrem Fundament bis auf die Nordseite hin fort (Abb. 105). Daraus ergibt sich, daß die Heidenmauer erst nach der Zerstörung dieses Gebäudes erbaut sein kann.

Das Gebäude, rechteckig (7,60 x 10,50 m) und seine 50 – 60 cm dicken Mauern sind bis zu 1 m Höhe über dem Boden im Innern erhalten[453]. Ein Eingang war an keiner Seite erkennbar, so daß der Raum in römischer Zeit unter dem Bodenniveau gelegen haben und von oben her zugänglich gewesen sein muß. Entlang der bergseitigen Längsmauer verlief eine in den Fels eingetiefte, 1,50 m breite Rinne, deren Sohle 1,50 m unter dem heutigen Straßenniveau lag. Sie war mit dunklem Grund, Kohlen und Schutt gefüllt. Nach Ansicht von Ritterling war sie ursprünglich eine Abzugsrinne für das von der Höhe herabfließende Wasser.

Aus den im Innern gefundenen Kulturresten, insbesondere Terra sigillata-Ware, rauhwandiges Tongeschirr und eine bronzene Haarnadel mit hammerförmigem Kopf läßt sich ableiten, daß dieser Bau »bis weit in das 3. Jahrhundert hinein bestanden« hat. Später wurden seine Reste eingeebnet. Beim Bau der Heidenmauer blieben die Fundamentmauern noch in einer Höhe von 60 cm stehen, was darauf schließen läßt, daß sich damals das Bodenniveau mindestens 1,20 m über der Sohle des zerstörten Raumes befunden hat.

Die Frage der Zweckbestimmung des Bauwerkes wird von Ritterling nicht angesprochen. H. Schoppa hält es »vermutungsweise« für das Dolichenum[454], das Ritterling eher in dem oben genannten kleinen Apsisgebäude V sehen möchte, in dessen unmittelbarer Nähe die Gedenktafel für die Restaurierung des Tempels des Jupiter Dolichenus (S. 80 f.) gefunden wurde. Unmittelbar neben dem Gebäude I zum Hang hin und dicht vor der Südseite der Heidenmauer stieß man am 14. Januar 1903 in fast 2 m Tiefe auf einen kleinen Altar aus örtlich anstehendem, gelblich-weißem Sandstein[455]. Er

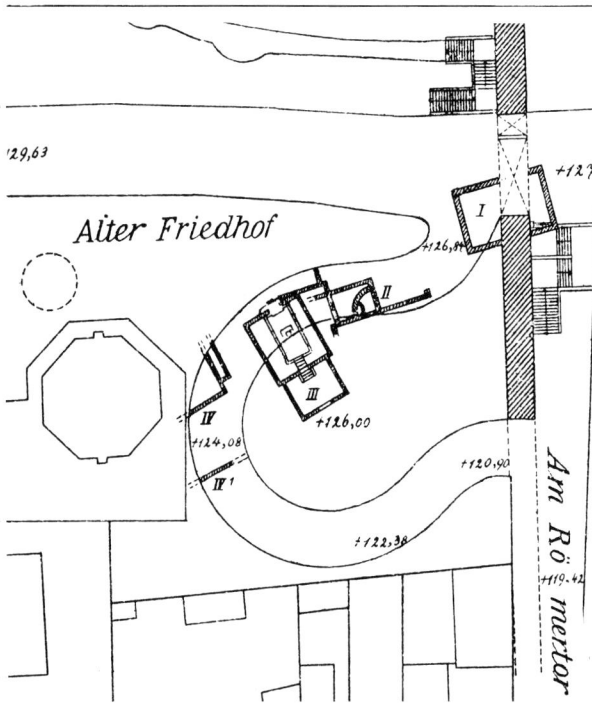

Abb. 103 Situationsplan im Bereich Heidenmauer und Mithras-Heiligtum (nach Ritterling). Schraffierte Zone: Heidenmauer

Abb. 104 Historische Fotografie vom Abbruch der Heidenmauer im Bereich des heutigen Römertors (1901/02)

war 70 cm hoch und oben und an der linken Seite glatt abgemeißelt. Dieser Zustand und die anhaftenden Spuren von Mörtel sprechen dafür, daß der Stein schon in römischer Zeit als Werkstück hergerichtet und in der Heidenmauer verbaut war. Er wird sich während der seit dem Mittelalter erfolgten allmählichen Zerstörung des Mauerwerkes gelöst haben und in den Boden neben der Mauer gelangt sein. Der Fundort sagt demnach nichts über den ursprünglichen Standort aus.

Die Inschrift des Steines läßt sich trotz einiger Beschädigungen noch lesen und ergänzen[456] (Abb. 106):

[I(ovi)] O(ptimo) M(aximo)
[T(itus)] FLAVIVS [G]ALLICVS
[P]RO SVIS [V(otum)] S(olvit)
L(aetus) L(ibens) M(erito)

»Dem Jupiter Optimus Maximus (hat) Titus Flavius Gallicus für die Seinen das Gelübde eingelöst freudig, freiwillig, nach Verdienst.«

Der Name Flavius könnte für die Datierung des Steins in die Zeit Konstantins I. oder kurze Zeit später sprechen. Konstantin führte nämlich diesen Gentilnamen; er wurde danach zu einer Rangbezeichnung für Offiziere – besonders aus dem Kreis von Neubürgern (*novi cives*). Auf dem Sockel sind noch weitere, nicht zu entziffernde Buchstabenreste zu erkennen. Immerhin weist der Einbau an dieser Stelle, vorausgesetzt, daß das als Werkstein verwendete Steinmonument wegen seines Gewichtes wahrscheinlich nicht von sehr weit herantransportiert wurde, auf einen Weihebezirk in dieser Gegend.

Etwa 8 m unterhalb des Beginns der Serpentine stie-

Abb. 105   Mauerreste von Gebäude I (Abb. 103). Sie liegen unter dem Fundament der Heidenmauer.

Abb. 106   Weihestein des T. Flavius Gallicus

ßen die Ausgräber bei II auf römische Fundamente, die meist noch 30 – 50 cm hoch erhalten waren[457]. An drei Stellen (Abb. 107, bei a) setzten die Mauern als glatte Köpfe ab, fanden also an diesen Stellen ihr Ende oder markierten eine Seite eines Eingangs. Im übrigen zogen die Fundamente nach allen Richtungen weiter in das der damaligen Untersuchung nicht zugängliche Gelände. In dem südlich anschließenden Gebiet hat H. Schoppa 1940 eine kleinere Anschlußgrabung durchgeführt (vgl. Anm. 138).

Ritterling konnte 1903 keine genaueren Erkenntnisse gewinnen. Beachtung verdienen jedoch die »merkwürdigen, ganz mit Asche und Kohlen erfüllten Reste in dem Raum bei b« (Abb. 107). Der hier mit einem Radius von 2 m in die Raumecke versetzte Viertelkreis (Mauerstärke 0,50 m) schloß in der unteren Ecke einen bogenförmigen Einbau von 60 x 42 cm lichtem Durchmesser ein, der innen gänzlich mit reinem, stark verbranntem Lehm ausgefüllt war. Bei c, aber innerhalb

der Viertelkreismauer, standen im Winkel aufrecht zwei große Schieferplatten; die Mauer des Viertelkreises war an dieser Stelle durch einen 15 cm breiten, mit einer Steinplatte überdeckten Schlitz unterbrochen. Innerhalb des Viertelkreises fand sich in Scherben ein 20 cm hoher Topf aus rauhem, außen gelbrotem, im Kern blaugrauem Ton von ovaler Form (Fehlbrand?). Die ganze Konstellation erinnert an eine Herdstelle. Sie konnte jedoch zum Zeitpunkt der Grabung nicht in einen sinnvollen Zusammenhang eingeordnet werden.

Tafel 13
Fragmente von sogenann-
ten »Gesichtsurnen«.
FO Mauritiusstraße (vom
Gräberfeld an der Schwal-
bacher Straße?).

Terrakottabüste einer Rö-
merin, Höhe 17,2 cm.
Doppelter diademartiger
Haarkranz mit Perle über
der Stirnmitte, Augenman-
delförmig, Kette mit Lunu-

la-Anhänger. Über der
Brust ein breites Band von
der rechten Schulter zur
linken Taille. FO Adler-
terrain

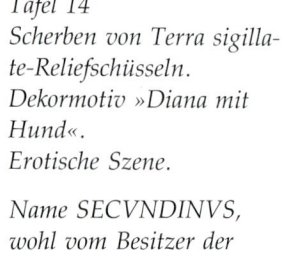
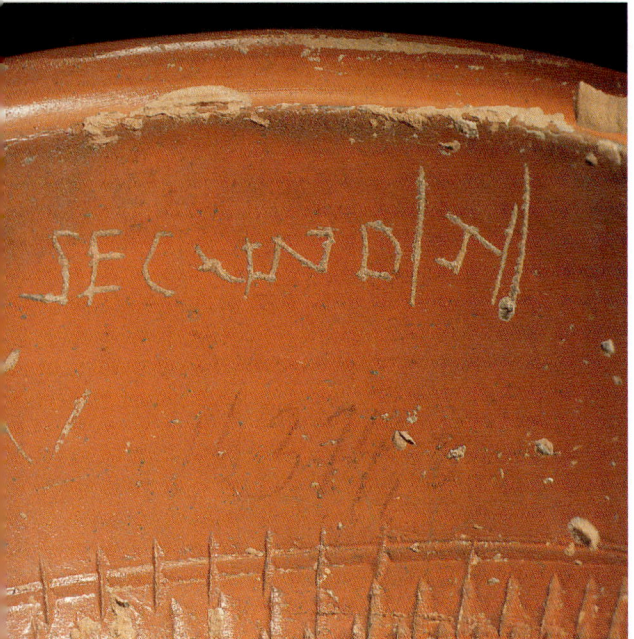

Tafel 14
Scherben von Terra sigilla-
te-Reliefschüsseln.
Dekormotiv »Diana mit
Hund«.
Erotische Szene.

Name SECVNDINVS,
wohl vom Besitzer der
Schüssel eingeritzt.
Stempel des Modeltöpfers
FIRMVS im Reliefdekor.
FO Adlerterrain.

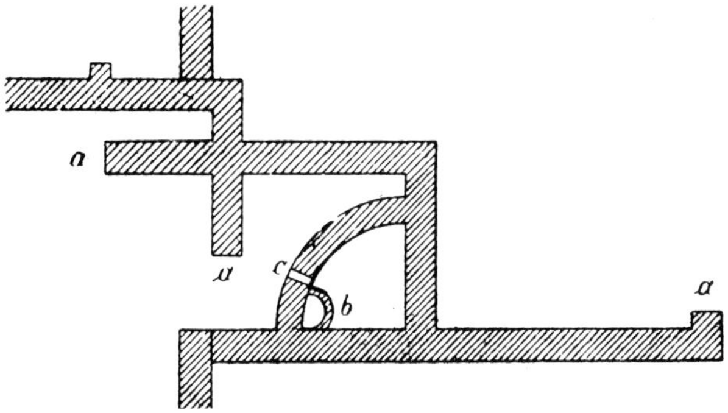

Abb. 107 Detailgrundriß des Befundes II in Abb. 103

Abb. 108 (Unvollständiger) Truhenhenkel aus Bronze

Ähnliches gilt für das bei IV (Abb. 103) angetroffene Mauerwerk. Hier stieß man auf eine mit rotem Brandschutt ausgefüllte Grube »von erheblichem Umfang«, deren genaue Grenzen nicht erreicht wurden. Auf dem von der unteren Mauer IV¹ begrenzten römischen Estrich fand sich eine ausgedehnte, über 30 cm starke Kohlenschicht, die außer zahlreichen anderen Kulturresten einen unvollständigen, bronzenen Traghenkel (Abb. 108) einer schweren Truhe und einen gut erhaltenen Antoninian der Salonina, der Frau des Kaisers Gallienus enthielt. Die Brandkatastrophe, die den Gebäuden dieser Gegend offenbar den Untergang brachte, dürfte in die Katastrophenzeit fallen, die zur Aufgabe des Limes 260 n. Chr. geführt hat.

Von Bedeutung ist, daß sich an dieser Stelle über der Brandschicht und etwa 40 cm über dem von ihr bedeckten Estrich noch ein zweiter römischer Estrich befand. Außerdem stieß man hier auf ein kurzes Mauerstück, das in spitzem Winkel an der Doppelmauer bei IV und zum Teil über sie hinweg verlief. Ein Anzeichen dafür, daß nach der Katastrophe von 260 n. Chr. nochmals in römischer Zeit hier gebaut worden ist.

An dieser Stelle ist an die schon erwähnte Grabung des Jahres 1940 (vgl. Anm. 138) zu erinnern, die ziemlich genau zwischen diesen Mauerfundamenten IV und IV¹ und dem Apsisgebäude N der Jostschen Grabung auf der Terrasse hinter dem Haus Schützenhofstraße Nr. 5 stattgefunden hat. Ein direkter Siedlungszusammenhang entlang des Abhanges unterhalb der Coulinstraße zwischen den drei Grabungen ist mehr als wahrscheinlich.

Die von Ritterling beobachtete »über 30 cm starke Kohlenschicht« mit römischen Kulturresten dürfte der »etwa 30 cm starken Brandschicht« entsprechen, die Schoppa »an allen Wänden der Ausschachtungsgrube in etwa 2 m Tiefe« angetroffen hat. Wahrscheinlich war sie deren direkte Fortsetzung. Sie bestand »zum Teil aus verziegeltem Lehm, zum Teil aus starken Holzkohlelagen«, die als Überreste einer niedergebrannten Fachwerkbebauung anzusprechen sind. »Unter der Brandschicht fanden sich römische Schuttlagen in einer Mächtigkeit bis zu einem Meter, die sehr reiches Scherbenmaterial lieferten.« Dieses Scherbenmaterial wird von Schoppa in die Zeit »vor dem Brand von 260« eingeordnet. Den Beginn der Besiedlung an diesem Abhang »kann man ungefähr festlegen durch eine tiefere Brandschicht unter einem Estrichboden. Die darunter gefundenen Scherben gehören in die Zeit um 100 n. Chr. Dabei ist zu betonen, daß diese untere Brandschicht nicht auf ein kriegerisches Geschehen bezogen werden darf. . .«. Die spätesten Funde »stammen aus der Zeit der letzten römischen Besiedlung Wiesbadens im 4. und beginnenden 5. Jahrhundert«, was eine gute Übereinstimmung mit den Befunden unmittelbar an der Heidenmauer, aber auch mit der Datierung der Münzen des Quellschatzes am Schützenhofbad ergibt (S. 75).

Eine weitere Beobachtung Schoppas ist wichtig, weil sie den direkten Anschluß an das südlich angrenzende Gebiet der früheren Schützenhofterrasse herstellt. Dort wurde an der Ostwand der Ausschachtung, »direkt von der Brandschicht [von 260 n. Chr.] überlagert, eine Mauerecke aus Rambacher Steinen eingemessen«, deren Quader eine Größe von 30 x 15 cm hatten. »Es ist durchaus wahrscheinlich, daß dieses Mauerstück mit dem in Abb. 42 mit N bezeichneten Bauwerk zusammenhängt, das in seiner Bedeutung (Tempel oder Badegebäude) noch nicht klar erfaßt werden konnte. In diesem Falle wäre der zugehörige Bezirk von einer Mauer umgeben worden, die durch tiefe Nischen gegliedert war. Leider erreichte die Ausschachtung an dieser Stelle nicht den gewachsenen Boden.« Sicher in den gleichen Zusammenhang gehört ein Befund, der in dem »Bericht über die Tätigkeit des Landesmuseums nassauischer Altertümer« von 1913[458] veröffentlicht wurde. Dort wird über römische Keramik berichtet, die in einem »bei der Herstellung von Gartenanlagen an der Coulinstraße aufgedeckten kleinen Keller gefunden wurde. Die Gefäße gehören dem 2. Jahrhundert an«. Es handelt sich um eine Reibschüssel, einen Faltenbecher mit Grießbewurf, einen einhenkligen Krug, drei Kochtöpfe, einen halbkugeligen Napf mit breitem Rand und zwei Näpfe der Formen Dragendorff 27 und 33; der letztere mit einem Stempel NASSO I.S.F. (Abb. 109). Schließlich kamen einige Stücke von bemaltem Wandverputz, einige Bronzefragmente, darunter eine 6 cm hohe männliche Figur, sowie etwa 30 – 40 Mosaiksteine aus weißem Kalkstein, (Kantenlänge etwa 1 cm) zum Vorschein, einige davon noch in fester Verbindung mit dem unterlegten weißen Estrich.

Leider läßt sich die genaue Fundstelle wegen der ungenauen Angaben nicht mehr ermitteln. Die allgemeine Lage »an der Coulinstraße« erlaubt aber die Annahme, daß Keller und Keramik in den Zusammenhang der in diesem Bereich anzunehmenden römischen Besiedlung seit der Mitte des 2. Jahrhunderts gehört.

Faßt man alle Beobachtungen zusammen, kann man den Schluß ziehen, daß der Abhang unterhalb der Coulinstraße, der »in römischer Zeit terrassiert gewesen zu sein scheint« (vgl. Anm. 138), mit Fachwerkhäusern bebaut war. Die Bebauung hat sich bis in das Gebiet zwischen Michelsberg und der oberen Schützenhofstraße (An der alten Synagoge) erstreckt (vgl. Anm. 137) und hat von dort aus Anschluß an die in der Hochstättenstraße nachgewiesene Fachwerkbebauung (vgl. Anm. 106) gefunden. Aufgrund der Bodenfunde, Tongefäße und -scherben, kann sie in die Zeit zwischen 100 – 260 n. Chr. datiert werden; in der Nähe der Heidenmauer ist sie, wie von Ritterling gezeigt, bis Anfang des 4. Jahrhunderts fortgesetzt worden. Oberhalb der Coulinstraße war der Boden des Abhangs durch

die Anlage des Friedhofs so sehr gestört, daß einwandfreie Befunde nicht zu gewinnen waren.

Abb. 109   Römisches Gebrauchsgeschirr aus einem Keller »an der Coulinstraße«

Der Felsentempel

Die Entdeckung des Mithras-Heiligtums im Bereich der Serpentine sowie die archäologischen Untersuchungsergebnisse sind von E. Ritterling sehr ausführlich beschrieben worden[459]. Bis heute sind dort keine Veränderungen, etwa durch spätere Baumaßnahmen, eingetreten. Deshalb kann die folgende Darstellung im wesentlichen nur eine geraffte Wiedergabe dessen sein, was damals von E. Ritterling publiziert wurde. Sie kann nicht allzu sehr verkürzt werden, weil das Mithras-Heiligtum zu den wenigen weitgehend rekonstruierbaren Gebäuden des römischen Wiesbaden gehört und uns gute Vorstellungen vom religiösen Weltbild damals hier lebender Menschen vermittelt.

Das Heiligtum (Grundrisse Abb. 110 und 111) hat unter Ausschluß der Nische an der Hinterwand eine Länge von 13,70 m und eine Breite von 7,30 m. Die von Rit-

terling als wahrscheinlich vorausgesetzte offene Vor-
halle mit Säulen vor dem Vorraum A, hat es nach den
Ergebnissen neuerer vergleichender Untersuchungen,
insbesondere an den vier Heddernheimer Mithräen[460],
nicht gegeben.

Von der Länge entfallen, von der Außenkante der
Mauern gemessen, auf den Vorraum 5,30 m, auf das
eigentliche Heiligtum 8,40 m. Es war vollständig in
den natürlichen Fels aus tertiärem Sandstein eingeschnitten, die Fläche des Vorraums dagegen nur geeb-
net und zum natürlichen Abhang hin mit reinem Kies
aufgefüllt. Die Umfassungsmauern bestanden aus
graublauem Taunusschiefer, dem bei den meisten römischen Bauten in Wiesbaden verwendeten Material.
Die 50 cm starken Mauern des Vorraums (*pronaos*) A
sind ohne Fundamentgrube auf den Fels, die Vorder-
wand auf den gestampften Kies aufgesetzt; sie waren
teilweise bis zu 55 cm Höhe erhalten. Der Eingang
hatte eine lichte Weite von 1,40 m, in der linken Seitenwand war eine 60 cm breite und 35 cm tiefe Nische bis
zum Boden ausgespart. Den Boden bildete ein

10–12 cm dicker Lehmestrich; er lag rd. 1,10 m höher
als die Sohle des Mittelgangs D im Heiligtum (*spelaeum*).

Die aus vier Stufen bestehende, 1,25 m breite und
1,60 m lange Treppe B war ursprünglich in den Vorraum eingebaut und beiderseits durch 40 cm breite,
1,10 m lange Wangenmauern eingefaßt. Vor der Stirn-
wand dieser Wangenmauern fand sich je ein 30 cm in
den Boden eingetieftes Pfostenloch von 35–40 cm
Durchmesser. Hier schloß wohl eine Tür den Zugang
zur Treppe ab. Später wurde ein Umbau vorgenommen, bei dem die Treppe C in das Heiligtum selbst ver-

*Abb. 110 Grundriß des
Mithras-Heiligtums (nach
Ritterling)*

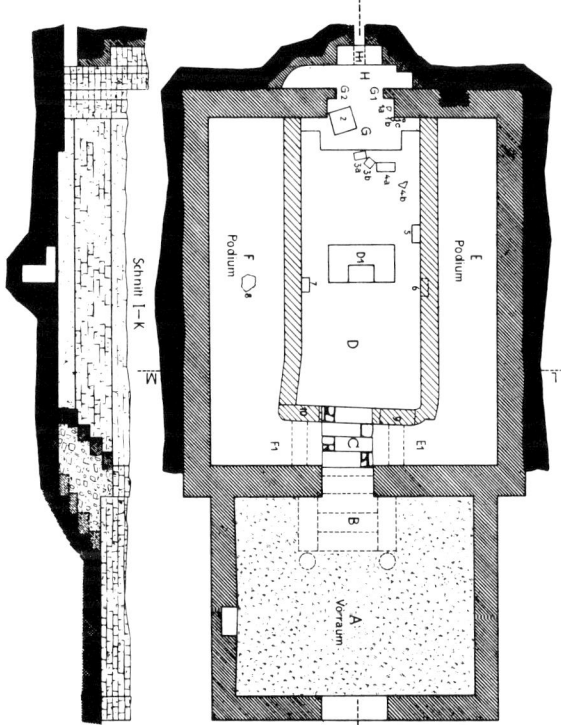

*Abb. 111 Modell des
Mithras-Heiligtums
(Aufsicht), eingebettet in
den geologischen Befund
(Felsenheiligtum)*

Abb. 112 »Mithräum« im Museum Wiesbaden

legt wurde. Wahrscheinlich hatte der 1,10 m breite Durchbruch ebenfalls eine Tür; jedenfalls wurde in der Nähe dieses Eingangs ein eisernes Band eines Türbeschlags gefunden. Die Vertiefung der älteren Treppe B wurde mit Schutt bis zur Höhe des Fußbodens im Vorraum ausgefüllt und mit rotem Kalkestrich bedeckt (Abb. 110: Schnitt I-K).

Abweichend von vielen anderen Mithräen gab es hier keine der liturgischen Symbolik entsprechende Treppe aus sieben Stufen, die den Weihegraden der Mithras-Symbolik (s. u.) entsprochen hätte.

Das Heiligtum (spelaeum) ist ganz in den natürlichen Fels eingeschnitten. Die örtliche Situation spricht dafür, daß es als echte Mithrashöhle gestaltet war, die vollständig in das Felsgestein des Heiden- und Schulbergabhanges vorgetrieben war. Es ist von vielen Beispielen[461] bekannt, daß die Anhänger des Mithraskultes die Anlage von Kulthöhlen bevorzugten: Der aus dem Felsen geborene Mithras (Skulptur aus Heddernheim), das Himmelsgewölbe war dunkel, bevor Mithras es mit seinem Licht (Symbol: Fackel) erhellte (Abb. 112). Der Abhang des Schulbergs war für ein solches Felsenheiligtum geeignet. Er reichte in römischer Zeit als Felsplateau näher an die Langgasse heran, so daß in Höhe des Mithras-Heiligtums eine Felskante bestand, wie sie heute noch an der Treppe zwischen Coulin- und Schützenhofstraße erkennbar ist. Ein Hinweis sind auch die weiträumigen Felspartien nordwestlich der Heidenmauer, die bis in die Neuzeit als Steinbrüche genutzt wurden.

Die Felshöhle war mindestens im unteren Teil durch Mauern aus dem gleichen Steinmaterial ausgekleidet, das auch bei dem oberirdisch angelegten Vorraum verwendet wurde; sie waren 60 cm dick. Kultischen Zwecken diente der 1,20 m gegenüber den seitlichen Podien E und F vertiefte Mittelgang D (cella). Seine Sohle liegt 2,20 m unter dem heutigen Straßenniveau, die Seitenpodien, auf denen die einfachen Grade der Teilnehmer an den Kulthandlungen ihren Platz hatten, etwa 1 m. Sie waren mit 35 cm dicken Mäuerchen verkleidet. Der Mittelgang D war etwa 2,50 m breit; an zwei gegenüberliegenden Stellen hatte man vor der Verkleidungsmauer der Podien im Fels niedrige Absätze stehengelassen, die 13 cm breit und 15–25 cm hoch aus dem cella-Boden herausragten.

Zu den Seitenpodien gelangte man in der ursprünglichen Anlage auf drei je 30–40 cm hohen und 80 cm langen Tritten rechts und links vom Eingang. Nach der Verlegung der Zugangstreppe in das Heiligtum wurde der Raum dieser Treppe bis zur Höhe der Podien aufgefüllt, so daß auch an der Eingangswand ein ebenes Podium (E und F) entstand, das unmittelbar von der Eingangstreppe her betreten werden konnte.

Annähernd in der Mitte des Mittelganges war eine flache Grube D¹ von 80 x 140 cm Seitenlänge und 25 cm Tiefe in den Felsboden eingeschnitten; an einer Seite war eine zusätzliche Vertiefung von 50 cm und 35 x 35 cm Seitenlänge ausgehoben. In beiden Bereichen dieser Grube fanden sich Scherben, Asche, Holzkohle und Knochenreste. Wahrscheinlich handelt es sich um die Kultgrube zum Auffangen des Blutes der Opfertiere und zur Aufnahme der bei den heiligen Handlungen entstehenden Abfälle.

Nahe der Rückwand der Cella war der den Boden bildende Fels in einer 12–15 cm hohen Bank G stehengelassen, an beiden Ecken waren quadratische Nischen von 40 cm Seitenlänge ausgespart. Die Felsbank diente wohl zur Aufstellung der unmittelbar vor dem großen Relief des Stieropfers (Abb. 113) vorauszusetzenden Opferaltäre; oder sie trug Steinstufen, die zu dem Relief emporführten. Dieses kann nur zwischen G¹ und G² gestanden haben, wo die seitlichen Pfeiler der Reliefplatte sich gegen die falzartigen Einsprünge der Mauer gelehnt haben werden. Der lichte Raum zwischen den Mauerköpfen von 1,40 m entspricht der vorauszusetzenden Breite des Reliefs; die Tiefe des Mauerfalzes gestattet die Schätzung der Dicke des Reliefs, die höchstens 40 cm betragen haben kann.

Das zentrale Kultbild

Von der Reliefplatte selbst fanden sich im Wiesbadener Mithräum keine sicher zugehörigen Reste. Wahrscheinlich stammt ein kleiner Sandsteinbrocken, 43 cm lang und bis zu 16 cm breit, in dessen Relief der Teil eines weiten Bogens erkannt werden kann, von dem grottenartigen Hintergrund der Opferszene. Das Hauptkultbild des im Museum Wiesbaden nachgebauten Mithras-Heiligtums wurde 1826 in Heddernheim gefunden[462]. Es ist vom Verein für Nassauische Altertumskunde angekauft, restauriert und beim Neubau des Wiesbadener Museums in die Nachbildung des Spelaeums integriert worden.

Dieses Heddernheimer Hauptkultbild ist innerhalb eines in der Kultnische fest eingebauten, auf der Vorderseite reliefverzierten Rahmens drehbar. Der Rahmen besteht aus zwei schmalen Seitenteilen und einem balkenartig darüberliegenden Querstreifen. Dieser zeigt in zwei Szenen Mithras, den Wagen des Sonnengottes besteigend, und Luna, die mit ihrem Gespann abwärts fährt. Dazwischen Zypressen, an den Ecken Medaillons mit der Darstellung des Windgottes. Die Seitenstreifen werden als mythologische Szenen zwischen Büsten von Frühling, Sommer, Herbst und Winter gedeutet[463] (Abb. 113).

Die Vorderseite des Hauptbildes wird von Mithras beim Stieropfer beherrscht. Auf dem fliegenden Himmelsmantel sitzt ein Rabe, der Mithras die Meldung bringt, er solle mit dem Opfer beginnen. Der Gott hat sein Kurzschwert in den Hals des Stieres gestoßen, der Hund springt hoch, um das Blut der Wunde zu lecken. Der Schwanz des Stieres verwandelt sich in eine Ähre, unten Skorpion und Krater, um den sich eine Schlange windet, und ein Löwe. Die Begleiter des Mithras, Cautes mit erhobener Fackel und Cautopates mit gesenkter Fackel stehen zu beiden Seiten der Szene. Hinter Cautes ein Baum, aus dem eine Schlange züngelt. Der Urstier wird geopfert zur Erneuerung des Lebens auf der Erde.

Die Höhle, in der sich das Opfer vollzieht, wird angedeutet durch den Bogen über dem Hauptfeld mit den Tierkreiszeichen. Die Zwickel zeigen das Wasserwunder: Mithras schießt mit dem Bogen gegen den Felsen, davor kniet ein persischer Hirt und trinkt aus der hohlen Hand von der Felsenquelle. Auf dem Fries darüber wiederum Szenen aus der Mithras-Mythologie.

Die Hauptszene der Rückseite stellt Mithras und Sol beim Opfermahl in der Grotte dar. Der Stier ist (deutlich erkennbar) weitgehend ergänzt. Mithras hält links ein Trinkhorn, Sol überreicht Mithras eine Traube, in der Linken hält er die Peitsche des Wagenlenkers. Zwischen ihnen auf dem Kurzschwert die persische Mütze und der Strahlenkranz. Diener in persischer Tracht bringen Schalen mit Früchten und Broten. Über dem glatten Bogen (Grotte) die weitgehend zerstörte Szene »Mithras auf der Jagd« (Abb. 114).

Abb. 113   Vorderseite des Mithras-Kultbildes aus Heddernheim

*Abb. 114   Rückseite des
Mithras-Kultbildes aus
Heddernheim*

Der Mithraskult

Einzelheiten des Mithraskultes können nur kurz skizziert werden. Er ist ein Mysterienkult, bei dem Elemente erkennbar sind, die im Christentum, wenn auch mit anderem geistigen Hintergrund, wiederkehren. Altpersischen Ursprungs ist die Gestalt des Gottes Mithras, der den dualistischen Vorstellungen der altiranischen Religion entspricht. Die phrygische Mütze, hergestellt aus dem Hodensack mit anschließender Fellpartie des Stieres, zeigt an, daß die lebensspendende Kraft des Urstieres auf den Träger übergeht.

Mithras ist der Mittler zwischen dem guten und bösen Prinzip und ausgesandt, die Welt zu schaffen und das Menschengeschlecht von verschiedenen Übeln, Dürre und Wassernot zu befreien. Im Mittelpunkt der Liturgie steht das Opfer des Stieres und das Liebesmahl von Mithras mit Sol, dem Sonnengott, als Zeichen der Versöhnung.

Der gebauschte Mantel symbolisiert den Sternenhimmel, der, das zeigen Bemalungsreste in einigen Mithräen, sich an der Decke des Kultraumes widerspiegelt: Die Mithrashöhle stellt die symbolische Einheit des Kosmos dar: die 7 Planeten, die Tierkreiszeichen, die 4 Elemente (Luft, Erde, Feuer, Wasser), die 4 Jahreszeiten und die 4 Windgötter = Himmelsrichtungen. Die Dynamik des Kosmos scheint während des Gottesdienstes durch Licht-, Wasser- und Geräuscheffekte zum Ausdruck gekommen zu sein.

Der Gläubige hat sieben Grade zu durchlaufen. Die Siebenzahl hat, in Anlehnung an die Zahl der Planeten, eine besondere Rolle gespielt. Die Namen der sieben Grade sind: *Corax* (Rabe/Merkur/Luft), *Nymphus* (Schlange/Venus/Erde), *Miles* (Soldat/Mars/Skorpion), *Leo* (Löwe/Jupiter/Feuer), *Perses* (Perser=Cautopates/Luna/Wasser), *Heliodromus* (Sonnenläufer=Cautes/Sol/Luft), *Pater* (Vater/Mithras/Saturn). Jedem Grad entsprach eine bestimmte Funktion im Ritual der Kulthandlung.

Während dieser Liturgie, besonders bei der Aufnahme in einen höheren Grad, haben die mit Licht- und Geräuscheffekten verbundenen Handlungen eine eindrucksvolle Wirkung erzeugt. Die Gläubigen verstanden die symbolische Bildersprache und beteten voller Andacht zu dem »Feuerhauchenden, Lichterreger und Bezwinger des Sternenhimmels«[465]. Im gleichen Sinne wirkte es, wenn während des Gottesdienstes sich das Kultbild drehte und das Liebesmahl des stiertötenden Gottes mit dem Sonnengott erschien. Wahrscheinlich wurde der geheimnisvolle Akt durch den aromatischen Geruch von Weihrauch, der in eine Flamme geworfen wurde, verstärkt. Nach dem Erlöschen der Flamme traten die Gläubigen geläutert hinaus an das Licht des Tages.

Der Mythos von Sol und Mithras geht zwar auf persischer Wurzeln zurück, ist aber im römischkaiserzeitlichen Mithraskult zu etwas Neuem geworden. Platons Lehren von der Erschaffung der Welt, der Seelenwanderung und der Unsterblichkeit der Seele haben ebenso in die neue Religion Eingang gefunden wie astronomisch-wissenschaftliche Elemente, die dem Kenntnisstand der damaligen Zeit entsprachen.

Die ersten sicheren Nachweise für den Mithraskult fallen in die Regierungszeit des Kaisers Domitian (81–96 n. Chr.). Von Rom aus hat er sich in der 2. Hälfte des 1. Jahrhunderts bis in die rechtsrheinischen Gebiete der Provinz Obergermanien verbreitet. Als der »Unbesiegte« (Abb. 115) hat der Gott Mithras in besonderem Maße den einfachen Soldaten angesprochen. Der 3.Weihegrad (miles = Soldat) zeugt von diesem besonderen Einfluß[466]. Daß es zuerst die wenig gebildeten Angehörigen von Auxiliareinheiten waren, wiederholte sich später beim Christentum; Legionäre waren als römische Bürger in stärkerem Maße an den offiziellen Kaiserkult gebunden.

Vielleicht war das auch der Grund, daß für Mainz ein auffälliges Desinteresse festzustellen ist[467], nicht zuletzt im Vergleich mit den vier Mithräen von Nida-Heddernheim. Zwischen Taunus und Odenwald wurden Mithräen in Wiesbaden, Saalburg (?), Friedberg, Ober-Florstadt, Rückingen, Groß-Gerau, Dieburg, Stockstadt und Heidelberg gefunden. Das älteste Mithräum in Heddernheim wird um 85 n. Chr. datiert. Die Zeit der Erbauung des Wiesbadener Mithräums liegt wahrscheinlich Jahrzehnte später.

Daß das Ende des Mithraskultes mit dem Aufkommen des Christentums zusammenhängen könnte, muß für die romferne Region des Limeshinterlandes an Taunus und Odenwald verneint werden. Für die Zerstörung der Mithräen sind am ehesten die Alamannen verantwortlich zu machen. Sie werden spätestens bei den großen Beutezügen der Jahre 259/60 n. Chr. die silber-

nen und bronzenen Kultgeräte geraubt und die Wohnstätten der Gottheiten niedergebrannt haben[468].

Weihealtäre

Im Wiesbadener Mithräum wurden einige Weihealtäre gefunden, deren Beziehung zur Gedankenwelt des Mithrasglaubens unverkennbar ist. Bei 1 a,b,c (Abb. 110) lagen Bruchstücke eines kleinen Altars (Höhe 50 cm) aus weißem Kalkstein, der unter einer Darstellung des Cautes mit erhobener Fackel und Schlüssel eine Weiheinschrift trug[469]. Erhalten ist der obere Teil des Altärchens mit der Bekrönung und dem Kopf des Fackelträgers und der Sockel mit der Inschrift:

Abb. 115 Dem »unbesiegten Gott« geweihter Stein des Cautes mit erhobener Fackel (ergänzt)

Abb. 116 Dem unbesiegten Gott Sol geweihter Altar

DEO INVICTO
MILES PIVS

»Dem unbesiegten Gott / Ein gottesfürchtiger Soldat.« Das Altärchen und sein Gegenstück, der Fackelträger mit gesenkter Fackel Cautopates und gleicher Inschrift, standen wahrscheinlich zu beiden Seiten des Hauptkultbildes an der Frontseite des Heiligtums. Daß es diesen zweiten Fackelträger gab, geht aus einem als Spolie verbauten Bruchstück eines Kalksteinsteinaltärchens mit der gleichen Inschrift DEO INVICTO MILES PIVS hervor, das man 1865 beim Abbruch eines Teilstücks der Heidenmauer, wenig mehr als 10 m vom Mithräum entfernt, gefunden hat[470]. Die beiden Fackelträger gehören als Begleiter des Mithras und Sinnbilder zweier Weihegrade zusammen und stehen in unmittelbarer Nachbarschaft zum zentralen Kultbild, auf dem sie noch einmal dargestellt sind.

Dicht vor der Felsbank bei 4 a und 4 b kamen Stücke eines Altares aus dem brüchigen tertiären Sandstein der Umgebung zutage; er war 71 cm hoch, 50 cm breit und 30 cm dick. Das mürbe Gestein hatte im Altertum Sprünge bekommen, die von oben an zwei Stellen mit Bleibändern geflickt worden waren. Trotz dieser Ausbesserungsversuche hat sich der Stein im oberen Teil längs gespalten. Die vordere Hälfte mit der Inschrift ist verloren. Die Inschriftfläche war, wie am unteren Inschriftteil erkennbar, weiß überzogen, in den Buchstaben sind noch Reste roter Farbe sichtbar.

Nach dem gut nachvollziehbaren Interpretationsversuch Ritterlings kann das Endstück der halb erhaltenen Inschriftzeile mit der sicheren Lesung . . .ENTO COS PER sich nur auf einen Konsulnamen mit der Endung ENTO beziehen. »Nach Durchmusterung der Konsullisten der in Betracht kommenden Zeit, 2. und 3. Jahrhundert«, läßt sich der Name »allein zu ADVENTO ergänzen und auf OCLATINIVS ADVENTVS, der im Jahre 218 mit Kaiser MACRINVS das Konsulat bekleidete, beziehen«[471]. Demnach lautete der Schluß der Inschrift:

[IMP(eratore) MACRINO AVG(usto) ET ADV]ENTO
CO(n)S(ulibus) PERMITTENTE VARONIO LVPVLO
IN SVO

». . . unter dem Kaiser Macrinus Augustus mit Erlaub-

nis des Grundbesitzers Varonius Lupulus« (zur Aufstellung des Altares).

Die auf dem Sockel wiederholte Zeile IN SVO soll wohl noch einmal das Recht des Grundeigentümers »auf seinem Eigentum« betonen.

Während diese sämtlich zur Ausstattung des Heiligtums gehörenden Steinfragmente in der Nähe der Rückwand in trümmerhaftem Zustand und nicht in der ursprünglichen Aufstellung angetroffen wurden, standen weiter nach der Mitte zu an den Podien angelehnte oder in deren Verkleidungsmäuerchen eingelassene Altäre noch an ihrem alten Platz. So fand sich bei 7 auf einer 10 cm hohen und 26 cm tiefen Untermauerung ein kleiner Altar, dessen einst aufgemalte Inschrift spurlos verschwunden ist. Der einfach geglättete Stein ist 55 cm hoch, 32 cm breit und 20 cm dick. Bedeutender ist der Altar bei 6 in einer in das Podium E eingearbeiteten Nische, deren Sohle 28 cm über dem Boden der Cella lag. Das gleiche brüchige Sandsteinmaterial wie bei dem Altar von 4 a/b hatte auch hier eine Festigung durch Bleiklammern am Gesims nötig gemacht. Die Inschrift lautet[472] (Abb. 116):

IN H(onorem) D(omus) D(ivinae)
DEO SOLI INVIC
TO C(aius) SILVINIVS
MATERNINVS ET L(ucius)
ADIVTORIVS AT
TILLVS ET C(aius) VET
TINIVS PATERNVS
VET(erani) LEG(ionis) XXII VOTVM S(olverunt)
L(ibentes) M(erito) PERMITTEN
TE VARONIO LVPVLO IN SVO

»Zu Ehren des göttlichen Kaiserhauses. Dem unbesiegten Gott Sol haben Gaius Silvinius Materninus und Lucius Adiutorius Attilus und Gaius Vettinius Paternus, Veteranen der 22. Legion, ihr Gelübde nach Gebühr erfüllt. Varonius Lupulus hat die Aufstellung auf seinem Grund und Boden erlaubt.«

Dieser Altar wird zeitlich von dem Altar aus dem Jahr 218 n. Chr. nicht allzu weit entfernt errichtet worden sein. Auch hier kehrt die Erlaubniserteilung desselben Grundbesitzers wieder. *Sol invictus* war als Lichtgott der Mithrasverehrung verwandt.

Gaius Varonius Lupulus selbst scheint jedoch auch einen eigenen Altar gestiftet zu haben, der bei 5 gefunden wurde und ebenfalls aus dem gleichen brüchigen Gestein gearbeitet war. Der 78 cm hohe, 43 cm breite und 31 cm dicke Altarstein läßt noch einige wesentliche Zeilen erkennen, obwohl die Inschrift auf dem Hauptfeld unter dem Einfluß der Bodenfeuchtigkeit weitgehend zerstört war. Auf dem Gesims steht die übliche Weiheformel

IN H(onorem) D(omus) D(ivinae)

Auf dem Schaft ist im gerahmten Feld zu lesen: D(eo) I(nvicto) M(ithrae) C(aius) VARONIVS LVPVLV[S] IN (suo?)

Opferliturgie

Die Opferliturgie fand in der Cella des Hauptraumes statt. Dabei muß man sich vergegenwärtigen, daß weder der Kultraum als solcher (*spelaeum*) noch die Kultbilder und Altäre in römischer Zeit durch das heutige Erscheinungsbild kahler Mauern und blanker Altarsteine geprägt waren. Wahrscheinlich war die Decke. der Idee des Weltenraumes entsprechend, azurblau mit leuchtenden Sternen bemalt. Die Wände waren entweder mit Tüchern bespannt oder verputzt. Das Kultbild war, worauf Farbspuren des Weihereliefs aus dem Mithräum III in Heddernheim deuten, farbig (grün, rot, gelb, blau, braun, schwarz und weiß). Bemalt waren auch die Weihealtäre (weiß mit rot hervorgehobener Inschrift) und wohl auch die figürlichen Darstellungen der Weihealtäre. Die Seitenpodien dürften (holz)verkleidet gewesen sein. Die Gläubigen werden auf Kissen gesessen oder gekniet haben. Das nachgebaute Mithräum im Museum Wiesbaden (Abb. 112) zeigt, wie sich das Heiligtum den Mithras-Gläubigen in römischer Zeit dargestellt hat.

Hinter dem Kultbild befand sich im Wiesbadener Mithräum noch ein nischenartig aus dem Fels herausgeschlagener schmaler Raum H, der nur teilweise mit Mauerwerk verkleidet war. In der Mitte ist der Fels in einer Breite von 95 cm noch weiter nach dem Berg zu ausgeschrotet. Dieser Stollen war vorn durch eine Mauer abgeschlossen, die 1 m hoch über dem Boden eine 40 cm tiefe, an ihrer Rückwand ebenfalls mit Mauerwerk verkleidete Nische H¹ aufweist (Abb. 117).

Unter der Sohle hatte die Verblendmauer eine 28 cm hohe und 25 cm breite Öffnung; sie war mit weichem dunklem Grund (Verwitterungsprodukt von Holz?) gefüllt und ließ sich horizontal über 1 m weit in den Berg hinein verfolgen. Ritterling vermutet, daß hier eine Wasserleitung in das Heiligtum hineinführte, die ihren Ausgangspunkt »wahrscheinlich in einem senkrecht in den Fels getriebenen Schacht« gehabt hat. Einige Befunde im Straßenraum der neuen Coulinstraße, denen damals nicht genauer nachgegangen werden

Abb. 117   Blick in den Raum H hinter dem Hauptkultbild ▷

Abb. 118   Fragment der Marmortafel von Podium F ▷

konnte[472], deuten jedoch an, daß hier noch weitere Anbauten des Mithräums gelegen haben.

Dazu gehören noch weitere Stufen, die vom Raum H nach links weiter in den Fels hinab und von da möglicherweise ins Freie oder in das Innere eines Nebengebäudes führten. Über diesen Zugang konnte ein Priester oder Eingeweihter höheren Grades von außen, von den Podien her ungesehen, den Raum H betreten. Er konnte so im gegebenen Moment Handlungen vornehmen, die bei den Gläubigen den Eindruck von Mysterienwundern entstehen ließen: selbsttätige, dem Schein nach durch Gebet hervorgerufene Erscheinungen wie Licht- und Geräuscheffekte, das plötzliche Aufsprudeln einer Quelle oder das »von göttlicher Hand bewirkte« Drehen des Kultbildes.

In diesem Zusammenhang ist ein Hinweis[473] interessant, der an die Frage der Durchführung des Tieropfers und der liturgischen Mahlzeit (*agape, communio*) anschließt. I. Huld-Zetsche wirft das Problem der Zubereitung des Opfermahls auf und denkt dabei an eine Küche in einem nahegelegenen Haus. In Wiesbaden schließt der oben beschriebene Mauerkomplex II mit dem an eine Herdstelle erinnernden, mit verbranntem Lehm und Asche gefüllten Viertelkreis (s. S. 132 f.) sehr dicht an das Mithräum an. Bei einer an dieser Stelle auch heute noch möglichen Nachgrabung könnte dieser Fragestellung vielleicht mit modernen archäologischen Methoden noch einmal nachgegangen werden.

Nicht mehr zu klären sind Inhalt und Bedeutung einer Inschrift, die sehr fragmentarisch auf drei aneinander passenden Bruchstücken einer weißem Marmortafel eingemeißelt war. Sie wurden auf dem Podium F gefunden. Ritterling[474] vermutet, daß sie in der Wand über dem Podium eingelassen war. Die Teilstücke ergeben, zusammengesetzt, eine 2 – 2½ cm dicke Platte von 21 cm Höhe und 30 cm Breite. Aus den 8 Zeilen des Textfragmentes lassen sich folgende Wörter mit einiger Sicherheit rekonstruieren (Abb. 118):

[resti]*tuere* = wiederherstellen

[a]*rbitremu[r]* = glauben wir

[tem]*poris negleg[entia]* = Vernachlässigung mit der Zeit (und)

[hos]*tium* = . . . der Feinde

ita disi[ecta] = auf diese Weise zerstreut liegend

excub(i)is utri[sque . . .] = wachsam, besorgt sein

[im]p(eratoris) nostri = unseres Herrn
in tut[e]lam, [. . .]i securita[tem] = in Obhut (und) Sicherheit…

Diese wenigen Begriffe deuten an, daß es sich um das Gedenken an eine Wiederherstellung des durch Vernachlässigung und durch feindliche Einwirkung in Mitleidenschaft gezogenen Heiligtums handelt, verbunden mit dem Vorsatz, durch Wachsamkeit und mit der Hilfe »unseres Herrn« (Mithras) das erneuerte Heiligtum in Obhut zu nehmen und für seine Sicherheit zu sorgen.

Die Rekonstruktion ist ein Versuch. Im Kern trifft sie sicher den tatsächlichen Sachverhalt. Um so bedauerlicher ist der Verlust der fehlenden Teile. Die Tafel scheint einen Hinweis auf die auch andernorts ständig vorkommende Klage über eigene Nachlässigkeiten und den Hinweis auf Zerstörungen durch feindliche (alamannische?) Überfälle zu enthalten.

Kleinfunde

Über Kleinfunde im und am Mithräum berichtete Ritterling ausführlich in den Verwaltungsberichten des Altertumsmuseums vom 1. Jan.–31. März und 1. April–30. Juni 1902[474]. An Stempeln auf Ziegelbruchstücken fanden sich solche der 14., 21. und 22. Legion sowie eine Anzahl anderer Stempel, besonders der linksläufige Stempel MART (*Martenses*), den Ritterling auf Truppenteile des 4. Jahrhunderts bezieht, die am Bau der Heidenmauer beteiligt waren. Dazu eine außerordentlich große Menge von Gefäßscherben, vornehmlich der späteren römischen Zeit, ein fast ganz erhaltener Sigillatateller (Drag. 31) mit dem Stempel COCVS F, Stempel auf Sigillata-Gefäßscherben, Münzen und mehrere Fibeln aus Bronze, eine Nadel und eine große runde Blechscheibe. Zu einer Truhe gehörte wohl der schwere Bronzehenkel, an dem die eine der beiden den Abschluß bildenden Eicheln abgebrochen war (Abb. 108).
Bemerkenswert sind im Brand deformierte Bruchstücke des oberen Teils eines Standbeines eines reich verzierten, aus einer Kupferlegierung gegossenen dreibeinigen Klapptisches, von dem aber nicht sicher ist, ob er zum Inventar des Mithräums gehört hat[475a]. Die Bekrönung bildet eine weibliche, nach vorn ge-

neigte Figur, die als badende Venus gedeutet wird. Dafür sprechen typische Badeutensilien: Salbenbehälter und ein aufrechtstehender, diagonal mit Ritzlinien versehener Spiegel. Die Figur ruht auf einem sechszonigen Blätterkapitell. An der Stange darunter Perseus mit dem Krummschwert in der linken und dem Gorgonenhaupt in der rechten Hand (Abb. 119).
Schließlich seien Funde erwähnt, die bei Opferhandlungen verwendet worden sein könnten: ein 17,5 cm langes Messer aus Eisen, eine zweite Messerklinge von 17,5 cm Länge mit starkem Rücken und abgebrochener Angel sowie mehrere kleine Schleifsteine mit Spuren starker Abnutzung. Auf dem Podium E fand sich ein leicht beschädigtes kreisrundes Tonlämpchen mit kurzer Dochtschnauze[476].
Schon im Abschnitt Schützenhofthermen wurden die 1858 im hinteren Teil der damals abgetragenen Terrassen dicht unterhalb der Kirchhofsmauer gefundenen Stücke erwähnt, die erst im nachhinein als zu dem erst 1902 entdeckten Mithräum gehörig erkannt wurden: ein Cautopatesrelief, der kleine kauernde Löwe (4. Weihegrad) und das Halbmondrelief (5. Weihegrad) (s. S. 72 ff. u. Abb. 49 – 51).

Zeitstellung

Die Zeit der Gründung des Mithräums und sein späteres Schicksal kann aus den Fundstücken nur ungenau bestimmt werden[477]. Eine ziemlich abgenutzte, aber gut erhaltene 4-As-Münze des Septimius Severus von 196 n. Chr. paßt zeitlich zu dem durch das Konsularjahr 218 datierten Opferaltar, kann aber auch erst einige Jahrzehnte später dorthin gelangt sein. Ritterling diskutiert Anhaltspunkte für einen denkbaren Vorgängerbau, der in seiner ersten Gestalt ein reiner Holz- oder Fachwerkbau gewesen sein dürfte. Er würde den Heddernheimer Mithräen zeitlich näher liegen, von denen die früheren (III und IV) sicher älter als das in den Fels gehaute Wiesbadener Heiligtum waren. Dachziegelstücke aus den untersten Schichten des Wiesbadener Mithräums bieten keinen zuverlässigen Anhaltspunkt für eine genauere Datierung.
Nach Ritterling fällt die Zerstörung des Mithräums mit den Katastrophen der Zeit um 260 n. Chr. zusammen, »worauf die zahlreichen Brand- und Kohlenspuren in

Abb. 119 Fragment eines Standbeins eines römischen Klapptisches (Höhe 40 cm)

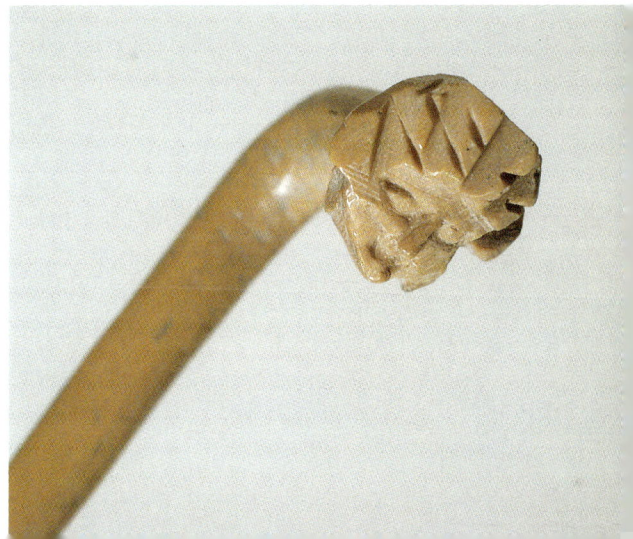

HIC QVIES CI
TIN PACE Q ALAQIT
QVIVIXS ETAN

Tafel 16
Christlicher Grabstein
des Q(u)ALAQ(u)IT
mit Christusmono-
gramm, Alpha/Omega
und zwei Tauben,
44 × 42,5 cm.
FO Luisen-, Ecke
Schwalbacher Straße.

den untersten Schichten hinweisen. Doch haben die flüchtenden Mithrasverehrer anscheinend genügend Zeit gefunden, die bei den heiligen Handlungen benutzten kleineren Geräte und Gefäße sowie die leichteren, der Ausstattung des Heiligtums dienenden Gegenstände mit sich zu nehmen.« Sie können aber auch von plündernden Alamannenhorden geraubt worden sein.

Der durch die Brandkatastrophe geschaffene Zustand ist, wie sich aus den bei der Ausgrabung beobachteten verschiedenen Einfüllschichten ergab, danach nicht unangetastet geblieben. Ohne hier auf Einzelheiten einzugehen, kann man diesen Befund so zusammenfassen. Über dem die Cella bei D ausfüllenden Einsturz der brennenden Bedachung mit Wandteilen fand sich über den Podien eine 60–90 cm starke Schicht aus Steinschotter, Kies und Lehm. In ihren obersten Teilen, bis 20 cm unter der heutigen Oberfläche, lag ein »dunkler, stark verarbeiteter Boden, in dem sich mannigfache Einschlüsse aus verschiedenen Abschnitten der römischen und vorrömischen Zeit fanden«. Diese Schicht vermischte sich oben ohne scharfe Scheidung mit dem über das ganze untersuchte Gelände verstreuten Resten aus dem ausgehenden 3. und der ersten Hälfte des 4. Jahrhunderts.

Alles deutet darauf hin, daß die nach der ersten Zerstörung von 260 noch sichtbar gebliebenen Obermauern des Mithräums, darunter wohl auch das große Altarrelief, dem Bedürfnis nach leicht verfügbarem Baumaterial zum Opfer gefallen sind. Die gebliebene muldenförmige Vertiefung des Heiligtums (*spelaeum*) wurde von oben mit angekarrtem oder von der Höhe des Schulbergs eingeschwemmtem Material allmählich aufgefüllt. So erklären sich auch die Funde der älteren Kulturreste: Scherben feiner Terra nigra-Ware des 1. Jahrhunderts, untermischt mit Sigillata- und irdener Ware des 2. und 3. Jahrhunderts, teilweise gestempelten Ziegelbrocken (s. o.) und Resten von Tongefäßen vorrömischer Technik.

Diese Schicht vermischte sich oben, etwa in der Höhe der heutigen Straße, mit den über das ganze untersuchte Gelände verstreuten, stellenweise in dichterer Masse gelagerten Resten aus der spätrömischen Zeit. Diese Schotterschicht ist offensichtlich das Ergebnis eines planmäßigen Abbrechens von Mauerwerk und der Zurichtung des dabei gewonnenen Steinmaterials. Alle brauchbaren Steine waren sorgfältig ausgelesen, nur Abfall und Kleinschlag zurückgelassen.

Das Ereignis, dem die brauchbaren steinernen Reste des Mithräums – neben anderen Gebäuderesten und Architekturstücken des in der römischen Spätzeit räumlich verkleinerten Vicus – zum Opfer gefallen sind, war der Bau der Heidenmauer. Den Beweis dafür liefern die vielen Steintrümmer, die bei ihrem Abriß als Werkstücke und Spolien gefunden wurden, darunter auch das Fragment des Steinaltärchens mit der Darstellung eines mithräischen Fackelträgers und der Inschrift DEO INVICTO MILES PIVS, ein genaues Gegenstück zu der Inschrift auf dem Altarstein, dessen Bruchstücke im Mithräum selbst gefunden wurden.

Die Zeit von Tiberius bis Hadrian

Das nördliche Obergermanien

Defensive Strategie

In der archäologischen Topographie des römischen Wiesbaden fehlt noch das Gebiet im Winkel zwischen Marktstraße und Langgasse, das im Abflußgebiet der heißen Quellen am Schützenhof, der Adlerquelle und des Kochbrunnens liegt. Dazu kommt eine anscheinend recht dichte Bebauung oder anderweitige öffentliche Nutzung des Geländes oberhalb der Adlerquelle, das man früher als Adlerterrain bezeichnet hat; es reicht im Norden bis zur Webergasse. Die dort im Laufe von 150 Jahren bei verschiedenen Baumaßnahmen zum Vorschein gekommenen Kleinfunde bezeugen ein lebendiges Alltagsleben im römischen Heilbad *Aquae Mattiacorum*. Wegen der zeitlich oft unterbrochenen, nur in wenigen Fällen systematischen Untersuchungen läßt sich ein zusammenhängender Siedlungsplan heute nur schwer, wenn überhaupt, rekonstruieren.

Um aber die Entwicklung des bürgerlichen Vicus wenigstens in großen Linien nachvollziehen zu können, muß der geschichtliche Faden noch einmal aufgenommen werden, der am Ende der Germanenkriege 16 n. Chr. unterbrochen wurde (s. S. 21).

Seitdem hatten die Römer den Germanen gegenüber eine überwiegend defensive Strategie verfolgt. Es entsprach der neuen Politik, die Augustus nach dem Rückschlag der verlorenen Varusschlacht eingeleitet und die sein Nachfolger Tiberius konsequent fortgeführt hat: Stabilisierung der Grenzen des Reiches unter Verzicht auf neue Eroberungen.

In Germanien bildeten die acht Legionen des ober- und untergermanischen Heeres mit ihren Standlagern entlang des Rheins (Xanten, Köln, Mainz, Straßburg und Vindonissa/Windisch) die Grundlage der römischen Grenzverteidigung. Einzige Ausnahme von der Beschränkung auf das linke Rheinufer war, abgesehen von der Sicherung des niederrheinischen Rheinmündungsgebiets, ein den Raum um Wiesbaden einschließender Brückenkopf vor Mainz, der sich bis Hofheim am Taunus erstreckte. Dort bildete ein römisches Erdlager, dessen Errichtung nach neueren Forschungsergebnissen bis in die Jahre um 20 n. Chr. reicht (s. S. 55 f.), einen Sperriegel gegen Angriffe aus der Tiefe des freien Germanien.

Einen weiteren Schutz boten die nördlich der Mainmündung, wohl als Foederaten angesiedelten Mattiaker[478]. Ergänzt wurde dieses Verteidigungssystem südlich des Mains durch germanisch-suebische Volksgruppen, die in mehreren Schüben in die oberrheinische Tiefebene vordrangen[479] und dort von den Römern als eine Art Stammesmiliz in ihrem rechtsrheinischen Vorfeld geduldet wurden. Die unter Trajan Ende des 1. Jahrhunderts erfolgte Gründung der *civitas Ulpia Sueborum Nicretum* belegt die erfolgreiche Integration dieser »Neckar-Sueben«.

Links des Rheins war die zivilisatorische Entwicklung, die durch die Römer ausgelöst wurde, meistens um einige Jahrzehnte voraus. Schon unter Augustus hatten die Römer damit begonnen, die gleichfalls aus dem elbgermanischen Raum zum Rhein vorgedrungenen Stammesgruppen der Triboker, Nemeter und Vangionen jenseits des Flusses anzusiedeln, wo sie sich mit der keltischen Restbevölkerung vermischten. Bei ihnen setzte schon bald ein Romanisierungsprozeß ein, der in der Bildung von zivilen Verwaltungsbezirken (*civitates*) auch äußerlich zum Ausdruck kommt.

Bei den Germanenstämmen auf dem rechten Rheinufer ging der Eingliederungsprozeß langsamer vonstatten. Nur im Bereich des von der Mainzer Garnison dringend gebrauchten Heilbades bei den mattiakischen Quellen dürfte die Assimilierung früher begonnen und schneller zum Erfolg geführt haben. Dafür sorgte außer der ständigen Anwesenheit römischer Badegäste der Bedarf an einheimischem Hilfspersonal zum Betreiben der Badeanlagen. Außerdem erfolgte, wenn die Vermutung des seit 15/16 n. Chr. bestehenden Foederatenbundes mit den aus Oberhessen zugewanderten Mattiakern (vgl. S. 13) richtig ist, deren Integration ohne größere erkennbare Rückschläge, sieht man von der bei Tacitus[480] erwähnten Beteiligung von Mattiakern beim Überfall auf Mogontiacum 69 n. Chr. (s. u.) ab.

In welcher Form die Errichtung fester Badeeinrichtungen mit der Existenz eines Militärpostens verknüpft war, ist in der Fachliteratur nach wie vor noch nicht zufriedenstellend beantwortet. Die Diskussion der Archäologen bewegt sich auf unsicherem Boden. Das Problem wurde in dem Abschnitt über die Frage eines frühen Erdkastells in Wiesbaden angesprochen (s. S. 55 f.).

B. Oldenstein-Pferdehirt[481] geht die Frage der Stationierung römischer Hilfstruppen außerhalb von Mainz durch den Vergleich von Grabsteinen von Auxiliaren gleicher Truppenteile in Mainz und Umgebung an. Dabei ist bemerkenswert, daß Grabsteine der 5. Dalmatiner- und der 4. Thrakerkohorte in Mainz und in Wiesbaden gefunden wurden, ebenso Steine der *Coh. I Pannoniorum equ.vet.* in Wiesbaden und Bingerbrück. Diese drei Einheiten werden auch von H. Nesselhauf[482] als in »julisch-claudischer Zeit« im Umfeld von Mainz bekannte Kohorten bezeichnet.

Damit berühren die Grabsteine von Angehörigen dieser Kohorten die Diskussion um die frühe Anwesenheit der Römer auf dem Gebiet der Stadt Wiesbaden in zweifacher Weise. Entweder handelt es sich bei ihnen um Angehörige von Einheiten, die kürzer- oder längerfristig in dem in Wiesbaden vorauszusetzenden Erdlager stationiert waren. Oder sie gehörten Einheiten anderer Standorte an, die bei einem der kleineren Grenzkriege gegen die Chatten verwundet wurden und während ihrer Genesungszeit hier gestorben sind.

Der Germanenfeldzug des Caligula

Nach den Feldzügen des Drusus, Tiberius und Germanicus tritt die germanische Grenzregion zum erstenmal wieder unter Caligula (37 – 41 n. Chr.) in Erscheinung. Sein offizieller Name war Gaius Caesar Germanicus. Durch seine Herkunft als Sohn des Germanicus (und der Vipsania Agrippina) konnte er auf eine ansehnliche Ahnenreihe verweisen; sein Lebens- und Regierungsstil hat aber in seinen letzten Lebensjahren deutlich Entartungserscheinungen seines Neffen Nero vorweggenommen[483]. Den Namen Caligula (gall. »Stiefelchen«) erhielt er, weil er unter den Soldaten seines Vaters im Feldlager aufgezogen wurde und deswegen schon als Kind diese Fußbekleidung getragen hat[484].

Sein Feldzug gegen Germanien, 39 – 40 n. Chr., ausgelöst durch einen Raubzug der Chatten nach Gallien, zeichnet sich mehr durch »kurzlebige und fahrige Betriebsamkeit«[485] aus, als daß er sorgfältig vorbereitet und mit klarer Zielsetzung durchgeführt worden wäre. Der Gedanke, daß der Kaiser die Taten seines Großvaters Drusus und seines Vaters Germanicus durch die endgültige Unterwerfung Germaniens krönen wollte, wird dabei eine Rolle gespielt haben; die eigentliche Durchführung ist ihm jedoch weitgehend außer Kontrolle geraten[486]. Nach einem Gewaltmarsch von 40 Tagen traf er mit seinen Prätorianern im Herbst des Jahres 39 in Mainz ein, gleichzeitig mit zwei eigens für diesen Feldzug ausgehobenen Rekruten-Legionen, den *Leg. XV* und *XXII Primigenia*, die kaum ihre ersten Feldübungen absolviert hatten[487].

Bis zum Sommer 40 hat Caligula selbst den Feldzug geleitet. Der Erfolg stand jedoch in keinem Verhältnis zu dem riesigen Aufwand. Sehr bald überließ er das Kommando über das obergermanische Heer dem Legaten Sulpicius Galba, dem späteren Kaiser (68 – 69 n. Chr.). Einer seiner sprunghaften Eingebungen folgend, hatte er nämlich inzwischen beschlossen, zuerst Britannien zu erobern. Galba wurde im folgenden Jahr mit den Chatten 41 n. Chr. in einem kurzen Feldzug sehr schnell fertig[488].

Durch diese Militäraktion wurde das Untermaingebiet bzw. die bis Hofheim reichenden Wohnsitze der verbündeten Mattiaker erneut gesichert. Dennoch waren die Chatten, die sich in ihre Wälder in Mittel- und Oberhessen zurückzogen, nicht auf Dauer ausgeschaltet.

Ein Ehrenbogen (des Germanicus?)

Vielleicht wurde in dieser Zeit auch der Ehrenbogen errichtet, dessen Fundamente im September 1986 im Bereich der Großen Kirchstraße in Mainz-Kastel entdeckt
wurden[489] (Abb. 120–122). Einiges spricht dafür, daß es
sich dabei um die Reste eines monumentalen Ehrenbogens handelt, der dem Andenken des Germanicus gewidmet war, des Vaters von Caligula (Gaius Caesar
Germanicus). Tacitus berichtet im Zusammenhang mit
den Ehrungen für den toten Germanicus[490] von »Ehren-
bögen in Rom, am Rheinufer (*arcus additi Romae et apud
ripam Rheni. . .*) und auf dem Amanosgebirge in Syrien
mit einer Inschrift, die von seinen Taten und seinem
Tod für das Vaterland (*rem publicam*) künden sollte«.
Das Bauwerk paßt zu dieser Örtlichkeit (*apud ripam
Rheni*); aber auch zu der schon erwähnten Verstiegen-
heit des Caligula, an die Taten seines Vaters in Germanien anzuknüpfen und sie noch zu überbieten.
Der Bearbeiter des Projektes, H. G. Frenz, versucht mit
bautechnischen und stilkritischen Vergleichen einiger
dem Monument zuzuordnender Baudekorationsteile
und Architekturreliefs (Taf. 8) mit der Steinmetztech-
nik einiger früher Soldatengrabsteine aus Mainzer
Werkstätten[491], eine Datierung des Bauwerkes vor 43
n. Chr. nachzuweisen. Vor diesem Jahr deshalb, weil
einige Baumarken der 14. Legion gefunden wurden,
die nur vor deren Verlegung nach Britannien (43
n. Chr.) oder dann erst nach ihrer Rückkehr nach
Mainz (70 n. Chr.) entstanden sein können. Die Baumarken fanden sich auf Sandsteinquadern des Fundamentes, das mit einer Kantenlänge von 18 x 9 m in situ
erhalten war. Die Ausdehnung läßt darauf schließen,
daß es sich um einen dreitorigen Ehrenbogen gehandelt hat (Abb. 122).
Ein anderer Hinweis des Bearbeiters ist in diesem Zusammenhang ebenfalls von Bedeutung. Er verweist
auf einen erst 1986 im Rhein geborgenen Pfahl, der
wahrscheinlich zur Fundamentierung einer Brücke gedient hat[492]. Nach der dendrochronologischen Jahrring-
datierung ist er 27 n. Chr. gefällt worden. Damit gewinnt die Existenz einer nicht erst seit Vespasian
(71 n. Chr.), wie bisher vermutet[493], sondern schon zur
Zeit des Tiberius bestehenden Rheinbrücke an Wahrscheinlichkeit. Sie hätte eine schnelle Anbindung der
»Vororte« Kastel, Wiesbaden und Hofheim an das Le-

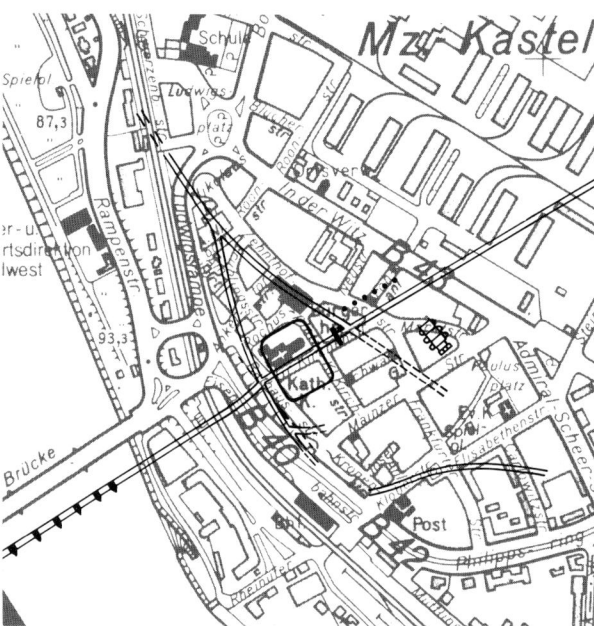

Abb. 120   Lage des Kasteler Ehrenbogens. Er liegt
genau in der Achse der
Straße, die vom Legions-
lager auf dem Mainzer
Kästrich über die römische
Brücke zur »Steinernen
Straße« nach Hofheim
führt. Unmittelbar dahinter
standen an der Straßenab-
zweigung nach Wiesbaden
die beiden Meilensteine
(Text S. 11f.) (nach H. G.
Frenz) 1:10 000

gionslager in Mainz hergestellt und würde eine seit
dieser Zeit bestehende militärische Beherrschung des
Mainzer Brückenkopfes bestätigen.
Mit dieser Interpretation setzt sich, im direkten Anschluß an die Publikation von Frenz, H. Bellen[494] als Alt-
historiker kritisch auseinander. Ohne daß näher auf
diesen Disput eingegangen werden kann, soll auch
kurz auf diesen Standpunkt hingewiesen werden. Bellen vertritt aufgrund einer textkritischen Analyse einer
anderen antiken Textstelle die Meinung, der von Tacitus erwähnte Ehrenbogen des Germanicus sei in der
Nähe des Drususdenkmals auf der linken Rheinseite
zu suchen. Den Kasteler Ehrenbogen möchte er eher
dem Kaiser Domitian (81 – 96 n. Chr.) zuordnen, dessen Ruhmsucht »mit hoher Wahrscheinlichkeit eine
Dokumentation seines Sieges [über die Germanen]
auch und gerade am Rhein vermuten läßt«. Darüber
hinaus führt Bellen eine Reihe weiterer Argumente an,
die eine domitianische Zeitstellung als ernstzunehmende Alternative erscheinen lassen.

Abb. 121   Das freigelegte Fundament des Ehrenbogens

Abb. 122   Rekonstruktion des Ehrenbogens (nach S. Schwarz)

Die Rheinfront unter Kaiser Claudius

Im Januar des Jahres 41 n. Chr. wurde Caligula in Rom ermordet. Sein Onkel Claudius, Bruder des Germanicus und Sohn des älteren Drusus, wurde im Alter von 51 Jahren sein Nachfolger. Er war von völlig anderem Schlage. Doch war auch er bestrebt, das Andenken an die Leistungen seiner Vorfahren gegen die Germanen wachzuhalten. Insofern wäre eine Vollendung des Ehrenbogens für Germanicus in Kastel unter diesem Kaiser verständlich. Seine geschichtliche Bedeutung liegt in der Eroberung Britanniens, die zur endgültigen Sicherung dieses nördlichen Eckpfeilers des römischen Reiches geführt hat.

Während der Konzentration der römischen Truppen in Britannien gab es an der Rheingrenze nur kleinräumige Aktivitäten. In Niedergermanien kam es zu einer Reihe von kriegerischen Auseinandersetzungen mit Friesen und Chauken, die jedoch 47 n. Chr. auf Anordnung des Kaisers abgebrochen werden mußten. Seit dieser Zeit blieb der Rhein von der Nordsee bis zum Taunus die Grenze des römischen Reiches.

Das Silberbergwerk im Land der Mattiaker

Daß die Vereinnahmung des Mattiakerlandes bis dahin schon weit fortgeschritten war, wird durch ein Ereignis wahrscheinlich gemacht, das etwa zur gleichen Zeit im Taunus stattgefunden hat. Wie Tacitus berichtet[495], ließ damals der Legat des obergermanischen Heeres Curtius Rufus »im Gebiet der Mattiaker (*in agro Mattiaco*) Schächte zur Suche nach Silberadern aufgraben«. Die Unternehmung war zwar nicht von Dauer, denn »die Ausbeute war dürftig, der Aufwand hingegen, Abzugsstollen auszuheben und, was schon unter freiem Himmel beschwerlich ist, Erdbewegungen unter Tage durchzuführen«, beträchtlich.

Für die Lokalisierung dieses Silberbergwerks wird im allgemeinen[496] das Gebiet oberhalb Braubach am Rhein in Anspruch genommen, wo seit dem Mittelalter bis in die Gegenwart Silber- und Bleierz gefördert wurde. Die Schornsteine der Erzschmelzen sind über dem Rheintal weithin sichtbar.

Andererseits gibt es keine eindeutigen Hinweise, das Mattiakerland bis in diesen entfernten Winkel des Taunus auszudehnen. Zwar handelte es sich bei der Aktion des Curtius Rufus um ein sicher militärisch abgesichertes Kommandounternehmen, das auch in entlegenen Gegenden ausgeführt werden konnte. Dennoch bleiben Zweifel. Es scheint noch einen zweiten Platz zu geben, der vielleicht als Standort dieses Stollens (*specus*) in Frage kommt. Geographisch würde er noch besser zu der Angabe »in agro Mattiaco«[497] passen. Gemeint ist ein altes Kupfer- und Silberbergwerk bei Wiesbaden-Naurod, das 1771 bis etwa 1791 in Betrieb gewesen ist. Es liegt im Bereich des Distrikts Erbsenakker und wird durch einen Basaltschlot markiert[498]. In nassauischen Akten der Zeit nach 1782 ist von einem Bergwerk »auf dem Römerstein« die Rede[499]. Ein Nauroder Heimatforscher hat nachgewiesen, daß dort in 150 m Abstand eine alte Heerstraße »im Mittelalter und vielleicht, wann schon?« – nach Mainz zog[500].

Um es deutlich zu sagen, die Beweisführung dafür, daß bei Naurod schon die Römer nach Silbererz geschürft haben, steht auf ähnlich unsicheren Beinen wie die für die Gegend oberhalb von Braubach. Geologen und Archäologen sollten daher die Lösung des Problems noch nicht als abgeschlossen betrachten. Denn – als Indiz für Naurod – schon in einem Antrag des Betreiber-Consortiums von 1772 heißt es: »Da sich nun durch fleißiges Schürfen an dem Fuß des Kellerskopfes zwischen Nauroth und Kloppenheim ein bauwürdiger Kupfer- und Silbererzgang gezeiget, wobey zu vermuthen, daß schon die alten Römer daselbsten mögen gebauet haben, indem sich noch würklich Strukturen von den Alten daselbsten vorfinden.« Ein Schacht wurde abgesenkt, Stollen getrieben, so daß selbst F. G. Habel, der verdienstvolle Wiesbadener Altertumsforscher, daraus schloß, »daß dies die Stelle sein müsse, die Tacitus in seinen Annalen anführt, als er das Silberbergwerk des Rufus bei Wiesbaden erwähnte«[501].

Der Chattenüberfall 50 n. Chr.

Daß von den Chatten nach wie vor eine erhebliche Gefahr ausging, zeigte sich bei den Ereignissen des Jahres 50. Wie Tacitus ausführlich schildert[502], handelte es sich bei dem Überfall dieses Jahres nicht um einen der üblichen kleineren Raubzüge; offenbar war ein großes Stammesaufgebot daran beteiligt[503]. Von beiden Seiten

wurden anscheinend breitgefächerte Operationen durchgeführt[504]. Die Römer unter dem Legaten P. Pomponius mußten ein beachtliches Heer aufbieten, darunter Hilfstruppen der Vangionen und Nemeter von jenseits des Rheins und bundesgenössische Reiterei. An diesem Feldzug nahm auch C. Plinius Secundus (der Ältere) teil, der von Mainz aus die mattiakischen Quellen besucht und beschrieben hat.

Nach einer älteren Darstellung[505] bildeten die Auxiliareinheiten zwei Marschkolonnen. Die eine marschierte anscheinend von der Wetterau zur Lahn. Sie schnitt, wie Tacitus berichtet, einem mit Beute zurückkehrenden Haufen der Chatten den Weg ab und überraschte sie, »die ihre Beute in ausschweifendem Gelage genossen hatten, in tiefem Schlaf«.

Wenn man annimmt, daß der Beutezug der Chatten sich gegen ein Gebiet im Bereich des Neuwieder Bekkens gerichtet hatte, müßte ein Teil der Mannschaft dabei den Rhein überschritten haben; auf dem rechten Ufer war wohl kaum wertvolle Beute zu machen. Folgt man dieser Version, bleibt als Marschweg der zweiten römischen Kolonne am wahrscheinlichsten die Route von Mainz über Wiesbaden, die Platte und die Hühnerstraße zur Lahn. Da der Feind gegen sie »eine Schlacht wagte«, fügten die Römer ihm eine schwere Niederlage bei.

Beide Heeresgruppen »kehrten danach mit Beute und Ruhm beladen in das Taunusgebirge (*ad montem Taunum*) zurück, wo Pomponius [im Bereich des Taunuskammes?] mit den Legionen in Wartestellung geblieben war, falls die Chatten in ihrem Rachedrang eine Gelegenheit zum Kampf bieten sollten«.

G. Wolff[506] hält diese Interpretation für falsch. Aus seiner Sicht ist es plausibler anzunehmen, die Chatten hätten dieses Mal den gewohnten Ablauf ihrer Überfälle in die Wetterau bis in die untere Maingegend ausgedehnt, ohne den Rhein zu überschreiten (da im Vorfeld des Legionenlagers Mainz ein solcher kaum in Betracht kommt). Der römische Gegenschlag sei so verlaufen, daß die erste Abteilung der Römer über den bei Hofheim abzweigenden Weg durch die Niedernhausener Senke an die Lahn marschierte und dort, zwischen Taunus, Westerwald und Vogelsberg, die durch die Wetterau zurückkehrenden Chatten überraschte. Die zweite Abteilung folgte dem Feind auf der seit Drusus bekannten Hauptroute vom Rhein über Hofheim und Friedberg ins Chattenland, während Pomponius mit seinen Legionären im Hofheimer Erdlager in Bereitstellung blieb.

In beiden Fällen blieb der Standort Wiesbaden als rückwärtiger Etappenplatz vom eigentlichen Kampfgeschehen unberührt. So gibt es aus dieser Zeit auch keinen Zerstörungshorizont[507]. Eine besondere Bedeutung wäre nach den Wolffschen Vorstellungen dem Erdkastell Hofheim zugekommen, das nach H. Schoppa[508] bei diesem Chattenüberfall zerstört wurde, während H.-G. Simon[509] diese Auffassung nicht teilt. Vielleicht bringen neuere Untersuchungen, die in den letzten Jahren stattgefunden haben, größere Klarheit.

Nero und das Vierkaiserjahr

Die Ausrufung Neros als Princeps hängt eng mit der Lebensführung seines Vorgängers Claudius, aber auch mit Ereignissen zusammen, die in Germanien ihren Ursprung hatten und auf Germanien zurückwirkten. Nachdem Claudius seine dritte Frau Messalina und deren Liebhaber hatte hinrichten lassen, heiratete er 49 n. Chr. Iulia Agrippina (die Jüngere), Tochter des Germanicus, die während dessen Zeit als Oberbefehlshaber der Rheinarmee in Köln, der Stadt der Ubier, geboren wurde.

Sie hatte großen politischen und persönlichen Ehrgeiz. So setzte sie durch, daß im Rahmen der von Claudius planmäßig vorangetriebenen rechtlichen Erhebung von römischen Siedlungen auch ihre Geburtsstadt *oppidum Ubiorum* in den privilegierten Rang einer mit römischem Recht ausgestatteten Bürgerstadt *Colonia Claudia Ara Agrippinensium* erhoben wurde[510].

Noch folgenreicher war die intrigenreiche »Personalpolitik«, die Agrippina innerhalb der Familie des Kaisers betrieb. Sie erreichte, daß Claudius im Jahre 50 ihren elfjährigen Sohn Domitius aus ihrer Ehe mit L. Domitius Ahenobarbus adoptierte und daß er drei Jahre später mit Claudius' Tochter Octavia vermählt wurde[511]. So kam es, daß Domitius nach dem Tode des Kaisers (54 n. Chr.) als Nero Claudius Caesar den Thron bestieg.

Während der Regierungszeit Neros (54–68) blieb es im Mainzer Kommandobereich im wesentlichen ruhig, sieht man vom Eingreifen des Legaten T. Curtilius Mancia in innergermanische Auseinandersetzungen im Jahre 58 n. Chr. ab[512]. Das besondere Interesse des Kaisers galt überwiegend den Reichsgebieten im Osten. Die Rheingrenze wurde dennoch nicht vernachlässigt: Nachdem Claudius sie schon mit einer Kette von Auxiliarkastellen gesichert hatte, wurden unter Nero die Innenbauten der Lager, die bis dahin überwiegend als Holzbauten ausgeführt waren[513], in Ziegelbauweise neu errichtet.

Dramatisch wurden die Ereignisse erst gegen Ende der Regierungszeit Neros. Als der Statthalter der gallischen Provinz Lugdunensis C. Iulius Vindex einen Aufstand unternahm, wurde er vom Oberbefehlshaber des obergermanischen Heeres Verginius Rufus im Frühjahr 68 bei Besançon vernichtend geschlagen. Mit den danach folgenden Wirren, die im Selbstmord Neros am 9. Juni 68 und der schon einen Tag vorher erfolgten Anerkennung des 73jährigen Servius Sulpicius Galba, Statthalter im diesseitigen Spanien, einen ersten Höhepunkt erreichten, begann eine Krise, die auch für das rechtsrheinische Vorfeld des Zweilegionenlagers Mainz und die Römersiedlung in der Wiesbadener Innenstadt katastrophale Folgen hatte.

Die Geschichte des Vierkaiserjahres 69 n. Chr. soll hier nicht in ihren Einzelheiten dargestellt werden; nur die entscheidenden Linien. Es begann mit der Ausrufung des Befehlshabers des niedergermanischen Heeres Aulus Vitellius zum Princeps. Sie erfolgte am 1. Januar in Köln durch die rheinischen Legionen. Galba wurde auf dem römischen Forum ermordet. Sofort danach wurde dort der Favorit der Prätorianer, M. Salvius Otho, zum Kaiser ausgerufen. Der rheinische Befehlshaber Vitellius zog daraufhin mit der Rheinarmee gegen Rom. Otho versuchte, Vitellius von Italien fernzuhalten. Er verlor jedoch die entscheidende Schlacht bei Cremona und nahm sich daraufhin das Leben.

Von da an hatte Vitellius mit seiner Rheinarmee im westlichen Imperium die Vorherrschaft. Sehr schnell kamen aber alte Rivalitäten mit den an der Donau und in Syrien-Palästina stehenden Heeresverbänden zum Vorschein. Sie riefen den kaiserlichen Legaten des römischen Heeres in Judaea, T. Flavius Vespasianus, am 1. Juli 69 zum Kaiser aus. Seine Anhänger bewirkten am 21. Dezember die Anerkennung durch den römischen Senat, nachdem einen Tag zuvor Vitellius in Rom ermordet worden war.

Der Bataveraufstand 69–70 n. Chr.

Durch den Abmarsch der kampfkräftigen rheinischen Legionen unter Vitellius war seit Mitte des Jahres 69 an der Rheingrenze ein gefährliches Machtvakuum entstanden. Das machten sich die Bataver unter ihrem Anführer Iulius Civilis zunutze. Sie griffen die am Niederrhein zurückgebliebenen römischen Truppen an und fügten ihnen schwere Verluste bei. Es herrschte eine große Verwirrung, in deren Strudel außer den Batavern auch andere Stämme und auch die römischen Truppen in den Standorten längs des Rheins und bis nach Trier hineingerissen wurden. Die Ereignisse des Katastrophenjahres 69 n. Chr. werden von Tacitus[514] ausführlich geschildert.

Während des Aufstandes erkannten auch die rechtsrheinischen Germanen die Schwäche der Römer. Besonders die den Batavern stammesverwandten Chatten[515], die ihre Niederlagen gegen die Römer, zuletzt gegen Pomponius, sicher nicht vergessen hatten, sahen nun ihre Stunde gekommen. Zusammen mit den Usipetern und einigen Haufen abtrünniger Mattiaker[516] plünderten und brandschatzten sie Mitte des Jahres 69 den rechtsrheinischen Brückenkopf, der von Wiesbaden bis Hofheim reichte. Sie gingen sogar über den Rhein und belagerten Mainz.

Nur mit Mühe gelang es den Römern, Entsatz vom Niederrhein heranzuführen und die Belagerer zu vertreiben. Das große Legionslager in Mainz konnte zwar nicht eingenommen und auch nicht niedergebrannt werden; es hatte aber Schaden genommen, worauf Ausgrabungsergebnisse hinweisen[517]. Niedergebrannt wurde aber das Hofheimer Erdkastell sowie große Teile der Wiesbadener Römersiedlung. Brandschuttschichten im Gebiet zwischen Hochstätten- und Mauritiusstraße, Kirchgasse, Schulgasse und auf dem Mauritiusplatz sind die archäologischen Zeugnisse dieses Überfalles.

Am Ende erfaßte der Aufstand das ganze Rheingebiet. Treverer und Lingonen, Ubier, Brukterer und Tenkterer schlossen sich an. Alle Kastelle der Römer am Rhein wurden in Mitleidenschaft gezogen. In Mainz meuterten die Soldaten und erschlugen ihre Offiziere. Nur weil den Aufständischen eine einheitliche Führung fehlte, kam es nicht zur völligen Katastrophe. Als aber Vespasian nach Beendigung des Bürgerkrieges Anfang des Jahres 70 wieder freie Hand hatte, schickte er sofort acht Legionen an den Rhein. Im Spätherbst desselben Jahres waren sie Herr der Lage.

Die Reorganisation der Provinz unter Vespasian

Mit Kaiser Nero erlosch das julisch-claudische Kaiserhaus. Nach Galba, Otho und Vitellius begann die Ära der Flavier, die jedoch, mit (Titus Flavius) Vespasianus, 69–79 n. Chr., beginnend, nach seinen Söhnen Titus (Flavius Vespasianus), 79–81 n. Chr., und (Titus Flavius) Domitianus, 91–96 n.Chr., keine Fortsetzung fand.

Vespasian ging sofort daran, den heruntergekommenen Staat zu reorganisieren. Am Rhein, wo er 25 Jahre zuvor als Legat der 2. Legion in Straßburg die regionalen Verhältnisse kennengelernt hatte, ließ er zuerst die zerstörten Legionslager und Auxiliarkastelle wiederaufbauen. Die Standorte der Legionen wurden ausgetauscht: Die Mainzer *Legio XXII Primigenia* kam nach Xanten, die *Legio IV Macedonia* wurde aufgelöst, weil sie beim Lageraufstand versagt hatte. Nach Mainz verlegt wurden stattdessen die *Legio I Adiutrix* und die *Legio XIV Gemina Martia Victrix*, die während des Bataveraufstandes aus Britannien zu Hilfe geholt worden war. Die 1. Legion erbaute die neue Wehrmauer des Mainzer Kastells, die 14. Legion errichtete eine neue Rheinbrücke. Beide Legionen bauten gemeinsam die Wasserleitung über den Aquädukt durch das Zahlbacher Tal[58]. In Wiesbaden waren Arbeitstrupps beider Legionen später beim Bau des Steinkastells auf dem Römerberg und der Thermen am Kranzplatz und am Schützenhofbad beteiligt.

E. Ritterling hat 1906 über die Entdeckung der Gräben von mindestens drei Erdbefestigungen unterhalb des späteren Steinkastells auf dem Römerberg berichtet, von denen wahrscheinlich das jüngste (C)[519] unter Vespasian angelegt wurde. An einer anderen Stelle schreibt er[520]: »Die kräftige Regierung Vespasians hat gleich nach Ordnung der inneren Verhältnisse auch das rechtsrheinische Gebiet um Wiesbaden wieder besetzt und militärisch eingerichtet.« »Aber soviel sich erkennen läßt, wurde hier in der Hauptsache nur der Zustand, wie er zu claudisch-neronischer Zeit gewesen war, wiederhergestellt oder wiederherzustellen versucht; denn das nichtmilitärische Wiesbaden wird erst nach und nach zu der in den vorangehenden Jahrzehnten herrschenden Blüte wieder erstanden sein.« Neuere Ergebnisse der archäologischen Forschung lassen erkennen, daß die Römer unter Vespasian erstmals wieder seit den Zeiten des Augustus über Hofheim hinaus bis in die Wetterau vorstießen[521] und Kastelle zur Sicherung des Gebietes anlegten. Sie waren noch nicht an der späteren Grenzlinie des Limes aufgereiht, sondern wurden entlang einer zentralen Achse (mit strategisch bedingten Abzweigungen) angelegt: auf der Frankfurter Dominsel, in Frankfurt-Heddernheim, Okarben, Friedberg und vielleicht Höchst[522]. Sie wurden durch Straßen miteinander verbunden, die, wie auch der Wasserweg auf dem Main, eine schnelle Verbindung zum Legionslager Mainz ermöglichten.

D. Baatz weist mit Recht daraufhin, daß die beachtlichen Gebietsgewinne östlich von Ober- und Mittelrhein unter der Regierung des Kaisers Vespasian anscheinend »mehr durch den zähen und umsichtigen Arbeitseinsatz der Legionen und Hilftruppen« errungen wurden, »durch Straßen- und Kastellbauten, als durch Kämpfe oder gar große Schlachten. Die stetigen Sicherungsmaßnahmen brachten im Vorfeld des Legionslagers Mainz das fruchtbare Gebiet des Rheingaus und der Wetterau in römische Hand.«

Von noch größerer Bedeutung für die ganze Entwicklung in Obergermanien war die endgültige Besetzung des Raumes zwischen Oberrhein und Neckar. Hier hatte es sich während des Bataveraufstandes deutlich gezeigt, wie nachteilig es war, daß Truppenverschiebungen immer auf dem Umweg um das Rheinknie bei Basel herum geführt werden mußten. Es fehlten schnelle Straßenverbindungen vom Rhein zur Donau. Vespasian zog die Konsequenz aus dieser Lage, indem er ein regelrechtes Straßenbauprogramm in Gang setzte. Es bildete die Grundlage für die Infrastruktur des eroberten Landes zwischen Schwarzwald und oberer Donau. Entlang der neuen Straßen wurden Kastelle errichtet, die zu Kristallisationspunkten der bald danach einsetzenden endgültigen Inbesitznahme dieser Gebiete geworden sind.

Der Chattenkrieg Domitians

Nach Vespasians Tod (79 n. Chr.) folgte ihm sein ältester Sohn Titus, der, wenn er auch kurze Zeit als *tribunus militum* in Germanien gedient hatte, als Kaiser in diesem Land keine erkennbaren Spuren hinterlassen hat. Er ist durch die Niederwerfung des jüdischen Aufstandes und die Zerstörung des Tempels in Jerusalem in die Geschichte eingegangen. In seine Zeit fällt der Vesuvausbruch mit dem Untergang der Städte Pompeji und Herculaneum sowie die Einweihung des Kolosseums in Rom.

Nach seinem überraschenden Tod (81 n. Chr.), er war gerade 41 Jahre alt, folgte ihm sein jüngerer Bruder Domitian auf dem Kaiserthron. Mit ihm beginnt in Germanien eine neue Phase der Eroberung und Sicherung rechtsrheinischen Landes. Die antiken Nachrichten über den Chattenkrieg Domitians des Jahres 83 sind widersprüchlich. Sicher ist, daß die Chatten sich durch ihre immer wiederkehrenden Einfälle in den obergermanischen Grenzraum zu einem Unruhefaktor entwickelt hatten, den Rom nicht länger dulden konnte. Diese Notwendigkeit traf zusammen mit dem Bedürfnis Domitians, seine Fähigkeit als kaiserlicher Feldherr, seine *virtus imperatoria* unter Beweis zu stellen, um nicht hinter seinem Vater Vespasian und seinem Bruder Titus zurückzustehen[523]. Ob erkennbare Kriegsvorbereitungen der Chatten den unmittelbaren Anlaß lieferten, oder ob er, wie Sueton schreibt[524], »von sich aus« (*sponte*) gegen die Chatten zog (Baatz[525] spricht von einem »Präventivkrieg«), ist unklar. Er setzte alle obergermanischen Legionen ein, zusätzlich unterstützt von der 21. Legion aus Bonn und einer Vexillation der *Legio IX Hispana* aus Britannien[526]. Der Kaiser hat den Feldzug persönlich von Mainz aus geleitet.

Wie schon angedeutet, fand das Unternehmen in der antiken Überlieferung eine sehr unterschiedliche Bewertung. Sie reicht von der Aussage des Cassius Dio[527], daß der Kaiser aus Germanien zurückgekehrt sei, »ohne dort einen Krieg vorgefunden zu haben«, bis zur Feststellung des Frontinus[528], der selbst im Gefolge des Kaisers in Germanien war, daß er sich den Ehrennamen Germanicus mit Recht verdient habe. Nach Mommsen war jedoch die Berichterstattung des Frontinus, der als »Lobredner« Domitians anzusehen sei, nicht unbedingt zuverlässig[529].

Ebenfalls eher kritisch äußern sich H. Schönberger[530] und H.-G. Simon, daß »der territoriale Gewinn, den Domitian erzielte, angesichts des gewaltigen Truppeneinsatzes von fünf Legionen und einem legionsstarken Detachement außerordentlich dürftig« war.

Positiver urteilt K. Strobel[531], der sich eingehend mit den politischen Aspekten des Chattenkrieges Domitians auseinandersetzt. Er betont, »daß es von Anfang an das erklärte Ziel Domitians (und seiner Berater) war, die seit augusteischer Zeit als Option offengelassene (. . .) Germanenfrage für gelöst zu erklären. . .«
»Von wesentlicher Bedeutung ist hierbei der Faktor, daß Domitian durch den unter seinem persönlichen Oberkommando geführten Feldzug gegen die Chatten der erste Nachfolger des Augustus war, der sich rühmen konnte, als regierender Herrscher ins Feld gezogen zu sein und seine virtus imperatoria als Princeps in eigener Person unter Beweis gestellt zu haben.«

Interessant ist der Bericht des Frontinus über die neue Taktik der in die Wälder geschlagenen Schneisen[532]: »Als die Germanen nach ihrer Gewohnheit aus Bergwäldern und dunklen Schlupfwinkeln wiederholt unsere Truppen überfielen und einen sicheren Rückzug in die Tiefe der Wälder hatten, ließ der Imperator limites in einer Länge von 120 [römischen] Meilen errichten. Er änderte hierdurch nicht nur die militärische Lage, er unterwarf auch die Feinde, deren Zufluchtsorte er bloßgelegt hatte.«

Die »limites«

Die von Domitian angelegten limites waren Schneisen, die aus dem Aufmarschgebiet der Römer in der Ebene in die Bergwälder des Taunus und in die Randwälder der Wetterau geschlagen wurden. Auf ihnen konnten bewegliche Einheiten schnell zu Kampfeinsätzen gegen die Verstecke des Feindes herangeführt werden. Schon Velleius Paterculus[533] hatte zur Zeit des Augustus den Begriff limites in diesem Sinne gebraucht. Sie bildeten noch nicht die später »Limes« genannte zusammenhängende Grenzlinie.

Nachdem Domitian die Chatten entscheidend zurückgedrängt und ihre gefährlichsten Widerstandsnester im Taunus und in den Randgebieten der Wetterau ausgeschaltet hatte, begann ein an vielen archäologischen Denkmälern erkennbarer Ausbau des nun endgültig okkupierten Landes zwischen Main, Taunus und Wetterau.

Das Rückgrat der neuen Strategie bildete die immer dichtere Kette von festen Kastellen im Hinterland, mit deren Anlage schon Vespasian begonnen hatte. Sie folgte der Vormarschstraße, die von Mainz-Kastel über Hofheim, Heddernheim, Okarben, Friedberg/Bad Nauheim und Butzbach nach Arnsburg führte (auch Heldenbergen wurde schon relativ früh angelegt[534]). Dazu kamen Abzweigungen zu befestigten Plätzen in Höchst, auf dem Frankfurter Domhügel und in Hanau-Kesselstadt, die zur Sicherung des Nachschubs auf dem Wasserweg von Bedeutung waren. Die Abstände zwischen den Kastellen entsprachen etwa einem Tagesmarsch (etwa 18 km). Ihre Besatzungen bestanden aus Auxiliartruppen, Kohorten oder Alen (berittene Einheiten) in der Stärke von 500 bis 1000 Mann.

Der Aufstand des Saturninus

Sechs Jahre nach dem Chattenkrieg hat der Aufstand des L. Antonius Saturninus, Befehlshaber des obergermanischen Heeres, im Winter 88/89 n. Chr. noch einmal für Unruhe im Rhein-Main-Wetterau-Gebiet gesorgt. Wahrscheinlich hat das jahrelange Verbleiben der starken Truppenkontingente im Operationsgebiet unter seinem Oberbefehl und deren wachsende Unzufriedenheit über die ständigen Bau- und Schanzarbeiten anstelle eines Beute versprechenden Feldzuges ins Innere Germaniens Saturninus dazu ermutigt, sich an die Spitze der Unzufriedenen zu setzen und zum Kaiser ausrufen zu lassen[535]. Unterstützung erhoffte er sich von den Legionen des niedergermanischen Heeres und von den immer noch kampfbereiten Chatten, die noch einmal bis zum Rhein vordrangen. E. Ritterling und andere haben die an einigen der neu erbauten Kastelle (Okarben, Heddernheim, Hofheim, Wiesbaden) nachweisbaren Zerstörungen diesem Chattenüberfall zugeordnet[536].

Der Aufstand des Saturninus scheiterte, weil sich das niedergermanische Heer dem Putschversuch nicht anschloß, und weil die Chatten ihm wegen des starken Eisganges auf dem Rhein in der entscheidenden Schlacht auf der anderen Uferseite nicht zu Hilfe kommen konnten. Die niedergermanischen Legionen unter dem Legaten A. Lappius Maximus besiegten die Truppen des Saturninus bei Remagen; Saturninus fand in dieser Schlacht den Tod.

Für das am Rhein stationierte römische Heer führte der Aufstand zu Umgruppierungen. Domitian versetzte die beiden unzuverlässigen Legionen *XXI Rapax* und *XIIII Gemina* in den Jahren 90/92 n. Chr. auf den Balkan. Die 21. Legion wurde ersatzlos abgezogen, die 14. wurde durch die 22. Legion abgelöst, die man vom Niederrhein nach Mainz verlegte. Die Erfahrung des Saturninusaufstandes hatte die Gefahren der Massierung von zwei Legionen an einem Standort deutlich gemacht. Sie war auch nicht mehr nötig, seit die rechtsrheinischen Kastellstandorte durch Steinbauten ersetzt und so das Vorfeld von Mainz weitgehend gesichert war.

Anfänge der Romanisierung

Völkergemisch

Die Veränderungen, die seit dem Ende des Chattenkrieges und nach der Niederschlagung des Aufstandes des Saturninus erkennbar werden, sind eine Folge der zunehmenden Stabilisierung der Verhältnisse im Rhein-Main-Gebiet. Die jahrzehntelange Anwesenheit römischer und nach Romanisierung strebender Soldaten, von denen sich nun auch schon die ersten als Veteranen im Lande niederließen, blieb nicht ohne Folgen für die einheimische Bevölkerung. D. Baatz[338] bezeichnet sie zu Recht als »recht buntscheckig«. Die Buntscheckigkeit geht zum einen auf die Vermischung der ursprünglich hier ansässigen keltischen Bevölkerung mit germanischen Zuwanderern zurück, unter denen die vorher im oberhessischen Chattenland beheimateten Mattiaker als namengebender Stamm eine wenigstens in der antiken Überlieferung klar definierte Gruppe darstellen. Hinzu kommt ein weniger scharf zu fassender Zustrom von Germanen, der durch kontrollierte oder unkontrollierte Wanderbewegungen und wohl auch durch Kriegsgefangene verschiedener Feldzüge der Römer im rechtsrheinischen Germanien bedingt war.

In Wiesbaden gab es von Anfang an viele Kontakte zwischen Einheimischen, zugewanderten Mattiakern und Soldaten der Mainzer Garnison. Von da kamen Legionäre und Offiziere, die als römische Bürger die lateinische Sprache mehr oder weniger gut beherrschten, und es gab die einfachen Auxiliaren, die sich aus vielen Gegenden des Reiches rekrutierten und Latein erst als zweite Sprache in der Armee mit unterschiedlichem Erfolg gelernt haben. Auf den Straßen von *Aquae Mattiacorum* ist dieses Latein aus zweiter Hand wohl noch bis zur Mitte des 2. Jahrhunderts gesprochen worden. Dazu kam der Einfluß von »durch die Not kühn gemachten Galliern«, von denen Tacitus[539] berichtet, daß sie über den Rhein gingen und in das Dekumatenland einwanderten, wo sie sich »besitzmäßig strittigen Boden aneigneten«. Ihr Einfluß wird sich in Mainz und im benachbarten Heilbad an den mattiakischen Quellen bemerkbar gemacht und die Sprachenvielfalt bereichert haben.

Der archäologische Nachweis dieser Mischung aus einheimischen und zugewanderten Bevölkerungselementen läßt sich schon seit der Wende vom ersten vorchristlichen zum 1. Jahrundert n. Chr. belegen. Zahlreiche keltisch/spätlatènezeitliche sowie teilweise als »germanisch« angesprochene Keramikfunde aus diesem Zeitraum sind im Wiesbadener Stadtgebiet zum Vorschein gekommen. Hierher gehören das Material vom »Nassauer Ring« (Abb. 123) bis zur Höhe der Biebricher Allee und Waldstraße[540], die schon im frühen 19. Jahrhundert von dem Dotzheimer Pfarrer Johann Christian Reinhard Luja geborgene »ubische Keramik«[541], spätlatènezeitliche Spuren an der Moritzstraße, die bis zum römischen Gräberfeld an der Rheinstraße (Artilleriekaserne, heute Landesbibliothek, ESWE-Hochhaus und der dahinter liegende Hofraum) heranreichten[542] (Abb. 124, 125), einige vorrömische Scherben vom Mauritiusplatz[543] und das Spätlatènegefäß aus der Wagemannstraße[544] (Taf. 5). Aber auch der germanische Topf aus dem Tutulusgraben des Erdkastells A[545] (Abb. 126) gehört hierher.

Daß bei dieser unvollständigen Aufzählung nicht zusammengehörende Zeit- und Fundkomplexe vermischt werden, ist dem Autor bewußt. Auffallend ist, wie schnell mit dem Erscheinen der Römer die alten Traditionen abreißen und einem durchgängig römischen Erscheinungsbild Platz machen. Ob und wie sich darin das Aufgehen der nichtrömischen Bevölkerung in der römischen Zivilisation widerspiegelt, kann heute nur noch in groben Zügen nachempfunden werden. Die ersten Kontakte und die Anfänge der allmählichen Vermischung sind nicht konkret zu erfassen. Einer der Gründe liegt darin, daß es bis heute an einer mit neueren Methoden durchzuführenden wissenschaftlichen Bearbeitung der vorrömischen, bis in römische Zeit hineinreichenden Funde fehlt.

Wiesbaden in domitianischer Zeit

Auch ohne die ausstehende genaue Analyse ist nicht zu übersehen, daß es in Wiesbaden während des 1. Jahrhunderts zu einer fast vollständigen Verdrängung bodenständiger Elemente gekommen ist. Mit der energischen Germanenpolitik des Kaisers Domitian begann dann für den allmählich als eigenständiges Gemeinwesen hervortretenden Vicus die Zeit der endgültigen Konsolidierung. Die Wunden, die der Chattenüberfall von 69 n. Chr. geschlagen hatte, konnten leichter überwunden werden, seit die Bautrupps des römischen Heeres mit dem Bau des Steinkastells auf dem Römerberg begannen (s. Anhang, »Die Kastelle der Römer auf dem Heidenberg«, S. 235 f.)
Das Kastell hatte die Aufgabe, während des Vorstoßes der Legionen in der Wetterau die rückwärtigen Verbindungslinien gegen Vorstöße des Feindes aus den Wäldern jenseits des Taunuskammes abzuschirmen. Vielleicht war es Ausgangspunkt einer in diese Wälder vorgetriebenen Schneise, von der aus den Chatten der Weg durch die Idsteiner Senke nach Süden versperrt werden sollte. Der schon in domitianischer Zeit angelegte älteste Militärposten am Zugmantel, der genau in der Richtung dieser vermuteten Schneise liegt, könnte auf die dabei gewonnene Kenntnis der Geländeverhältnisse nördlich des Taunuskammes zurückgehen.
In den Innenbauten des Steinkastells sind Ziegel der 1., 8., 14. und 21. Legion verbaut worden. Es ist bekannt, daß diese Legionen am Chattenkrieg des Jahres 83 n. Chr. teilgenommen haben. Arbeitskommandos dieser Einheiten haben in den Ziegeleien bei Frankfurt-Nied gearbeitet[546] und mit den dort hergestellten Ziegeln zahlreiche Militärbauten zwischen Main und Wetterau versorgt.

Abb. 123 Grabfunde vom Nassauer Ring (nahe Gutenbergplatz): L. o. Gedrungener Topf, schwarz, glatt poliert, Schulter mit wulstigem Ring, Boden mit Standfurche, 17 cm hoch; o. r. schlankes Gefäß aus rotem Ton mit weißem Farbüberzug, vielleicht Spuren von Bemalung. Rand 10 cm Dm., Fuß mit Standring 9 cm Dm., Höhe 30,5 cm; l. u. flaschenartige Urne aus dunkelbraunem Ton, Oberfläche geglättet, Fuß mit Standfurche, 17,5 cm hoch; u. r. desgleichen, 25 cm hoch, war mit Knochenasche gefüllt.

Außer dem Kastell wurden auch der Allgemeinheit dienende Bauten ausgeführt. Große Teile der Thermenanlagen am Kranzplatz sind, wie sich aus den gestempelten der massenhaft gefundenen Ziegel ergibt,

Abb. 124   Große schlanke Urne, 32 cm hoch, aus rauhem, rötlich-lehmfarbenem Ton, »der grauschwarz überzogen gewesen zu sein scheint«. FO Ecke Moritz- und Rheinstraße

Abb. 126   Topf der Spätlatènezeit (Ritterling) aus dem Tutulusgraben des Erdkastells A (Schoppa: »einheimische Ware«): Höhe 17,5 cm

Abb. 125   Grabfunde aus der Moritz- und Rheinstraße: enghalsige Flaschen und Urnen mit schmaler Schulter und wulstigem Ring, schwarz, glatt poliert, 7,5 – 15 cm hoch

von Bautrupps der gleichen Legionen erbaut worden. Vielleicht hat Kaiser Domitian selbst während seines Aufenthaltes in Mainz die warmen Bäder in Wiesbaden benutzt und den von da an erkennbaren Ausbau veranlaßt.

Später finden wir bei allen Bauten in Wiesbaden nur noch Ziegel mit Stempeln der *Legio XXII Primigenia Pia Fidelis*, der treuen und verläßlichen. Den Ehrennamen hatte sie erhalten, weil sie beim Aufstand des Saturninus kaisertreu geblieben war. 92 n. Chr. wurde sie von Xanten, dieses Mal endgültig, nach Mainz verlegt. In dieser ersten Zeit bleibt die Zahl ihrer Ziegel noch weit hinter denen der Legionen der achtziger Jahre zurück. Sie finden sich ausschließlich an solchen Gebäuden und Gebäudeteilen, die nachträglich ausgebaut oder ausgebessert wurden. Von den 20 Stempeln der 22. Legion aus dem Kastell sind nur die ältesten einzeiligen Typen und einige Namenstempel aus trajanischer Zeit. Die jüngeren Figurenstempel, die spätestens in der Zeit des Antoninus Pius (138 – 161 n. Chr.) in Gebrauch waren, sind in den Erweiterungsbauten der großen Thermen am Kranzplatz und den benachbarten Bädern (*balnea*) in großen Mengen verbaut worden[547].

»Germania capta«

Die Tätigkeit Domitians, soweit sie das römische Germanien und besonders die Maßnahmen in Obergermanien betrifft, kann aus heutiger Sicht nur positiv bewertet werden. Nachdem der Kaiser durch den Chattenkrieg und die endgültige Besetzung der Wetterau die allgemeine Sicherheit entscheidend vorangetrieben hatte, hat er mit der Einrichtung einer zivilen Verwaltung der endgültigen Integration der nichtrömischen Bevölkerung neue Impulse gegeben. Schon im Herbst des Jahres 83 n. Chr. hatte der Senat in Rom den Kaiser mit der Verleihung des Beinamen »Germanicus« geehrt[548], eine Auszeichnung, die bis dahin nur Drusus d. Ältere erhalten hatte. Wenig später ließ der Kaiser die ersten Münzen prägen, die auf der Rückseite die trauernde Germania und einen gefesselten Germanen unter dem Siegeszeichen (*tropaion*) mit der Umschrift *Germania capta* zeigen (Abb. 127).

Die Zeitgenossen Domitians haben sich über dieses unterworfene Germanien ihre eigenen Gedanken gemacht. Nur so ist die Bemerkung in Tacitus' Germania[549] zu verstehen: »Rom stand im 640. Jahre (113 v. Chr.), als man zum erstenmal von den Waffentaten der Kimbern hörte. Rechnen wir von da ab bis zum zweiten Konsulat des Kaisers Trajan (98 n. Chr.), dann ergeben sich etwa 210 Jahre; so lange schon wird Germanien besiegt!«

Dennoch hat K. Christ recht, wenn er den Standpunkt vertritt, man könne die Bedeutung des Prinzipats Domitians kaum überschätzen, da der prinzipielle Übergang zur Defensive mit der Konsequenz des systematischen Ausbaus der Grenzzonen und einer permanenten Grenzüberwachung und Vorfeldsicherung seitdem »die Grundlage der römischen Außenpolitik in Germanien« geblieben ist[550].

Provincia Germania superior

Zwei unter Domitian begonnene Maßnahmen haben die Stabilisierung der Lage im rechtsrheinischen Germanien, soweit es die Römer bis zur Jahrhundertwende in Besitz genommen hatten, entscheidend beeinflußt. Die erste bestand in der endgültigen Trennung der beiden bisher schon weitgehend selbständig operierenden Heereskommandos an Ober- und Niederrhein und ihre Umwandlung in die kaiserlichen Provinzen Ober- und Niedergermanien (*Germania superior* und *Germania inferior*). Die Grenze bildete der

Vinxtbach, der zwischen Andernach und Remagen in den Rhein mündet[551]. Sie unterstanden – anders als Senatsprovinzen (z. B. *Gallia Narbonensis*) – direkt dem Kaiser.

Mainz war Sitz des kaiserlichen Statthalters (*legatus Augusti pro praetore*) in Obergermanien. Er hatte das Kommando über die in der Provinz stationierten Truppen. Er war zwar an Weisungen des Kaisers gebunden, konnte aber bei Streitigkeiten mit Grenzvölkern und regionalen kriegerischen Auseinandersetzungen weitgehend selbständig handeln. Zugleich unterstand ihm die Provinzialverwaltung und das Gerichtswesen in wichtigen Straf- und Zivilprozessen[552].

Für die einheimische Bevölkerung bedeuteten diese Maßnahmen den Beginn einer verstärkten Romanisierung. Mit der Einführung von römischem Recht und römischen Verwaltungsvorschriften verband sich automatisch die Notwendigkeit zum Erlernen wenigstens eines Grundwortschatzes der lateinischen Sprache. Dazu kam die Einführung eines für die Einheimischen völlig neuen Steuersystems.

Daß der Kaiser 89 n. Chr. mit L. Iavolenus Priscus einen Statthalter nach Obergermanien schickte, der sich bis dahin vornehmlich als Jurist einen Namen gemacht hatte, zeigt, wie sehr ihm am Aufbau einer funktionierenden Zivilverwaltung gelegen war. Die Berufung eines Juristen anstelle eines erprobten Heerführers kann als deutliches Zeichen der Abkehr von der Eroberungspolitik gegen das freie Germanien gesehen werden. Eine friedliche Entwicklung konnte auf Dauer jedoch nur gelingen, wenn die Grenzen nach außen sicher waren. Deshalb gehörte es auch zu den Aufgaben des neuen Statthalters, das Grenzsicherungssystem systematisch auszubauen.

Die Anlage des Limes

Zu den militärischen Aufgaben gehörte die Vorverlegung der Verteidigungslinie an die Reichsgrenze. Sie wurde durch eine entlang dieser Grenze verlaufende Schneise (*limes*) markiert[553]. Die aus der Ebene heraus in die Taunuswälder führenden Schneisen des domitianischen Chattenkrieges wurden zu Militärstraßen ausgebaut, die die Verbindung zu der neuen Verteidigungslinie herstellten. Dieser »Limes« war im Bereich des

Abb. 127   Sesterz des Domitian. Vorderseite Porträt des Kaisers, Rückseite Siegeszeichen mit trauernder Germania und Umschrift »Germania capta«

Taunus und der Wetterau bis zum Jahr der Ermordung Domitians (96 n. Chr.) in wesentlichen Teilen festgelegt.

Zuerst war er nicht mehr als ein in bewaldetem Gelände von Bäumen, Gestrüpp und Unterholz freigeschlagener Weg, auf dem die Militärstreifen entlang patrouillierten. Zusätzliche Sicherung boten hölzerne Wachtürme, die wenige Meter hinter dem Postenweg errichtet wurden. Die Abstände waren so, daß ihre Besatzungen untereinander Sichtverbindung hatten und sich durch optische oder akustische Signale verständigen konnten. Hinter der Limeslinie begannen die Römer noch in domitianischer Zeit, an wichtigen Straßenübergängen Erdkastelle für Auxiliartruppen zu errichten. Ihre Besatzungen besorgten den Wachdienst am Limes. Sie konnten aber auch als geschlossene Truppe in dem zum jeweiligen Kastellabschnitt gehörenden

Limesbereich und darüber hinaus eingesetzt werden. Als Besatzung dieser Limeskastelle wurden immer mehr Auxiliarverbände aus dem Innern der Provinz abgezogen. Die ältesten Erdlager gehen wahrscheinlich noch auf die Zeit des Chattenkrieges zurück. Um die Jahrhundertwende zieht sich bereits eine Kette von Holz-Erde-Kastellen von Kemel über den Zugmantel, die Saalburg, Kapersburg bis nach Butzbach, ohne daß für eine Übergangszeit auf den Schutz des Hinterlandes durch die Steinkastelle in der Mainebene und im Innern der Wetterau verzichtet wurde.

Die endgültige Aufgabe des tiefgestaffelten Kastellsystems zugunsten der »linearen Grenzverteidigung« Domitians dürfte in trajanischer Zeit erfolgt sein[554]. Damals machten die Daker- und Partherkriege größere Umgruppierungen zwingend erforderlich, vornehmlich in dem Sinne, daß bewegliche Truppen (Reiterei) in die östlichen Kampfgebiete abgezogen und die Kohorten der bis dahin noch im Hinterland stationierten Fußtruppen an den Limes vorverlegt wurden. Nur Friedberg blieb zum Schutz der besonders exponierten Grenzen der Wetterau als Auxiliarkastell bestehen. Auch für das Wiesbadener Steinkastell, dessen Räumungsdatum 121/122 n. Chr. festzustehen schien, wird neuerdings die Auflassung schon in spättrajanischer Zeit, 117 n. Chr., diskutiert[555].

M. Ulpius Traianus hat, als er nach der Ermordung Domitians (96 n. Chr.) und dem anderthalbjährigen Zwischenspiel des 67jährigen Übergangskaisers Nerva dessen Nachfolge antrat, die von Domitian begonnene Friedens- und Grenzsicherungspolitik in den rheinischen Grenzprovinzen fortgesetzt, die er als Statthalter der Provinz Obergermanien (bis 97 n. Chr.) aus persönlicher Anschauung kannte.

Abb. 128 Nördlicher Teil der römischen Provinz Obergermanien mit Limesgrenze (Zeichnung: Saalburgmuseum)

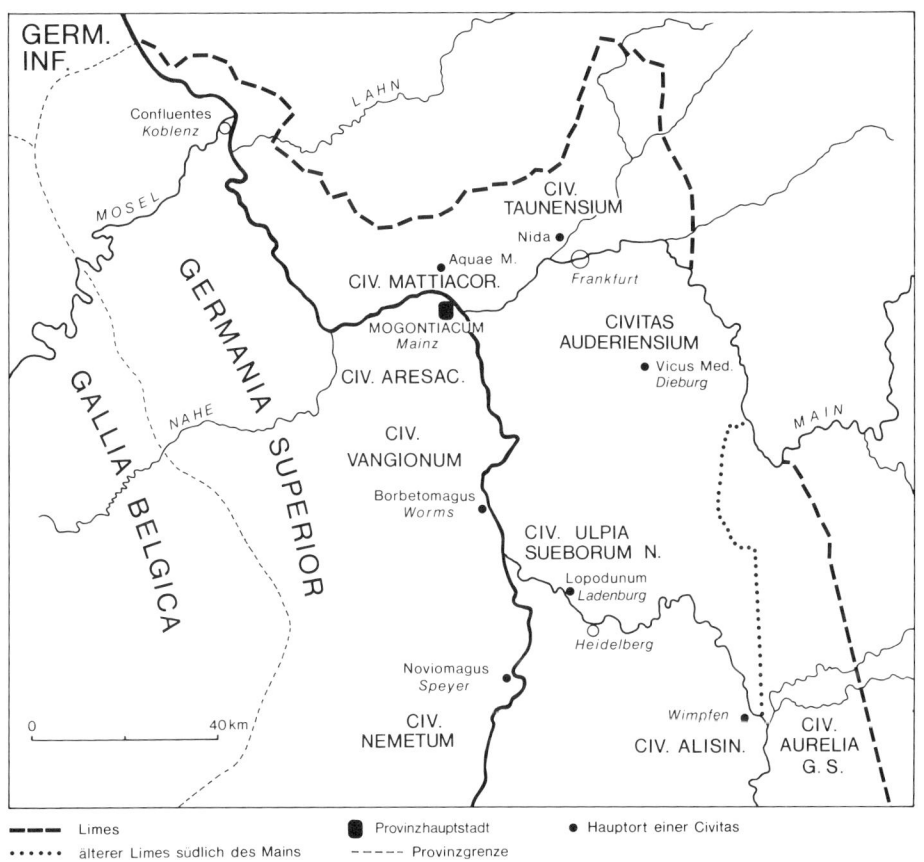

Provinziale Verwaltungsstrukturen

Die Verselbständigung der Provinz *Germania superior*, deren Gebiet wie das der Provinz *Germania inferior* aus der *provincia Gallia Belgica* ausgegliedert wurde, erfolgte bereits während der Regierungszeit Domitians[556]. Die zentrale Verwaltung bestand überwiegend aus Offizieren und Soldaten des Heeres. Sie konnte daher ohne besondere organisatorische Schwierigkeiten in relativ kurzer Zeit eingerichtet werden (Abb. 128).

Anders lagen die Verhältnisse beim »Unterbau« dieser Verwaltung, für dessen kompliziertere Strukturen man ohne die Mitwirkung der einheimischen Bevölkerung nicht auskam. Dementsprechend hat dieser in Niedergermanien ein etwas anderes Gefüge gehabt als in Obergermanien. Hier wiederum gab es Unterschiede zwischen den linksrheinischen Provinzteilen und dem Gebiet zwischen Oberrhein und Neckar; und es gab Abweichungen in den Gebieten zwischen Rhein, Main und Wetterau bzw. Rhein, Main, Odenwald und unterem Neckar, vor allem, was den zeitlichen Ablauf betrifft.

Rangmäßig gliederten sich die Provinzen in *coloniae, municipia* und *civitates*. *Colonia* war die höchste Rechtsform, die ein Gemeinwesen im römischen Reich erhalten konnte. Sie sind gewöhnlich aus geschlossenen militärischen Ansiedlungen römischer Bürger entstanden. Dementsprechend waren ihre Einwohner ursprünglich alle römische Bürger (*cives Romani*). Neben ihnen gab es selbstverständlich Personen minderen Rechts: Peregrine und Sklaven; zur Wahrnehmung der kommunalen Rechte (Wahl des Zweimännerkollegiums, *duoviri*) war jedoch das römische Bürgerrecht Voraussetzung.

In den eroberten Provinzen gab es auch reine Veteranenkolonien, deren Einwohner sich aus ehemaligen Soldaten rekrutierten; durch ihren ehrenhaften Abschied aus dem Heeresdienst hatten sie das römische Bürgerrecht erworben. In Obergermanien gab es keine *coloniae*, in Niedergermanien die *Colonia Claudia Ara Agrippinensium* (Köln, gegründet 50 n. Chr.), die *Colonia Ulpia Traiana* (Xanten) und die *Colonia Ulpia Noviomagus* (Nymwegen), beide um 100 n. Chr gegründet. *Municipia* waren Städte mit einer Verwaltung, die nach dem Vorbild der Stadt Rom organisiert waren; an ihrer Spitze stand aber ein Viermänner-Kollegium (*quattuorviri*). Die Munizipalverfassung wurde häufig bevorzugten Siedlungen in den eroberten Provinzen gewährt. Die Einwohner mußten nicht das römische Bürgerrecht besitzen. Sie waren aber aufgrund der Verwaltungsstruktur einem starken (und gewollten) Urbanisierungs- und Romanisierungsdruck ausgesetzt. In der Provinz Obergermanien gab es, soweit bekannt, nur ein Municipium, *Arae Flaviae*, das heutige Rottweil am Neckar[557].

Civitates, Vici, Villae rusticae

Die herausragenden Verwaltungseinheiten in den eroberten Provinzen waren jedoch die *civitates*. Es waren ländliche Verwaltungsbezirke, die an alte Stammesgebiete anknüpften. Sie hatten sich in Gallien bewährt. Hier war die Civitas eine Stammesgemeinde, die aus allen Freien bestand, die innerhalb ihrer Grenzen wohnten. Im linksrheinischen Germanien kennen wir Civitates der Ubier mit dem Hauptort Köln (*Oppidum apud aram Ubiorum*), der Nemeter mit Speyer (*Noviomagus*) und der Vangionen mit dem Hauptort Worms (*Barbetomagus*). Einteilung und Grenzen der Civitates im römischen Germanien haben sich in einigen fränkisch-karolingischen Gauen erhalten und über das Mittelalter hinaus die Strukturen deutscher Landschaften bestimmt.

Im Gegensatz zu den gallischen Civitates, deren Einwohner latinisches Recht (*ius Latii*) besaßen, waren die germanischen nach dem *ius peregrini* organisiert. Ihre Einwohner galten aus der Sicht Roms als »Fremde« (*peregrini*). Land, das in den kaiserlichen Provinzen Privateigentum des Kaisers war, erhielten sie nur zur Nutzung gegen Pacht[558].

In den Civitates gewährte der Kaiser der Bevölkerung das Recht einer eigenen kommunalen Selbstverwaltung. Ziel war, durch Auferlegung einer alle verpflichtenden Ordnung den allgemeinen Nutzen erfahrbar zu machen und damit den Sinn für das Gemeinwohl, wie es die Römer verstanden, zu wecken. Daß damit gleichzeitig der Fiskus, d. h. die Finanzkasse des Kaisers, von Verwaltungskosten entlastet wurde, war sicher ein weiterer gewichtiger Grund.

Zugleich wurde dadurch, daß römische Beamte nur in den obersten zentralen Posten der Provinzialverwaltung saßen, die örtliche Verwaltung jedoch den Einheimischen überlassen war, die römische Oberhoheit kaum als Fremdherrschaft empfunden. Die Zugehörigkeit zum römischen Reich bedeutete für die Einwohner Ordnung, Wohlstand, Sicherheit, Recht und einen Lebensstandard, der weit höher war als in vorrömischer Zeit.

Verwaltungsmäßig war die Civitas in ihrem Hauptort (*caput civitatis*) zusammengefaßt. Die Bürgerversammlung wählte das ehrenamtliche Ratskollegium (*ordo decurionum*). Seine Mitglieder mußten über Vermögen verfügen, da sie die Finanzierung und Unterhaltung von öffentlichen Bauten und anderen Einrichtungen sicherzustellen hatten. Aus ihrer Mitte wurden die Jahresbeamten gewählt, auf deren Schultern die eigentliche Verwaltungsarbeit ruhte: Zwei Bürgermeister (*duoviri*), denen die niedere Gerichtsbarkeit oblag, sowie – alle fünf Jahre – der Kommunalcensus für die Steuerschätzung; die Finanzverwaltung besorgten zwei Quaestoren, während zwei Aedilen für die öffentliche Ordnung, Marktaufsicht und den Feuerschutz zuständig waren[559]. Von diesem allgemeinen Schema konnte es jedoch von Ort zu Ort und Landschaft zu Landschaft Abweichungen geben[560]. Von der Zivilverwaltung ausgenommen waren die Militärterritorien der Kastelle und am Limes.

Der Hauptort einer Civitas in den germanischen Provinzen hatte den Status eines Dorfes (*vicus*). Vici hatten nicht die Rechtsstellung eines städtischen Gemeinwesen. Sie hatten keine eigene selbständige Verwaltung und keine eigene Gerichtsbarkeit, obwohl sie nach räumlicher Ausdehnung und Zahl der Einwohner Städte übertreffen konnten[561].

Daneben gab es weitere Vici, kleinere Orte oder Marktflecken, in denen die einheimische Bevölkerung wohnte, gemischt mit Zuwanderern aus verschiedenen Gegenden des Reiches und einem zunehmenden Anteil an Personen mit römischem Bürgerrecht. Diese Menschen lebten weniger von der Landwirtschaft als von Handel und Kleingewerbe (Töpferei, Lederverarbeitung, Eisen- und Holzgewinnung, Metallguß, Schmiedehandwerk etc.). Eine besondere Form von Vici hat sich in Mainz entwickelt. Dort gab es in der Nachbarschaft zum Legionslager Siedlungen, die mit eigenem Namen gegeneinander abgegrenzt waren. Bekannt sind ein *vicus novus*, dem ein *vicus vetus* entsprochen haben muß sowie ein *vicus Appollinensis* und ein *vicus Salutaris*[562].

Die Versorgung mit landwirtschaftlichen Produkten wurde zu einem großen Teil von den zahlreichen Landgütern (*villae rusticae*) besorgt, die über das gesamte Gebiet der Civitas verteilt waren. In welcher Form und unter welchen Eigentumsverhältnissen diese Landgüter betrieben wurden, ist Gegenstand zahlreicher neuerer Untersuchungen, die aber noch kein einheitliches Bild ergeben. Schoppa[563] und andere gehen davon aus, daß die Güter vornehmlich Groß-

grundbesitzern gehörten, die sie durch Verwalter oder Pächter bewirtschaften ließen. Es gab aber auch Veteranen, die Geld gespart und zusammen mit der Abfindung nach dem Ende ihrer Dienstzeit für den Kauf eines Bauernhofes verwendet haben[564].

Nördlich des Mains kennen wir ab der Mitte des 2. Jahrhunderts die *civitas Mattiacorum* mit dem Hauptort Wiesbaden und die *civitas Taunensium* mit Nida-Heddernheim. In unmittelbarer Nachbarschaft lag südlich des Mains die *civitas Auderiensium* mit dem Hauptort Dieburg. Hauptort der *civitas Ulpia Sueborum Nicretum* im Gebiet der Neckarmündung war *Lopodunum*, das heutige Ladenburg. Diese Civitas weist sich durch ihren Namen als eine Gründung des Kaisers Ulpius Traianus (98–117 n. Chr.) aus. Wahrscheinlich gleichzeitig wurde beim heutigen Baden-Baden die *civitas Aquensis* gegründet. Auch hier waren es, wie in Wiesbaden, heiße Quellen, die den Anlaß für die Niederlassung der Römer gegeben haben.

Civitas Mattiacorum

Die *civitas Mattiacorum* umfaßte das Stammesgebiet der Mattiaker. Diese formale Betrachtungsweise ist jedoch problematisch, da eine echte Stammestradition der Mattiaker nicht erkennbar ist[565]. Auf eine foederale Beziehung zu Rom, deren genauer Status jedoch nicht eindeutig definiert werden kann[566], weist ein Militärdiplom (CIL XVI 22) aus vespasianischer Zeit[567]. Darin wird mit Datum vom 7. Februar des Jahres 78 n. Chr. die Verleihung des römischen Bürger- und Eherechts, das an Auxiliarsoldaten nach Ableistung von 25 Dienstjahren gewährt wurde, an *milites* einer *cohors Mattiacorum* beurkundet. Das Datum bedeutet, daß bereits um die Mitte des Jahrhunderts, also in claudischer Zeit, mit der Rekrutierung von Mattiakern begonnen worden ist.

Geographisch erstreckte die *Civitas Mattiacorum* sich auf das Gebiet der Stadt Wiesbaden, den Rheingau-Taunus-Kreis bis zum Limes und den westlichen Main-Taunus-Kreis bis zum Schwarzbach bei Hofheim am Taunus. Ob die Grenze rheinabwärts bis zur Lahn reichte, ist unbestimmt[568]. Die Zugehörigkeit dieses Gebietes wird auch aus dem Hinweis des Tacitus auf das Silberbergwerk im *ager Mattiacus* abgeleitet, dessen

Lage aber nicht mit absoluter Sicherheit nachgewiesen ist (vgl. S. 149).

Außer dem Hauptort Wiesbaden gab es noch andere Vici innerhalb der *Civitas Mattiacorum*. Inschriftlich bekannt ist Mainz-Kastel (*Castellum Mattiacorum*), das aus einem kleinen Numeruskastell aus domitianischer Zeit hervorgegangen ist. Nach E. Ritterling[569] lassen Bodenfunde darauf schließen, daß größere zusammenhängende Siedlungen auch zwischen Schierstein und Dotzheim, bei Hofheim, Miehlen und Marienfels im Einrich und bei Bad Ems an der Lahn bestanden haben. Die an die Limeskastelle anschließenden Lagerdörfer (*canabae*) »bildeten ebenfalls vici von z. T. erheblicher Ausdehnung, z. B. auf dem Zugmantel, bei Kemel und bei Holzhausen«. Diese sind jedoch an Größe, Bevölkerungszahl und sonstiger Bedeutung kaum mit den *vici Aquae* und *Castellum Mattiacorum* zu vergleichen (Abb. 129).

Vicus Aquae Mattiacorum

Es ist davon auszugehen, daß die Selbstverwaltung der *Civitas Mattiacorum*, die in *Aquae Mattiacorum* ihren Sitz hatte, zum Zeitpunkt der Verlegung der Auxiliarkohorte aus Wiesbaden an den Limes, also zwischen etwa 115 und 122 n. Chr., eingerichtet wurde. Als Verwaltungssitz erfuhr der Vicus eine bedeutende Aufwertung, obwohl er, wie schon erwähnt, nicht die eigenständigen Rechte eines städtischen Gemeinwesens besaß. Diese Zuordnung gilt jedoch nur im formalen Sinne. Denn als Sitz der Verwaltung der Civitas, die auch für den Vicus zuständig war, übte sie diese Tätigkeit wohl überwiegend in *Aquae Mattiacorum* aus.

Auffallend ist allerdings, daß man in Wiesbaden, im Unterschied zu Heddernheim, dem Hauptort der *Civitas Taunensium*[570], keine Inschriftensteine gefunden hat, auf denen Dekurionen oder Jahresbeamte der Civitas genannt werden. Dagegen gibt es solche Steine aus

Mainz und Mainz-Kastel, das ja spätestens seit der Konstituierung der *Civitas Mattiacorum* zu diesem zivilen Verwaltungsbezirk gehört hat.

So wird auf einem 1809 dort gefundenen Stein, der der IVNO REGINA geweiht ist, ein D(ecurio) C(ivitatis) M(attiacorum) AQVILINIVS PATERNVS genannt. Der Stein wird in das Jahr 208 n. Chr. datiert[571]. Ein in Mainz gefundener römischer Steinsarg nennt einen DEC(urio) C(ivitatis) MAT(tiacorum) NOVELLIVS FESTVS als Auftraggeber für die Anfertigung des Sarkophags [F(aciendum) C(uravit)]. Der Fundort dieser dem 3. Jahrhundert angehörenden Inschrift wird so interpretiert, daß damals wohlhabende Bürger der rechtsrheinischen Nachbargemeinden wahrscheinlich vor den andrängenden Germanen nach dem größere Sicherheit bietenden *Mogontiacum* zogen[572].

Schließlich erwähnt Ritterling[573] den 1808 in Kastel in einem verschütteten Brunnen gefundenen Weihestein des L. SECVNDINIVS FAVORALIS, IIIIII VIR AVG (ustalis) C(ivitatis) M(attiacorum). Der Titel weist ihn als einen der »Augustalischen Sechsmänner«, einen Angehörigen des mit dem offiziellen Kaiserkult betrauten Kollegiums der *seviri Augustales*, aus.

Nimmt man noch die Inschriften eines PRAEFECTVS AQU(a)E[574], die schon erwähnten Namenstafeln der *hastiferi* (s. S. 83) und andere Weihetafeln sowie die verschiedenen Hinweise auf religiöse und öffentliche Bauten hinzu, darf man vielleicht die Vermutung aussprechen, daß *Aquae Mattiacorum* zwar als Sitz der Verwaltung zu gelten hat, daß es aber in Kastel ein fast gleichwertiges »Unterzentrum« gab. von dem H. Schoppa vermutet, daß er in wirtschaftlicher Hinsicht »den Vorort Wiesbaden übertroffen haben wird «[575]. Das scheint besonders seit den im 2. Drittel des 3. Jahrhunderts sich häufenden Überfällen durch plündernde Alamannen zu gelten. Die größere Sicherheit in der Nähe des Legionslagers in Mainz wird die Anziehungskraft der warmen Bäder für manche wohlhabende Honoratioren, Kaufleute und Handwerker überwogen haben.

Eine in dieser Hinsicht interessante Entdeckung wurde 1989 bei der Ausgrabung eines Mithräums südlich von Groß-Gerau gemacht[576]. Dabei kam ein Weihestein zum Vorschein, eine figürlich gestaltete Stele aus grauem Sandstein, auf der Merkur – etwa in ein Drittel Lebensgröße – auf einem hohen Lehnstuhl sitzend dargestellt ist. Wichtig ist die Inschrift auf dem Sockel der Stele:

Abb. 129   Inschrift auf dem Steinsarg der B(?) ONONIA, FO Mainz, Himmelgasse 20. »Der Bononia, die 2 Jahre, 2 Monate und 16 Tage lebte, hat Novellius Festus, Decurio der Civitas Mattiacorum, (diesen Sarg) machen lassen.

MERCVRIO / QVILLENIO A[ulus] /
IBLIOMARIVS / PLACIDVS NEG[otiator] /
CAS[stello] MAT[tiacorum] LANIVS /
V[otum] S[olvit] L[ibens] L[aetus] M[erito]

»Dem Mercurius Quillenius hat der Fleischwaren-händler Aulus Ibliomarius Placidus aus Castellum Mattiacorum sein Gelübde froh und freudig nach Ge-bühr eingelöst.«

Außer dem vollen Namen des Mitgliedes der Kultge-meinde erfahren wir aus seinem Familiennamen IB-LIOMARIVS, der keltischen Ursprungs ist, daß der Fleischwarenhändler (NEGOTIATOR LANIVS) wahr-scheinlich aus dem Trierer Raum stammte. In gleiche Richtung deutet der latinisierte Beiname des Mercurius QVILLENIVS, ein Schutzgott der Gilde der Händler und Kaufleute gallischen Ursprungs.

Die Bezeichnung CAS(stello) MAT(tiacorum) weist den Aulus Ibliomarius Placidus als einen im mattiaki-schen Vicus von Kastel ansässigen Händler etwa des gleichen Zeitraums, in dem auch die Wiesbadener Mithrasgemeinde ein blühendes Kultleben pflegte, das ausgehende 2. und das 1. Drittel des 3. Jahrhunderts. Gewerbetreibende eines bedeutenderen Steuerauf-kommens (sonst hätte er nicht einen so »opulenten« Weihestein stiften können) sahen vielleicht in dem Mainz benachbarten Castellum Mattiacorum mit der Möglichkeit von Schiffstransporten einen günstigen Handelsplatz.

Aus Kastel kennen wir einen weiteren Kaufmann gal-lo-keltischer Herkunft von dem Grabstein des NEGO-TIATOR FVFIDIVS, EX PROVINCIA BRITANNIA[577]. In bezug auf die bei Händlern häufige gallo-keltische Abstammung gehört auch der schon erwähnte NEGO-TIATOR ARTIS CRETARIAE SECVNDVS AGRI-COLA[578] aus Wiesbaden in diesen Zusammenhang.

Landvermessung und Steuern

Innerhalb weniger Jahre wurde die bisherige Militär-verfassung der Provinz durch eine zivile Gemeinde-verfassung abgelöst. Sie bildete von nun an die Grund-lage des kommunalen Lebens. Die Einwohner der Ci-vitates erhielten das Recht der kommunalen Selbstver-waltung. Waren bis dahin Grund und Boden kaiser-licher Besitz, wurden nun die Rechtsverhältnisse so ge-ändert, daß man die kaiserlichen Domänen (*saltus*), die von Prokuratoren verwaltet und verpachtet worden waren, aus der Militärverwaltung entließ.

Die Veränderung des Bodenrechts hatte im Bereich des Vicus *Aquae Mattiacorum* in seinen kleinstädtischen Verhältnissen andere Konsequenzen als in ländlichen Gebieten, wo andere Maßstäbe in bezug auf die Ver-messung und Parzellierung[579] notwendig waren. Bei dieser altrömischen »Limitation«, bei der das Land durch ein Netz öffentlicher Wege (*limites*) eingeteilt wurde, bevorzugten die Römer ein streng rechtwinkli-ges Schema, das aber nur dort angewendet werden konnte, wo es die topographischen Voraussetzungen zuließen[580]. In der Umgebung von Wiesbaden war das nur bedingt möglich – mit Ausnahme des Innenraums der Kastelle, bei denen das rechtwinklige Limitations-schema bis heute im archäologischen Befund zu erken-nen ist.

Auf der Grundlage von Vermessung und Parzellierung (einschließlich Abschätzung der Bodenqualität) er-folgte die Besteuerung des Grundbesitzes. Man unter-schied zwischen der provinzialen Grundsteuer (*tribu-tum soli*), die an den Staat (*fiscus*) zu zahlen war, und der Kommunalsteuer (*munera*), die auch in Naturalien abgegolten werden konnte; sie diente zur Deckung der städtischen Ausgaben[581]. Die Höhe der Grundsteuer wurde durch den *census* ermittelt, der in bestimmten zeitlichen Abständen (meist alle 5 Jahre) erfolgte.

Der bürgerliche Vicus

Begünstigt durch die spürbare Befriedung des ganzen rechtsrheinischen Landes beginnen in Wiesbaden seit dem Ende des Chattenkrieges die schon als solche apo-strophierten »Gründerjahre« des römischen Vicus. Der Bau des Steinkastells auf dem Römerberg wird zum Abschluß gebracht. Die Erweiterung der Ther-menbauten am Schützenhof und am Kranzplatz füh-ren zu einer deutlichen Belebung des Badebetriebes. Auch in den Wohngebieten um den Mauritiusplatz, an der Kirchgasse, Hochstätte und östlich der Langgasse, deren Verlauf etwa dem der römischen *via maxima* ent-spricht (dieser Name ist nicht antik belegt; er soll nur zum Ausdruck bringen, daß es sich um die Nord-Süd-

Hauptstraße des römischen Wiesbaden gehandelt hat), ist mit einer regen Bautätigkeit zu rechnen.

Obwohl schon mehrfach erwähnt, seien noch einmal die Spuren dieser Bautätigkeit nach 70 n. Chr. anhand der Stempelziegel der daran beteiligten Legionen aufgezeigt. An der Kirchgasse, Wilhelmstraße, Ecke Taunusstraße sowie im Bereich des Schützenhofbades und am Kranzplatz wurden Stempel der 14. Legion der älteren, in Rheinzabern hergestellten Form gefunden. Sie belegen Bautätigkeiten zwischen 70 und 80 – 83 n. Chr. Ziegelstempel und Bleirohre mit Prägungen der 14. Legion unter Zusatz M(artia) V(ictrix) gehören in den Zeitraum 80 – 83 n. Chr. (Aufnahme der Ziegelproduktion in Nied) bis zur Verlegung der Legion an die Donau im Jahr 92 n. Chr. Auch die »massenhaft«[582] verwendeten Ziegel der 1. und 21. Legion, aber auch der 8. Legion[583], die zeitweilig an den Kämpfen gegen die Chatten beteiligt war, an den Kranzplatzthermen bieten den zeitlichen Rahmen für ihre Bautätigkeit. Die 1. Legion war von 70 – 86 n. Chr., die 21. von 83 – 90 n. Chr. in Mainz stationiert.

Diese Daten erlauben den Schluß, daß der Wiederaufbau nach dem verheerenden Chatteneinfall 69/70 unter der tatkräftigen Regierung Vespasians begonnen und seinen Höhepunkt in den Jahren nach dem Chattenfeldzug Domitians erreicht hat. Mit dem Abzug der 1., 21. und 14. Legion und der Verlegung der 22. Legion nach Mainz, 92 n. Chr., trat dann eine gewisse Normalisierung ein, wenn auch die Militärverwaltung noch bis zur Auflassung des Kastells auf dem Römerberg die dominierende Rolle gespielt hat.

Man darf das jedoch keinesfalls negativ sehen. Denn, wie sehr die Anwesenheit des Militärs den zivilen Vicus in seiner wirtschaftlichen Entwicklung begünstigt hat, läßt sich gut an der gleichen, wenn auch umgekehrten Entwicklung in der Gegenwart verdeutlichen: an den Auswirkungen der Schließung von Kasernen und dem Abzug der Soldaten aus ihren Standorten. Dieser Vorgang macht den Einwohnern solcher Städte oft erst bewußt, daß eine militärische Garnison einen bedeutenden Wirtschaftsfaktor für die Region darstellt. Das war in römischer Zeit nicht anders.

So wurde der allgemeine Bedarf der Truppe an Grundnahrungsmitteln wie Getreide, Fleisch und Fisch, an Rohstoffen für Kleidung, Lederwaren, Bein und Holzgeräte, aber auch an Metallen, die in den Kastellwerk-

stätten verarbeitet wurden, zum größten Teil im Lande selbst gedeckt. Darüber hinaus war die Truppenverpflegung in der römischen Armee so organisiert, daß der Soldat einen Teil seiner Nahrungsmittel, in erster Linie Speck, Käse und die Getränke, in den Lagerdörfern vor den Kastelltoren und im nächstgelegenen Vicus kaufen mußte[584].

In der Umgebung eines Kastells entwickelte sich zwangsläufig ein ziviler Versorgungsbereich, der die Kopfstärke der Soldaten übertreffen konnte. Handwerker und Händler aus allen Gegenden des Imperiums siedelten sich an, um mit den Soldaten und den Bewohnern der Region Geschäfte zu machen. Man verfertigte oder handelte mit den Dingen des täglichen Bedarfs, Kleidung und Lederwaren, Töpfereiprodukten, Schmuck und Modeartikeln, unter denen Amulette und Devotionalien einen nicht unbedeutenden Anteil hatten. Schmiede, Seiler und Sattler fanden ebenso ihr Auskommen wie Maurer, Zimmerleute, andere Bauhandwerker sowie Schuster und Schneider.

Die Soldaten ziehen ab

Viele blieben, als die Kastellkohorte den Standort verließ. Das Entstehen einer bürgerlichen Gesellschaft war eine Herausforderung, die Handel und Gewerbe neue Chancen bot. Erleichtert wurde der Übergang dadurch, daß schon vor dem Abzug der Soldaten Handwerker nicht mehr nur in den Kastellen gearbeitet haben. Einheimisches Handwerk hatte als Zulieferer für das Militär eine wichtige Rolle gespielt. Wechselseitige Fertigkeiten wurden ausgetauscht.

Der höhere Zivilisationsstandard der Römer führte dazu, daß nach römischer Art produzierte Waren unter der einheimischen Bevölkerung schnell Abnehmer und Nachahmer fanden, ein entscheidender Schritt zur Verschmelzung zwischen römischen Vollbürgern, romanisierten Peregrinen und Nachkommen der ursprünglichen Einwohner.

Einen, wenn auch bescheidenen Beitrag dazu leisteten auch die ersten, nach 25-jähriger Dienstzeit aus dem Militärdienst entlassenen Auxiliaren, die sich, mit römischem Bürgerrecht ausgestattet, in der Civitas niedergelassen, vielleicht aber auch als Handwerker die freigewordenen Werkstätten der fabrica innerhalb des

Kastells weiter genutzt haben. Dazu kamen Veteranen der 22. Legion, die als Legionssoldaten finanziell wesentlich besser ausgestattet waren[585].

Der Kur- und Badeort

Unter Hadrian wurde das Kastell aufgegeben. Die letzte Besatzung, die *cohors III Dalmatarum*, wurde zuerst nach Rottweil (*Arae Flaviae*) und dann nach Rückingen, heute Erlensee bei Hanau, am Südende des Wetterau-Limes versetzt[586]. *Aquae Mattiacorum* war ab diesem Zeitpunkt (117 – 120 n. Chr.) eine rein bürgerliche Niederlassung. Die Militärverwaltung war nun endgültig durch die bürgerliche Ratsversammlung (*ordo decurionum*) abgelöst. Niedere Gerichtsbarkeit, Einzug der Steuern und Kassenführung, Marktaufsicht, Lebensmittelversorgung, Erziehung und Gesundheitsfürsorge, aber auch Bau- und Straßenwesen mußten nun auf kommunaler Ebene organisiert werden. Und das bei möglicherweise sinkenden Steuereinnahmen durch den »Umsatzverlust« beim Wegzug der Soldaten.

Im großen und ganzen scheint das durch den Ausbau der Thermen zu einem bedeutenden Heilbad ausgeglichen worden zu sein. Ob erst zu diesem Zeitpunkt das große Becken mit den seitlichen Einzelwannen und Kaltwasserbecken angelegt wurde, oder ob damals der Umbau der schon unter Domitian eingerichteten Becken C und D durch das Zuschütten der Einzelwannen und eine damit zusammenhängende Überdachung des Warmwasserbeckens C erfolgte, geht aus den Unterlagen des Ausgräbers Emil Ritterling nicht eindeutig hervor.

Gern wüßte man auch, was aus dem Handel mit den »mattiakischen Kugeln« des Martial (S. 13) geworden ist. Anscheinend sind sie im Rom des 2. Jahrhunderts aus der Mode gekommen, da sie nie mehr erwähnt werden. Dafür besuchten immer mehr Badegäste die mattiakischen Bäder. Anders sind der spätere Ausbau mit vier Badebecken (*piscinae*) für verschiedene Anwendungen und die unter dem Neubau des Hotels Rose nachgewiesenen, erst gegen die Mitte des Jahrhunderts errichteten kleineren Bäder (*balnea*) und der große Herbergsbau auf dem Kranzplatz nicht zu erklären.

Wahrscheinlich hat die dauerhafte Befriedung des Mattiakerlandes und der römischen Rheinlande zu einem wachsenden Zuspruch von Heilungsuchenden geführt. Dieser Zuspruch führte zu einem steigenden Bedarf an Badepersonal und Arbeitskräften zur Unterhaltung des Bade- und Kurbetriebes, an Ärzten, Therapeuten und Masseuren, – Wunderheiler, Gaukler und Kurpfuscher nicht ausgeschlossen. Damit zusammenhängend mußte die öffentliche Wasserversorgung sichergestellt werden, die Kanalisation und selbst öffentliche Bedürfnisanstalten waren in Ordnung zu halten.

In den verschiedenen Quartieren lebten nun Großhändler und Ladenbesitzer, Wirte, Friseure, Bäcker und Metzger, Verwaltungsbeamte, Grundbesitzer und Pächter, die nicht immer auf dem Land, sondern häufig in dem größere Bequemlichkeiten bietenden Vicus wohnten. Die Einwohnerzahl wird kaum niedriger gewesen sein als die des nassauischen Landstädtchens gegen Ende des 18. Jahrhunderts. Nimmt man die Funddichte der Münzen zum Maßstab[587], hatte sie jedoch zur Zeit der Belegung des Steinkastells ihren höchsten Stand. Für den durch die Anwesenheit von rund 500 Soldaten veranlaßten lebhaften Handel und Wandel aller Art bot das Badeleben des 2. Jahrhunderts keinen völligen Ersatz.

Ein Hinweis auf Personen, die im öffentlichen Interesse für die Bürgerschaft des römischen Wiesbaden, die *vicani Aquenses*, tätig waren, findet sich auf dem Weihestein des Iupiter Dolichenus von 194 n.Chr. (vgl. Anm. 307). Die Wiederherstellung des Tempels erfolgte »unter der Aufsicht des Careius Saturninus und des Pinarius Verus«. Beide Namen werden ohne Amtstitel genannt. Nach Ritterling[588] sind darunter wahrscheinlich »die von den Einwohnern gewählten Ortsvorsteher, *magistri*, zu verstehen. Einer von ihnen könnte der *quaestor* gewesen sein, dem die Kassengeschäfte der *vicani* obgelegen haben. Solche Ortsvorsteher haben zu Ende des 2. Jahrhunderts, wohl jährlich neu gewählt, als Zwei-Männer-Kollegium die Gesamtheit der Einwohner vertreten.« (In den nassauischen Dörfern der Herrschaft Wiesbaden hat es noch im 18.Jahrhundert ganz ähnliche Gemeindeordnungen gegeben).

Stadtarchäologie

Ausgewählte Wohnbezirke des Vicus

Räumliche Ausdehnung

Seine größte Ausdehnung hatte der Vicus schon in erster Hälfte des 2. Jahrhunderts erreicht. Er entsprach dem Umfang des mittelalterlichen Wiesbaden, der durch die Stadtmauern vom Anfang des 16. Jahrhunderts mit der Erweiterung im 18. Jahrhundert markiert wird. Wohnbezirke und öffentliche Bauten gruppierten sich um eine Längsachse, die ungefähr mit dem Verlauf von Kirch- und Langgasse zusammenfällt. Fast im rechten Winkel dazu gab es eine zweite Hauptstraße, die von der *porta praetoria* des Kastells auf dem Römerberg ausging und den Vicus in südöstlicher Richtung durchschnitt. Jenseits des Salzbachtales teilte sie sich. Ein Zweig verlief durch das Salzbachtal nach Mainz-Kastel, ein zweiter führte in östlicher Richtung zum Erdkastell auf dem Hofheimer Hochfeld[589].

Eine Spur dieser Straße hat man 1881 bei Erdarbeiten in der Grabenstraße entdeckt[590]. Beim Haus Nr. 28 kam 3 m unter dem heutigen Pflaster in dem schwarzen Schlamm, der hier das Gegenstück zur «Moorschicht» der Gegend um den Mauritiusplatz bildet, ein Rest der Steinstickung der Straße zum Vorschein. Sie verlief an dieser Stelle in geringem Abstand südlich der Heidenmauer und führte in spitzem Winkel von ihr weg.

Daß diese West-Ost-Achse im Mittelalter durch den Straßenzug Michelsberg–Marktstraße ersetzt wurde, ist eine Folge der riesigen Baumasse der Heidenmauer. Sie hat die städtebauliche Entwicklung Wiesbadens bis zum Beginn des 20. Jahrhunderts erheblich beeinflußt und die Verlegung der ost-westlichen Hauptverbindungsstraße nach Süden notwendig gemacht.

Andere Stickungs- und Pflasterungsreste von Straßen, deren Spuren an einigen Stellen angetroffen wurden, lassen sich nicht zu einem erkennbaren Straßen- und Wegenetz zusammenfügen. Einigermaßen gesichert sind lediglich die Außengrenzen des Vicus (Abb. 5: gerasterte Fläche). Sie haben nach der ersten, frühen Periode, deren Ende mit dem Chattenüberfall von 69/70 n. Chr. zu Ende war, in hadrianischer Zeit eine letzte Erweiterung erfahren. Diese Grenzen, die nun auch den Abhang des Schulbergs bis zum Michelsberg und zur Coulinstraße sowie von der unteren Webergasse zum Schloßplatz eingeschlossen haben, sind dann mehr als 100 Jahre unverändert geblieben.

Nach dem reichen Vorkommen von Terra sigillata-Scherben, -Schüsseln, -Näpfen und -Tellern, Gebrauchskeramik und anderen Utensilien erstreckte sich die Wohnbebauung vom Schulberg und der halben Höhe des Heidenbergs über die Büdingen- und Coulinstraße zur Langgasse und Webergasse[591]. Die Nordgrenze bildeten die Thermen am Kranzplatz. Von da verlief die Grenze des Vicus durch die Spiegelgasse, entlang der Straße »An den Quellen« und erreichte über den Schloßplatz die Häuserfront der unteren Marktstraße. Im Süden bildete der Wellritzbach, der durch die heutige Faulbrunnenstraße und dann in spitzem Winkel auf die Friedrichstraße zulief, die natürliche Grenze. Polizeipräsidium, Rathaus und Marktkirche lagen außerhalb der römischen Besiedlung.

Im Bereich der Schwalbacher Straße fällt die Grenze ziemlich genau mit dem Verlauf der mittelalterlichen Stadtmauer zusammen. Eine Wehranlage, Gräben oder Mauer, hat der Vicus allem Anschein nach nie besessen. Die Heidenmauer wurde erst nach der Mitte des 4. Jahrhunderts errichtet; sie markiert die Endphase der römischen Besiedlung, als der nördliche Teil des alten Vicus offenbar schon aufgegeben war. *Aquae*

Mattiacorum war demnach ein offener, nicht ummauerter Vicus, anders als z. B. Heddernheim, der Vorort der *civitas Taunensium*, der den Wiesbadener Vicus an Größe, Einwohnerzahl und wirtschaftlicher Bedeutung erheblich übertroffen hat.

Hinsichtlich der Siedlungsstruktur wurde bisher der Wohnbezirk in der Umgebung des Mauritiusplatzes näher betrachtet. Hier lag sicher ein besonderer Schwerpunkt, der nach Terra sigillata- und Münzfunden der älteste Teil der Siedlung gewesen zu sein scheint. Der Thermenbezirk war durch die Lage der Quellen vorgegeben. Ein Weihebezirk lag oberhalb der mittleren Langgasse. Von größeren Verwaltungs- und Tempelbauten fanden sich keine Spuren, sieht man von dem indirekten Hinweis auf ein repräsentatives Gebäude ab, zu dem die Säulenkapitelle an der Langgasse und in der Heidenmauer gehört haben müssen. Das Mauerwerk in der Schulgasse erlaubt keine konkreten Aussagen hinsichtlich der Zweckbestimmung des Gebäudes.

Diese nüchterne Beschreibung läßt leider keinen besonderen Enthusiasmus zu, der das Studium der Geschichte im römischen Wiesbaden zu einer reinen Freude machen würde. Unsere Großeltern waren da nicht so ängstlich, wohl auch weniger kritisch. Der Wissenschaftler mag darüber die Nase rümpfen. Ich denke, es sollte dennoch erlaubt sein, einen Ausschnitt aus einer phantasievollen und anregenden Studie[592] wiederzugeben. Sie orientiert sich sehr genau an den Fakten, die sie zwar ausschmückt, aber auch, ohne sich in Phantasterei zu verlieren, mit Leben erfüllt.

Der Autor war Rektor einer Wiesbadener Grund- und Hauptschule, die damals noch Volksschule hieß. Manches an dem Bericht läßt erkennen, daß er in einer Zeit geschrieben wurde, als man in Wiesbaden noch »zur Kur« ging, und die Straßen des Kurviertels von den Gästen der Weltkurstadt belebt wurden.

»Ein Besuch der Via maxima in Mattiakum«

»Es mag gewagt erscheinen, einen Versuch zu machen, nach fast 2000 Jahren ein Bild zu entwerfen von der glanzvollen Bäderstraße des römischen Mattiakums, die auf dem Boden der heutigen Langgasse errichtet war. Sind doch gerade die sich über die Erde erhebenden Baureste der römischen Ansiedlung schon frühzeitig vernichtet worden und nur die Spuren einzelner Bodenfunde, unter Erde und Schutt begraben, geben uns eine bescheidene Kunde von der Gestaltung dieser so bedeutsamen Kulturstätte. Immerhin läßt sich einiges zusammentragen, was die Ruinen der Vergangenheit und zahlreiche geschichtliche Dokumente uns hinterlassen haben, so daß es uns möglich ist, einen Einblick zu gewinnen in den Aufbau und das Gepräge der Lebensformen der ›Via maxima‹. Diese im Mittelpunkt des römischen Wiesbaden gelegene Hauptstraße war nicht nur eine Zentralstelle des Verkehrs, sondern auch der Sitz eines hochentwickelten Badelebens und einer lebhaft pulsierenden Wirtschaft. Dies zeigt sich vor allem in der baulichen Gestaltung der Straße. Zahlreiche Bäder waren an den heilkräftigen Quellen errichtet worden. Um die Bäder gruppierten sich langgestreckte Gast- und Logierhäuser, die zwischen den Kranzplatzquellen, der Webergasse und dem Kaiser-Friedrich-Bad angetroffen wurden. Prächtige Gebäude, teils mit monumentalem Aufbau, weite Hallen mit Säulen, die mit Kapitellen und Bildhauerarbeiten geziert waren, große, lichte Baderäume, Tempel mit Standbildern, reichen Altären und Denkmälern zierten das Bäderviertel.

Neben den mehr oder weniger monumentalen Bauten der Bäder und Tempel waren auch öffentliche Gebäude aus Stein errichtet. Dazwischen lagen die privaten Wohnsitze angesehener reicher Kaufleute, Beamten, Bürger und Ansiedler, deren Häuser, teils aus Stein erbaut, größtenteils aber aus einstöckigen, viereckigen Holzgebäuden bestanden. Zahlreiche Läden der Kaufleute, Händler und Gewerbetreibenden aller Art waren entstanden und stellten ihre Waren zum Verkauf aus. So mischten sich in bunter Reihe die Bauten der Römer und Einheimischen (Abb. 130). (. . .)
Hier im Herzen der Bäderstadt entfaltete sich ein reges Leben und Treiben. (. . .) Da drängten sich Soldaten und Bürger in buntem Wechsel. Kaufleute, fliegende Händler, Reisende, Kurgäste aus allen Ländern des römischen Reiches, Beamte, Sklaven, Römer, Gallier und Germanen belebten das Straßenbild. Die gedrungenen Gestalten der Römer in weiter Tunika mit kurz geschorenen Haaren schreiten würdevoll und bedächtig einher. Sie besuchen die nahegelegenen Bäder und Unterhaltungsstätten oder die Börse, um Geschäfte abzu-

Abb. 130   Markttag im Hauptort einer Civitas (Zeichnung: Saalburg-museum)

schließen. (. . .) Fruchthändler preisen ihre Süd-früchte: Melonen, Kürbisse, Feigen und Bananen an, genau wie die fliegenden Obsthändler im heutigen Wiesbaden.

Töpfer haben ihre Werkstätten an der Straße und bieten selbstgefertigte Hausgötter, Mischkrüge und Tonlampen an, die sie auf der Scheibe kunstvoll gedreht und fein verziert haben. In den Läden der Kunstschmiede kauft man köstliche Schmucksachen aus Eisen, Bronze, Silber und Gold. Metallspiegel, Ohrringe, Fingerringe, Emaillenadeln und künstlerisch gefertigte Gläser, bronzene Statuetten und vieles andere werden zur Erinnerung an die »aquas mattiacas« den Besuchern angeboten.

Andere wandeln an den Quellen und lassen sich von den einheimischen Jungfrauen den Heiltrunk reichen. Besonders in den Nachmittagsstunden waren die Bäder, in denen auch Erfrischungen gereicht wurden, von Besuchern gefüllt. Es ist nicht schwer sich vorzustellen, daß in jenen Tagen auf denselben Plätzen, wo sich heute die Anlagen am Kochbrunnen und die Langgasse befinden, eine ebenso bunt gemischte Menge von Badegästen in den Trachten ihrer Zeit fröhlich plaudernd sich bewegte, wie es auch in unseren Tagen der Fall ist.«

Probleme der Innenstadtarchäologie

Im Laufe von zwei Jahrhunderten wurden in der Wiesbadener Innenstadt eine Vielzahl von mehr oder weniger zufälligen Einzelbefunden festgestellt. Genauere Untersuchungen waren nur an wenigen Stellen möglich; meistens dort, wo im Zusammenhang mit umfangreichen Baumaßnahmen zusammenhängende Flächen freigelegt wurden. Dazu gehören Teile der Hotelanlage beim Schützenhof, Adler- und Kranzplatzterrain (zwischen 1865 und 1903) sowie beim Ausbau der Mauritiusstraße (1895/96).

Die übrigen über die ganze Innenstadt verteilten Spuren römischer Wohnbebauung sind für die Beurteilung des Häuserbestandes wenig aussagekräftig. Fundamentmauern aus Steinen oder Ziegelverbund konnten nur an wenigen Stellen beobachtet werden. Ein übergeordneter Zusammenhang war meistens nicht zu erkennen. Fachwerkbauten scheinen überwogen zu haben. Ihre Holzkonstruktionen und Giebelaufbauten waren fast überall durch Brand zerstört. Danach haben anderthalb Jahrtausende nachrömischer Bautätigkeit die inneren Konturen des Vicus bis zur Unkenntlichkeit zerstört.

Wie schwer es ist, im Rahmen der Stadtarchäologie zufriedenstellende Ergebnisse zu erzielen, ist schon an einigen Beispielen deutlich geworden. So z. B. bei der

Abb. 131 Situationsplan am Schloßplatz. 1 das 1952 freigelegte Stück der Heidenmauer; 2 »Turmburg«; 3 Altes Schloß; 4 Uhrturm; 5 Marktbrunnen; 6 altes Rathaus

Freilegung der Gebäude auf dem Kranzplatz, die 1841 »wegen der Frequenz der Straße während der Curzeit« unterbrochen werden mußte (vgl. Anm. 398).

Andere Schwierigkeiten kamen hinzu. Vor der Mitte des 19. Jahrhunderts steckte die Archäologie noch in den Kinderschuhen, so daß es zu ungesicherten Beobachtungen und Fehlinterpretationen kam, die später nicht mehr zu korrigieren waren. Auch dazu ein Beispiel, das schon erwähnt wurde: Die Beschreibung der 25 »römischen Gräber« auf der Terrasse des Schützenhofareals (S. 71), die aus gewichtigen Gründen anzuzweifeln sind. Eine richtige Beurteilung des Befundes ist jedoch nicht mehr möglich, weil die Terrasse damals vollständig abgetragen wurde.

Ein anderes Beispiel soll noch erwähnt werden, weil es die besonderen Schwierigkeiten zeigt, die durch weitgehend vom Zufall abhängige Baumaßnahmen entstehen. Es handelt sich um ein ausgedehntes Mauerwerk unter dem Schloß und dem Schloßhof, heute Sitz des Hessischen Landtages, das erstmals im Jahre 1837 angeschnitten, 1870 erneut beobachtet und ohne ausreichende Prüfung als römisch angesprochen wurde. 1952 ist in der Nähe, etwa 50 m von der Mauer entfernt, erneut ausgegraben worden. Die dabei erzielten Ergebnisse lassen aber nach wie vor viele Fragen offen.

Mauerwerk unter dem Stadtschloß

Beim Bau des Stadtschlosses stieß man 1837 in der Fundamentgrube auf eine merkwürdige, aus kolossalen Quadern ohne Mörtel errichtete Mauer (A–B), »wie man sie in Italien nur als Überreste etrurischer Städte kennt«. Man verfolgte sie auf eine Länge von 20 m; sie durchschnitt die südliche Front des Schlosses, etwa 20 m von Fronteingang entfernt, und zog in nordöstlicher Richtung nach der Grabenstraße zu. In der Verlängerung dieser Linie, wo sich die Loge der herzoglichen Reitbahn befand [heute Stirnseite des Sitzungssaals des Hessischen Landtages] kamen Fundamente eines anscheinend viereckigen Turmes von weniger großen Quadern zum Vorschein. »Leider wurden diese Mauerreste damals nur unvollkommen verfolgt, da die Vollendung des Schlosses beeilt wurde.«

Von diesen Funden hatte der Bauleiter Oberbaurat Richard Görz dem Verein für Nassauische Altertums-

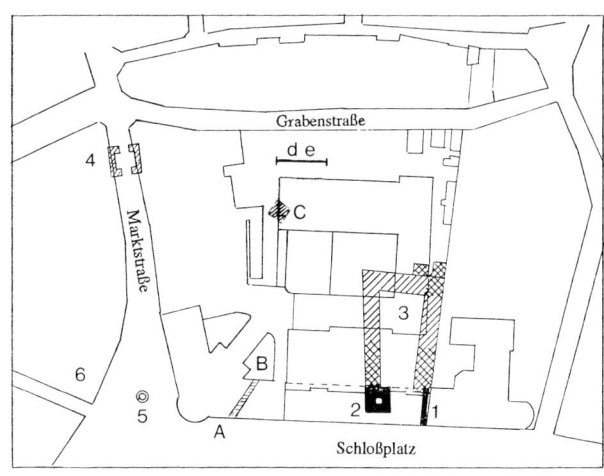

kunde und Geschichtsforschung eine ausführliche Beschreibung nebst Plan mitgeteilt, die aber nicht veröffentlicht wurde und im Laufe der Jahre verloren ging. Görz wurde gebeten, die verlorene Mitteilung durch eine neue Aufzeichnung aus seiner Erinnerung zu ersetzen[593] (Abb. 131). Wenige Wochen vor seinem Tode hatte er sie fertiggestellt. Dort heißt es (leicht gekürzt): »Beim Ausgraben der Fundamente zum jetzt Königlichen Palais am Marktplatz [»königlich« seit der Annektion Nassaus durch Preußen im Jahre 1866] wurde im südöstlichen Teil der Baugrube [in der Mitte des dem Rathaus gegenüberliegenden Schloßflügels] und in der beiläufig angegebenen Richtung eine wahrscheinlich der Römerzeit angehörige Mauer blossgelegt. Dieselbe mag eine Dicke von 5 – 6' altes nass. Werkmass (1,50 – 1,80 m) gehabt haben, und war ganz aus ziemlich regelmässig zugerichteten, jedoch nicht scharfkantigen mächtigen Quadersteinen von etwa 5 – 6' Länge, 4' (1,20 m) Breite und 2 1/2 – 3' (75 – 90 cm) Höhe schichtenförmig, d. h. mit durchgehenden horizontalen Fugen ohne Mörtel konstruiert. Der zu den Quadern verwendete Stein war, so viel ich mich nach Ablauf von 43 Jahren noch erinnern kann, ein hellgrauer kiesel- oder quarzhaltiger, sehr fester Sandstein.

Sodann fand sich beim Ausheben der Fundamentgräben zum Logenbau der Königl. Reitschule, etwa an der mit C bezeichneten Stelle, und in gleicher Tiefe wie unter dem Palais, ein ganz regelmässiges, aus sorgfältig bearbeiteten, jedoch viel kleineren Quadern bestehendes Mauerwerk von quadratischer Grundform. Die Steine waren, wenn ich mich recht entsinne, von derselben Steinart wie an den Quadern der erst erwähnten Mauer. Dieses Mauerwerk scheint einem turmartigen Mauerwerk aus der Römerzeit angehört zu haben. Welche Dimensionen dieses Mauerwerk hatte, entsinne ich mich nicht mehr.

Noch muss ich bemerken, dass ganz in der Nähe der Mauer A B mehrere römische Aschenurnen von schwarzer Masse, Scherben aus der roten sog. Terra sigillata, ein noch wohl erhaltenes Löffelchen aus Bronze (Anm. Dr.Reuter: mittelalterlich; dazu eine Münze von Antoninus Pius, von Domitian, von Constantinus M.) aufgefunden worden sind.

Schliesslich bemerke ich noch, dass das im Keller des früheren Kalbschen Hauses – jetzigen Kavalier-Baues – noch sichtbare Stück römische Mauer, auf welcher die östliche Giebelmauer dieses Hauses steht [die Heidenmauer] in dem Situationsplänchen nicht mehr Platz fand…

Wiesbaden, den September 1880. Görz«

Votivaltar und »Todten-Töpfe«

Die Mißlichkeiten der Stadtarchäologie werden an diesem Beispiel deutlich. Aber auch dann, wenn kein Erinnerungsprotokoll herangezogen werden mußte, blieben die Ergebnisse von Grabungen häufig genug hinter den Möglichkeiten zurück, wenn sie professionell angegangen worden wären.

Das gilt auch für die Nachgrabung, die Medizinalrat Dr. Reuter, von 1875–1878 Vorsitzender des Altertumskundevereins, im Mai 1870 an dieser für die historische Topographie Wiesbadens so wichtigen Stelle durchführte. Er zog in 4 m Abstand von der Loge der Reitbahn, parallel zur Grabenstraße, einen 12 m langen, 1,50 m breiten und 3,70 m tiefen Graben f g in westöstlicher Richtung.

Er fand zwar nicht die eigentlich gesuchte Fortsetzung jener Mauer, wohl aber entdeckte er am westlichen Ende des Grabens in einer Tiefe von 3 m zwei 12 cm dicke Tonschieferplatten von 1,20 x 1,20 m Seitenlänge aufeinanderliegend über einer Unterlage von kleinen Steinen. Als diese Vertiefung nach der Reitbahn zu erweitert wurde, kam in 3,45 m Tiefe ein römischer

Votivaltar zum Vorschein[594]. Er war 83 cm hoch, 45 cm breit und 35 cm dick und »scheint auf der rechten Seite durch einen Baum, auf der linken durch ein Opfermesser verziert gewesen zu sein«. Die nur auf der rechten Seite kenntlichen Buchstaben in 6 Zeilen sind zu wenige, um sie zu einem sinnvollen Text zu ergänzen. Allenfalls das in der ersten Zeile stehengebliebene M könnte der Rest der üblichen Formel I[ovi] O[ptimo] M[aximo] gewesen sein. Die zweite Zeile endet mit DEA.

Heute wird die römerzeitliche Zuordnung der »cyklopenartigen Mauer« nicht mehr aufrechterhalten. Ihr Verlauf weist am ehesten auf die Umfassungsmauer eines »festen Platzes« (das castrum des Einhard[595] oder der an diesem Platz vermuteten späteren Gaugrafenburg[596]. Als diese in der ersten nassauischen Grafenzeit im frühen 12. Jahrhundert erweitert wurde, kann der quadratische Turm unter der Loge der herzoglichen Reitbahn entstanden sein[597]. Vieles bleibt im Unklaren. Der einzige Hinweis aus einer Zeit, die den »dreyfachen Wassergräben, nebst einer Mauer um das Schloß und um die kleine Stadt und Wällen um die Stadt« zeitlich noch nahestand, findet sich bei G. A. Schenck[598].

Heidenmauer und »Turmburg« 1952

Wie schwer es ist, das Gewirr von Mauern, Weihern, Moor- und anderen Kulturschichten römischen, karolingischen, spätmittelalterlichen und frühneuzeitlichen Ursprungs zu entwirren, zeigte nicht zuletzt die 1952 von H. Schoppa durchgeführte Ausgrabung auf dem östlich an das Schloß anschließenden Gelände[599]. Beim Wiederaufbau des Kavaliershauses zwischen Kaiser-Wilhelms-Heilanstalt und Schloß sollten einige offene Fragen geklärt werden, die mit der römischen Besiedlung in diesem Teil der Stadt, unmittelbar an der dort vorbeiführenden Heidenmauer, zusammenhängen. Aber auch hier das gleiche Bild. Schoppa bedauert mit Worten, die stellvertretend für jede Stadtarchäologie gelten: »Wie so oft in modernen Großstädten hat die Verwendung von Greifbagger, Fließband und Preßlufthammer außerordentliche Schwierigkeiten auftreten lassen, so daß auch jetzt eine Klärung der schwebenden Fragen nicht erreicht werden konnte«. Das Mauerwerk der »Turmburg«[600] 10–15 m südlich der Heidenmauer ergab keinen Hinweis auf eine Verbindung mit der von Görz gefundenen Mauer unter dem Ostflügel des Schlosses. Die freigelegten Teile der Heidenmauer, die an die Stelle anschließen, an der auf dem Schloßplatz der Stein der Diana Mattiaca gefunden wurde (vgl. Anm. 391), gaben dennoch eine Reihe interessanter Aufschlüsse.

Die Untersuchung der Bodenschichten ergab, daß dieser Teil des römischen Vicus erst in hadrianischer Zeit besiedelt wurde, ein Befund, der sich an die gleichartige Feststellung bei der Grabung von 1951 an der Ecke Lang- und Webergasse (vgl. Anm. 225) anschließt. Nach diesen Beobachtungen erfolgte eine räumliche Ausdehnung in hadrianischer Zeit von der unteren Webergasse bis zum Schloßplatz. Eine zweite Erweiterung des Vicus, die vielleicht etwas früher anzusetzen ist, ist auch schon an den westlichen Hängen zur Schwalbacher Straße hin im Bereich der ehemaligen Synagoge beobachtet worden[601].

Bleibt noch zu erwähnen, daß schon im 18. Jahrhundert »Römische Todten-Töpfe hinter dem Schloß gefunden und herausgegraben« wurden. G. A. Schenck[602] berichtet, daß sich darunter ein »großer Topf, einem dreymäsigten [3 Maaß = 6 Liter] Milch-Topf an Gestalt und Größe nicht ungleich, nebst darin gewesener Aschen-Erde« sowie »mehrere kleine Krüglein, beynahe eine halbe Maaß haltend«, befunden hätten. Allerdings war das hier gemeinte Schloß nicht das herzogliche Stadtschloß, sondern ein Teil des alten Schloßkomplexes, der sich entlang der Heidenmauer bis fast an die Grabenstraße hinzog. Damit ist die Lokalisierung des Fundortes der Gefäße schwierig. Da die Römer ihre Toten nie innerhalb von Wohnsiedlungen bestattet haben, muß er jenseits der dort vorbeiführenden Heidenmauer gelegen haben wie das Grab, das in der Goldgasse Nr. 16 gefunden wurde[603], oder an der römischen Straße nach Hofheim, wenn Schenck mit »hinter dem Schloß« den 1596 begonnenen, gegen Ende des 17. Jahrhunderts erweiterten Schloßbau auf dem Platz vor der Marktkirche meinte[604].

Adlerterrain

Will man sich genauer über die noch ausstehenden Quartiere des römischen Vicus informieren, stößt man auf Lücken, die nur im »Rösselsprung« von Fundplatz zu Fundplatz überwunden werden können. Durch verschiedene Baumaßnahmen im Bereich der Langgasse hat sich jedoch eine solche Verdichtung von Befunden ergeben, daß eine Reihe von neuen Straßen- und Wohnquartiergrundrissen nachgewiesen werden konnten. Sie zeigen, daß das Gebiet in römischer Zeit eine sehr dichte Wohnbebauung aufwies.

Ein Schwerpunkt der Siedlung, der sich wegen seiner erstaunlichen Funddichte für eine genauere Beschreibung anbieten würde, liegt auf dem sog. »Adlerterrain« oberhalb der Langgasse. Im 19. Jahrhundert war es der Garten des Hotels »Zum Adler«, der sich auf drei Terrassen über das Gelände des Kaiser-Friedrich-Bades[605], der Coulin- und Büdingenstraße bis zum Hirschgraben erstreckte (Abb. 132).

Leider sind die Grabungsflächen, mit Ausnahme der Mauerfundamente und des Rundbaus an der Lang-

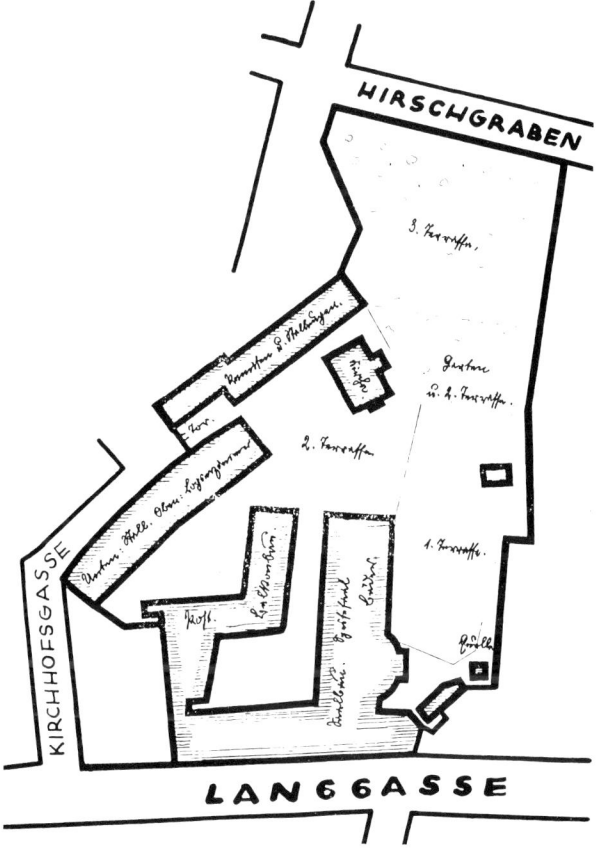

Abb. 132   Zum Hotel »Adler« gehörendes Gelände (»Adlerterrain«), einer der fundreichsten Plätze des römischen Wiesbaden (Zeichnung: K. Urban, 1939)

gasse, aus Gründen, die nicht mehr aufzuklären sind, nicht kartiert und die Fundstellen nicht dokumentiert worden. Es gibt keine Bezugspunkte wie Hausgrundrisse, Parzellengrenzen oder Straßenverlauf. Die Einzelfunde wurden unter dem Sammelbegriff »Adlerterrain« inventarisiert[606]. Damit gingen wertvolle Informationen für immer verloren. So läßt sich auch nicht unterscheiden, welche der unter dem Sammelbegriff des Adlerterrains verzeichneten Objekte tatsächlich aus diesem Wohnbezirk stammen und welche Fundstücke vom Abhang des angrenzenden Heidenbergs heruntergespült wurden und eigentlich zum Bestand von Soldatengeschirr, Münzen und Bronzegegenstände aus dem Kastell gehören. Man kann auch nicht ausschließen, daß im Bereich der Büdingenstraße unbemerkt Reste von Grabinventar, das zu den nahegelegenen Gräbern an der oberen Webergasse (s. S. 185) gehört hat, in den Adlerterrainkomplex aufgenommen wurden.

Aus diesem Grund ist es sicher vertretbar, im folgenden Abschnitt auch einige andere Streufunde zu nennen, deren Fundstelle innerhalb der im 19. Jahrhundert häufig benutzten, undifferenzierten Ortsangabe »Fundort Wiesbaden« nicht näher zu bestimmen ist. Und auch einige Stücke aufzunehmen, die den Gesamteindruck umfangreichen Fundgutes aus Wiesbaden bereichern, zumal gleichartige Stücke häufig in mehreren Teilen des römischen Vicus vorkommen. Auch kann zwischen Urnen und anderen Tongefäßen, die in Wohngebieten in Gebrauch waren, und solchen, die den Toten ins Grab mitgegeben wurden, ohne stratigraphische Aufzeichnungen nicht immer eindeutig unterschieden werden. Ihre Nennung an dieser Stelle soll die ursprüngliche Absicht, eine systematische Übersicht über die verschiedenen Keramikarten zu geben, ersetzen. Sie mußte aufgegeben werden, um den Rahmen des Buches nicht zu sprengen.

Funde vom Adlerterrain (und andere)

Im Bereich Büdingenstraße kamen Bruchstücke von verzierten Terra sigillata-Gefäßen und eine Schüssel Drag. 37 (Abb. 133) zum Vorschein. Der Töpferstempel, noch lesbar . .ATV. ., ist vermutlich zu (C)ATV(s-sa) zu ergänzen (Für den Hinweis und die Bestimmung

Abb. 133 Terra sigillata-Schüssel, Typ Drag. 37. Anfang 3. Jh. (FO Büdingenstraße)

der Schüssel danke ich Frau Dr. I. Huld-Zetsche Frankfurt), Herstellungsort Lezoux oder Rheinzabern; Datierung Anfang des 3. Jahrhunderts.
Weitere Sigillata-Schüsseln sind in den Farbtafeln 3 und 4 abgebildet. Auch die wegen der ansprechenden Genremotive abgebildeten Ausschnitte aus dem Dekor von Sigillata-Schüsseln (Taf. 14) stammen aus dem die 100 kg-Grenze weit überschreitenden Bestand der auf dem Adlerterrain gesammelten Scherben.

Abb. 134 Große Terra nigra-Urne mit Schachbrettmusterverzierung auf der Schulter. Höhe 25,5 cm. (FO Adlerterrain)

*Abb. 135   Sogenannte
»Gesichtsurne«*

Zur Terra nigra oder »belgischen Ware« zu rechnen sind zwei große Urnen von schwarzglänzender Farbe mit Schachbrettmuster-Dekor. Die hier abgebildete Urne (Abb. 134) stammt vom Adlerterrain, während eine sehr ähnliche (Taf. 11) an der Gräberstraße bei der Artilleriekaserne (Kreuzung Rheinstraße-Kirchgasse) gefunden wurde. Diese schwarz- bis metallisch glänzenden Gefäße werden häufig als »belgische Ware« bezeichnet, weil sie in der Provinz *Belgica* verbreitet war und dort auf einheimische, keltisch-spätlatènezeitliche Herstellungstechniken zurückzuführen ist. Importiert wurde sie vornehmlich im 1. Jahrhundert.

Seit dem 2. Jahrhundert wurden die Terra nigra-Gefäße durch eine rottonige Keramik abgelöst, die mit einem schwarzen Firnisüberzug versehen war. Wie die Gefäße auf Tafel 5 zeigen, handelt es sich um herstellungstechnisch einfachere Produkte, deren Überzug mit dem unterlegten Gefäßton nur unzureichend verbunden war, so daß er sich schon bei leichtem Anstoßen von ihm abgelöst hat.

Eine markante Gefäßform stellt der sog. »Honigtopf« (Taf. 10) aus gut gebrannter Irdenware dar, von denen in Wiesbaden mehrere gefunden wurden. Der Name Honigtopf ist eine von Archäologen »erfundene« Bezeichnung, weil man ihn für diese Art der Verwendung als besonders geeignet hielt und häufig auf seiner Schulter eine Gewichtsangabe eingeritzt ist, die zu dieser Verwendungsart passen könnte. Sie kommen aber auch in Gräbern als Aschenurnen vor. Ein Beispiel von typisch römischer Gefäßkultur stellt der Zweihenkelkrug (Taf. 12) dar. Er hebt sich deutlich von den Krügen der üblichen Gebrauchsware ab (Taf. 12, links), von denen in Wiesbaden, häufig zerbrochen, Hunderte gefunden wurden. Es gab sie auch mit aufgemalten roten Linien (Taf. 12, Mitte). Bei dem rechts daneben stehenden grün/gelb glasierten Kännchen handelt es sich um eine Keramikart, die in der Gegend von Vichy/Frankreich hergestellt wurde. Das Wiesbadener Kännchen (3. Jh.) stammt aus einem Grabfund an der Rheinstraße. Es enthielt möglicherweise eine aromatisierte Flüssigkeit, die zur Badekultur gehörte.

Sogenannte Gesichtsurnen (Abb. 135) waren Bestandteil des Grabinventars. Die Fragmente (Taf. 13) wurden im Bereich Mauritius-/Hochstättenstraße gefunden. Sie gehörten wohl zu Gräbern längs der römischen Straße jenseits der mittelalterlichen Stadtmauer.

Die beiden Gefäße, Kanne und Kragennapf, der Tafel 12 wurden lange als »Wetterauer Ware« zusammengefaßt. Aufgrund neuerer Untersuchungen[606a] muß jedoch der grob marmorierte Kragennapf herstellungstechnisch als »Legionskeramik« von der eigentlichen bemalten (rot engobierten) Wetterauer Keramik, zu der die abgebildete Flasche gehört, unterschieden werden. Beide sind im Rhein-Main-Gebiet und in der Wetterau verbreitet. Die unter den flavischen Kaisern in der zweiten Hälfte des 1. Jahrhunderts in Friedberg und Heddernheim hergestellte Legionsware wird so genannt, weil sie häufig im Bereich von Kastellstandorten gefunden wurde.

Vom Adlerterrain stammt die 17,2 cm große Terrakottabüste (Taf. 13). Die Dame mit diademartig um den Kopf gelegter hoher Haarfrisur trägt Ohrschmuck und einen mit einem halbmondförmigen Anhänger versehenen Schmuck am Hals. Über die Schulter zieht ein breites Band. An mehreren Stellen fanden sich ursprünglich[606b] Reste von Bemalung, die aber heute wegen der vielleicht nicht immer schonenden Behandlung des Objektes kaum noch wahrzunehmen ist.

Neben zahlreichen weiteren Terrakottafigürchen fanden sich auch Tonlampen, von denen in Tafel 12 drei Beispiele abgebildet sind. Der Lampenspiegel in Abb. 136, gefunden in der Büdingenstraße, hat eine

Abb. 136   Lampenspiegel mit Kopf des Iupiter Ammon. 1. Hälfte 1. Jh. n. Chr. (FO Büdingenstraße)

Abb. 137   Phalluslampe (FO Adlerterrain)

Abb. 141   Unten abgebrochener massiver Henkel einer Bronzekanne mit Gesichtsmaske (FO wie Abb. 140)   ▷

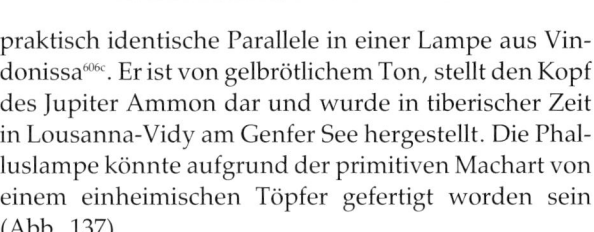

praktisch identische Parallele in einer Lampe aus Vindonissa[606c]. Er ist von gelbrötlichem Ton, stellt den Kopf des Jupiter Ammon dar und wurde in tiberischer Zeit in Lousanna-Vidy am Genfer See hergestellt. Die Phalluslampe könnte aufgrund der primitiven Machart von einem einheimischen Töpfer gefertigt worden sein (Abb. 137).

Auf die vielen sonstigen Kleinfunde aus Bronze (Abb. 138–141) und Knochenmaterial (Taf. 15: Beinnadel mit roh geschnitztem Frauenkopf), aber auch die zahllosen dort gefundenen Münzen kann im einzelnen nicht eingegangen werden.

Einen besonderen Hinweis verdienen zwei Fingerringe. Der vergoldete Ring mit Gemme (Karneol), in die ein thronender Jupiter mit Zepter, Adler und Viktoria eingeschnitten ist (Taf. 15), wird in das 3. Jahrhundert datiert. Sein Fundort ist nicht gesichert[606d]. Vom Adlerterrain stammt ein reich verzierter Goldring mit bandförmigem Reif. Zwei kegelförmige Granate sind von einem Kranz kleiner Goldkügelchen umgeben, mit denen auch die übrige Schaufläche in kreis- und traubenförmigen Mustern besetzt ist. In geschmackvollem Farbkontrast zu den dunkelroten Granaten stehen die blauen Saphire. Die hervorragende Goldschmiede-

Abb. 138   Schlüssel (FO Adlerterrain; unten FO Yorckstraße)

Abb. 139   Bronzener Wasserhahn (FO Adlerterrain)

den Römern in ähnlicher Weise verwendet worden sind, ist unbekannt. 1953 wurde allerdings bei Ausschachtungsarbeiten für die Neubauten an der unteren Webergasse eine römische Quellfassung oder ein Schöpfloch angeschnitten, das bis in die Quellwasserzone eingetieft war[607]. Die im Innern gefundenen Sigillatascherben waren durch die Einwirkung der Thermalquellen sehr stark gelblich verfärbt. Das Schöpfloch kann also kaum der Trinkwassergewinnung gedient haben, ein Mangel, der die Wasserversorgung aus Tiefbrunnen in diesem Stadtviertel, dem »Sauerland«, seit dem Mittelalter bis in die Neuzeit unmöglich gemacht hat[608].

Die mehrfach angetroffenen römischen Holzwasserleitungen, z. B. an der Ecke Lang- und Goldgasse[609] und Ecke Lang- und Webergasse[610], zeigen, daß man das Trinkwasser aus Quellen vom Heidenberg herangeführt hat. Das gleiche gilt für die 1865 in 1,30 m Tiefe unter der Heidenmauer hindurchführende Wasserleitung aus Eichenholzröhren (24 cm dick, 12 cm lichte Weite), in der sich noch zum Zeitpunkt der Entdeckung »ganz klares Wasser lebhaft fortbewegte«[611]. Die Länge des erhaltenen Leitungsstücks betrug knapp 9 m. Da sie unter dem Mauerfundament lag, muß sie vor Errichtung der Heidenmauer gelegt worden sein. Eine 1974 zwischen Kaiser-Friedrich-Bad und Webergasse unweit der Langgasse angetroffene Wasserleitung ist nach den Beobachtungen von H. Schoppa[612]

arbeit dürfte frühestens im 4. Jahrhundert entstanden sein[606e].

Schließlich sei stellvertretend für eine Reihe von Arztinstrumenten (Haken, Sonden, Skalpelle), ein Augenarztstempel abgebildet (Abb. 142). Das quadratische Täfelchen aus Schiefer nennt auf einer Schmalseite die Namen von zwei Augenärzten, des T(itus) LIVI(us) ET M(arcus) CATULI(us), und das Heilmittel ATR(amentum sutorium), Kupfervitriol. Auf der gegenüberliegenden Seite ist der Adressat T(itus) MARTI(us) SERVANDVS genannt, wohl der Apotheker, der das Mittel weitergab[606f].

Ostseite der Langgasse

Ebenfalls dicht besiedelt war das ganze Gebiet östlich (unterhalb) der Langgasse. Ob die hier aus dem diluvialen Untergrund hervortretenden warmen Sekundärquellen, die seit dem Mittelalter in mehr als 20 Badhäusern von Kurgästen genutzt wurden, schon von

Abb. 140 Bronzener Zierbeschlag, gegossen und nachgraviert. Delphine und Greifenköpfe, durch Rankenwerk verbunden (FO Dotzheimer, Ecke Scharnhorststraße). M 2:1

Abb. 142 Augenarztstempel aus Schiefer, Negativgravur (FO Wiesbaden) M. 1:2

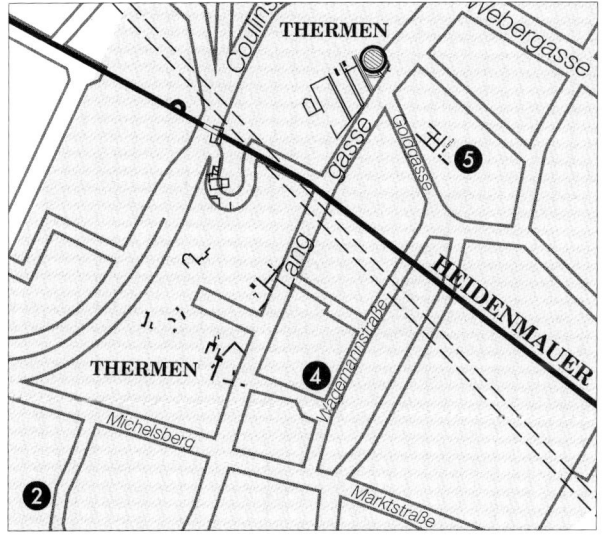

wohl in zwei Perioden zwischen 80 und 120 n. Chr. entstanden. Nach der Coulinstraße zu fanden sich direkt anschließend römische Pfeilerfundamente. Auf einer Seite der Wasserleitung wurden zwei Holzpfosten geborgen, die zu einem römischen Haus gehört haben können. Auf der anderen Seite wurde in 1,45 m Tiefe ein römisches Straßenpflaster sichtbar. Die Entwässerung des Gebietes erfolgte zum Salzbachtal hin.

Beobachtungen des Baumeisters Dormann

Ausgrabungen konnten wegen der dichten neuzeitlichen Bebauung immer nur punktuell und unter großem Zeitdruck durchgeführt werden. Vieles hing vom Entgegenkommen der Bauherren und der Kooperationsbereitschaft der Architekten und Bauführer ab. Deren Namen begegnen uns in den Vereinsnachrichten, in denen jeder Befund und die Objekte, die dabei zum Vorschein kamen, aufgezeichnet, jedoch meistens nur unzureichend dokumentiert wurden.

1880 hatte der Maurermeister Philipp F. Dormann bei Umbauarbeiten am Hotel »Adler« römische Mauerreste gesichert, darunter ein Segment des Rundbaus, der später von E. Ritterling vollständig ausgegraben wurde (s. S. 78). Bis 1883 war Dormann bei einigen Bauprojekten in der Langgasse tätig. Unter anderem betreute er den Neubau der Hofapotheke (Schützenhofapotheke) des Apothekers Dr. Lade, Langgasse Nr. 15 (heute Nr. 11–13) und der Hinterhäuser Langgasse Nr. 11 und 19.

Dormanns Beobachtungen[613] ergeben folgendes Bild: »Beim Bau des Hinterhauses des Herrn Seifensieder Poths, Langgasse Nr. 19 , [Kleine Langgasse Nr. 1] gelangte man nach Ausräumung von allerlei Schutt in einer Tiefe von 3 m auf zahlreiche römische Tonscherben, Terra sigillata, Reibschale und anderes. Es scheint, daß die Stadt hier 3 m tiefer als jetzt lag, oder daß man die Scherben in einen alten Bachlauf geschüttet hat.« Hier floß der Dendelbach, der über den Michelsberg herabkam, zwischen Langgasse und Wagemannstraße hindurch zur Mühlgasse und von dort in den Salzbach. Ein Abzweig speiste als Mühlgraben die Herrnmühle. Hinter dem Pothsschen Hinterhaus, auf der anderen Seite des Baches, belegt eine weitere Fundstelle die dichte Bebauung in dieser Gegend.

Beim Neubau des Hauses Metzgergasse (Wagemannstraße) Nr. 25 kamen 1902 »auffallend viele römische Kulturreste« zutage, darunter viele Terra sigillata-Gefäßböden mit Töpferstempeln, ein erhabener Stempel SABINI, eine große gerippte Perle aus blauem Glas, Werkzeuge aus Knochen und Horn sowie Bruchstücke von Ziegelstempeln der 22. Legion[614].

In einer Tiefe von 5,50 m unter der jetzigen Pflasterhöhe stieß man auf einen römischen Estrich aus Ziegelplatten und gestampftem Kies unbekannter Ausdehnung, der 9,50 m vor der Straßenflucht des Hauses begann. Auch Mauerzüge kamen in gleicher und etwas geringerer Tiefe zum Vorschein, ohne daß sich von dem Grundriß der Gebäude ein Bild gewinnen ließ. Daß sie römischen Ursprungs waren, bewiesen die massenhaften Scherbenreste, die sich in gleicher und geringerer Tiefe fanden. Selbst wenn der Estrich den Boden eines römischen Kellers bildete, muß das römische Straßenniveau mindestens 2,50 – 3,00 m tiefer gelegen haben als heute[615].

Beim Neubau der Ladeschen Apotheke[616] kamen mehrere römische Mauern zum Vorschein, die unterirdisch noch 1 – 1,80 m hoch aufrecht standen (Abb. 143). Ihre Fronten verliefen im Abstand von etwa 10 m südlich der Langgasse mit einem Winkel von 10° zur Straße. In gleicher Richtung zogen längs derselben eine römerzeitliche gepflasterte Straße[1] und zwei Eichenholzrinnen mit Gefälle nach Norden. Im rechten Winkel dazu lief ein 2,25 m breites Gäßchen von der Langgasse zur Wagemannstraße; es war gepflastert und auf einer Seite mit Abweissteinen versehen. Die beiden Straßen lagen 2,30 m tiefer als die Langgasse.

Auffallend sind die an drei Stellen gefundenen Anhäufungen von Brandschutt, die von (Dach?)Schieferresten begleitet sind. Diese Spuren deuten auf eine gewaltsame Zerstörung. Es gibt zwar keine näheren Hinweise, doch dürften dafür am ehesten die Überfälle der Alamannen um 260 n. Chr. in Frage kommen.

Zwischen dem Ladeschen und dem Mollierschen Haus Nr. 15 und 17 (heute Nr. 13/15) bestand seit alter Zeit ein berüchtigtes Verbindungsgäßchen nach der Wagemannstraße (heute Kleine Langgasse). In dem damali-

---

[1] Wahrscheinlich ist das von Schoppa erwähnte Straßenpflaster aus großen Platten unter der Langgasse[617] die Fortsetzung dieser Straße nach Norden.

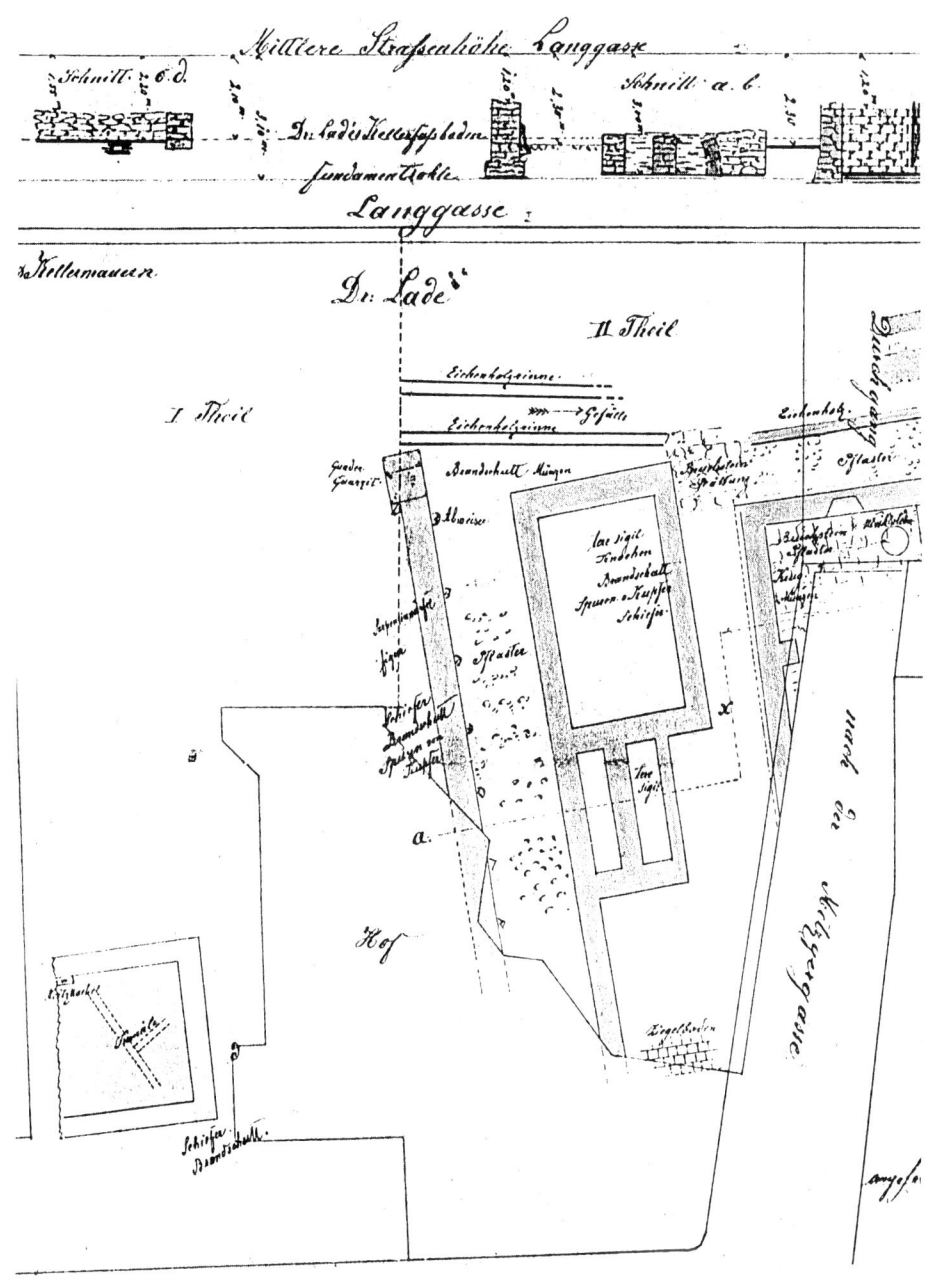

Abb. 143 Mauerreste unter dem Neubau der Ladeschen Apotheke (heute Schützenhof-Apotheke, Langgasse Nr. 11)

sei; denn es geht jenes Gäßchen mit den Abweissteinen 2,30 m tief fast mitten durch das Grundstück.«
In dem 1882 erbauten Teil des Ladeschen Hauses fand sich in 2,20 m Tiefe die 3,60 m breite und wohl noch längere Ziegelplättung eines Hypokaustums mit Wasserabzügen darunter und mit Heizröhren längs der Wand (Abb. 143, links unten). Die zahlreichen von Dr. Lade während des Baues gesammelten Funde hat er dem Museum übergeben. Sie sind überwiegend und aus der besten Zeit, dem 1. Jahrhundert; darunter die Töpferstempel BRARIVS, COSIRVS und CVPIDVS, ein Votivfigürchen, ein Würfel, eine römische Heizkachel und eine große Zahl von Terra sigillata-Gefäßen. In der Baugrube für den Neubau des Hinterhauses Langgasse Nr. 11 (Nr. 9, heute unter der Kaufhalle) stieß man 1880 auf eine 1,60 m starke Mauer, deren Fundament tiefer als 2,28 m unter der Straßenoberfläche lag. Ihre Richtung war schräg zur heutigen Langgassenfront und parallel zu den römischen Bauwerken auf dem Terrain des Schützenhofs orientiert. Vor der Mauer lagen als Schutt römische Randziegel und eine gut erhaltene Heizröhre[618].

Langgasse Nr. 5–9

Wohl in den gleichen Zusammenhang gehören Mauerreste, die 1972 in unmittelbarer Nachbarschaft zum Hinterhaus des Nebenhauses bei Ausschachtungsarbeiten für den Neubau der Kaufhalle, Langgasse Nr. 5–9, in durchschnittlich 2,40 (erhaltene Mauerhöhe) bis 3,40 m Tiefe (römische Untergrenze) angetroffen wurden[619].
Älteste, nicht genauer zu deutende Befunde waren verkohlte Balken und Pfosten innerhalb eines späteren Steinbaues etwa in der Mitte der Nordhälfte der Baugrube (Abb. 144). Von dem Steinbau, der sie überlagerte, wurden in einer Ausdehnung von 15 x 15 m verschiedene Mauerzüge und Räume angeschnitten, darunter ein großer Raum von etwa 9 x 9 m. Sie reichen jedoch nicht aus, die Gesamtanlage zu rekonstruieren. Direkt an die Mauern anschließende Schwellbalken zeigen, daß Teile des Gebäudes, mindestens innere Abtrennungen, in Holzbauweise errichtet waren. Im Untergrund waren Spuren von Kanälen zu erkennen. In der Südhälfte der Baugrube fand man keine Steinbe-

gen Bericht heißt es dazu: »Es scheint, als ob dasselbe auch schon zur Zeit der Römer, nur etwa 8 m weiter westlich, bestanden hätte und im Laufe der Jahrhunderte, vielleicht durch das Zusammenlegen des Ladeschen, 24,5 m breiten Grundstücks, verlegt worden

bauung. Hier lagen zwei Holzbauten von 12,20 m
Länge und etwa 4,50 m Breite, die durch einen
3,70 – 4,10 m breiten Zwischenraum voneinander getrennt waren. Sie standen senkrecht zu einer OSO-
WNW verlaufenden Straße, einer Querstraße zur römischen Hauptstraße, – ähnlich der Situation bei der Ladeschen Apotheke.

Die Häuser waren auf Schwellbalken errichtet, deren
Schwellen durch Pfosten und kleine Steinsockel befestigt waren. Im östlichen Haus verlief ein holzverschal-
ter Kanal, der sich nach Nordwesten fortsetzte. Die
Straße vor diesem Haus war teilweise mit Bohlen belegt.

Im freien Hofraum befand sich ein etwa quadratischer
Holzbrunnen von 0,85 x 0,80 m im Lichten (Abb. 145).
Er war mit 5 – 8 cm starken, durchschnittlich 40 cm hohen Holzbohlen verschalt. Die Bohlen waren an den
Enden eingeschnitten und dadurch gegeneinander
verfestigt. Die Brunnengrube war mit 1,20 x 1,28 m nur
unwesentlich größer als der Schacht, zur Verkeilung
und als Dichtung waren Steine und graugrüner Letten
eingebracht. Die Sohle des Brunnens lag etwa 5,20 m
unter der heutigen Straßenoberfläche.

An Funden kam »reichhaltiges Scherbenmaterial« zum
Vorschein, das den Holzbautenkomplex in die Zeit
zwischen 90 und 125 n. Chr. datiert. Bemerkenswert
ist die Reliefschüssel vom Typ Drag. 37 mit Gladiato-
renszenen und viermal dem rechteckigen Namens-
stempel des AVITVS (Taf. 4), ein Eschweiler Fabrikat,
um 120 n. Chr. Sie lag im Kanal unter dem östlichen
Haus.

Im Brunnen fanden sich außer Keramik und einem zerbrochenen Holzbecher auch Lederreste[620]: 1. Drei Reste
von einem Kinderschuhpaar; 2. eine rechte Männer-
schuhsohle, noch 24 cm lang, mit Laufsohle und
Brandsohle und 71 in Reihen angeordneten Nägeln; 3.
eine linke Laufsohle vom Schuh einer Frau oder eines
Jugendlichen, noch 22,5 cm lang; 4. der Rest eines zar-
teren doppelten Leders (Schaf- oder Ziegenleder), der
zum Oberleder (Schaft) eines Frauenschuhs gehört haben kann (Abb. 146).

Im tiefsten Teil der Baugrube, wo »die Ausschachtungen bis in die Moorschichten hineingingen«[621], fanden
sich Fragmente eines Schuppenpanzers (*lorica squamata*)[622]. Die zum Teil noch gut erhaltenen Schuppen aus
stark kupferhaltiger Bronze waren unten abgerundet;

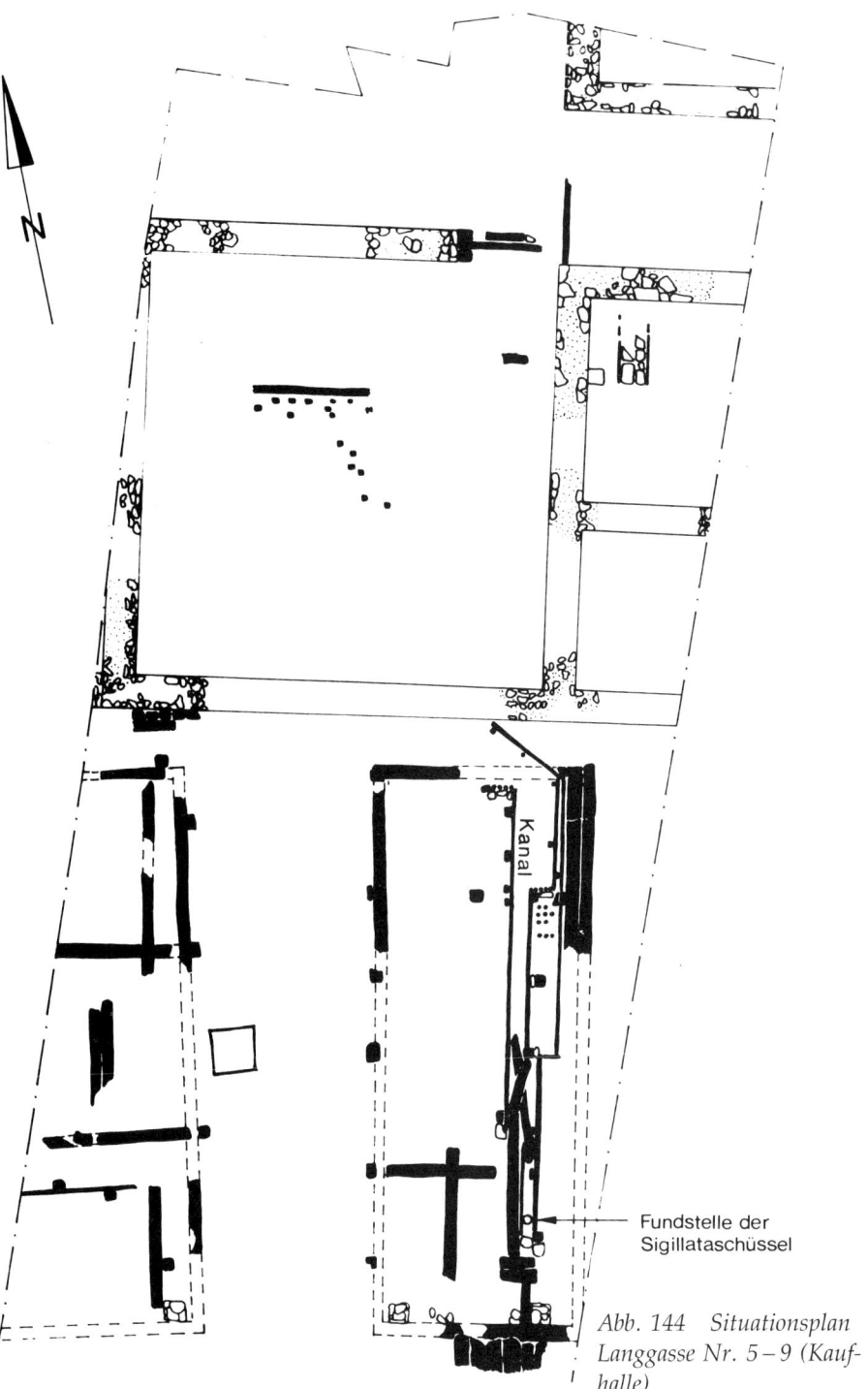

Kanal

Fundstelle der
Sigillataschüssel

*Abb. 144   Situationsplan
Langgasse Nr. 5 – 9 (Kaufhalle)*

Abb. 145 Quadratischer Holzbrunnen im Hofbereich des römischen Anwesens

Abb. 147 Teile eines Schuppenpanzers (lorica squamata)

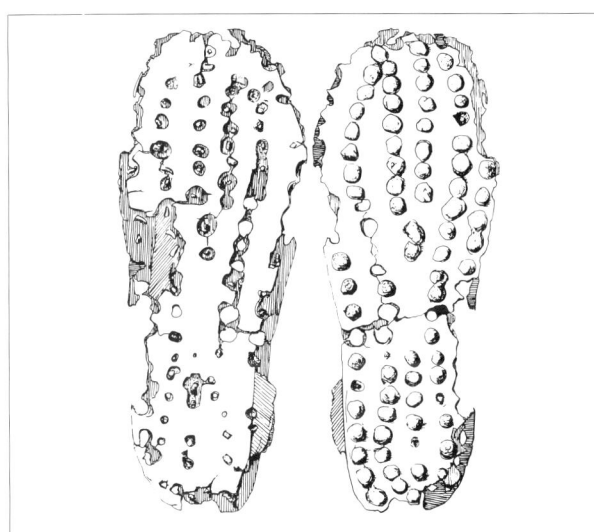

Abb. 146 Reste von römischem Schuhwerk aus dem Brunnenschacht (Abb. 145)

sie hatten paarweise Löcher, durch die sie auf einer Leinenunterlage festgenäht waren[623]. Sie wurden häufig von Centurionen getragen (Abb. 147).

Der Fund in der Moorschicht spricht dafür, daß der Schuppenpanzer in die Zeit der militärischen Nutzung der Bäder gehört. Leider ist der stratigraphische Befund nur unzureichend dokumentiert. Wenn die Metallschuppen in einer Brandschuttschicht lagen (womit in der Moorschicht immer zu rechnen ist), hätte die Vermutung, der Schuppenpanzer sei beim Chattenüberfall von 69/70 n. Chr. oder bei anderen Unruhen im 1. Jahrhundert (z. B. 97 n. Chr.) verlorengegangen, einen realeren Hintergrund. Die von H. Schoppa ausgesprochene Vermutung, die beiden Holzgebäude gehörten zum Lagerdorf (*canabae*) des Steinkastells, kann man jedoch aufgrund des vorliegenden Grundrisses kaum nachvollziehen.

Fundschwerpunkte in der Kirchgasse

In einer Zusammenfassung, die nach Art des schon einmal bemühten »Rösselsprungs« noch einmal auf die Fülle der römischen Kleinfunde in dem Stadtteil zwischen Kirchgasse, Langgasse, Marktstraße und Webergasse hinweisen soll, werden einige Plätze aufgeführt, die sich durch eine besondere Funddichte auszeichnen. Die Lücken lassen keine Aussage zu, ob es sich um freie Flächen (Hausabstände) aus römischer Zeit, seit dem Mittelalter durchwühlte und ausgeräumte Baugruben und Keller oder noch nicht bei Neubauten aufgedeckte Grundstücke handelt.

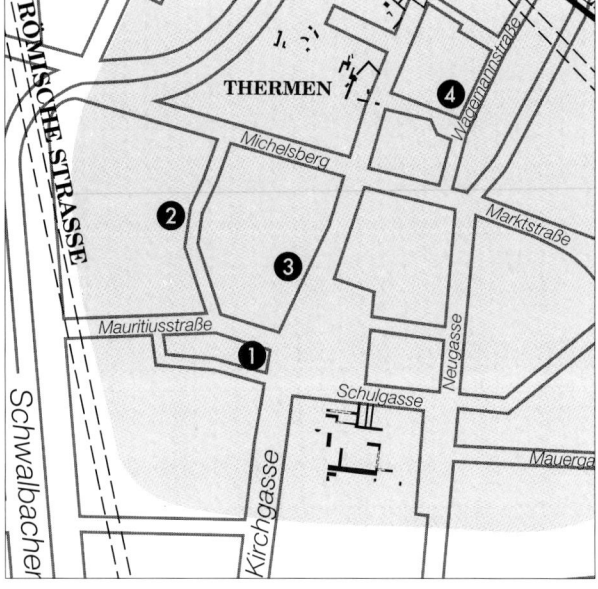

Beginnt man mit den Häusern der Kirchgasse am Mauritiusplatz, muß noch eine Bemerkung zum Mauritiusplatz selbst gemacht werden, die im Zusammenhang mit der dort mehrfach nachgewiesenen, bis 3,40 m Tiefe reichenden Moorschicht interessant ist. Ritterling hatte 1906 bei Grundarbeiten unter den bis 2,40 m Tiefe reichenden Fundamenten der alten Mauritiuskirche eine 50 cm dicke Schicht von Schutt und Schlamm (Moorschicht) in 3,10 m Tiefe eine bis zu 40 cm dicke Pflasterung beobachtet, die auf einem aus Eichenpfosten und horizontalen Bohlen gebildeten Pfahlrost ruhte (vgl. Anm. 128). Dieses Bodenniveau entspricht

gut dem der Baugrube an der Mittelstraße (Kaufhalle). Beide Plätze wurden wohl gleichzeitig angelegt bzw. bebaut, und zwar seit Beginn der römischen Besiedlung im 1./2. Jahrzehnt des 1. Jahrhunderts n. Chr. Dafür spricht, um das noch einmal in Erinnerung zu rufen, daß in der Gegend des Mauritiusplatzes in der schlammigen, unmittelbar auf dem gewachsenen Kies liegenden Bodenschicht »nicht allzu selten« Reste von Töpferwaren gefunden wurden, die »unverkennbar den Charakter der Latènezeit aufweisen« und das »mitten zwischen zahlreicheren Stücken aus frührömischer Zeit«[623]. Dazu Bronzefibeln einer bis zum Jahr 69 n. Chr. reichenden Fundschicht (Aucissatypus mit Augen auf der Kopfplatte, untere Platte einer Schnallen- oder Distelfibel, Augenfibel, Typ Almgren, Spiralfibel mit verzierter Rollenhülse und gitterartig durchbrochenem Nadelhalter). Bruchstücke reliefverzierter Schüsseln, Drag. 29, und zylindrischer Näpfe, Drag. 30 aus der Frühzeit von La Graufesenque, der Boden eines feinen Trinkschälchens mit der Einritzung VEGETVS und Reste von feinem belgischen Geschirr runden den Eindruck einer frühen Besiedlung um den Mauritiusplatz ab[624].

Dazu gehört auch der Neubau Kirchgasse Nr. 45 (s. Abb. 11) (Ecke Mauritiusplatz)[625]. Hier begegnen »Spuren der Besiedlung bis hinauf zur Zeit des Augustus, namentlich ziemlich häufig arretinische und andere Sigillata, häufig mit erhaltenem Töpferstempel, darunter solche aus den Werkstätten des ATEIVS, ATEIVS MAE(TIS ET ZOEL(I), GERMANVS, AQVITANVS und SENTIVS sowie ziemlich häufig wohlerhaltene Augustus-Münzen.« Auch hier wurden Ziegel mit Stempeln der Legionen *I Adiutrix* und *XIIII G(emina)* gefunden.

Einer späteren Periode gehören Sigillata-Schalen, Näpfe und -Teller an; zwei dickwandige gelbe Tontöpfchen dienten wohl als Behälter zur Versendung von feineren Ölen oder Salben. Bruchstücke von farbigen Glasgefäßen, darunter Teile von gerippten Schalen aus tiefbraunem Glas, mehrere Henkel aus tiefblauem Glas sowie das Bruchstück eines sehr dünnwandigen Bechers aus in der Grundfarbe blauem Glas, in das weiße Tropfen eingeschmolzen sind, vervollständigen das Bild lebhaften bürgerlichen Familienlebens. Das Bruchstück eines tiefblauen Armrings mit hohem geperltem Rücken, das »wohl noch keltischem Brauch entstammt«, und ein gut erhaltener kleiner Fingerring aus hellgrünem Glas mit eingeschmolzenen gelben Spiralfäden und zwei grünen Glastropfen auf der petschaftähnlich abgeflachten Seite vervollständigen diesen Eindruck. – In welchem Verhältnis der eigenartige Holzspanfußboden (vgl. Anm. 104) zu den hier aufgeführten Funden gestanden hat, ist leider nicht mehr aufzuklären.

Ein Münzschatzfund

Schräg gegenüber, im hinteren Teil des Zugangs von der Kirchgasse zum Walhalla-Gebäude, fanden Bauarbeiter bei Ausschachtungsarbeiten für das Hinterhaus Kirchgasse Nr. 48 (heute Nr. 66), Hofgebäude des ehemals Marschall v. Biebersteinschen Herrschaftshauses einen beachtlichen Münzschatz[626]. Alle Münzen, insgesamt mehr als 100, aber weniger als 200 Kleinerze, waren rollenweise zusammengelegt und in dieser Form zusammengesintert. Nach den (ungenauen) Angaben der Finder wurden sie »in geringer Tiefe« angetroffen. Die Arbeiter schlugen die Masse auseinander, »verteilten die Stücke unter sich und veräußerten sie, wenigstens zum Teil, an verschiedene hiesige Antiquitätenhändler«.

Im nachhinein wurden als zu diesem Schatzfund gehörig nachgewiesen und im einzelnen bestimmt noch 70 Münzen, ausnahmslos aus der Zeit Kaiser Konstantins; die Prägung ist »außerordentlich frisch ohne Spuren von Abnutzung erhalten«. Im einzelnen waren es außer je einer Münze des Gallienus (253 – 268 n. Chr.) und des Tetricus (271 – 274 n. Chr.) ausnahmslos Münzen des Kaisers Konstantin (49) und seiner beiden älteren Söhne Crispus (12) und Konstantin II. (7). Äußerliche Daten dieser 68 Münzen (nur vier verschiedene Reversbilder, 65 Münzen in Trier in zwei, zeitlich aufeinanderfolgenden Emissionen geschlagen) ermöglichen eine eindeutige Bestimmung der Ausgabezeit in die Jahre 320 – 322 n. Chr. Die frisch erhaltene Prägung aller Stücke bedeutet, daß sie nicht lange nach diesem Datum in die Erde kamen.

Wurde bisher überwiegend das Augenmerk auf die frühe und mittlere Zeit der römischen Besiedlung gerichtet, erhalten wir mit diesem Münzschatzfund einen deutlichen Hinweis auf ihre Fortdauer, in welcher ethnischen Mischung auch immer, bis gegen die Mitte des 4. Jahrhunderts. Vergleicht man Art und Zusammensetzung dieses Fundes mit dem aus der Schützenhofquelle (s. S. 75), erkennt man einen deutlichen Unterschied; denn dort handelt es sich um eine breite Streuung von relativ geringwertigen Münzen. Die späteren Münzen dürften meist schon durch zugewanderte Alamannen in die Quelle gelangt sein.

Der Münzschatz aus der Kirchgasse deutet dagegen eher auf das bewußte Verstecken eines zusammengehörigen, bei einer finanziellen Transaktion eingenommenen Geldbetrages, der wegen der unsicheren Zeiten sofort im Boden versteckt wurde. Anscheinend mußte der Besitzer bald danach durch ein unvorgesehenes Ereignis in Eile sein Haus verlassen, ohne daß er Gelegenheit hatte, zurückzukehren und seinen Schatz zu bergen.

Ergänzend hierzu sei ein kleiner Gesamtfund von 12 römischen Münzen erwähnt, der auf dem Adlerterrain gefunden wurde[627]. Es waren Denare der Iulia Mamaea (Mutter des Severus Alexander, 235 n. Chr. bei Mainz ermordet) und des Maximinus Thrax, Antoniniane des Philippus Arabs, seiner Frau Octacilia, des Trebonian, von dessen Sohn Volusianus, des Decius, Valerianus, Gallienus und seiner Gemahlin Salonina. Alle Münzen gehören in den Zeitraum zwischen 234 und 268 n. Chr., also genau in die unruhigen Jahre der Alamannenüberfälle zwischen 233/34 und 259/60 n. Chr., so daß auch hier eine Verbindung zwischen Verlust der Münzen und den kriegerischen Zeiten, in diesem Fall der Zerstörung von *Aquae Mattiacorum* und der vorläufigen Aufgabe des rechtsrheinischen Gebietes 259/260 n. Chr. anzunehmen ist.

Obere Marktstraße

Nach Art des Rösselsprungs erreichen wir in der Marktstraße Nr. 34 (Café Maldaner) eine weitere ergiebige Fundstelle[628]. 1902 fand man dort beim Anlegen eines Kanals eine große Menge Gefäßscherben, darunter allein etwa 30 Terra sigillata-Scherben unterschiedlicher Größe mit unversehrtem Töpferstempel, zweimal mit eingeritzter Besitzermarke, eine Schüssel Drag. 29 mit Töpferstempel OF(ficina) SECVNDI, einen gut erhaltenen Salbenspatel aus Bronze und einen aus Hirschhorn geschnitzten Löffel. Die bei der Kellerausschachtung Marktstraße gemachten Funde »wurden großenteils von den Arbeitern verschleppt«. In einer räumlich nur als »Marktstraße« lokalisierten Fundmeldung wird über eine derart reiche Ausbeute besonders an Terra sigillata-Scherben, großenteils mit erhaltenen Töpferstempeln, berichtet, daß sie als Zeugnis für die Jahrzehnte andauernde kontinuierliche »Bewohnung« dieses Stadtviertels gelten kann. Dies um so mehr, als die Gleichartigkeit der Hinterlassenschaft (vorwiegend Terra sigillata-Geschirr) für eine bürgerliche Einwohnerschaft spricht.

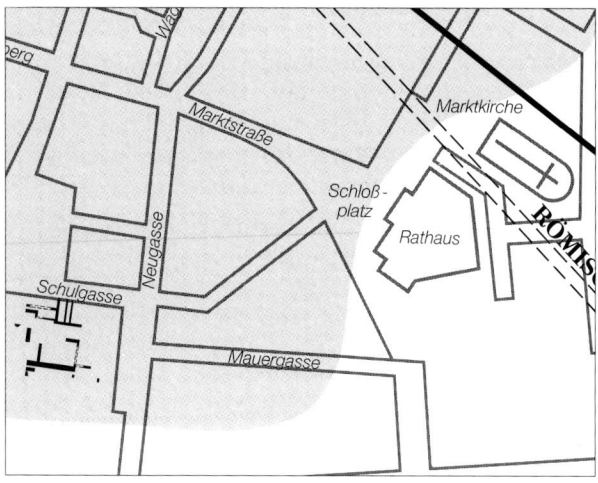

E. Ritterling schreibt im Verwaltungsbericht des Altertumsmuseum von April bis Juni 1902[629]: »In der Marktstraße fanden sich bei Anlegung eines neuen Kanals eine große Menge von Gefäßscherben, darunter Böden von Sigillatagefäßen mit folgenden Stempeln: APERE (auf Täßchenboden Drag. 27), CRACVNA (Tellerboden), FVSCI (Täßchenboden Drag. 27), IARILLVS (Täßchenboden), welcher Stempel bisher unbekannt zu sein scheint; MARTALFE (Tellerboden), MONTANVS (Täßchenboden, Drag. 27), NERTVS (grober Tassenboden, Drag. 27), ROPP.. (Tellerbodensplitter), wohl sicher ROPP[us f(ecit)], SECCOF (Täßchenstück, Drag. 27), SECVND. . (feiner Tellerboden), TERTIV[s f(ecit)], (Täßchenbodensplitter), T.CCAF (spitzer Tellerboden), VERECVNDV[s] (Tellerboden), SABELLVS, RESTITVTVS.
Auf Scherben reliefverzierter tiefer Kumpen des 2. und

3. Jahrhunderts (Drag. 37) fanden sich in linksläufiger vertiefter Schrift die Stempel EF SVPVL = Lupus fe(cit) und SVTEPREP = Perpetu(us) sowie in großen vertieften Buchstaben unmittelbar unter dem Eierstab . .NVCERE. = [V]erecun[dus][630]. An eingeritzten Inschriften sind zu nennen: auf dem Boden eines großen reliefverzierten Sigillata-Napfes VITA, wohl Vitalis, und auf dem Bruchstück eines großen Kruges aus grauem Ton ein eingeritztes KV.«
Diese Notiz Ritterlings eines einzigen Fundes aus dem Jahre 1902 zeigt zum einen die Akribie, mit der jedes verwertbare Stück entziffert und registriert worden ist. Zum zweiten kann man indirekt daraus ableiten, wie groß die gesamte Scherbenmenge dieser Fundstelle gewesen sein muß, denn es wurden ja nur die lesbaren Stempel einzeln dokumentiert. Mit Schüsseln, Schälchen, Tassen und Tellern vermittelt das Geschirr aus der Marktstraße den typischen Bestand eines bürgerlichen Haushalts (wozu gröberes Koch- und Eßgeschirr noch hinzukam). Die größeren Schüsseln Drag. 37 kann man sich als Mischgefäße für bestimmte Speisen oder Getränke vorstellen, die mit einer Kelle ausgeschöpft und in die entsprechenden Tischgefäße verteilt wurden. Die sehr häufig vorkommenden Schalen der Form Drag. 27 ähneln sehr, vielleicht auch in ihrer Funktion, an die in Japan und weiten Teilen Ostasiens bei jeder Mahlzeit verwendeten Schälchen, in denen Reis mit verschiedenen Soßen heute noch gemischt werden.

Kirchhofsgasse (Am Römertor)

Große Scherbenmassen, größtenteils dem 2. und 3. Jahrhundert angehörig, sowie eine Reihe römischer Münzen (Vespasian, Domitian (3), Trajan und ein Kleinerz des 4. Jh.) fanden sich bei einer Kellerausschachtung Ecke Langgasse-Kirchhofsgasse (Am Römertor), also am Aufgang von der römischen Hauptstraße (*via maxima*) zu dem wenig oberhalb gelegenen Mithras-Heiligtum[631]. Aus Bronze waren ein 16 cm langer Bronzestift, ein hohles gegossenes Köpfchen, 3 cm hoch, mit Dorn, ein Gewicht(?) aus Blei und eine Haarnadel aus Bein.
Schräg gegenüber, Langgasse Nr. 29 (heute Nr. 23) bis zur Goldgasse[632], wiederum eine erstaunliche Verdich-

tung an Siedlungsspuren: Bronzereste und Tongefäß-scherben, die auf eine intensive Wohnbebauung schließen lassen (Abb. 148). Aus Bronze eine Sonde, zwei Nadeln und ein Ring mit eisenvernieteter Öse, ein Näpfchen aus Blei ohne Boden, ein Dolchgriff aus Horn und ein sog. Seilerhörnchen (von denen auf dem Adlerterrain eine größere Anzahl gefunden wurde) so-wie einige Münzen (Kleinerze von Constantius II. und Constantinus II.).

Neben Ziegelplatten, eine mit Stempel der 22. Legion, kamen beim Ausheben der Baugrube eine Vielzahl von Terra sigillata-Gefäßen, mehr oder weniger stark be-schädigt, zum Vorschein. Darunter waren eine relief-geschmückte Schüssel Drag. 37, zwischen deren Orna-menten (abwechselnd Medaillons mit laufendem Maultier und springende Löwen) zwei linksläufige Stempel, COMITIALIS F(ecit) und LATINNI, ange-bracht sind, das Bruchstück einer ähnlichen Schüssel, beide aus dem Anfang des 2. Jahrhunderts, eine Reib-schale mit Löwenkopfausguß (Taf. 9), Teller, Tassen und Schälchen, einige mit den Ziffern I, II und III auf den Standflächen, die als Nummern eines Tafelge-schirrs in einem Haushalt gedeutet werden.

Ferner fand man einen Amphorenhenkel mit dem linksläufigen Stempel RMQ, der am Rhein und in Gal-lien häufig vorkommt, sowie ein rundes Steingewicht, das auf dem abgeplatteten Kopf das Zeichen I des rö-mischen Normalpfundes (= 327,4 g) trug. Schließlich

Abb. 148 Spätrömischer Krug, gelbgrau, und Hen-kelgefäß aus rötlichem Ton (FO Langgasse Nr. 21)

deuten eine runde Türpfanne und Teile davon sowie eine Anzahl von Wandverputzstücken auf ein Wohn-haus. Die Wandverputzstücke leuchten überwiegend in tiefem pompejanischem Rot. Es finden sich aber auch Stücke, die erkennen lassen, daß eine Wand des Raumes in schwarze, architektonisch verzierte Felder aufgeteilt war und dekorative Elemente (Blumen?) auf-wies.

Wagemannstraße

Setzt man den Weg in Gedanken entlang der Heiden-mauer nach Osten fort, gelangt man zu den Häusern Metzgergasse (Wagemannstraße) Nr. 34/36[632]. Auch hier eine auffallende Häufung von Funden, die sich in die Goldgasse und bis zur unteren Webergasse fort-setzt. Im Graben der durch das Fundament des Hauses Nr. 35 verlaufenden Heidenmauer wurden bei der Neugründung des Hauses Nr. 36 im Schutt reichlich Terra sigillata-Scherben gefunden. Ferner eine Schüs-sel Drag. 37, eine Terra nigra-Flasche (Taf. 5), die deut-lich aus der Latènetradition kommt, ein spätrömischer Sigillata-Napf Drag. 49 (Taf. 3, vorne rechts) und zahl-reiche Sigillata-Böden mit Töpferstempeln.

Unter den reliefverzierten Scherben waren solche mit linksläufigen Stempeln LATINNI und COMITIALIS F(ecit), die schon aus der Langgasse, Ecke Am Römer-tor, und vom Adlerterrain bekannt sind. Vielleicht waren es Nachbarn, die zu gleicher Zeit gleiche Ge-schirre benutzten, die sie vom selben Händler bezogen hatten.

Nehmen wir den Fund einer bronzenen Löffelsonde, einer Bogenscharnierfibel mit dem deutlich lesbaren Stempel AVCISSA, eine versilberte Scharnierfibel mit gestrecktem reichverziertem Bügel, einen großen Zier-knopf in Form eines Blattes mit Trauben, das auf der Oberfläche versilbert und mit Niello verziert ist, hinzu, kann man auf einen Haushalt von gutem Standard schließen. Die Reste gestempelter Ziegel der *Legio XIIII G MV* deuten darauf hin, daß an diesem Platz ein Haus wahrscheinlich mindestens seit der Zeit nach 70 n. Chr. gestanden hat.

Die bronzene Kreuzfibel mit Email-Verzierung (Abb. 149) wurde bei Ausschachtungsarbeiten in der Metz-gergasse/Wagemannstraße gefunden[634]. Die genauen

Fundumstände sind nicht gesichert. Die Farben des Schmelzes sind: innerer Kreis der Scheibe mit Knopf grün, äußerer Kreis abwechselnd blau und weiß mit weißem bzw. rotem Punkt[635]. Die Flügel sind blau mit je 5 weißen Punkten. Breite der Fibel: 6,4 cm.

Goldgasse

Aufschlußreich waren die Befunde, die 1983 bei Ausschachtungsarbeiten für das neue Geschäfts-, Wohn- und Bürohaus, Goldgasse Nr. 13–21, gemacht wurden[636]. Nachdem man durch Streufunde (römische Münzen, Tonscherben) aufmerksam geworden war, konnten in der Fundamentgrube zwischen Langgasse, Goldgasse, Häfnergasse und Bärenstraße römische Siedlungsreste beobachtet werden (Abb. 150).
Zunächst stieß man auf Mauerreste, die in Nord-Süd- und in West-Ost-Richtung verliefen und eine zusammenhängende Bebauung erkennen ließen. Die auf der unteren Sohle stehenden Mauerreste hatten noch eine Höhe von 10–30 cm. Kleinere Mauern kamen im Innern der Gebäude zum Vorschein. Unter den Fundamentmauern hatten die römischen Erbauer Eichenstämme in den sumpfigen Boden eingerammt.

Beim Tiefergraben wurden Trümmer von Holzbauten freigelegt. Sie gehörten wahrscheinlich zur ältesten Ansiedlung, die durch die von vielen Stellen der Innenstadt bekannte Brandschuttschicht von 69/70 n. Chr. bedeckt und eingeschlossen war.
In und auf diesen Trümmern waren die Steinfundamente der späteren Bauperiode errichtet. Wegen der schwierigen Bodenverhältnisse und des ständigen Grundwassereinbruchs zogen sich die Tiefbauarbeiten mehrere Monate hin. In dieser Zeit kamen weitere Steinfundamente zutage. Schließlich zeichneten sich zwei Häuserfronten ab, die durch eine Gasse getrennt waren. Die westliche Straßenseite zeigte vier zusammengebaute Häuser in Reihenbauweise.
Die Häuser selbst scheinen zweigeschossig gewesen zu sein mit zwei unteren Räumen in Steinbauweise und einem Obergeschoß in Holz. Im Innenbereich fand sich römischer Bauschutt: Steine, Ziegelreste, Mörtelstücke, Wandputz, Lehm und Spuren von verbranntem Holz. An einer Stelle konnten Reste von Hypokaustensäulen »in situ« beobachtet werden.
Bei den Ausgrabungen wurden an einigen Stellen »kistenweise« römisches Fundmaterial, Reste von Ton-

Abb. 149 Bronzene Kreuzfibel mit Emailverzierung

Abb. 150 Arbeitsskizze der Mauerreste im Bereich Goldgasse 13–21 (Foto Wiesbadener Tagblatt)

töpfen, Schüsseln, Tellern, Bechern und Abfällen der römischen Küche, darunter Knochen vom Rind und Schwein, geborgen. Genauere Aussagen sind noch nicht möglich, da die wissenschaftliche Auswertung der Grabung noch nicht abgeschlossen ist. Das gilt auch für die ergrabenen Grundrisse, die nur in Form eines Zeitungsfotos der noch mit einigen Fragezeichen versehenen Arbeitsskizze vorgelegt werden können. Insgesamt fügt sich die Fundstelle jedoch in den römischen Stadtplan zwischen Mauritiusplatz, Langgasse bis zur Webergasse ein, der eine kontinuierliche Besiedlung in zwei Phasen erkennen läßt. Eine frühe Periode mit überwiegend Fachwerkbauten, die auf Pfahlrosten errichtet waren, wird spätestens seit Domitian durch eine Periode mit zunehmendem Anteil von Stein- und Ziegelbauten abgelöst, deren Steinfundamente an vielen Stellen auf Eichenholzpfählen, die in den sumpfigen Untergrund getrieben wurden, errichtet waren.

Das in der Goldgasse vor dem Haus Nr. 16 gefundene römische Grab, ein aus 5 Dachziegeln (*tegulae*) gebildeter Kasten, der allerdings leer war (vgl. Anm. 603), gehört in die Zeit nach der Aufgabe dieses Wohnbezirkes infolge der ständigen Bedrohung durch die sich häufenden Alamannenüberfälle, vielleicht erst nach dem Bau der Heidenmauer.

Obere Webergasse

An der nördlichen Ecke Webergasse/Langgasse wurden 1950 bei Ausschachtungsarbeiten für ein Kaufhaus römische Schichten beobachtet. In der Südwestecke der Fundamentgrube wurden aus der bei 2,20 – 2,40 m Tiefe erreichten Moorschicht verzierte Terra sigillata-Scherben geborgen, die ausschließlich der Schüsselform Drag. 37 angehören[637], Importe aus mittelgallischen Töpfereien und aus Blickweiler. Dazu Tassen Drag. 27, Reste von gefirnißtem Geschirr, geschmauchter Ware, Kochtöpfen, Reibschalen und das Bruchstück eines rotgestrichenen Tellers der sog. Wetterauer Keramik.

In der Westwand der Baugrube zeigten sich eine von West nach Ost verlaufende römische Mauer und zwei Abwasserkanäle. Der südliche war anscheinend ursprünglich in Holz gefaßt und in zweiter Verwendung

mit Steinen ausgemauert worden, während der nördliche mit einer lichten Breite von 0,40 x 0,63 m gemauert und mit einer Estrichschicht abgedeckt war. In der tiefsten moorigen Schicht wurden verschiedentlich von Nord nach Süd verlaufende Balken beobachtet, die zum Teil von hochkant gestellten Ziegeln begleitet waren. Es war nicht zu erkennen, ob es sich um Reste eines Pfahlrostes oder um Kanäle handelte. Das in seiner Zusammensetzung vollkommen einheitliche Fundmaterial der Moorschicht hat Parallelen mit dem Material aus dem Steinkastell und dürfte von spätvespasianischer bis in frühhadrianische Zeit reichen.

Am Weberhof

Die vorstehend beschriebene Grabung fand 1980/81 eine nicht unerwartete Ergänzung. Im Südteil der Großbaustelle »Weberhof« (Abb. 85) wurden unter den Trümmern des dort abgebrochenen Kaufhauses und zwischen Fundamentresten von im Zweiten Weltkrieg zerstörten Anwesen, 1,20 m unter Straßenniveau, noch verhältnismäßig hoch erhaltene Mauerreste eines im Mauerverbund geschlossenen römischen Hauses freigelegt. Nach Westen schloß sich ein weiterer Gebäudeteil an, dessen nördliche Längsmauer sich nach Norden fortsetzte.

Daß man in diesem Bereich noch teilweise gut erhaltene römische Ruinen aufdecken konnte, ist darauf zurückzuführen, daß man beim Bau des Kaufhauses Anfang der fünfziger Jahre auf eine Unterkellerung verzichtet und das Gebäude auf einer starken Betonwanne errichtet hatte. Auch in mittelalterlicher und der nachfolgenden Zeit (Hofraiten des 17./18. Jh. im Bereich Saalgasse/Webergasse) haben unbebaute Hofflächen und nicht unterkellerte Ställe und Nebengebäude Teile der römischen Schichten ungestört erhalten. Im Hausinneren fanden sich Reste von Stützmauern sowie an einigen Stellen Reste eines Estrichbodens mit entsprechendem Unterbau. Unter dem Estrichunterbau waren deutliche Spuren einer älteren römischen Bebauung festzustellen. Sie konnten wegen der fortschreitenden Bautätigkeit (Abb. 151) jedoch nicht weiter untersucht werden. In der östlichen Hauswand befand sich eine Maueröffnung. Da es sich um aufgehendes Mauerwerk handelte, war sie als Hauseingang oder -durchgang erkennbar. Im nordwestlichen Baugrubenbereich wurden 14 runde und quadratische Ziegel einer Hypokaustenheizung freigelegt, teilweise mit Stempeln der 14. und 22. Legion, einige stark korrodierte römische Münzen und Reste von bemaltem Wandverputz in grüner, gelber und roter Farbe.

2 m außerhalb der nördlichen Hauswand wurde eine römische Wasserleitung von ca. 11 m Länge entdeckt. Es war eine Holzkonstruktion mit zum Teil noch erhaltenen Schiebevorrichtungen. Sie hatte ein leichtes Gefälle von West nach Ost. Am östlichen Ende bog sie rechtwinklig nach Süden ab. Sie scheint auf die bereits früher auf der Südwestecke von Lang- und Webergasse nachgewiesene Wasserleitung (s. o.) zu treffen, die die gleichen Konstruktionsmerkmale aufwies.

Anzumerken bleibt, daß dieser Bericht vorläufig und unvollständig ist. Die wissenschaftliche Bearbeitung durch das Landesamt für Denkmalpflege in Hessen steht noch aus.

Untere Webergasse

Schon 1887 war man beim Umbau der Häuser Webergasse Nr. 23 und 25 unter dem dampfenden schwarzen Boden und 1,60 m unter dem Straßenpflaster auf festen Kies gestoßen, auf dem, fast parallel zur Straße eine Anzahl Ziegelpfeiler standen[638]. Die einzelnen Pfeiler bestanden aus höchstens fünf Schichten von 4 cm dicken ungestempelten Ziegeln, so daß der Hohlraum insgesamt nicht mehr als 20 cm lichter Höhe aufwies. Die Ziegel waren teils rund mit 17,5 cm Durchmesser, teils quadratisch mit 17,5 cm Seitenlänge. Nach Ansicht von A. v. Cohausen handelt es sich nicht um eine Hypokaustenanlage zum Beheizen der Häuser sondern zur Isolation gegen den feuchten Untergrund.

Leider konnten nach dem Zweiten Weltkrieg im Bereich der gleichen Häuserfront bei Ausschachtungsarbeiten für einen größeren Neubaukomplex wegen des Einsatzes von Greifbaggern und unter den besonderen Schwierigkeiten, die der eilige Wiederaufbau der kriegszerstörten Häuser mit sich brachte, nur sehr fragmentarische Befunde aufgenommen werden[639]. Es konnten nur die Scherben gesammelt werden, die der Bagger liegen ließ. Die sumpfige Moorschicht begann

Abb. 151   Blick in den Südteil der Baugrube zwischen Langgasse und Webergasse 1981 mit römischen Mauerresten und West-Ost orientiertem Wasserkanal

schon 2,00 m unter der heutigen Oberfläche. An Resten der römischen Siedlung wurden nur Pfosten und Balken des Unterbaus von Fachwerkhäusern beobachtet. Steinfundamente fehlten.

Beim Eintiefen der Pfeilerfundamente für die neuen Gebäude wurde die schon (S. 68) erwähnte römische Quellfassung angeschnitten. Sie maß etwa 1,50 m im Quadrat, war mit 5–6 cm starken Eichenbohlen eingefaßt und stieß durch die Moorschicht und den darunterliegenden Kies bis in die Quellwasserzone vor. Die Datierung der im Innern gefundenen Sigillatascherben, die sich zum Teil noch zu Gefäßen zusammensetzen oder ergänzen ließen, spricht dafür, daß die Fassung etwa seit der Mitte des 2. Jahrhunderts benutzt wurde. Das aus der Fundamentgrube insgesamt geborgene Scherbenmaterial beginnt nach H. Schoppa schon mit südgallischem Tongeschirr, das in domitianischer Zeit in die Rheingegenden geliefert wurde, und endet mit Formen Rheinzaberner und Trierer Töpfereien, die gegen 260 n. Chr. auslaufen. Auch das ein Hinweis auf die Katastrophe der Alamanneneinfälle der Jahre 259/260 n.Chr., die zur Aufgabe des Limes und zu einem starken Rückgang der römischen Besied-

Abb. 152   Rottoniger, schwarz gefirnißter Becher mit aufgemalter weißer Inschrift MISCE FELIX / [bib]AMVS VINVM (Faksimile aus der Inventarkartei des Museums Wiesbaden)

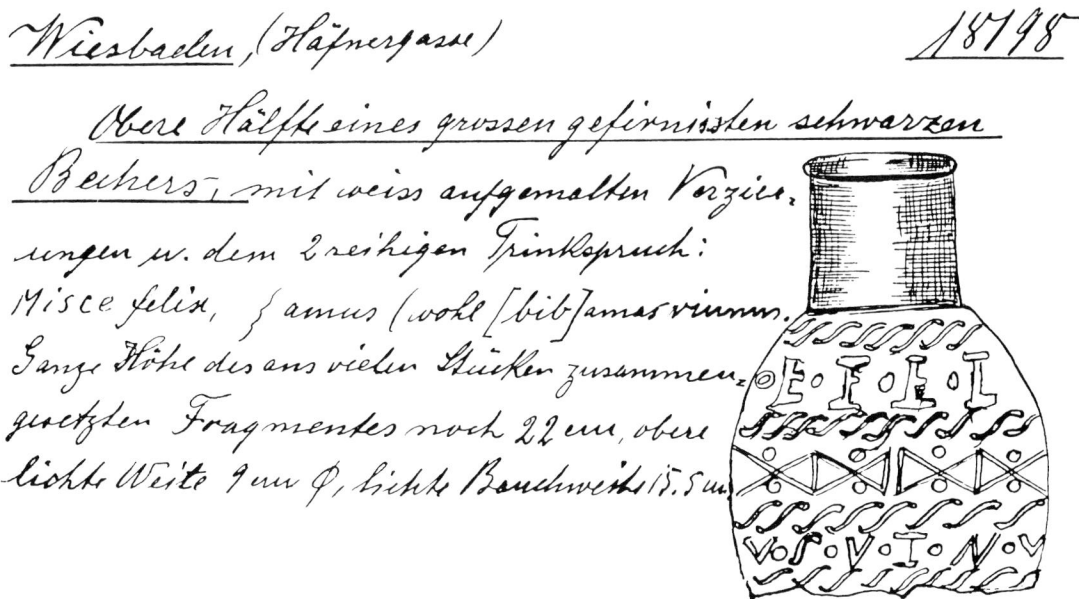

lung Wiesbadens geführt hat. Schon 1865 war man in diesem Bezirk, etwa 1,50 m unter Straßenniveau, auf Reste eines gepflasterten »Weges« von 4 m Breite gestoßen[640], dessen Entwässerungsrinne in der Mitte lag. Er verlief parallel zur Langgasse unter dem Hintergebäude des Badhauses »Zur goldenen Kette« (heute Haus Langgasse Nr. 45).

Häfnergasse

Bevor dieser Rundgang mit dem früheren Hotel »Grüner Wald« an der Marktstraße abgeschlossen wird, sei noch ein rottoniger, schwarz gefirnißter Becher vorgestellt, dessen obere, jetzt ergänzte Hälfte 1905 in der Häfnergasse gefunden wurde[641] (Abb. 152). Zwischen den aufgemalten Verzierungen trägt er eine weiße zweizeilige Inschrift: MISCE FELIX, darunter [bib] AMVS VINVM. Die Machart des geschweiften Bechers mit zylindrischem Hals[642] und die nur aufgemalten Verzierungen sind typisch für die Zeit Ende des 3. bis erste Hälfte des 4. Jahrhunderts. Wahrscheinlich gehörte er zu einer Grabbeigabe aus dem Gebiet jenseits der Heidenmauer (vgl. Anm. 599).

Hotel Grüner Wald

Die Fundstelle liegt hart an der Außengrenze des Vicus. Das Hotelgrundstück erstreckte sich von der Marktstraße Nr. 10 rückwärts bis zur Mauergasse Nr. 13. In der ersten Fundmeldung wird von der Entdeckung eines römischen Brandgrabes berichtet[643]. Es lag 25 m hinter der Flucht der Marktstraße, hart an der Grenze des Grundstücks zum Haus Marktstraße 8. Es enthielt drei einhenklige Krüge aus gelblichem Ton, der Form nach aus der Mitte des 2. Jahrhunderts, ein Tonlämpchen mit apotropäischer Gesichtsmaske (Schreckmaske) und einer blauen Glasperle. Als Grab muß die Fundstelle schon außerhalb des Vicus gelegen haben.

Westlich und nördlich davon fanden sich »zahlreiche Kulturreste, namentlich Scherbenmassen«; östlich (zur Straßenfront hin) fehlten sie ganz. Die Sigillata-Scherben waren von ähnlicher Art, wie vorstehend aus der Marktstraße berichtet: spitzer Tellerboden mit Stempel BODVS F(ecit), Boden eines Kumpens, CARV. ., der Form nach aus dem 1. Jahrhundert, weitere Teller- und Tassenböden mit Stempeln CRACVNA, GABRILLVS, PLACIDVS, IVCVND[us], BELLVS, DOCCIVS, NASSO und DRAPPVS F, ein Grafittum AVRELI; dazu

bel- oder Kastenbeschlag gedient hat. Der bärtige Mann mit Mütze, dessen rechte Wange antik beschädigt ist (Abb. 153), wird vermutungsweise als Kopf des Odysseus angesprochen. Die technische Ausführung mit der lebendigen Wiedergabe von Obergewand und Fibelschmuck läßt an eine Herstellung im 2. Jahrhundert denken.

Zahlreiche weitere plastische Möbel- oder Kastenbeschläge aus dem Bereich der Wiesbadener Innenstadt, darunter eine Frauenbüste, ein Löwenkopf und ein »jaulender Hund« (Abb. 154) zeugen von einer recht ansprechenden Wohnkultur der damaligen Einwohner.

Für die nachrömische Stadtgeschichte bemerkenswert sind die Beobachtungen, daß auf dem Terrain des »Grünen Waldes« frühe mittelalterliche Scherben gefunden wurden sowie eine Reihe von Skeletten ohne jede Beigaben. Mit diesem Befund in Zusammenhang könnte eine von Ritterling überlieferte, »nicht unterzeichnete handschriftliche Notiz« stehen, wonach

Abb. 153 Bronzebeschlag in Gestalt der Büste eines bärtigen Mannes (»Odysseus-Kopf«). Höhe ca. 12 cm

zwei Spielsteine, aus Sigillata-Tonscherben zurechtgeschnitten[644].

Im Nebenhaus, Marktstraße Nr. 12, kam ein 2 m tiefer, aufgeschütteter Boden zum Vorschein, in dem sich Wölbtöpfe fanden, die von den Römern und danach auch noch im Mittelalter und später zum Bau von Töpferöfen in Gebrauch waren[645]. In der Randlage zum Vicus könnte man an eine kleine Töpferei denken, die damaligen Fundmelder machten dazu jedoch keine genaueren Angaben.

Römisch ist mit Sicherheit die ganz in der Nähe gefundene kleine Bronzebüste, die wahrscheinlich als Mö-

Abb. 154 Bronzebeschlag »jaulender Hund«. Höhe 10 cm

beim Neubau des Bierbrauers Bücher am Marktplatz, Ecke Ellenbogengasse, 1864 ein Steinsarg von 1 m Länge, 65 cm Breite und 40 cm Höhe gefunden wurde; dicht daneben eine Axt. Einen Monat nach dem ersten Fund stieß man auf eine größere Anzahl von frühmittelalterlichen Krügen; einer von ihnen enthielt verbranntes Getreide. Von einem in der Nähe gefundenen einhenkligen Krug und einem Bruchstück eines solchen, »ist indessen anzunehmen, daß sie römisch sind«[646].

Es fanden sich daselbst auch 2 gemauerte Gräber nebeneinander mit gemeinschaftlicher Zwischenwand; sie waren ca. 1,50 – 1,80 m lang und 75 cm breit. Darin »sollen Menschenknochen gewesen sein«. Eine größere Anzahl von eisernen Geräten, Ketten, Hacken, Scheren, Hackmesser wurden ebenfalls zutage gefördert sowie ein Weißpfennig des 15. Jahrhunderts und eine Tonform.

Neugasse

Wenden wir uns von der Marktstraße in westlicher Richtung entlang der Südgrenze der römischen Besiedlung wieder zur Innenstadt hin, treffen wir auf drei bemerkenswerte Fundstellen, die aber sicher nur deshalb herausragen, weil hier zufällig größere Baumaßnahmen stattgefunden haben. Umgekehrt gilt für einen nicht geringen Teil dieses Stadtbezirkes, daß Funde dort vielleicht deshalb fehlen, weil sie im Bereich der Gräben und Teiche lagen, die zur mittelalterlichen Stadtbefestigung gehörten. Sie können (müssen aber nicht) bei deren Anlage unerkannt verstreut oder zerstört worden sein, zumal im Mittelalter das Oberflächenniveau 1 – 2 m tiefer gelegen hat als heute.

In der Neugasse, Ecke Schulgasse, wo vorher das 1723 errichtete, durch Pfarrer Hellmund bekannt gewordene und später als Akziseamt genutzte Waisenhaus gestanden hatte, wurden bei Ausschachtungsarbeiten für den Neubau der Feuerwache und des Verwaltungsgebäudes der WEGWAG (Wiesbadener Elektrizitäts- und Gaswerke AG, Vorläufer von ESWE) viele römische Scherben geborgen sowie ein Ziegelstück, auf dem noch ein Stempel der 22. Legion mit Delphin erhalten war[647]. Neben Sigillatascherben mit den Töpferstempeln BISSV[NI], ANISATV, CINTVG[NA]TV,

MICCIO FE, VIMPVS F fanden sich eine Tasse Drag. 39 und ein Napf der spätzeitigen Form Drag. 49 mit eingekerbtem Verzierungsstreifen, auf dem Fuß mit breiten Strichen »III«, was als »Nummer III« eines kompletten Geschirrs gedeutet wird.

In welchem Zusammenhang die Fundstelle mit den römischen Mauerresten liegt, die 1966 beim Bau des Karstadt-Parkhauses freigelegt wurden (s. S. 25), kann wegen unzureichender Kartierung nicht mehr geklärt werden. Daß die römische Bebauung sich auch entlang der hinteren Neugasse fortgesetzt hat, konnte 1990 bei Ausschachtungsarbeiten für den Neubau des Hauses Neugasse Nr. 22 beobachtet werden[648]. Im Profil der Grubenwand zum Haus Nr. 24 lag in etwa 3,50 m Tiefe auf eine Länge von 4 – 5 m ein 20 cm dicker Estrichboden. Über dem Estrich waren in der Wand Ziegelstücke zu erkennen.

Kirchgasse Nr. 38

Beim Neubau des Hauses Kirchgasse Nr. 38, heute Nr. 52, und des dazugehörenden Hinterhauses, unmittelbar hinter der 1508 – 1511 errichteten Stadtmauer auf dem Gelände des früheren Mahrischen Hofgutes[649], wurde eine Vielzahl römischer Kulturreste angetroffen[650]; darunter die aus Südgallien importierte Relief-Schüssel des älteren Typs Drag. 29 mit Blattranken-Fries oben, Weinranken unten (Taf. 3, Mitte hinten) und Töpferstempel F BALBVS aus der Zeit zwischen 15/20 und 43 n. Chr.[651]. Von den zahlreichen reliefverzierten Sigillatascherben gehören einige spätestens in claudische Zeit: Tassenböden mit den Stempelresten OF MO(desti), OF PRIM(i) und PF VIT(ali), OF A.AND (Amandi), OF LAB(ii),ᵉ LOG(irni), MACER und OFS (auf einem Schälchen der sehr häufigen Form Drag. 27), ein zylindrischer Napf vom Typ Drag.30 und eine große Anzahl Scherben, die für die vorvespasianische Zeit charakteristisch sind.

Leider sind im Bereich des Mahrischen Anwesens keine Hausgrundrisse oder sonstige Siedlungsspuren nachgewiesen worden, obwohl ziemlich sicher ist, daß es sie gegeben hat. Es ist das bekannte Mißgeschick der stadtarchäologischen Forschung, das schon mehrfach angesprochen wurde. Daß man unter günstigeren Bedingungen genauere Befunde hätte sichern können, zeigt eine Fundmeldung aus dem Jahre 1979 an[652]. Damals kam wiederum bei Ausschachtungsarbeiten in der Kirchgasse Nr. 48, beim Abbaggern der »Moorschicht« eine bis 3,95 m unter die Oberfläche reichende grubenartige Einfüllung zum Vorschein, die neben zahlreichen Holzkleinteilen und Tierknochen einen »Bleirest« und römische Keramik enthielt. Nach der Zusammensetzung des Befundes kann es ein eingestürzter Brunnenschacht gewesen sein. Aber auch hier hat eine genauere archäologische Untersuchung nicht stattgefunden.

Faulbrunnenstraße

Wir befinden uns hier am südwestlichen Rand des Vicus, dessen Grenze der von der Bleichstraße kommende Wellritzbach bildete. Das Gebiet zwischen Faulbrunnen- und oberer Luisenstraße ist von großem Interesse. Hätte man hier auf freiem Feld (was das Gelände bis zum Anfang des 19. Jahrhunderts noch war) mit modernen archäologischen Methoden untersuchen können, wären wohl überraschende Ergebnisse zum Vorschein gekommen. So, wie die »Erforschung« tatsächlich erfolgt ist, besitzen wir nur bruchstückhafte Kenntnisse, die mehr Fragen aufwerfen, als sie beantworten.

Mit der Erweiterung der Stadt zum »Historischen Fünfeck« wurde seit etwa 1810 die Baulinie der oberen Friedrichstraße und, etwas später, der Schwalbacher Straße ausgewiesen. In der oberen Friedrichstraße und an der dort anschließenden Schwalbacher Straße kamen 1819 beim Bau der ersten Häuser »Scherben von zertrümmerten Gefäßen, Stücke von Bronzeringen, Asche, Knochen und eine beachtliche Zahl von römischen Münzen« zum Vorschein[653]. In der Umgebung der damals noch auf dem Grundstück des Hauses Faulbrunnenstraße Nr. 9 hervortretenden Faulbrunnenquelle wurde ebenfalls eine »Menge Gefäße von feiner rother Erde und terra sigillata« gefunden; außerdem »ein Votivstein, dem Merkur und der Nundina, Göttin der Märkte, geheiligt«.

Das Weiherelief wurde schon im Kapitel »Merkur, der Gott des Handels und der Händler« (S. 25; Taf. 1) vorgestellt. Die dort vorgenommene Zuweisung der Göttin als Fortuna widerspricht nicht der von Dorow gewählten Bezeichnung »Nundina«, weil beide, Merkur und seine Glück und Wohlstand verheißende Begleiterin als Beschützer der Märkte, »nundinae«, galten[654]. Leider ist das römische Säulenkapitell, das sich »bei diesem Votivstein gefunden haben soll«, nicht mehr aufzufinden. Unter der Voraussetzung, daß es dieses Kapitell tatsächlich gegeben hat, untermauert dieser Fund Wilhelm Dorows These eines dort befindlichen kleinen Marktes, an einer Stelle, an der Händler aus Gallien und dem Rheinland, von Mainz kommend, zuerst bei dem Vicus ankamen und dort, nicht anders als vor den Toren der Römerkastelle, ihre Waren feilgeboten haben.

Derartige Märkte weisen oft ein hohes Alter auf. Dazu paßt, daß in Höhe der Faulbrunnenstraße unter der Friedrichstraße eine sehr alte römische Straße angetroffen wurde[655], die geradewegs auf diesen Markt zuzuführen scheint. Sie ist älter als die breitere Militärstraße zum Steinkastell (s. u.), die erst ungefähr gleichzeitig mit ihm erbaut wurde.

Ein Viergötterstein

Bei Dorow erfahren wir auch von der Auffindung eines Viergöttersteines »in der Gegend, wo die Schwalbacher und die Friedrichsstraße zusammenstoßen«. Dieser Typ quaderförmiger Steindenkmäler, die für Gallien und das römische Germanien charakteristisch sind, bildete häufig die Basis von Gigantensäulen, stand als Altarstein aber auch für sich selbst. Er trug entweder an vier Seiten je ein figürliches Relief mit einer kanonisierten Abfolge von Göttinnen und Göttern, oder eine Seite hatte eine Inschrift[656]. Der Viergötterstein aus der Schwalbacher Straße aus festem Kalkstein ist etwa 0,65 m hoch und 0,40 m im Quadrat. Die zugehörige Basis soll in einem Keller der damals an dieser Stelle errichteten Häuser vermauert worden sein[657]. W. Dorow beschreibt ihn mit der von ihm schon bekannten phantasievollen Ausschmückung:

»Er scheint von den vordringenden Teutschen als römisches Götzenbild zerstört und vielleicht als Opferstein zum Opfern der Gefangenen benutzt worden zu seyn, indem auf der Seite A, wo wahrscheinlich die Inschrift war, eine Vertiefung hineingearbeitet ist. Besonders scheinen die Köpfe ein Aergerniß gegeben zu

Abb. 155 Viergötterstein, Fortuna–Diana–Apollo (FO Faulbrunnenstraße, Zeichnung: Bernhard Hundeshagen)

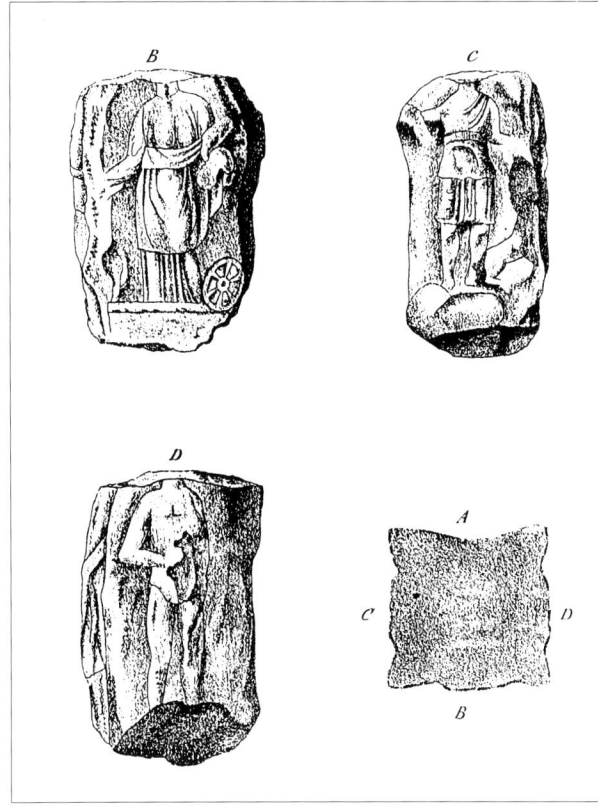

haben, denn diese fehlen gänzlich. - Die Seite B stellt nach der Ansicht mehrerer Althertumskenner die Juno vor; die Stellung ist edel und geistreich und trefflich das Gewand gearbeitet. Das ihr zur Seite stehende Rad könnte vielleicht Zeichen einer Legion gewesen seyn, von der dieser Altar gesetzt worden ist[658]. (. . .) Bei Plutarch, Leben des Numa, wird vom Rad die Bedeutung angegeben, daß es das wandelbare Geschick der Menschen bedeute. (. . .) Seite C ist wohl ohne Zweifel die Diana, an dem aufspringenden Hunde kenntlich; auch hier ist Stellung und Gewand noch gut erhalten. Seite D scheint eine nackte männliche Figur gewesen zu seyn, vielleicht Apoll. Was vom obern Theil des Arms, der Brust und des Schenkels noch übrig ist, zeigt einen braven Künstler, so wie man wohl dieses Werk in die gute Zeit der Kunst setzen kann.«

Daß die heutigen Archäologen den Altarstein wesentlich zurückhaltender beschreiben und sachlicher beurteilen, soll uns nicht hindern, die lebendige Darstellung aus dem Anfang des 19. Jahrhunderts zu genießen. Sie hat etwas von der naiven Kunsterfahrung der Goethezeit und vermittelt bei manchem Vorbehalt gegen die unkritische Beschreibung antiker Sachverhalte ein wenig von dem Enthusiasmus, der im Gefolge von Johann Joachim Winckelmann die Altertumsforscher in Deutschland beseelt hat. Wilhelm Dorow hatte dabei in dem Wiesbadener Bibliothekar Bernhard Hundeshagen, der die vier Skizzen zu dem beschriebenen Opferaltar gezeichnet hat, einen gleichgesinnten »Dilettanten« im guten Sinne dieses Wortes. Hundeshagen stellte, wie im Kochbrunnen-Kapitel gezeigt, dazu die persönliche Brücke zu Johann Wolfgang von Goethe her.

Nach neuerer Interpretation[659] stellt die Figur B die Göttin Fortuna dar (was zu dem ganz in der Nähe gefundenen Weiherelief passen würde). Über dem Chiton trägt sie einen Mantel, der von der linken Schulter unter dem rechten Arm verläuft und über den rechten Arm gelegt ist. Der Gegenstand in ihrem linken Arm wird als Füllhorn gedeutet, dessen oberes Ende abgebrochen ist. Die rechte Hand könnte ein Steuerruder gehalten haben. Es wird häufig mit der Göttin Fortuna als Symbol für das von ihr gesteuerte Glück abgebildet[660]. Das als Rad angesprochene Gebilde am Boden ist heute als solches kaum noch zu erkennen, wird aber wohl eines gewesen sein. Das Apollobildnis D kann auch als Merkur interpretiert werden, wiederum in Übereinstimmung mit dem Weiherelief. Diana ist eine in Wiesbaden mehrfach dargestellte Göttin und durch den an ihr hochspringenden Hund zweifelsfrei charakterisiert. Die Kombination Diana – Apollo ist für die Zeit Ende 2. bis Anfang 3. Jahrhundert typisch[661].

Straßen und Gräber

Römische Straßen

Wenn die Römer neue Gebiete eroberten, legten sie als erstes ein Netz von Heerstraßen an. Sie sicherten Nachschub und Kommunikation, bildeten die Operationsbasis für die nachrückende Verwaltung und förderten, wenn sich die Lage stabilisiert hatte, Handel und Wohlstand, und sie waren eine der wichtigsten

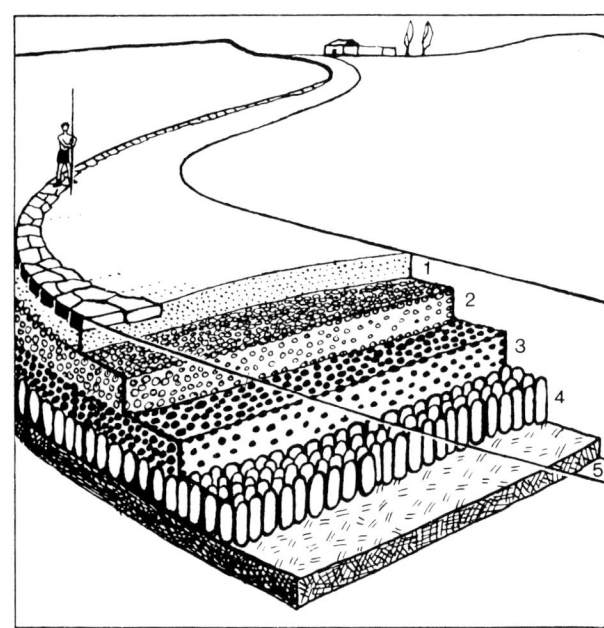

den zentralen Verkehrsachse ab, die als »Steinerne oder Elisabethenstraße« heute noch im Gelände erkennbar ist. Im Wiesbaden-Band der Reichs-Limeskommission hat E. Ritterling die in nahezu 100 Jahren gemachten Einzelbeobachtungen mit genauen Literaturhinweisen zusammengestellt[663].

Abb. 156 Querschnitt durch den Unterbau einer römischen Straße: 1 obere Kies- und Sandschicht; 2 kleine Kiesel; 3 Geröllsteine; 4 Stickung (statumen)

Die Straße nach Castellum Mattiacorum

Die erste Straßenverbindung ging von Mainz-Kastel aus. Sie zweigte dort 50 m vor dem nordöstlichen Kastelltor und 10 m hinter dem 1986 freigelegten Ehrenbogen (»Germanicus-Bogen«) von der großen Heerstraße von Mainz nach Hofheim ab. Unmittelbar an der Abzweigung nach *Aquae Mattiacorum* standen die beiden 1896 gefundenen Meilensteine im Abstand von 1,5 m nebeneinander[664].

Die Straße verlief in einigem Abstand neben der Wiesbadener Straße, überquerte den Salzbach unterhalb der Hammermühle, zog am östlichen Hang der Adolfshöhe (Melonenberg) entlang zur Kreuzung Adolfsallee/Kaiser-Friedrich-Ring und dann in gerader Linie zum rechten Lagertor (*porta principalis dextra*)[665] des Kastells auf dem Heidenberg. Sie kreuzte die Moritz- und Schwalbacher Straße in spitzem Winkel zwischen Albrecht- und Rheinstraße bzw. zwischen Friedrichstraße und Emser Straße.

Von besonderem Interesse ist der Abschnitt zwischen Adelheid- und Friedrichstraße; einmal wegen der in sehr großer Zahl angetroffenen Gräber aus mindestens vier Jahrhunderten, zum anderen, weil hier eine zweite, ältere Straße mit ungefähr gleichem Verlauf beobachtet wurde, die ebenfalls römisch ist. Die in nordsüdlicher Richtung entlang der Langgasse und oberen Kirchgasse verlaufende Hauptstraße der Siedlung wird zwischen Mauritius- und Faulbrunnenstraße in die nach Mainz führende Straße eingebogen sein[666].

Die ersten Beobachtungen des Straßenkörpers machte der nassauische Artillerie-Hauptmann Franz Joseph von Bonhorst, dem wir eine Reihe von archäologischen Entdeckungen im Stadtgebiet von Wiesbaden (Gräber bei der Artilleriekaserne, Grabung auf dem Heidenberg) verdanken. Nachdem er 1829–1830 im Hof der Artilleriekaserne ein 6 m langes Stück der Straße aufgedeckt hatte, unternahm er 1835–1837 im Ackerland

Voraussetzungen für die angestrebte Romanisierung in den neuen Provinzen.

Da die Römer gute Ingenieure waren, blieb die Technik ihres Straßenbaus bis heute in mancher Hinsicht unverändert. Die Basis bildete die Stickung auf planiertem Untergrund; sie bestand aus einer massiven Schicht von auf die Kante gestellten Bruchsteinen, deren Zwischenräume mit mittelgroßen und kleinen Steinen ausgefüllt waren. Darüber lagen Geröllsteine, Kleinschlag und Kies. In der Nähe von größeren Siedlungen bot ein Pflaster aus genau aneinandergefügten großen Steinplatten dauerhafte Festigkeit. Randsteine grenzten die Straße seitlich ab, daneben wurden an vielen Stellen Gräben für den Abfluß des Regenwassers beobachtet (Abb. 156).

Auf dem Gebiet der Stadt Wiesbaden kennt man in erster Linie den Vicus mit anderen Siedlungen verbindende öffentliche Straßen (*viae publicae*). Dazu kamen Vizinalstraßen (*viae vicinales*), die zu den Gutshöfen (*villae rusticae*) und auf die Äcker führten[662], sowie Militärstraßen (*viae militares*), die den Vicus mit Limeskastellen (z.B. Kastell Zugmantel) verbunden haben. Überregionale Fernstraßen gab es in unserem Raum nicht, sieht man von der von Mainz über Kastel nach Hofheim, Heddernheim und in die Wetterau führen-

Abb. 157   Schnitt durch die Straße von Mainz-Kastel zum Steinkastell zwischen Schwalbacher, Rhein- und Luisenstraße (Foto um 1909)

jenseits der Rheinstraße eine weitere Grabung, bei der er ihre Fortsetzung nach Süden nachweisen konnte. Im Bericht des Vereinssekretärs F. G. Habel[667] über diese Grabung heißt es zum Schluß, die beabsichtigte Untersuchung eines weiteren Ackerteils habe wegen der »unglaublich hohen Entschädigungsforderung des Eigenthümers aufgegeben werden« müssen!

1859 konnte das Gelände bei Gelegenheit des Baues einer Batterie für die Übung der Pioniere gegenüber der Artilleriekaserne doch noch genauer untersucht werden. Auch wurde in diesem Jahr mit den Vorbereitungen für die Anlage der Moritzstraße begonnen, so daß die Römerstraße über 20 m weit aufgedeckt und ihre Richtung fast 500 m weit durch Schnitte festgelegt werden konnte[668]. Sie lag knapp 0,50 m unter der Oberfläche und war ca. 5,30 m breit; zur Mitte hin war die Pflasterung zum Abfluß des Regenwassers 10 cm nach oben gewölbt. Entsprechend war die Stickung dort 10 cm dicker (40 gegen 30 cm).

Bei der Artilleriekaserne wurde zur Stickung vorwiegend Tonschiefer aus den Sonnenberger Steinbrüchen verwendet, an der Goethestraße Kalkmergelsteine, die

in unmittelbarer Nähe gebrochen waren[669]. Die Fugen der 15 – 45 cm langen und 8 – 18 cm dicken Stickungssteine waren mit Bachkieseln, Sand und Erde ausgefüllt. Das Deckpflaster bestand aus größeren unregelmäßigen Platten, die aber nur noch z. T. vorhanden waren. Rossel spricht von »quarzigen Wacken. Sand, mit Erde vermengt, ist in die Fugen so eingelassen, daß diese sorgfältig ausgestopft sind und das Ganze einen Verband bildet. An den Kanten waren hin und wieder Spuren von senkrecht stehenden Randsteinen zu bemerken.«

Nach Ritterling war die Bauart nicht überall die gleiche: »Die sumpfige Mulde bei der Mauritius- und Faulbrunnenstraße wird die Straße wohl als erhöhter Damm, vielleicht auf einem Pfahlrost ruhend, durchquert haben. Von den Kanalanlagen, die hier unter ihr durchgeführt wurden, haben sich 1895[670] noch Reste gefunden.« In der Mitte der jetzigen Häuserfront der Rheinstraße zwischen Moritz- und Oranienstraße, damals noch Ackerland, entdeckte Rossel das 60 cm hohe Fundament eines quadratischen Turms von 3,75 m Seitenlänge. Die 45 cm dicken Mauern waren mit Mörtel verbunden. Wahrscheinlich war es ein Beobachtungsturm, der in 7,20 m Abstand parallel zur Straßenflucht stand. Ähnliche Posten sind an anderen Stellen entlang der Straße angetroffen worden (vgl. Anm. 664). Zum letzten Mal wurde ein Stück der Straße untersucht, als 1909 das Gebäude für das Residenztheater an der Luisenstraße errichtet wurde. Damals wurde das Foto, Abb. 157, aufgenommen.

Eine ältere Straße

K. Rossel legte auch die Trasse einer älteren Straße frei, die in gleicher Richtung verlief, allerdings um etwa 3,75 m nach Osten versetzt. Schon v. Bonhorst war bei seiner ersten Grabung aufgefallen, daß unter der Steinstickung der später angelegten Straße eine große Anzahl von Aschekrügen zum Vorschein kam (darunter das in Taf. 12 rechts abgebildete, reliefgeschmückte Krügelchen mit grüngelber Glasur aus dem 1. Jahrhundert). Die Straße hatte demnach bereits bei ihrer Erbauung vorhandene Gräber überdeckt[671].

Die 1,50 m breite alte Straße »erwies sich als ein ungeregelter, aus allen möglichen Steinarten (Wacken, Tongeschiebe, zertrümmerte Dachziegel etc.) zusammengesetzter, in seiner unteren Hälfte macadamisierter Weg«. Der Straßenkörper bestand aus drei Schichten: unten 10 cm reiner Sand, darüber 8 cm Kies, zuoberst ein etwa 20 cm dickes Pflaster. Teile dieses Pflasters sind anscheinend später zum Bau der neuen Straße verwendet worden.

Bestätigt wurde dieser Befund bei Kanalbauarbeiten in der Friedrichstraße, wo 1880 etwa 30 m unterhalb der Schwalbacher Straße etwa 95 cm unter der Straßenoberfläche eine 1,40 m breite Steinblockbettung angetroffen wurde[672]. Zwischen den großen Steinen waren kleine gestickt, die großen, aus Mainzer Kalk oder Quarzit, waren mit dem Hammer rechtwinklig behauen. Sie lagen auf schwarzem moorigem Kies, der bis 1,50 m auf einer bis 4 m unter die heutige Straßendecke reichenden Schicht von gelbem Kies und Sand ruhte. Eine aus Kies- und Sandschüttung bestehende lockere Decke dürfte die Straße auf eine Gesamtbreite von 4 m gebracht haben. Neben der Straße waren mit Brandschutt gefüllte Gruben in den Boden eingetieft; in einer von ihnen lag ein frühchristlicher Grabstein (des Votrilo; s. u.). Terra sigillata-Scherben fanden sich bis 4 m tief.

Bei der Mauritiusstraße stieß Emil Ritterling[673] noch einmal auf diese ältere Straße. Die 1,50 m breite Pflasterung lag 1,50 – 1,70 m unter der heutigen Straße. Es zeigte sich, daß sie nicht in ihrem ganzen Verlauf parallel neben der neuen Straße herlief. Während der Abstand jenseits der Rheinstraße 3,75 m betrug, war er bei der Faulbrunnenstraße auf 50 m und in der Mauritiusstraße auf 75 m angewachsen. Ritterling schließt daraus, daß die ältere Straße auf das Tor eines der Erdkastelle zulief, die nach dem Verlauf der aufgedeckten Gräben (Abb. 182) nicht mit der des Steinkastells übereinstimmten, sondern talwärts näher zum Vicus hin orientiert waren. Die durchschnittliche Breite der Stikkung von 1,50 m bedeutet, daß sie nur von einem Wagen in einer Richtung befahren werden konnte. Für Begegnungen aus beiden Richtungen wird es Ausweichstellen gegeben haben. Die neue Straße war mit ihrer Breite von 5,30 m auf mindestens zweispurigen Gegenverkehr ausgelegt.

Die absolute Zeitstellung der älteren Straße kann nicht genau bestimmt werden, da die der Erdkastelle noch nicht abschließend geklärt ist. Die jüngere Straße muß

»unter oder einige Jahre nach Vespasian« angelegt worden sein[674]. Sie gehört zu dem 83 n. Chr. errichteten Steinkastell; sie fügt sich in das domitianische Straßensystem, durch das Mainz mit den Kastellen entlang des unteren Mains bis in die Wetterau verbunden war.

Vizinalstraßen nach Hofheim und Mainz-Kastel

Schwieriger einzuordnen ist eine Straße, die am Ausfalltor (*porta praetoria*) des Steinkastells begann, den Vicus in südöstlicher Richtung durchquerte und zwischen Marktkirche und Rathaus zur Wilhelmstraße führte. Ihre Lage wird durch eine Vielzahl von römischen Gräbern gekennzeichnet. Jenseits der Wilhelmstraße scheint sie sich geteilt zu haben. Die in östlicher Richtung über die Bierstadter Höhe verlaufende Straße hat die Kastelle Wiesbaden und Hofheim miteinander verbunden. Im Hof der Pletzmühle (an der Einmündung der Frankfurter in die Wilhelmstraße) zweigte von ihr eine durch das Salzbachtal nach Kastel führende Straße ab.

K. Reuter[675] bezeichnet sie als *via vicinalis urbica*, die – im Gegensatz zur Heerstraße an der Schwalbacher Straße – den bürgerlichen Verkehr zwischen den beiden Orten vermittelte. Sie verlief zwischen dem Salzbach und der Mainzer Straße, bis sie sich unterhalb der Hammermühle (oder beim Bahnhof Biebrich-Ost) mit der vom Melonenberg herabkommenden Hauptstraße vereinigte.

Die Aussagen über diesen Teil des Straßennetzes sind nicht ganz eindeutig. H. Schoppa nimmt die durch das Salzbachtal führende Vizinalstraße überhaupt nicht zur Kenntnis[676], obwohl K. Rossel sie mehrfach angeschnitten und in Fortsetzung der Bachüberwölbung am Warmen Damm bis zur Englischen Kirche in einer Länge von 30 m untersucht hat[677]. Die 45 cm dicke Stikkung aus groben Wacken war 5 m breit und lag 1,50 m unter der Oberfläche. Weiter unterhalb, etwa in Höhe des Stresemannrings, hatte sie einen Unterbau aus dicken Steinbrocken, vielleicht, um einen sumpfigen Streckenabschnitt besser zu verfestigen.

Unsicher ist eine Fortsetzung dieser Straße entlang der heutigen Wilhelmstraße[678]. Reuter vertritt diese Ansicht aufgrund von Gräberfunden beim Nassauer Hof, unter den Vierjahreszeiten und unter einigen Häusern der Wilhelmstraße[679]. Ihren Verlauf vermutet er dicht bei der Häuserfront der Straße, wo der die Weiher und Gräben der alten Stadtbefestigung auf ihrer Ostseite begleitende »Warme Damm« über der römischen Straße errichtet wurde. Sie zog dann vor dem Nassauer Hof vorbei in gerader Richtung auf die in römischer Zeit im Zentrum des öffentlichen Lebens liegende Kreuzung Weber- und Langgasse und den Eingang der Kranzplatzthermen zu. Sie ermöglichte nach Ritterling »eine direkte und bequeme Verbindung von Mainz-Kastel mit den wichtigsten Teilen der bürgerlichen Ansiedlung und der Badestadt«, sowie, in ihrer Fortsetzung in nördlicher Richtung, »mit den nicht unbedeutenden Plätzen an der Reichsgrenze, namentlich dem Zugmantelkastell«.

Die Heerstraße zum Kastell Zugmantel

Nicht umstritten ist die Existenz einer nach Norden über den Taunuskamm führenden Militärstraße an den Limes. Sie verließ das Kastell wahrscheinlich durch das linke Lagertor (*porta principalis sinistra*). Ihren Verlauf, der durch verschiedene Grabungen am oberen Ende des Rabengrundes (römischer Gutshof am Höfchen), auf der Rentmauer und beim Kastell Heidekringen oberhalb von Wehen nachgewiesen wurde, hat E. Ritterling[680] beschrieben.

Von besonderem Interesse ist der Hinweis auf eine Querverbindung von der Talstraße, die von der Wilhelmstraße zwischen Kaiser-Friedrich-Platz und Kureck etwa die Richtung der Nerostraße/Taunusstraße genommen haben muß, zur Militärstraße zum Zugmantel. Der Punkt, an dem sie sich vereinigt haben, ist im Bereich des Nerotals zu suchen. Auf ihr hätte man vom Vicus aus, ohne erst die Kastellhöhe ersteigen zu müssen, die Straße Richtung Rentmauer–Kastell Zugmantel erreicht. Sie würde die Grabfunde an der Ecke Taunus- und Wihelmstraße[681] und in der Nerostraße[682] erklären (s. u.).

Eine Straße in den Rheingau?

Endlich muß das Kastell oder der Vicus eine Verbindung in westlicher Richtung, in den Rheingau gehabt haben[683]. »Als römische, den Rheingau von Rüdesheim an längs des südlichen Abhangs des Gebirges in der Richtung auf Wiesbaden durchziehende Straße wird«, schreibt Ritterling, »mit Recht der das Mittelalter hindurch bis in die neuere Zeit noch benutzte sogenannten ›Sterzelpfad‹ angesehen.« F. G. Habel[684] und K. Reuter[685] berichten darüber sehr ausführlich.

In nächster Nähe der Innenstadt ist der Verlauf der Straße jedoch nicht gesichert. Unklar ist auch, ob sie am Kastell begann oder an einer Stelle unterhalb (bei der Luisen-/Dotzheimer Straße) von der Hauptstraße nach Mainz-Kastel abzweigte. Die schon angesprochene Häufung von Funden im Bereich Scharnhorst-/Dotzheimer Straße, möglicherweise ein militärischer Stützpunkt (S. 55), könnte den Verlauf der »Rheingau«-Straße ebenso markieren wie der recht umfangreiche Siedlungsplatz am Hollerborn bei Dotzheim, über den der auch als Altertumsforscher hervorgetretene Dotzheimer Pfarrer Johann Christian Reinhard Luja (1767 – 1847) berichtet hat[686].

An dieser Strecke lagen innerhalb des erweiterten Stadtgebietes wahrscheinlich auch der von Pfarrer Luja in Dotzheim gefundene Weihestein für das Kaiserhaus und die Göttin Fortuna[687] und der dem »Leucetischen Mars« geweihte Altar aus Frauenstein[688].

Römische Gräber

Die Römer beerdigten ihre Toten immer außerhalb der Siedlungen. »Einen Toten sollst Du in der Stadt nicht bestatten und nicht verbrennen«, bestimmt schon das Zwölftafelgesetz (um 450 v. Chr.). Die Grabstätten befinden sich daher immer außerhalb der Siedlungen und Kastelle. Bevorzugt waren Plätze entlang den aus den Orten hinausführenden Straßen, die oft von langen Reihen von Gräbern gesäumt waren. So wurde das Andenken an die Toten stets lebendig gehalten. Die Gestaltung des Grabdenkmals ließ den Glauben des Verstorbenen oder seine Wünsche und Vorstellungen von einem Leben nach dem Tode erkennen.

In der klassischen Kaiserzeit war die Verbrennung der Toten vorherrschend. Bis zur Mitte des 3. Jahrhunderts werden Körperbestattungen häufiger. Gegen Ende des 4. Jahrhunderts, gleichzeitig mit der Ausbreitung des Christentums, hört die Sitte der Leichenverbrennung völlig auf. Die Beweggründe dieses Wechsels sind unbekannt. Er bedeutet nicht zwangsläufig einen Wandel der Jenseitsvorstellungen. Auch Nichtchristen bestatteten in der Spätantike ihre Toten unverbrannt, wenn auch nicht ausschließlich[689].

Die Riten des Totenkults, auf die hier nicht eingegangen werden kann, und auch die Grabbeigaben zeigen, daß die Römer an ein Weiterleben nach dem Tode glaubten, wenn auch mit der gleichen Variationsbreite der Verbindlichkeit, wie es heute der Fall ist. Diesem Glauben verdanken wir sehr viel von unserem Wissen über Lebensweise, Kultur und Kunst der römischen Kaiserzeit, sei es durch die Gestaltung der Grabdenkmäler, die Aussagen der Grabinschriften oder durch die Grabbeigaben: Gefäße für Speisen und Getränke, Amulette, Schmuck und andere Gegenstände, die dem Toten lieb und wert gewesen waren, Spielsachen in Kindergräbern, wohlriechende Essenzen, von denen Balsamfläschchen zeugen, und gelegentlich eine Münze als Fährgeld für die Toten ins Jenseits.

Frühe Grabfunde

Die ältesten Nachrichten hat uns G. A. Schenck überliefert[690]: »In der Stadt Wißbaden (hat man) dergleichen Todten-Töpfe zu verschiedenen mahlen zufälliger weise in der Erde angetroffen. Um das Jahr 1723 hat man derselben einige nebst einer Todten-Ampel (und) vielen dabey befindlich-gewesenen alten Römischen Müntzen in dem Garten des dasigen Hospitals, bey Aufgrabung der Erde, gefunden.« (Das Hospital lag in der Kochbrunnenanlage etwa gegenüber der Einmündung der Nerostraße, die Gräber am Anfang der Nerostraße.)

Die 1751 »hinter dem Schloß zu Wißbaden« gefundenen römischen »Todten-Töpfe« wurden schon erwähnt (s. S. 170). Dabei »sind auch kleine Krüglein« gewesen, die man »anfänglich vor Römische Thränen-Krüglein halten wollen. Und es ist auch an dem, daß die alte Römer, nach dem Vorgeben einiger Geschicht-Schreiber gewohnt gewesen, bey ihren Leichen-Begängnüssen einige von den Thränen, die sie über den Todten vergossen, in besondere Krüglein und Gläser aufzufangen und solche bey die Asche des Todten in der Erde, zum Andencken, beyzusetzen.« Anschlie-

ßend setzt Schenck zwar hinter diese Aussage ein deutliches Fragezeichen, sie soll aber wegen ihrer barocken Denkvorstellung hier nicht ausgelassen werden.

Schenck berichtet auch davon, daß man »um das Jahr 1730 auch einen grossen steinernen Todten-Sarg in dem Acker-Felde bey Wißbaden in der Erde gefunden« hat. Der Platz auf dem Ackerfeld bei Wiesbaden könnte im Bereich zwischen der späteren Friedrich- und Rheinstraße gelegen haben, wo damals noch Ackerland war. Die wenigen in Wiesbaden gefundenen Steinsarkophage, von denen der eine oder andere in fränkischer Zeit wiederverwendet worden zu sein scheint, haben in der Überlieferung kein Glück gehabt. Schon bei Schenck ist zu lesen, daß der von ihm erwähnte Steinsarg »vor weniger Zeit [nur 20 Jahre nach seiner Entdeckung] zu einem Wasser-Bett in einer vor Wißbaden stehenden Mühle verwendet worden« ist. Heute liegen einige von ihnen wenig beachtet und kaum noch zu identifizieren, im Hof des Museums Wiesbaden.

Der nächste Chronist, der uns über »Muthmaßliche Grabstätten der Römer in der Stadt Wiesbaden« berichtet, ist – wie könnte es anders sein, möchte man sagen – Wilhelm Dorow[691]. Die Zuordnung der Begräbnisplätze entlang bestimmter römischer Straßen wurde von Dorow noch nicht diskutiert. Diese Zusammenhänge sind erst in der Folgezeit erkannt worden, als im Hof der Artilleriekaserne an der Rheinstraße und in den Äckern südlich davon Spuren der Straße und der sie begleitenden Gräber entdeckt wurden.

Gräber an der Wilhelmstraße

Dorow schreibt: »Ganze Menschengerippe, mit darauf liegendem Schmuck und Waffen, so wie mit Backsteinen gemauerte römische Gräber, in denen mehrere flaschenförmige Krüge mit Asche und Knochen, Lampen usw. standen, wurden mehrere Fuß tief im Marschlande gefunden, als man in der Wilhelms- und Friedrichsstraße die Fundamente, theils zu dem sogenannten neuen Schloß, als auch zu anderen Privatgebäuden legte (. . .); nicht weit von dem ehemaligen warmen Weiher, der auch der heidnische Weiher hieß.« Zum Waffenfund: Falls es Waffen waren, kann ein solches

Abb. 158   Gräberfunde   ▷
in Wiesbaden (nach R.
Roeren, Jahrb. RGZM 7,
1960)

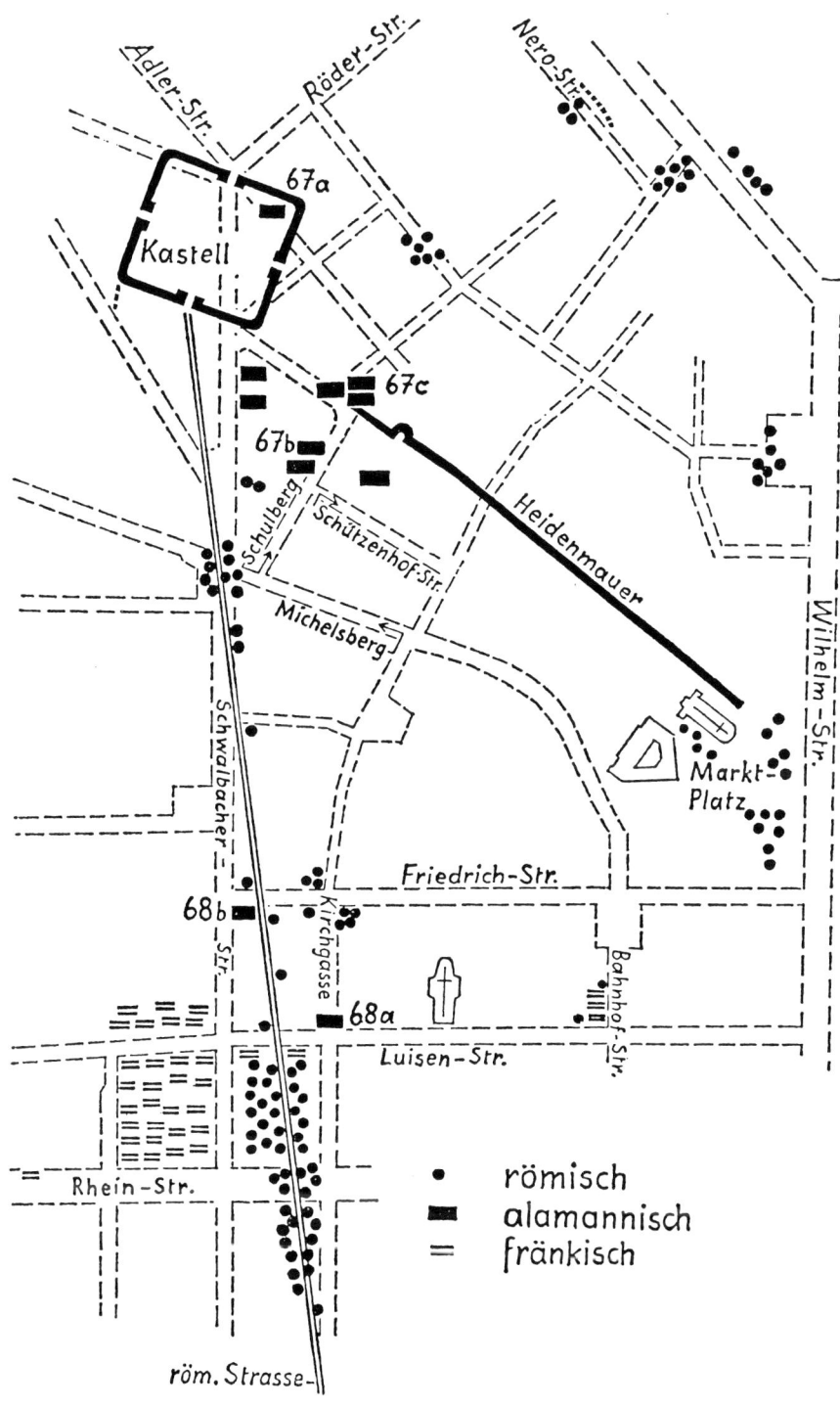

römisch ●

alamannisch ■

fränkisch =

Grab nicht römisch sein. Die Waffen der Römer waren Staatseigentum; sie durften den Toten nicht mitgegeben werden. Vielleicht waren es angeworbene germanische Milizionäre, die von der neueren Forschung für das 4. Jahrhundert mehr und mehr ins Auge gefaßt werden[692]

Einige Grabfunde erhielt Dorow von dem nassauischen Bauinspektor Christian Zais, der sie bei den Ausschachtungsarbeiten für das Erbprinzenpalais bergen ließ. Darunter waren »die Bruchstücke einer großen Glasvase, zwei wohlerhaltene gläserne Salb- oder sogenannte Thränenfläschchen, zwei Schlüssel aus Bronze, ein irdenes Salbtöpfchen, zwei Todtenlämpchen und zwei ganz erhaltene irdene Gefäße.«

Der Vollständigkeit wegen sei noch erwähnt, daß Dorow selbst, als das Erbprinzenpalais schon stand, in dessen Hofraum graben ließ, um sich »selbst noch zu überzeugen«. Er fand in 1,50 m Tiefe eine Menge Menschenknochen, Asche, Branderde, Kohlen, Tongefäßscherben und »eine große Anzahl von Feldsteinen, (in dem dortigen Marschboden befinden sich durchaus keine Steine) mit Spuren ehemaliger Mörtelverbindung, wovon ich mehrere untersuchte und darin den gewöhnlichen römischen Kalkmörtel erkannte.« Die bei dieser Grabung von Dorow angetroffenen Reste eines Gewölbes gehören nach Ritterling[693] zu einem der in dieser Gegend befindlichen mittelalterlichen Töferöfen.

W. Dorow hatte auch vom Bauplatz des Hauses, das Bauinspektor Zais für sich selbst vor dem ehemaligen Sonnenberger Tor, schräg hinter dem Hotel Vierjahreszeiten, erbauen ließ, »eine Menge Menschenknochen, Asche und Branderde«, dazu Scherben irdener Gefäße sowie Ober- und Unterschale aus Terra sigillata, mit einem Töpferstempel, »wahrscheinlich OF VITALIS«, aufgelesen. An derselben Baustelle soll auch noch eine Münze des Kaisers Diokletian gefunden worden sein.

Die von Dorow beschriebenen Grabstellen sind deshalb von besonderer Bedeutung, weil sie die Frage berühren, ob die römische Talstraße von Mainz-Kastel zur Pletzmühle (s. S. 194 f.) nach Norden zum Sonnenberger Tor geführt, und in Höhe des Nassauer Hofes eine Verbindung zur Militärstraße vom Kastell zum Limes zwischen Taunus- und Nerostraße ins Nerotal gehabt hat. Die im Laufe von 100 Jahren gemachten Beobachtungen sind aber nicht eindeutig genug, um eine wirklich schlüssige Antwort geben zu können.

Wie eng die Frage nach dem Verlauf dieser Straße mit der des Auffindens von Gräbern verknüpft ist, wurde zum erstenmal systematisch von E. Ritterling[694] dargestellt. Dabei zeigt sich, daß die von W. Dorow reichlich beigesteuerten Beobachtungen von Grabplätzen zwar wertvolle Hinweise gegeben haben, daß aber selbst der erfahrene Archäologe Emil Ritterling Mühe hatte, daraus klare Schlüsse zu ziehen.

Zwischen Taunusstraße und Römerberg

So z. B. bei dem Befund von 1819 auf der nördlichen Seite der Taunusstraße (Haus Nr. 3). Hier war man acht Schritte von anscheinend römischen Mauerresten in 1,50–1,80 m Tiefe auf einen Brand- und Begräbnisplatz gestoßen, »der auf 10 bis 15 Schritte im Quadrat sichtbar wurde, sich gewiß aber weiter erstreckte; es fanden sich hier Menschenknochen und ein Pferdegerippe, Urnen mit Asche, Ringe und Beschläge von Metall, die mir zugestellt wurden« (der letzte Satz beweist, daß Dorow selbst nicht an Ort und Stelle anwesend war). Die dort gefundenen Urnen waren »von der rohesten und plumpsten Art«. Sie waren wie die anderen Gegenstände mit Steinmauern ohne Mörtelverbindung umgeben. In der Gegend lag ein Mittelerz des Mark Aurel[695].

Ritterling bringt diese Fundstelle, von der man sich vorstellen kann, ein wie ergiebiger Fundplatz sie für einen modernen Archäologen gewesen wäre, mit den von G. A. Schenck (vgl. Anm. 690) beschriebenen Gräbern im Garten des Bürgerhospitals am Anfang der Nerostraße in Verbindung. Dazu kommen »eine Menge Grabstätten«, die beim Bau der oberen Webergasse gefunden wurden[695]. »Es scheint ein großer Begräbnisplatz gewesen zu seyn, wo man bald die Todten verbrannte, bald nur begrub. Trümmer von Aschenkrügen und noch ganz daliegende Gerippe wechselten ab.« Bemerkenswert sind außer rohen Tongefäßen die Scherben von mehreren Schüsseln aus Terra sigillata und ein »geschmackvoller elfenbeinerner Schreibgriffel«. Dazu einige Münzen, über die nachstehend noch einiges gesagt wird.

Zuvor aber der Schluß, den Ritterling aus der Lage die-

ser Begräbnisplätze zieht. Sie verweisen auf den Verlauf einer Straße, die, ausgehend vom Ausfalltor (*porta praetoria*) des Steinkastells, über den nördlichen Abhang des Römerbergs zur oberen Webergasse, entlang der Hinterfront der Häuser an der Westseite der Saalgasse (Fundort des steinernen Löwen, s. S. 96) zur Kreuzung Nerostraße-Saalgasse und von dort zur Nordseite der Taunusstraße geführt haben muß. Von hier wird sie wahrscheinlich über den Leberberg – das Tal des Rambachs war zu sumpfig –, Sonnenberg, Rambach und Naurod zum Kastell Alteburg bei Heftrich verlaufen sein.

Bis Sonnenberg-Rambach hat es mit Sicherheit eine Straße gegeben. Denn in vielen Berichten der Ausgräber werden die Sonnenberg-Rambacher Steinbrüche als Herkunftsort der Steine genannt, die für Fundament- und andere Mauern und Straßenstickungen verwendet wurden. Für diese Transporte muß es eine Straße mit festem und trockenem Untergrund gegeben haben, die an der westlichen Flanke des Rambachtales verlaufen sein wird. Einen weiteren Hinweis auf den Verlauf dieser Straße über Rambach hinaus gibt der römische Gutshof am Hasselt oberhalb des Goldsteintals, an dem sie in nicht zu großer Entfernung vorbeigeführt haben wird.

Grabmünzen

An dieser Stelle noch einige Worte zu den Münzen aus der oberen Webergassse[695], ob sie nun an der nahe vorbeiführenden Straße von Soldaten verloren oder den Toten als Fährgeld ins Jenseits mitgegeben wurden. Der Fundort dürfte im Umkreis der Kreuzung Webergasse–Römerberg–Hirschgraben–Büdingenstraße gelegen haben. Es sind Kleinerze des Germanicus Drusus, Hadrian, Gallienus, Diokletian, Maximianus, Konstantin und Iulius Crispus. Sie datieren vom frühen 1. bis zum 4. Jahrhundert. Dazu kommen drei von W. Dorow gesondert beschriebene Münzen.

Eine genauere Analyse dieser Münzen, wie überhaupt aller Münzen, die in diesem Buch erwähnt werden, ist eine so spezielle Aufgabe, daß sie hier nicht vorgenommen werden kann. An dem vorliegenden Beispiel soll aber einmal eine Interpretation wenigstens in groben Zügen vorgestellt werden. W. Dorow gibt fast immer Motive und Beschriftung von Vorder- und Rückseite an. Er hat dabei sehr zuverlässig beobachtet, auch wenn einzelne Details nicht allen Ansprüchen heutiger Numismatiker entsprechen.

Er nennt zunächst ein Mittelerz, das auf der Vorderseite (Avers) die Köpfe von Augustus und Agrippa zeigt, Umschrift: IMP(erator) DIVI F(ilius). Rückseite (Revers): an einen Palmbaum gefesseltes Krokodil (Zeichen der Stadt Nîmes); Schrift: COL(oniae) NEM(ausus). Die Münze wurde ab 10 v. Chr. geprägt[696].

Das zweite Mittelerz zeigt auf der Vorderseite den Kopf des Augustus mit CAESAR PONT(ifex) MAX(imus); Rückseite: Altar, zu dessen Seiten geflügelte Viktorien stehen; unten ROM(ae) ET AVG(usto). Es ist das bekannte Motiv, das anläßlich der Weihung des Roma- und Augustus-Altars in Lyon seit 10 v. Chr. geprägt wurde[697].

Das dritte Mittelerz mit dem Kopf des Augustus und der Umschrift: AVGVSTVS PONT(ifex) MAXIMVS. Rückseite: S(enatus) C(onsulto) mit Umschrift III VIR (Tresviri) A(ere) A(rgento) A(uro) F(lando) F(erriundo). Dieser Münztyp mit dem Hinweis auf die Münzmeister (*tresviri monetales*), das »Kollegium der drei für das Ausschmelzen und Prägen von Bronze, Silber und Gold Verantwortlichen«[698] wurde in hohen Auflagen geprägt. Er lieferte dem Römerreich, besonders in den Westprovinzen, ein ausgezeichnetes Kleingeldsystem zu einem Zeitpunkt, da das aufblühende Gewerbe und der sich stetig verstärkende Handel es dringend brauchten[699].

Eine Besonderheit wird uns dabei von W. Dorow überliefert, die in der Interpretation der »Alten Geschichte von Mainz« des Historikers Pater Josephus Fuchs[700] eine so lebendige Färbung erhält, daß sie es verdient, hier wiedergegeben zu werden: Die Münzen mit dem Augustuskopf weisen auf der Vorderseite »quer in den Hals« bzw. »in der Mitte des Kopfes« eine Überprägung: TIB(erius) IMP(erator) auf. Josephus Fuchs gibt folgende Interpretation:

»Das Geld, welches Germanicus (der Bruder des Tiberius) bei dem Aufstand der Legionen in Mainz, als sie den Tod des Augustus und die Wahl von Tiberius als Kaiser hörten, unter die Truppen ausbezahlt hat, um selbige in der Treue für den Tiberius zu erhalten, zeigt uns noch einen ganz besonderen Umstand an, den alle Geschichtsschreiber verschweigen, und den ich nur aus den Münzen, welche man zu Mainz, besonders in den Begräbnisplätzen der XIV. Legion findet, entdeckt habe. Weil nämlich noch kein Geld, vom neuen Kaiser Tiberius gemünzt, vorhanden war, jedannoch Germanicus die Legionen bei Abschwörung des Eides mit tiberianischem Geld schon auszahlen wollte, solches aber nur mit dem seinigen, seiner Freunde und der Generalität zusammengerafften annoch Augustinischen Geld bewerkstelligen konnte, so ließ Germanicus auf das alte, noch vom Augustus geprägte Geld des Tiberius Namen und Titel mit den Anfangsbuchstaben TIB. IMP. Tiberius Imperator quer hinein geschwind einprägen, und damit die Soldaten auszahlen.«

Der Sache nach ist die Deutung der Überstempelung für die verlängerte Gültigkeit von Münzen des vorherigen Kaisers richtig; dem Sinne nach mag der historische Ablauf der Geschichte im Lager von Mainz so gewesen sein. Für den Wiesbadener Begräbnisplatz am Römerberg ergibt sich daraus die Tatsache, daß er schon im 1. Jahrhundert angelegt worden ist, denn Augustusmünzen waren zwar noch eine ganze Weile, doch kaum mehr als einige Jahrzehnte nach dessen Tod im Umlauf.

Nerostraße Nr. 20

Unter den Akten von E. Ritterling befinden sich zwei Originalbriefe von Dr. Karl Rossel vom 23. August und 23. Dezember 1869 über die Aufdeckung »eines römischen Grabes zwischen Hof und Garten meiner elterlichen Behausung in der Nerostraß No. 20«[701]. Im weiteren Verlauf der Ausschachtungsarbeiten wurden insgesamt vier Bestattungen nachgewiesen, die Rossel wegen einer dabei gefundenen Silbermünze Kaiser Konstantins in das 4. Jahrhundert datierte. Da zwei der Toten mit ihren Waffen beigesetzt worden waren, kann es sich aber nicht um Gebeine eines Römers, sondern um die eines germanischen (alamannischen) Kriegers handeln[702].

In einem Zeitungsbericht, dessen Grundlage ein von Rossel gehaltener Vortrag war[703], heißt es: Zu Füßen des zuerst entdeckten Toten, aber 15″ (40 cm) höher, lag ein halb zertrümmerter Schädel und sonstige Knochentheile einer zweiten Leiche ohne Beigaben. Die fortgesetzten Grundarbeiten ließen Bruchstücke eines dritten Schädels sowie »Trümmer des Römerthums in Ziegelbruchstücken und größeren Stücken Bronzeblech« erkennen. »Endlich ist es dem Herrn Dr. Rossel gelungen, eine vierte, und zwar vollständige Leiche nur drei Schritte hinter der zuerst gefundenen zu entdecken und erheben zu lassen. Auch dieser Todte lag mit dem Kopfe nach Westen, schaute also nach Osten; die Stärke der Schädelwände und der Gebeine überhaupt verrieth einen Mann von robuster Natur.«

An Beigaben fanden sich bei dem ersten Toten außer der Silbermünze Konstantins »ein 2 Fuß langes zweischneidiges Schwert (an der linken Hüfte), 1 kurzer Dolch in der rechten Hand, 1 eiserne und 1 bronzene Schnalle an der rechten bez. linken Bauchseite, 1 farbige durchbohrte Ton-Perle unter dem rechten Handgelenk, 1 eiserner Ring vor der Mitte der Brust. Zur Rechten des Schädels, zwei Spannen vom rechten Ohr, lag eine wohlerhaltene Lanzenspitze.«

Man sei, schreibt der Rheinische Kurier weiter, genötigt, »auf das Vorhandensein eines Begräbnisplatzes an diesem Thalhang des Heidenberges, der hinter der Nerostraße ansteigt, zu schließen. Ohne Zweifel sind auch diese Gräber die Begleiter einer bislang völlig unbekannten Straße, deren Richtung vom Kochbrunnen aus dem Fuße des Berges ins Nerothal hinein gefolgt sein muß und deren Spuren in der Nähe der obgedachten Fundstelle noch zu liegen scheinen.«

Eine Notiz Rossels vom 7. März 1870 besagt dazu: »Römische Straße in der Nerostraße, Gußmörtel 2″ (5 cm) dick, 5′3″ (1,60 m) breit; das Gestick ist 9″ (23 cm) dick. Die Strasse, am obersten Streifen des Gußmörtels gemessen, hat eine Steigung von 8″ (21 cm) [auf 4,50 m[704]], von S.W. nach N.O., d. h., gegen das Nerothal hin.«

Ritterling[704] meldet zwar einen gewissen Zweifel an, da Mörtel sich im allgemeinen bei römischen Straßen in unserer Gegend nicht finde. Es könne sich auch um ein Gebäudefundament gehandelt haben. Davon unberührt bleibt aber die Wahrscheinlichkeit, daß hier eine Straße aus dem Vicus heraus zu den römischen Gutshöfen entlang der Nordstraße anzunehmen ist.

Der Friedhof an der Rhein- und Moritzstraße

Zu beiden Seiten dieser Straße wurde eine so große Zahl von Grabstätten gefunden, daß es den Rahmen sprengen würde, hierauf näher einzugehen; näher in dem Sinne, einzelne Gräber und Grabfunde zu beschreiben. E. Ritterling hat den bis 1909 erreichten Forschungsstand, zu dem später keine wesentlichen neuen Erkenntnisse mehr hinzugekommen sind, zusammenfassend beschrieben[705]: Die Gräber begannen in geringer Entfernung vom Kastell in der oberen Schwalbacher Straße – hier, wie es scheint, nur östlich von der römischen Straße – und erstreckte sich, unterbrochen durch eine sumpfige Mulde zwischen Mauritius- und Friedrichstraße, wo keine Bestattungen nachgewiesen sind, längs der Straße in mehr oder weniger breiter Zone bis zur heutigen Adelheidstraße.

Auch nach der Auflassung des Kastells haben die Einwohner des Vicus ihre Toten längs dieser Straße bestattet. Die Fundstücke lehren, daß sie, bald Brand-, bald Skelettgräber, von der 1. Hälfte des 1. bis in das 3. und 4. Jahrhundert reichen. Die zeitlich verschiedenen Gräber sind nicht örtlich getrennt, ältere Gräber sind vielfach durch spätere zerstört worden. Noch die germanischen Eroberer haben ihre Toten hier bestattet, zu Anfang auf dem Heidenberg (Südosthang), später an der oberen Friedrichstraße und weiter bis zur vorderen Moritzstraße.

Die Gräber lagen sowohl entlang der älteren als auch der jüngeren Straße. Die Auswertung der Beobachtungen v. Bonhorsts und K. Rossels haben gezeigt, daß Gräber an der älteren Straße beim Bau der jüngeren Militärstraße zum Steinkastell zerstört und teilweise überbaut worden sind. Auch die am Kranzplatz in sekundärer Verwendung gefundenen Soldatengrabsteine haben wahrscheinlich an diesen Gräberstraßen gelegen, auch die drei Grabsteinfragmente, die im Bereich der Artilleriekaserne zum Vorschein kamen. 1864 wird von einem weiteren Sandsteinfragment aus der Moritzstraße berichtet (Höhe 30 cm, Buchstabenhöhe 4 cm), dessen Lesung jedoch unsicher ist[706]:

[. . ./. . .]VS AVNCV[. . ./
. . .]SVAE POSVIT[-. ./
. . .]VIATOR VAL[. . .]

Abb. 159 Steinplatte mit Relief eines Adlers, der zwei Kirschen in seinem Schnabel hält; darunter eine zweihenklige Vase. Römisch; aus einem germanischen Grab am Michelsberg

Schon 1818/19 wurden in der Gegend des oberen Michelsberges römische Gräber angetroffen[707]. Von den Funden konnte nur wenig außer Münzen gerettet werden. Sie belegen einen Zeitraum, der mit Augustus und Tiberius beginnt und bis ins 4. Jahrhundert reicht. Es fanden sich auch germanische Bestattungen der Völkerwanderungszeit, belegt durch einen Goldsolidus des Magnus Maxentius (383–388 n. Chr.), Gegenkaiser des Theodosius I.

Wohl im Geist der damaligen »vaterländischen« Zeit befangen war der Bericht August v. Cohausens über die germanischen Gräber auf dem Michelsberg, in denen »jene gewaltigen Recken lagen, die sich als Sieger über das Römerreich diesen Höhenpunkt [auf dem Heidenberg], ja das zerstörte Römercastell selbst zur triumphierenden Umschau über die Trümmerwelt zu ihren Füssen gewählt hatten. Sie stellen das gewaltige Unwetter dar, welches im Jahr 250 [gemeint ist 260] über unsere Stadt hinzog«[708].

In einem dieser Gräber wurde die hier abgebildete Steinplatte mit dem Relief eines Adlers (Abb. 159) gefunden, der in seinem Schnabel Kirschen über einer gehenkelten Vase hält, »ein offenbar römisches, aber von den alten Germanen zum Ruhekissen gewähltes Steinbild«. Daneben fanden sich ein Hals-, ein Finger-

und zwei Ohrringe, zwei Gewandnadeln, eine Haarnadel mit gewundenem Kopf, sämtlich aus Bronze, eine Anzahl glatte und verzierte Glas- und Frittenperlen sowie »20 Bernsteinperlen der Ostsee und Korallenperlen des Mittelmeeres«[709].

Weitere Gräber beobachtete W. Dorow 1819 in der oberen Friedrichstraße[710] mit Münzen aus der Zeit von Vespasian bis Konstantin (sie werden im Zusammenhang mit den frühesten christlichen Gräbern behandelt). Die bedeutendsten Funde wurden jedoch beim Planieren im Hof der Artilleriekaserne (zwischen Kirchgasse, Rhein-, Luisen- und Schwalbacher Straße) sowie südlich davon bei der Anlage von Übungsschanzen für das nassauische Artillerieregiment gemacht.

Einen wesentlichen Anteil an ihrer Entdeckung hatte der schon erwähnte (s. S. 193) Artillerie-Oberlieutnant (und spätere Hauptmann) F. J. v. Bonhorst: Er selbst hat darüber nie eine eigene Publikation verfaßt. Auf der Grundlage seiner Notizen hat aber der Vereinssekretär F. G. Habel im Rahmen der jährlichen Vereinsprotokolle mehrfach berichtet[711]. Der durch die Umstände bedingte Mangel einer fachgerechten Grabung und, mehr noch, einer wissenschaftlichen Bearbeitung des geborgenen Fundmaterials konnte damit aber nicht ausgeglichen werden. Das Ausmaß des Verlustes wird durch die Aussage Ritterlings deutlich, daß bei den Grabungen »Hunderte von Gräbern der verschiedensten Zeiten geöffnet, eine Scheidung der Fundstücke nach den einzelnen Gräbern aber nicht durchgeführt wurde.«

Dieser Mangel an Wissenschaftlichkeit, den man fairerweise als Unerfahrenheit bezeichnen muß, geht auch aus Bemerkungen im Vereinsprotokoll von 1830 hervor. Danach waren bei dem in den Fundamenten der neuerbauten Artilleriekaserne entdeckten Begräbnisplatz die »Begräbnis-Denkmäler« übereinandergeschichtet; häufig war ein und derselbe Platz zu verschiedenen Zeiten benutzt worden, ohne daß bei der Bergung der Grabinhalte darauf Rücksicht genommen wurde. Man sammelte ohne besondere Kennzeichnung ganze Körbe von Urnen, Krügen, Gläsern, Lampen etc. und erwarb sie für das Museum.

Nach Ritterling umfaßte die ausschließlich aus diesen Funden bestehende v. Bonhorstsche Sammlung bereits im April 1830 allein an Gefäßen – ohne die Münzen, kleineren Gegenstände, Schmucksachen und

Waffen – nahe an 500 Stück. Durch weitere Funde wurde dieses Material noch bedeutend vermehrt; so 1859 durch Aufdeckung von 15 Gräbern südlich der Kaserne[712]. Noch weiter südlich der Rheinstraße wurden bei den Häuserbauten der sechziger Jahre römische und alamannische Gräber an der Moritz- und Adelheidstraße zerstört und die Fundstücke wenigstens zum Teil gerettet[713] (Abb. 160, 161). Sie zeigen, daß »in diesen südlichsten Teilen des Gräberfeldes fast ausschließlich spätzeitliche Gräber, meistens Skelette, darunter solche in Steinsarkophagen, lagen«. Münzen, Fibeln und einzelne Tongefäße weisen auf die Zeit des 4. Jahrhunderts, so auch »ein Grab mit drei kleinen Sigillatätässchen und einer rottonigen schwarzgefärbten Urne mit Schachbrettmusterverzierung«[714].

Daß in dieser »reichbesetzten Gräberstraße, wie wir sie wohl nach dem Vorgang von Pompeji nennen dürfen«[715], auch Gefäße gefunden wurden, die man einer spätlatènezeitlichen Tradition zuordnen möchte, sowie in einer rohen Technik hergestellte Gefäße, die sicher aus einheimischer Produktion stammten, macht den Schaden nur noch deutlicher, der durch die unscharfe Trennung der Funde aus bestimmten Grabstätten entstanden ist. Eine Trennung in spätkeltische, germanische (ubische) und vielleicht sogar mattiakische Tonware sollte aber wenigstens anhand des heute im Museum Wiesbaden aufbewahrten Materials versucht werden.

Im Hof des Alten Museums

Eine ähnliche, wenn auch nicht ganz so große Anhäufung von römischen Grabstätten wurde seit 1751 »hinter dem Schloß« (vgl. Anm. 602), d. h. auf dem heutigen Marktplatz, nahe der Marktkirche, dann weiter südöstlich in großer Zahl im Bereich der Delaspéestraße, Karl-Glässing-Straße, im Hof des Alten Museums (ursprünglich Erbprinzenpalais, heute Gebäude der Industrie- und Handelskammer) sowie beim Bau einiger daran anschließender Häuser der Wihelmstraße angetroffen. Auf ihre Lage entlang der Straße, die das Kastell Wiesbaden über den Hof der ehemaligen Pletzmühle (am Südhang der Anlagen »Warmer Damm«) mit dem Kastell Hofheim verband, wurde schon hingewiesen.

Abb. 160   Beigaben aus einem spätrömischen Grab an der Moritzstraße: Urne, Zweihenkelkrug, Omegafibel und Schnalle

Abb. 161   Beigaben aus einem alamannischen Grab Ecke Kirchgasse/Luisenstraße

Abb. 162   Originalbefund eines Grabes unter dem Haus Wilhelmstraße Nr. 32: Aschenurne, zwei Henkelkrüge, zwei Tonlampen

Abb. 163   Frühchristlicher Grabstein des Eppo(qu)

Auch hier ist die Fülle der Befunde und Fundstücke, die fast alle bei Fundamentausschachtungen und anderen Tiefbauarbeiten gemacht wurden, so groß, daß darauf im einzelnen nicht eingegangen werden kann. W. Dorow[716], K. Rossel[717], K. Reuter[718] und E. Ritterling[719] haben darüber berichtet und Hinweise auf verstreute Einzelbefunde gegeben. Da die Dorowschen Beschreibungen einen gewissen antiquarischen Reiz besitzen, sind sie an anderen Stellen des Buches z. T. eingehender vorgestellt. Die Funde aus der Rhein- und Moritzstraße sind jedoch so umfangreich, daß hier nicht im einzelnen auf sie eingegangen werden kann.

Die ersten Christengräber

Auf W. Dorow geht auch der erste Hinweis auf einen frühchristlichen Grabstein zurück, der sich »auf der öffentlichen Bibliothek zu Wiesbaden befand«; er »gehört gegenwärtig zu meiner Sammlung«[720]. »Es sollen ein Aschentopf und eine Lampe dabei gestanden haben, doch Bestimmtes konnte ich darüber nicht erfahren.« – Der Aschentopf gehörte kaum zu diesem Grab, da Christen ihre Toten nicht verbrannten. Dorow beschreibt Gehörtes aus dritter Hand.

Eppo-Stein

Während wir die Fundorte von fünf weiteren Grabsteinen, die durch das Christusmonogramm *Chi-Rho (labarum)* mit den griechischen Buchstaben Alpha und Omega (Anfang und Ende) und die Grabformel *hic quiescit (iacet) in pace* als christlich gekennzeichnet sind, genau kennen, ist über den Fundort des ersten Steins eine Verwirrung entstanden, die aufzulösen hier versucht werden soll. Die Inschrift der 21 x 22 x 5 cm messenden Kalksteintafel lautet (Abb. 163):

HIC QVIEXCIT IN PACE EPPOQV
Hier ruht in Frieden Eppoqu

Unter den drei in Linien eingerahmten Zeilen der Inschrift steht das Labarum mit A und Ω zwischen zwei Tauben. Die Orthographie entspricht den ab dem 5. Jahrhundert häufig begegnenden Abweichungen von der »klassischen« Schreibweise. H. Schoppa[721] liest den Namen verkürzt *EPPO*, was auf eine germanische Abkunft des Toten hinweisen würde. Das *QV* müßte dann zu *QVI VIXIT* ergänzt werden. Ausführliche Diskussionen über Paläographie, Sprache und Zuordnung des Namens (und der Namen auf den anderen frühchristlichen Grabplatten; s. u.) zu einer ethnischen Gruppe finden sich bei J. Becker[722] und W. Boppert[723].

Die oben erwähnte Verwirrung über den Fundort des Grabsteins wird von neueren Autoren einfach übergangen. Man sollte dem aber einmal genauer nachgehen. Wir erhalten dabei einen interessanten Hinweis auf die städtebauliche Entwicklung Wiesbadens am Anfang des 19. Jahrhunderts und gewinnen außerdem einen »verräterischen« Einblick in die Zuverlässigkeit wissenschaftlichen Arbeitens.

W. Dorow schreibt, der Stein wurde »bei dem Bau der Häuser in der neuen Friedrichstraße gefunden«. Bei J. P. Zimmermann[724], Bibliothekssekretär und Heimatforscher[725], heißt es, der Stein sei »im Jahre 1754 an dem alten Mainzer Wege nahe bei Wiesbaden« aufgefunden worden. Nur eine von beiden Aussagen kann richtig sein, da mit der Stadterweiterung an der vorderen Marktstraße erst 1803 – 1805 begonnen und die Nordseite der unteren Friedrichstraße erst zwischen 1805 und 1812 bebaut wurde[726].

Sehen wir von kurzen Erwähnungen des Steins in Vereinsprotokollen von 1823 und 1842[727] ab, in denen der Fundort nicht erwähnt wird, findet sich der nächste Hinweis 1855 bei C. Klein und J. Becker: »anno 1754 ante portam, cui nomen erat Mogontiacae, in campo (hodie Friedrichstrasse) repertus«[728]. 1864 lautet das bei J. Becker[729] in deutscher Sparache, aber nun völlig verwirrend: »gefunden vor dem Mainzer Thor, d. h. beim Bau der Häuser in der jetzigen Friedrichstraße im Jahre 1758 (Schenck schreibt »1754«), wie Schenck in einer handschriftlichen Notiz zu S. 144 des auf der Vereinsbibliothek zu Wiesbaden bewahrten Handexemplars seiner Geschichtsbeschreibung der Stadt Wiesbaden (Frankfurt 1758) bemerkt«. Danach wurde der Grabstein zuerst »ins herrschaftliche Schloss zu Wissbad beigesetzt«[730], bevor er in die öffentliche Bibliothek und von da in den Besitz Dorows gelangte.

Die Eintragung G. A. Schencks auf einer der Leerseiten, die in den Text seines Buches eingeschoben sind, steht dafür, daß der Fund nicht beim Bau der Häuser an der Friedrichstraße gemacht worden sein kann (Schenck starb 1779). Bei einer kritischen Abwägung aller Aussagen besitzt die Tatsache der Anmerkung Schencks, die er so nicht erfunden haben kann, die größere Wahrscheinlichkeit. Sie ist von J. P. Zimmermann, dem als Bibliothekssekretär das Handexemplar Schencks zur Verfügung stand, entdeckt und ausgewertet worden.

Gestützt wird die These, nach der der Stein »an dem alten Mainzer Weg« bzw. »vor dem Mainzer Thor« gefunden wurde, durch den Blick auf die Topographie Wiesbadens im 18. Jahrhundert[731]. Das Mainzer Tor war das Kirchtor an der Kirchgasse, von dem aus die Straße nach Mainz führte. Nachdem 1691/93 an der neu angelegten »Neugasse« das Neutor errichtet war, wurde 1704 das »alte« Mainzer Tor geschlossen.

Spielmann (vgl. Anm. 731) erkannte schon eine »Begriffsverwirrung«, die dadurch entstand, daß die *neue* Mainzer Straße, die wegen der besseren Anbindung der fürstlichen Residenz in Biebrich an die Regierungsgebäude am Schloßplatz seit 1750 durch das Stadttor an der Marktstraße geführt wurde. Seitdem bekam nämlich »dieses auch den Namen Mainzer Tor«.

Wir können also davon ausgehen, daß Zimmermann

den alten Mainzer Weg gemeint hat, der vom alten Mainzer Tor an der Kirchpforte ausging, – und daß er damit richtig lag. Der Grabstein wurde also im Bereich der Kreuzung Friedrichstraße/Kirchgasse gefunden, was mit der Lage an der Römerstraße und den anderen

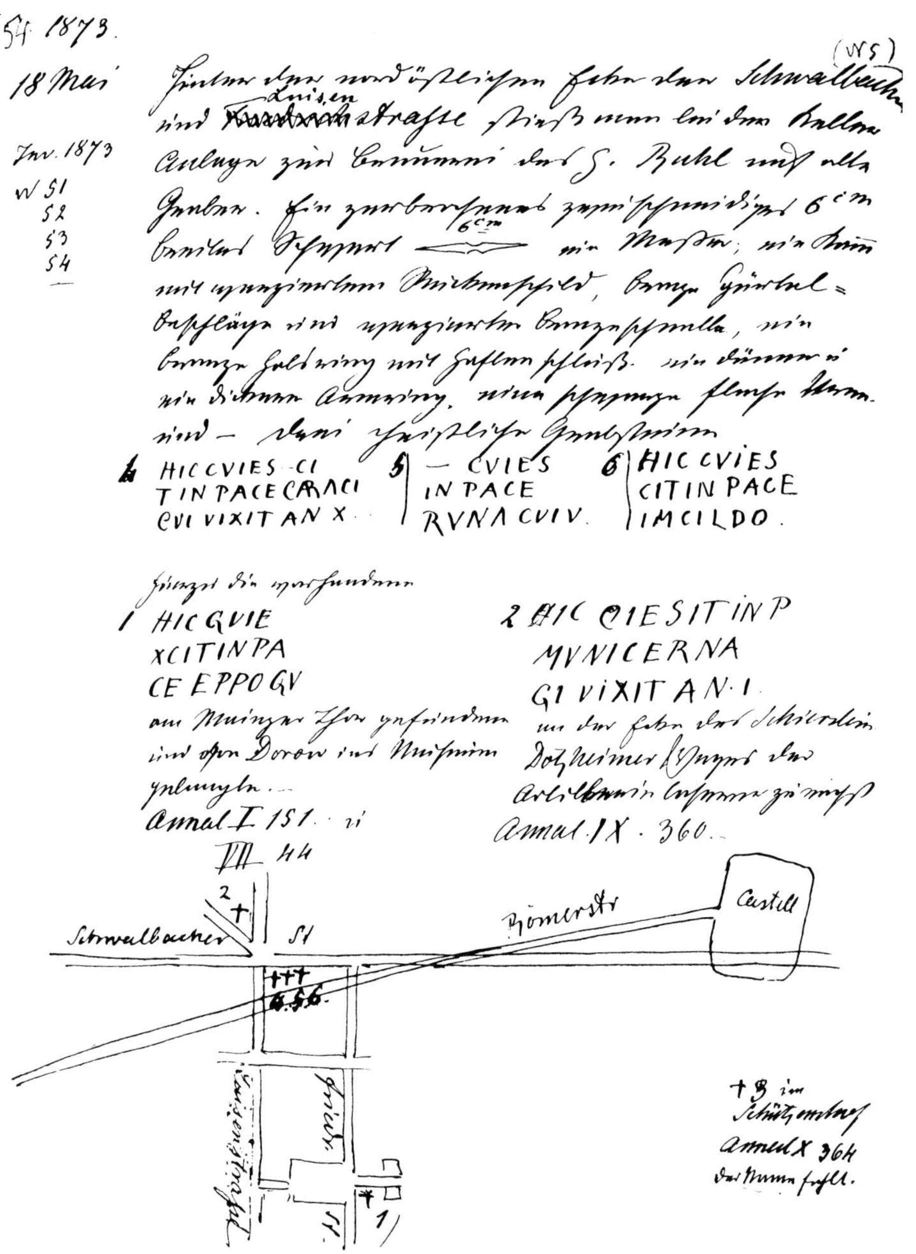

Abb. 164   Blatt aus dem Nachlaß von Emil Ritterling mit Notizen zu den frühchristlichen Grabsteinen Wiesbadens (SNA)

Abb. 165 Frühchristlicher Grabstein der Municerna

in dieser Gegend gefundenen christlichen Gräbern übereinstimmt. Merkwürdig ist – und damit soll das Thema abgeschlossen werden -, daß A. v. Cohausen im »Tagebuch des Conservators« den Grabstein falsch plaziert hat. E. Ritterling hat diesen Fehler in seiner Handkartei über die »Römischen Gräber in Wiesbaden«[732] übernommen: »etwa Straßenkreuzung von Bahnhof- und Friedrichstraße«. Erklärbar ist das eigentlich nur damit, daß weder v. Cohausen noch Ritterling einheimische Wiesbadener waren und sich in der mittelalterlichen und neuzeitlichen Geschichte Wiesbadens so genau nicht auskannten (Abb. 164).

Municerna

1868 kam an der Ecke des Dotzheimer und Schiersteiner Weges auf dem dort schon bekannten fränkischen Friedhof ein weiterer frühchristlicher Grabstein zum Vorschein[733] (Abb. 165). Bis Anfang der sechziger Jahre des 19. Jahrhunderts war das Gebiet zwischen Schwalbacher, Dotzheimer, Rhein- und Karlstraße noch nicht bebaut. Die Landstraßen nach Schierstein und Dotzheim begannen an der heutigen Kreuzung Schwalbacher/Dotzheimer Straße.
Der 25 x 25 x 10 cm große Kalkstein zeigt, in einem Kreis eingeschlossen, das Christogramm mit A und Ω in der Form, die auf Konstantin d. Gr. zurückgeht. Die Inschrift lautet:

HIC QIECIT IN P
MVNICERNA
QI VIXIT AN L

Hic q(u)ie(s)cit in p(ace)
Municerna
Q(u)i vixit an(nos) L

Hier ruht in Frieden Municerna, die 50 Jahre lebte.

Die Lesung von J. Becker (vgl. Anm. 722), nach der es sich um ein einjähriges Kind gehandelt habe, ist nach genauer Untersuchung des Steins zugunsten der Lesung »L« (statt »I«), also einer 50jährigen Frau geändert worden (vgl. Anm. 723).

Runaquiu, Ingildo, Qualaquit und Votrilo

Bei der Anlage eines Kellers in der nördlichen Ecke zwischen Luisen- und Schwalbacher Straße fand man 1873 dicht beieinander drei frühchristliche Grabsteine, zusammen mit anderen Gräbern, die als Beigabe eine schwarze Urne, ein zerbrochenes mächtiges Eisenschwert, einen dünnen Hals- und Armring sowie bronzene Gürtelbeschläge enthielten[734]. Diese nichtrömischen Gräber - nach W. Unverzagt[735] sind sie in die 2. Hälfte des 4. Jahrhunderts zu datieren - sind wahrscheinlich alamannische Bestattungen. In welchem zeitlichen Zusammenhang sie mit christlichen, aber nichtrömischen Grabsteinen stehen, läßt sich nicht eindeutig bestimmen. Letztere sind sicher jünger; christianisierte Nachkommen der im heidnischen Friedhofsteil beigesetzten Alamannen?
Die Kalksteinplatten haben die Maße 30 x 26 x 8 cm (Runaquiu; Abb. 166), 27 x 28 x 7,5 cm (Ingildo) und 44 x 42,5 x 9 cm (Qalaqit) (Taf. 16).
Die Inschriften

. .C QVIES
. .T IN PACE
RVNAQVIV

(Hi)c quies-
(ci)t in pace
Runaquiu

HIC QVIES
CIT IN PACE
INGILDO

Hic quies-
cit in pace
Ingildo

HIC QVIECI
T IN PACE QALAQIT
QVI VIXSET AN X

Hic quiescit
in pace Q(u)alaq(u)it
qui vixset (vixit)
annos X

sind ohne Rücksicht auf ästhetische Raumaufteilung mit sparsamen handwerklichen Mitteln angefertigt

worden. Der Stein des Ingildo unterscheidet sich von den anderen durch die senkrecht stehenden Balken des Christogramms, das auf dem Stein des Qalaqit, eines 10jährigen Knaben, von zwei Tauben flankiert wird.

Der letzte Grabstein dieser Gruppe wurde 1880 bei Kanalisationsarbeiten vor dem Haus Friedrichstraße 35, etwa 30 m vor der Ecke Schwalbacher Straße, in 1,20 m Tiefe unter dem heutigen Pflaster gefunden. Er lag in schwarzem, knochen- und kohlenhaltigem Schutt in einer der Gruben, die entlang der römischen Straße nach Mainz-Kastel aufgedeckt wurden[736]. Das Christogramm der konstantinischen Form und das begleitende Alpha und Omega entsprechen dem Erscheinungsbild der fünf anderen Steine. Die Inschrift des fast quadratischen Stein von 18 x 18 x 5 cm

HIC IACET
IN PACE VOT
TILO ANN(norum) L

unterscheidet sich durch die Verwendung von *iacet* (liegt) statt *quiescit* (ruht). Der Tote war 50 Jahre alt.

Ein frühchristlicher Friedhof?

Die sechs frühchristlichen Grabsteine fallen durch die Häufung in einem ziemlich eng umschriebenen Bezirk auf, der zwischen Schwalbacher, Luisen- und Friedrichstraße liegt. Da diese Gräbergruppe im Zuge der römischen Gräberstraße angelegt wurde, könnte man annehmen, daß sie damit noch der römischen Tradition folgt. Die Namen weisen jedoch auf ethnische Eigenständigkeit. Die Frage, wie diese christliche Sondergruppe einzuordnen ist, läßt sich nicht eindeutig beantworten.

Von Bedeutung dürfte jedoch sein, daß mehrere Bestattungen in unmittelbarer Nachbarschaft nichtrömischen, d. h. germanischen Grabsitten (Körperbestattungen mit Waffen und anderen Beigaben) folgten. Am Schiersteiner/Dotzheimer Weg (Municerna) waren es merowingische Gräber[737]. K. Rossel berichtete schon 1855[738] von »einem neu eröffneten allemannischen Grabe am Schiersteiner Weg, dem 13., das wir bis jetzt daselbst kennen«. In der Zuordnung als »allemannisches« Grab ist aber sicher Vorsicht geboten. Die nahe

Abb. 166 *Frühchristlicher Grabstein des Runaquiu*

beim Votrilo-Stein (Abb. 158: 68b) und an der Ecke Kirchgasse/Luisenstraße (68a) sowie die an der Ecke Schwalbacher und Luisenstraße gefundenen Gräber sind jedoch eindeutig als alamannisch identifiziert worden[739].

Die Toten der sechs Grabsteine, zu denen vielleicht auch die verschleppte(?) Grabplatte am Schützenhofbad (s. S. 71) gehört hat, haben sicher in einem zeitlichen Zusammenhang gestanden. Für diese Annahme spricht die Gleichartigkeit der Texte und der beigefügten Symbole. Auffallend ist, daß wenigstens drei der Platten eine Zweitverwendung erkennen lassen. Deutlich zu erkennen ist das am QALAQI(T)-Stein (Abb. 166), auf dem in der ersten Reihe das QVIE. .CI auf eine ältere Beschädigung der Platte Rücksicht nimmt. Nach H. Schoppa (vgl. Anm. 721) dürften trotz der Ab-

weichungen bei dem Christogramm und anderen Einzelheiten alle Steine in die 1. Hälfte des 5. Jahrhunderts zu datieren sein, also noch vor der merowingischen Zeit, die schon stark christianisiert war. Sie zeigen einen Verschmelzungsprozeß spätantiker und germanischer Elemente und sprechen dafür, daß im Wiesbaden des 5. Jahrhunderts das römische Kulturerbe noch nicht völlig verschwunden war.

Münzen in einem Christengrab

Im gleichen Stadtbezirk wurde 1865 noch eine weitere eindeutig christlich gekennzeichnete Bestattung gefunden[740]. Bei Fundamentarbeiten für den Bau eines Nebengebäudes der Gasbeleuchtungs-Anstalt[741] auf der Südseite der oberen Friedrichstraße stieß man auf ein spätrömisches Skelett ohne weitere Beigaben als neun im Schoß des Toten liegende Münzen. Sie erwiesen sich durch das große Christogramm mit A und Ω als »christliche Münzen«. Acht waren Prägungen des gallischen Gegenkaisers Magnentius (350–353 n. Chr.), eine des Kaisers Constantius II. (337–361 n. Chr.) (Taf. 18 und Abb. 167).

Das Monogramm Christi *Chi-Rho* kommt zum erstenmal auf Silbermünzen des Kaisers Konstantin d. Gr. (306–337 n. Chr.) vor, der damit (nach dem Sieg an der Milvischen Brücke, 312 n. Chr.: *in hoc signo vinces*) seine Verbundenheit mit der neuen Religion demonstrieren wollte. Großflächig die Rückseite füllend erscheint das Christogramm nur auf Münzen des Constantius II., Magnentius und Decentius. Dadurch nehmen die Stücke aus dem Wiesbadener Grab unter der Vielzahl der spätrömischen Münzprägungen eine Sonderstellung ein. Sie erwecken den Anschein, daß der ehemalige Besitzer sie ganz bewußt ausgewählt und zusammengetragen hat.

Daraus ergibt sich ein deutlicher Hinweis auf eine frühe christliche Gemeinde in *Aquae Mattiacorum* schon im 4. Jahrhundert. Die Münzbeigabe als solche, vielleicht auch die gewählte Neunzahl, zeigen aber auch, daß sich der frühe römische Christ noch nicht ganz von den alten heidnischen Vorstellungen lösen konnte – eine Erscheinung, die bis heute in vielen an christliches Gedankengut angepaßten vorchristlichen Bräuchen erhaltengeblieben ist.

Abb. 167 Münzen des Magnentius (8) und Constantius II. (1) aus einem frühchristlichen Grab. Rückseiten mit Christogramm (Vorderseiten: Taf. 18)

Flavius Paulinus

Mit dem Vorbehalt, daß der Fundort Wiesbaden nicht gesichert ist, sei abschließend auf ein Siegel aus Bronze hingewiesen[743], das seit mehr als 150 Jahren zum Bestand des Wiesbadener Museums gehört. Es ist wohl das älteste christliche Zeugnis in unserem Raum. Es hat die Form einer menschlichen Fußsohle, ist 7,5 cm lang, an der breitesten Stelle 2,6 cm breit, 4 mm dick und hat zur Handhabung an der Oberseite einen Griff. Das Siegel zeigt den Abdruck

FL[avii] PAVLINI

Der römische Name und das Christogramm sprechen dafür, daß wir es mit einem (römischen) Christen zu tun haben, der zeitlich dem Toten mit den Münzbeiga-

ben nahestand: Mitte des 4. Jahrhunderts. Das Christogramm an der Spitze der Fußsohle vor dem Namen versinnbildlicht die den Gläubigen vorgezeichnete Nachfolge Christi[744] (Abb. 168).

Eine Christengemeinde in Wiesbaden?

Betrachtet man die eindeutig christlichen Bestattungen, kann als erwiesen gelten, daß frühestens im 4., sicher im 5. Jahrhundert im römischen Wiesbaden Christen gelebt haben. Sieht man von dem Grab mit den neun Münzen ab, das als Einzelfund schwer zuzuordnen ist, deutet die Ähnlichkeit der Grabtafeln bei den übrigen Gräbern auf eine Art Gemeinde. Die ethnische Zugehörigkeit ist unklar. W. Boppert (vgl. Anm. 723) vermutet, daß die Namen zu einer Bevölkerung gehörten, »die aus den Wanderungsbewegungen um 400 hier zurückgeblieben sind«. H. Schoppa (vgl. Anm. 721) spricht von einer alamannischen Bevölkerungsschicht noch vor der merowingischen Zeit. Eine Kontinuität einer Christengemeinde bis in fränkische Zeit, wie sie für Mainz angenommen wird, dürfte in Wiesbaden aber unwahrscheinlich sein.

Abb. 168 Stempelbild vom Siegel des Fl(avius) Paulinus mit Christogramm

Vom Ende des Limes bis zur Heidenmauer

An der Schwelle des 3. Jahrhunderts

Mit der Beschreibung der frühchristlichen Spuren in Wiesbaden haben wir den historischen Ablauf der römischen Geschichte Wiesbadens unterbrochen und sind in eine Zeit vorgedrungen, die am Ende oder schon jenseits der Zeit liegt, die wir noch als römisch im reichspolitischen Sinne bezeichnen können. Diese Zeit war mit dem endgültigen Rückzug der Römer vom Rhein, 406 n. Chr., als die germanische Völkerwanderung nicht mehr einzudämmen war, zu Ende. Davor hat es aber schon Einschnitte gegeben, die das Leben im römischen Wiesbaden erkennbar beeinflußt haben. Die Alamannen, die im Jahre 213 n. Chr. zum erstenmal historisch in Erscheinung treten, waren der germanische Stammesbund, der für einen begrenzten Zeitraum das Leben im spätrömischen Wiesbaden beeinflußt hat, bevor im 5. Jahrhundert mit den Franken eine neue Zeit anbrach.

Das Heilbad

Das römische Wiesbaden hat den Höhepunkt seiner Zeit als Kur- und Badeort der Mainzer 22. Legion um die Wende vom 2. zum 3. Jahrhundert erreicht. Gemeint ist, daß in diesem Zeitraum der größte Bestand an Steinbauten errichtet war. Belegt wird das z. B. durch die Gedenktafel am Tempel des Jupiter Dolichenus, der 194 n. Chr. instandgesetzt, danach also in gutem Zustand war. Ein weiteres Zeugnis stellt die Weihetafel (Schola-Stein) der Kaufmannsgilde dar, die in einem festen Gebäude eingemauert war; sie gehört in das Jahr 212 n. Chr.
Dem Mithras-Heiligtum wurden in den Jahren um 210 – 225 n. Chr. Weihealtäre gestiftet, die belegen, daß das Gemeindeleben in dieser Zeit von wohlhabenden Bürgern getragen wurde. Schließlich dokumentiert der Weihestein für Apollo Toutiorix, den ein Offizier der 7. Legion, wie gezeigt wurde (s. S. 59/60), wahrscheinlich während des Germanenkrieges des Kaisers Severus Alexander 234 n. Chr. gestiftet hat, daß damals die Thermen an der Schützenhofquelle trotz der »Konkurrenz« der großen Thermen am Kranzplatz noch in gutem Zustand gewesen sein müssen.

Die lang anhaltende Ruhe war eine Folge der von Domitian (81 – 96 n. Chr.) zum Abschluß gebrachten Festlegung der Limesgrenze im nördlichen Obergermanien. Sie hat unter Antoninus Pius (138 – 151 n. Chr.) durch die Vorverlegung der Odenwald-Neckarlinie eine weitere Verbesserung erfahren. Die unter Hadrian (117 – 138 n. Chr.) erfolgte Verstärkung des anfangs nur durch hölzerne Wachttürme gesicherten Postenweges mit einer durchgängigen Palisade reichte aus, das Rhein-Main-Gebiet gegen das bevölkerungsarme Waldgebirgsland[745] im Norden zu schützen. Th. Mommsen[746] faßt es so zusammen, »daß das 2. Jahrhundert von Nerva bis zum Ende des Severus (211 n. Chr.) eine Zeit des vollen Friedens und ungestörter Kulturentwicklung für die Rheinlande war«.

Die römischen Gutshöfe

In der Umgebung von Wiesbaden wird diese ruhige Entwicklung deutlich an den zahlreichen Einzelgehöften, dorfartigen Gebäudegruppen und Landhäusern. Sie wandeln ihren Charakter in nachhadrianischer Zeit. Ritterling deutet es an, daß einige der römischen

Gutshöfe (*villae rusticae*), mindestens die am Taunusabhang gelegenen, aus militärischen Straßenposten hervorgegangen sein dürften, oder in deren nächster Nähe erbaut wurden[747]. Seit der Mitte des 2. Jahrhunderts überwiegt die friedliche Entfaltung. Die Gutshöfe widmeten sich ausschließlich der Landwirtschaft; sie sicherten die Nahrungsmittelversorgung der Vici und der Soldaten in den Kastellen.

Die Zahl der im Umland von Wiesbaden gefundenen Reste von römischen Gutshöfen oder Raststationen (*mansiones*) ist beachtlich. Ritterling nennt im Norden die Station auf der Rentmauer, die Gutshöfe und Vorwerke am Höfchen, Münzberg, Neroberg, Hasselt, am Steinkopf, im Grundborn, auf den Rödern; westlich nahe der Wellritzmühle und am Hollerborn bei Dotzheim; letztere eine »Ansiedlung, die sich, wenn auch nicht in geschlossenen Baulichkeiten, über eine Viertelstunde weit in Richtung auf Wiesbaden zu hinzieht«; südwestlich gibt es *villae rusticae* auf dem Gräselberg und bei Schierstein, südlich an der Spelzmühle, am östlichen Hang der Adolfshöhe, in Biebrich-Mosbach, am Wartturm bei Bierstadt, bei Igstadt sowie zwischen Igstadt und Breckenheim.

Die Plätze bei Bierstadt, Igstadt und Breckenheim reihten sich entlang der verkehrsreichen Vizinalstraße von Wiesbaden nach Hofheim und Heddernheim. Im Bereich Bierstadt scheint sich sogar ein lokaler Markt entwickelt zu haben. Der dort gefundene Weihestein für Merkur und Rosmerta, Merkur als »Gott der Märkte« (Abb. 8) spricht dafür.

Seit Ritterling sind noch eine Reihe von Plätzen hinzugekommen, vor allem im Umfeld von Mainz-Kastel, Kostheim und in den Feldern zwischen diesen Orten und Erbenheim. Nicht alle konnten bis heute näher untersucht werden. Eine eingehende Beschreibung würde den Rahmen dieses Buches sprengen. Ausführliche Informationen bieten jedoch die Arbeiten von K. Reuter[748], F. Kutsch[749], G. Schell[750] und H. Schoppa[751].

Das Ende der »Severischen Blüte«[752]

Militärisch hatte Wiesbaden während des 2. Jahrhunderts keine besondere Bedeutung. Soldaten begegnen nur als Veteranen, die sich in der Umgebung niedergelassen haben oder als Kurgäste (z. B. die Tochter des

Abb. 169 Bronzene Spitze eines Centuriensignums (Capricorn; FO Querschneise im Wald nördlich der Platte)

Legaten T. Porcius Rufianus und der Centurio der 7. Legion vom Weihestein des Apollo Toutiorix) verweilten. Truppen berührten den Vicus nur als Durchgangsstation auf dem Weg zur Limesgrenze. Häufiger wurden solche Durchzüge wohl erst im 3. Jahrhundert, als die Einfälle der Alamannen heftiger wurden. Bei einer solchen Gelegenheit muß eine Abteilung der 22. Legion, die von Mainz über Wiesbaden den Taunuskamm bei der Rentmauer überschritten hatte, bei einem Scharmützel mit feindlichen Kräften jenseits der Platte die Spitze ihres Centuriensignums, einen bronzenen Capricorn (Abb. 169), eingebüßt haben[753].

Die Rheingrenze und das oberdeutsche Limeshinterland gerieten immer dann in Gefahr, wenn die militärischen Kräfte Roms an der Donau und im Orient gebunden waren und eine befristete Schwächung der Truppen des obergermanischen Heeres in Kauf genommen werden mußte. In den Jahren 162 und 169 n. Chr. mußten an der obergermanischen Grenze die Chatten abgewehrt werden[754], um 185 kam es zu weiteren Unruhen, über deren Hintergründe jedoch nichts Näheres bekannt ist.

Die Alamannen

Es ist die Zeit, in der die Anfänge der Völkerwanderung liegen und die in unserer Gegend zunächst mit dem Stammesnamen der Alamannen verbunden ist. Die Alamannen waren, ebenso wie die wenig später am Niederrhein auftauchenden Franken, ein zunächst noch lockerer Zusammenschluß verschiedener Stämme, deren Eigenname bald aber in den größeren Verbänden unterging[755]. Sie waren in zahlreiche unterschiedlich große Gruppen zersplittert, die jeweils ihre eigenen Fürsten oder Häuptlinge besaßen, von den antiken Schriftstellern Könige (*reges*) oder auch kleine Könige (*reguli*) genannt.

Zum Bund der Alamannen gehörten als mächtigster Stamm (suebischer Herkunft) die Semnonen. Nach Westen gerichtete Züge der Langobarden, Burgunder und Wenden zwangen sie zum Aufgeben ihrer Wohngebiete zwischen Havel, Elbe und Saale und zum Ausweichen nach Südwesten. Hier haben sie, noch vor Erreichen des Limes, Teile der Hermunduren und Juthungen in den neuen Stammesbund aufgenommen. Ob Chatten, so weit sie im Osten bis ins Thüringische ausgriffen, sich angeschlossen haben, ist umstritten. Es sei denn, man wertet die Stelle bei Cassius Dio[756] in diesem Sinne, daß Chatten – hier zum letztenmal in der antiken Geschichte genannt – mit alamannischen Verbänden gemeinsam gegen Caracalla gekämpft haben.

Caracallas Feldzug gegen die Alamannen

Mit dem Feldzug Caracallas gegen die Alamannen (213 n. Chr.) tritt der neue Stammesbund, nach antiker Überlieferung »ein zusammengelaufenes Mischvolk«[757], zum erstenmal in Erscheinung. Der römische Schriftsteller Aurelius Victor[758] nennt sie einen »bevölkerungsreichen Stamm (*gens populosa*), der bewundernswert vom Pferd herab zu kämpfen verstand«. Die Gefahr, die von ihnen ausging, veranlaßte Caracalla zu einem Präventivkrieg, den er von Rätien aus mit einem großen Aufgebot an Legionen und Hilfstruppen führte. Gleichzeitig dürfte eine zweite Heeresabteilung von Mainz her gegen die Chatten gezogen sein[759].

Die Entscheidung fiel an einem nicht bekannten Ort in der Gegend des mittleren Mains (*prope Moenum amnem*), wobei außer der militärischen Überlegenheit auch Bestechung mit Gold eine Rolle gespielt haben soll[760]. Caracalla wurde mit dem Titel *Germanicus maximus* geehrt. Sein Sieg sicherte für zwei Jahrzehnte den Frieden an Rhein und Donau.

Strategie der Verteidigung

Die Erkenntnis, einem neuen gefährlichen Feind gegenüberzustehen, veranlaßte die Römer zu einer deutlichen Verstärkung ihrer Verteidigungsmaßnahmen. Fast alle grenznahen Civitas-Hauptorte erhielten eine Stadtmauer. Eine Ausnahme blieb Wiesbaden, an dessen Stelle Mainz-Kastel (*castellum Mattiacorum*) mit einer festen Mauer versehen wurde[761]. Vielleicht waren die Dekurionen der Civitas der Meinung, daß die nahe Legion in Mainz einen hinreichenden Schutz gewährleiste[762]. Die Wohlhabenderen unter ihnen hatten längst begonnen, ihr Domizil im *castellum Mattiacorum* oder im noch sichereren Mainz aufzuschlagen.

Am Limes wurde mit Wall und Graben unmittelbar hinter der Palisade ein zusätzliches Annäherungshindernis geschaffen. Der etwa 4 m breite und 2,50 m tiefe Graben, mit dessen Erdaushub der Wall aufgeschüttet wurde, erschwerte es vor allem berittenen Feinden, die Limesfront zu durchbrechen. Vielleicht war dies die erste Antwort auf die hervorragend vom Pferd herab kämpfenden Alamannen. Gleichzeitig sind die Limeskastelle Holzhausen, Zugmantel, Saalburg und Kapersburg ausgebaut worden. Dort gefundene Bauinschriften[763] zeigen, daß man diesem Verteidigungsabschnitt des Limes seit dieser Zeit offenbar größere Aufmerksamkeit schenkte.

Die vielfach zu beobachtenden Verteidigungsmaßnahmen sprechen für einen allgemeinen Behauptungswillen. Wie lange in *Aquae Mattiacorum* eine dadurch hervorgerufene Hochstimmung, die wir aus der 212 n. Chr. erfolgten Stiftung der Weihetafel der Kaufmannsgilde schließen können, nach dem Alamannenkrieg angehalten hat, ist schwer zu sagen. Die wenig später aufgestellten Weihealtäre des Mithras-Heiligtums deuten scheinbar auf eine ungebrochen positive Haltung. Man kann sie aber auch als Zeichen der Verunsicherung deuten, verbunden mit der Hinwendung zu Jenseitserwartungen, die häufig in Zeiten äußerer Bedrängnis großen Zuspruch finden.

Die Constitutio Antoniniana und die Folgen

Ohne daß es konkret belegt ist, muß damals in der Bevölkerung ein bemerkenswerter Wandel eingetreten sein oder wenigstens begonnen haben. Auslöser war die *constitutio Antoniniana*. Mit diesem Erlaß verlieh der Kaiser im Jahre 212 n. Chr. allen freien Provinzbewohnern des Reiches die römischen Bürgerrechte. Über die Beweggründe soll nicht spekuliert werden. Ohne es zu wissen, hatte der Kaiser damit aber (in einer Zeit wachsender Bedrohung durch Barbarenvölker) die Voraussetzung für das Entstehen eines gemeinsamen Wertegefühls unter den Provinzialen geschaffen, das als Romanitas die Stürme der Völkerwanderungszeit überdauern sollte.

Verstärkt wurde dieser Effekt sicher auch dadurch, daß schon vor dem Ende des 2. Jahrhunderts damit begonnen worden war, Mannschaftsergänzungen der Auxilien an der Limesgrenze aus dem eigenen Hinterland vorzunehmen. Septimius Severus (193–211 n. Chr.) erlaubte den Soldaten, schon vor ihrer Entlassung zu heiraten und während ihrer dienstfreien Zeit außerhalb des Lagers bei ihren Familien zu wohnen. Severus Alexander ließ (um 230 n. Chr.) Offizieren und Soldaten Grundstücke und Felder als Eigentum erblich übertragen unter der Bedingung, daß ihre Söhne wieder Soldaten wurden (Lampridius, Vita Alex.Severi 58,4). So wurden sie an die Scholle gebunden, ihr Verteidigungswille für die Reichsgrenze gestärkt.

Immer mehr stellte das Land selbst die militärischen Kräfte bereit, die zu seinem Schutze nötig waren[764]. Bekanntestes Beispiel in der (weiteren) Wiesbadener Umgebung ist der sich aus Einwohnern der *civitas Taunensium* rekrutierende *Numerus Nidensium* auf der Kapersburg. Auch die *Cohors I Treverorum equitata* am Zugmantel gehört in diesen regionalen Bezug einer Kastellbesatzung.

Überfälle und kein Ende

Der Alamannenkrieg Caracallas war nur der Anfang einer langandauernden Auseinandersetzung. Besonders kritisch wurde die Lage während der Regierung des Severus Alexander (222–235 n.Chr.). Wahrscheinlich ausgelöst durch die Abwesenheit eines Teils der Grenzschutzkräfte, die gegen den Sassanidenkönig Ardaschir I. in den Orient abkommandiert waren, durchbrachen die Alamannen 233 n. Chr. auf breiter Front den obergermanisch-rätischen Limes und erzielten erstmalig einen tiefen Einbruch in römisches Gebiet. Die Auswirkungen sind im Süden bis zum Alpenrand, im Westen bis an Saar und Mosel erkennbar[765]. Das Ausmaß der Katastrophe ist vor allem an den Schatzfunden dieses Jahres zu erkennen. Die Alamannen brandschatzten die Stadt Kempten (*Cambodunum*), sogar das Legionslager Regensburg (*Castra Regina*) wurde teilweise beschädigt. Im Taunus wurde das Kastell Holzhausen, das nach Ansicht der Archäologen erst um das Jahr 213 n. Chr. errichtet wurde, mit großer Wahrscheinlichkeit schon bei diesem zweiten Alamanneneinfall wieder zerstört[766]. In Mitleidenschaft gezogen wurde auch das Kastell Zugmantel, das aber noch bis 259/260 besetzt gewesen ist (Hort und Münzfunde[767]).

Anfang 235 n. Chr. eröffnete der Kaiser mit einem stattlichen Heeresaufgebot von Mainz aus den Gegenangriff. Über eine Schiffsbrücke, die über den Rhein geschlagen wurde[768], begab er sich mit seinen Truppen an den Limes. Dort scheint er sich im Kastell am kleinen Feldberg aufgehalten zu haben. Dafür sprechen die dort besonders zahlreich gefundenen Münzen von Severus Alexander und seiner Mutter Iulia Mamaea und ein von der Kastellbesatzung ihr zu Ehren errichtetes Monument[769].

Statt entschlossen zu kämpfen, zögerte der Kaiser. Er versuchte zuerst, auf dem Verhandlungsweg zu einem Ausgleich zu kommen. Die Soldaten fühlten sich um die Aussicht auf Kriegsbeute geprellt und erschlugen den Kaiser zusammen mit seiner Mutter in der Nähe von Mainz, wahrscheinlich in Mainz-Bretzenheim[770]. An seiner Stelle riefen sie C. Iulius Verus Maximinus Thrax zum Imperator aus. Es begann die Zeit der Soldatenkaiser.

Das Katastrophenjahr 259/260 n. Chr.

Die Erschütterungen der Jahre 233/234 wirkten auch im Hinterland des Limes nach. Besonders deutlich wird das an einer auffälligen Häufung von Münzschatzfunden, die ziemlich genau erkennen lassen, wann und wo Überfälle der Alamannen stattgefunden haben. Maximinus Thrax hat zwar mit einer energischen Gegenoffensive den Einbruch aufgefangen und die Limeslinie im Großen und Ganzen wieder zurückgewonnen. Nach Ausweis zahlreicher Münzfunde, die mit Severus Alexander abbrechen, wurden aber nicht mehr alle Limeskastelle im alten Umfang wiederhergestellt[771]. Mehr und mehr wurde deutlich, daß die dem Limes zugrundeliegende Verteidigungskonzeption, auch mit Wall und Graben, gegen die massierten Angriffe der gut zu Pferde kämpfenden Feinde nicht mehr genügte. Das Gebiet zwischen Limes, Rhein und Donau war zum Kampfgebiet geworden.

Noch gaben die Römer aber nicht auf. So jedenfalls muß man den auf dem Terrain des Schützenhofbades gefundenen Meilenstein (S. 70) aus dem Jahre 249 n. Chr. deuten. Zusammen mit gleichzeitigen Meilensteinen aus Heidelberg, Ladenburg und Friedberg in der Wetterau beweist er, daß Bauarbeiten am Straßennetz im Limeshinterland noch in der Regierungszeit des Kaisers Q. Traianus Decius (249 – 252 n. Chr.) ausgeführt wurden[772].

254 n. Chr. überrollte eine neue Welle von Raubzügen das Land. Und kaum fünf Jahre später, zwischen 258 und 260 n. Chr. stürmten die Alamannen, die Bindung römischer Kräfte im Osten des Reiches zum wiederholten Male nutzend, über Rhein und Donau hinweg bis nach Gallien und Oberitalien. Sie überrannten nun endgültig das gesamte oberrheinische Grenzgebiet bis zur Donau und zum Rhein. Obwohl Gallienus die Hauptmacht des Feindes bei Mailand in einer blutigen Schlacht besiegte, wurde die alte Ordnung an der Limesgrenze nicht wieder hergestellt[773].

Eine genaue Rekonstruktion des kriegerischen Geschehens ist nicht möglich. Einige Kastelle (Niederbieber, Osterburken u. a.) sind erst nach verzweifeltem Widerstand erobert worden, wie die vielen dort gefundenen Waffen und Skelettreste in den datierbaren Brandschuttschichten erkennen lassen. Die Kastelle des Taunus- und Wetteraulimes und der Mainlinie sind nach neuerer Auffassung eher kampflos geräumt worden. Vermutlich waren ihre Besatzungen durch die vielen Überfälle der vergangenen Jahre zu schwach, um sich noch erfolgreich verteidigen zu können[774].

Der Civitas-Hauptort *Nida* (Heddernheim) wurde vernichtet. Große Teile von *Aquae Mattiacorum* sanken in Schutt und Asche. Die ausgedehnten Brandschuttschichten im Untergrund der Wiesbadener Innenstadt sprechen eine deutliche Sprache.

Eine Bestätigung besonderer Art ist der 1903 auf dem Adlerterrain gefundene Schatzfund von 12 Silbermünzen[775] (s. S. 181). Ein Antoninian der Salonina, der 1902 bei der Ausgrabung römischer Gebäudereste südlich des Mithräums unter den oberen Mauerfundamenten »in einer dicken Kohlen- und Brandschicht« gefunden wurde»[776], gehört ebenfalls in diesen Zusammenhang.

Neue Forschungsergebnisse

Nach bisheriger Auffassung bildeten die Jahre 259/260 n. Chr. im römischen Germanien (auch die Gebiete Niedergermaniens waren betroffen) eine scharfe Zäsur. Die neuere Forschung geht jedoch zunehmend davon aus, daß es den totalen Einbruch in der bisher angenommenen Form nicht gegeben hat. Eine Reihe von Indizien, darunter großräumige Analysen spätrömischer Münzreihen, haben zu differenzierteren Überlegungen geführt. Heute wird überwiegend die Auffassung vertreten, daß die Alamannen die römische Grenzverteidigung am Limes nicht in einem einzigen blutigen Feldzug in dem Jahren 259/260 n. Chr. erobert und dann das Land bis zum Rhein weiträumig in Besitz genommen haben. Einiges spricht dafür, daß die Limeslinie von den Römern aufgrund strategischer Überlegungen planmäßig geräumt wurde.

Man sieht die vorausgehenden Jahrzehnte heute als einen Prozeß zunehmend instabiler werdender Machtverhältnisse[777]. Die nicht abreißenden Alamanneneinfälle lösten eine Erosion der römischen Macht in den westlichen Provinzen des Reiches aus. Die Mittel des Imperiums begannen zu versiegen, der Besitz des Limeshinterlandes war den um ihre Existenz kämpfenden Soldatenkaisern nicht mehr so wichtig wie ihre Machtpositionen in Gallien und im Orient.

Auf der anderen Seite wird auch das Vordringen der Alamannen heute anders gesehen als früher. Schon Theodor Mommsen hat in seinen Vorlesungen des Sommersemesters 1883 darauf hingewiesen, daß es sich anfangs nur um jahreszeitlich begrenzte Beutezüge in Gebiete handelte, aus denen man sich alljährlich oder nach wenigen Jahren wieder zurückgezogen habe. Erst viel später sei das überrannte Land in bleibenden Besitz genommen worden. Zur Psychologie der Wanderstämme sagt Mommsen, es sei ganz unhistorisch anzunehmen, daß in die Deutschen (d. h. Alamannen) »plötzlich der Trieb des planmäßigen Eroberns statt der früheren Raub- und Plünderungszüge gekommen wäre«[778].

Für die Verhältnisse in Wiesbaden unterstützt diese Theorie nur das, was die Bodenfunde eigentlich schon immer nahegelegt haben: Durchgängige Münzreihen bis zum Ende des 4. Jahrhunderts, die Benutzung der Thermen am Kranzplatz mindestens bis in konstantinische Zeit, römische Kulturschichten über dem Zerstörungshorizont von 259/260 n. Chr., römische Gräber bis ins 4. Jahrhundert. Nach Ritterling hat es den Anschein, daß noch zur Zeit der beginnenden Völkerwanderung die unter germanischer Herrschaft zurückgebliebenen Bewohner in der Gegend der unteren Mauritiusstraße »ihre Hütten gehabt haben«. Darauf weisen nicht nur die zahlreichen Münzen aus der konstantinischen Zeit und der Münzschatz in der Kirchgasse Nr. 62 (heute Nr. 66), sondern auch die ziemlich häufigen dicken Sigillatanäpfe mit eingedrückten Strichelverzierungen rohester Ausführung, die erst im letzten Drittel des 3. und zu Beginn des 4. Jahrhunderts in allgemeineren Gebrauch gekommen sind[779].

K. Stribrny[780] fügt dem einen weiteren Gesichtspunkt hinzu. Danach leuchtet der Versuch, Wiesbaden nur noch als ein militärischen Brückenkopf zum Schutz von Mainz zu sehen, wenig ein: 10 km offener Landstraße zwischen Mainz-Kastel und Wiesbaden, nach wie vor großzügig ausgebaute Bäder statt einer Ummauerung (die erst in der 2. Hälfte des 4. Jahrhunderts begonnen wurde) und die fortbestehenden *villae rusticae* im offenen Land (Erbenheim, Bierstadt, Igstadt) sprechen eindeutig dagegen.

Betrachtet man die Münzreihen, ergibt sich für Wiesbaden eine erstaunliche Tatsache: Die Münzen von 117 bis 259 n. Chr. verhalten sich mengenmäßig zu denen

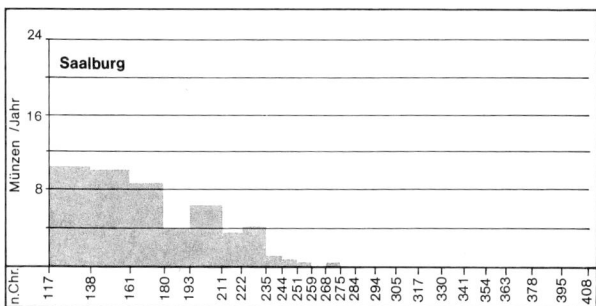

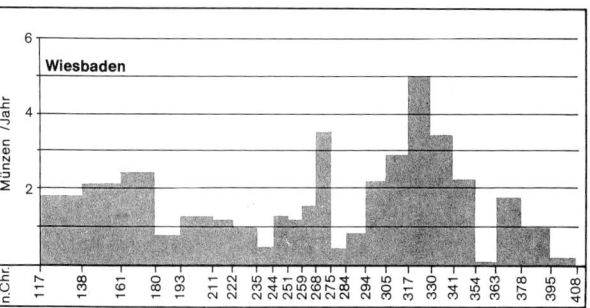

Abb. 170 *Graphische Darstellung der Münzreihe aus Wiesbaden. Zum Vergleich (oben) Münzreihe vom Kastell Saalburg, die mit dem Jahr 259/260 n. Chr. abrupt abreißt (nach K. Stribrny, Ber. RGK 70, 1989)*

von 259 bis 408 n. Chr. wie 1 : 1,3. Die Graphik zeigt eine starke »Säule« verlorener Münzen zwischen 244 und 275 n. Chr., Jahre großer Unruhe mit einem Höhepunkt zwischen 268 und 275 n. Chr. Die höchste Säule liegt in konstantinischer Zeit (317–330 n. Chr.). Es folgt dann noch einmal ein niedrigeres Maximum zwischen 363 und 378 n. Chr., als beim Bau der Heidenmauer durch die soldatischen Bautrupps viel Geld im Umlauf war. Es ging bis 408 n. Chr. weitgehend verloren (Abb. 170).

Man muß demnach davon ausgehen, daß germanische Zuwanderer in einem langsamen, aber stetigen Zustrom schon vor 260 n. Chr. in das Land hinter dem Limes eingewandert sind, ohne die bisherigen Bewohner vollständig zu verdrängen.

Das neue Verteidigungskonzept

Unter dem starken feindlichen Druck in den Ostprovinzen des Reiches und an der unteren Donau haben die Römer seit dem Ende des 2. Jahrhunderts damit begonnen, an manchen Limesabschnitten reguläre Auxiliarverbände aus der vorderen Limeslinie abzuziehen und sie durch einheimische Milizen zu ersetzen (auf den *Numerus Nidensium* wurde schon hingewiesen). F. Kutsch geht noch einen Schritt weiter, wenn er schreibt: »Um größeres Unheil an den Grenzen zu verhindern, waren die Römer gezwungen, den landhungrigen Ankömmlingen Wohnsitze innerhalb des Pfahlgrabens anzuweisen. So kommt es, daß wir im Kastell Zugmantel und selbst in dem Gutshof bei Bogel zusammen mit römischem germanisches Tongeschirr finden, das seine Parallelen weit außerhalb der römischen Reichsgrenze hat«[781]. Dieses Vorgehen führte ganz von selbst zu einem Abbau der Schranken zwischen Kastellbesatzungen und den Einwohnern im Hinterland. Dabei darf auch nicht vergessen werden, daß im Laufe von mehr als 100 Jahren aus den Lagerdörfern der Kastelle kleine Vici hervorgegangen sind, die als ethnische Schmelztiegel besonderer Art gewirkt haben. Deren Beziehungen zu den Vici des Hinterlandes waren so mannigfaltig, daß es nicht zu wundern braucht, daß der Abzug des römischen Militärs im Jahre 260 n. Chr. im Land zwischen Rhein und Taunus nicht den absoluten Einbruch hervorgerufen hat, der früher angenommen wurde, ohne daß man hätte erklären können, wie es in konstantinischer Zeit in Wiesbaden noch einmal zu einer durch die Baumaßnahmen an den Thermen und den hohen Geldumlauf erkennbaren römischen »Renaissance« kommen konnte.

Die Zeit nach 260 n. Chr.

Die neue Lage

Wenn wir nach dem vorstehend Gesagten auch davon ausgehen können, daß der »Fall« des Limes wahrscheinlich nicht ein singuläres Ereignis war, das innerhalb eines bestimmten Jahres stattgefunden hat, standen die Bewohner des Hinterlandes nach 260 n. Chr. doch vor einer völlig neuen Situation. Denn es waren die Römer selbst, die sich, wenigsten militärisch, aus eigenem Entschluß hinter den Rhein und die Donau zurückgezogen haben.
Stellt man sich die Frage, wie viele der in diesen Jahren in das rechtsrheinische Limesland eingedrungenen Alamannen sich dort angesiedelt haben, muß das re-

gional sehr unterschiedlich beantwortet werden. Wenn wir uns auf den Raum Wiesbaden beschränken, scheinen die Zahlen eher gering zu veranschlagen sein.
Wenn wir jedoch von antiken Schriftstellern hören, daß schon Caracalla[782] und Severus Alexander[783] versucht haben, die eindringenden Feinde mit Gold und Verträgen für die römische Seite zu gewinnen, ist damit zu rechnen, daß sich kleinere, kooperationsbereite Alamannenverbände hier angesiedelt haben. Auf sie wird das zivilisatorische Angebot in den galloromanisch geprägten Gebieten eine beträchtliche Anziehungskraft ausgeübt haben. Sie unterlagen einem schnellen Romanisierungsprozeß, der eine tragfähige Verbindung zur einheimischen Bevölkerung gebildet hat.

Aquae Mattiacorum nach dem Alamannensturm

Nach den Brandschatzungen der Jahre 259/260 wird der Vicus *Aquae Mattiacorum* nicht viel anders ausgesehen haben als das ausgeplünderte Landstädtchen Wiesbaden am Ende des Dreißigjährigen Krieges. Wer konnte, floh auf die andere Rheinseite. Zurück blieben die kleinen Leute, die nichts zu verlieren hatten, Handwerker, Händler und die einfachen Leute, dazu versprengte Auxiliaren mit ihrem Anhang aus den Lagerdörfern. Sie hatten von den Barbaren wenig zu befürchten.
Ob der Vicus noch eine geschlossene Siedlung geblieben ist, läßt sich nicht mit Bestimmtheit sagen. Von den Alamannen wird im allgemeinen angenommen, daß sie nicht in verlassenen römischen Häusern, sondern abseits der bebauten Wohnviertel in weilerartig gruppierten Höfen gesiedelt und ihre Toten in deren Nähe bestattet haben. Doch gibt es auch andere Meinungen[784].
Über die Situation in Wiesbaden kann hierzu noch nichts Endgültiges gesagt werden. Die außerhalb des römischen Vicus verstreut angetroffenen Kleingruppen alamannischer Bestattungen[785], die gewöhnlich unweit der Höfe angelegt wurden, sprechen für die Annahme, daß die landnehmenden Germanen sich entweder am Rand des Vicus oder etwas außerhalb angesiedelt haben. Da Spuren ihrer Wohnplätze aber nicht

gefunden wurden, bleibt die Frage offen. Vielleicht bringt eine im Frühjahr 1994 erscheinende Dissertation[786], die sich auch mit dem Verhältnis und der zeitlichen Koordination der römischen, alamannischen, merowingischen und späteren fränkischen Friedhöfe im Bereich der Dotzheimer, Schwalbacher und Luisenstraße befaßt, eine Antwort auf diese Frage.

Die folgenden Jahrzehnte werden durch immer neue Alamanneneinfälle bestimmt. Erst den Kaisern Aurelian (270–275 n. Chr.) und Probus (276–282) gelang es, wenigstens die Rheingrenze zu stabilisieren und mit neuen Befestigungen zu versehen. Einzelne »Widerstandnester« konnten sich rechts des Rhein behaupten. Wiesbaden scheint ein solcher Platz gewesen zu sein. Einige Flüchtlinge des Jahres 260 werden zurückgekehrt sein. Mit der Konsolidierung der Verhältnisse unter Diokletian (284–305 n. Chr.) wird eine langsame Normalisierung, wenn auch auf niedriger Stufe, begonnen haben.

Emil Ritterling[787] rechnet nach 260 n. Chr. mit einer Unterbrechung von zwei bis drei Jahrzehnten, »während welcher bei der Unsicherheit der Verhältnisse sich kaum viel Leben in Wiesbaden wieder entwickelt hat. Die Zahl der gefundenen, aus dieser Zeit stammenden Münzen ist verschwindend klein, kaum 20 Stück.« Dennoch wurde die »auch während der schlimmsten Verfallszeit in der Theorie wohl festgehaltene Zugehörigkeit des rechtsrheinischen Landes zum römischen Reich wenigstens in bezug auf Wiesbaden und seine nächste Umgebung nochmals zur Tatsache.«

Die Reformen Kaiser Diokletians

Diokletian führte entscheidende Veränderungen ein, die die Verwaltung und das militärische Kommando straffen sollten. Im Jahr 293 n.Chr. gliederte er das Imperium in vier Teilreiche, die von zwei Augusti und zwei rangmäßig nachgeordneten Caesares verwaltet wurden. In dieser Tetrarchie übernahm Diokletian den Osten, Augustus Maximian Italien und Afrika, Caesar Gallerius, Adoptivsohn Diokletians, erhielt Illyrien und Griechenland, Constantius Chlorus, den Maximian adoptiert hatte, Britannien, Spanien und Gallien. 297 n. Chr. erfolgte erneut eine Umgruppierung, jetzt in 12 Diözesen (Bezirke). Zur Diözese Galliae mit der

Hauptstadt Trier (*Augusta Treverorum*) gehörten die verkleinerten Provinzen *Germania prima*, deren Legionen *I Augusta* in Straßburg und *XXII Primigenia* in Mainz stationiert waren, und die Provinz *Germania secunda* mit den Legionen *I* und *XXX* in Bonn und Xanten.

Die Neugliederung war verbunden mit dem Beginn einer intensiveren Bekämpfung der rheinischen Germanen. Sie führte zwar nicht zu einer Verschiebung des Grenzschutzes von der Rheinlinie in das rechtsrheinische Land, aber doch zur militärischen Besetzung und Sicherung einzelner, besonders wichtig erscheinender Plätze dicht am oder in nicht allzu weiter Entfernung vom Fluß. Zu diesen gehörte auch Wiesbaden, das mit dem angrenzenden Gebiet militärisch erneut einen Brückenkopf von Mainz bildete.

Dieses rechtsrheinische »Protektorat« war nicht in der früheren Form angelegt. Vielmehr sorgten, so ist heute die vorherrschende Meinung, einzelne Alamannenverbände, mit denen die Römer föderatenartige Bündnisse abgeschlossen hatten, zusammen mit einer einheimischen jungen Mannschaft (*collegia iuventutis*[788]) für den Schutz romanisierter Lebensräume hinter dem früheren Limes. Schon 1927 hatte O. Paret von der »Möglichkeit der Annahme römischer Truppen, wenn auch in Form einer Miliz aus eingesessener und germanischer Bevölkerung«[789] gesprochen.

Wie sich das im einzelnen vollzogen hat, kann aus Mangel an ausreichenden archäologischen Funden nur schwer nachvollzogen werden. Als Orientierungshilfe kann lediglich die sorgfältige Analyse der spätrömischen Münzreihen dienen, die schon mehrfach herangezogen wurde.

Spätrömische Münzreihen in Wiesbaden

K. Stribrny[790] geht von 291 Münzen aus, die in der Zeit von 260 bis 408 n. Chr. in Wiesbaden gefunden wurden. Dabei sind aber wohl noch nicht die im Quellschatz des Schützenhofs geborgenen über 250 Münzen berücksichtigt, von denen ein Teil für diese Jahre noch einmal eine beachtliche Erhöhung bedeuten (wie auch die kaum abschätzbare Zahl von Münzen, die nachgewiesenermaßen bei einigen Fundbergungen »abhanden« gekommen sind).

Abb. 171 Das Lyoner
»Bleimedaillon«

Das umlaufende Geld, folgert Stribrny, kann nur aus fortdauernd römisch gebliebenen linksrheinischen Quellen gekommen sein. Als Träger dieses Münzumlaufs kommen daher nur Bevölkerungsteile in Frage, die mit oder neben dem germanischen Element existierten, denn nur sie hatten die erforderliche Kenntnis bezüglich des Umgangs mit Münzgeld. Im Laufe der Zeit kam es dann zu einer gegenseitigen Assimilation, bei der es »den Germanen jener Zeit noch nicht so sehr um Staatsgründungen als eher darum ging, einen Anteil am Imperium zu erlangen«.

Ohne daß Begründungen hier wiedergegeben werden können, heißt es zum Schluß[791]: »Die Hypothese der Verzahnung der im ehemaligen Limesgebiet nach 260 n. Chr. ansässigen Völkergruppen durch eine Miliz des tetrarchisch (293–305 n. Chr.) und konstantinisch (305–337 n. Chr.) wiedererstarkten Reichs erweist sich somit hilfreich bei der Beantwortung der Fragen nach der Kontinuität der Römerplätze und deren Wirkung auf erstes germanisches Siedeln, nach der Tradition einiger alter Stadt- [Aquae Mattiacorum bis um 390 n. Chr bei Ammianus Marcellinus] und Flußnamen, nach der Regelmäßigkeit einer Geldzufuhr, nach der Ausgestaltung der Grenzwehr und schließlich nach

dem Auftreten der Sitte von Körpergräbern mit Waffenbeigabe im Rhein-Main-Gebiet.«

In frühkonstantinischer Zeit erlangte das Übergreifen der römischen Macht über den Rhein die stärksten Impulse. Abgesehen vom Verlauf des Münzfunddiagramms für Wiesbaden (Abb. 170) findet das eine konkrete Bestätigung in der schon zitierten, durch das Vorkommen von Ziegelstempeln L XXII C(onstantinianae) V(ictricis) belegten erneuten Bautätigkeit an den Kranzplatzthermen, in deren Becken mehrere Münzen aus der Zeit Konstantins gefunden wurden.

Einen weitere Hinweis liefert das Lyoner Bleimedaillon, ein 1862 bei Lyon in der Saone gefundener Probeabschlag für die Rückseite eines Goldmedaillons (Abb. 171). Es wird in die Zeit um 300 n. Chr. datiert und zeigt links den Mauerring von MOGONTIACVM, in der Mitte eine Brücke über den FL(uvius) RENVS und rechts das ebenfalls ummauerte CASTEL(lum), Castellum Mattiacorum, von dem aus wohl die letzten militärischen Aktivitäten unter Beteiligung römischer Truppen auf der rechten Rheinseite ausgegangen sind[792]. Spätrömische Bauten bei Flörsheim am Main, in Biebrich und auf der Adolfshöhe[793] müssen in diesem Zusammenhang genannt werden.

Die Zeit nach Konstantin d. Gr.

Der konstantinische Aufschwung verebbte gegen die Mitte des Jahrhunderts. Im Westen des Reiches war es vor allem eine Folge des Aufstandes des Gegenkaisers Magnentius, der sich 350 n. Chr. in Gallien gegen Constantius II., ein Sohn und Nachfolger Konstantins erhob. In diesen Kämpfen gingen große Teile der römischen Heere beider Seiten zugrunde, darunter auch die 8. und 22. Legion.

Die kriegerischen Auseinandersetzungen dieser Jahre nutzten die Franken, die in breiter Front den Niederrhein überschritten, aber auch die Alamannen, die am Oberhein aktiv wurden. Der rechtsrheinischen Brückenkopf gegenüber von Mainz wurde zerstört, Wiesbaden und Kastel gingen in Flammen auf[794]. Von nun an müssen die Alamannen als die eigentlichen Herren im Rhein-Main-Wetterau-Gebiet angesehen werden, bis sie von den Franken verdrängt worden sind.

Die Schlacht bei Straßburg 357 n. Chr.

Unter einem Vetter des Constantius, dem Caesar und späteren Augustus Iulianus (»Apostata«), kam es in Gallien und am Rhein noch einmal zu einem Aufbäumen der römischen Macht. 357 n. Chr. wurden die Alamannen in der Schlacht bei Straßburg vernichtend geschlagen. Den Verlauf der Schlacht hat der römische Geschichtsschreiber Ammianus Marcellinus (um 330 bis etwa 395 n. Chr.) ausführlich geschildert. Die Alamannen, die uns bisher nur in ihren mit Beigaben versehenen Gräbern begegnet sind, lernen wir in dieser Schilderung als leibhaftige Menschen und tapfere Krieger[795] kennen:

»Ihre kampfbegierigen und wilden Scharen führten (die Alamannenkönige) Chnodomar und Serapion (Agenarich) an. Chnodomar trug einen flammend-roten Helmbusch und ritt vor dem linken Flügel, hochaufgerichtet auf schäumendem Roß, gestützt auf einen Wurfspeer von furchterregender Länge. Durch seine glänzende Rüstung war er unter den anderen leicht zu erkennen. Den rechten Flügel führte Serapion, ein Neffe des Chnodomar. (. . .) Ihr Gefolge bildeten die an Macht am nächsten stehenden Könige, an Zahl fünf, dazu zehn Königssöhne und eine stattliche Reihe von Adeligen, danach 35 000 Bewaffnete aus verschiedenen Völkern.«

»Auf beiden Seiten gaben die Trompeter das Signal zum Kampf, und der Ansturm erfolgte mit großer Wucht. Nur kurze Zeit schleuderte man Wurfspeere, dann eilten die Germanen mehr in jagendem als in besonnenem Lauf heran und stürzten sich, den Speer in der Rechten schwingend, mit unbeschreiblicher Wut auf unsere Reiterschwadronen. Noch unmäßiger als gewöhnlich wüteten sie, so daß sich ihre Haare flatternd sträubten, und aus ihren Augen leuchtete eine Art Wahnsinn. Gegen sie deckten unsere standhaften Soldaten den Kopf mit vorgehaltenem Schild, dann zogen sie das Schwert oder schwangen die todbringende Lanze, zum Schrecken der Feinde.« (. . .).

»Nun kam es zum Kampf Mann gegen Mann und die Schlacht tobte lange unentschieden. Mengen von Speeren flogen sausend hin- und herüber. Ohne Ordnung loderten Ungestüm und Wut der Barbaren; sie versuchten, das dichte Gefüge der Schilde, das die Unsrigen in Form einer Schildkröte (*testudo*) schützte,

durch einen Hagel von Schwerthieben zu zerbrechen. (. . .) Der Kampf tobte gewissermaßen zwischen Gleichen: die Alamannen, kräftig und hochgewachsen, unsere Soldaten geschult durch große Erfahrung. Jene wild und ungestüm, diese besonnen und vorsichtig. Sie vertrauten auf ihren Mut, die Alamannen dagegen verließen sich auf ihren gewaltigen Körper.« Am Ende kam »der gnädige Wille einer günstig gesonnenen Gottheit« (*numen*) den Römern zu Hilfe. Sie errangen einen vollständigen Sieg.

Im Jahr darauf marschierte Julian nach Mainz, »um dort auf einer Brücke den Rhein zu überschreiten und die Barbaren in ihrem eigenen Gebiet heimzusuchen«[796]. Er ließ 800 Soldaten auf mittelgroßen, schnellfahrenden Booten einschiffen[797]; sie sollten an Land gehen und die anliegenden Dörfer »mit Schwert und Feuer vernichten«. L. Schmidt[798] vermutet, daß es sich bei diesem Fluß um den unteren Main gehandelt hat. Andere Abteilungen des römischen Heeres überquerten den Fluß und stürmten im Morgengrauen die Höhe der Berge. Die Feinde zogen sich in die dahinterliegenden Wälder zurück, »die durch ihre Wildheit fürchterlich waren«.

Einige Alamannenverbände überquerten den Main, um ihren bedrängten Landsleuten zu helfen. Als sie von der einen Seite »durch die schnelle Ankunft der römischen Reiter, von der anderen durch den plötzlichen Angriff der auf den Schiffen beförderten Soldaten in Schrecken versetzt wurden, konnten sie nur dank ihrer guten Ortskenntnis entkommen«. Nach ihrem Abzug streiften die römischen Truppen umher und plünderten die an Vieh und Früchten reichen Gehöfte. Sie brannten alle Wohnhäuser nieder, »die sorgfältig nach römischer Weise (*ritu Romano*) gebaut waren«.

Die geographischen Angaben des Ammianus Marcellinus vom Verlauf dieser Expedition halten sich in allgemeinen Begriffen: ein Fluß, Berge und tiefe Wälder jenseits der Höhe. Sie lassen aber die begründete Vermutung zu, daß die Kämpfe zu beiden Seiten des unteren Mains stattgefunden haben. Ob die angrenzenden Berge zum Taunus oder Odenwald gehört haben, bleibt unklar.

Kaiser Julian sichert die Grenzen an Rhein und Donau

Mit diesem an die Schlacht bei Straßburg anschließenden Feldzug hatte Julian auch den weiter nördlich siedelnden Alamannenstämmen die Macht und den politischen Willen Roms nachdrücklich vor Augen geführt. Nach einem weiteren Feldzug, bei dem er nochmals auf einer Schiffsbrücke den Rhein überschritt und in die zwischen Main und Neckar lokalisierten Gebiete der Alamannenfürsten Suomar und Hortar vordrang, kam es schließlich »zur Unterwerfung jener einst so stolzen Könige, die sich daran gewöhnt hatten, vom Raub an unseren Landsleuten reich zu werden. (. . .). Von nun an gehorchten sie unseren Befehlen ohne Murren«[799].

Julian ließ die Mauern der wiedergewonnenen Städte auf dem linken Rheinufer wiederherstellen[800]. Im darauffolgenden Jahr wendete er sich weiter südwärts gegen die Alamannenstämme des Dekumatenlandes zwischen Oberrhein, Neckar und Donau. Bei diesen Kämpfen, die mit wechselndem Erfolg geführt wurden, nennt Ammianus zum erstenmal die Namen der »königlichen Zwillingsbrüder Macrianus und Hariobaudes«[801], die für uns deshalb von besonderer Bedeutung sind, weil sie die Anführer des in der Nähe von Wiesbaden und im Taunus bis zur unterer Lahn ansässigen Alamannenstammes der Bukinobanten waren. Sie hatten sich 357 n. Chr. neutral verhalten[802], suchten aber nun den Caesar Julian im römischen Feldlager auf, um ihn um Frieden zu bitten, vielleicht, weil sie an der Ostgrenze ihres Landes (Wetterau?) von den Burgunden bedrängt wurden - von denen wir an einer anderen Stelle bei Ammian[803] erfahren, daß sie »ständig mit den Alamannen um Salzquellen und Grenzen im Streit liegen«. Macrianus wurde mit seinem Bruder zu dem Platz geführt, wo die Adler und Feldzeichen standen. »Er staunte über den schimmernden Glanz der Waffen und Krieger, denn er sah so etwas zum ersten Mal.« Nach langer Beratung wurde in allseitiger Übereinstimmung dem Macrianus und Hariobaudes Frieden gewährt[804].

Julian kämpfte danach noch einmal am Niederrhein, inspizierte und verbesserte die Anlagen der Grenzverteidigung entlang des Rheins und begab sich dann nach *Augusta Rauracense* (Kaiseraugst bei Basel). Dort rüstete er zum Kampf gegen Constantius II., da sich

die Beziehungen der beiden zueinander so verschlechtert hatten, daß eine Auseinandersetzung unvermeidlich schien. Julian zog von Kaiseraugst durch den Schwarzwald und dann zu Schiff auf der Donau nach Osten. Der plötzliche Tod des Constantius machte jedoch dem Kampf ein Ende, bevor er begonnen hatte. An Rhein und Donau herrschte Ruhe. Julian, der nun alleiniger Augustus war, wendete sich dem Osten zu. Dort wurde er 363 n. Chr. im Kampf gegen die Perser bei einem Reiterangriff von einer Lanze so schwer getroffen, daß er an den Folgen der Wunde starb. Für seine Siege über die Alamannen hatte er den Ehrentitel *Alamannus maximus* erhalten. Die Geschichte kennt ihn aber als Julian Apostata (Abtrünniger). Diesen Beinamen erhielt er im christlichen Abendland, weil er sich, ein getaufter Christ, als Jüngling unter dem Einfluß neuplatonischer Ideen vom Christentum abgewendet hatte. Der frühe Tod des 32jährigen Kaisers war ein großer Verlust für das Reich.

Valentinian I.

Kaiser Valentinian (364 – 375 n. Chr.), der noch im Jahr seiner Erhebung seinen Bruder Valens zum Mitkaiser für den Osten erhob, erwies sich am Rhein als energischer Verfechter der Interessen Roms. Er machte Trier zur Hauptstadt des Westreiches und sicherte den Grenzschutz durch eine grundlegende Neuordnung des Verteidigungssystems[805].

Diese Entscheidung hatte gute Gründe. Denn schon 365 n. Chr., kaum daß der Kaiser ein Jahr im Amt war, überschritten erneut alamannische Scharen den Rhein. Sie fügten den Römern »in beiden germanischen Provinzen«[806] empfindlichen Schaden zu. Drei Jahre danach überfiel der alamannische Königssohn Rando mit einer leichtbewaffneten Bande das zu diesem Zeitpunkt ungeschützte Mainz. »Zufällig feierte man dort ein Jahresfest der christlichen Gemeinde«. Rando konnte ungehindert Männer und Frauen aller Stände und wertvollen Hausrat erbeuten und wegführen[807]. Der Vergeltungsfeldzug, den Valentinian im Hochsommer desselben Jahres (368 n. Chr.) bis in das Land am oberen Neckar und in die Gegend der Donauquellen führte, hatte nur begrenzten Erfolg. Nach diesen Kämpfen kehrten die Truppen in die Winterlager, der Kaiser nach Trier zurück. Der Verlauf des Feldzuges hatte gezeigt, daß dem römischen Heer in dem waldreichen Mittelgebirge, das vom Taunus über Odenwald und Kraichgau bis zum Schwarzwald und zur oberen Donau reichte, gegen die ortskundigen und leichtbeweglichen Kampfverbände der Alamannen kein entscheidender Sieg gelingen werde. Valentinian schmiedete daher neue Pläne. Ab dem nächsten Frühjahr ließ er »den ganzen Rhein von Rätien bis zur Küste des Ozeans mit großen Dämmen befestigen und auf der Höhe Militärlager und Kastelle und in dichtem Abstand an geeigneten Stellen Türme errichten, so weit sich die gallischen Länder erstreckten. Da und dort wurden auch Gebäude jenseits des Flusses angelegt, wo er das Land der Barbaren berührt«[809].

Unter Berücksichtigung der archäologischen Forschung in die heutige Zeit übertragen, heißt das, am Mittelrhein errichtete der Kaiser zusätzlich zu den bereits bestehenden Wehrbauten in Worms, Mainz, Bingen und Boppard weitere Befestigungen in Altrip (*Alta ripa*) südlich von Ludwigshafen, Alzey (*Alteia*), und in Bad Kreuznach (*Cruciniacum*)[810]. Diese tiefgestaffelte Verteidigungszone sicherte er durch weitere Wehrbauten auf dem rechten Rheinufer, zu denen auch die Heidenmauer in Wiesbaden gehört hat.

Burgi, Schiffsländen und Kampfschiffe auf dem Rhein

Eine wichtige Funktion im Befestigungssystem des Mainzer Brückenkopfes kam *Castellum Mattiacorum*, der archäologisch nur unzureichend untersuchten Befestigung am linksrheinischen Ende der Mainzer Rheinbrücke zu[811]. Sie war mit der Heidenmauer in Wiesbaden durch feste Straßentürme verbunden, von denen sich Reste einer Palisade beim Wasserturm von Biebrich und eine Grabenecke beim Bahnhof Wiesbaden-Ost[812] gefunden haben. Auch der im Ackerland westlich der Rheinstraße ergrabene Turm (S. 192 f.) wird zu diesem Befestigungssystem gehört haben. Im weiteren Umfeld des Brückenkopfes gab es außerdem einen an der römischen Mainuferstraße, 2 km südlich von Flörsheim ergrabenen Straßenturm (*burgus*[813]), eine ähnliche Anlage zwischen Wallau und Breckenheim[814] und eine weitere gegenüber dem Eingangstor der Biebricher Firma Fritz Kalle[815]. Bei ihm

kann es sich aber auch um eine befestigte Schiffslände[816] gehandelt haben.

Die Diskussion um solche Schiffsländen, befestigte Anlegestellen für Boote der römischen Kriegsflotte auf dem Rhein, hat durch die Entdeckung der Mainzer Römerschiffe im Winter 1981/82[817] wieder neuen Auftrieb erhalten. Es wird immer klarer, daß spätestens seit den sich häufenden Überfällen germanischer Verbände in die linksrheinischen Provinzen leichte, schnell bewegliche Kampfboote (*lusoriae*) zur Überwachung der Rheingrenze unentbehrlich waren. Die vielen Flußüberquerungen durch Fußsoldaten und Reiterei und die Sicherung der Schiffsbrücken im Operationsgebiet wären ohne Schiffe und befestigte Anlegeplätze nicht möglich gewesen.

Jahresringchronologische Untersuchungen an den in Mainz gefundenen Schiffen zeigen, daß sie im 4. Jahrhundert gebaut wurden. Das beim Bau von Schiff 1 verwendete Holz wurde 376 n. Chr. geschlagen. Bei späteren bautechnischen Veränderungen wurde Holz verwendet, das auf das Jahr 394 datiert werden konnte. Die Mainzer Schiffe sind offenbar im Zuge der Reorganisation der Rheinverteidigung entstanden, die von Kaiser Julian nach den verheerenden Alamanneneinfällen von 352 bis 354 eingeleitet und von Valentinian I. abgeschlossen wurden. Und sie belegen, daß das julianisch-valentinianische Konzept der Rheinverteidigung bis um die Wende vom 4. zum 5. Jahrhundert gültig gewesen ist[818].

Die Heidenmauer

Berücksichtigt man den Bericht des Geschichtsschreibers Amminanus Marcellinus über den Überfall des Rando im Jahre 368 auf das von Schutztruppen entblößte (*praesidiis vacuam*) Mainz und den Feldzug am Neckar bis zu den Quellen der Donau, wird man den Bau der Heidenmauer nicht vor Frühjahr 369 n. Chr. anzusetzen haben. Sie ist das einzige heute noch sichtbare Bauwerk der Römerzeit.

Übriggeblieben ist jedoch nur ein Rest von kaum einem Zehntel der ursprünglichen Länge von etwa 500 m. Sie lief fast geradlinig von der Höhe des Schulbergs in südöstlicher Richtung herab, mit einem leichten Knick in Höhe der Langgasse. Seit dem 17. Jahrhundert bildete sie die östliche Begrenzung des Friedhofs am Schulberg. Bei der Langgasse befand sich spätestens seit dem Mittelalter ein für den Zugang zum Quellenviertel notwendiger Durchbruch (innere heidnische Pforte »Heidenloch«[819]). Sie kreuzte die Wagemannstraße beim Haus Nr. 36, wo sich ein zweiter Durchbruch befand. Am Schloßplatz markiert sie die Grundstücksgrenze zwischen dem Bürobau des Landtags (Kavaliershaus) und der Kaiser-Wilhelm-Heilanstalt. Sie endete vor der Häuserfront der Straße am Marktplatz, 30 m nördlich des Chors der Marktkirche. Dort befand sich der 1489 zuerst erwähnte »Stümpert«, ein viereckiger Wehrturm mit vierseitigem Spitzdach, der zur mittelalterlichen Stadtbefestigung gehörte, zeitweilig als Gefängnis gedient hat, und Mitte des 18. Jahrhunderts abgerissen wurde[820].

Der Charakter der Mauer ist ein völlig anderer als der der Limeskastelle. Sie hat, wie man aus der sorgfältigen Verkleidung auf der Rückseite schließen kann, keine Wallanschüttung hinter sich gehabt. Der Wehrgang befand sich auf der Mauer selbst, allenfalls verstärkt durch eine angebaute Holzkonstruktion. Heute sind kaum mehr als 50 m der Mauerruine zu beiden Seiten des Römertores erhalten. Das fehlende Stück wurde 1902 beim Bau der Coulinstraße abgebrochen. An seiner Stelle errichtete man das Römertor, eine hölzerne Brücke in der Art römischer Torbauwerke (wie man sie sich damals vorgestellt hat).

Die Literatur über das eindrucksvollste Bauwerk der Römerzeit ist mannigfaltig[821]. Alle Beschreibungen lassen jedoch den genauen Zweck des Bauwerkes offen. Daß es eine Aufgabe innerhalb des valentinianischen Verteidigungssystems erfüllen sollte, ist unbestritten. Ein Rätsel bleibt die Art der Ausführung: Die Mauer läuft an beiden Enden ohne Abschluß aus, so daß ein Angreifer sie seitlich hätte umgehen können.

Zwei Hinweise sind wichtig, werden aber im allgemeinen nicht genügend gewürdigt. Schon A. v. Cohausen hat darauf hingewiesen, daß der Vicus im Osten und Süden von Gewässern und sumpfigem Terrain umgeben war, das einen fast unüberwindlichen natürlichen Schutz bot. Auch daß die Heerstraße vom Kastell auf dem Heidenberg nach Mainz-Kastel zwischen Michelsberg und Friedrichstraße als Damm von genügender Höhe das Wellritztal durchsetzte und mit einiger Nachhilfe, z. B. durch Palisaden, als Verteidigungs-

wall dienen und dem Vicus einen ausreichenden Schutz nach Westen bieten konnte.

Die Lücke von 125 m vom Nordende der Mauer zum Kastell war nach den Vorstellungen v. Cohausens ebenfalls von einem palisadenverstärkten Erdwall mit davorliegendem Graben ausgefüllt. »Von dem Graben konnte man, als die Hirschgrabengasse nach den Schulen [auf dem Schulberg] verlängert und tiefer gelegt wurde, den Querschnitt noch in der Seiten-Böschung erkennen«[822].

In diesem Zusammenhang verdient eine Überlegung des Mediävisten O. Renkhoff[823] Beachtung. Danach ist nicht zu übersehen, daß sich die Gesamtstadt des Mittelalters genau mit der Siedlungsfläche des römischen Vicus deckt. Renkhoff (und der Autor dieses Buches) schließt sich einer schon früher[824] geäußerten Vermutung an, »daß die Umwehrung dieses mit der römischen Siedlung kongruenten Gebietes auf spätrömische Anlagen zurückgeht, die das abschüssige Gelände zu einem System nasser Befestigungsgräben benutzten«. Im Osten bot das sumpfige Gelände des Salzbachtals einen natürlichen Schutz.

»Denkbar wäre dies im späten 3. Jahrhundert; man sollte ohnehin meinen, daß der Vicus nach den Alamanneneinfällen befestigt worden sei. Auch wenn nach dem endgültigen Abzug der Römer Abschwemmungen an der Bergseite die Gräben verschleift haben mögen, dürften zumindest die Terrassierungen weiter bestanden haben. Für andere Römerstädte ist zwar eine solche Schutzwehr wohl kaum bekannt; doch dürften sich so geeignete Voraussetzungen wie das abfallende Gelände und die ausreichende Wasserzufuhr auch sonst nirgends geboten haben.«

Die Herleitung der mittelalterlichen Befestigung des »Fleckens« von einer spätantiken Anlage hat noch mehr Argumente für sich. In der unkonventionellen Technik kann man einen aus Zeitnot geborenen Rückgriff auf die Bauweise am Limeswall und -graben sehen, zu der sich die Ergänzung durch reichlich vorhandenes Wasser anbot. Da wir wissen, daß die Einwohner des Vicus sich nach dem Alamannenüberfall von 259/260 überwiegend aus einem barbarischen Völkergemisch einschließlich germanischer Zuwanderer zusammensetzte, spricht vieles für eine solche einfache Verteidigungsanlage, die denen ihrer mitteldeutschen Heimat verwandt war.

Das Bauwerk

Ganz logisch schließt sich daran die Überlegung, daß die Mauer von 370 n. Chr. nach der Reorganisation des römischen Heeres von Baukolonnen der Rheinarmee, also von regulären Truppeneinheiten, in der für die Kastellbauweise dieser Spätphase typischen Technik erbaut wurde. Man wählte einen Abschnitt, der einen topographisch günstigen Abschluß nach Norden (unter Opferung eines Teiles des nicht mehr in seinem vollen Umfang bewohnten Vicus) ergab. Sie war nicht unvollendet – dafür gibt es an den beiden Enden der Mauer keinen bautechnischen Hinweis. Sie verstärkte vielmehr an einer vom Gelände vorgegebenen Linie das vorhandene Verteidigungssystem.

Die Angaben über Höhe und Breite sind uneinheitlich. Wahrscheinlich waren die Maße nicht über die ganze Strecke gleich. K. Reuter schreibt, daß sie in der Kirchhofsgasse (»Am Römertor«) noch eine zwischen 2,50 – 6 m wechselnde Höhe erkennen ließ, daß sie aber bis zur vollen Höhe wohl 10 m betragen haben mochte[825]. Nach Ritterling »wird die Höhe mehr als 6 m betragen haben«[826]. Das Fundament war im Durchschnitt 3 m, das aufgehende Mauerwerk etwa 2,50 – 2,60 m breit.

Das sorgfältig gemauerte Fundament hat man an der Außenseite mit größeren lagerhaften Steinen (Grauwacke) verkleidet. Auffallend ist, daß der 30 cm tief in den anstehenden Boden (Lette und Kalkmergel) eingeschnittene Fundamentgraben nicht in horizontalen Absätzen abgestuft war, sondern dem natürlichen Gefälle folgte. Die Schräge wurde damit ausgeglichen, daß das Fundament am oberen Anfang von durchschnittlich 7 m betragenden Abschnitten eine Tiefe von 30 cm hatte, am unteren Ende aber, je nach Gefälle, eine Höhe bis 1,50 m erreichte. Ab der Langgasse war der Untergrund durch das von der Höhe herabkommende Wasser und den Thermalwasserüberlauf mehr oder weniger versumpft. Hier ruhte das Fundament auf einem Rost aus 0,80 – 1,20 m langen Eichenholzpfählen, die nebeneinander, aber in unregelmäßiger Anordnung in den sumpfigen Boden eingerammt waren[827].

Über dem an der Oberfläche horizontalen Fundament folgte eine Lage großer Sandsteinquader, die zum großen Teil aus Architekturstücken in zweiter Verwendung (s. u.) bestanden. Darüber erhob sich die eigentliche Mauer. Die äußeren Mauerflächen waren nur an wenigen Stellen noch 1 – 2 m hoch erhalten. Im Mittelalter und später hat man die rechteckig zugehauenen Verblendsteine als Steinbruch für den Bau von Fundamentsockeln von Häusern verwendet. Sie hatten nach außen die Maße 16 x 10 und 20 x 12 cm, ihre Tiefe betrug 14 – 16 cm und bestanden aus unterschiedlichem Material: Mainzer Muschelkalk und dichter Kalkstein. Bei der neuzeitlichen Aufmauerung wurde ein Original-Zinnendeckstein aus gelblichem Sandstein in die Terrassenmauern eingemauert[828]. Er stellt einen Halbkreis von 58 cm Durchmesser und 29 cm Höhe (= Stärke der Zinnenmauer) dar. Daraus errechnet v. Cohausen eine Breite des Wehrganges auf der Mauer von 1,52 – 1,57 m.

Der Kern war als Gußmauerwerk ausgeführt (Abb. 172). In ihm fanden sich größere und kleine Steine aus Serizitschiefer, wie er in den Steinbrüchen der Umgebung von Wiesbaden reichlich vorkommt, Brocken aus Kalk- und Sandstein, Bachkiesel und Ziegelstücke, überwiegend aus dem 2. und der 1. Hälfte des 3. Jahrhunderts. Dazu Architekturstücke und Trümmergestein von römischen Gebäuden, Altären, Grab- und anderen Inschriftensteinen[829].

Diese Steinmasse war in Mörtel eingebettet, auf dessen Herstellung große Sorgfalt und feste Rezepturen angewendet wurden. Er bestand aus gut gebranntem Kalk im Gemisch mit feinkörnigem, an der Oberfläche scharfkantigem Sand. So entstand eine felsenharte Masse, aus der die darin eingebetteten Steine auch mit stählernen Brechwerkzeugen nur mühsam herausgebrochen werden konnten; eher splitterten die Steine, als daß sie sich aus dem festen Verband lösen ließen[830]. Dieser Bauweise ist die mehr als eineinhalbtausendjährige Erhaltung des Mauerkerns zu verdanken.

Die Bindung zwischen den behauenen Steinen der Verblendmauer und dem Gußmauerkern war gering. Zwar waren die zugerichteten Mauersteine nach innen keilförmig gearbeitet, um das Eindringen des Mörtels vom Mauerkern zwischen die Fugen zu erleichtern. Eine echte Bindung kam dadurch aber nicht zustande. Die in Abständen von etwa 1 – 1,50 m nebeneinander und 1,20 – 1,30 m übereinander vorkommenden, im Querschnitt runden Hohlräume von 6 – 7 cm lichtem Durchmesser dienten beim Bau der Mauer als Rüsthe-

Abb. 172 Römisches Guß-
mauerwerk der Heiden-
mauer oberhalb der Lang-
gasse mit Steinen aus ein-
heimischem Serizitschiefer

bel. Reste der verfaulten Rundhölzer waren an einigen Stellen noch zu erkennen.

Die Mauer wurde in Schichten erbaut. Man legte ein Mörtelbett von etwa 15 cm an, schüttete darauf eine Lage größerer und kleinerer Steine und stampfte sie mit Hilfe von Handrammen möglichst tief in den frischen Mörtel. Dann mauerten andere Arbeitsgruppen von Rüstbrettern aus die Verkleidungsmauer mit zugerichteten Steinen ein Stück in die Höhe, so daß nun das nächste Mörtelbett eingegossen werden konnte. Der Materialtransport erfolgte auf der Mauerkrone; dadurch waren größere Gerüstbauten überflüssig.

Die interessanteste Entdeckung machte man in der Schicht über dem Fundamentsockel. Scheinbare Sandsteinquader erwiesen sich beim Abbrechen als Basen und Kapitelle von Säulen, deren glatte Unter- bzw. Kopfseiten nach außen gekehrt waren; dazu andere Architekturstücke, unter denen der Gedenkstein für die Diana Mattiaca (S. 114) der bedeutendste ist. Die vorspringenden Teile des Blätterschmucks der Kapitelle waren abgeschlagen, Bruchstücke davon waren im Gußmauerwerk vermauert. Maße, Gliederung, Material (Sandstein) und Ornamentierung deuten darauf hin, daß alle Stücke zu einem einheitlichen Bauwerk gehört haben.

Im ganzen fanden sich an der untersuchten Stelle (15 m Durchbruch Coulinstraße) sieben Säulenbasen mit Schaftansatz und Plinthen (51 x 56 cm). Zwei Kompositkapitelle zeigen zwischen dem Blattwerk Köpfe, wahrscheinlich von Gottheiten (Abb. 173 u. 174). Eine Säulentrommel war im Kern der Mauer verbaut.

Das Gebäude, zu dem der reiche Säulenschmuck gehörte, läßt sich nicht mehr bestimmen. Es kann sich um einen Tempel, die Eingangshalle zu den großen Thermen oder um eine öffentliche Markthalle gehandelt haben. Ohne Festlegung läßt sich aber der Schluß ziehen, daß im Bereich der hinteren Langgasse Gebäude gestanden haben, die dem Badeort *Aquae Mattiacorum* in seiner Blütezeit städtischen Charakter verliehen.

Zu den Gebäuden, die zur Materialgewinnung niedergerissen wurden oder bei feindlichen Überfällen schon zerstört worden waren, gehörten auch das in geringer Entfernung hinter der Mauer liegende Mithräum und der Rechteckbau, dessen Fundamente in Höhe der Coulinstraße unter der Mauer hindurchzog[831].

Zur Feindseite ragten mehrere Türme halbkreisförmig

Abb. 173   Korinthisches Säulenkapitell mit Götterbüste aus dem Fundament der Heidenmauer

Abb. 174   Korinthisches Säulenkapitell mit Götterbüste aus dem Fundament der Heidenmauer

aus der Mauer heraus. Während Pfarrer Hellmund 1731 vier Türme erwähnt, kennt G. A. Schenck 1754 nur drei[832]. Heute ist noch der restaurierte Turm oberhalb des Durchbruchs an der Coulinstraße zu sehen. Er springt als Halbkreis mit einem Durchmesser von 4,33 m und einem Radius von 2,17 m aus der Mauer vor. Seine Mauerstärke betrug etwa 1 m. Das Fundament war mit dem Fundament der Heidennauer massiv durchgemauert. Der Fußboden lag 2,35 m unter der heutigen Oberfläche. Bis zur erhaltenen Höhe von ca. 2 m gab es keinen Eingang. Mindestens das Erdgeschoß war also nur von oben her mittels einer Leiter zugänglich. Die volkstümliche Benennung des Turms als »Kessel« soll auf die halbrunde Form zurückgehen. G. A. Schenck leitet sie von *castellum* ab.

Die Fundamentreste des zweiten, heute noch nachweisbaren Befestigungsturms der Heidenmauer befinden sich im Keller des Hauses Wagemannstraße Nr. 33. Er war als Tessen-/Täschenturm bekannt und diente zeitweilig als Gefängnis, in dem die »Malefizpersonen gefänglich enthalten« wurden, und als »Narrenhaus«[833]. Sein Aufbau ist gleich wie der vom »Kessel« oberhalb der Coulinstraße. Beide entsprechen den halbrunden Mauervorsprüngen, die von spätrömischen Stadtbefestigungen auf der linken Rheinseite (Alzey, Boppard, Bad Kreuznach) bekannt sind[834].

H. Schoppa konnte 1952, leider nur in einem begrenzten Raum, eine genauere Untersuchung vornehmen[835]. Beim Neubau des Kavaliershauses am Schloßplatz traf er folgenden Befund an: Mauerstärke 2,25 m; Höhe des Fundamentes 0,40 m, Breite des Sockelvorsprungs 0,20 – 0,30 m. Das Fundament lag über einer Rollschicht aus kleinen Steinen ohne Mörtel, 0,20 m stark. Sie ruhte auf einem Rost von Holzpfählen, die unregelmäßig in den Boden geschlagen waren. Ihr Abstand voneinander betrug durchschnittlich 0,30 m, ihre Länge 0,30 – 0,80 m, ihre Stärke 0,10 m. Der obere Teil der Pfähle reichte durch die Rollschicht bis unmittelbar an das gemauerte Fundament.

Die Verkleidung des Aufgehenden war noch 0,56 m hoch erhalten. Sie bestand aus zwei Steinlagen; in der unteren waren alte Werkstücke vermauert (z. B. das Bruchstück eines profilierten Gesimses), die zweite Lage bildeten kleine Quadern. Darüber folgte ein Ziegelband, zum Teil aus einer, zum Teil aus zwei Lagen. Soweit sie aus dem harten Mörtel geborgen werden konnten, handelte es sich um zweitverwendetes Material; Stempel wurden nicht beobachtet.

Faßt man alle Beobachtungen zusammen, ergibt sich als eindeutiger Befund, daß es sich um ein Befestigungswerk der valentinianischen Zeit gehandelt hat, das in großer Eile aufgeführt wurde. Dafür sprechen außer der Flüchtigkeit der Ausführung und der Be-

schaffung des Baumaterials aus Trümmern der unmittelbaren Umgebung auch der Einsatz von Einheiten des spätantiken Heeres als Arbeitskommandos. Zahlreiche Ziegelstücke, die in unmittelbarer Nähe und in der Mauer selbst gefunden wurden, tragen Stempel der *Martenses, Vindices, Secundani* und *Portisenses.* Diese Einheiten gehörten zum Bezirk des *Ducates* von Mainz. Die *Martenses* lagen in Altrip, die *Vindices* in Speyer, die *Portisenses* vielleicht in Rheinzabern[836]. Ob, wie H. Schoppa schreibt[837], als Kernstück des Brückenkopfes Mainz ein starkes Kastell in Wiesbaden geplant (die Heidenmauer also ein nicht fertig gewordener Torso), oder ob die Befestigung des Vicus mit Heidenmauer, Wällen und Gräben in sich abgeschlossen war, läßt sich nicht mehr eindeutig klären. Die Einwohnerschaft dürfte jedoch schon überwiegend aus geduldeten oder angesiedelten, wenn auch überwiegend römerfreundlichen Barbaren bestanden haben. Dadurch hatte der Vicus jedoch immer mehr den Charakter eines Badeortes verloren.

Völkersturm aus dem Osten

Zum besseren Verständnis der allgemeinen Situation muß hier eine kurze Zusammenfassung der damaligen Lage an den Grenzen des Imperiums vorausgeschickt werden. Im Orient ging die Initiative auf die persischen Sassaniden über. Vom Nordufer des Schwarzen Meeres wurden die Goten von Sarmaten und Hunnen gegen die untere Donau gedrängt. Dort braute sich ein Bedrohungspotential zusammen, das nur mühsam beherrscht werden konnte. In Nordafrika brodelten Unruheherde, Gallien wurde von Franken und Sachsen heimgesucht, Sachsen drangen auch über den Kanal nach Britannien vor. Dort konnte sich der Feldherr Theodosius nur mit Mühe behaupten.

Von seiner Hauptstadt Trier aus versuchte Kaiser Valentinian die Alamannen unter Kontrolle zu halten. Im Wechsel zwischen Strafexpeditionen und Verhandlungen, um Teilstämme als Foederierte zu gewinnen, wurde die Lage immer unübersichtlicher. Der Vicus *Aquae Mattiacorum* war zum Zeitpunkt des Baus der Heidenmauer, etwa 370 n. Chr., für die Römer offenbar noch von so großem Interesse, daß sie diesen Aufwand für sinnvoll gehalten haben.

Einen ähnlichen, ebenfalls »improvisierten« Mauerbau, etwa zur gleichen Zeit, beschreibt Ammianus Marcellinus für die Hauptstadt Illyriens, Sirmium. Auch dort wurde eine Mauer »aus schon lange angehäuftem Steinmaterial« errichtet[838]. Durch sie wurden die Quaden und Sarmaten, »zu Raub und Wegelagerei besonders befähigte Stämme, (. . .) wie durch einen vorgeschobenen Riegel von der Belagerung der Stadt abgehalten, zumal sie für eine so schwierige Kampfesart wenig geeignet waren«. Sirmium und Wiesbaden lagen als Wellenbrecher gegen wild anstürmende Barbaren auf dem jenseitigen Ufer wichtiger Grenzflüsse (Rhein und Save).

Der Bukinobantenkönig Makrian

Daß das Gebiet um Wiesbaden in den Jahren 368 – 375 (dem Todesjahr Kaiser Valentinians) im Brennpunkt von Ereignissen stand, die mit dem letzten Aufbäumen der römischen Macht am Mittelrhein in Zusammenhang stehen, wird durch drei Ereignisse angezeigt, die in antiken Quellen überliefert sind. Sie hängen sicher damit zusammen, daß in unserem Gebiet Makrian, »König« des Alamannenteilstammes der Bukinobanten, eine starke Stellung einnahm. Er hatte schon zehn Jahre vorher mit Valentinians Vorgänger Julian seinen Frieden gemacht (s. S. 219). Danach lag er abwechselnd mit den Römern im Streit oder sie konnten ihn als Foederaten auf ihrer Seite halten.

Bekannt ist, daß Kaiser Valentinian noch am 4. Juni 369 in *Mattiatici* geurkundet hat[839], wobei in der Altertumsforschung Einigkeit herrscht, daß mit dieser Ortsangabe *Aquae Mattiacorum* bzw. *Aquae Mattiacae* (wie Ammianus Marcellinus schreibt) gemeint ist. Ob während dieses Aufenthaltes ein Treffen mit Makrian stattgefunden hat, ist nicht bekannt.

Die letzten Nachrichten über das römische Wiesbaden und den Übergang in ein von alamannischen Foederaten beherrschtes Gemeinwesen hat Ammianus Marcellinus aufgezeichnet. Im Mittelpunkt stehen zwei Ereignisse, mit deren Schilderung die Geschichte Wiesbadens in der Römerzeit abgeschlossen werden soll.

Der erste Bericht schildert eine Strafexpedition der Römer gegen den König Makrian. Vielleicht hatte er die Bedrängnisse der Römer im süddeutschen Raum

(Feldzug Valentinians in das Gebiet des oberen Nekkar) dazu benutzt, seine eigene Position gegenüber der Besatzungsmacht zu stärken. So jedenfalls kann man die Begründung verstehen, die Ammianus Marcellinus an den Anfang seines Berichtes stellt[840]. Danach war es des Kaisers wichtigstes Anliegen, »den König Macrianus lebend mit Gewalt oder List gefangen zu nehmen. Denn er hatte bei dem häufigen Wechsel der politischen Lage seine Macht vermehrt und betrieb mit starken Kräften einen Anschlag gegen uns.

Nachdem durch Überläufer bekannt war, wo man ihn ergreifen konnte, ohne daß Widerstand möglich war, traf man die notwendigen Vorkehrungen. Der Kaiser ließ über den Rhein so heimlich wie möglich eine Schiffsbrücke schlagen und schickte seinen Unterführer Severus mit einer Vorhut von Fußtruppen in Richtung auf Wiesbaden (*Mattiacas aquas*) voraus. Der machte [dort] Halt, weil er wegen der geringen Zahl seiner Soldaten fürchtete, einem möglichen Ansturm des Feindes nicht standhalten zu können. Zufällig traf er dort auf Händler, die Sklaven zum Verkauf vorführten. Weil er fürchtete, sie könnten ihn verraten, wenn sie ihren Weg schnell fortsetzten, nahm er ihnen ihre Ware ab und ließ sie töten.

Nach der Ankunft weiterer Truppen beschloß man, ein Lager aufzuschlagen, da man weder Packpferde noch Zelte mit sich führte, außer Teppichen für das Zelt des Kaisers. Im Morgengrauen wurde der Marsch fortgesetzt. Die Spitze bildete eine Reiterabteilung unter dem Befehl des Theodosius. Entgegen dem ausdrücklichen Befehl war es jedoch nicht möglich, die Soldaten am Plündern und Brandschatzen zu hindern. Durch das Knistern der Flammen und den Lärm wurde das Gefolge des Königs aufgeschreckt. Sie setzten ihn auf einen schnellen Wagen und brachten ihn in einem von Hügeln umgebenen engen Tal in Sicherheit.«

So weit der Bericht des Ammianus Marcellinus, in dem Wiesbaden in der antiken Literatur zum letztenmal unter dem römischen Namen *Aquae Mattiacae* erwähnt wird. Nicht korrekt ist die gelegentlich zu lesende Interpretation, daß man den Alamannenkönig Makrian in Wiesbaden aufgeschreckt, als er dort gerade gebadet habe. Richtig ist, daß die Vorhut der Römer in Wiesbaden auf die Ankunft weiterer Truppen mit dem Kaiser selbst gewartet hat. Als man am nächsten Morgen aufbrach, um Makrian jenseits der Höhe des Taunus gefangen zu nehmen, mißlang das Unternehmen durch die Disziplinlosigkeit der Soldaten. »So kam Valentinian um diesen Ruhm (. . .). Fünfzig Meilen weit ließ er das feindliche Land in Flammen aufgehen und kehrte dann voll Unmut nach Trier zurück.«

Begegnung am Rheinufer

Im Jahr 374 n. Chr. überschritten germanische und sarmatische Völker den östlichen Teil der Nordgrenze des Reiches und drangen in das Gebiet des heutigen Ungarn und Österreich ein[841]. Kaiser Valentinian erhielt diese Nachricht in *Castrum Rauracense* (Kaiseraugst bei Basel). Trotz der fortgeschrittenen Jahreszeit wollte er gegen die Barbaren ziehen. Nur mit Mühe konnten ihn seine Berater davon abhalten. Als Gründe nannten sie die vereisten Straßen und den Mangel an Futtergras. »Auch warnten sie ihn vor der Gefährlichkeit der Könige, die Gallien benachbart waren, besonders des Macrianus, der damals gefürchtet war und, ohne vorherigen Friedensschluß zurückgelassen, selbst die Mauern der Städte angreifen werde«[842].

Der Kaiser ließ sich umstimmen, und so wurde Macrianus freundlich in die Nähe von Mainz eingeladen. Wie es den Anschein hatte, war der auch geneigt, einen Vertrag anzunehmen. Am verabredeten Tage stand er hocherhobenen Hauptes unmittelbar am Ufer des Rheins, während von allen Seiten seine Stammesgenossen mit ihren Schilden Lärm machten. Auf dem anderen Ufer bestieg der Kaiser mit seinen militärischen Führern Kähne und kam bis auf sichere Entfernung an das Ufer heran, »weithin sichtbar im Glanz der schimmernden Feldzeichen«.

»Als sich endlich die maßlosen Gebärden und das Gerede der Barbaren gelegt hatten, wurden viele Reden und Gegenreden gehalten und angehört. Schließlich schloß man unter eidlicher Bekräftigung einen freundschaftlichen Neutralitätspakt (*amicitia media sacramenti fide firmatur*). Nach Erledigung dieser Angelegenheit zog der königliche Unruhestifter besänftigt ab und blieb späterhin unser Bundesgenosse (*socius*). Bis zu seinem Lebensende bewies er durch edle Taten seine in Eintracht beständige Gesinnung«.

Nun also siedelten alamannische Foederaten im Schutz der Heidenmauer und gewährleisteten die Si-

cherung des Mainzer Brückenkopfes[843]. H. Schoppa »möchte mit allem Vorbehalt meinen, daß *Mattiatici*, wie der Ort im Codex Theodosianus genannt wird [s. o.], von da an alamannischer Verwaltungssitz bzw. Residenz eines Teilkönigs war«[844]. Über das Schicksal von Macrianus erfahren wir bei Ammianus Marcellinus, daß er »später im Frankenland [Gallien] umkam. Während er dieses in seiner Gier bei einem Überfall mörderisch verwüstete, geriet er in einen Hinterhalt des kriegerischen Königs Mallobaudes und fand dabei den Tod.«

Das Ende der Herrschaft Roms am Rhein

Im Spätjahr 406 erreichten Vandalen, Quaden und Alanen den Rhein. Sie überquerten ihn in der Neujahrsnacht 406/407 bei Mainz und vernichteten den römischen Grenzschutz zwischen Bingen und Seltz (Elsaß). Auch die Burgunder, die nordöstlich von den Alamannen saßen, wanderten jetzt nach Westen und ließen sich im Rheingebiet nieder. Damit war die Geschichte der *civitas Mattiacorum* auch im staatsrechtlichen Sinne zu Ende. Wie unterschiedlich sich auch die Ablösung der römischen Verwaltung auf der anderen Rheinseite im 5. Jahrhundert gestaltet hat, auf der rechten Rheinseite gab es sie von nun an nicht mehr.

Offen bleibt, in welcher Form die Kontinuität der Besiedlung im Stadtgebiet von Wiesbaden über die Alamannen zu den Franken vor sich ging. Daß es nie eine vollständige Siedlungslücke gab, zeigen nicht nur die bis in das 5. Jahrhundert reichenden Münzfunde in der Schützenhofquelle. Eindeutig beweisen es die zeitlich und räumlich ineinandergreifenden Bestattungen von Alamannen, frühen Christen nichtrömischer Herkunft und merowingischen Siedlern.

Wenn auch die Siedlungsgewohnheiten verschieden waren, dürfte die weitgehende geographische Übereinstimmung des karolingischen Königssondergaus mit der *civitas Mattiacorum* keine zufällige gewesen sein. Vom römischen *vicus Aquae Mattiacorum* über den alamannischen Verwaltungssitz und merowingischen Königshof bis zum »castrum Wisibada« des Biographen Karls des Großen Einhard führt eine niemals vollständig abgerissene Tradition.

Anhang

Abb. 175 Römische Wasserleitungsrohre im Magazin des Museums Wiesbaden

Abb. 176 Sinkkasten (Spülstein) an der römischen Wasserleitung am Hollerborn

In den meisten ehemaligen Vororten, heute Stadtteilen von Wiesbaden, sind im Laufe von beinahe 200 Jahren viele Zeugnisse römischer Kultur und Zivilisation entdeckt, ausgegraben und in die Sammlung Nassauischer Altertümer aufgenommen worden.

Diese Funde sind jedoch so zahlreich, komplex oder Objekte besonderen Charakters – es sei nur auf die Spuren einer römischen Wasserleitung hingewiesen (Abb. 175 u. 176), die über einen Aquädukt das Salz-bachtal beim Bahnhof Biebrich-Ost überquert hat[845] –, daß es unmöglich ist, dieses Thema in einem einzigen Band zu behandeln. Das gilt auch für die zahllosen Spuren von Wasserleitungen, die in Wiesbaden selbst und der näheren Umgebung angetroffen wurden. Sie sind schon 1877 von K. Reuter[846] umfassend beschrieben worden.

Stellvertretend werden zwei Objekte ausgewählt, die in besonderer Weise zum kulturellen Erbe Wiesbadens

gehören: die Gigantensäule aus Schierstein und die Jupitersäule aus Igstadt. Außerdem wurde noch ein Fund aus Mainz-Kastel in diesen Anhang aufgenommen, der in der vorliegenden Form noch nicht publiziert wurde und ein Beispiel dafür ist, daß in der Archäologie gelegentlich erstaunliche Dinge geschehen können.

Die Jupitergigantensäule aus Schierstein

Eine überraschende Entdeckung

Das Monument als solches ist von einiger Bedeutung. Bemerkenswert sind vor allem die Fundumstände[847]. Der Fundort ist eine mäßig ansteigende Berglehne oberhalb des Bahnhofs von Schierstein. Dort waren kurze Zeit vorher zahlreiche Frankengräber ausgegraben worden. Der Besitzer des Grundstücks war in etwa 1,50 m Tiefe im Löß auf fünf große Quarzitblöcke gestoßen. Sie waren zu einer Pyramide zusammengestellt und standen auf einer 30 cm dicken Platte aus rotem Sandstein, die nicht behauen, aber sehr regelmäßig quadratisch auf eine Seitenlänge von 1,20 m abgesprengt war.

Im folgenden Jahr (1888) wurde in Gegenwart des Konservators A. v. Cohausen weitergegraben. Man stieß auf einen kreisförmigen Einschnitt von 2,50 m Durchmesser, der mit aufrechtstehenden zerbrochenen römischen Dachschiefern ausgesteckt war und eine mit flachen Bruchstücken von Budenheimer Kalkstein gepflasterte scheibenförmige Fläche aufwies. Nach ihrer Entfernung stieß man, durch eine dünne Erdlage getrennt, auf eine in gleicher Weise ohne Mörtel aneinandergefügte horizontale Mauerung geringer Dicke. Und so ging es in wechselnder Reihenfolge, Erde, gesetzte Steinschicht, Erde usw., bei gleichem Durchmesser bis zu einer Tiefe von 2 m.

Es handelte sich um einen römischen, in auffälliger Weise trocken zugemauerten Erdbrunnen, der in das fest anstehende Lößlager eingeteuft war. Die Steinschicht in 2 m Tiefe setzte sich seitlich in eine rundliche Ausbuchtung der Lößwandung fort. Dort war auf ihr ein Bruchstück eines Hirschgeweihs niedergelegt und durch eine Reihe fächerförmig in die Wand gesteckter

römischer Schiefer wie mit einem Schutzdach versehen. Im übrigen blieben die Verhältnisse beim Tiefergraben immer die gleichen: eine Steinschicht mit ihrem dünnen Erdlager folgte der nächsten. In nicht ganz 5 m Tiefe zeigte die Steinschicht in der Mitte eine aus niedergelegten Schiefern gebildete Scheibe von annähernd 1 m Durchmesser.

Darunter folgte eine weitere horizontale Steinlage. Weitere 75 cm tiefer hatte sich der Durchmesser des Erdbrunnens von 2,20 m auf 1,80 m verkleinert. In einer Gesamttiefe von annähernd 6,50 m stieß man auf das erste wesentliche Fundstück (nachdem oberhalb schon Kohlenstücke, Tierknochen und Fragmente von Terra sigillata zwischen den Steinen gelegen hatten): eine rechteckige, bearbeitete Sandsteinplatte, die genau in die Mitte der entsprechenden Steinlage eingefügt war. Sie erwies sich später als die Basis des auf den Kopf gestellten Postaments der Säule. Das Postament selbst war durch senkrecht gestellte flache Steine und Schiefer festgestützt. Zu beiden Seiten des Postaments fanden sich in schräger Lage die größeren Bruchstücke der Säule und darunter das Kapitell und die zerschlagenen Stücke der Reitergruppe.

Die horizontale Schichtmauerung endete hier; sie ging in eine regellose Füllung größerer und kleinerer Steine über, die mit kleinen Bruchstücken von Terra sigillata, verrosteten Eisenstücken und zahlreichen Fragmenten von Hirschknochen und Geweihen durchsetzt waren und den Brunnenschacht bis zum Grund ausfüllten. An der Basis zeigte er Reste einer Verschalung von Eichenholz, und es fanden sich ein kleiner Steintrog und ein römisches Geschoß.

Die sorgfältige Vermauerung in der Tiefe eines römischen Brunnens muß einen bestimmten Zweck verfolgt haben. Entweder wollten die römischen Bewohner die »Göttersäule«, wie sie zunächst einmal bezeichnet werden soll, vor dem Zugriff barbarischer Eindringlinge schützen; oder christliche Eiferer haben das heidnische Symbol tief unter die Erde gebannt. Ich möchte eher die zweite Möglichkeit in Betracht ziehen.

Zum einen ist die zeitaufwendige Vermauerung durch eine Vielzahl von sauber gesetzten und durch dünne Lößlager getrennten Steinschichten für eine unter dramatischen Umständen abziehende Bevölkerung unwahrscheinlich. Für die Römer wäre es einfacher ge-

Abb. 177 Die Jupitergi-gantensäule aus Wiesba-den-Schierstein im Stein-saal des Museums Wies-baden

wesen, die wesentlichen Teile der Säule in den Rhein zu stürzen oder auf das andere Rheinufer zu transportieren. Zum anderen ist die Zerschlagung und Bannung heidnischer Götzenbilder mehrfach überliefert; man denke nur an die Fällung der Donareiche durch

Bonifatius. Offen bleibt, ob die Säule schon bei der Eroberung des Platzes durch die Germanen oder erst von eifernden Christen zerschlagen und die Trümmer unter die Erde gebracht wurden.

Das Monument

Die Schiersteiner Giganten- oder Jupitergigantensäule gehört zu einer Gruppe von religiös motivierten Denkmälern, deren Verbreitungsgebiet sich nach F. Haug[848] vom Neckar- bis zum Moselland erstreckt (mit gelegentlichem Übergreifen bis ins Innere Galliens und zum Niederrhein), ein Gebiet, das vorzugsweise Germanenüberfällen ausgesetzt war. Man kennt etwa 100 Exemplare, von denen aber die meisten nur unvollständig erhalten sind.

Die Gesamthöhe des Denkmals aus feinkörnigem hellem Sandstein beträgt 2,83 m. Davon entfallen 59 cm auf das Postament mit Sockel und Gesims (Länge/Breite 40/36 cm). Drei Seiten sind als Nischen mit je einem Relief einer Götterfigur gestaltet: Minerva mit behelmtem Kopf, Speer und Schild. Eine Eule ist rechts in Schulterhöhe dargestellt. Die Gegenseite zeigt Herkules mit Löwenfell und Keule, die Rückseite Merkur mit Heroldstab und Beutel. In der unteren Ecke der Nische sitzt ein Ziegenbock mit geschweiften Hörnern, die über den Nischenrand hinausreichen. Er kratzt sich mit der Klaue des erhobenen rechten Hinterlaufs.

Die Inschrift auf der vierten Seite lautet:

I(ovi) O(ptimo) M(aximo)
VIC(cius) SENECA EQ(ues)
LEG(ionis) XXII P(rimigenia)
ANT(oninianae) P(iae) F(idelis)
EX VOTO IN SVO PO/SVIT
GRATO ET SE/LEVGO CO(n)S(ulibus)
PRI/DIE KAL(endas) MART(ias)

»Dem besten und größten Jupiter hat Viccius Seneca, Reiter der 22. Legion Primigenia Antoniniana, der frommen und treuen, ein Gelübde erfüllend, auf eigenem Grund und Boden (dieses Denkmal) gesetzt unter dem Konsulat des Gratus und Seleucus am Tag vor den Kalenden des März.«

Viccius Seneca gehörte zu den Legionsreitern in

Mainz, die als Kuriere und Kundschafter dienten. Die Wahl der Säulenbekrönung in Gestalt des galoppierenden Jupiters mag ihm deshalb besonders nahegelegen haben. Die drei letzten Zeilen der Inschrift erlauben die Datierung der Setzung des Steins auf den 28. Februar 221 n. Chr. Der Beiname der Legion *Antoniniana* ist ausgemeißelt. Er bezog sich auf Kaiser Elagabalus, der nach seinem Tod (222 n. Chr.) der *damnatio memoriae* (Tilgung jeglicher Erinnerung) verfiel.

Mit der Aufstellung auf eigenem Boden (*in suo*) wollte der Stifter sich des göttlichen Schutzes für sein Besitztum versichern. Außerdem bezeugt der Zusatz *in suo*, daß Viccius Seneca in Schierstein Eigentum, wahrscheinlich eine *villa rustica* besaß. Nach H. Schoppa zeigt das, daß die Disziplin der römischen Legionen zu dieser Zeit schon gelockert war und die Soldaten nicht die gesamte Dienstzeit in der Garnison verbrachten. Sie durften außerhalb Grundbesitz erwerben, auf den sie sich nach ihrer Entlassung zurückziehen konnten[849]. Die auf einer Trommel ruhende geschuppte Säule mit einem von unten nach oben leicht zu- und abnehmendem Umfang krönt eine Reitergruppe. Der Reiter trägt römische Feldherrntracht mit fliegendem Mantel. Die Rechte schwingt die Lanze, die Linke dirigiert den Kopf des Pferdes. Der Kopf des Reiters ist dicht und lockig behaart, Stirn und Schläfe von einem üppigen Lockenkranz umrahmt, das Kinn trägt einen kurzen Vollbart. Die Physiognomie zeigt einen stolzen, siegesbewußten Ausdruck[850] (Abb. 178).

Das weit ausgreifende Pferd wird (statisch) gestützt durch ein im allgemeinen als »Gigant« bezeichnetes, schlangenfüßiges Wesen mit Menschenantlitz. Die Diskussion um die Deutung dieser Gruppierung verweist einmal auf die Verwandtschaft mit dem Kampf der Götter gegen die Giganten. Im übertragenen Sinne wurde daraus eine besondere Form von (privatem) römischem Staatskult, die Verherrlichung der Herrschergewalt des göttlichen Kaisertums, mit der man den »Dank für wiederhergestellten Frieden und gesicherten Wohlstand«[851] und die Hoffnung auf deren künftige Bewahrung zum Ausdruck brachte. Nach der *Interpretatio Romana*, der Verschmelzung von Göttern unterworfener Völker mit den eigenen Religionsvorstellungen, war der kapitolinische Jupiter zu der unrömischen Gestalt eines einheimisch-keltischen Himmelsgottes geworden[852].

Der thronende Jupiter aus Igstadt

1879 wurde beim Bau der Bahnstrecke Wiesbaden–Niedernhausen nördlich von Igstadt, aber schon auf dem Gebiet der Kloppenheimer Gemarkung (auf dem Hochfeld) in 1,80 m Tiefe die 65 cm hohe Statue eines thronenden Jupiters gefunden[853]. Sie war die Bekrönung einer Jupitersäule vom Typ des kapitolinischen Jupiters, deren bedeutendstes Beispiel in unserer Gegend die »Große Mainzer Jupitersäule« ist. Diese hat

Abb. 178 Schiersteiner Jupitergigantensäule. Reiter mit springendem Pferd über dem »Giganten« (Detail)

im Vergleich zur Igstadter Säule jedoch einen »reichsstädtischen« Zuschnitt[854].

Das Vorbild des Igstadter Jupitertyps wird in griechischen Zeusdarstellungen gesehen (Zeus des Phidias in Olympia), die von den Römern für die Statue des kapitolinischen Jupiters übernommen wurde. Im römischen Staatskult stellte man die Jupiterstatuen im Innern von Tempeln auf. In der Provinz, vor allem im Rahmen der privaten Götterverehrung, war die Darstellung auf einer Säule im Freien, an Straßen, Plätzen oder innerhalb von Landgütern verbreitet. Sie dienten demselben Zweck wie die Jupitergigantensäulen: Mit der Anrufung des *Iupiter Optimus Maximus* stellte sich der Weihende unter dessen Schutz und erhoffte sich die Abwendung drohenden Unheils.

Vor einem Jahr ist eine neue Beschreibung des Igstadter Jupiters aus dem Mitarbeiterkreis des Museums Wiesbaden erschienen[855]. Daher soll hier nur eine Zusammenfassung dieser ausführlichen und fachkundigen Darstellung gegeben werden. Die Sandsteinstatue ist 0,69 m hoch und einschließlich des handwerklich aufwendig gestalteten Throns 0,34 cm breit. Der Thron ist so reich mit Ornamenten überwuchert, daß man sicher an die Nachbildung eines geschnitzten und gedrechselten Elfenbeinthrons zu denken hat. Auf der Rückseite des Throns bilden zwei gegenständig angebrachte Delphine, die sich über einer Muschel entgegenspringen, den Abschluß der Rückenlehne.

Die Figur ist beschädigt. Die rechte Gesichtshälfte und die Kinnspitze sind bestoßen und die Nasenspitze ist

Abb. 179 Thronender Jupiter aus Wiesbaden-Igstadt mit (wahrscheinlich zugehörigem) Kapitell

Abb. 180 Igstadter Jupiter, Rückansicht

abgebrochen. Von den Armen sind nur die Oberarm-
stümpfe erhalten, auch die Fußspitzen sind zerstört.
Zum Glück sind Teile der rechten Hand erhalten. In ihr
hielt Jupiter das Blitzbündel und in der ehemals erhobenen linken Hand das Zepter. Beide Gegenstände,
die üblichen Attribute des Gottes, dürften aus Metall
bestanden haben.

Die Aufstellung der Statue auf einer Säule wird durch
das mitgefundene Kompositkapitell nahegelegt. Beide
dürften aufgrund der Maße und der handwerklichen
Ausführung zusammengehören. Die ebenfalls an der
Fundstelle geborgenen zwei Säulenfragmente und
eine Säulenbasis können wegen der abweichenden Dimensionen nicht zur Säule selbst gehört haben. Es ist

anzunehmen, daß die Jupitersäule in oder in der Nähe
des Zuganges zu einer Villa rustica stand.

Der Standort gehört sicher in das weitere Umfeld der
römischen Straße von Wiesbaden nach Hofheim. Entlang der Straße wurden an mehreren Stellen Spuren römischer Besiedlung angetroffen. In der Umgebung
von Bierstadt befand sich mehr als nur ein römischer
Gutshof. Der Weihestein von Merkur und Rosmerta
(Abb. 8) ist dafür ein Zeichen. Dazu kommt ein Viergötterstein[856], an dem man die auf ihnen verzeichneten
und dargestellten Götter (Iupiter Optimus Maximus
und Iuno Regina sowie Apollo, Herkules und Diana)
anrief. Viergöttersteine sind von Idee und Ausführung
den Jupitersäulen (ohne Säulenaufsatz) eng verwandt
(Abb. 181).

Die Gladiatorenhelmlampe aus Mainz-Kastel

Die in Taf. 17 abgebildete Helmlampe aus Mainz-Kastel ist ein besonders seltenes Stück; und sie hat eine interessante Geschichte: E. Schmidt schreibt im ORL-Ka-
pitel »Kastel bei Mainz«[857]: »Anfangs der zwanziger
Jahre [des 19. Jahrhunderts] grub der spätere Kreisrich-
ter in Mainz, Dr. Joseph Emele, ein eifriger Sammler
[ein frühes Exemplar der heute so gefürchteten
Hobbyarchäologen], östlich Kastel eine Menge römischer Gräber aus, wenn es auch nicht 3500 gewesen
sein werden, wie er angibt. Einen Teil der dabei gemachten Funde veröffentlichte er in seiner 1825 erschienenen Schrift ›Beschreibung römischer und deutscher Alterthümer in dem Gebiete der Provinz
Rheinhessen‹.« Die Sammlung gelangte in das Wiesbadener Museum, das damals als »Nassauisches« oder,
im Stil der Zeit als »vaterländisches Museum«, im red-
nerischen Überschwang gar als »Nassauisches Pan-
theon« bezeichnet wurde[858].

In ähnlichem Überschwang ging wohl auch Emele vor,
der die Gräber zu Hunderten öffnete, dann aber die
einzelnen Grabkomplexe nicht zusammenhielt. Er hat
vielmehr die gesamte Fundmasse, in gut gemeiner
Absicht, nach Gattungen geordnet und dadurch, wie
Schmidt zu Recht bemerkt, den wissenschaftlichen
Wert der ganzen Sammlung beeinträchtigt. Darunter
befand sich als besonders schönes Stück eine Lampe in

*Abb. 181 Viergötterstein
aus Wiesbaden-Bierstadt.
Nackter Apollo hält in der
rechten erhobenen Hand
einen Mantel über den
Kopf. Mit der linken Hand
stützt er die Lyra auf das
linke Knie.*

Tafel 17
Römische Grablampe mit
Gladiatorenhelmaufsatz
und Bodenstempel FOR-
TIS. Ende 1.–1. Hälfte
2. Jh. n. Chr. FO Gräber-
feld in Mainz-Kastel.

*Tafel 18
Münzen (Maiorinae) des
Magnentius (8) und Con-
stantius II. (1) aus einem
frühchristlichen Grab an
der oberen Friedrichstraße
(Rückseiten mit Christo-
gramm Abb. 167)*

Tafel 19
Römischer Soldatenhelm
(Eisen) mit breitem Nak-
kenschutz (Typ »Weise-
nau«, Mitte 1. Jh.
n. Chr.). Plastische Ver-
zierung in Form zweier

Augen und Brauenbögen
auf der Stirnseite, darüber
halbmondförmige Messing-
Applikation; auf dem
Scheitel massive Hiebspu-
ren. FO Kastellbereich auf
dem Heidenberg.

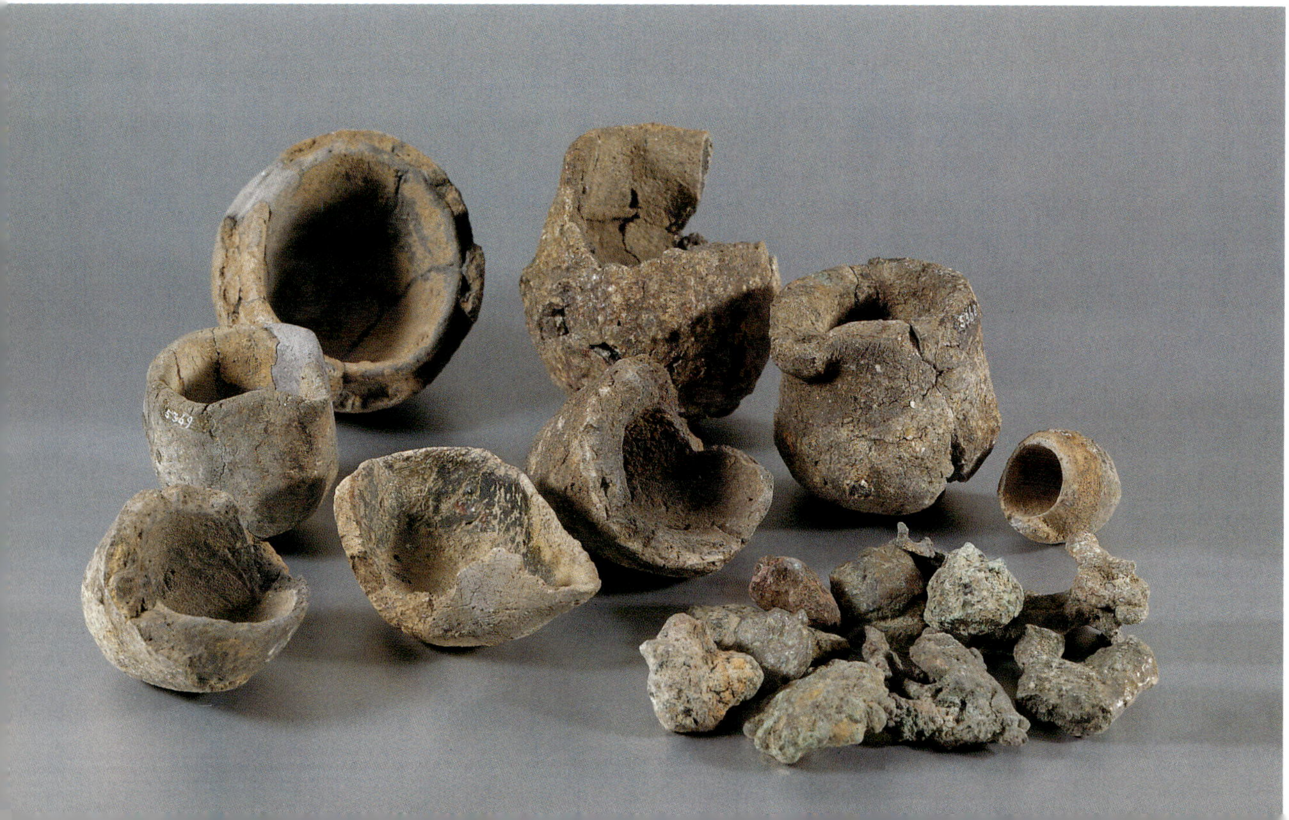

Tafel 20
Römische Bronzefibeln aus dem Kastellbereich auf dem Heidenberg.

Tiegel zum Schmelzen von Bunt- und Edelmetall. FO Werkstattbereich des Kastells auf dem Heidenberg.

Gestalt eines Gladiatorenhelmes, »wohl italischer Import«, mit einen Bodenstempel FORTIS, aber ohne Helmaufsatz, wie die Abbildung bei E. Schmidt ausweist.

J. Emele[859] schreibt: »Der Thon ist von rother Erde (ter. sig.) ohne Glasur. Auf dem Helm ein rundes Loch zum Oel eingießen. Inwendig im Helme (. . .) befindet sich eine Scheidewand, in welcher kleine runde Löcher, wahrscheinlich Luftlöcher, durchgebohrt sind.« Den Schmuck auf der Lampenschulter bezeichnet Emele richtig als »Traubenguirlanden«. Die Lampe habe er »acht Schuh unter der Erde gefunden«.

Die Geschichte, besser gesagt, die »Story« fand Anfang der siebziger Jahre unseres Jahrhunderts eine überraschende Fortsetzung. Damals fand ein moderner Hobbyarchäologe an der gleichen Stelle (auf dem Gelände des römischen Friedhofs entlang der Steinernen Straße), die unter Kennern als »römerfundträchtig« gilt, römische Scherben, darunter ein merkwürdiges Gebilde, das er zunächst nicht einordnen konnte. Durch Zufall stieß er Jahre später in einem Fachbuch auf die Abbildung einer Gladiatorenlampe mit Helmaufsatz in Form eines tempelartigen Gebilde. Er kannte die bei E. Schmidt abgebildete Lampe und brachte sein als Helmzier erkanntes Stück dorthin. Und siehe da, es paßte, Bruchstelle auf Bruchstelle. Es ließ sich zu dem in Taf. 17 abgebildeten Exemplar zusammenfügen. (In Emeles Zeichnung sind die Stümpfe der Mittelsäulen und die Basis der hinteren Wand deutlich zu sehen).

Daß die Kasteler Lampe, ohne Zieraufsatz, in der Fachliteratur nicht unbekannt geblieben ist, zeigt ein Aufsatz von K. Goethert[860]. Darin wird sie zitiert und gleichzeitig eine ganz ähnliche Helmlampe beschrieben: »Die mit feinen Einstichen versehene Helmhaube ist mit einem breiten, das Gesicht schützenden Rand, der ebenfalls mit Einstichen übersät ist, versehen. Das in der Mitte unterteilte Gesichtsvisier weist zahlreiche Löcher auf. Der die Lampenschulter bildende Nackenschutz ist mit einem Rankenwerk bedeckt. Die vordere schmale Fläche des hohen Helmbusches ist durch zwei kannelierte Pfeiler, die einen kleinen Giebel tragen, gegliedert. Der Bodenstempel FORTIS scheint fast die Regel zu sein.«

Diese Beschreibung gilt im wesentlichen auch für die Lampe aus Mainz-Kastel. Sie unterscheidet sich von dem bei Goethert abgebildeten Exemplar darin, daß sie an der Rückseite einen wandartigen Abschluß und in der Mitte ein zweites Paar kannelierter Säulen besitzt, so daß der Eindruck eines kleinen Tempels entsteht. Dieser Eindruck wird durch die ursprünglich aus einem Architekturschmuck hervorgegangene Eierstableiste verstärkt. Demgegenüber zeigt die bei K. Goethert abgebildete Lampe hinter dem Frontgiebel, umrahmt von Arkadenbögen, im Relief zwei miteinander kämpfende Gladiatoren. Die Kasteler Lampe ist wahrscheinlich aus Oberitalien importiert und wird Ende des 1. bis erste Hälfte des 2. Jahrhunderts datiert.

Die Kastelle der Römer auf dem Heidenberg

von Bernhard Pinsker

Denkt man sich die Gebäude und Straßen der heutigen Stadt Wiesbaden weg und stellt sich die natürliche Topographie dieses Ortes vor, so stellt man fest, daß der sogenannte Heidenberg die dominierende Örtlichkeit ist. Dies, obwohl er sich nur ganze 40–50 m über das Nero- auf der einen und das Wellritztal auf der anderen Seite erhebt. Von ihm bot sich ein ungestörter Blick zum Taunuskamm im Norden, im Westen in den vorderen Rheingau, nach Süden bis Mainz und nach Osten bis zur Bierstädter Höhe. Was lag – unter strategischen Gesichtspunkten – also näher, als auf dieser Höhe eine militärische Station zu gründen? Zudem liefen am Heidenberg die alten Straßen nach Norden und Nordwesten vorbei, die an dieser Stelle leicht kontrolliert oder auch gegebenenfalls gesperrt werden konnten.

Erstes zusammenhängendes Mauerwerk kam auf dem Heidenberg 1821 anläßlich der Verlegung einer Wasserleitung zutage[861]. Diese durchschnitt schräg in Längsrichtung ein Gebäude, das später mehrere Deutungen erfahren sollte.

Es vergingen einige Jahre bis endlich 1838 vom Verein für Nassauische Altertumskunde »einhellig« beschlossen wurde, das »für unsere Localgeschichte wichtige Römercastell« gründlich zu untersuchen. Habel, Sekretär des Vereins, und der Baumeister und Architekt Kihm wurden mit der Durchführung der Ausgrabungen beauftragt[862]. Nachdem die Nordseite 1832 von Zimmermann und 1833 bei Straßenbaumaßnahmen ermittelt worden war, folgten nun 1838 die West-, Süd- und Ostseite. Nachdem der Verlauf des Außenberings geklärt war, suchte man nach den, erfahrungsgemäß vorhandenen, nach innen vorspringenden Türmen und Toren der Anlage. Sie fanden sich auch an den erwarteten Stellen. Fast genau in der Mitte der Südmauer lag das rechte Lagertor (*porta principalis dextra*), ihm gegenüber in der Nordmauer das linke Lagertor (*porta principalis sinistra*). Folgerichtig befanden sich fast mittig in der Westseite das rückwärtige Tor (*porta decumana*) und an der gleichen Stelle der Ostmauer das Ausfalltor (*porta praetoria*), wenn man so will, der Haupteingang. Damit lag auch der Verlauf der beiden Hauptstraßen des Lagers fest. Die Via Principalis verband in gerader Linie die beiden Seitentore im Norden und Süden, die Via Praetoria – mit einer Unterbrechung – das Ost- und das Westtor. Aus der Lage dieser Straßen ergab sich auch die erste Inneneinteilung des Kastells, von der ausgehend man die Areale, die Bebauung erwarten ließen, festlegen konnte. Nach etwa sechs Wochen Grabungstätigkeit, war bereits der größte Teil der aus Stein oder auf Steinfundamenten ruhenden Bereiche der Innenbebauung von Kihm aufgedeckt und als geometrischer Grundriß aufgenommen worden. Ermöglicht wurden diese schnellen Ergebnisse durch die Grabungsmethode. Man folgte einfach konsequent den steinernen Fundamentverläufen der ehemaligen Bauten[863]. Zur Verdeutlichung sei ein kleiner Auszug aus Kihms Tagebuch angeführt: »2.–22. Oktober 1838 – Wurde mit 2 Mann angefangen mittelst Einschnitten die Figur des Castells kennen zu lernen. 22. Oktober – Waren die Ringmauern f. d. 4 Seiten entdeckt und bereits ein Theil der Gebäude im Innern zu untersuchen angefangen. 24. Oktober – Wurden die 2 Mann noch mit 8 Mann unterstützt, um die Verfolgung der Gebäude im Innern mehr zu beschleunigen. Vom 22. Oktober bis 10. November – Wurde an den Gebäuden im Innern mit 7 Mann fortgearbeitet«[864]. Zu dieser Methode ist u. a. kritisch anzumerken, daß die Zahl der nicht erkannten Befunde mit Sicherheit viel größer war als die Zahl der erkannten. Man fand nur das, was einstmals aus oder auf Stein gebaut worden war.

Als Kihm während der Ausgrabungen erkrankte, führte vom Dezember 1838 bis April 1839 v. Bonhorst, Hauptmann a. D. und Rechnungsrat, die Grabungen fort – was zu gewissen Unstimmigkeiten führte, vor allem was die Art der Vermessungen betraf – bis im Herbst 1839 und im Verlauf des Jahres 1840 Kihm wieder selbst aktiv werden und 1842 als Abschluß der Grabungen im Kastell Wiesbaden noch die südöstliche Hälfte ergraben, vermessen und in seinen Plan einfügen konnte. Hier endet auch das, was man als Grabungsgeschichte zum Wiesbadener Kastell auf dem Heidenberg ausführen kann. Alles was danach kam, waren Notbergungen oder kleinere Sondagen, meist im Rahmen von Baumaßnahmen.

Das in Stein errichtete Kastell hatte, da die Seitenlängen leicht variierten, die Form eines ungleichseitigen Rechtecks mit abgerundeten Ecken[865]. Die beiden längeren Seiten, die Nord- und Südseite, waren 157,58 bzw. 158,15 m, die beiden kürzeren, die West- und Ostseite, 144,24 bzw. 143,49 m lang. Dies ergab eine Innenfläche von etwar 2,2 ha. Die Geländeneigung im Inneren des Kastells von Nordwest nach Südost soll etwa 6,27 m[866] betragen haben (Abb. 182).

Von dem einstmals aufgehenden Mauerwerk des Kastells war so gut wie nichts mehr da. Im günstigsten Falle erreichte es die Höhe von 1,25 m, meistens jedoch lag es deutlich unter 0,70 m. Dagegen konnte auf weiten Strecken das Fundament der Umfassungsmauer noch verfolgt werden. Sein Verlauf glich sich dem natürlichen Bodenniveau an, treppenartige Absätze wurden nicht beobachtet. Das Fundament bestand aus zwei 1,88 m breiten, ungemörtelten Steinlagen, auf denen das gemörtelte Mauerwerk aufsaß, nach Ritterling etwa 1,75 – 1,80 m breit. Die Mauer bestand aus dem ortsanstehenden, bläulichen Tonschiefer. Die Zinnen der Brustwehr waren mit halbrunden Deckelsteinen aus rotem Sandstein abgedeckt. Die Höhe der Umfassungsmauer wurde auf 5,40 m berechnet, was bedeuten würde, daß der Wehrgang sich bei 3,80 m befunden hätte[867]. Im Innern hinter der Mauer wäre ein aufgeschütteter Erdwall von etwa 2,90 m Breite denkbar. Somit ergäbe sich daraus zusammen mit der Mauer insgesamt eine Breite der aufgehenden Befestigungsanlage von etwa 4,75 m, was wiederum einen gut 3 m breiten Wehrgang ermöglicht hätte[868]. In nicht ganz regelmäßigen Abständen waren insgesamt 28 Türme unterschiedlicher Funktion in der Umfassungsmauer integriert. Davon entfielen 16 auf einfache Mauertürme in den Längsseiten, acht flankierten die Durchlässe, waren also Tortürme, und vier mar-

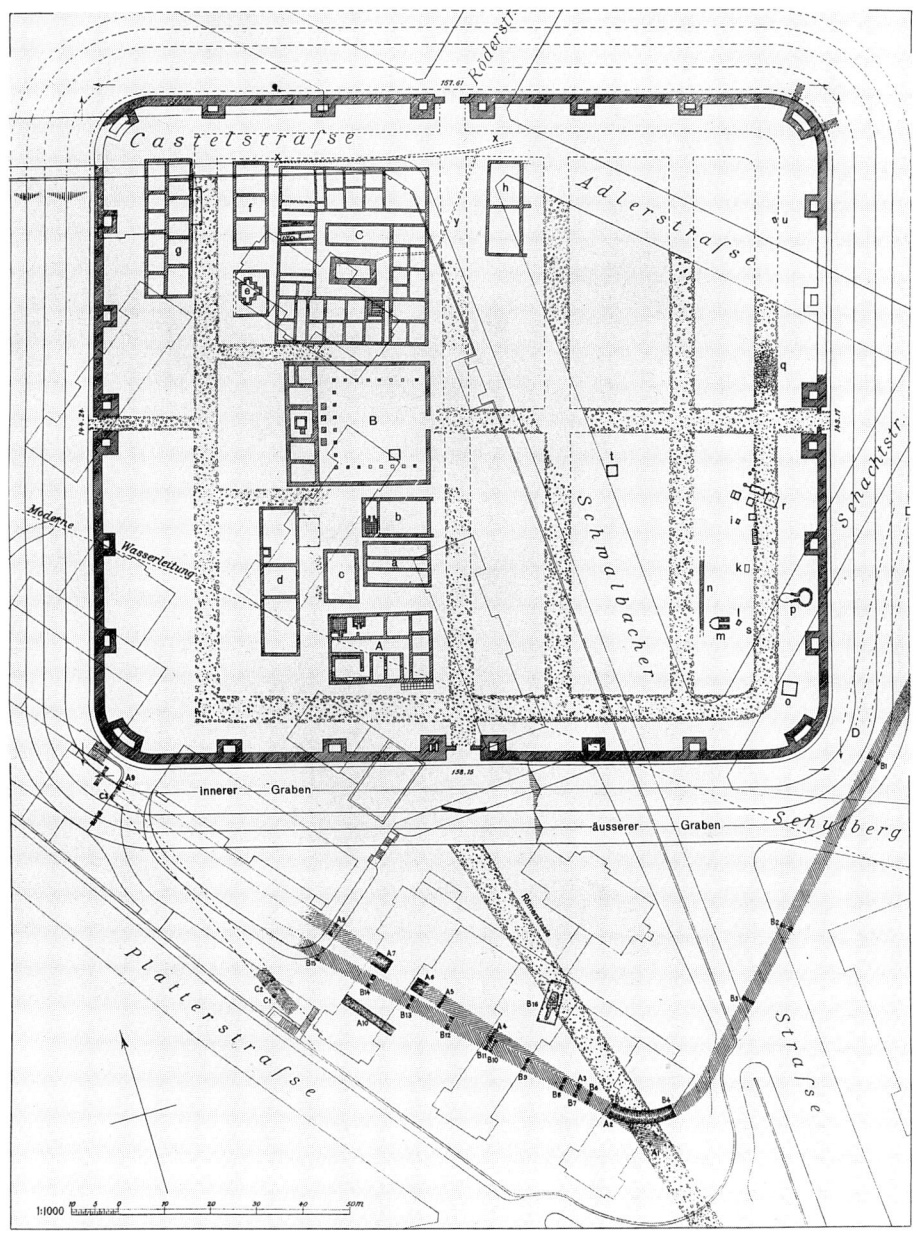

*Abb. 182 Plan des Stein-
kastells und der Erdkastell-
gräben nach Ritterling
1909*

dicke entsprach außen der Umfassungsmauer, also
etwa 1,80 m. Der zurückspringende Teil war 1,10 m
dick. Der nutzbare Innenraum eines Mauerturms betrug etwa 4,32 m². Einen etwas größeren Innenraum
wiesen die vier Ecktürme auf. Ihre Außenseiten folgten
dem konvexen Verlauf der abgerundeten Ecken der
Umfassungsmauer, während ihre kürzeren Innenseiten analog konkav verliefen. Die zurückspringenden
Mauern waren mit 1,25 m etwas dicker als die der
Mauertürme. An ihren Innenseiten waren die Ecktürme wahrscheinlich mit kleinen Kalksteinquadern
verkleidet, ähnlich den Türmen der Porta Praetoria,
dem Haupttor der Anlage[869].

Die Grundrisse der vier Tore waren im Prinzip die gleichen. Sie verfügten alle über einen einfachen Durchgang ohne Mittelpfeiler, wobei die Breite der Durchlässe variierte, bedingt durch mehr oder weniger
große, eingefügte Torwangen. Auch die beiden den
Durchlaß flankierenden Tortürme zeigten an allen vier
Seiten ein einheitliches Bauschema. Sie waren fast quadratisch, ihre Grundmaße betrugen außen etwa
5,00 x 5,33 m, ihre Mauerdicken lagen bei durchschnittlich 1,50 m innen und 1,80 m außen[870].

Durchschritt man eines der vier Tore, dann betrat man
eine der beiden Hauptstraßen des Kastells. Diese Straßen waren 5,33 m breit und gepflastert, an manchen
Stellen anscheinend nur mit in Lehm gestampften Kie-
selsteinen[871]. Das gleiche gilt für die dritte Lagerstraße,
die Via Sagularis, die an drei Seiten im Abstand von
6,27 m entlang der Innenmauer verlief. An der Westseite betrug ihr Abstand 19,77 m zur Mauer[872]. Die Verbindungsstraße von der Via Sagularis zur Porta Decumana – in gedachter Verlängerung der Via Praetoria –
war nur 3,13 m breit[873]. In dem vermeintlich freien Platz
zwischen Via Sagularis und Westmauer wollte man
einen Aufmarschplatz für die Soldaten sehen[874].

Die 5,33 m, die als Breite der Straßen angegeben worden waren, betrafen nur den gepflasterten Bereich,
also die Fahrbahn selbst. Die ganze Breite der Via Principalis, bestehend aus der gepflasterten Fahrbahn und
an jeder Seite je einem Bankett und Graben dürfte insgesamt etwa 15 m betragen haben[875], die der Via Praetoria, bei gleicher Bauart, etwa 11,80 m[876].

Östlich vor der Via Principalis – der Bereich eines Kastells, der als Praetentura (Vorderlager) bezeichnet
wird – verliefen in unterschiedlicher Entfernung von

kierten die Ecken. Die Mauertürme entsprachen alle einem einheitlichen Bauschema. Sie waren 4,70 m breit
und sprangen an der Innenseite der Umfassungsmauer etwa 2,82 m nach innen zurück. Ihre Mauer-

einander noch drei Parallelstraßen, wobei die äußere die Via Sagularis war. Da sie von der Via Praetoria mittig im rechtem Winkel geschnitten wurden, ergab sich eine Einteilung der Praetentura in sechs Felder. In ihnen dürften sich vorwiegend die Mannschaftsunterkünfte befunden haben. Es wurden bei den Grabungen in diesem Bereich so gut wie keine Hinweise auf Steinbauten gefunden, lediglich zwei Fundament- bzw. Mauerreste (Abb. 182, h. n). Den üblichen Bautypus der Mannschaftsbaracken vorausgesetzt – Fachwerkbauten aus Holz und Lehm -, verwundert dieser Befund nicht weiter, und die Suche nach Pfostenlöchern gehörte sicher nicht zu den Gepflogenheiten von Ausgrabungen der ersten Hälfte des 19. Jahrhunderts. In der zweiten Hälfte des 19. Jahrhunderts wird aus diesem Bereich immerhin von ».. .tiefe schmutzig rötlichbraune, wie dunkler Eisenrost aussehende Erdschichten . . ., als ob der Lehmboden durch Einwirkung des Feuers die bröcklige Härte und rotbraune Farbe bei oft wiederholter Zerstörung und neuem Aufbau erhalten hätte, zumal in dieser bräunlichroten Erde ganze Nester von Kohle eingebettet waren« berichtet[877].

Neben diesen hochinteressanten Schilderungen, die von Zerstörung und Wiederaufbau berichten, gibt es aber auch durchaus einige besser dokumentierte Befunde und auch Funde aus diesem Bereich. Es fanden sich an verschiedenen Stellen verschiedenartige Gruben. Schon 1849 wurde eine davon untersucht. Sie war mit Seitenlängen von 2,45 und 2,34 m fast quadratisch. Ihre Tiefe betrug 1,80 m. Pfostenlöcher in allen vier Ecken deuteten auf eine Bretterverschalung hin. In der Grube fanden sich u. a. eine Terra sigillata-Reliefschüssel, reliefverzierte Scherben und eine von einer Eisenkette umschlungene Amphore (Abb. 183). Eine andere, in Form und Maßen – 2,50 x 2,20 m, 1,88 m tief – fast identische Grube enthielt als wichtigsten Fund das bekannte, leider fragmentierte Militärdiplom aus der Regierungszeit Kaiser Trajans, auf das im Folgenden noch eingegangen wird. Solche kellerartigen Gruben erwiesen sich als durchaus gängige Befunde an den Stellen römischer Kastelle, an denen vorwiegend die Mannschaftsunterkünfte angesiedelt waren.

Ein Fund nahe der Südostecke des Kastells untermauert diese Annahme. Es handelte sich um einen länglichen Herd mit einem halbrunden, kuppelartigem Ab-

Abb. 183   Amphore mit Eisenkette, gefunden 1848 in einer Grube

schluß (Abb. 182, m). Seine Länge lag bei 3,45 m, seine Breite bei 2,20 m. Der Boden war bis zur Kuppel gepflastert, in seiner Mitte lief ein 0,31 m breites Kanälchen. Die Kuppel war 1,57 m lang. Der Boden bestand aus Lehmestrich mit kleinen Steinchen und war zu seiner Mitte hin etwas vertieft. Auf ihm fand sich eine 5 cm dicke Ascheschicht sowie eine 0,31 m lange, 0,23 m breite und 6 cm dicke Steinplatte, unter der zwei meißelähnliche Werkzeuge aus Eisen lagen. Unmittelbar westlich des Herdes verlief ein 0,70 m breiter, 9,41 m langer und noch 0,62 m aufgehender Mauerrest eines Gebäudes, in dem sich der Herd einst befunden haben könnte. Möglicherweise ist er der einzige überlieferte einer ganzen Reihe gleichartiger Herde, die sich in der Regel in gleichem Abstand voneinander in den hier anzunehmenden Mannschaftsbaracken befanden.

Östlich des Herds, fast genau in der Mitte zwischen den zwei südlichen Mauertürmen der Ostmauer, stieß man auf die Überreste eines gemauerten, birnenförmigen Kalkbrennofens[878] (Abb. 182, p). Er war 5,96 m lang, die Kuppel hatte einen Durchmesser von 2,82 m, die Feuerstelle einen von 3,13 x 1,90 m. Die Führung des Feuerungskanals wies eine Gefälle von 1,13 m zur Kuppel hin auf. Unter dem Ofen hatte sich eine 0,62 m dicke Schicht gelöschten Kalks angesammelt, der sofort nach Auffindung abgetragen wurde und Verwendung beim Neubau der Häuser der Umgebung fand. Auf dem Heidenberg in Wiesbaden stehen oder standen also Häuser des 19. Jahrhunderts, erbaut mit Kalk des 1. Jahrhunderts n. Chr.

Der letzte nennenswerte römische Befund der Praetentura war ein gemauerter(?) quadratischer Schacht von 3,13 m Seitenlänge, der 5,02 m vor der Mauer der Südostecke angetroffen und bis zu einer Tiefe von 24,48 m ausgegraben wurde (Abb. 182, o). Reuter interpretierte diese Schächte[879] als den vergeblichen Versuch der Römer, Quellen zu erschließen. Auch Ritterling deutete die Schächte nicht als Brunnen, da sich in ihnen kein Grundwasser ansammeln konnte. Er sah in ihnen vielmehr Zisternen zum Sammeln von Regen- und Oberflächenwasser. Die eigentliche Wasserversorgung des Kastells dürfte über mindestens eine Wasserleitung von außen aus nordwestlicher Richtung erfolgt sein. Beim Bau der Schule in der Castelstraße stieß man 1882 außerhalb der Anlage auf einen 1,00 m breiten, gemauerten Kanal, der ein kurzes Stück in Richtung auf die Porta Decumana zu verfolgt werden konnte. Ein 4,30 m langer Abschnitt des Kanals war überwölbt. Es folgte ein quadratischer, 1,60 x 1,60 m messender Einstiegschacht; daran anschließend konnte der jetzt flach abgedeckte Kanal noch 2,00 m verfolgt werden. Das auf diese Weise offen oder in Holzröhren in das Kastell geleitete Wasser wurde dort in ein vorhandenes Leitungssystem eingespeist. Teile dieses Systems wurden bei den Grabungen gefunden[880].

Verlassen wir nun den östlichen Teil des Kastells und wenden uns dem Bereich westlich der Via Principalis zu, in dem sich die größeren und kleineren Steingebäude befanden. Nähern wir uns diesem Abschnitt auf der Via Praetoria, so stoßen wir genau auf den zentralen Bau eines auf Dauer errichteten römischen Kastells, auf die Principia[881] (Abb. 182, B). Es war das Stabsgebäude mit Sitz der Lagerverwaltung, den Waffenkammern sowie dem Fahnenheiligtum und der Kasse. Im

Falle von Wiesbaden war es ein recht schlichter, ungleichseitig rechteckiger Bau von 31,06 bzw. 30,42 x 26,54 bzw. 26,04 m (etwa 806 m²). Es stand mit seiner Schmalseite an der Via Principalis, von wo auch der Zugang durch einen 2,98 m breiten Eingang auf den fast quadratischen Innenhof mit etwa 18,10 m Seitenlänge erfolgte[882]. Entlang der Westseite waren fünf Räume durch eine 0,94 m dicke Mauer vom Hof abgetrennt. Im mittleren der Räume befand sich das Fahnenheiligtum (*sacellum*) und mitten in diesem Raum, in einer 1,62 x 1,62 m großen, gemauerten und innen verputzten kellerartigen Vertiefung, deren Boden etwa 1,00 m unter dem des übrigen Gebäudes lag, wurde die Garnisonskasse aufbewahrt. Reste einer hinabführenden Treppe konnten noch festgestellt werden[883]. In der Mitte der hofseitigen Außenfront des Querbaus, den Eingang zum Sacellum flankierend, wurden vier Sockel – zwei je 1,31 m im Quadrat, zwei je 0,62 m – angetroffen, vermutlich Postamente für Standbilder[884]. Entlang der Süd-, West- und Nordseite des Hofes, im Abstand von 2,74 m von den Mauern, lief jeweils eine Säulenreihe, die einst zu einer überdachten Portikus gehörten. Nahe der Südwestecke des Hofs befand sich ein 2,51 m messender quadratischer Schacht, der bis auf 12,55 m Tiefe ausgegraben werden konnte.

Wendet man sich vor der Principia nach links auf der Via Principalis, so kam man zunächst an einem rechteckigen, 14,75 m langen Bau vorbei, der mit seiner 8,47 m breiten Schmalseite (Grundfläche etwa 125 m²) zur Straße hin stand (Abb. 182, b). Die Inneneinteilung bestand in zwei Räumen, wobei der erheblich kleinere, westliche Raum mit einer Hypokaustanlage ausgestattet war. Der Bau wurde sicherlich als Speicher (*horreum*) genutzt, das beheizbare Zimmer war das Büro des Magazinverwalters[885].

Daneben folgte nach einem kleinen Zwischenraum ein fast gleich großes – 14,56 x 9,62 m; ca. 140 m² – und gleich orientiertes Gebäude (Abb. 182, a). Es unterschied sich jedoch in seiner inneren Gliederung. Zwei parallele Längsmauern teilten es in drei Innenräume. Die beiden äußeren Räume waren je 2,59 m breit, der mittlere 1,46 m. Aufgrund dieser Innengestaltung hielt man das Gebäude zuerst für einen Pferdestall – rechts und links die Boxen, in der Mitte der Ver- und Entsorgungsgang. Wahrscheinlicher ist aber, daß es auch eine Lagerhalle (*horreum*) gewesen war.

Hatte man diesen Speicherbau passiert, so konnte man noch durch eine Lücke das südliche Ende einer dritten Lagerhalle sehen, die quer hinter den beiden anderen stand (Abb. 182, c). Sie war 11,61 m lang, 7,22 m breit (etwa 64 m² Grundfläche) und wies keine Inneineinteilung auf.

Nur 5,18 m westlich hinter dem kleinen Speicher, von der Via Principalis aus kaum zu sehen, stand in gleicher Ausrichtung ein langgestrecktes Gebäude (Abb. 182, d). Mit einer Seitenlänge von 32,00 m und einer Breite von 8,72 m war es mit etwa 280 m² Grundfläche allerdings bedeutend größer als die Bauten vor ihm. Innen war das Gebäude in drei unterschiedlich große Räume unterteilt. Im nördlichen Raum befand sich eine abgemauerte, mit 1,67 x 1,57 m fast quadratische Kammer oder Einbau. An der Südseite des gleichen Raums war außen unmittelbar eine 6,26 x 1,67 m große und 2,36 m tiefe, rechteckige Grube angebaut. In den vier Ecken und entlang ihrer Wände konnten sechs quadratische Pfostengruben festgestellt werden. Übereinstimmend wurde dieser Bau als Pferdestall angesprochen und die angegliederte Grube als Dunggrube. Das letzte Gebäude der Häuserzeile vor dem rechten Lagertor (Abb. 182, A) hielt man lange für das Wohnhaus des Lagerkommandanten (*praetorium*). Erst in neuerer Zeit kamen Zweifel auf, und heute hält man es für das Lazarett (*valetudinarium*) des Kastells[886]. Es war etwa 22,00 m lang und etwa 15,00 m breit, was eine Grundfläche von 330 m² ergibt. Das Gebäude verfügte im Inneren über acht bis neun Räume, einen langen, abknickenden Flur sowie über einen Keller. In einem Raum der südlichen Hälfte fand sich ein etwa 15,5 cm dicker Estrichauftrag über einem Bruchsteinfundament sowie 6,5 – 7,0 cm dicker Putz an den aufgehenden Wänden. Dieser Raum war ein Wasserbecken, das anscheinend nur über einen davor liegenden Aus- bzw. Ankleideraum(?) betreten werden konnte. In zwei Räumen der nördlichen Zimmerflucht konnten Hypokaustanlagen festgestellt werden. Unter dem südwestlichen Zimmer war ein 3,00 m tiefer Keller angelegt.

Kehren wir nun zu unserem Ausgangspunkt auf die Kreuzung Via Principalis und Via Praetoria zurück und wenden uns nach rechts in Richtung der Porta Principalis Sinistra. Dort stand das mit Abstand größte Gebäude (32,06 bzw. 32,76 m x 38,20 m; fast 1240 m²) des Kastells (Abb. 182, C). Im Gegensatz zu allen anderen Bauten an der Via Principalis stand es mit seiner Längsseite zur Straße. Der Zugang erfolgt wohl von der Via Principalis aus, wahrscheinlich über einen langen, schmalen Gang, der das Haus in zwei ungleich große Hälften teilte. Der nördliche Flügel fand seine Entsprechung auf der Südseite. Zwischen diesen beiden Raumfluchten befand sich der Mitteltrakt mit einem ausgedehnten, zentralen Hof (15,84 x 10,80 m, etwa 170 m²). In seiner Mitte stand ein gemauerter, ungleichseitig rechteckiger Wasserbehälter. Von den etwa 40 Räumen des Gebäudes waren nur zwei mit Hypokausten ausgestattet, eine davon schien nachträglich eingebaut worden zu sein. Sie wich von den üblichen Heizungskonstruktionen ab. Zwei parallele Mauerzüge bildeten einen schmalen Innenraum, in dem hochkant gestellte, halbrunde Ziegel als Deckenpfeiler dienten. Durch ihre Anordnung entstand eine Röhre, deren Hohlraum mit Mörtel ausgefüllt wurde. Ob es sich hierbei um eine normale Heizung oder um eine spezielle technische Einrichtung handelte, muß dahingestellt bleiben[887]. In dem nordwestlichen Eckzimmer mit der ansehnlichen Größe von fast 65 m² konnte etwa in der Mitte ein Herd, 1,25 x 1,25 m groß, festgestellt werden. Um ihn herum lag handhoch schwärzliche Asche, Eisenschmelz, Schlacken sowie Holzkohle. Auf der Ascheschicht fanden sich elf Schmelz- und Gußtiegelchen unterschiedlichster Größen zum Schmelzen und Gießen von Buntmetall (Taf. 20). Neben den Tiegelchen lag auch noch ein formloser, 0,25 Pfund schwerer Bronzebrocken[888].

Ursprünglich hielt man dieses Gebäude für die Fabrica des Kastells. Vor einigen Jahren wurden Zweifel an dieser Interpretation laut. Demnach hätte es sich nicht um die Fabrica gehandelt, sondern um das Haus des Lagerkommandanten (*praetorium*). Danach sollen die unverkennbaren Merkmale einer Fabrica – die Werkstatt eines Gießers, das Wasserreservoir im Hof – erst nach der Aufgabe des Kastells in das Gebäude eingebaut worden sein. Ab diesem Zeitpunkt wurde es als Fabrica ausgebaut und genutzt. Ob diese rein zivilen Charakter hatte oder noch unter der Regie der Militärverwaltung stand, muß offen bleiben[889]. Die übrigen Grundrisse mit Steinfundamenten sind unklar.

Nach Habel und Kihm waren drei Seiten des Lagers mit jeweils drei vorgelagerten Spitzgräben umgeben, nur die Nordseite nicht, da sie ein starkes, natürliches Gefälle aufwies. Der erste Graben soll 1,88 m vor der Mauer gelegen haben und 2,51 m breit und 1,57 m tief gewesen sein. Der zweite soll dem ersten entsprochen haben, und der dritte Graben ließ sich wegen seiner fortgeschrittenen Zerstörung nur sehr schwer ausmachen, soll aber zwischen 2,20 und 2,51 m breit gewesen sein. Demnach wären alle drei Gräben zusammen etwa 7,50 m breit gewesen[890]. 1885 wurde in einer kleinen Untersuchung die Grabensituation überprüft. Zwei Schnitte reichten zu einer Klärung der Abfolge aus. Nach einer 0,70–0,75 m breiten Berme vor der Mauer folgte ein 10,00 m breiter Spitzgraben, der 1885 3,00 m tief war (nach Ritterling zur Zeit des Kastells 2,50 m), davor lag ein weiterer, 7 m breiter und 1885 2,40 m tiefer (nach Ritterling zur Zeit des Kastells 2,10 m) Spitzgraben. Insgesamt überbrückten also zwei Gräben eine Distanz von 17,75 m. Dies entsprach der gängigen Norm bei Kastellen dieser Größenordnung seit der Regierungszeit Domitians (81–96 n. Chr.), in der das Steinkastell nach 83 n. Chr. erbaut worden war[891]. Allerdings ist es auch Ritterling nicht gelungen, die Grabensituation an der Nordseite zu klären.

Bei den zahlreichen Grabungen, Schürfungen, Sondagen, Materialentnahmen, Baumaßnahmen und ähnlichen Aktionen stieß man aber immer wieder auf Gräben, die nicht in unmittelbarem Zusammenhang mit dem Kastell standen. Schon Habel und Kihm erkannten zwei Gräben, die an der Südostecke des Kastells einen südwestlichen Verlauf zeigten (Abb. 182, D). 1860 berichtete Rossel, an der Südostecke neben dem Doppelgraben verlaufe parallel ein dritter, entfernterer Graben, der von dem Doppelgraben im spitzen Winkel geschnitten wurde. Aufgrund der stratigraphischen Abfolge erwies sich der Doppelgraben als die jüngere Anlage[892]. Der Geometer Jost – er beaufsichtigte verschiedene Baumaßnahmen und leitete auch kleinere Grabungen – berichtete von einem etwa 94 m südlich des Kastells verlaufenden Spitzgraben, der die Römerstraße nach Mainz schnitt.

Karl August von Cohausen, von 1871 bis 1894 Konservator des Museums für Nassauische Altertümer, fand an der Ostseite des Kastells einen Spitzgraben. Reuter beobachtete einen Spitzgraben an der Hirschgrabenstraße, der zu einem der Erdkastelle (C ?) gehört haben könnte. 1895 wurde von der Reichs-Limeskommission

die Südostecke von Graben B freigelegt sowie durch Schnitte sein weiterer Verlauf Richtung Nordosten festgestellt. Schließlich konnte 1905 bei der Erweiterung des Krankenhauses Ritterling selbst die Gräben A, B und C nachweisen. Zu Graben A wurde sogar ein Tor entdeckt[893]. Man darf festhalten, daß eigentlich nur die Erkenntnisse hinsichtlich der Grabenbefunde A, B und C als sicher angenommen werden dürfen, die 1905 gewonnen werden konnten, nämlich daß es sich um drei zeitlich aufeinanderfolgende Gräben handelte. Es bedeutete, daß das domitianische Steinkastell mindestens drei Vorgängerbauten hatte, die nicht in Stein errichtet worden waren. Es wurde auch nicht ausgeschlossen, daß neben diesen drei nachgewiesenen Erdkastellen noch weitere vorhanden gewesen waren. Aufgrund der Topographie des Heidenberges könnten weitere Anlagen sich eigentlich nur nordöstlich, östlich oder südöstlich des Steinkastells befunden haben. Einen vagen Hinweis auf ein solches Lager könnte ein 1907/08 in der Straße »Römerberg« am nordöstlichen Abhang des Heidenbergs beobachteter, leider schon stark zerstörter Graben geben. Interessant sind die Funde daraus. Es soll sich um republikanische Münzen und augusteische Keramik gehandelt haben. Vielleicht lag dort das bisher immer postulierte und nie sicher lokalisierte und nachgewiesene erste, aus augusteischer Zeit stammende Lager Wiesbadens?

Für eine sichere Datierung der drei Erdkastelle gibt es kaum hinreichende Anhaltspunkte. Fest steht nur, daß sie alle vor dem Steinkastell bestanden hatten. Funde aus den Gräben der Erdkastelle, soweit sie sich überhaupt noch zuordnen lassen, umfassen das ganze Zeitspektrum, das man auch im Steinkastell findet. Vereinzelt sind auch ältere Stücke darunter. Zu einer eindeutigen Datierungsgrundlage reichen sie aber bei weitem nicht aus. Das von Graben A umschlossene Erdkastell scheint das älteste gewesen zu sein. Seine Südwestfront konnte auf 100 m nachgewiesen werden. Darin befand sich ein 6,00 m breiter Durchlaß, dem als direktes Annäherungshindernis in 8,50 m Entfernung ein 11,50 m langer sog. Tutulusgraben vorgelagert war. Die zu Graben B gehörige Anlage, von der etwa 100 m der Südost- und 90 m der Südwestseite nachgewiesen werden konnten, dürfte die zeitlich darauffolgende gewesen sein. Am wenigsten gesichert ist Ausdehnung, Verlauf und Zeitstellung des Erdkastells, zu dem Graben C gehörte[894]. Von der Innenbebauung und -gliederung dieser drei Erdkastelle ist nichts Näheres bekannt. Einzig eine Pfostenstellung 9,00 m hinter Graben B könnte der letzte Rest eines 9,00 m langen und 4,00 m breiten Hauses mit einem Herd in der Mitte gewesen sein. Vielleicht war es der Teil einer ehemaligen Mannschaftsunterkunft.

Zu den drei nachgewiesenen Vorgängerbauten zu dem unter Domitian errichteten Steinkastell kommt eine Anzahl angeschnittener Gräben, die sich keiner dieser Anlagen sicher zuordnen lassen. Es besteht also durchaus die Möglichkeit, daß sich noch weitere Erdkastelle dort befunden haben. Interessant ist in diesem Zusammenhang ein Graben nordöstlich des Kastells – der einzige in diesem Bereich –, der nur Funde augusteischer Zeitstellung sowie einige republikanische Münzen erbracht haben soll. Diesem Befund wurde anscheinend nie weiter Beachtung geschenkt, er geriet in Vergessenheit, obwohl man sich in der neueren Forschung einig ist, daß in Wiesbaden – als Brückenkopf des Mainzer Legionslagers – in spätaugusteischer Zeit von den Römern eine Siedlung eingerichtet wurde. Ihre Struktur und Charakter sind leider noch weitgehend unbekannt, als sicher darf in diesem Rahmen aber eine militärische Präsenz angenommen werden[895]. Vielleicht befand sich doch auf dem Heidenberg schon ein augusteisches Erdkastell im Bereich Römerberg/Schachtstraße/Hirschgraben?

Für das Erdkastell A wird eine Gründung in spätaugusteischer Zeit nicht völlig ausgeschlossen, ebenso wie in tiberischer Zeit (14 – 37 n. Chr.), sicher scheint es unter Claudius (41 – 54 n. Chr.) bestanden zu haben. Vielleicht wurde es bei einer Auseinandersetzung mit den Chatten um 50 n. Chr. zerstört oder zumindest beschädigt, so daß ein Neu- oder Umbau anstand. Dies könnte dann Erdkastell B gewesen sein, das in den Wirren der Auseinandersetzungen der Jahre 69/70 n. Chr., als Chatten, Usipeten und Mattiaker das Legionslager in Mainz angriffen, es aber nicht zerstören konnten, wahrscheinlich untergegangen ist – übrigens genau wie Hofheim auch[896]. Träfe dies zu, müßte Erdkastell B noch vorflavisch gewesen sein. Das dritte Erdkastell C könnte nach der Wiederherstellung der Ordnung im Reich durch Vespasian (69 – 79 n. Chr.) von diesem errichtet worden sein. Schließlich entstand dann unter Domitian das Steinkastell – wahrscheinlich

in der Mitte der achtziger Jahre –, was durchaus in einem ursächlichen Zusammenhang mit seinem Chattenkrieg der Jahre 83 – 85 n. Chr. gesehen werden kann. Das Kastell war sicher bis in die Zeit Trajans (98 – 117 n. Chr.), vielleicht sogar noch bis zur Regierung Hadrians (117 – 138 n. Chr.) mit Militär belegt, bevor die Garnison nach vorne an den Limes verlegt wurde, wahrscheinlich in das Kastell Saalburg[897].

Über die Besatzungen der Erdkastelle aus vorflavischer Zeit weiß man nichts Sicheres. Soldatengrabsteine aus Wiesbaden, darunter die bisher ältesten rechts des Rheins bekannt gewordenen, geben vielleicht einen vagen Hinweis, um welche Abteilungen es sich gehandelt haben könnte. Demnach kämen in Frage: *Cohors V Delmatarum*, *Cohors I Pannoniorum* und *Cohors IIII Thracum*. Alle diese genannten Hilfstruppen wurden einst in Südosteuropa ausgehoben (Dalmatien, Ungarn, Rumänien/Bulgarien). In welcher Reihenfolge[898] und wie lange diese einzelnen Abteilungen in Wiesbaden Station bezogen hatten, ist völlig ungewiß. Nicht viel besser sieht es mit unserem Wissen über die Besatzungen des Steinkastells aus. Seine erste Besatzung war wahrscheinlich die *Cohors II Raetorum*. Entweder um 90 n. Chr.[899], vielleicht nach dem Wiederaufbau des in den Wirren des Saturninusaufstands im Winter 88/89 n. Chr. möglicherweise zerstörten Kastells – die Zerstörung ist archäologisch nicht sicher nachweisbar – oder 97 n. Chr.[900] folgte die *Cohors III Delmatarum*, die wahrscheinlich bis zur Aufgabe des Kastells – zwischen 110 und 122 n. Chr. – dort stationiert war.

Die zeitliche Spanne der im Kastell selbst und im Bereich der Gräben davor gemachten römischen Funde erstreckt sich von der späten Republik bis an das Ende des 4. Jahrhunderts n. Chr. Besonders anschaulich verdeutlichen dies die vom Heidenberg stammenden Münzen, deren Reihe sich wie folgt zusammensetzte[901]: 190 Münzen wurden insgesamt gefunden, 15 nicht mehr und 175 bestimmbare. Davon ließen sich der Zeit der Kastelle 143 Münzen zuweisen, die sich folgendermaßen aufschlüsseln: auf die vorflavische Zeit (späte Republik bis Nero) 57 Münzen oder 39,9 %, auf die flavische bis hadrianische Zeit (Vespasian bis Hadrian) 86 Münzen oder 60,1 % – davon allein auf die Zeit des Steinkastells ab Domitian 60 Münzen. Die 32 Münzen aus nachhadrianischer Zeit reichen bis Arcadius (383 – 408 n. Chr.). Ebenso breit gefächert wie der zeitliche Ansatz der römischen Präsenz auf dem Heidenberg ist das Material selbst, und damit auch das Umfeld, in dem es einst Verwendung fand. Von Keramik und Ziegeln über Glas, Stein, Eisen, Bunt- und Edelmetall hin zu Knochen, Geweih und Muscheln ist alles bestens vertreten. Durch die Fundstücke werden uns viele Bereiche des Lebens in einer römischen Siedlung und einem Kastell vor Augen geführt. Doch leider, wie bei so vielem im Zusammenhang mit den Kastellen auf dem Heidenberg, mangelt es auch hier an einer eindeutigen Einordnungsmöglichkeit: Gehören die

Abb. 184 Militärdiplom von 116 n. Chr. (Vorderseite), gefunden 1858 in einer Grube

Abb. 185 Militärdiplom von 116 n. Chr. (Rückseite)

Funde in die Zeit des Kastells oder in die nach seiner Auflassung und zivilen (?) Nutzung? Und wenn sie aus dem Kastell oder einer seiner Vorgängeranlagen stammen, woher genau, aus welchen Befundzusammenhang, womit vergesellschaftet? Fragen, die heute nicht mehr befriedigend beantwortet werden können. Einige herausragende Objekte, die zum Teil sicher in die Belegungsphase des Kastells gehörten, sollen aber im Folgenden vorgestellt werden.

An anderer Stelle wurde schon mehrfach das 1858, zusammen mit einigen anderen Gegenständen – darunter sieben faustgroßen Schleuderkugeln aus Ton – gefundene Militärdiplom aus dem Jahre 116 n. Chr. erwähnt[902]. (Abb. 184, 185). Sein lateinischer Text lautet (Ergänztes kleingeschrieben):

IMP. CAESAR. DIVI NERVae f. Nerva Traianus
OPTIMVS AVGVSTVS Germanicus Dacicus Par
THICVS PONTIFEX Maximus trib. potestat.
XX. IMP. XIII. PRocos. cos. VI. p. p.
EQVITIBVS. ET. PEDITIBVs qui militaverunt in alis
DVABVS ET COHORTIBVS decem et septem quae apel
LANTVR. I. FLAVIA GEMina et I Scubulor. et I Germa
NOR C. R. ET. I. FLAVIA DAmascenor. et I Ligurum et
HISPANOR. C. R. ET. I. CIVIVm Roman. p. f. et I Asturum
ET. I. AQVITANOR. VETERana et I Biturigum et I
THRACVM C R ET. II AVG Cyrenaica et II Hispa
NOR. P. F. ET. II. RAETOR. C. R. et III Aquitanor. et III
DELMATAR. P. F. ET. IIII AQVitanor et IIII Vindelicor.
ET. V. DELMATAR. ET. VII. RAetor. et sunt in Germa
NIA SVPERIORE SVB KANo ....quinis et
VICENIS STIPENDIS EMERitis dimissis honesta
MISSIONE QVORVM NOMIna subscripta sunt ip
SIS LIBERIS POSTERISQVE Eorum civitatem de
DIT. ET. CONVBIVM CVM VXoribus quas tunc
HABVISSENT CVM Est civitas iis data aut si
QVI CAELIBES ESSEN(t) Cum iis quas postea du
XISSENT DVM TAXAT SINguli singulas
A. D. VI. IDVS SEPTem ......
CN. MINICIO FAVstino ...... cos
COH II RAETORVm c. R. cui praest
C. LICINIVS C ......
CN CORNELIO ......

ET. PRM ......
DESCRIPTVM Et recognitum ex tabula aenae quae fi
XA EST Romae in muro post templum divi Aug. ad
Minervam.

In dieser Urkunde verleiht Kaiser Trajan am 8. September 116 n. Chr. berittenen Soldaten aus zwei Reiterregimentern und Fußsoldaten aus 17 Kohorten der Hilfstruppen nach 25jähriger Dienstzeit samt ihren – ab jetzt – gesetzmäßigen oder zukünftigen Ehefrauen, Kindern und weiteren Nachkommen das römische Bürgerrecht. Das vorliegende Exemplar war für einen Cn. Cornelius, Angehöriger der 2. Räterkohorte – vermutlich der ersten Besatzung des Steinkastells auf dem Heidenberg – und die Seinen ausgestellt worden. Was im Kastell gefunden wurde, ist ein Duplikat des offiziellen Dokuments, das Exemplar für den nunmehrigen Veteranen. Die Originalurkunde, ebenfalls eine Bronzetafel, wurde in Rom an einer Mauer hinter dem Minervatempel des Augustus angebracht.

Ein Fundstück ganz besonderer Art und in diesem Fundzusammenhang durchaus nicht üblich, ist ein Helm, der aus dem Kastellbereich stammt (Taf. 19). Ob er in dem Bering des Steinkastells oder einem der Gräben der Vorgängeranlagen gefunden wurde, ist nicht bekannt. Der Helm ist aus Eisen und war ursprünglich mit einem Zinnüberzug versehen. Er besteht aus einer halbrunden Kalotte und einem breiten Nackenschutz; Stirnbügel sowie Wangenklappen fehlen.

Abb. 187   Schildbuckel aus Messing oder Bronze

Der Helm gehört zu einer Gruppe, die unter dem Begriff »Typ Weisenau« zusammengefaßt ist[903]. Was ihn aber von allen anderen bisher bekannten dieses Typs deutlich unterscheidet, ist seine von innen auf der Stirnseite herausgetriebene, plastische Verzierung in Form zweier Augen mit geschwungenen Brauenbögen. Die Pupillen sind durch zwei Niete mit erhabenen Köpfen deutlich hervorgehoben und dadurch nochmals betont. In dem Zwickel zwischen beiden Augen befindet sich eine Raute (Abb. 186).

Der Helm muß in den Wirren bei einer der kriegerischen Auseinandersetzungen rund um die Wiesbadener Kastelle derart verschütt gegangen sein, daß man ihn bei den anschließenden Aufräum- und Säuberungsarbeiten nicht mehr gefunden hat. Daß er während eines Gefechts verlorenging, dafür spricht die Schlagmarke auf dem Scheitel der Kalotte. Der Schlag wurde so heftig geführt, daß es den gesamten Helm verzogen hat.

Berücksichtigt man die Laufzeit der Helme vom Typ Weisenau – etwa von der Mitte des 1. Jahrhunderts n. Chr. bis in die ersten Jahrzehnte des 2. Jahrhunderts n. Chr. –, so kommen eigentlich nur zwei Ereignisse in Betracht, bei denen ein römischer Soldat in Wiesbaden vielleicht sein Leben, mit Sicherheit aber seinen Helm verloren hat. Einmal in den Wirren und Auseinandersetzungen der Jahre 69/70 n. Chr., in deren Verlauf

Abb. 186   Stirnseite des eisernen Helms mit plastisch herausgearbeiteten Augendarstellungen und Rautenmuster (s. Taf. 19)

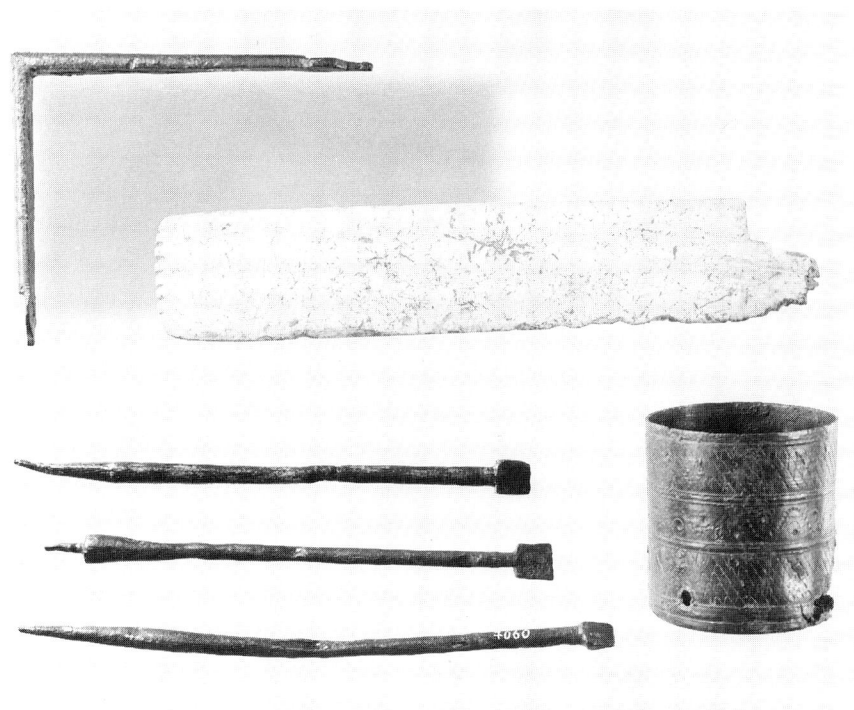

Abb. 188 Schreibgeräte. Eiserne Stili, beinerne Wachsspatel, bronzener Kantenbeschlag eines Schreibtäfelchens (?), bronzenes Tintenfäßchen

Bereichen wurden sicherlich die zahlreichen Schreibutensilien benutzt, von denen eine kleine Auswahl auf Abb. 188 zusammengestellt ist. Vor allem Stili, Schreibgriffel aus Eisen mit einer spitzen und einer abgeplatteten Seite, sind in größeren Mengen gefunden worden. Mit der Spitze ritzte man den Text in ein Wachstäfelchen. Verschrieb man sich, wurde mit der flachen Seite »radiert«. Wollte man den gesamten Text »löschen« oder eine neue Wachsbeschichtung aufbringen, benutzte man dafür einen sog. Wachsspatel. Er war in der Regel aus Eisen und zeigt eine sehr charakteristische Form, die – bis auf die Griffgestaltung – fast identisch mit unserem heutigen Spachtel ist. Eine gleiche Funktion könnte aber auch das sorgfältig geglättete Knochengerät auf Abb. 188 gehabt haben. Das Schreiben auf Wachstäfelchen war nur eine Variante, seine Texte unter die Leute zu bringen. Es wurde natürlich auch mit Tinte und Feder auf Papyrus, Pergament und Holz geschrieben. Ein schön verziertes Tintenfäßchen aus Bronze vom Heidenberg, in das die rote oder schwarze Tinte – nachdem die Trockenmasse mit Wasser angerieben worden war – gefüllt wurde, belegt, daß auch im Kastell mit Tinte geschrieben wurde. Im Leben eines Römers spielte Geschriebenes eine große Rolle, sei es als eigenverfaßter Brief, als Gesetze und Verordnungen, die in Briefform veröffentlicht wurden. Kaufverträge, Rechtsgutachten und viele andere geschäftliche Dinge des täglichen Lebens sind größtenteils brieflich abgewickelt worden.

Ferner diente das geschriebene Wort, zumal wenn es sich um einen Namen handelte, auch als deutlicher Ei-

wahrscheinlich Erdlager B auf dem Heidenberg zerstört wurde, oder 88/89 n. Chr., als während des Saturninusaufstands möglicherweise auch Kämpfe um das Steinkastell stattfanden.

Auch der Fund eines Schildbuckels auf dem Heidenberg weist auf unmittelbar dort stattgefundene Kämpfe hin[904]. Der Schildbuckel ist stark beschädigt, d. h. etwa die Hälfte des Befestigungsrings mit den Nietlöchern fehlt. Er ist nicht aus Eisen, was eigentlich zu erwarten wäre, sondern aus Messing oder Bronze und auch seine spitzkonische Form gehört nicht in das Repertoire römischer Schildbuckel (Abb. 187). Das könnte bedeuten, daß der Träger des Schildes, auf dem der Buckel in der Mitte als Schutz der Führungshand angebracht war, entweder kein Römer war, aber als Auxiliar in römischen Diensten stand[905], oder aber zu einem germanischen Trupp gehörte, der das Lager angriff.

Einige Funde gehörten wohl eher in den Verwaltungsbereich oder die Privatsphäre, soweit man eine solche in einer Kaserne überhaupt haben konnte. In beiden

Abb. 189 Terra sigillata-Teller mit Eigentumsvermerk. Centuria des Mas(imus) Ripanus

gentumsvermerk auf verschiedenen Dingen, wie z. B. einem Terra sigillata-Teller aus dem Kastell[906]. Auf seiner Außenseite hat jemand mit einem spitzen Gegenstand, vielleicht einem der eisernen Stili, nach einem einfachen Winkelzeichen die zwei Worte MAXI RIPANI eingeritzt (Abb. 189). Das Winkelzeichen steht für Centuria[907] – Hundertschaft – oder Centurio – Hauptmann derselben. In unserem Falle dürfte es als Centuria aufgelöst werden, was allerdings bedeuten würde, daß im Kastell Wiesbaden ein Centurio mit Namen (MAXI steht als Abkürzung für) MAXIMUS RIPANUS[908] stationiert war. Der Teller gehörte wahrscheinlich einem Soldaten aus einer Centuria, der den Namen des Centurio stellvertretend für seine Abteilung angegeben hatte. Übertragen bedeutet der Text: Centuria des Maximus Ripanus (vielleicht war das Geschirr auch Eigentum der Centuria, die nach ihrem Offizier benannt wurde).

Mehr in den Bereich des gesprochenen denn des geschriebenen Wortes gehört eine Maske, deren untere Gesichtshälfte ohne weitere Beifunde im nordöstlichen Teil des Vorderlagers gefunden wurde[909]. Anfangs war man sich nicht ganz schlüssig darüber, ob es sich um ein kultisches Objekt, das irgendwo aufgehängt werden konnte, oder eine Theatermaske handelte, also eine Maske, die von einem Menschen getragen wurde (Abb. 190). Daß sie von einem Menschen getragen werden konnte, ist unbestritten. Sie war groß genug, ein Gesicht vollständig zu bedecken. Luft bekam man durch die Nasenöffnungen und die des Mundes. Durch die Augenlöcher konnte man sehen, was um einen herum vorging. Es war sicher nicht angenehm, eine solche Maske längere Zeit zu tragen. Ein fast komplett erhaltenes Stück aus Worms wiegt immerhin über 1,2 kg[910]. Masken fanden sich verstärkt dort, wo eine starke römische Militärpräsenz vorhanden war, vor allem entlang des Rheins, aber auch sehr zahlreich in Trier. Vorwiegend sind zwei Typen von Masken anzutreffen. Einmal, wie in Wiesbaden, stellen sie ein ziemlich entstelltes und fratzenhaftes Gesicht eines Mannes, vielleicht eines Sklaven, dar. Die andere Version ist das Gesicht einer – weit weniger entstellten – Frau mit meist üppiger Frisur, die durch lebhafte Bemalung zusätzlich betont werden konnte. Die Masken stellten Charaktere aus den Fabulae Atellanae dar, derbe Theaterstücke, die vorwiegend der Unterhaltung der unte-

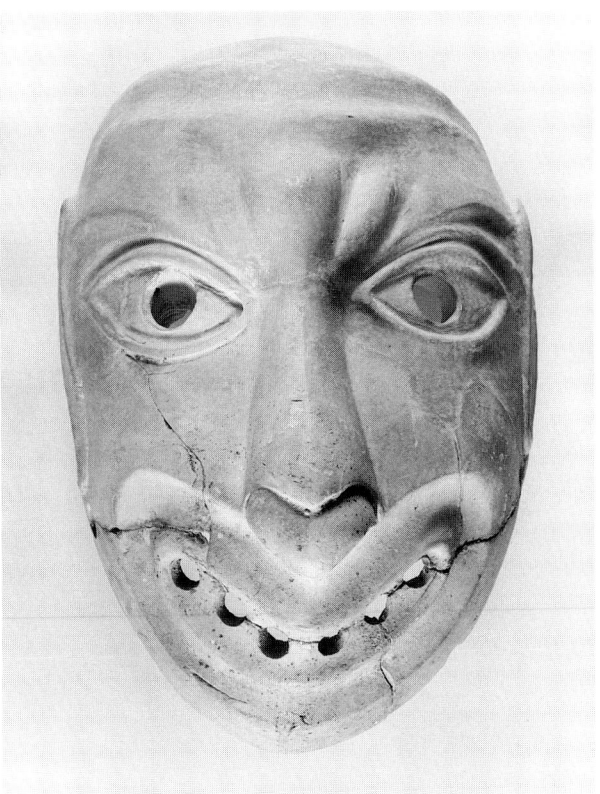

Abb. 190   Theatermaske aus weißem Ton

ren Gesellschaftsklassen und der Soldaten dienten. Sie waren besonders in den Regierungszeiten Trajans und Hadrians beliebt und verbreitet, was in gutem zeitlichem Einklang zum Steinkastell in Wiesbaden steht. Es ist anzunehmen, daß die Wiesbadener Maske Verwendung bei Theateraufführungen fand, obwohl es durchaus noch andere Bereiche gab, in denen sie einen Zweck zu erfüllen hatten. Sie wurden sicher auch in kultischen Zusammenhängen benutzt, bei religiösen Vorführungen, Zeremonien oder auch Prozessionen[911]. Ihnen wird eine apotropäische – Unheil fernhaltende – Wirkung zugeschrieben.

Sowohl in den Bereich der funktionalen Geräte als auch in den des Schmucks gehörten Fibeln. Eigentlich sollten sie dem Zusammenhalten von Kleidungsstücken aller Art dienen, etwa nach dem Prinzip unserer heutigen Sicherheitsnadeln. Sie wurden auf dem Heidenberg in großer Zahl im Kastellbereich und in den Gräben gefunden. 1860 sollen es über 50 Fibeln gewe-

Abb. 191 Pentagon-dodekaeder aus Messing oder Bronze

sen sein, die sich jedoch knapp 50 Jahre später auf ganze drei sicher und vier wahrscheinlich dem Heidenberg zuweisbare reduziert hatten. Die übrigen liegen zwar nach wie vor im Museum, doch entziehen sie sich alle einer eindeutigen Fundortbenennung. 1885 wurde eine Fibel, 1904 und 1905 noch acht weitere gefunden, so daß man jetzt von etwa 15 Fibeln ausgehen kann (Taf. 20).

Der Abschluß der kleinen Fundauswahl aus den Kastellen auf dem Heidenberg in Wiesbaden soll einem Objekt vorbehalten sein, das der Forschung bis heute noch mehr Rätsel aufgibt, als sie glaubt gelöst zu haben. Es handelt sich um ein sogenanntes Dodekaeder oder auch Pentagondodekaeder[912], ein würfelförmiger Körper, zusammengesetzt aus zwölf fünfeckigen Flächen, die alle eine unterschiedlich große runde Öffnung zeigen. Auf den Ecken der Flächen sitzt jeweils eine etwa erbsengroße Knubbe oder Warze. Der Körper ist innen hohl und wurde trotz seiner sehr dünnen Wandung – beim Wiesbadener Dodekaeder 0,7 – 1,2 mm – mit den Knubben in einem Stück gegos-

sen. Es stellt zweifellos eine wahre Meisterleistung antiker Bronzegießkunst dar (Abb. 191).

Eine erste Zusammenstellung der Dodekaeder erfolgte schon 1892[913]. Damals waren es, das Stück vom Heidenberg mitgerechnet, immerhin 16 Exemplare. 1893 schon 24, mit einer räumlichen Verbreitung über das gesamte ehemalige Imperium Romanum nördlich der Alpen. Mittlerweile hat sich die Zahl der bekannten Stücke auf 77 erhöht[914]. Um was es sich aber bei diesen Objekten handelte, was für eine Funktion sie hatten bzw. wo man sie nutzbringend einsetzen konnte, darüber gab und gibt es zum Teil noch heute die unterschiedlichsten Ansichten. Man dachte an ein Kinderspielzeug oder an die Bekrönung eines Kommandostabs[915], an einen Kerzenständer, wobei unterschiedliche Kerzendurchmesser Berücksichtigung fanden[916]. Man hielt es für einen Keulenkopf, allerdings nur einer zeremoniellen Prunkwaffe[917]. Es gab die Vorstellung, es seien Spielwürfel. Früh hatte man aber auch schon den Gedanken, es könne sich um eine »Lehre« handeln, z. B. ein Dickenmesser für zylindrische Körper[918]. Später wurde es als geodätisches Instrument der militärischen und zivilen Geometer angesehen[919]. Heute ist man weitgehend übereinstimmend der Meinung, daß es sich um ein Meßinstrument handelt, ohne sich jedoch auf seine genaue Funktion festlegen zu können. Es werden gleich mehrere Meßmöglichkeiten angeboten. Einmal das schon erwähnte Dicken- oder Kalibermaß, dann als Entfernungsmesser mit verschiedenen Maßstäben[920]. Für einen Einsatz als Theodolit[921] bedurfte es, da solche Messungen frei Hand nicht möglich waren, eines speziellen Stativaufsatzes. Diesen glaubt man in einem bisher als Kerzenständer definierten Objekt im Museum von Carnuntum gefunden zu haben[922]. Auch als Winkelmesser wurde das Dodekaeder in Betracht gezogen. Für einen intensiven Einsatz dieser Geräte spricht jedenfalls ihr langer Gebrauch vom 1. bis ins 4. Jahrhundert n. Chr. Sie sind nach wie vor ein kleines Rätsel, das auf seine endgültige Auflösung seit nunmehr annähernd 2000 Jahren wartet[924].

Bildnachweis

Die Objekte stammen nahezu ausschließlich aus der Sammlung Nassauischer Altertümer (SNA), Museum Wiesbaden. Die Bildvorlagen der SNA wurden von Frau U. Seitz-Gray, Frankfurt a. M. und vom Fachlabor Bodenbach, Wiesbaden, die Vorlagen aus dem Stadtarchiv vom Photolabor Wagenpfeil, Wiesbaden-Biebrich, bearbeitet und reproduziert.

Landesamt für Denkmalpflege, Hessen: 17, 18, 20, 34, 35, 38, 40, 49–51, 55, 58, 60, 85, 103, 120–122, 131, 144–147, 151, 168, 171
Landesmuseum Mainz: 63, 129
G. Müller-Schellenberg: 148
Röm.-German. Kommission, Frankfurt a. M.: 170
Röm.-German. Zentralmuseum, Mainz: 62, 158, 173, 174
Saalburg-Museum: 2, 130
Samml. Nass. Altertümer: 7, 10, 12, 21, 22, 23, 28–33, 36, 37, 42–44, 56, 57, 61, 64–67, 72–74, 76, 78–84, 88, 90, 91–102, 104–108, 110, 111, 115–117, 119, 123–126, 149, 157, 159–162, 167, 169, 177, 178, 181
E. Schallmayer: 77
Seminar Griech. u. Röm. Geschichte, Univ. Frankfurt: 127
U. Seitz-Gray: 1, 8, 9, 15, 22–26, 45, 46, 47, 52, 53, 69, 70, 89, 109, 112–114, 118, 133–143, 152–156, 165, 166, 172, 175, 176, 179, 180, 182–191 (alle Photos bei Pinsker, Kastell-Kapitel; Pinskers Zeichenvorlagen: SNA)
H.-G. Simon: 27
Stadtarchiv Wiesbaden: 6, 19, 41, 54, 68, 71, 75, 132
Theiss-Verlag: 3, 4, 86, 87, 128
Vermessungsamt der Stadt Wiesbaden: 5, 11, 39
Wiesbadener Tagblatt: 150
Wolfgang Czysz: 13, 14, 16
Württ. Landesmuseum Stuttgart: 48

Alle Farbtafeln: U. Seitz-Gray, Frankfurt am Main

Literatur und Anmerkungen

Abkürzungen

Ber. RGK	Bericht der Römisch-Germanischen Kommission
Bodenalt. Nassau	Bodenaltertümer in Nassau, Nassauische Heimatblätter des Vereins für Nassauische Altertumskunde und Geschichtsforschung
Bonn. Jahrb.	Bonner Jahrbücher des Rheinischen Landesmuseums in Bonn und des Vereins von Altertumsfreunden im Rheinlande
Fundber. Hessen	Fundberichte aus Hessen, Landesamt für Denkmalpflege Hessen, Abteilung für Vor- und Frühgeschichte
Germania	Germania, Jahrbuch der Römisch-Germanischen Kommission des Deutschen Archäologischen Instituts
Jahrb.RGZM	Jahrbuch des Römisch-Germanischen Zentralmuseums
Mittlg.	Mitteilungen des Vereins für Nassauische Altertumskunde und Geschichtsforschung
Nass.Ann.	Annalen des Vereins für Nassauische Altertumskunde und Geschichtsforschung (seit Bd. 39: Nassauische Annalen).
Nass.Heimatbl.	Nassauische Heimatblätter des Vereins für Nassauische Altertumskunde und Geschichtsforschung
Period.Bl.	Periodische Blätter der Geschichts- und Alterthumsvereine zu Cassel, Darmstadt, Frankfurt am Main, Mainz und Wiesbaden
Ammian.Marc.	Amminanus Marcellinus: Römische Geschichte
Baatz/Herrmann	D.Baatz u. F.-R.Herrmann (Hrsg.): Die Römer in Hessen, Stuttgart 1982
Caesar	Caesar, C.I.: De bello Gallico
Cass.Dio	Cassius Dio: Historia Romana
Sueton	Sueton, C.S.: De vita Caesarum
Ritterling 1	E.Ritterling und L.Pallat: Römische Funde aus Wiesbaden, Nass.Ann. 29, 1897/98
Ritterling 2	E.Ritterling: Das Kastell Wiesbaden, in «Der Obergermanisch-Raetische Limes des Roemerreiches» (Hrsg. Reichs-Limeskommission), Band II B, Nr.31, Heidelberg 1909
Ritterling 3	E.Ritterling: Ein Mithras-Heiligtum und andere römische Baureste in Wiesbaden (aufgedeckt 1902/03), Nass.Ann. 44, 1916/17
SNA	Sammlung Nassauischer Altertümer, Museum Wiesbaden
Topographie	Zur Topographie des alten Wiesbaden (in Nass.Anm. XV–XXIV)
Vell.Paterc.	Velleius Paterculus, Historia Romana, Libri duo

Soldatenbad und Bürgersiedlung

1   Baatz, D.: Das Leben im Grenzland des Römerreichs, Baatz/Herrmann, S. 85.
2   Ritterling 3: S. 266–268.
3   Ziegler, K. u. W.Sontheimer: Der kleine Pauly, Lexikon der Antike, München 1979, Bd. 1, Sp. 474.
4   Körber, K.: Römische Inschriften – Meilensteine, Westd.Korrbl. 15, 1896, Sp. 193–197. – Ritterling, E.: Mittlg. 1897/98, Sp. 41. – Pallat, L.: Der Name und die ältesten Reste des römischen Wiesbaden, Mittlg. 1897/98, Sp. 77. – Schmidt, E.: Der Obergermanisch-Raetische Limes (ORL), Bd. II B, Nr. 30, Kastel bei Mainz, Heidelberg 1909, S. 6–7. – Selzer, W., K.-V.Decker u. A.Do Paco: Römische Steindenkmäler. Mainz in römischer Zeit, Mainz 1988, S.265.
5   Die für das Verständnis des Textes notwendigen Ergänzungen sind in eckige Klammern gesetzt, in runde Klammern die Vervollständigungen der in römischen Steininschriften üblichen Abkürzungen einzelner Worte.
6   Schilling-Häfele, U.: Consules–Augusti–Caesares. Datierung von römischen Inschriften und Münzen, Aalen 1986, S.61. – Ders.: Lateinische Inschriften – Quellen für die Geschichte des römischen Reiches, Aalen 1982, S. 20. Die Datumsangabe 121/122 n.Chr., die zuweilen zu lesen ist, bezieht sich darauf, daß seit Nerva die *tribunicia potestas* jeweils am 10. Dezember des Vorjahres, dem Tage des Amtsantritts der Volkstribunen, erneuert wurde (Kienast, D.: Römische Kaisertabelle, Darmstadt 1990, S.32). Danach kann die Setzung des Kasteler Meilensteins schon ab 10. Dezember des Jahres 121 n.Chr. erfolgt sein.
7   Schumacher.L.: Römische Kaiser in Mainz, Bochum 1982, S.64.
8   Schumacher, K.: Die römische Periode, Siedelungs- und Kulturgeschichte der Rheinlande, Mainz 1923, S. 228–230. – Baatz, D.: Die ländliche Besiedelung im römischen Reichsgebiet östlich des Ober- und Mittelrheins, Germania Romana 3, Gymnasium, Beih. 7, 1970, S. 100. – Schneider, H.-C.: Altstraßenforschung, Darmstadt 1982, S.22 und 102 ff.
9   Schneider, H.-C.: wie Anm. 8, S. 102.
10 Ament, H.: Der Rhein und die Ethnogenese der Germanen, Praehist.Z. 59, 1984, 37–47.
11 Caesar: IV, 5.
12 Tacitus, P.C.: Germania, Kap. 29.
13 Plinius, C.Secundus: Naturalis historiae, XXXI, 20
14 Schoppa, H.: Aquae Mattiacae – Wiesbadens römische und alamannisch-merowingische Vergangenheit, Wiesbaden 1974, S.122, Anm.63. Die Übersetzung entspricht der üblichen, nach der *triduo fervet* »drei Tage lang« heftig siedet, wallt oder dampft bedeutet. Die Schwierigkeit liegt nicht in dem Verbum *fervere*, das 1690/1700 schon von Nikolaus Person (vgl. Anm. 324) bei der Beschreibung des Kochbrunnens im Sinne von sieden, aufwallen verwendet wird. Das Problem liegt in der adverbialen Bestimmung *triduo*, drei Tage lang.
15 »*Cranone est fons calidus…, qui in vinum additus triduo calorem potionis custodit in vasis. Sunt et Mattiaci …*«. Diese Verdopplung könnte aber auch Plinius selbst schon unterlaufen sein (jeder, der schreibt, kennt das). *triduo*

wäre also in dem auf die mattiakischen Quellen bezogenen Satz zu streichen.
16 Münzer, F.: Die Quelle des Tacitus für die Germanenkriege, Bonner Jahrb. 1899, S. 80.
17 Tacitus: Annalen, XII, 27–28
18 Dahm, O.: Der Raubzug der Chatten nach Obergermanien im Jahre 50 n.Chr., Bonner Jahrb. 101, 1897, 128–135 (vgl. dazu die neuen Funde aus Dorlar/Lahn). – Wolff, D.: Zur Geschichte der römischen Okkupation in der Wetterau und im Maingebiete, Nass.Ann. 32, 1901, S. 10–11.
19) Dorow, W.: Opferstätte und Grabhügel der Germanen und Römer am Rhein, Wiesbaden 1919, beschreibt (S.38 und Abb.XV,3) unter den beim Bau des Erbprinzenpalais an der Wilhelmstraße geborgenen Funden zwei »Salbtöpfchen« mit der Bemerkung: »Waren diese vielleicht Behälter der pilae Mattiacorum, und hatte diese Ware, wahrscheinlich Fabrikate der Mattiaken, ihren Namen von den Gefäßen, welche der Rohheit des Tons und der Arbeit nach unseren heutigen Salbtöpfchen von Krugerde ähnlich sind?«. – Reuter, K.: Der Sinter von Wiesbaden, Nass.Ann. 18, 1883/84 S. 23–24. – Cramer, J.: Mittlg. 1899/1900, Sp. 123. – Zu den »Mattiakischen Wässern« sei noch ein Hinweis auf einen zwar antiquarischen, dennoch heute noch lesenswerten Aufsatz angeführt: Dahl, C.: Ueber die Aquae Mattiacae, Nass.Ann. 1/2, 1830, S. 27–42.
20 Caesar: I, 1,3 (… *Germanis qui trans Rhenum incolunt*)
21 Plutarch: Lebensbeschreibungen, Marius, Kap.11
22 Caesar: I, 33,3
23 Zur Diskussion der Absichten Caesars gegenüber den Germanen: Klose, H.: Roms Klientel-Randstaaten am Rhein und Donau (Beiträge zu ihrer Geschichte und rechtlichen Stellung im 1. und 2.Jahrhundert n.Chr.). Hist.Unters. 14.Heft, Breslau 1934, S.6–9. – Diller,H.: Caesar und Ariovist (Humanist. Gymn. 46, 1935, 189–202) (Nachdruck in Rasmussen, D. (Hrsg.): Caesar, Darmstadt 1980, 189–207). – Christ, K.: Caesar und Ariovist (Chiron 4, 251–292) (Nachdruck in Christ, K.: Römische Geschichte und Wissenschaftsgeschichte I, Darmstadt 1982, S.92 ff.). Zur Frage des Germanenproblems selbst: Ament, H.: wie Anm. 10. – Hachmann, R.: Bespr.von Beck, H. (Hrsg.): Germanenprobleme in heutiger Sicht, Germania 68, 1990, S.667–680.
24 Caesar: IV, 16–19, VI, 9 und 29
25 Christ, K.: Zur Geschichte des hessischen Raumes in der römischen Kaiserzeit (Römische Geschichte und Wissenschaftsgeschichte II), Darmstadt 1983, S.87.
26 Petrikovits, H.v.: Urgeschichte und römische Epoche, in Petri, H., und G.Draege: Rheinische Geschichte, 2.Aufl., Düsseldorf 1980, Bd. I,1, S.53. – Schmidt, L.: Geschichte der deutschen Stämme bis zum Ausgang der Völkerwanderung II, München 1940, S. 210ff. – Wolters, R.: Römische Eroberung und Herrschaftsorganisation in Gallien und Germanien, Bochum 1990, S.147.
27 Tacitus: Germ., Kap. 29. – Ders.: Historiae IV,12. – Norden, E.: Die germanische Urgeschichte in Tacitus Germania, Leipzig–Berlin 1920, S.265–267. – Will, W.: Römische »Klientel-Randstaaten« am Rhein?, Bonner Jahrb. 187, 1987, S.4 ff. – Schmidt, L.: wie Anm. 26, S.

126. – Wolters, R.: wie Anm. 26, S.143– 147. – Klose J.: wie Anm. 23, S.19.
28 Ritterling, E.: Zur Geschichte des römischen Heeres in Gallien unter Augustus, Bonn.Jahrb. 114/115, 1906, 164–165.
29 Ritterling, E.: wie Anm. 28, S.175 ff. Ders.: Fasti des römischen Deutschland unter dem Prinzipat, Wien 1932, S.5. – Nesselhauf, H: Umriß einer Geschichte des obergermanischen Heeres, Jahrb. RGZM 7, 1960, S.151–154.
30 Vell.Paterc. 2, 97, 1. – Cass.Dio: 54, 20,4 – Syme, R.: Die römische Revolution, München 1992, S.395. Syme datiert die clades Lolliana in das Jahr 17 v.Chr. – Christ, K.: Zur augusteischen Germanienpolitik (Anm.23, 1982) S.187, 193, 219, 235. – Wolters, R.: wie Anm. 26, S.153 ff.
31 Mommsen, Th.: Die germanische Politik des Augustus, Reden und Aufsätze, 1922, S.330 (nach Christ, K.: wie Anm.30), S.187)
32 Asbach, J.: Die Überlieferung des germanischen Krieges des Augustus, Bonner Jahrb. 85, 1888, S.14 ff. (kritische Diskussion der antiken Überlieferung über den »Entschluss des Kaisers Augustus, das rechtsrheinische Gebiet dem Reiche einzuverleiben«. – Ritterling, E.: wie Anm. 28, S.176. – Von antiquarischem Interesse: Hofmann, K.H.: Wie weit ist Drusus in Deutschland vorgedrungen? Nass.Ann. 1/2, 1830, S.201–212.
33 Gottlieb, G.: Die Eroberung des Rheinvorlandes und die Ausdehnung der römischen Herrschaft, in G.Gottlieb et al. (Hrsg.): »Geschichte der Stadt Augsburg von der Römerzeit bis zur Gegenwart«, Stuttgart 1984, S.18–23. – Fischer, F.: P. Silius Nerva. Zur Vorgeschichte des Alpenfeldzugs 15 v.Chr., Germania, 54, 1976, S.147–155. – Christ, K.: Zur römischen Okkupation der Zentralalpen und des nördlichen Alpenvorlandes (Anm. 23), S.240–252.
34 Florus, P.A.: 2,30. – Christ, K.: Drusus und Germanicus, Paderborn 1956, S.30 ff. – Ritterling, E.: wie Anm. 29), S.176 f. – Nesselhauf H.: wie Anm. 29, S.152 ff.
35 Tacitus: Annalen II,8,1.
36 Christ, K.: Die augusteische Germanienpolitik, (Anm. 23), S. 235. – Wolters, H.: wie Anm. 26, S.156 ff. Antiquarisch: Hofmann, H.K.: Wie weit ist Drusus in Deutschland vorgedrungen ? Nass.Ann. 1/2, 1830, S.201–212.
37 Cass.Dio: 54, 32, 1; 36,4. – Schmidt, L.: wie Anm. 26, S.127, schreibt dazu: »Als aber nun die Römer (nach dem Feldzug 11.v.Chr.) rechts des Rheines Militärstraßen anlegten, als Stützpunkte Kastelle an der Lippe und am Taunus errichteten und damit ihre Eroberungspläne vollständig enthüllten, gaben die Chatten das (ihnen früher von den Römern zugewiesene rechtsrheinische) Ubierland preis«. – Dieser Satz ist für die Geschichte der Mattiaker zu beachten, weil er davon ausgeht, daß im Zuge dieses Rückzuges Chatten im Gebiet zwischen Rheingau und unterem Main als Mattiaker zurückgeblieben sind (vgl. Klose, J.: wie Anm. 23, S.53 ff. – Wolters, R: wie Anm. 26, S.265. – Will, W.: wie Anm. 27.
38 Cass. Dio, 54, 33,6. – Simon, H.-G.: Die Funde aus den frühkaiserzeitlichen Lagern Rödgen, Friedberg, Bad Nauheim (H.Schönberger u. H.-G.Simon: Römerlager Rödgen), Limesforsch. 15, 1976, S.248 ff. –

Schmidt, L. wie Anm. 26, S.126. – Wolters, R.: wie Anm. 24, S.166.

39 Fischer, K.: Thermalwasser reichlich, FAZ, 16.2.1989. Dort heißt es, daß die Stadt Trentschin/Mähren der nördlichste Punkt war, den die römischen Eroberer im östlichen Mitteleuropa erreichten. »Wer die Bädermanie der römischen Militärs kennt. wird nicht ausschließen, daß die Legionäre sich nur darum in Trentschin häuslich einrichteten, weil es in der Umgebung des Lagers mehrere Schwefelquellen gab.«

40 Cass. Dio: 55, 1, 2–6; 55, 2,1. – Tacitus: Ann. III, 5,1.

41 Cass. Dio: 55, 2,6.

42 Simon, H.-G.: Eroberung und Verzicht. Die römische Politik in Germanien zwischen 12 v.Chr. und 16 n.Chr. in Baatz/Herrmann, S.42. – Künzl, E.: Germanien und Rom (Katalog: Kaiser Augustus und die verlorene Republik, Mainz 1988), Nr. 380: »Das 100 Fuß = ca. 30 m hohe Runddenkmal wurde noch in der Regierungszeit des Augustus errichtet.« – Bellen, H.: Das Drususdenkmal apud Mogontiacum und die Galliarum Civitates, Jahrb. RGZM 31, 1984, 385–396. – Frenz, H.G.: Drusus maior und sein Monument zu Mainz, Jahrb. RGZM 32, 1985, 394 ff. – Instinsky, H.U.: Historische Fragen des Mainzer Drususdenkmals, Jahrb. RGZM 7, 1960, S. 180 ff. – Antiquarisch: Müller, N: Der Eichelstein, das Ehrendenkmal des Drusus zu Mainz, Nass.Ann. 3/1, 1839, S. 3–38.

43 Wolters, R.: wie Anm. 26, S.173.

44 Vell.Paterc.; 2, 97,4.

45 Cass.Dio: 55, 9. – Sueton: Tiberius 10–12. Vell. Paterc.: 2, 99.

46 Simon, H.-G.: wie Anm. 42, S.47.

47 Vell.Paterc.: 2, 104,2. – Schönberger, H.: Die römischen Truppenlager der frühen und mittleren Kaiserzeit, Ber.RGK 66, 1985, S. 325.

48 Vell.Paterc.: 2, 105,1. Der Originaltext »Cherusci recepti« ist in der althistorischen Forschung in seiner »völkerrechtlichen« Bedeutung umstritten. Vgl. dazu Wolters, R.: wie Anm. 26, S.188. Auch Will, W.: wie Anm. 27; Klose, H.: wie Anm. 23.

49 Vell.Paterc.: 2, 106,2–3. – Marcks, J.F.: Die römische Flottenexpedition zum Kimbernlande und die Heimath der Kimbern, Bonn.Jahrb. 95, 1894, 29–48.

50 Augustus: Res gestae, Kap.26.

51 Vell.Paterc.: 2, 108,1.

52 Vell.Paterc.: 2, 109,1.

53 Vell.Paterc.: 2, 109,5 – Timpe, D.: Zur Geschichte und Überlieferung der Okkupation Germaniens unter Augustus, Saeculum, 18, 1967, S.282 (Begründung der Annahme, daß das Heer des Sentius Saturninus von Mainz aus an diesem Krieg teilgenommen hat). H.-G.Simon (wie Anm. 38, S. 256) bezweifelt die »Zangenoperation«, doch kann man den Bericht des Vell-.Paterc. kaum anders interpretieren.

54 Simon, H.-G.: wie Anm. 38, S.243–247, 257.

55 Simon, H.-G.: wie Anm. 42, S.51.

56 Simon, H.-G.: Zu den frühkaiserzeitlichen Anlagen in Wiesbaden, Germania 41, 1963, S.328 ff. – Ders.: wie Anm. 38, S.236–243, 257.

57 Simon, H.-G.: wie Anm. 38, S. 242–243.

58 Vell.Paterc.: 2, 110, 1–2. – Ob das vor wenigen Jahren auf dem Kapellenberg bei Marktbreit, südlich der Spitze des Maindreiecks, 20 km südöstlich Würzburg entdeckte Lager dem Heer des Sentius Saturninus zuzuordnen ist, muß noch durch weitere Grabungen belegt werden. Wamser, L.: Ein augusteisches Legionslager auf dem Kapellenberg bei Marktbreit. Das Archäolog.Jahr in Bayern (1986), S.105–108. – Pietsch, M., D.Timpe u. L.Wamser: Das augusteische Truppenlager Marktbreit. Bisherige archäologische Befunde und historische Erwägungen, Ber. RGK 72, 1991, S.264–320.

59 Vell.Paterc.: 2, 110,2–6.

60 Vell.Paterc.: 2, 117,3.

61 Cass.Dio: 56, 18.

62 Vell.Paterc.: 2, 119,120. – Cass.Dio: 56, 19–22. – Timpe,D.: wie Anm. 53, S.289–90. – Wolters, R.: wie Anm. 26, S.199–228. – Tacitus: Ann. I, 60 »haud procul Teutoburgiensi saltu«. – Norden, E.: wie Anm. 27, S.284 ff.

63 Schönberger, H.: wie Anm. 47, S.343. – Niederrhein-Gebiet: Schnurbein, S.v.: Untersuchungen zur Geschichte der römischen Militärlager an der Lippe, Ber. RGK 62, 1981, S.5 f.

64 Simon, H.-G.: wie Anm. 38, S.259.

65 Vell.Paterc.: 2, 120, 1. – Cass.Dio: 56, 25. – Sueton: Tiberius, Kap. 18, 19.

66 Tacitus: Ann. 1, 31,2. – Stein, E./Ritterling, E.: Die kaiserlichen Beamten und Truppenkörper im römischen Deutschland unter dem Principat, Wien, 1932, S.91.

67 Vell.Paterc. 2, 116,1; 123,1. – Cass.Dio: 56, 15–26. – Tacitus: Ann. 1, 3,5.

68 Tacitus Ann. 1, 55–71 und 2, 5–26. – Timpe, D.: Der Triumph des Germanicus, Bonn 1968, S.41 ff.

69 Tacitus: Ann. 1, 56.

70 Klose, J.: wie Anm. 23, S.54. – Aber: Will, W.: wie Anm. 27, S.56.

71 Tacitus: Ann. 2, 25,1.

72 Tacitus, Ann. 2, 23,24.

73 Simon, H.-G.: wie Anm. 42, S.56.

74 Wahl, J.: Der römische Militärstützpunkt auf dem Frankfurter Domhügel. Mit einer Untersuchung der germanischen Besiedlung des Frankfurter Stadtgebietes in vorflavischer Zeit, Bonn 1982, S.51–60.

75 Schnurbein, S.v.: Starkenburg in römischer Zeit, Fundber. Hessen 25,1985, S. 3, verweist auf germanische Grabfunde im Bereich von Groß-Gerau aus den ersten Jahrzehnten n.Chr., die man »mit gutem Grund« als »Zeugnisse zugewanderter germanischer Siedler« deutet, »die sich ab etwa 16 n.Chr., dem Ende der römischen Feldzüge nach Innergermanien hier angesiedelt haben. Vielleicht sind Leute sogar von der Regierung in Rom gezielt zum Schutze der Rheingrenze hier angesiedelt worden...«. Eine auffallende zeitliche und kausale Konvergenz mit der in diesem Buch vorgetragenen Mattiaker-Umsiedlung! – Ausführliche Diskussion über die Rechtsformen des Verhältnisses der Römer zu nichtrömischen Völkern/Stämmen im Sinne von *foedus, amicitia, societas* bei Wolters, R: wie Anm. 26, S.78, in bezug auf die Mattiaker S.264–266. – Will, W.: wie Anm. 27, S.55–60; Klose, J.: wie Anm. 23, S.53–57. – Zur Diskussion: Otto, F.: Buchbesprechung J.Cramer »Die Geschichte der Alamannen als Gaugeschichte«, Breslau 1899, in Mittlg. 1899/1900, Sp. 93 und 122.

76 Baatz, D.: wie Anm. 8, S.93–94.

77 Einhard: Die Übertragung und Wunder der Heiligen Marzellinus und Petrus, Darmstadt 1977, S.54

78 Renkhoff, O.: Wiesbaden im Mittelalter, Wiesbaden 1980, S.88, 179, 204. – Schüler, Th.: Wiesbaden in seinen kleinstädtischen Verhältnissen um 1800. Altnassauischer Kalender 1919, Wiesbaden, S.29

79 Cohausen, A.v., B.Florschütz u. F.Otto: Topographie, Nass. Ann. 23, 1891, S.150–151.

80 Rossel, K.: Die kirchlichen Alterthümer von Wiesbaden, Denkmäler aus Nassau I, Wiesbaden 1852, S.28–29.

81 Rossel, K.: Period.Bl. 4, 1854, S.14.

82 Schoppa, H.: Fundber.Hessen, 7, 1967, S. 114. – Ders.: wie Anm. 14, S.22.

83 Schoppa, H.: Aquae Mattiacorum und Civitas Mattiacorum, Bonn.Jahrb. 172, 1972, S.230.

84 Akte des Landesarchäologen, Landesamt für Denkmalpflege Hessen, Schloß Biebrich, Wiesbaden.

85 Christ, K.: Geschichte der römischen Kaiserzeit, München 1988, S.494–506, 611

86 Schilling-Häfele, U.: wie Anm. 6, (1986) S.100.

87 Instinsky, H.U.: Kaiser Nero und die Mainzer Jupitersäule, Jahrb.RGZM 6, 1959, S.135 (»Schutz und Sicherheit nicht nur des römischen Volkes, sondern des ganzen genus humanum scheinen auf dem Heil und der Unversehrtheit des Kaisers gegründet«). – Christ, K.: wie Anm. 85, S.621.

88 Petrikovits, H.v.: wie Anm. 26, S.90, interpretiert das Zunehmen von Weihinschriften unter Caracalla so: »Daß durch derartige Geschenke (die Constitutio Antoniniana) an den kleinen Mann die Krise des Reiches, die sich damals andeutete, nicht gemildert wurde, konnte der brutale, machtgierige Mensch, der Antonin III. (Caracalla) war, in seinem klobigen Kopf nicht einmal ahnen. Die Folgen seines Despotismus äußerten sich in devotesten Weihungen für das Wohl des kaiserlichen Hauses«. Man kann die Anbringung der Weihetafel demnach auch als Zeichen des immer stärkeren Umsichgreifens totalitärer Herrschaftsgewalt deuten.

89 Cass.Dio: 77, 13,14. – Vict.Caes. 21,2: *Alamannos gentem populosam, ex equo mirifice pugnantem* (nach Schmidt, L.: wie Anm. 26, S.6). – Duncker, A.: Zum Alemannenkriege Caracallas, Nass.Ann. 15, 1879, S.15–22.

90 Duval, P.-M.: Gallien. Leben und Kultur in römischer Zeit. Stuttgart 1979, S.107.

91 Schoppa, H.: wie Anm. 14, S.51, 58. – Ders.: Der römische Steinsaal, Wiesbaden 1959, Nr. 31.

92 Dorow, W.: wie Anm. 19, Heft 2, S.7. »Fortuna« wird von Dorow als »Nundina«, Göttin des Überflusses, interpretiert.

93 Caesar: VI, 17.

94 Ritterling, E.: Römische Baureste auf der Rentmauer bei Wiesbaden, Nass.Ann. 35, 1905, S.266, 274. Ders.: Mittlg. 1900/01, Sp. 109. – Schoppa, H.: wie Anm. 14, S.52 u. Anm 181.

95 Schenck, G.A.: Geschicht-Beschreibung der Stadt Wißbaden, Franckfurt am Mayn 1758, S.108–109. Lehne, J.F.F.: Die Gauen des Taunus und ihre Denkmäler, Nass.Ann. 1/1, 1827, S.16. – Schoppa,H.: wie Anm. 91, Nr.30.Ders.: wie Anm. 14, S.58, 159, Nr. 27.

96 Schoppa, H.: wie Anm. 14, S.51 u.58 u. Anm. 203. –

Ders.: Die römische Kaiserzeit, Wiesbaden 1963, S.46 (Nr. 235).

97   Ritterling, E.: Mittlg. 1904/05, Sp. 109.

98   Schoppa, H.: Keltische Einflüsse in der provinzialrömischen Plastik. Bonner Jahrb. 158, 1958, S.268 ff.

99   Rossel, K.: wie Anm. 80.

100   Rossel, K.: wie Anm. 81.

101   Kutsch. F.: Die Bauperioden der Mauritiuskirche in Wiesbaden, Nass.Ann. 62, 1951, S.20 ff.

102   Ritterling 1, S.115–169.

103   Schoppa, H.: Römische Neufunde aus Wiesbaden. Sigillaten vom Mauritiusplatz, Nass.Ann. 63, 1952, S.6–12.

104   Schoppa, H.: Fundber. Hessen 9/10, 1969/70, S.183–185. Nuber, H.U.: Ein stratigraphischer Aufschluß im Bereich der »Wiesbadener Moorschicht«, Fundber. Hessen 19/20, 1979/80, S.645–677. – Fundbericht 69/10, Landesamt Denkmalpflege Hessen, unveröffentlicht.

106   Seitz, G.: Neue stratigraphische Aufschlüsse in der »Wiesbadener Moorschicht«, Denkmalpflege Hessen 1/1988, S. 16–17.

107   Kutsch, F.: wie Anm. 101, S.21.

108   Rossel, K.: Period.Bl. 1/1857, S.6–7 – Klein, C., und J. Becker: Die ältesten Spuren des Christentums am Mittelrhein, Nass.Ann. 7/2, 1864, S.47–48.

109   Rossel, K.: Period.Bl. 4, 1854, S.13–15. – Becker, J.: Die römischen Inschriften des Herzogtums Nassau, Nass.Ann. 4/3. 1855, S.519.

110   Ritterling 1: S.122, Anm. 4.

111   Schoppa, H.: Bodenalt. Nassau VIII, 1958, S.60.

112   Frensch, N.N.: Die Kanalisation, in H.Rahlson: Die öffentliche Gesundheitspflege in Wiesbaden, Wiesbaden, 1908, S.42 ff. – Struck, W.-H.: Wiesbaden im Biedermeier, Wiesbaden, 1981, S.180–183.

113   Will, W.: wie Anm. 27, S.60.

114   Ritterling 1: S.118. – Pallat, L.: wie Anm. 4, Sp.78

115   Reuter, K.: Römische Wasserleitungen in Wiesbaden und seiner Umgebung, Nass.Ann. 5/4, 1877, S.1–69.

116   Struck, W.-H.: Wiesbaden in der Goethezeit, Wiesbaden, 1979, S.136–137.

117   Ritterling 1: S.119–121.

118   Rossel, K.: Period.Bl. 1/1857, S.5 und 3/1857, S.46. – Cohausen, A.v.: Topographie, Nass.Ann. 17, 1882, S.138. – Ritterling 1: S.124, Anm.19 u. 20.

119   Ritterling 1: S.124–125.

120   Ritterling, E.: Mittlg. 1900/01, Sp. 49–52.

121   Ritterling 1: S.125, Anm.21.

122   Ritterling 1: S.123.

123   Ritterling 1: S.165, 168–169.

124   Ritterling 1: S.127, Anm.25. – 1979 wurde in der Kirchgasse Nr.48 bei Ausschachtungsarbeiten nach dem Abbaggern der »Moorschicht«, eine bis 3,95 m unter die Oberfläche reichende grubenartige Einfüllung mit zahlreichen Holzkleinteilen, Astwerk, Tierknochen, einem Bleirest und römischer Keramik beobachtet, »möglicherweise« ein Brunnen (Fundber.Hessen 21, 1981, S.180).

125   Rossel, K.: Period.Bl. 1/1857, S.5.

126   Cohausen, A.v.: wie Anm. 118, S.138.

127   Hollstein, E.: Jahresringchronologien aus vorrömischer und römischer Zeit, Germania 45, 1967, S.60–83.

128   Ritterling, E.: Mittlg. 1906/07, Sp. 67.

129   Rossel, K.: Period.Bl. 4/1854, S.13; 3/1857, S.46. – Ritterling 1: S.122, Anm.16.

130   Kutsch, F.: wie Anm. 101, S.21–22.

131   Ritterling 1: S.122.

132   Ritterling 1: S.126.

133   Ritterling 1: S.122. – Schoppa. H.: wie Anm. 103.

134   Ritterling 1: S.122, Anm.14.

135   Ritterling 1: S.126, Anm.24.

136   Schoppa, H.: Fundber.Hessen 7, 1967, S.114. – Ders.: wie Anm. 83, S.230. – Ders.: wie Anm. 14, S.46.

137   Schoppa, H.: Bodenalt.Nassau II, 1952, S.70.

138   Schoppa, H.: Bodenalt.Nassau I, 1951, S.18–22.

139   Über dieser ältesten Schicht (Anm.137) stieß man auf einen »sehr sorgfältig hergestellten Estrichboden«, über dem zwei Brandschuttschichten durch eine 30–40 cm dicke römische Kulturschicht getrennt waren. Die Fundstelle grenzt unmittelbar an den von E.Ritterling in den Jahren 1902/03 aufgedeckten »Tempelbezirk« diesseits der Heidenmauer (Ritterling 3: S.230–271).

140   Ritterling 1: S.121–123.

141   Tacitus: Hist. IV, 12 ff., besonders 37.

142   Ritterling 1: S.131.

143   Ritterling 1: S.128.

144   Ritterling 1: S.127.

145   Simon, H.-G.: wie Anm. 56, S.329. – Auch Ritterling 1: S.132, Anm.35, 37. – Ritterling, E.: Mittlg.1900/01, Sp.49 ff. und 1904/05, Sp.42. Durch die hier zusätzlich angeführten Münzen erhöht sich die statistische Aussagekraft um einiges.

146   Ritterling 1: S.129 u. 135. – Simon, H.-G.: wie Anm. 56, S.329 u.Anm. 11–17. – Ritterling, E.: Mittlg. 1906/07, Sp. 102

147   Ritterling 1: S.129.

148   Ritterling 1: S.141–166.

149   Simon, H.-G.: wie Anm. 56, S.330 ff.

150   Pferdehirt, B.: pers.Mittlg., Publ. in Vorbereitung.

151   Schnurbein, S.v.: Untersuchungen zur Geschichte der römischen Militärlager an der Lippe, Ber. RGK 62, 1981, S.5 ff. und 42 ff.

152   Ritterling, E.: Das frührömische Lager bei Hofheim im Taunus, Nass.Ann. 34, 1904, S.21; Nass.Ann. 40, 1913, S.81–84.

153   Seitz, G.: Römisches Leben auf dem »Hochfeld« bei Hofheim am Taunus, Hess.Heimat 88, 1988, S. 25. Dort weitere Lit.

154   Dorow, W.: wie Anm. 19, S. 39. – VITALIS auch bei Ritterling 1: S.150, Nr.59–63, S.156, Nr.152. – Ritterling, E.: Mittlg. 1904/05, Sp. 42.

155   Czysz, W., und W.Endres: Archäologie und Geschichte der Keramik in Schwaben, Neusäss 1988, S.103–105.

156   Dragendorff, H.: Terra Sigillata., Bonn.Jahrb. 96/97, 1895, S.55–56. – Knorr, R.: Töpfer und Fabriken verzierter Terra-Sigillata des 1. Jahrhunderts, Stuttgart 1919, S.10. – Garbsch, J.: Terra Sigillata. Ein Weltreich im Spiegel seines Luxusgeschirrs, Katalog: Prähistorische Staatssammlung München, Museum für Vor- und Frühgeschichte, München 1982, S.7 ff.

157   Schoppa, H.: wie Anm. 14, S.49 u.158, Nr.17. – Ergänzend hierzu Czysz, W.: Der Sigillata-Geschirrfund von Cambodunum-Kempten. Ein Beitrag zur Technologie und Handelskunde mittelkaiserzeitlicher Keramik, Ber.RGK 63, 1982, S.344–345.

158   Dorow, W.: Inventar des Rheinischen Landesmuseums Bonn: »No. 326. Fundort Wiesbaden, eine Schüssel mit tief eingedrückten Figuren als Form«. – Dorow, W.: wie Anm. 19, 2.Aufl. 1926, Heft 2, S.93, Nr.2.

159   Schleiermacher, W. Eine Sigillata-Formschüssel mit Eierstab X, Saalburg-Jahrb. 17, 1958, S.75.

160   Czysz, W.: wie Anm. 157, S. 306 ff.

161   Knorr, R.: wie Anm. 156, S.10. – Fischer, C.: Töpfernamen von La Graufesenque, Germania 69, 1991, S.163–165. – Der Dekorstempel des FIRMUS (FO Mauritiusstraße; IV-Nr. 15.266) gehört zu einer Schüssel Dragendorff 37 (Ricken, H. u. C.Fischer: Die Bilderschüsseln der römischen Töpfer von Rheinzabern, Bonn 1963, T 138; Tafelband, Speyer 1948, Taf.34,12). – Ritterling, E.: Mittlg. 1907/08. Sp.72. Dragendorff, H.: wie Anm. 156, S.40 f.,84 f.,103 f., Taf.I–III.

163   Knorr, R.: Terra-Sigillata-Gefäße des 1.Jahrhunderts mit Töpfernamen, Stuttgart 1919 und 1952.

164   Ihm, M.: Die Arretinischen Töpfereien, Bonn.Jahrb. 102, 1898, S.106 ff. – Morel, J.-P.: Das Handwerk in augusteischer Zeit. Aretiner Reliefkeramik (Katalog: wie Anm. 42, S.84 f.)

165   Ritterling 1: S.145–150.

166   Simon, H.-G.: wie Anm.56, S.330–333.

167   Simon, H.-G.: wie Anm. 38, S.238. Die genauen Signaturen der 13 Stempel bei E.Ritterling 1: S.145 ff. Angaben zu Fundorten und Inventarnummern des Museums Wiesbaden bei Simon, H.-G.: Anm. 56 und Anm. 38.

168   Pferdehirt, B.: Die römischen Terra-Sigillata-Töpfereien in Südgallien, Aalen 1978, S.10.

169   Pferdehirt, B.: Die römische Okkupation Germaniens und Rätiens von der Zeit des Tiberius bis zum Tode Trajans. Untersuchungen zur Chronologie südgallischer Reliefsigillata, Jahrb. RGZM 33, 1986, S.221–231.

170   Dragendorff, H.: wie Anm. 156, S.44 u. 50. – Oxé, A.: Die Terra-sigillata-Gefäße des Cn.Ateius. Ein Beitrag zu ihrer Zeitbestimmung und zur Lesung ihrer Stempel, Bonn.Jahrb. 99, 1896, S.22 ff. – Wolff, G.: Töpfer- und Ziegelstempel der flavischen und vorflavischen Zeit aus dem unteren Maingebiete, Nass.Ann. 27, 1895, S.40–48. – Garbsch, J.: wie Anm. 156, S.36.

171   Ritterling 1: S.147, Nr. 29 (Abb. VIII, 52).

172   Schnurbein, S.v.: Halterner Sigillata-Produkte in rheinischen Stützpunkten, Germania 64, 1986, S.45–59. – Ders,: Bemerkenswerte Funde aus einer Töpferei des Hauptlagers von Haltern, Germania 52, 1974, S.87–88.

173   Ritterling, E.: Höchst a.M., ein römischer Hauptwaffenplatz zur Zeit des Augustus, Mittlg. 1901/02, Sp. 50, hat den FLOS-Stempel und die übrigen frühen Stempel schon dem »Halterner Horizont« zugewiesen.

174   Schoppa, H.: wie Anm. 103, S.8, Anm.5 und Abb.1–3.

175   Nuber, H.U.: wie Anm. 105, S.644, Nr.45, 50.

176   Pferdehirt, B.: wie Anm. 169, S.235–240.

177   Pferdehirt, B.: wie Anm. 150. – Schoppa, H.: wie Anm. 103. – Nuber, H.-U.: wie Anm. 105.

178   Ritterling 1: S. 141.

179   Ritterling, E.: Mittlg. 1907/08, Sp.72 (19363). – Dazu gehört auch ein »Randstück eines arretinischen Sigillatagefäßes, vielleicht Drag. 11, mit Resten von Reliefver-

zierung; es wurde auf der Adolfshöhe gefunden, aber an einer Stelle, an der Schutt aus der Gegend der römischen Thermen am Kranzplatz angefahren war« (vgl. »Augustus-Kopf«)

180 Ritterling 1: S.142 (Photokartei, SNA, Nr. B 3722.

181 Schoppa, H.: wie Anm. 131, S.12.

182 Schoppa, H.: wie Anm. 103, S.13–14. – Ders.: Zur Frage der frühesten Kastelle in Wiesbaden, Nass.-Ann. 73, 1962, S.13–14 (Abb.5 u. 6).

183 Pferdehirt, B.: wie Anm. 169, S.230.

184 Ritterling 1: S.142. – Ritterling, E.: Mittlg. 1900/01, Sp. 39. – Schoppa, H.: wie Anm. 14, S.156, Nr.4 und Abb.4. u. 6. Herstellungsort La Graufesenque (Art des BASSUS, SCOTIUS u. AQUITANUS). FO Mauritiusstraße; IV-Nr. 15181.

185 Knorr, R.: wie Anm. 156, S.30, Taf.11 B.

186 Knorr, R.: wie Anm. 156, S.81, Taf.86 E.

187 Ähnliches Dekor bei Garbsch, J: wie Anm. 156, Kat.-Nr. C 13, hier aber Drag. 37. – Inventar-Nr. 14.364.

188 Knorr, R.: wie Anm. 156, S.63, Taf. 58 B. – Knorr, R.: wie Anm. 199 (1952), Taf.43 F.

189 Pferdehirt, B.: wie Anm. 169, S.250.

190 Oelmann, N.N.: Sigillatamanufakturen in La Madeleine bei Nancy, Röm.Germ.Korr.bl. 4, 1911, S. 90–93. Der Töpfer hatte seinen Namen Albillus fe(cit) kursiv in die noch ungebrannte Form eingeschrieben.

191 Pferdehirt, B.: persönliche Mittlg.

192 Schoppa, H.: wie Anm. 14, S.37, Abb.15. – Knorr, R. und F.Sprater: Die westpfälzischen Sigillata-Töpfereien von Blickweiler und Eschweiler Hof, Speyer 1927, S.83, Taf.88,3. – Fundber. Hessen 13, 1973, S.325–326.

193 Habel, F.G.: Nass.Ann. 3/3. 1844, S.209. Schoppa, H.: wie Anm. 14, S.51 u. 158, Nr.20. – Schoppa, H.: wie Anm. 14, S.128, Anm.166 u. 167.

194 Czysz, W.: wie Anm. 157, S. 343 u. 344–345, gibt eine interessante Beschreibung des »Berufsfeldes« eines solchen Keramikhändlers.

195 Simon, H.-G.: wie Anm. 38, S.257 u. 260. – Hierzu auch schon Ritterling, E.: wie Anm. 173, Sp. 50.

196 Pferdehirt, B.: wie Anm. 150.

197 Pferdehirt, B.: wie Anm. 169, S.221 ff.

198 Simon, H.-G.: wie Anm. 42, S.51.

199 Nuber, H.U.: wie Anm. 105, S.650–677.

200 Schoppa, H.: wie Anm. 182 (1962), S. 12.

201 Habel, F.G.: Nass.Ann. 4/1, 1850, S. 202 u. 204. – Fibeln: Ritterling 1, S. 135, Nr.1, 3 (Abb. 3, 5).

202 Ritterling 1: S.139. Zuletzt: Künzl, E.: wie Anm. 42, S.563 (Kat.-Nr. 389).

203 Schoppa, H.: wie Anm. 14, S.21 u. Anm.40; S. 156, Nr.3. – Vgl. dazu auch Schoppa, H.: Ein Gladius vom Typus Pompeji, Bonn.Jahrb. 52, 1974, S.102 ff.

204 Ritterling 1: S.138, Nr.19–26.

205 Nuber, H.U.: wie Anm. 105, S.676.

206 Schoppa, H.: wie Anm. 14, S.36–38 – Fundber.Hessen 13, 1973 S. 325

207 Nuber, H.U.: wie Anm. 105, S.656–658 u. Anm.22–24.

208 Ritterling 1: S.137–139, 166, 168.

209 Nuber, H.U.: wie Anm. 105, S.669. (Zu »Mars und Venus Victrix«: Möglicherweise ist ein Zusammenhang mit der in Wiesbaden bezeugten legio XIV Gemina Martia Victrix zufällig.)

210 Ritterling, E.: Toranlagen römischer Kastelle des er-

sten nachchristlichen Jahrhunderts, Nass.Ann. 36, 1906, S.7.

211 Ritterling 2: S.63.

212 Schoppa, H.: wie Anm. 14, S.14–15 – Ders.: wie Anm. 83, S.228.

213 Schoppa, H.: wie Anm. 182, S.11.

214 Simon, H.-G.: wie Anm. 56, S.336–337.

215 Simon, H.-G.: wie Anm. 38, S.242 – Ders.: Buchbesprechung H.Schoppa, Aquae Mattiacae, Fundber. Hessen 15, 1975, S.708/9.

216 Nuber, H.U.: wie Anm. 105, S.677.

217 Ritterling 2: S.64.

218 Ritterling 2: S.63.

219 Schoppa, H.: wie Anm. 139, S.182 (Akte 69/9, SNA).

220 Simon, H.-G.: wie Anm. 38, S.243.

221 Schnurbein, S.v.: wie Anm. 151.

222 Ritterling, E.: wie Anm. 152.

223 Seitz, G.: wie Anm. 153.

Das Gebiet der heißen Quellen

224 Seitz, G.: wie Anm. 106, S.16.

225 Schoppa, H.: Bodenalt.Nassau I, 1951, S.61–63.

226 Kutsch, F.: Fundbericht, Germania 13, 1928, S.79.

227 Vitruvius: Von den warmen Quellen und den Eigentümlichkeiten verschiedener Gewässer, De architectura libri decem (Zehn Bücher über Architektur), Darmstadt 1991, S.369–373.

228 Michels, F., u. W.Fresenius: Lage, Geologie und Chemie der Wiesbadener Heilquellen,in »Rund um den Kochbrunnen«, Wiesbaden, 1958. – Michels, F.: Von der Wiesbadener Thermalquellenspalte, Jahrb.Nass. Ver.Naturkde. 97, 1964, S.37 ff. – Ders.: Die Wiesbadener Mineralquellen, Jahrb.Nass.Ver.Naturkde. 98, 1966, S.17 ff.

229 D'Orville, W., und W.Kalle: Analyse der Faulbrunnenquelle zu Wiesbaden, Jahrb.Nass.Ver.Naturkde. 13, 1858, S.41 ff.

230 Ritterling, E.: Mittlg. 1900/01, Sp. 52

231 Schenck, G.A.: wie Anm. 95, S. 45–46

232 Dengler, J., F.Eckle und W.Johe: Fundber.Hessen 21, 1981 (1991), S.178–179.

233 Renkhoff, O.: wie Anm. 113, S.248, 208.

234 Dorow, W.: wie Anm. 19, S.61. – Ritter, G.H.: Denkwürdigkeiten der Stadt Wiesbaden und der benachbarten Gegenden in vorzüglicher Hinsicht ihrer sämtlichen Mineralquellen, Wiesbaden 1800, S.64 ff.

235 Ebhardt, G.H.: Geschichte und Beschreibung der Stadt Wiesbaden, Wiesbaden 1817, zit. nach W.Dorow, wie Anm. 19, S.63–64.

236 Akten E.Ritterling, SNA.

237 Dorow, W.: wie Anm. 19, S.62. – Lehne, F.: wie Anm. 95, S.14. – Rossel, K.: Mittlg. 1/1851, S.71. – Schoppa, H.: wie Anm. 14, S. 159 (Anm. zu Abb.29) gibt irrtümlich als Fundort das »Fundament einer spätrömischen Mauer am Kranzplatz« an.

238 Junkelmann, M.: Die Legionen des Augustus, Mainz 1986, S.95

239 Klein, C. und J.Becker: wie Anm. 109, S.519 – Schoppa, H.: wie Anm. 14, S.131, Anm.214.

240 Becker, J.: Über Apollo als Heilgott der Kelten, Nass. Ann.4/2, 1852, S.365 ff., bes. 374.

241 Cass.Dio 77, 15. – Ziegler, K. u. W.Sontheimer

(Hrsg.): wie Anm. 3, Bd. 2, Sp. 868, »Grannus«. – Schleiermacher, W.: Die gallischen Götterpaare (Studien an römischen Göttertypen der Rheinprovinzen), Ber.RGK 23, 1933, S.110 ff.

242 Schoppa, H.: wie Anm. 14, S.59.

243 Rossel, K.: Period.Bl. No.3, 1852, S.71.

244 Schwartz, K.: Beiträge zur Geschichte des Vereins für Nass. Alterthumskunde, Nass.Ann. 11, 1871, S.9.

245 Habel, F.G.: Vorstandsbericht, Nass.Ann. 3/2, 1842, S.234.

246 Cohausen, A.v.: Führer durch das Altertums-Museum, Nass.Ann. 20, 1888, S.157. – Ritterling, E.: »Architekturstücke, gefunden im Schützenhof«, handschriftlich (SNA).

247 Habel, F.G.: Vorstandsbericht, Nass.Ann. 4/1, S.199.

248 Spielmann, C., und J.Krake: Die Entwicklung des Weichbilds der Stadt Wiesbaden seit dem Ende des 18.Jahrhunderts, Frankfurt am Main 1912 (Nachdruck 1989), Karte VIII, 1868.

249 Jost, J.: Unveröffentlicher Bericht des Bauführers Jost über archäologische Funde auf dem Terrain des Schützenhofes vom 27.Februar 1869, SNA; mit Skizze vom Schützenhof-Teil des Plans in Ritterling 3: Taf.IV, nachgedruckt bei Schoppa, H.: wie Anm. 14, S.47, Abb. 14.

250 Ritterling 3: S.270. Er beschränkte sich auf die Nachzeichnung des Originals von J.Jost (Anm.249) und Beschrifung.

251 Cohausen, A.v., und K.Reuter: Topographie, Nass. Ann. 17, 1882, S.139. – Ritterling, E.: Mittlg. 1906/07, Sp. 2. Schon 1880 wurden bei Bauarbeiten Estrichteile eines römischen Bades und Mauerzüge gefunden, »die zu den ausgedehnten Thermen- und Forum-Anlagen in der Gegend des Schützenhofes gehörten«; auch am und jenseits des Gemeindbadgäßchens bis zum Michelsberg (Ritterling. E.: Nass.Ann. 39, 1909, S.357, 363).

252 Reuter, K.: wie Anm. 115, Nass.Ann. 5/4, 1877, S.25–27, 51–52.

253 Schalk, H.: Die neuesten Funde in Wiesbaden, Nass. Ann. 9, 1868, S.357. – Genaue Fundstelle: Ritterling 3: Taf.IV.

254 Reuter, K.: wie Anm. 115, S.15–20.

255 Hörnigk, L.v.: Wißbades beschreibung, Franckfurt am Mayn, 1633, benutzt schon den Begriff »Steinernen Sarck« als Sammelbehälter, aus dem durch »zwey viereckigte Löcher« das Quellwasser nach rechts in das Bürgerbad (Gemeindbad), nach links in das »Dienheimer Bad« (Schützenhofbad) fließe. – Vgl. auch: Roth, F.W.E.: Geschichte und historische Topographie der Stadt Wiesbaden, Wiesbaden 1883, S.500.

256 Jost, J.: wie Anm. 249, S.17. – Schalk, H.: wie Anm. 253, S.358. – Fundstelle: Ritterling 3: Taf.IV.

257 Schlieben, N.N.: Römische Sonnenuhren in Wiesbaden und Cannstadt, Nass.Ann. 20, 1888, S.316–327.

258 Lukian: Hippias sive balneum, 4 ff. Zit. nach Heinz, W.: Römische Thermen, Badewesen und Badeluxus, München 1983, S.16 und Anm. 30.

259 Jost, J.: wie Anm. 249, S.16. – Schalk, H.: wie Anm. 253, S.359. – Fundstelle: Ritterling 3: Taf.IV.

260 Filtzinger, P.: Hic saxa loquuntur, Kleine Schriften des Limesmuseums Aalen, Nr. 25, S.135, Abb. H 9, gibt

eine gute Vorstellung der Art, die Figur und Erntekranz der »Wiesbadener Epona« ausgesehen haben dürfte.

261 Das Sironabad von Nierstein, Wiesbadener Tagblatt No. 82, 7. April 1881. Die Inschrift lautet: *Deo Apollini et Sironae Iulia Frontina* V S L L M (VOTUM SOLVIT LAETA MERITIS) »dem Gotte Apollo und der Sirona erfüllt ihr Gelübde freudig und dankbar Julia Frontina.«

262 Grönke, E.: Die römischen Steindenkmäler im Museum Wiesbaden, Magisterarbeit Frankfurt am Main, 1982, Nr.99.

263 Schoppa, H.: wie Anm. 14, S.60. – Schleiermacher, W.: wie Anm. 241, S.126–135. – Filtzinger, P.: wie Anm. 260, S.210, 244.

264 Kekulé, R.: Römische Funde in Wiesbaden, Nass. Ann. 10, 1870, S.362.

265 Becker, J.: Alte und neue griechische und römische Inschriften aus den Rheinlanden, Bonn.Jahrb. 44/45, 1868, S.62–63. – CIL XIII, pars II, fasc. II, Nr. 9126.

266 Cohausen, A.v., und F.Otto: Inschriften, Nass.Ann. 17, 1882, S.145.

267 Cohausen, A.v., S.Widmann und A.Hammeran: Römische Althertümer, Nass.Ann. 18, 1883/84, S.223.

268 Grönke, E.: wie Anm. 262, Nr.156.

269 Kienast, D.: wie Anm. 6, S.202.

270 Kekulé, R.: wie Anm. 264, S.364. – Becker, J.: Römisch-fränkische Alterthümer vom Mittelrhein. I. Die altchristlichen Inschriften von Wiesbaden, Nass.Ann. 13, 1874, S.182, 187.

271 Becker, J.: wie Anm. 270, S.182.

272 Jost, J.: wie Anm. 249, S. 17 und Skizze.

273 Ritterling 2: S.61/62.

274 Ritterling 3: S.270 u. Taf. IV. In einer handschriftlichen Notiz (SNA) schreibt Ritterling zwar: »Namentlich wird man bei der Unterscheidung von römischen und späteren Baulichkeiten dem Urteil Josts, der mehrfach Gelegenheit gehabt hatte, darüber Erfahrungen zu sammeln, durchaus vertrauen dürfen.« Später (Ritterling 2: S.61/62) nimmt er die »römischen Gräber« aber aus.

275 Cohausen, A.v.: Topographie, Nass. Ann. 18, 1983/84, S.231.

276 Cohausen, A.v.: Miscellen, Nass.Ann. 12, 1873, S.316, 346. – v.Cohausen berichtet 10 Jahre später (Nass. Ann. 18, 1883–84, S.231) über eine Bronzesonde, einen beinernen Kamm und eine Silberfibula aus fränkischer Zeit, die bei der Erweiterung des Hauses Schützenhofstraße No. 5, da, wo es an den alten Friedhof angrenzt«, gefunden wurden (vgl. die von J.Jost in unmittelbarer Nähe gefundenen »römischen Gräber« (Plan), eine insgesamt unklare Situation).

277 Ritterling 3: S.244–245.

278 »Schlichters Bau«, handschriftliche Notiz, »Wiesbaden 30.März (1858)« (SNA).

279 Huld-Zetsche, I.: Mithras in Nidda-Heddernheim, Archäologische Reihe Nr. 6, Museum für Vor- und Frühgeschichte, Frankfurt am Main, 1986, S.10–12, 67–69, 76.

280 Reuter, K.: Der Sinter von Wiesbaden, Nass.Ann. 18, 1883/84, S.24. – In Nass. Ann. 21, 1889, S. 9–12 gibt A.v.Cohausen eine Darstellung der Geologie des Wiesbadener Quellengebietes nach damaligem Kenntnisstand.

281 Cohausen, A.v.: Notizbuch des Conservators, 12. August 1872 (SNA).

282 Cohausen, A.v.: Miscellen, Nass.Ann. 14, 1877, S.406.

283 Cohausen, A.v.: wie Anm. 276, S.317. – Dieselben Schichten hat H.Schoppa (Bodenalt.Nassau I, 1951, S.19) im Bereich des alten Friedhofs südöstlich der Coulinstraße angeschnitten: »Der gewachsene Boden besteht (...) zur Höhe hin aus verwittertem Sandstein von rötlicher Farbe, der von rötlichen und weißen Bändern durchzogen wird.«

284 Leppla, A., und A.Steuer: Erläuterungen zur Geologischen Karte von Hessen 1:25 000, Blatt Nr. 5915, 3.Aufl., Wiesbaden 1971, S.46.

285 Cohausen, A.v., B.Florschütz und F.Otto: Topographie, Nass.Ann. 23, 1891, S.153.

286 Cohausen, A.v.: Topographie, Nass.Ann. 24, 1892, S.232.

287 Ritter, G.H.: wie Anm. 234 (zit. nach W.Dorow: wie Anm. 19, S.61).

288 Ritterling 2: S.42.

289 Reuter, K.: wie Anm. 115, S.18–19. – Ders.: wie Anm. 280, S.24.

290 Dengler, J., F.Eckle und W.-Johe: wie Anm. 232.

291 Akte im Landesamt für Denkmalpflege Hessen, Biebricher Schloß, Wiesbaden, EV.76/24.

292 Ammian.Marc.: 29, 4,7. Der hier geschilderte Überfall des Kaisers Valentinian contra Aquas Mattiacas gewinnt unter diesem Gesichtspunkt einen realen Hintergrund.

293 Ritterling, E.: Jahresbericht., Nass.Ann. 39, 1909, S.357,363.

294 Roth, F.W.E.: wie Anm. 255, S,515.

295 Michels, F.: Zur Geologie der Wiesbadener Mineralquellen, Zeitschr.deutsch.geol.Ges. 106, 1.Teil, 1955, S.113–117. – Ders.: Lage und Geologie der Wiesbadener Heilquellen, in »Rund um den Kochbrunnen«, Wiesbaden, 1958, S.6–7. – Ders.: Zur Geologie des Wiesbadener Raumes und seiner Mineralquellen, Ärztl.Mitteilungen 46, 1961, S.1214–1220.

296 Floss, H.: Die Adlerquelle – Ein Fundplatz des mittleren Jungpaläolithikums im Stadtgebiet von Wiesbaden, Archäol.Korrespondenzbl. 21, 1991, 187–191. – Fiedler, L.: Vom Faustkeil zur Klinge. Altsteinzeitliche Funde aus dem Wiesbadener Raum, in »200 000 Jahre Kultur und Geschichte in Nassau«, Wiesbaden 1993, S.11–16.

297 Dorow, W.: wie Anm. 19, S.64.

298 Struck, W.-H.: wie Anm. 116, S.81.

299 Cohausen, A.v., und K.Reuter: Topographie, Nass. Ann. 17, 1882, S.139.

300 Ritterling, E.: Mittlg. 1903/04, Sp.3,79. – Ritterling 3:, S.261–266.

301 Schoppa, H.: wie Anm. 14, S.48.

302 Heinz, W.: Römische Thermen – Badewesen und Badeluxus, München, 1983, S.34, Anm. 92 (Vitruv V, 10,5).

303 Ritterling 3: S.266.

304 Ritterling, E.: wie Anm. 293, S.360.

305 Cohausen, A .v.: Vereinsnachrichten, Nass.Ann. 13, 1874, S.364. – Ritterling 3: S. 241, erwähnt eine (Quell-) Wasserleitung, die das Mithräum versorgte.

306 Ritterling 3: S.264.

307 Ritterling, E.: Mittlg. 1903/04, Sp.69 (CIL XIII 7566a).

308 Ritterling 3: S.266–270.

309 Habel, F.G.: Nass.Ann. 3/3, 1844, S.176. – Römer-Büchner, N.N.: Der Dolichen'sche Gott, Nass.Ann. 4/2, 1852, S.349. – Schoppa, H.: wie Anm. 14, S.65 u. 159, Nr.28. – Kohlert-Németh, M.: Römische Bronzen I, Archäol.Reihe Nr. 11, Museum für Vor- u.Frühgesch., Frankfurt am Main 1988, S.55. – Speidel, M.P.: Jupiter Dolichenus. Der Himmelsgott auf dem Stier, Limesmuseum Aalen Nr. 24, 1980, S.50,67.

310 Ritterling 3: S.255–256.

311 Schoppa, H.: wie Anm. 14, S.55–56.

312 Ritterling 3: S.253–254. – Schoppa, H.: wie Anm. 14, S.55,158 und Abb.23

313 Becker, J.: Römische Inschriften vom Mittelrhein, Nass.Ann.8, 1866, S.575. – Klein, C. u. J.Becker: Alte und neue römische Inschriften aus den Rheinlanden, Bonn.Jahrb. 43, 1867, S.64.

314 Schalk, H.: Period.Bl. 1867, 4 & 5, S.15.

315 Grönke, E.: wie Anm. 262, Nr.128.

316 Becker, J.: Castellum Mattiacorum, Nass.Ann. 7, 1863, S.37.

317 Lehne, F.: Erläuterungen einiger in der Gegend des Taunus gefundenen römischen Inschriften, Nass. Ann. 1/2, 1830, S.18 f. – Becker, J.: wie 316), S.44–53. – Schmidt, E.: wie Anm. 4, S.21. – Selzer, W., K.-V.Dekker und A.D.Paco: wie Anm. 4, Nr.285. – Lehne identifiziert den absichtlich ausgemeißelten Namen (*Damnatio memoriae*) als den des 235 n.Chr. bei Mainz ermordeten Kaisers Severus Alexander.

318 Schoppa, H.: wie Anm. 14, S.70 und Anm. 276.

319 Cohausen, A.v.: Nachtrag zum Jahresbericht, Nass. Ann. 20, 1888, S.150. – Schmidt, E.: wie Anm. 4, S. 21.

320 Schoppa, H.: wie Anm. 14, S.135, Anm. 278. – Schleiermacher, W.: Germania 40, 1962, S.73 ff.

321 Filtzinger, P.: wie Anm. 260, S.210–211, bietet eine weitere Deutungsmöglichkeit an, nach der die Kultgemeinschaft der *hastiferi* in der Tradition der Priesterschaft stehen, die in republikanischer Zeit dem Feind die Kriegserklärung durch Hinüberwerfen einer in Blut getauchten Lanze in das Feindesland überbrachten. – Bei Ritterling 3: S 269, Anm.33, sind *hastiferi* eine Art Landmiliz, die innerhalb der civitas militärähnlich eingesetzt werden konnte.

322 Michels, F.: Die Wiesbadener Mineralquellen (Neue Beiträge zur Klärung ihrer geologischen Position). Jahrb.Nass.Ver.Naturkde. 98, 1966, S.33 ff. Michels konnte feststellen, daß das Thermalwasser bei Bohrtiefen ab etwa 20 m unter dem Oberfächenniveau des Quelltümpels unter höherem Druck steht als in der eigentlichen Quelle. Das aus der Tiefe aufsteigende Wasser wird durch Versinterungen der Quellspalten am freien Aufstieg gehindert. Außerdem weist das neu erbohrte Wasser einen höheren Kohlensäuregehalt auf.

323 Renkhoff, O.: wie Anm. 78, S.227–228.

324 Person, N.: SYMBOLICA IN THERMAS ET ACIDULAS REFLEXIO (Symbolische Gedanken über Warmbäder und Sauerbrunnen), Mainz, 1690/1700 (ohne genaue Jahresangabe), Nr.8.

325 Renkhoff, O.: wie Anm. 78, S.91.

326 Cohausen, A.v.: Topographie, Nass.Ann. 21, 1889, S.12 und Tafel II. Der hier unter δ angezeigte »wahrscheinlich quadratische« Wasserbehälter vor der NO-

Ecke des Römerbades dürfte der Rest eines mittelalterlichen Bades gewesen sein.

327 Roth, F.W.E.: wie Anm. 255, S.492, 496. – Spielmann, C.: Die Stadt Wiesbaden und ihre Bewohner zu Anfang unseres Jahrhunderts, Wiesbaden, 1897, S.45–46. – Cohausen, A.v.: wie Anm. 353, S.9–12 u.Tafel II.

328 Dorow, W.: wie Anm. 19, S.55 ff.

329 Geometrischer Grundriß über die Stadt Wiesbaden, Anno 1805 (Stadtplanungsamt). Danach war der »Eiskeller« ein Steinbruch zwischen heutigem Hirschgraben und Schachtstraße; »vor den Thoren der Stadt«, weil er außerhalb der alten Stadtmauer lag.

330 Otto, F.: Goethe in Nassau, Nass.Ann. 27, 1895, S.114–117. – Struck, W.-H.: wie Anm. 116, S.64, 96–98. Goethes Beziehung zum Ver.Nass.Altkde.u. Geschforsch., dessen Ehrenmitglied er seit 1828 war: Otto, F.: Mittlg.Ver.Nass.Altkde. 1, 1897/98, Sp.26–27.

331 Goethe-Jahrb. 1885 (VI, S.125); zit. nach Ritterling, E.: Akten in der SNA.

332 Rossel, K.: Mittlg. 4, 1865, S.10.

333 Archiv der SNA.

334 Cohausen, A.v.: Vereinsnachrichten, Nass.Ann. 13, 1874 S.364.

335 Cohausen, A.v.: Miscellen, Nass.Ann. 12, 1873, S.317.

336 Cohausen, A.v.: wie Anm. 326, S.12 und Taf. II, III.

337 Ritterling, E.: Mittlg. 1897/98, Sp.32,40.

338 Reuter, K.: wie Anm. 252, S.35–36.

339 Ritterling, E.: Mittlg. 1901/02, Sp.42.

340 Ritterling, E.: Mittlg. 1904/05, Sp.4,8,43 (Inv.-Nr. zahlreicher gestempelter Ziegel). – Zur Baugeschichte des Hotels Rose, s. Baumgart-Buttersack, G.: Vom alten »Badhaus zur Rose« zum internationalen Grand-Hotel, Wiesbadener Leben 1992, Nr.4, S.25–27.

340a Ritterling, E.: Mittlg. 1897/98, Sp.107, 116.

341 Cohausen, A.v.: wie Anm. 335, S.318.

342 Cohausen, A.v., u. K.Reuter: Topographie, Nass. Ann. 17, 1882, S.139.

343 Cohausen, A.v.: Topographie, Nass. Ann. 15, 1879, S. 388.

344 Cohausen, A.v.: Topographie, Nass. Ann. 18, 1883/84, S. 232.

345 Cohausen, A.v.: Alte Topographie des Vereinsgebietes, Nass.Ann. 26, 1894, S. 147 (Inv.-Nr. 14529).

346 Ritterling, E.: wie Anm. 339, Sp.38–40.

347 Ritterling, E.: wie Anm. 339, Sp.67–68.

348 Baatz, D.: Die römische Legionsziegelei in Frankfurt-Nied (in: Führer zu archäologischen Denkmälern in Deutschland, Band 19, Frankfurt am Main und Umgebung, Stuttgart 1989). Dort heißt es: »Die Produktion der Legionsziegelei Nied begann spätestens während des Chattenkrieges Kaiser Domitians (83–85 n.Chr.)«. Damals »haben in Nied Arbeitskommandos der 1., 14. und 21.Legion geziegelt«. Danach setzte die 22.Legion den Ziegelbetrieb in Nied fort. – Auf die speziellen Probleme der archäologischen Ziegelkunde soll hier nur hingewiesen werden (Vgl. Wolff, G.: Die römischen Ziegeleien von Nied bei Höchst a.M. und ihre Stempel, Arch.Frankf.Gesch.u.Kunst, III/4, 1893, S.212 ff. – Ders.: Töpfer- und Ziegelstempel der flavischen und vorflavischen Zeit aus dem unteren Maingebiete, Nass.Ann. 27, 1895, S.48 ff.).

349 Ritterling, E.: wie Anm. 339, Sp.69–70.

350 Ritterling, E.: Mittlg. 1903/04, Sp.5–6.

351 Ritterling, E.: wie Anm. 350, Sp.40.

352 Ritterling, E.: wie Anm. 350, Sp.82. In Spalte 79 kündigte Ritterling für den Winter 1903 Arbeiten für die Anlage eines Wintergartens an, die »eine Vervollständigung unserer Kenntnisse der römischen Bauananlage« erhoffen lassen. Diese werden im Folgenden (Anm. 353)) knapp beschrieben.

353 Ritterling, E.: Mittlg. 1904/05, Sp.5.

354 Schoppa, H.: wie Anm. 14, S.34, 123, Anm.86.

355 Mylius, H.: Die römischen Heilthermen von Badenweiler, Berlin und Leipzig 1936.

356 Mylius, H.: wie Anm. 355, S.68, Anm. 4.

357 Wiesbadener Tagblatt, 7.Juni 1903.

358 Czysz, W.: Die Ausgrabungen von Emil Ritterling am Kranzplatz in Wiesbaden und der Kaiserbesuch von 1903, Nass.Ann. 105, 1994, S.1 ff.

359 Luja, J.C.R.: Protokoll der Generalversammlung vom 14. Juni 1823, Nass.Ann. 1/1, 1827, S. 150 f. nennt als Fundort irrtümlich Heddernheim. – Friedemann A.: Der römische steinerne Löwe zu Wiesbaden. Nass. Ann. 4/2, 1852, S. 474 ff. – Cohausen, A.v.: Bericht über die Erwerbungen des Altertums-Museums 1890, Nass.Ann. 23, 1891, S. 168.

360 Schoppa, H.: wie Anm. 91, 1959, S. 12, Nr. 16. Der dort angegebene Fundort »wahrscheinlich Heddernheim« ist in »Wiesbaden, Saalgasse« zu korrigieren.

361 Akte Ritterling, SNA.

362 Kutsch, F.: Die Vor- und Frühgeschichte, in A.Henche »Der ehemalige Landkreis Wiesbaden«, Wiesbaden 1930, S. 68.

363 Schoppa, H.: wie Anm. 14, S.35.

364 Mylius. H.: wie Anm. 355, S.37.

365 Wurm, K., und H.Schoppa: Aus Wiesbadens Vorzeit, Bonn, 1972, Taf.11.

366 Akte Ritterling, SNA.

367 Schallmayer, E.: Aquae – das römische Baden-Baden. Führer zu den archäologischen Denkmälern in Baden-Württemberg, Stuttgart 1989, S.42, Abb.24.

368 Renkhoff, O.: wie Anm. 78, S.90.

369 Mylius, H.: wie Anm. 355, S.20-22, 34, 70.

370 Spielmann, C.: Das neuentdeckte Römerbad zu Wiesbaden, Nassovia 1903, S.161. – Urban, R.: Die Langgasse, die älteste Bäderstraße Wiesbadens, Wiesb. Tagbl. 5.Jan.1939.

371 Spezialakten Oberpräsidium zu Cassel, Staatsarchiv Marburg, Bestand 159, Nr.2278.

372 Mylius, H.: wie Anm. 355, S.36.

373 Originalplan, SNA.

374 Mylius, H.: wie Anm. 355, S.40 ff.

375 Mylius, H.: wie Anm. 355, S.54.

376 Mylius, H.: wie Anm. 355, S.104, Anm.2.

377 Brödner, E.: Die römischen Thermen und das antike Badewesen. Darmstadt, 1983, S.18.

378 N.N., Römische Ausgrabungen, Wiesb.Tagbl. 19.Juni 1903.

379 Ritterling 2: S.54. – Ders.: Truppenziegeleien in Rheinzabern und leg.VII gemina am Rhein, Röm.-Germ. Korrbl. 1911, S.37 ff. – Wolff, G.: wie Anm. 348, 1893, S.339.

380 Ritterling, E.: Mittlg. 1903/04, Sp. 82.

381 Ritterling, E.: wie Anm. 379, 1911, S.37 u. 39. – Die älteren Ziegel der 14.Legion G(emina) gehören sicher in die Reihe der von Ritterling 1 S.166, angeführten Ziegel, Ecke Schul- und Kirchgasse; Wilhelm- und Taunusstraße: Mittlg. 1897/98, Sp. 117. Sie wurden etwa ab 70 n.Chr. in Rheinzabern für den Bedarf der Mainzer Legionen hergestellt.

382 Ritterling 2: S.42.

382a Schenck, G.A.: wie Anm. 95, S.111. – Friedemann, A.: wie Anm. 358, S.475, Anm.2, und S.479.

382b Ritterling, E.: in Real-Enzyklopädie, Bd. 12,2, 1809 (Artikel legio). – Baatz, D.: Mogontiacum. Neuere Untersuchungen am römischen Legionslager in Mainz, Limesforsch. 4, 1962, S.78. – Wesch-Klein, G.: Breisach am Rhein: Die gestempelten Ziegel aus den Grabungen 1983–1986, Fundber.Bad.-Württ. 14, 1989, S.405.

382c Ritterling 3: S.260. – Schoppa, H. wie Anm. 14, S.95 u. Anm.389.

383 Brödner, E.: wie Anm. 377, S.46–48.

384 Brödner, E.: wie Anm. 377, S.167–168.

385 Brödner, E.: wie Anm. 377, S.177–179.

386 Brenner, E.: Bericht über die Tätigkeit des Landesmuseums nassauischer Altertümer, Nass.Ann. 42, 1913, S.201.

387 Schoppa, H.: wie Anm. 96, 1963, S.11.

388 Selzer, W., K.-V.Decker und A.D.Paco: wie Anm. 4, S.86–88.

389 Mattern, M.: Ein Augustuskopf in Wiesbaden, Arch. Korrespondenzbl. 23, 1993, S.87–94.

390 Mylius, H.: wie Anm. 355, S.54. – Brödner, E.: wie Anm. 377, S.133: »In den Heilthermen wird es häufig Götterstandbilder gegeben haben. Dem Kaiserkult diente eine gesonderte Exedra mit entsprechender Statue«.

391 Ritterling, E.: Römische Inschrift, Westdeut.Korrbl. 17, 1898, Sp.70–74. – Ders.: Römische Inschrift aus Wiesbaden, Mittlg. 1898/99, Sp.18–24.

392 Wiesbadener Tagblatt, 7.Juni 1903.

393 Schoppa, H.: wie Anm. 14, S.36, 59.

394 Ziegler, K., und W.Sontheimer: wie Anm. 3, Bd. 1, Sp. 1510/11.

395 Ritterling, E.: wie Anm. 391, Sp.24.

396 Mylius, H.: wie Anm. 355, S.87, 96–99, 124.

397 Habel, F.G.: Nass.Ann. 3/2, 1842, S.235–239.

398 Habel, F.G.: Nass.Ann. 3/3, 1844, S.207–213.

399 Ritterling, E.: Mittlg. 1903/04, Sp.85.

400 Ritterling, E.: Mittlg. 1907/08, Sp. 102.

401 Otto, F.: Westd.Korrbl. 1888. Sp.139 ff.

402 Ritterling, E.: Mittlg. 1904/05, Sp. 109.

403 Ritterling 2: S.82 ff.

404 Nesselhauf, H.: wie Anm. 29, S.151 ff. – Oldenstein-Pferdehirt, B.: Die römischen Hilfstruppen nördlich des Mains, Jahrb.RGZM, 30, 1986, S.303 ff.

405 Schoppa, H.: wie Anm. 14, S.17–19, 24, 33, 34, 36.

406 Ritterling 2: S.83.

407 Selzer, W., K.-V.Decker und A.Do Paco: wie Anm. 4, S.137, Nr.49.

408 Boppert, W.: Corpus Signorum Imperii Romani (CSIR), Deutschland, II,5 Militärische Grabdenkmäler aus Mainz und Umgebung, Mainz, 1992, S. 29–46. Stein des L.Cassius: S.243, Nr.136, Taf.96.

409 Ritterling 2: S.84.

410 Boppert, W.: wie Anm. 408, S.30. L.Varius Sacco:

S.245, Nr. 138, Taf.98; C.Cassius Geminus: S.244, Nr.137, Taf.97.

411 Stein, E./E.Ritterling: wie Anm. 66, S.187. – Nesselhauf, H.: wie Anm. 29, S.155 und Anm.6.

412 Oldenstein-Pferdehirt, B.: wie Anm. 404, S.307 und Anm.30.

413 Ritterling 2: S.84–85.

414 Habel, F.G.: wie Anm. 398, S.212.

415 Ritterling 2: S.85.

416 Schoppa, H.: wie Anm. 14, S.19.

417 Ritterling 2: S.85.

418 Boppert, W.: wie Anm. 408, S.57–63, 133–136 (Nr.31, Taf.29).

419 Ritterling 2: S.86. – Mandera, H.-E.: Ein römischer Soldatengrabstein in Wiesbaden, Wiesbadener Leben, 7/1984, S.28. – Oldenstein-Pferdehirt, B.: wie Anm. 404, S.305.

420 Ritterling 2: S.86.

421 Cohausen, A.v.: Führer durch das Altertums-Museum, Nass.Ann. 20, 1888, S.159.

422 Junkelmann, M.: wie Anm. 238, S.186–189.

423 Ritterling 2: S.88.

424 Habel, F.G.: wie Anm. 397, S.239.

425 Schoppa, H.: wie Anm. 14, S.34, 156.

426 Bechert, F.: Die cohors II Raetorum in Wiesbaden, Fundber.Hessen 9/10, 1969/70, S.86 ff.

427 Stein, E./E.Ritterling, E: wie Anm. 66, S. 207.

428 Ritterling 2: S.88

429 Cohausen, A.v.: wie Anm. 421, S.161.

430 Schoppa, H.: wie Anm. 14, S.156.

431 Bechert, T.: wie Anm. 426, S.91.

432 Cohausen, A.v.: wie Anm. 421, S.158. – Schoppa, H.: wie Anm. 91, 1959, S.10, Nr. 10 (mit falscher F.O.-Angabe)

433 Schoppa, H.: Die Kunst der Römerzeit in Gallien, Germanien und Britannien, München 1957, S.20. – Ders.: Die römische Bildkunst am Rhein, Germania Romana 2, 1965, Gymn. Beih.5, S.52. – Boppert, W.: wie Anm. 408, S.62–65.

434 Ritterling 2: S.87.

435 Oldenstein-Pferdehirt, B.: wie Anm. 404, S.311 u. Abb.4.

436 Cohausen, A.v.: wie Anm. 421, S.158.

437 Ritterling 2: S.88.

438 Rossel, K.: Nass.Ann. 5/1, 1858, S.44 und Anm.10.

439 Cohausen, A.v.: wie Anm. 421, S.158.

440 Schoppa, H.: wie Anm. 91, S.9, Nr.8.

441 Ritterling 2: S.87.

442 Ritterling 2: S.87, Anm.2.

443 Oldenstein-Pferdehirt, B.: wie Anm. 404, S.347. – Antiquarisch: Becker, J.: Ueber eine unedirte Inschrift des Museums zu Wiesbaden, Nass.Ann. 4/2, 1852, S.358–364.

444 Ritterling 2: S.89. – Schoppa, H.: wie Anm. 13, S.157, Nr.12.

445 Protokoll der Mitgliederversammlung des Ver.Nass. Altkde., 20.Aug.1830, Nass.Ann 2/1, S.204.

446 Ritterling 2: S.89.

447 Ritterling 2: S.86.

448 Boppert, W.: wie Anm. 408, S.246.

449 Becker, J.: Ueber eine unedirte Inschrift des Museums zu Wiesbaden, Nass.Ann. 7/1, 1863, S. 293.

450 Ritterling 2: S.89.

451 Oldenstein, J.: Zur Ausrüstung römischer Auxiliareinheiten, Ber.RGK 57, 1976, S.55

452 Ritterling 3: S.266–268.

453 Ritterling, E.: Mittlg. 1902/03, Sp.69. – Ritterling 3: S.232.

454 Schoppa, H.: wie Anm. 14, S.49, 65.

455 Ritterling 3: S.231/2 u. Taf.VI, Nr.9a u. b.

456 CIL XIII 7565a.

457 Ritterling 3: S.233.

458 Brenner, E.: wie Anm. 386, S.201.

459 Ritterling 3: S.235–250. Erste Berichte: Mittlg. 1902/03, Sp.13–19, 37–38.

460 Huld-Zetsche, I.: wie Anm. 279, S. 17–40.

461 Schindler, R.: Die Mithrashöhle von Saarbrücken, Saarbrücken 1989 (mit weiteren Literaturhinweisen).

462 Habel, F.G.: Die Mithras-Tempel in den römischen Ruinen bei Heddernheim, Nass.Ann. 1, Heft 2/3, 1830, S.161–196.

463 Huld-Zetsche, I.: wie Anm. 279, S.48–50.

464 Huld-Zetsche, I.: wie Anm. 279, S.5–11. – Schoppa, H.: wie Anm. 14, S.60–64. – Giebel: M.: Das Geheimnis der Mysterien. Antike Kulte in Griechenland, Rom und Ägypten, München, 1993, S.195–217. Gesamtdarstellung: Merckelbach, R.: Mithras, Königstein 1984.

465 Urban, K.: Die Langgasse, die älteste Bäderstraße Wiesbadens, Wiesbadener Tagblatt, 5.Jan.1939 ff. (Stadtarchiv Wiesbaden, II C 147, 135).

466 Huld-Zetsche, I.: wie Anm. 279, S.43. – Schoppa. H.: Orientalische und griechische Einflüsse in der provinzialrömischen Kultur mit besonderer Berücksichtigung des Limesgebietes nördlich des Mains, Nass. Ann. 64, 1953, S.5.

467 Frenz, H.G.: Corpus Signorum Imperii Romani, Deutschland, Bd. II,4 (Denkmäler römischen Götterkultes aus Mainz und Umgebung), Mainz 1992, S.27. Frenz deutet eine andere Interpretation dieses Mangels an, stellt diesen aber eindeutig fest (3 Weihealtäre, 1 Relieffragment; Nr.109–112).

468 Huld-Zetsche, I.: wie Anm. 279, S.42, 46.

469 Ritterling 3: S.237.

470 Ritterling 3: S.249.

471 Ritterling 3: S.239.

472 Ritterling 3: S.241.

473 Huld-Zetsche, I.: wie Anm. 279, S.16.

474 Ritterling 3: S.242–244.

475 Ritterling, E.: Mittlg. 1902/03, Sp. 18–19, 37–38.

475a Nuber, H.U.: Römisches Dreifußfragment aus Wiesbaden, Nass.Ann. 90, 1979,1–4. Gegen die Zugehörigkeit des 1976 gestohlenen Klappgestellfußes zum Mithräumsinventar spricht die Datierung, die Nuber dem 4.Jahrhundert, »höchstwahrscheinlich in dessen 2.Hälfte«, zuweist. Eintragung im Inventarbuch des Museums »Wiesbaden, alter Friedhof… . Gefunden ein Meter tief im schwarzen Boden der Gräber, ganz in der Nähe, wo später das Mithräum gefunden wurde«.

476 Ritterling 3: S.244.

477 Ritterling 3: S.245–250.

Die Zeit von Tiberius bis Hadrian

478 Simon, H.-G.: wie Anm. 42, S.58. – Wolters, R.: wie Anm. 26, S.265.

479 Nesselhauf, H.: wie Anm. 29, S. 156. Simon, H.-G. wie Anm. 42, S.53–54. – Schnurbein, S.v.: wie Anm. 75.

480 Tacitus: Hist. IV, 37.

481 Oldenstein-Pferdehirt, B.: wie Anm. 404, S.304.

482 Nesselhauf, H.: wie Anm. 29, S.156 f.

483 Cass.Dio 59, 5.

484 Tacitus: Ann. I, 41,2. – Sueton: Caligula, 9. – Cass.Dio: 57,5.

485 Nesselhauf, H.: wie Anm. 29, S.158.

486 Sueton: wie Anm. 484, 43–48.

487 Ritterling, E.: Zum Germanenkrieg d.J. 39–41 n.Chr., Röm.-Germ.Korrbl. VI, 1913, S.1–4. – Petrikovits, H.v.: wie Anm. 26, S.65–66. – Simon, H.-G.: wie Anm. 42, S.62.

488 Cass.Dio 60, 8,7.

489 Frenz, H.G.: Der römische Ehrenbogen von Mainz-Kastel, Nass.Ann. 100, 1989, S.1–16. – Körber, K.: Westd.Korrbl. 1896, Sp.197–198, berichtet über einen Steinbau neben dem hadrianischen Meilenstein, 1,25 m näher der Kastellmauer, »der offenbar als Sockel eines jetzt spurlos verschwundenen Denkmals anzusehen ist« – wohl die Erstentdeckung eines Teils des Ehrenbogenfundaments.

490 Tacitus: Ann. II, 83.

491 Frenz, H.G.: Zur Zeitstellung des römischen Ehrenbogens von Mainz-Kastel, Arch.Korrbl, 19, 1989, S.69–75. – Herrmann, F.-R.: Der römische Ehrenbogen von Mainz-Kastel. Die museale Gestaltung des Monumentes und seines Umfeldes, Denkmalpflege in Hessen, 1991, Heft 1, S.2–9.

492 Frenz, H.G.: wie Anm. 489, S.8 u. Anm.60. – Bernhard, H: Die römische Geschichte in Rheinland-Pfalz, in H.Cüppers (Hrsg.): Die Römer in Rheinland-Pfalz, Stuttgart 1990, S.59.

493 Baatz, D.: »Die römische Rheinbrücke« in Baatz/Herrmann: S.371–372.

494 Bellen, H.: Der römische Ehrenbogen von Mainz-Kastel – IANUS GERMANICI AUT DOMITIANI?, Arch. Korrbl. 19, 1989, S.77–83. – Dazu auch Leserbrief K.Burk »Kasteler Römerbogen«, Wiesb.Kurier, 8.9.1987.

495 Tacitus: Ann. XI, 20,3.

496 Dahm, O.: Der römische Bergbau an der unteren Lahn, Bonner Jahrb. 101, 1897, S.117–127. – Otto, F.: Mittlg. 1898/99, Sp.28–29.

497 Schulten, A.: Flurteilung und Terrritorien im rechtsrheinischen Germanien, Bonn.Jahrb. 103, 1898, S.38–39, mit einer beachtenswerten Behandlung des Begriffs *ager* im rechtsrheinischen Obergermanien.

498 Wagner, P.: Über ein altes Bergwerk bei Naurod, Mittlg. 1900/01, Heft 1.

499 Akten im Hess.Hauptstaatsarchiv Wiesbaden, Abt. 137, XX (Bergwerke), Nr. 3.

500 Schliffer, W.: Aus der Geschichte des Erbsenackers bei Naurod, Main-Taunus-Kalender 1962, S.144.

501 Becht, A.: Ein Kupfer- und Silberbergwerk bei Naurod, Nauroder Hefte, Wiesbaden 1979, S.4. Auf S.6 heißt es dort, der Hofkammerrat C.F.Habel habe 1786 bei Vermessungsarbeiten »merkwürdige Vertiefungen« festgestellt. Der Nauroder Schultheiß J.A.Becht erklärte, »daß dieses von den Alten die Goldgrube sey genannt worden und, daß der Sage nach in uralten Zeiten Bergwerke daselbst sollten gewesen seyn.«

502 Tacitus: Ann. XII, 27–28.

503 Schmidt, L.: wie Anm. 26, S.132. – Christ, K.: wie Anm. 25, S.91, meint dagegen skeptisch »Radius und Intensität der Operation unter P.Pomponius Secundus sind nur vage zu erfassen.«

504 Simon, H.-G.: Die Zeit der Defensive. Die römische Grenzpolitik zwischen 16 und 69 n.Chr., in Baatz/Herrmann: S.63.

505 Dahm, O.: wie Anm. 18, S.130 ff.

506 Wolff, G.: wie Anm. 348, 1895, S.51–52. – Ders.: wie Anm. 18, S.10–11.

507 Einen davon abweichenden Standpunkt vertritt H.Schoppa: wie Anm. 182, 1962, S.11.

508 Schoppa, H.: wie Anm. 14, S. 16.

509 Simon, H.-G.: wie Anm. 215, 1975, S.708. – Nuber, H.U.: Hofheim am Taunus, Baatz/Herrmann: S.354.

510 Tacitus: Ann. XII, 27,1.

511 Tacitus Ann. XII, 9, 27,28.

512 Schmidt, L.: wie Anm. 26, S.132.

513 Simon, H.-G.: wie Anm. 504, S.65.

514 Tacitus; Hist. IV, 12–37, 53–79; V, 14–26.

515 Tacitus: Germania Kap.29.

516 Tacitus: Hist. IV, 37,3. Reguläre Mattiaker-Mannschaften sind sonst nie als handelnde Einheit zusammen mit den Chatten in Erscheinung getreten.

517 Simon, H.-G.: wie Anm. 504, S.69. – Baatz, D.: Mogontiacum, Limesforsch. 4, 1962, S.87.

518 Bernhard, H.: wie Anm. 492, S.70.

519 Ritterling, E.: wie Anm. 210, 1906, S.1. – Kutsch, F.: Die römischen Kastelle auf dem »Heidenberg« zu Wiesbaden, Nass.Heimatbl. 1953/II, S. 81–87.

520 Ritterling 2: S.68.

521 Strobel, K.: Der Chattenkrieg Domitians, Historische und politische Aspekte, Germania 65, 1987, S.424–425.

522 Baatz, D.: Römische Eroberungen unter den flavischen Kaisern, Bau des Limes, in Baatz/Herrmann: S.70. – Schönberger, H. u. H.-G.Simon: Das Kastell Okarben und die Besetzung der Wetterau seit Vespasian, Limesforsch. 19, 1980, S.40–45.

523 Sueton: Domitian 2, 1. – Nesselhauf, H.: wie Anm. 29, S.162. – Christ, K.: wie Anm. 25, S.92.

524 Sueton: wie Anm. 523, 6, 1.

525 Baatz, D.: wie Anm. 522, S.72.

526 Schumacher, L.: wie Anm. 7, S.40 ff. – Pferdehirt, B.: wie Anm. 404, S.306. – Über die hervorragende Rolle der in Wiesbaden durch zahlreiche Ziegel (und Bleirohre) dokumentierten 14.Legion im Chattenkrieg, E.Ritterling: Zu Domitians Chattenkrieg, Korrbl. Westd.Ztschr. 16, 1897, Sp. 60–64. – Epigraphisch: Ritterling, E.: Zu den Germanenkriegen Domitians an Rhein und Donau, Jahresh.Österr.Arch.Inst. 7, 1904, S.25–34.

527 Cass.Dio: 67, 4,1.

528 Frontinus: Strategemata, II, 11,7.

529 Mommsen, T.: Römische Kaisergeschichte. Nach Vorlesungsmitschriften, München 1992, S.307.

530 Schönberger, H., u. H.-G.Simon: wie Anm. 522, S.45.

531 Strobel, K.: wie Anm. 521, S.431–432 (dort zahlreiche Hinweise auf weitere Literatur).

532 Frontinus: wie Anm. 528, I, 3,10. – Christ, K.: wie Anm. 85, S.266.

533 Vell.Paterc.: II, 120,2.

534 Czysz, W. Ausgrabungen in Heldenbergen. Erste Er-

gebnisse der Kampagne 1975, Neues Mag.Hanauische Gesch. 6, 1976, S.92–93. – Ders.: Heldenbergen. Römische Lager und Zivilsiedlung, Arch.Denkm. Hessen 13, 1980. – Oldenstein-Pferdehirt, B.: wie Anm. 404, S.315, Abb.5.

535 Nesselhauf, H.: wie Anm. 29, S.162. – Christ, K.: wie Anm. 25, S.97–99. – Herrmann: E.: Zur römischen Legionsgeschichte am Rhein. II. Der Aufstand des Saturninus. Westd.Ztschr.f.Gesch.u.Kunst 12, 1893, S.203–242.

536 Ritterling 2: S.68.

537 Nuber, H.U.: Das Steinkastell Hofheim. Studien zu den Militärgrenzen Roms III, Aalen 1983, S.231–232. H.U. Nuber stellt diese Datierung aufgrund der Auswertung seiner Hofheimer Grabungen allerdings in Frage. Er hält Unruhen nach Domitians Ermordung, die von M. Cornelius Nigrinus, einem Gegenspieler Trajans um den Kaiserthron, für die eigentliche Ursache. Die Brandschichthorizonte in den genannten Kastellen gehören danach erst in das Jahr 97 n.Chr.

538 Baatz, D.: wie Anm. 522, S.76.

539 Tacitus: Germ., Kap. 29, 4.

540 Ritterling, E.: Jahresbericht, Nass.Ann. 41, 1919/11, S.338–342. – Brenner, E.: Jahresbericht, Nass.Ann. 42, 1913, S.196–200. – Koch, E.: Jahresbericht, Nass.Ann. 43, 1914/15, S.383–384.

541 Luja, J.C.R.: Bericht über die Ausgrabungen am Hollerborn bei Dotzheim, Nass.Ann. 1/2, 1830, S.138–158. – Brenner: E.: wie Anm. 540, S.199. – Kutsch, F.: wie Anm. 362, S.59–62 u. Abb.15.

542 Über Funde aus dem Bereich Moritzstraße bis Artilleriekaserne wird in zahlreichen Bänden der Nass. Ann., Period.Bl. und Mittlg. berichtet. Zusammenfassend in Ritterling, E.: Reste der Latènekultur in Wiesbaden, Mittlg. 1902/03, Sp.55–64. – Schoppa, H: Bodenalt.Nassau X, 1960, S.44. – Mandera, H.-E.: Spätlatènezeitliche Tonrasseln aus Wiesbaden und Hochheim, Fundber.Hessen. Beih. 1 (Festschr. Dehn), 1969, S.112 ff. (Dazu: Mittlg. 2, 1863, S.12 u.18; Mittlg. 1902/03, Sp.58–59 u. Anm.2.)

543 Ritterling 1: S.165. – Ritterling, E.: Mittlg. 1902/03, Sp.60, 63. – Schoppa, H.: Bodenalt.Nassau 8, 1958, S.60.

544 SNA, Inv.-Nr. 17620.

545 Ritterling 2: S. 63. (Inv.-Nr.18072). – Schoppa, H.: wie Anm. 182, S.7 u. Abb.3.

546 Schoppa, H.: wie Anm. 14, S.33 u. Anm. 83.

547 Ritterling 2: S.42, 123.

548 Strobel, K.: wie Anm. 521, S.434. – Christ, K.: wie Anm. 25, S.92.

549 Tacitus: Germ., Kap. 37,2.

550 Christ, K.: wie Anm. 85, S.284.

551 Stein, E./E.Ritterling: wie Anm. 66, S.11.

552 Stein, E./E.Ritterling: wie Anm. 66, S.35 ff.

553 Oldenstein-Pferdehirt, B.: wie Anm. 404, S.331, Abb.7.

554 Oldenstein-Pferdehirt, B.: wie Anm. 404, S.334.

555 Oldenstein-Pferdehirt, B.: wie Anm. 404, S.335.

556 Strobel, K.: wie Anm. 521, S. 435–438, 449.

557 Schleiermacher, W.: Municipium Arae Flaviae, Germamia Romana 1, Gymn. Beih. 1, 1960, S.58–63. – Planck, D.: Arae Flaviae I. Forschungen und Berichte zur Vor- und Frühgeschichte in Baden-Württemberg,

Bd. 6/1, Stuttgart 1975, S.10 f. u. 201 f. – Rüsch, A.: Das römische Rottweil, Stuttgart 1981, S.42 f. – Sommer, C.S.: MVNICIPIVM ARAE FLAVIAE. Das römische Rottweil im Licht neuer Ausgrabungen, Ber.RGK 73, 1992, S.270–312.

558 Baatz, D.: Das Leben im Grenzland des Römerreichs, in Baatz/Herrmann: S.86 ff. – Ders.: wie Anm. 8, S.98. – Ders.: Rechtsstand und Verwaltung des flachen Landes in römischer Zeit, Germania Romana 3, Gymn. Beih. 7, 1970, S.10–11. – Mommsen, T.: wie Anm. 529, S.281.

559 Mayer, E.: Römischer Staat und Staatsgedanke, 2.Aufl., Darmstadt 1961, S.399 f. – Baatz, D.: wie Anm. 558, 1970, S.11. – Bleicken, J.: Verfassungs- und Sozialgeschichte des römischen Reiches, 2.Aufl., Paderborn 1981, Bd. 1, S.22.

560 Christ, K.: wie Anm. 85, S.374. – Bleicken, J.: wie Anm. 559, S.177. – Herzog, E.: Zur Okkupationsgeschichte des rechtsrheinischen Römerlandes, Bonner Jahrb. 102, 1898, S.93–101. Dieser Aufsatz enthält am Beispiel der Verhältnisse im Dekumatenland zahlreiche Analogien zur Situation in der civitas Mattiacorum und im vicus Aquae Mattiacorum.

561 Schoppa, H.: wie Anm. 14, S.45.

562 Schoppa, H.: Die Bedeutung des Mittelrheingebietes in römischer Zeit, Nass.Ann. 70, 1959, S.14. – Bernhard, H: wie Anm. 492, S.109, nennt für das 2. und 3.Jh. noch vier weitere vici unterhalb des Legionslagers bis zum Rhein. Sie hatten in Mainz den Charakter von Stadtvierteln, sicher mit einer an die örtlichen Besonderheiten angepaßten Rechtsstellung. Die Mainzer vici haben – im Unterschied zu den rechtsrheinischen – alle römische Namen, die auf eine stark römisch orientierte Einwohnerschaft hinweisen. – Baatz, D.: Die Topographie des römischen Mainz, Germania Romana 1, Gymn. Beih. 1, 1960, S.54.

563 Schoppa, H.: wie Anm. 562, S.15.

564 Baatz, D.: wie Anm. 8, S.100. – Schoppa, H.: wie Anm. 562, S.20. – Petrikovits, H.v.: wie Anm. 26, S.78, 84.

565 In bezug auf die eigene Stammesidentität der Mattiaker ist indirekt der Hinweis auf die bei Tacitus (Hist. IV, 70,3) genannten Caeracaten von Bedeutung. Sie stehen in enger Beziehung zu den Mattiakern, und scheinen über den Rheingau an die untere Nahe gelangt zu sein (H.Bernhard: wie Anm. 492, S.61. Grabstein des Caeracaten Ruto, Sohn des Mattiacus: Boppert, W.: wie Anm. 409, Bd. II,6, S.104–106). – Antiquarisch: Seyberth, A.: Ueber die Abstammung der Bewohner des südlichen Nassau, Nass.Ann. 4/2, 1852, S.435–454.

566 Klose, H.: wie Anm. 23, S.56–57. – Wolters, R: wie Anm. 26, S.265.

567 Nesselhauf, H.: Buchbespr.: J.Klose, Roms Klientel-Randstaaten am Rhein und an der Donau, Germania 22, 1938, S.135. – Schmidt, L.: wie Anm. 26, S.131. – Will, W.: wie Anm. 27, S.60.

568 Ritterling 2: S.71 u. Anm. 2, schließt die Möglichkeit nicht aus, daß im Einrich eine eigene, dem Namen nach bisher nicht bekannte Civitas gelegen haben könnte, »als deren Vorort der nicht unbedeutende Vicus beim heutigen Miehlen und Marienfels in Betracht kommt«. – Schoppa, H.: wie Anm. 14, S.45.

569 Ritterling 3: S.269 u. Anm.32. – Bodewig, R.: Römische

Gehöfte zwischen Limes und Rhein, Nass.Ann. 36, 1906, S.133.

570   Huld-Zetsche, I.: Nida, Hauptort der Civitas Taunensium, in Baatz/Herrmann: S.281.

571   Lehne, F.: wie Anm. 95, S.22. – Klein, C. u. J. Becker: wie Anm. 109, S.574. – Becker, J.: wie Anm. 316, S.24. – CIL XIII 7266.

572   Ritterling, E.: Westd.Korrbl. XX, 1901, Sp.67. – Körber, K.: Neue Inschriften des Mainzer Museums, Mainz 1905, S.14. – CIL XIII 7062a.

573   Lehne, F.: wie Anm. 95, S.24. – Klein, C., u. J.Becker: wie Anm. 109, S.577. – Becker, J.: wie Anm. 316, S.27. – CIL XIII 7271. – Ritterling 3: S.269 u. Anm.34.

574   Becker, J.: wie Anm. 316, S.38. – CIL XIII 7279. – Ritterling 3: S.269, Anm.35.

575   Schoppa, H.: wie Anm. 14, S.65.

576   Göldner, H., u. G.Seitz: Ausgrabungen im römischen Groß-Gerau. Ein neues Mithras-Heiligtum, Denkmalpflege in Hessen 2/1990, S.2–8. – Seitz, G.: Weihung an Mercurius Quillenius aus dem Mithras-Heiligtum von Groß-Gerau, Denkmalpflege in Hessen 2/1991, S.28–29.

577   Schoppa, H.: wie Anm. 14, S.51 u. 128, Anm. 165.

578   Schoppa, H.: wie Anm. 193.

579   Ronke J.: Grundvermessung – Kataster, Römische Städte und Siedlungen in Baden-Württemberg, Landesdenkmalamt, Stuttgart 1988, S.11–18.

580   Schulten: wie Anm. 497, S.15. – Müller-Wille, M.: Die landwirtschaftliche Grundlage der Villae rusticae, Germania Romana 3, Gymn. Beih.7, 1970, S.27 ff. – Schoppa, H.: wie Anm. 14, S.75.

581   Baatz, D.: wie Anm. 558, 1970, S.12–13.

582   Ritterling 2: S.42.

583   Ritterling, E.: Mittlg. 1903/04, Sp.40. – Cohausen, A.v.: Miscellen. Eine historisch-geographische Untersuchung, Nass.Ann, 14, 1877, S.409.

584   Schell, G.: Die römische Besiedlung von Rheingau und Wetterau. Eine historisch-geographische Untersuchung, Nass.Ann. 75, 1964, S.79.

585   Über die Geldverhältnisse der Soldaten und Veteranen, deren wirtschaftliche Aktivitäten und Landbesitz: Wierschowski, W.: Heer und Wirtschaft, das römische Heer der Prinzipatszeit als Wirtschaftsfaktor, Bonn 1984, besonders S.21, 35, 44 ff., 89 ff.

586   Bechert: wie Anm. 426, S.89, Anm. 26 u. S.91. – Oldenstein-Pferdehirt, B.: wie Anm. 404, S.320, 330, 335.

587   Ritterling 2: S.72. – Ders.: Römische Münzen aus Wiesbaden und Umgegend im Altertums-Museum zu Wiesbaden (Nachtrag), Nass.Ann. 37, 1907, S.42.

588   Ritterling 3: S.267–269. – Herzog, E.: wie Anm. 560, S.97–99.

589   Ritterling 2: S.47.

590   Cohausen, A.v., u. K.Reuter: Topographie, Nass. Ann. 17, 1882, S.139. – Ritterling, E.: Mittlg. 1897/98, Sp.39

Stadtarchäologie

591   Ritterling, E.: wie Anm. 587, 1907, S.44. – Schoppa, H.: wie Anm. 103, S.15. – Ders.: wie Anm. 83, S.230.

592   Urban, K.: wie Anm. 465, No. 28, 2.Febr.1939.

593   Cohausen, A.v., u. K.Reuter: wie Anm. 590, S.141.

594   Cohausen, A.v., u. K.Reuter: wie Anm. 590, S.143,

145.

595   Einhard: wie Anm. 77. – Renkhoff, O.: wie Anm. 78, S.9–14, vermutet die älteste karolingische Anlage an der Saalgasse.

596   Roth, F.W.E.: wie Anm. 255, S.404.

597   Renkhoff, O.: wie Anm. 78, S.90–91. – Otto, F.: Zur Geschichte der Stadt Wiesbaden, Nass.Ann. 15, 1879, S.57–61 u. 66 beschreibt die schwierigen Verhältnisse dieser Situation im Bereich der Burg.

598   Schenck, G.A.: wie Anm. 95, S.204–205.

599   Schoppa, H.: Heidenmauer und *castrum, quod moderno tempore Wisibada vocatur*, Bodenalt. Nassau III, 1953, S.21 ff.

600   Renkhoff, O.: wie Anm. 78, S.49. Neuerdings wird die Zuordnung als ottonische Turmburg nicht mehr aufrechterhalten.

601   Schoppa, H.: wie Anm. 137. – Ders.: wie Anm. 103, S.15.

602   Schenck, G.A.: wie Anm. 95, S.72.

603   Cohausen, A.v.: Miscellen, Nass.Ann. 12, 1873, S.316.

604   Ritterling 2: S.47.

605   Ritterling, E.: Mittlg. 1903/04, Sp.79.

606   Eine (nicht vollständige) Liste der Veröffentlichungen von Kleinfunden: Mittlg. 1900/01 Sp.41; – 1903/04, Sp.40, 82–86, 119; – 1904/05, Sp.7–8, 40, 111; – 1906/07, Sp.40–41; Nass.Ann. 41, 1910/11, S.126, 343.

606a   Rupp, V.: Wetterauer Ware – Eine römische Keramik im Rhein-Main-Gebiet, Schriften des Frankfurter Museums für Vor- und Frühgeschichte, Bonn 1987, S.60–63.

606b   Ritterling, E.: Jahresbericht 1908, Nass.Ann. 42, 1913, S. 360–361.

606c   Leibundgut, A.: Die römischen Lampen in der Schweiz, Bern 1977, S.137 u. Taf.26, Nr.31.

606d   Henkel, F.: Die römischen Fingerringe der Rheinlande, Berlin 1913, S.38, Nr.263, nennt Mainz als Fundort.

606e   Henkel, F.: wie Anm. 606d, S.39, Nr. 267 u. Taf.XIV. Der kurze Hinweis in Mittlg. 1904/05, Sp.111, will zu der meisterlichen Arbeit nicht recht passen. Einen ähnlich beschriebenen Ring nennt A.v.Cohausen, Nass.Ann. 20, 1888, S.259, unter »fränkischen Schmuckgegenständen«: »ein goldener Fingerring mit kreuzweise eingesetzten Almandinen«.

606f   Grotefend, C.L.: Die Stempel der römischen Augenärzte, Hannover 1867, S.86–88.

607   Schoppa, H.: Bodenalt. Nassau IV, 1954, S.18–19.

608   Michels, F.: wie Anm. 322, S.18. – Kopp, K.: Wasser aus Taunus und Ried. Aus zwei Jahrtausenden Wiesbadener Wasserversorgung, Wiesbaden 1986, S.18.

609   Ritterling, E.: Mittlg. 1898/99, Sp.18.

610   Fundber. Hessen 15, 1974, S.567. – Vgl.auch Cohausen, A.v: Berichte des Conservators, Nass.Ann. 14, 1878, S.428.

611   Rossel, K.: Mittlg. 5 & 6, 1867, S.13. – Reuter, K.: wie Anm. 115, S.20.

612   Wiesbadener Tagblatt vom 3.August 1974.

613   Cohausen, A.v.: Topographie, Nass.Ann. 15, 1879, S.388. – Ritterling, E.: Mittlg. 1903/04, Sp.40.

614   Ritterling, E.: Mittlg. 1902/03, Sp.105.

615   Ritterling, E.: wie Anm. 614, Sp.112.

616   Cohausen, A.v.: Topographie, Nass.Ann. 18, 1883/4, S.231. – Ders.: Berichte des Conservators, Nass.Ann.

18, 1883/4, S.297.

617   Schoppa, H.: wie Anm. 14, S.46.

618   Cohausen, A.v.: Topographie, Nass.Ann. 17, 1882, S.139.

619   Schoppa, H.: Fundber.Hessen 13, 1973, S.325–326. – Ders.: wie Anm. 14, S.36–38. – Herrmann, F.-R.: Archäologische Vorbemerkungen (Busch, A.L.: Neue römische Schuhfunde in Wiesbaden), Fundber.Hessen 15, 1975, S.327–330.

620   Busch, A.L.: wie Anm. 619, S.331–332.

621   Schoppa, H.: wie Anm. 619, 1973, S.326.

622   Nuber, H.U.: wie Anm. 105, S.676.

623   Ritterling, E.: Mittlg. 1902/03, Sp.60. Mittlg. 1906/07, Sp.67, 102.

624   Ritterling, E.: Jahresbericht 1910, Nass.Ann. 41, 1910/11, S.343

625   Ritterling, E.: Mittlg. 1904/05, Sp.4, 36, 40–42. – Ders.: Jahresbericht 1908, Nass.Ann. 39, 1907, S.363.

626   Ritterling, E.: Ein Münzfund aus der Zeit Constantins d.Gr. zu Wiesbaden, Mittlg. 1901/02, Sp.20–24. – Ders.: Jahresbericht des Conservators 1895, Nass. Ann. 28, 1896, S.346.

627   Ritterling, E.: Mittlg. 1904/05, Sp.8. – Ders.: wie Anm. 587, 1907, S.2.

628   Ritterling, E.: Mittlg. 1902/03, Sp.36, 70; 1903/04, Sp.7.

629   Ritterling, E.: Mittlg. 1902/03, Sp.36.

630   Hier sei noch einmal auf die Unterscheidung von Töpferstempeln im Gefäßboden und solche innerhalb des Dekors hingewiesen: Fischer, C.: wie Anm. 161.

631   Ritterling, E.: Mittlg. 1898/99, Sp.51, 78; 1899/1900, Sp.51.

632   Ritterling, E.: Mittlg. 1901/02, Sp.12, 23, 68.

633   Cohausen, A.v.: Topographie, Nass.Ann. 20, 1888, S.29. – Ritterling, E.: Mittlg. 1900/01, Sp.108; 1904/05, Sp.111. – Koch, E.: Bericht über die Tätigkeit des Landesmuseums, Nass.Ann. 43, 1914/15, S.384. – Goldgasse: Ritterling, E.: Mittlg. 1899/1900, Sp.16.

633a   Czysz, W.: wie Anm. 157, S.337, 340–343, gibt einen aufschlußreichen Einblick in Handelsgepflogenheiten, Verkauf und Kauf von feiner Keramikware.

634   Koch, E.: wie Anm. 633.

635   Kohlert-Németh, M.: wie Anm. 309, S.74.

636   Wiesbadener Kurier vom 29.Dezember 1983. Für ergänzende mündliche Mitteilungen habe ich dem Grabungsleiter, Herrn Wolfgang Heller, zu danken.

637   Schoppa, H.: Bodenalt. Nassau, I, 1951, S.60–63.

638   Cohausen, A.v.: Topographie, Nass.Ann. 20, 1888, S.29.

639   Schoppa, H.: wie Anm. 607, S.18–24. – Ders.: wie Anm. 14, S.49.

640   Schalk, H.: Mittlg. No. 4, 1865, S.6.

641   Ritterling, E.: Mittlg. 1905/06, Sp.69.

642   Koenen, K.: Gefäßkunde der vorrömischen, römischen und fränkischen Zeit in den Rheinlanden, Bonn 1895, S.110 ff. und Taf. XVIII,13. In die gleiche Reihe gehört der MISCE-Becher aus dem Schwitzbad am Kranzplatz, Dorow, W.: wie Anm. 329, Taf.21 (Koenen, Taf. XVIII, 10) (s.Farbtafel).

643   Ritterling, E.: Mittlg. 1899/1900, Sp.113, 115.

644   Ritterling, E.: Mittlg. 1900/01, Sp.16, 41.

645   Cohausen, A.v.: wie Anm. 633.

646   Rossel, K.: Mittlg. No.4, 1865, S.8 (Ritterlings Abschrift wohl aus dieser Quelle).

647 Ritterling, E.: Mittlg. 1899/1900, Sp.113; 1901/02, Sp.107.
648 eigene Beobachtung.
649 Spielmann, C.: wie Anm. 327, S.25.
650 Ritterling, E.: Mittlg. 1899/1900, Sp.113; 1901/02, Sp.39; 1902/03, Sp.15.
651 Pferdehirt, B.: wie Anm. 169, S.236.
652 Fundber.Hessen 21, 1981, S.180.
653 Dorow, W.: wie Anm. 19, S.7. – Schoppa, H.: wie Anm. 14, S.58.
654 Schoppa, H.: wie Anm. 91, 1959, Nr.30.
655 Cohausen, A.v.: Topographie, Nass.Ann. 17, 1882, S.137.
656 Ziegler, K., u. W.Sontheimer: wie Anm. 3, Bd. 5, Sp.1269.
657 Dorow, W.: wie Anm. 19, S.8. – Ritterling, E.: Mittlg. 1899/1900, Sp.51.
658 Habel, F.G.: Ueber die Feldzeichen des römischen Heeres, insbesondere die der XXII. Legion, Nass. Ann. 2/3. 1837, S.253.
659 Grönke, E.: wie Anm. 262, S.40.
660 Habel, F.G.: wie Anm. 658, S.257.
661 Ritterling, E.: Mittlg. 1899/1900, Sp.51.
662 Schumacher, K.: wie Anm. 8, S.229. – Schneider, H.-C.: wie Anm. 8, S.17–23.
663 Ritterling 2: S.42–53.
664 Schmidt, E.: wie Anm. 4, S.6–7.
665 Schoppa, H.: wie Anm. 14, S.51, folgt der von Habel, Reuter und v.Cohausen angewendeten Benennung *porta praetoria sinistra*, die Ritterling 2: S.12, korrigiert.
666 Schoppa, H.: wie Anm. 14, S.52.
667 Habel, F.G.: Vereinsprotokoll 28.5.1836, Nass.Ann. 2/3, 1837, S.338.
668 Rossel, K.: Period.Bl. 1859, Nr. 11, S.284–285.
669 Cohausen, A.v.: Topographie, Nass.Ann. 15, 1879, S.389.
670 Ritterling 1: S.117–119.
671 Ritterling 2: S.43, Anm.1, u. S.44, Anm.3.
672 Cohausen, A.v.: Bericht des Conservators, Nass.Ann. 17, 1882. S.17. – Cohausen, A.v., u. K.Reuter: Topographie, Nass.Ann. 17, 1882, S.19, 137.
673 Ritterling 1: S.122.
674 wie Anm. 673, S.119.
675 Reuter, K.: Die Römer im Mattiakerland, Wiesbaden 1884, S.36.
676 Schoppa, H.: wie Anm. 14, S.51–53. Auch auf der Faltkarte im Anhang ist die »Talstraße« nach Mainz-Kastel nicht eingezeichnet.
677 Rossel, K.: wie Anm. 668, S.285.
678 Ritterling 2: S.52.
679 Reuter K.: wie Anm. 675, S.39.
680 Ritterling 2: S.50–51.
681 Ritterling, E.: Mittlg. 1897/98, Sp.116.
682 Schenck, G.A.: wie Anm. 95, S.72. – Handschriftl. Brief K.Rossels vom 23.Aug.1869, Nachlaß E.Ritterling, SNA. Dazu: Fundber.Hessen 21, 1981, S.180.
683 Ritterling 2: S.52.
684 Habel, F.G.: Vereinsprotokoll 1844, Nass.Ann. 4/1, 1850, S.156
685 Reuter, K.: wie Anm. 675, S.42–49.
686 Luja, J.C.R.: Bericht über die Ausgrabungen am Hollerborn bei Dotzheim, Nass.Ann. 1, 2/3, S.138–158.
687 Lehne, F.: wie Anm. 95, S.19. – Klein, C., u. J.Becker:

688 wie Anm. 109, S.530.
Lehne. F.: wie Anm. 95, S.17. – Klein, C., u. J.Becker: wie Anm. 109, S.531.
689 Haffner, A.: Gräber – Spiegel des Lebens. Totenbrauchtum der Kelten und Römer, Mainz 1989, S.120.
690 Schenck, G.A.: wie Anm. 95, S.71 ff.
691 Dorow, W.: wie Anm. 19, Heft 1, S.35 ff.; Heft 2, S.1 f.
692 Stribrny, K.: Römer rechts des Rheins nach 260 n.Chr. Kartierung, Strukturanalyse und Synopse spätrömischer Münzreihen zwischen Koblenz und Regensburg. Ber.RGK 70, 1989, S.431–437.
693 Ritterling 2: S.48, Anm.1.
694 Ritterling 2: S.45–53.
695 Dorow, W.: wie Anm. 19, Heft 2, S.2–4.
696 Sutherland, C.H.V.: Münzen der Römer, München 1974, S.136 und Nr.231/232.
697 Sutherland, C.H.V.: wie Anm. 696, S.144 und Nr.257/258.
698 Sutherland, C.H.V.: wie Anm. 696, S.137 und Nr.246 (Quadrans).
699 Sutherland, C.H.V.: wie Anm. 696, S.18.
700 Fuchs, J.: Die alte Geschichte von Mainz, Mainz 1771, Bd. I, S.412.
701 Akte Ritterling: Wiesbaden, Nerostraße Nr. 20, SNA.
702 Ritterling 2: S.51, Anm. 6. – Roeren, R.: Zur Archäologie und Geschichte Südwestdeutschlands im 3. bis 5.Jahrhundert, Jahrb.RGZM 7, 1960, S.292, Abb.28. Die dort eingezeichnete vermutliche Ausdehnung alamannischer Gräber bezieht diese Gräbergruppe ein.
703 Vortrag K.Rossel, Rhein.Kurier, Nr.308, 1869, 25. Dec., Akte Ritterling, SNA.
704 Ritterling 2: S.51 u. Anm. 5.
705 Ritterling 2: S.45–46; hier Einzelnachweise.
706 Rossel, K.: Mittlg. Nr.3, 1864, S.8. – Grönke, E.: wie Anm. 262, S.127–128, – CIL XIII 7592.
707 Dorow, W.: wie Anm. 19, Heft I, S.45–46; Heft II, S.9–16.
708 Cohausen, A.v.: Die Heidenmauer, Nass.Ann. 14, 1877, S.409.
709 Vereinsnachrichten, Nass.Ann. 13, 1874, S.366.
710 Dorow, W.: wie Anm. 19, Heft I, S.40 f.; Heft II, S.5 f.
711 Habel, F.G.: Vereinsprotokolle, Nass.Ann. 2/1, 1832, S.204–207; 2/2 1834, S.204; 2/3, 1837, S.338.
712 Rossel, K.: Period.Bl. 1859, Nr.11, S.280–285; 1860, Nr.12, S.335; 1861, Nr.15/16, S.459. – Cohausen, A.v.: Topographie, Nass.Ann. 23, 1891, S.149.
713 Schalck, H.: Mittlg. 1863, Nr.2, S.18, 22–23; 1864, Nr.3, S.9; 1865, Nr.4, S.14 f.
714 Ritterling, E.: Mittlg. 1902/03, Sp.37.
715 Cohausen, A.v.: wie Anm. 708.
716 Dorow, W.: wie Anm. 691.
717 Rossel, K.: Per.Bl. 1859, Nr.11, S.285–286.
718 Reuter. K.: wie Anm. 675, S.37–39.
719 Ritterling 2: S.47 u. Anm.1.
720 Dorow, W.: wie Anm. 19, Heft I, S.41–42.
721 Schoppa, H.: wie Anm. 14, S.109.
722 Becker, J.: Römisch-fränkische Alterthümer vom Mittelrhein. Die altchristlichen Inschriften von Wiesbaden, Nass. Ann. 13, 1874, S.183–191.
723 Boppert, W.: Die frühchristlichen Inschriften des Mittelrheingebietes, Mainz, 1971, S.142–152.
724 Zimmermann, J.P.: Wiesbaden mit seinen Umgebungen, Wiesbaden 1826, S.157.

725 Struck, W.-H.: wie Anm. 112, S.133 f.
726 Struck, W.-H.: wie Anm. 116, S.99–104.
727 Luja, J.C.R.: Vereinsprotokoll 1823, Nass.Ann. 1/1, 1827, S.151. – Habel, F.G.: Vereinsprotokoll 1842, Nass.Ann. 3/3, 1844, S.199.
728 Klein, C.: u. J.Becker: wie Anm. 109, S.529.
729 Becker, J.: wie Anm. 108, S.44.
730 Becker, J.: wie Anm. 722, S.180.
731 Spielmann, C., u. J.Krake: wie Anm. 248, S.3. Karte I, 1799.
732 Akte Ritterling, SNA.
733 Schalk, H.: wie Anm. 253, S.360–361. – Becker, J.: wie Anm. 722, S.182
734 Cohausen, A.v.: Vereinsnachrichten, Nass.Ann. 13, 1864, S.365. – Becker, J.: wie Anm. 722, S.181.
735 Unverzagt, W.: Germanische Grabfunde der späten Kaiserzeit in Wiesbaden, Nass.Heimatbl. 20, 1916/17, S.10–16. – Schoppa, H.: Alamannisches Kulturgut in Reihengräberfriedhöfen Nassaus, Nass.Ann. 62, 1951, S.6.
736 Cohausen, A.v., u. F.Otto: Inschriften, Nass.Ann. 17, 1882, S.143–145
737 Schoppa, H.: wie Anm. 14, S.116.
738 Rossel, K. Period.Bl. Nr.5, 1855, S.144.
739 Roeren, R.: wie Anm. 702, S.252. – Kutsch, F.: wie Anm. 362, S.79.
740 Schalck, H.: Mittlg. Nr.4, 1865, S.7–8.
741 Struck, W.-H.: wie Anm. 112, S.176.
742 Eisenlohr, H: Ein vorsichtiger Christ?, in »200 000 Jahre Kultur und Geschichte in Nassau«, Wiesbaden 1993, S.105–111.
743 Klein, C.: u. J.Becker: wie Anm. 109, S.564.
744 Becker, J.: wie Anm. 108, S.45. – Ders: wie Anm. 722, S.182. – Schleiermacher, W.: Der obergermanische Limes und spätrömische Wehranlagen am Rhein, Ber.RGK 33, 1943–1950, S.147. – Baatz, D.: Fall des Limes und Spätantike, in Baatz/Herrmann, S.211.

Vom Ende des Limes bis zur Heidenmauer

745 Schnurbein, S.v.: Perspektiven der Limesforschung. Archäologie in Deutschland, Sonderheft 1992. Der römische Limes in Deutschland, S.75.
746 Mommsen, Th.: wie Anm. 529, S.313.
747 Ritterling 2: S.72–73.
748 Reuter, K.: Römische Ansiedlungen in der Umgebung von Wiesbaden, Nass.Ann. 5/3, 1876, S.1–75.
749 Kutsch, F.: wie Anm. 362, S.71–78.
750 Schell, G.: wie Anm. 584, S.1 ff., bes. S.14–34.
751 Schoppa, H.: wie Anm. 14, S.77–85.
752 Schallmayer, E.: wie Anm. 367, S.57, gebraucht diesen Begriff in dem Sinne, wie er hier gemeint ist.
753 Habel, F.G.: wie Anm. 658, S.104 ff. – Ritterling 2: S.73.
754 Schleiermacher, W.: wie Anm. 744, S.147. – Baatz, D.: Fall des Limes und Spätantike, in Baatz/Herrmann, S.211.
755 Norden, E.: wie Anm. 27, S.409,495–497. – Schmidt, L.: wie Anm. 26, S.3 ff. – Baatz, D.: wie Anm. 754, S.221. Neue Gesichtspunkte bei Bakker, L.: Der Siegesaltar der Juthungenschlacht von 260 n.Chr., Antike Welt 24, 1993, S.275–276. – Antiquarisch: Cramer J.: Die Geschichte der Alamannen als Gaugeschichte,

Breslau, 1899; bespr. Otto, F.: Mittlg. 1899/1900, Sp.93 f.

756   Cass.Dio 77, 14. – Dazu auch Schmidt, L.: wie Anm. 26, S.7. – Baatz, D.: wie Anm. 754, S. 213.

757   Agathias I 6,3 (Asinius Quadratus); zit. nach Mommsen, Th.: wie Anm. 529, S.314 u. Anm. 364.

758   Aurelius Victor: Caesares 21,2.

759   Baatz, D.: wie Anm. 756. – Schumacher, L.: wie Anm. 7, S.84. – Nesselhauf, H.: wie Anm. 29, S.175. – Antiquarisch: Duncker, A.: Zum Alemannenkriege Caracallas, Nass.Ann.15, 1879, S.15.

760   Cassius Dio 77, 14. – Schmidt, L.: wie Anm. 756.

761   Schoppa, H.: wie Anm. 14, S.68, 90.

762   Baatz, D.: wie Anm. 754, S.214.

763   Schmidt, L.: wie Anm. 26, S.8–9. – Schoppa, H.: wie Anm. 14, S.90 u. Anm.354.

764   Filtzinger, P.: Die römische Besetzung Baden-Württembergs in Filtzinger, Ph., D.Planck u. B.Cämmerer (Hrsg.): Die Römer in Baden-Württemberg, Stuttgart, 1976, S.86. – Nesselhauf, H.: wie Anm. 29, S.170–171. – Oldenstein-Pferdehirt, B.: wie Anm. 404, S.343.

765   Roeren, R.: wie Anm. 702, S.215.

766   Naß, K.: Kastell Holzhausen, Nass.Ann. 54, 1934, S.248.

767   Schleiermacher, W.: wie Anm. 754, S.148. – Roeren, R.: wie Anm. 702, S.217.

768   Schumacher, L.: wie Anm. 7, S.87–88.

769   Schmidt, L.: wie Anm. 26, S.10 (CIL XIII, 7945). Text in: Baatz, D.: Der römische Limes. Archäologische Ausflüge zwischen Rhein und Donau, Berlin 1975, S.111.

770   Schumacher, L.: wie Anm. 7, S.88–92. – Baatz, D.: wie Anm. 762.

771   Schoppa, H.: Die Besitzergreifung des Limesgebietes durch die Alamannen, Nass.Ann. 67, 1956, S.8–9.

772   Filtzinger, P.: wie Anm. 764, S.91.

773   Koethe, H.: Zur Geschichte Galliens im dritten Viertel des 3.Jahrhunderts, Ber.RGK 32, 1942, S.203. – Schleiermacher, W.: wie Anm. 744, S.153, mit Zitat des Laterculus *Veronensis istae civitates sub Gallieno imperatore a barbaris occupatae sunt.* – Roeren, R.: wie Anm. 702, S.218. – Stribrny, K.: wie Anm. 692, S.354. – Bakker, L.: wie Anm. 755, S. 274 ff.

774   Schmidt, L.: wie Anm. 26, S.15. – Baatz, D.: wie Anm. 754, S.217.

775   Ritterling, E.: Mittlg. 1904/05, Sp.8. – Ders.: wie Anm. 587, 1907, S.2, 26.

776   Ritterling, E.: Mittlg. 1902/03, Sp.19. – Ders.: wie Anm. 587, 1907, S.27.

777   Stribrny, K.: wie Anm. 692, S.357. – Unruh, F.: Aus heutiger Sicht: Theorien zum Ende des Limes, in »Gestürmt–Geräumt–Vergessen? Der Limesfall und das Ende der Römerherrschaft in Südwestdeutschland« (Hrsg.: Kuhnen, H.-P.), Stuttgart, 1992, S.16 ff. – Dort auch Kuhnen, H.-P.: Die Krise des 3.Jahrhunderts in Südwestdeutschland: Not, Gewalt und Hoffnung, S.35, 49.

778   Mommsen, Th.: wie Anm. 529, S.315.

779   Ritterling 1: S.123.

780   Stribrny, K.: wie Anm. 692, S.379.

781   Kutsch, F.: wie Anm. 739, S.76.

782   Cassius Dio: 77, 14.

783   Schumacher, L.: wie Anm. 7, S.89. Dort antike Quel-

len.

784   Weidmann, K.: Untersuchungen zur Siedlungsgeschichte des Landes zwischen Limes und Rhein vom Ende der Römerherrschaft bis zum Frühmittelalter, Jahrb.RGZM 19, 1972, S.112.

785   Ritterling 2: S.77, 112. – Unverzagt, W.: wie Anm. 736. – Roeren, R.: wie Anm. 739. – Kutsch, F.: wie Anm. 362. – Schoppa, H.: wie Anm. 736.

786   Buchinger, B.: Dissertation 1993.

787   Ritterling 2: S.74.

788   Schleiermacher, W.: wie Anm. 744, S.168.

789   Paret, O.: Spätrömische Münzen in Württemberg, zit. nach Stribrny, K.: wie Anm. 692, S.430 u. Anm. 24.

790   Stribrny, K.: wie Anm. 692, S.426 ff.

791   Stribrny, K.: wie Anm. 692, S.433.

792   Schoppa, H.: wie Anm. 14, S.93. – Baatz, D.: wie Anm. 754, S.217.

793   Ritterling, E.: Jahresbericht 1908, Nass.Ann. 39, 1909, S.355, 363 f. – Schoppa, H.: wie Anm. 14, S.95 u. Anm. 389, 390.

794   Baatz, D.: wie Anm. 754, S.220.

795   Ammian.Marc.: wie Anm. 292, 16, 12, 23 ff.

796   Ammian.Marc.: wie Anm. 292, 17, 1, 2 ff.

797   Höckmann, O.: Römische Schiffsverbände auf dem Ober- und Mittelrhein und die Verteidigung der Rheingrenze in der Spätantike, Jahrb.RGZM, 33, 1986, S.413–415.

798   Schmidt, L.: wie Anm. 26, S.39.

799   Ammian.Marc.: wie Anm. 292, 17, 11,1–10.

800   Ammian.Marc.: wie Anm. 292, 18, 2,5.

801   Ammian.Marc.: wie Anm. 292, 18, 2,15.

802   Seyfarth, W.: Kommentar zur »Römischen Geschichte« des Ammian.Marc., Darmstadt 1978, Buch 18, Anm. 33.

803   Ammian.Marc.: wie Anm. 292, 28, 5,11.

804   Ammian.Marc.: wie Anm. 292, 18, 2,17–18.

805   Hoffmann, D.: Die Galliearmee und der Grenzschutz am Rhein in der Spätantike, Nass.Ann. 84, 1973. S.8.

806   Ammian.Marc.: wie Anm. 292, 27, 1,1–2.

807   Ammian.Marc.: wie Anm. 292, 27, 10,1–2 u. 6–16.

808   Ausonius, D.M.: Mosella, Vers 418–424.

809   Ammian.Marc.: wie Anm. 292, 28, 2,1.

810   Schleiermacher, W.: wie Anm. 744, S.180 ff. – Hoffmann, D.: wie Anm. 805. – Baatz, D.: wie Anm. 754, S.220–222.

811   Schmidt, E.: wie Anm. 4, S.22. – Schoppa, H.: wie Anm. 14, S.93.

812   Schleiermacher, W.: wie Anm. 744, S.181. – Kutsch, F.: wie Anm. 362, S.78.

813   RE XVI, 1066: Burgus, ein urdeutsches Wort, das allen germanischen Stämmen gemeinsam ist. Die Römer haben es spätestens unter Hadrian übernommen. Vegetius, De re militari IV, 10: *castellum parvulum, quem burgum vocant* (ein kleines Kastell, das sie »burgus« nennen).

814   Schoppa, H.: wie Anm. 14, S.97–98 und Anm. 404.

815   Schoppa, H.: Fundber.Hessen 4, 1954, S.224. – Ders.: wie Anm. 14, S.97.

816   Schleiermacher, W.: Befestigte Schiffsländen, Germania 26, 1942, 191 ff. – Schoppa, H.: wie Anm. 14, S.92. – Höckmann, O.: wie Anm. 797, S.383, Anm. 31, Nr. 13, und S.399 ff. – Bernhard, H. wie Anm. 492, S.150–152.

817   Höckmann, O.: wie Anm. 797, S.369 ff.

818   Höckmann, O.: wie Anm. 797, S.414–416.

819   Otto F,.: Zur Geschichte der Stadt Wiesbaden, Nass. Ann. 15, 1879, S.67. – Lüstner, G.: Das Heidenloch in Wiesbaden, Nass.Heimatbl. 34, 1933, S.50–56. – Ders.: Heidenloch – Heidnische Hohl-Graben der Heidenmauer, Nass.Heimatbl.36, 1935, S.33–40. – Kutsch, F.: Das Heidenloch, eine Teilfrage des Problems der Heidenmauer in Wiesbaden, Nass.Heimatbl. 34, 1933, S.57–59. – Renkhoff, O.: wie Anm. 78, S.126.

820   Roth, F.W.E.: wie Anm. 294, S.442.

821   Cohausen, A.v.: Die Heidenmauer, Nass.Ann. 14, 1877, S. 406 ff. – Reuter, K.: wie Anm. 675, S.1 ff. (Zitate von P. Weber, 1671/31, G.A.Schenck, 1754, und E.G.Hellmund, 1731/33). – Otto, F.: wie Anm. 819. – Ritterling 3: S.250 ff. – Renkhoff, O.: wie Anm. 78, S.9–13, 122–124, 136–139 u. Abb. der Stiche von D.Meisner und M.Merian. – Schoppa, H.: wie Anm. 599, S.21 ff. – Ders.: wie Anm. 14, S.95.

822   Cohausen, A.v.: Miscellen, Nass.Ann. 12, 1873, S.317. – Ders.: wie Anm. 821, S.410–411.

823   Renkhoff, O.: wie Anm. 78, S.137.

824   Zedler, G.: Die Heidenmauer. Ein einzigartiges Bauwerk auf dem Boden Wiesbadens aus der Römerzeit, Nass.Heimat 12, 1932, S.33–39, 41–48.

825   Reuter, K.: wie Anm. 675, S.12–14.

826   Ritterling 2: S.74.

827   Rossel, K.: Mittlg. 5 & 6, 1867, S. 14. – Schoppa, H.: Bodenalt.Nassau III, 1953, S.24. – Ders.: wie Anm. 14, S.96.

828   Cohausen, A.v.: Topographie, Nass.Ann. 20, 1888, S.29.

829   Kekulé, R.: Römische Funde in Wiesbaden, Nass.Ann. 10, 1870, S.362. – Becker, J.: Römische Grabinschriften, Nass.Ann. 10, 1870, S.401. – Reuter, K.: wie Anm. 821, S.17.

830   Ritterling 3: S.252.

831   Ritterling, E.: Ueber die neuesten Ausgrabungen an der Heidenmauer, Mittlg. 1902/03, Sp.13.

832   Reuter, K.: wie Anm. 675, S.4. – Ritterling 3: S.256.

833   Otto, F.: wie Anm. 819, S.68. – Renkhoff, O.: wie Anm. 78, S.167.

834   Renkhoff, O.: wie Anm. 78, S.123–124.

835   Schoppa, H.: wie Anm. 827, 1953, S. 21 ff.

836   Ritterling 3: S.258. – Schoppa, H.: wie Anm. 14, S.96. – Simon, H.-G.: Wiesbaden, in Baatz/Herrmann: S.490. – Bernhard, H.: wie Anm. 492, S.151–152.

837   Schoppa, H.: wie Anm. 14, S.97.

838   Ammian.Marc. 29, 6,8 ff.

839   Schleiermacher, W.: wie Anm. 744, S.164. – Schoppa, H.: wie Anm. 14, S.117, Anm.508. – Baatz, D.: wie Anm. 754, S.221.

840   Ammian.Marc. 29, 4,2 ff.

841   Grant, M.: Der Untergang des Römischen Reiches, Bergisch-Gladbach 1988, S.29.

842   Ammian.Marc. 30, 3,1 ff. – Schoppa, H.: wie Anm. 14, S.100.

843   Schoppa, H.: wie Anm. 735, S.3, Anm. 5.

844   Schoppa, H.: wie Anm. 14, S.117.

Anhang

845 Rossel, K.: Period.Bl. 1855, S.138. – Gross, J.: Fundamente eines römischen Aquäduktes im Kasteler Feld bei Bahnhof Kurve (Biebrich-Ost), Mittlg. 1907/08, Sp.10–26.

846 Reuter, K.: wie Anm. 252, S.1–69, 7 Tafeln, 1 Plan.

847 Cohausen, A.v.: Bericht des Conservators, Nass.Ann. 21, S.285. – Florschütz, B.: Die Giganten-Säule von Schierstein, Nass.Ann. 22, 1890, S.132 ff. – Schoppa, H.: wie Anm. 14, S.56–58. – Seitz, G.: Römische Viergöttersteine im Rhein-Main-Gebiet, Archäologische Denkmäler in Hessen 111, Wiesbaden 1993, S.12 ff. (mit Literaturzusammenstellung). – Siehe auch Kuhnen, H.-P.: wie Anm. 777, S.31. – Ders. (ebenda): Wut und Umsturz: Der Sturm auf die Zeichen der römischen Macht, S.91.

848 Haug, F., u. G.Sixt: Die römischen Inschriften und Bildwerke Württembergs, 2.Aufl., Stuttgart 1914, S.346–349.

849 Schoppa, H.: wie Anm. 14, S.130, Anm. 192.

850 Florschütz, B.: wie Anm. 847, S.127.

851 Haug, F., u. G.Sixt: wie Anm. 848, S.349.

852 Schoppa, H.: wie Anm. 14, S.58 ff.

853 Duncker, A.: Zwei neue Juppiterstatuen aus den Rheinlanden, Nass.Ann. 15, 1879, S.1 ff.

854 Instinsky, H.V.: wie Anm. 87, S.128–149.

855 Mattern, M.: Einen Gott zum Schutz. Der thronende Iupiter aus Wiesbaden-Igstadt, in »200 000 Jahre Kultur und Geschichte in Nassau«, Wiesbaden 1993, S.89–95.

856 Haug, F.: Die Viergöttersteine, Westd.Zeitschr.f. Gesch.u.Kunst 10, 1891, S.34, Nr.58. – Lehner, H.: Zu den Viergöttersteinen im Wiesbadener Museum, Westd.Ztschr.Gesch.u.Kunst 17, 1898, S.217 ff.

857 Schmidt, E.: wie Anm. 4, S.2, 12, Tafel II, Nr.28.

858 Rößler, L.v.: Protokolle der dritten und sechsten Generalversammlung des Vereins für Nassauische Alterthumskunde, Nass.Ann. 1/1, 1827, S.157, 158, und 1, 2/3, 1830, S.300.

859 Emele, J.: Beschreibung römischer und deutscher Alterthümer in dem Gebiete der Provinz Rheinhessen, Mainz 1825, S.29 und Tafel VIII, Nr.1 u. 2.

860 Goethert, K.: Die figürliche Lampen, Statuettenlampen und Lampenfüller aus Ton nebst Kerzenhaltern im Rheinischen Landesmuseum Trier, Trierer Zeitschr. 54, 1991, S.159, 161, 163. – Zitiert auch bei Bailey, D.M.: A Catalogue of the Lamps in the British Museum, vol.2, p.286; vol. 3, p.433.

861 An Herzoglich Nassauische Landesregierung gehorsamster Bericht des Bauinspektors Faber dahier ad. Num. Reg:23, 693. aufgefundene Alterthümer bei hiesiger Stadt.

862 Habel, F. G.: Das Römer-Castell bei Wiesbaden, Nass. Ann. 3, 1842, 131.

863 Habel, F. G.: wie Anm. 862, S. 137.

864 An dieser Stelle möchte ich mich ganz herzlich bei Frau Jutta Colnot, Wiesbaden, bedanken, die in mühevoller Kleinarbeit die handschriftlichen Originalunterlagen, oftmals nur mit Bleistift niedergeschrieben, transkribiert und mir damit erst den Zugang dazu ermöglicht hat.

865 Bei den Maßen, die im Folgenden angeführt werden,

handelt es sich überwiegend um die von Kihm und Habel in den Jahren 1838–1840/42 ermittelten, die oftmals nicht denen entsprechen, die Ritterling 1909 in seiner Publikation verwendet hat. Gründe dafür sind einmal in Rechenfehlern bei der Umrechnung der alten Maße von Rheinischem Fuß und Zoll in heutige Meterangaben zu suchen, aber auch in Ritterlings vorgefertigter Meinung hinsichtlich römischer Maßeinheiten.

866 Habel, F. G.: wie Anm. 862, S. 153.

867 Ritterling 2, S. 11 und dort Anm. 2.

868 Ritterling 2, S. 18 ff.

869 Ritterling 2, S. 15.

870 Ritterling 2, S. 12 f.

871 Reuter, K.: Zur Geschichte des römischen Wiesbaden. II. Das Römer-Castell bei Wiesbaden, Nass. Ann. 5, 1871, 2. Heft, S. 9. Nach Habels handschriftlichen Aufzeichnungen bestand das Pflaster aus 3–4 Zoll (7,8–10,4 cm) dicken Ton- und Kalkplatten von 1,5–2 Fuß (0,47–0,62 m) Durchmesser.

872 Ritterling 2, S. 37.

873 Reuter, K.: wie Anm. 871, S. 14. Er gibt an anderer Stelle, S. 17, 3,76 m als Breite an. Dem folgt auch Ritterling 2, S. 24.

874 So Reuter wie Anm. 871, S. 16. Es ist nicht weiter verwunderlich, da man im 19. Jh. die Bezeichnungen der Tore genau entgegengesetzt vorgenommen hatte. Für Reuter war also der Porta Decumana (das rückwärtige Tor) die Porta Praetoria (das Haupttor) an einem potentiellen Angreifer zugewandten Seite. Dort sollten sich die Soldaten bei einem Angriff sammeln und formieren können.

875 Ritterling 2, S. 22 f. Sucht man die verstreuten Angaben bei Habel zusammen, so kommt man auf etwa 11,61 m.

876 Ritterling 2, S. 37.

877 Ritterling 2, S. 18.

878 Reuter, K.: wie Anm. 871, S. 19 f. hielt ihn für fränkisch. Er ging einfach davon aus, ohne dies weiter zu begründen, daß die Römer derartige Öfen nicht in ihren Kastellen anlegten. Für Ritterling (Ritterling 2, S. 20) stand außer Frage, daß es sich nicht um einen römischen Kalkbrennofen handeln könne, der beim Bau des Steinkastells Verwendung fand.

879 Es gibt noch einen zweiten im Hof der Principia.

880 Ritterling 2, S. 23 f.

881 Zur Principia allgemein: Fellmann, R., Principia – Stabsgebäude. Kl. Schriften zur Kenntnis der römischen Besatzungsgeschichte Südwestdeutschlands 31, Limesmuseum Aalen.

882 Nach einer mündlichen Mitteilung von v. Bonhorst an Reuter.

883 Maße nach Reuter (wie Anm. 871) S. 48 ff., der diesen Einbau für ein Badebecken hielt. Nach Ritterling 2, S. 25 war der Einbau 1,50 m im Quadrat.

884 Reuter, K.: wie Anm. 871, S. 48 ff., hielt die Sockel für Säulenfundamente. Bei Ritterling 2, S. 26 hatten die beiden größeren Sockel die Maße 1,50 x 1,10 m und 1,40 x 1,10 m.

885 Ritterling 2, S. 31.

886 Schönberger, H.: Kastell Künzing-Quintana. Die Grabungen von 1958 bis 1966. Limesforschungen 13, 1975, S. 54; ders. Valkenburg Z.H.: Praetorium oder

Fabrica? Germania 57, 1979, 135 ff. – Baatz/Herrmann, S. 485 ff.

887 Ritterling 2, S. 33 f.

888 Reuter, K.: wie Anm. 871, S. 53 ff.

889 Schönberger, H.: wie Anm. 886 Valkenburg, S. 138 f.

890 Habel, F. G.: wie Anm. 862, S. 145 f. In seinem handschriftlichen Konzept zu seinem Aufsatz in den Annalen nannte Habel ganz andere Maße. Danach lag der erste Graben 2 Fuß (0,63 m) vor der Mauer, war 10 Fuß (3,13 m) breit und 3 Fuß (0,94 m) tief. Der zweite war 6 Fuß (1,88 m) breit und gleich tief, der dritte dürfte 5–6 Fuß (1,56–1,88 m) breit gewesen sein. Warum Habel in seinem Aufsatz ganz andere Maße publizierte, wird nur er gewußt haben.

891 Ritterling 2, S. 9 f.

892 Rossel, K.: Periodische Bl. 1860 Nr. 13, S. 356 – Ritterling 2, S. 58.

893 Ritterling 2, S. 60.

894 Ritterling 2, S. 60 ff.

895 Simon, H.-G.: wie Anm. 56, S. 328 ff. – Simon, H.-G.: wie Anm. 38, S. 236 ff. – Nuber, H. U.: Ein stratigraphischer Aufschluß im Bereich des »Wiesbadener Moorschicht«, Fundber. Hessen 19/20, 1979/80, S. 645 ff. – Schönberger, H.: wie Anm. 47, S. 331 ff., hier 335, 348 ff., 359 ff., 381 f, 442.

896 Schönberger, H.: wie Anm. 47, S. 357.

897 Schönberger, H.: wie Anm. 47, 381 f., meint, die Kastelle an der späteren sog. Elisabethenstraße, wozu u. a. auch Wiesbaden gehörte, seien schon unter Trajan um 110 n. Chr. oder kurz danach geräumt worden. An anderer Stelle, S. 461, spricht er von einer Aufgabe des Kastells in spättrajanischer oder frühhadrianischer Zeit. Nach Baatz/Herrmann, S. 487 sei das Kastell in Wiesbaden spätestens 122 n. Chr. geräumt.

898 Ritterling 2, S. 68, hielt diese Reihenfolge für richtig.

899 Baatz/Herrmann, S. 487, die Cohors II Raetorum wurde 90 n. Chr. nach Butzbach verlegt.

900 Schönberger, H.: wie Anm. 47, S. 451.

901 Ritterling 2, S. 78 ff.

902 Rossel, K.: Zur Geschichte des römischen Wiesbadens. 1. Abt. Ein Militärdiplom Kaiser Traians aus dem Römerkastell in Wiesbaden und die Besatzung dieses Kastells. Nass.Anm. 5, 1858, 1. Heft, S. 3 f. Es wurde beim Abgraben von Gartenerde, die für die Anlage des Platzes vor dem Theater benötigt wurde, aus Äckern innerhalb des Kastells gefunden.

903 Der Typ Weisenau verdankt seinen Namen Helmen, die bei Mainz-Weisenau gefunden wurden. Benannt wurde er erstmals von P. Couissin, Les armes Romaines (1926), S. 328 ff. Weitere Literatur: Klumbach, H.: Ein römischer Legionarshelm aus Mainz, Jahrb. RGZM 8, 1961, S. 96 ff. – Ders.: Römische Helme aus Niedergermanien. Führer Rheinisches Landesmuseum Bonn Nr. 51 (1974) S. 36 ff. – Waurick, G.: Römische Helme, in: Antike Helme, Monographien RGZM 14 (1988), S. 333 ff.

904 Der Schildbuckel wurde 1877 zusammen mit einer Scherbe und einem »eigenthümlich eingedrückten menschlichen Schädel« eingeliefert. Bericht des Conservators, Nass. Ann. 15, 1879, S. 409 – Ritterling 2, S. 94. Es wurde allerdings nicht vermerkt, ob die drei Funde untereinander im Zusammenhang standen. Wenn dem so wäre, könnte man auch an ein nicht er-

kanntes alamannisches Grab denken, von denen sich einige im Bereich des Heidenbergs fanden.

905   Ähnliche spitzkonische Schildbuckel finden sich in Gräbern von Einheimischen, die aufgrund anderer Beigaben und der Art der Bestattung als »romanisiert« bezeichnet werden dürfen. – Haffner, A.: Das keltisch-römische Gräberfeld von Wederath-Belginum. Trierer Grabungen und Forschungen VI, 2 (1974), S. 44. f. Nr. 697 – Ausstellungskatalog »Trier – Augustusstadt der Treverer« (1984) S. 287 f. Nr. 145 – Nuber, H. U.: Waffengräber aus Wehringen, Ausstellungskatalolg »Die Römer in Schwaben« 1985, Arbeitsheft 27 Bayerisches Landesamt für Denkmalpflege, S. 52 f.

906   Er soll hier stellvertretend für eine ganze Anzahl von gleichen und ähnlichen Tellern vorgestellt werden, die alle mit Hinweisen auf den Eigentümer versehen sind. Es sind nicht immer Namensbestandteile oder Buchstaben, sondern in vielen Fällen beschränkt es sich auf einfache Zeichen.

907   Ritterling 2, S. 110.

908   Der Cognomen Ripanus war anscheinend gängig, wie etwa 30 Belege des Namens zeigen. Kajanto, I.: The latin cognomina (1965).

909   Ritterling 2, S. 121.

910   Ausstellungskatalog »Römer am Rhein«, RGM Köln 1967, 300 f. Nr. E 134 – Grünewald, M.: Die Römer in Worms (1986) 30 f. – Van Boekel, G.M.E.C.: Roman Terracotta Figurines and Masks from the Netherlands (1987) S. 804.

911   Z. B. Trier-Altbachtal, Van Boekel: wie Anm. 910, S. 815 (dort weitere Literatur) – Fugmann, J.: Römisches Theater in der Provinz, Schr. d. Limesmuseums Aalen 41 (1988) Abb. 34.

912   Lt. Duden ist das Dodekaeder ein »von gleichen, regelmäßigen Fünfecken begrenzter Körper«, das Pentagondodekaeder ein »von 12 Fünfecken begrenzter Körper«.

913   Conze: Über ein Bronzegerät in Dodekaederform. Westdeutsche Zeitschr. f. Gesch. u. Kunst 11, 1892 Heft 3, S. 204 ff.

914   Allason-Jones, L./R. Miket: The Catalogue of small finds from South Shields Roman Fort (1984), S. 218 f. Dort werden 1984 47 Fundstücke aufgezählt (Frankreich 22, England 9, Deutschland 6, Schweiz 6, Holland 3, Österreich 1). Bis 1993 hat sich die Zahl auf 77 erhöht (Frankreich 30, Deutschland 18, England 12, Schweiz 8, Holland 3, Belgien 3, Österreich 1, ehem. Jugoslawien 1, Ungarn 1) – Nouwen, R.: De Romeinse Pentagon-dodecaeder: mythe en enigma, Publikaties van het Gallo-Romeinse Museum, Tongeren, Nr. 45 (1993)

915   Conze wie Anm. 913: S. 208

916   Conze wie Anm. 913: S. 209 f. – Jacobi, H.: Das Kastell Feldberg ORL. B 11, 1905 (1937), S. 22 f.

917   Cohausen, A.v.: Miscellen, Nass. Ann. 15, 1879, 393 f.

918   Conze wie Anm. 913: S. 208 f.

919   Swoboda, E.: Carnuntum, Röm. Forsch. in Niederösterreich 1 (1958) S. 87.

920   Kurzweil, F.: Das Pentagondodekaeder des Museum Carnuntum und seine Zweckbestimmung. Carnuntum Jahrb. 1956, 23 ff. – ders.: Nachr. d. Ver. Deutscher Ingenieure 1961, 324.

921   Mauel, K.: Der Theodolit des römischen Feldmessers, wie Anm. 920 Carnuntum Jahrb. S. 14 ff.

922   Weiss, A.: Zu den Anwendungsmögllichkeiten des Pentagondodekaeders bei den Römern, Arch. Korrbl. 5, 1975, 221 ff.

923   Weiss, A.: wie Anm. 922, S. 223 f. (dort auch eine Skizze zur Funktionsweise).

924   Dies mag als Abschluß der Vorstellung der römischen Kastelle auf dem Heidenberg eine kleine Anregung für den einen oder anderen Leser sein, sich dieser – wahrscheinlich mathematischen – Problematik anzunehmen, und vielleicht wird man dann in absehbarer Zeit erfahren, daß das Geheimnis um die Dodekaeder gelüftet ist.

Zeittafel

Zeit	Ereignisse in Germanien	Ereignisse in Wiesbaden
58–51 v. Chr.	*Caesar* erobert Gallien. Der Rhein wird Grenze des Römerreichs zum freien Germanien	
27 v.–14. n. Chr.	*Augustus (Imperator Caesar Divi Filius Augustus)*	
17/16 v. Chr.	Niederlage des Lollius. Beginn einer offensiven Germanenpolitik	
15 v. Chr.	Drusus und Tiberius erobern das Alpenvorland bis zur Donau	
12 v.–16 n. Chr.	Germanenkriege am Rhein. Drusus, Tiberius, Germanicus (9 n. Chr.: Niederlage des Varus). Ab ca. 15 n. Chr.: Endgültige Abkehr von dem Ziel, Germanien bis zur Elbe in das Reich einzubeziehen	6–15 n. Chr.: Beginn der dauerhaften Besiedlung. 1. Erdkastell auf dem Heidenberg. Systematische Nutzung der heißen Quellen
14–37 n. Chr.	*Tiberius.* Konsolidierung der Grenze am Rhein. Brükkenkopf gegenüber Mainz/Mogontiacum	Ab 16. n. Chr. Ausbau der römischen Thermen. Ansiedlung der Leute aus Mattium (Mattiaker)
37–41 n. Chr.	*Caligula.* 40 n. Chr.: Germanenkrieg	
41–54 n. Chr.	*Claudius.* Sicherung des Mainzer Brückenkopfes	2. Erdkastell auf dem Heidenberg
50 n. Chr.	Chattenüberfall. Niederschlagung durch Pomponius	Plinius der Ältere besucht die »heißen Quellen der Mattiaker«
54–68 n. Chr.	*Nero.* Relative Ruhe im Rheinland. Kämpfe im Osten des Reiches und in Britannien	
68/69 n. Chr.	*Otho, Galba, Vitellius* (Dreikaiserjahr). Bataveraufstand des Iulius Civilis	Große Teile des römischen Wiesbaden durch Brand zerstört (Brandschichten)
69–79 n. Chr.	*Vespasian.* Neubeginn der Eroberung rechtsrheinischer Gebiete (Wetterau bis Schwarzwald)	Ab 70 n. Chr.: 3. Erdkastell auf dem Heidenberg. Ausbau der Thermen an der Schützenhofquelle
81 96 n. Chr.	*Domitian.* 83–86 n. Chr.: Chattenkrieg. Danach Beginn der Anlage des obergermanischen Limes	Ab 83 n. Chr.: Bau des Steinkastells auf dem Heidenberg. Ausbau der Thermen am Kranzplatz.
88/89 n. Chr.	Aufstand des Antonius Saturninus; erneute Zerstörungen im unteren Maingebiet. Beginn der Dauerstationierung der *Legio XXII Primigenia Pia Fidelis* in Mainz	Zerstörungsspuren im Bereich des Kastells

Zeit	Ereignisse in Germanien	Ereignisse in Wiesbaden
Vor 98 n. Chr.	Auftrennung des Heereskommandos der Rheinarmee. Einrichtung der Provinzen Ober- und Niedergermanien	
98–117 n. Chr.	*Trajan.* Erste Truppenverlegungen aus dem Hinterland an den Limes. Aufbau der Zivilverwaltung. Konstituierung der bürgerlichen *Civitates*	Zwischen 117 und 122 n. Chr.: Auflassung des Steinkastells. Abzug der Auxiliarkohorte
117–138 n. Chr.	*Hadrian.* Ausbau des Limes mit einer durchgehenden Palisade. Stabilisierung der Grenze. Beginnende Romanisierung der Provinz	Aufschwung des Kur- und Badebetriebs in *Aquae Mattiacorum*
		122 n. Chr.: Erste Nennung des Vicus *Aquae Mattiacorum* (Kasteler Meilenstein). Wiesbaden wird Vorort der *Civitas Mattiacorum*
138–211 n. Chr.	Relative Ruhe (*Pax Romana*) am Rhein unter *Antoninus Pius, Marcus Aurelius, Commodus* und *Septimius Severus*	Weihesteine (*Diana Mattiaca, Iupiter Dolichenus, Sirona*). Bau des Mithräums
211–218 n. Chr.	*Caracalla.* 212 n. Chr.: Verleihung des Bürgerrechts an alle freien Einwohner des römischen Reiches (*Constitutio Antoniniana*). 213 n. Chr.: 1. Alamannenkrieg	212 n. Chr.: Weihung der *Schola* der Kaufleute. Um 218 n. Chr.: Weihesteine im Mithräum
218–222 n. Chr.	*Elagabal*	221 n. Chr.: Weihung der Jupitergigantensäule in Schierstein
222–235 n. Chr.	*Severus Alexander.* Ab 233 n. Chr.: Zunehmende Alamannenüberfälle	Nach 232 n. Chr.: Weihestein des *Apollo Toutiorix*
235–251 n. Chr.	Soldatenkaiser. Beginnende Auflösung der Limesverteidigung	
253–268 n. Chr.	*Valerianus. Gallienus.* Alamannenkriege. 260 n. Chr.: Endgültige Aufgabe der festen Limesgrenze	259/260 n. Chr.: Alamannen zerstören große Teile des Vicus (Verbreitete Brandschuttschichten)
289–305 n. Chr.	*Diokletian.* Reorganisation des Heeres und Neugliederung der Provinzen	Zögerlicher Wiederaufbau z. T. durch alamannische Söldner/Wehrbauern
306–337 n. Chr.	*Konstantin d. Gr.* Rückgewinnung der Kontrolle der Rheingrenze	Letzte Baumaßnahmen an den Kranzplatzthermen. Nach 322 n. Chr.: Münzschatz in der Kirchgasse
337–353 n. Chr.	Häufige Alamannenüberfälle	Spätrömische, vielleicht auch erste alamannische Gräber
353–364 n. Chr.	*Julian* (Apostata) besiegt die Alamannen bei Straßburg. Sicherung der Rheingrenze	Ältestes Christengrab in Wiesbaden (mit Münzen des *Magnentius*)
365–375 n. Chr.	*Valentinian.* Befestigung der Rheingrenze mit Kastellen und mauerbewehrten Siedlungen. Föderatenbündnisse mit Alamannen	Um 370 n. Chr.: Bau der Heidenmauer. Burgus (befestigte Schiffslände) in Biebrich.

Zeit	Ereignisse in Germanien	Ereignisse in Wiesbaden
		368 n. Chr.: Überfall Valentinians auf den Bukinobantenhäuptling Makrian im Taunus (letzte Erwähnung Wiesbadens (»*Mattiacas aquas*«) in der Antike
		Nach 370 n. Chr.: Alamannen übernehmen als Föderaten den »Schutz« des Gebietes von Wiesbaden und seiner Umgebung (Gebiet der *Civitas Mattiacorum*)
406 n. Chr.	Alanen, Vandalen und Burgunder überschreiten den Rhein, zerstören Mainz/Mogontiacum. Ende der Römerherrschaft am Mittelrhein	Der Vicus verliert seine Bedeutung. Die geschlossene Siedlung wird von einem Kranz ländlicher Weiler umgeben
5. Jh. n. Chr.		Frühchristliche Gräber im Bereich Friedrich-/Luisenstraße
6. Jh.	Franken drängen die Alamannen nach Südwestdeutschland	Fränkischer Friedhof an der unteren Dotzheimer Straße

Register

Archäologie · Landeskunde

Die Vorgeschichte Hessens

Herausgegeben von Fritz-Rudolf Herrmann und Albrecht Jockenhövel. 560 Seiten mit 386 Abbildungen und 24 Farbtafeln.

Die erste systematische Darstellung der Vorgeschichte Hessens — ein reich illustriertes Handbuch und Nachschlagewerk. Die Schwerpunkte des ersten, einführenden Teils werden von den „Glanzlichtern" der hessischen Archäologie bestimmt. Im ortsalphabetisch geordneten zweiten Teil werden alle wichtigen Bodendenkmäler, Fundstellen und Museen in Bild und Text vorgestellt.

Die Römer in Hessen

Herausgegeben von Dietwulf Baatz und Fritz-Rudolf Herrmann. 532 Seiten mit 486 teils farbigen Abbildungen.

Das große Sachbuch zur Geschichte der Römer und ihrer archäologischen Zeugnisse. Der Band wurde von Fachleuten leicht verständlich geschrieben und mit zahlreichen Abbildungen, Kartenskizzen und Rekonstruktionszeichnungen ausgestattet.

Margot Klee
Der Limes zwischen Rhein und Main

Vom Beginn des obergermanischen Limes bei Rheinbrohl bis zum Main bei Großkrotzenburg. 140 Seiten mit 106 Abbildungen, 8 Farbtafeln und beigelegter Limeswanderkarte im Maßstab 1:50 000.

Ein Bildsachbuch über den Limes zwischen Rheinbrohl und Großkrotzenburg. Der kurzen Einführung in Geschichte und Entwicklung des Limes, seine militärisch-strategische Funktion und den Alltag der an der Grenze stationierten Soldaten folgt der detaillierte Führungsteil, gegliedert in fünf Streckenabschnitte.

Die Geschichte Hessens

Herausgegeben von Uwe Schultz. 400 Seiten mit 144 Abbildungen auf 80 Tafeln.

Ein historisches Panorama des heutigen Bundeslandes, von den germanischen Chatten bis zu den Bundesbürgern des Industriezeitalters. Beiträge von 20 Historikern fügen sich zu einer vielseitigen Chronik des Hessenlandes zusammen.

Gottfried Kiesow
Romanik in Hessen

280 Seiten mit 160 Tafeln davon 22 in Farbe.

In Text und Bild zeigt dieser prächtige Band, daß Hessen eine erstaunlich große Zahl herausragender und guterhaltener romanischer Bauten besitzt. Detaillierte Informationen bietet der alphabetisch geordnete Katalog im zweiten Teil des Buches.

Albrecht Brugger / Hans Sarkowicz
Hessen

Eine Landeskunde im Luftbild. 136 Seiten mit 84 Farbtafeln.

Lernen Sie Hessen aus einer neuen Perspektive kennen: die Landschaften, die historischen Stätten, Schlösser, Burgen und Klöster und die neuen Industrie- und Handelszentren sind in großformatigen farbigen Luftbildern wiedergegeben und machen dieses Buch zu einem ganz besonderen Erlebnis.

Führer zur hessischen Vor- und Frühgeschichte

Bd. 2: Alt- und mittelsteinzeitliche Funde in Hessen
2., neu bearbeitete Auflage. 302 Seiten mit 166 Abbildungen. Die völlig neu verfaßte und gestaltete Übersicht zu den ältesten Zeugnissen der Menschheitsgeschichte aus Hessen.

Bd. 3: Der Felsberg im Odenwald
134 Seiten mit 65 Abbildungen und Lageplänen, 1 Karte 1:2000. Der neue Felsberg-Führer zu Geologie und Geschichte der großartigen Denkmäler römischer Granitsteinindustrie im Odenwald. Die archäologische Karte zeigt detailliert die Felsenmeere und die Werkplätze der antiken Steinhauer.

Bd. 4: Das Heidetränk-Oppidum
Von Ferdinand Maier. 120 Seiten mit 45 Abbildungen und Lageplänen, 1 Karte 1:2500. Die erste ausführliche Beschreibung einer der bedeutendsten vorgeschichtlichen Ringwallanlagen des Mittelrheingebietes und der größten befestigten Siedlung im Bundesland Hessen.

Führer zu archäologischen Denkmälern in Deutschland
Die Bände sind sowohl archäologische Sachbücher als auch „Führer" im besten Sinne. Die reiche Ausstattung mit Fotos, Zeichnungen und Lageplänen hilft die Objekte aufzuspüren.

Bd. 7: Stadt und Landkreis Kassel
250 Seiten mit zahlreichen Abbildungen.

Bd. 8: Der Schwalm-Eder-Kreis
250 Seiten mit zahlreichen Abbildungen.

Bd. 19: Frankfurt am Main und Umgebung
250 Seiten mit 120 Abbildungen.

Bd. 27: Hanau und der Main-Kinzig-Kreis
250 Seiten mit zahlreichen Abbildungen.

Archäologie in Deutschland

Das vielseitige Magazin.
Informativ — aktuell — kompetent

„Archäologie in Deutschland" berichtet über
● Grabungen, Funde und Forschungen von der Urzeit bis heute: älteste Menschenfunde, früheste Siedlungen, erste Bauern, Anfänge der Metallverarbeitung, Fürsten der Eisenzeit, Römer und Germanen, Völkerwanderung, mittelalterliches Leben in Stadt und Land …

● die Arbeit deutscher Archäologen im Ausland, von den Mayabauten Mittelamerikas bis zu den Kultstätten Nepals.

● bedeutende archäologische Museen, sehenswerte Bodendenkmäler und lohnende Exkursionen zu Stätten der Vor- und Frühgeschichte.

● Archäologie in Deutschland
widmet sich in jeder Ausgabe einem Schwerpunktthema der Archäologie und Geschichte, gibt einen Überblick über laufende Ausstellungen und Veranstaltungen im Bundesgebiet bzw. im deutschsprachigen Raum und informiert über neue Bücher zur Archäologie und Geschichte.

● Jährlich erscheint ein Sonderheft zu einem speziellen archäologisch interessanten Thema.

● Archäologie in Deutschland
erscheint vierteljährlich, Format 21 x 28 cm. 64 Seiten mit zahlreichen, größtenteils farbigen Abbildungen. Sonderheft ca. 100 Seiten.

Herausgeber
Verband der Landesarchäologen in der Bundesrepublik Deutschland und Konrad Theiss Verlag.